珠山年鉴 2023

景德镇市珠山区地方志编纂委员会◎编

方志出版社
Publishing House of Local Records

图书在版编目（CIP）数据

珠山年鉴. 2023 / 景德镇市珠山区地方志编纂委员会编. —北京 : 方志出版社, 2023.11
ISBN 978-7-5144-5906-7

Ⅰ. ①珠… Ⅱ. ①景… Ⅲ. ①区（城市）—景德镇—2023—年鉴 Ⅳ. ① Z525.64

中国国家版本馆 CIP 数据核字 (2023) 第 228470 号

责任编辑：李丝雨
责任校对：张玉霞
责任印制：梅中英
出 版 者：方志出版社
地　　址：北京市朝阳区潘家园东里 9 号（国家方志馆 4 层）
邮　　编：100021
网　　址：http://www.zgfzcb.cn
发　　行：方志出版社图书营销中心（010-67110500）
印　　刷：湖南省越来越好印务有限公司
开　　本：889 毫米 ×1194 毫米 1/16
印　　张：19.25
字　　数：815 千字
版　　次：2023 年 11 月第 1 版
印　　次：2023 年 11 月第 1 次印刷
定　　价：216.00 元

景德镇市珠山区地方志编纂委员会

顾　　问：徐　华（女）

主　　任：刘　海

副 主 任：余文军　　杜钧瑞　　袁　峰　　李　超

委　　员：李海平　　杨　俊　　程继志　　刘露虹（女）

刘柄英（女）　李田有　　刘　涛　　王朝辉

孙　斌　　张　麒　　胡剑锋　　夏文彬

苏小敏（女）　罗　晋　　胡文凯　　曹潇毅

主　　编：刘　海

副 主 编：余文军

《珠山年鉴（2023）》编辑人员

主　　编：刘露虹

副 主 编：夏旭琪　　陈超群

工作人员：岑国花　　刘淑娜　　万剑虹

《珠山年鉴》主审、主笔人员名录

部　门	主　审	主　笔
区委办公室	袁　峰	汪满芸
区委组织部	杨　俊	邹瑞彬
区委宣传部	程继志	欧阳含露 于　宇 徐　珊 刘　靖
区委统战部	汪　宏	计雯英
区委编办	万　静	洪　晨
区委巡察办	黄世明	胡知柳
区直机关工委	朱镇红	程丽君
区委信访局	胥文翔	孙凌超
区委老干部局	杨向群	张夏芬
区委党校	罗　英	刘国珍
区人大常委会办公室	王　鹏	邓梦琦
区政府办公室	李　超	刘姗姗
区机管局	罗序光	黄　聪
区退役军人事务局	彭长武	江佳权
区行政服务中心	张　琦	齐文强
区政协办公室	邵继纲	朱声隆
区纪委监委	吴为民	余希成
区总工会	刘　楠	洪厚双
团区委	汪　倩	陈　颖
区妇联	张　琼	徐凡景
区科协	李　敏	洪　芸
区工商联	宁　静	胡雨燕
区文联	刘　斐	黄夏悦
区社科联	岑　涛	余永珍
区残联	程启勇	方　悦
区红十字会	赵俊明	赵俊明
区关工委	施向阳	胡馨文
区老年体育协会	占晓春	殷少华
区老年书画协会	涂世安	汪金福
区老年科学技术工作者协会	罗丽玲	胡伟华
区诗词学会	饶正毛	张玉春
区作家协会	刘　斐	黄夏悦
区书画家协会	刘　斐	黄夏悦
区人武部	宋亮明	谢维骏
区人防办	洪　辉	洪　辉
区委政法委	周　娜	胡俊百
珠山公安分局	于辉耀	李晓君
区人民检察院	余　健	许婧琛
区人民法院	陈翰朋	邱素芳
区司法局	江　滔	程　美

部　门	主　审	主　笔
区农业农村和水利局	谢君毅	邹曼丽
区乡村振兴局	曹潇毅	殷　瑛
区工业和信息化局	石群丽	史惠惠
区新区发展中心	黄世明	傅　雯
珠山经济开发区	余荣幸	赵宇凡
区住建局	江智中	杜　娟
区城管局	付　涛	江　涛
交通运输局	石群丽	史惠惠
区发展改革委	汪　霖	江　奔
区应急管理局	金光华	王庆帆
区消防救援大队	胡春生	朱清璐
区商务局	周　群	陈　静
区现代商贸业发展中心	张　军	余晓静
区国资公司	张跃军	黄　鑫
区市监局	查璐玮	胡成龙
自然资源和规划分局	李承旺	谢千慧
区统计局	刘柄英	王文辉
区审计局	程瑞华	张能静
区财政局	刘　涛	欧阳进一
区税务局	方初筠	胡　捷
区人力资源社会保障局	敖景辉	蒋博涵
区社保服务中心	曹　鹏	杨志芳
区就业创业服务中心	罗英俊	陈琳玉
区医保局	潘　群	熊　艳
区民政局	王　振	夏　芳
珠山生态环境局	殷　炜	熊　颖
区教体局	李海平	余　琴
区卫生健康委	辛　晨	朱冰琳
区科技局	金坤辉	于文华
区文广局	杜　辉	程志容
区委党史地志办公室	刘露虹	刘淑娜
区档案馆	陈超群	叶丽婧
竟成街道	万元新	张楚婕
石狮埠街道	占　慧	柳　瑶
珠山街道	张慧丽	侯景钰
新村街道	方　军	陈霖锋
昌江街道	鲍文芳	江　平
周路口街道	胡剑锋	周凌涛
太白园街道	夏丽君	许弘历
里村街道	余　霞	彭　光
新厂街道	郑　芳	李喆文
昌河街道	李田有	徐佳卉

编辑说明

一、《珠山年鉴》是中共景德镇市珠山区委领导、珠山区人民政府主办，景德镇市珠山区地方志编纂委员会承编，按年度连续出版的地方综合年鉴。

二、《珠山年鉴》以马克思列宁主义、毛泽东思想、邓小平理论、“三个代表”重要思想、科学发展观、习近平新时代中国特色社会主义思想为指导，坚持辩证唯物主义和历史唯物主义的立场、观点和方法，全面、系统、准确地记载珠山区社会各项事业的发展情况，为各界领导者、管理者提供参考依据和借鉴，为社会各界和海内外人士了解、研究珠山区提供资料信息。

三、根据《全国地方志事业发展规划纲要（2015—2020 年）》和《江西省地方志事业发展规划纲要（2016—2020 年）》精神，《珠山年鉴》一年一鉴，公开出版。

四、《珠山年鉴（2023）》采用分类编目法，设类目、分目、条目 3 个层次，部分分目下设子目。条目为记述的基本形式，其标题用黑体字加【 】标示。内容层次设置是为方便分类编辑和读者系统阅读，并不反映科学体系；机关、企事业单位等排序和层次并不标示其地位和规模。

五、《珠山年鉴（2023）》的稿件均由区直各部门、各单位、镇政府、各街道办事处和驻区企事业单位提供，并经各单位负责人审定；组织机构、驻区企事业单位主要负责人（副科级及以上）名单由区委组织部和驻区企事业单位提供；获市级以上荣誉先进人物名单和市级以上先进集体荣誉称号名录由各单位报送；统计资料由区统计局提供；报刊摘登由区委宣传部提供。

六、《珠山年鉴（2023）》中数字用法、标点符号用法分别采用《出版物上数字用法》（GB/T 15835—2011）、《标点符号用法》（GB/T 15834—2011），计量单位采用国家技术监督局 1993 年 12 月发布的《量和单位》系列国家标准。

领导关怀

2022 年 7 月 29 日，景德镇市委书记刘锋（前排居中）一行走进央视网陶瓷数字文化产业基地进行调研（区委宣传部 供图）

2022 年 2 月 3 日，市委副书记、市长胡雪梅（居中）走进三宝国际陶艺村，与来自 9 个国家的 10 名“洋景漂”共话新春愿景，展望未来发展（区委宣传部 供图）

政 治

2022 年 1 月 4 日，中共珠山区委十二届三次全体（扩大）会议暨区委经济工作会议在区礼堂召开

（区委宣传部 供图）

2022 年 12 月 19 日，中共珠山区委十二届五次全体（扩大）会议在区礼堂举行

（区委宣传部 供图）

2022 年 2 月 21—23 日，景德镇市珠山区第十一届人民代表大会第二次会议在区发展中心召开

（区委宣传部 供图）

2022 年 2 月 20—22 日，政协珠山区第九届委员会第二次会议在区发展中心召开

（区委宣传部 供图）

党建

2022 年 6 月 30 日，珠山区景漂陶瓷流动党员党支部换届选举大会在三宝文创中心顺利举行
（区经开区 供图）

2022 年 7 月 1 日，珠山区在区发展中心举行新党员集中入党宣誓仪式（区委宣传部 供图）

党的二十大

2022 年 10 月 13 日，昌河街道昌盛社区新时代文明实践站邀请珠山区老年书画协会共同开展“喜迎党的二十大，感恩奋进新征程”书画笔会活动（昌河街道 供图）

2022 年 8 月 26 日晚，竞成文化中心站、方家山村委会在方家山群众运动场组织开展“喜迎二十大 奋进新征程”文艺汇演活动（竞成街道 供图）

2022 年 10 月 27 日，经开区画眉楼社区党委走进三宝国际瓷谷“寻味三宝”“闲云居”等多家企业，开展党的二十大精神进基层专题宣讲活动，受到企业职工的欢迎（区经开区 供图）

2022 年 9 月 24 日，以“欢度国庆节·喜迎二十大”为主题的亲子绘画活动在五龙山公园举行（区妇联 供图）

2022 年 10 月 28 日，“领航新时代 奋进新征程”——江西省文联“万名文艺家下基层”学习宣传贯彻党的二十大精神文艺志愿服务活动走进昌江村新时代文明实践站（区文联 供图）

2022 年 8 月 3 日，区老体协举行喜迎党的二十大全区柔乐球比赛

经 济

珠山区立足珠山定位，着力发展总部经济、数字经济、生产性服务业集群等现代都市经济，助力发展先进陶瓷产业，积极构建富有韧性和弹性的珠山产业链、供应链。

2022 年 2 月，陶瓷跨境电商产业园开园（区政府办 供图）

2022 年 5 月 8 日，珠山区引进全市首列“飞地”项目 6 万吨低铁损高磁感冷轧取向硅钢项目落地景德镇高新区。项目总投资超过 20 亿元，是珠山区引进的首个工业“20”项目（区政府办 供图）

2022 年 8 月，“央视网·瓷”项目在三宝瓷谷艺术馆建成，投入试运营（区委宣传部 供图）

2022 年，艺次元·陶瓷元宇宙项目 2 建成（区政府办 供图）

陶溪川抖音直播基地（宋丰清 摄）

2022 年 11 月，“央视网 · 瓷”数字文化产业基地启动（区委宣传部 供图）

2022 年 7 月，区统战部、区新联会组织开展抖音新媒体运营交流会（区委统战部供图）

云游三宝瓷谷项目（区政府办 供图）

2022 年，瓷源境文工旅特色产业园项目开园（区政府办 供图）

“夜珠山”之陶溪川（区文旅局 供图）

“夜珠山”消费带：自 2021 年，景德镇市“夜珠山”消费带被评选为第一批国家级夜间文化和旅游消费集聚区后，珠山区多措并举加强“夜珠山”消费带建设，先行先试，积极发挥示范引领作用，为全域发展夜间文化和旅游经济探索出成功路径，推动夜间经济成为促进消费复苏、提升城市活力的新引擎。“夜珠山”品牌已从陶溪川文创街区、三宝国际瓷谷、九集小镇、陶艺街 4 大优质文旅版块辐射带动周边“夜珠山·码头夜市”、浙江路、新安路等多个街区和商圈。

“夜珠山”之浙江路（区文旅局 供图）

陶溪川夜市（方荣 摄）

“夜珠山”之码头夜市（御窑景巷公司 供图）

“夜珠山”之九集小镇（区文旅局 供图）

法治平安

2022 年 2 月 16 日，景德镇市珠山区人民法院受理的首例“执转破”案件——景德镇市恒光电子有限公司破产清算案第一次债权人会议顺利召开（区法院 供图）

2022 年，珠山治安巡防队昼夜穿梭在街道里弄巡逻（区委政法委 供图）

2022 年，夜间网格巡查保一方平安（区委政法委 供图）

妈妈防火团（区委政法委 供图）

教育

2022 年 6 月 15 日，景德镇市第一小学举行“强国有我 红歌飞扬”合唱比赛（区教体局 供图）

2022 年 6 月 17 日，昌河中学 100 余名师生受邀走进珠山法院，沉浸式体验庭审，零距离接受普法教育（区法院 供图）

2022 年 10 月 14 日，珠山实验幼儿园联合竟成街道黄泥头村开展一场“盘中餐 中国粮”亲子务农体验活动

（区教体局 供图）

新建成的景德镇第一小学（区教体局 供图）

景德镇第一小学校门（区史志办 供图）

2022 年 1 月，景德镇御窑遗址申报世界文化遗产拉开序幕，第一小学原址处于御窑厂遗址保护区范围内。为积极主动服务御窑厂整体申遗全市工作大局，配合景德镇国家陶瓷文化传承创新试验区重点项目建设，珠山区启动这所“百年名校”改扩建工程，在位于新村西路原景德镇市师范学校和电大校园旧址内建设新校园。项目于 2021 年 12 月底正式开工，2022 年 10 月完工并交付使用。

2022 年 11 月，新建的珠山区新安路幼儿园正式开园（区教体局 供图）

文化旅游

2022 年 6 月 7 日，珠山区新时代文明实践基地（点、广场）集中揭牌仪式在新华书店新时代文明实践基地举行（区委宣传部 供图）

书香珠山·城市文化会客厅（区文旅局 供图）

2022 年 11 月 9 日，由中央广播电视总台央视网、共青团江西省委、景德镇市人民政府、珠山区人民政府共同主办的"央视网·瓷"数字文化产业基地启动暨国际青年陶瓷文化艺术节开幕仪式在江西省景德镇市珠山区陶源谷·三宝举行（区委宣传部 供图）

景点风光

御窑厂国家考古遗址公园（胡立敏 摄）

陶溪川夜景（方荣 摄）

陶溪川建筑风景（宋丰清 摄）

三宝瓷谷云海（胡立敏 摄）

陶阳里历史街区

街有街的记忆，巷有巷的味道，
弄有弄的名堂，宅有宅的秘密。

2021 年，景德镇彭家弄项目获联合国教科文组织亚太地区文化遗产保护奖的杰出奖（胡立敏 摄）

彭家上弄（一）（胡立敏 摄）

彭家上弄（二）（宋丰清 摄）

彭家上弄（三）（胡立敏 摄）

彭家下弄（胡立敏 摄）

方家弄、梧桐弄（胡立敏 摄）

方家弄一角（胡立敏 摄）

程家上巷（胡立敏 摄）

程家上巷一角（胡立敏 摄）

毕家下弄（胡立敏 摄）

特色小吃

饺子粑

油条包麻糍

冷粉

（胡立敏 摄）

社会

2022 年 8 月 3 日，区妇联、区民政局、新厂街道主办的“珍爱一生永相伴 携手共传好家风”珠山区七夕金婚集体婚礼在新厂街道东三郡社区举行（区妇联 供图）

2022 年 7 月，航空工业直升机所团委、珠山区妇联在陶溪川公塾联合举办“缘定航空　相约珠山”青年联谊活动（区妇联 供图）

2022 年，六〇二所社区老旧小区改装电梯
（新厂街道 供图）

陶侃剧场演员在表演
（区国资公司 供图）

三宝瓷谷内的陶侃剧场受到人们喜爱
（区国资公司 供图）

生态环境

莲花塘栖息的白鹭
（胡立敏 摄）

珠山城中心的莲花塘后塘（胡立敏 摄）

莲花塘待开的荷花
（胡立敏 摄）

珠山城中心的莲花塘前塘（胡立敏 摄）

珠山区一江两岸风光（胡立敏 摄）

珠山区东三路风光（李少景 摄）

三宝瓷谷马鞍岭风光（胡立敏 摄）

应急救灾

2022 年 6 月 20 日，珠山消防救援大队调派 1 车 10 人，1 艘舟艇，100 余件（套）抗洪抢险救援装备，于 14 时 30 分集结出发，前往乐平增援，参与当地抗洪抢险（区消防队 供图）

2022 年 6 月 20 日 22 时，乐平市汛情严重，乐安河乐北联圩港口段出现多处危急险情。珠山区人武部接到军分区命令，迅速启动应急预案，在做好本区内涝险情应对防护的同时，紧急召集民兵应急分队，支援乐平市抗洪任务，全力保护人民群众生命财产安全（区人武部 供图）

目　录

特　载

专　文

大事记

区情概览

中国共产党珠山区委员会

珠山区人民代表大会

珠山区人民政府

中国人民政治协商会议珠山区委员会

中国共产党珠山区纪律检查委员会 珠山区监察委员会

群众团体

协　会

法　治

军 事

经济管理及监督

农业农村和水利

工业信息化

城建·交通

财政·税务

科技·文化旅游

教育·体育

卫生健康

史志·档案

人事劳动和社会保障

社会事务与应急管理

街　道

人 物

附 录

索 引

特　载

在区委十二届三次全体（扩大）会议暨区委经济工作会议上的讲话（节选）

珠山区委书记　高　翔

（2022 年 1 月 4 日）

同志们：

经区委研究决定，今天我们召开区委十二届三次全体（扩大）会议暨区委经济工作会议，主要任务是学习贯彻落实省委经济工作会议、市委十二届二次全会暨市委经济工作会议精神，审议《中共珠山区委常委会 2021 年工作报告》，表决《中共珠山区第十二届委员会全体会议工作规则》，部署 2022 年各项工作。

刚才，我们书面传达了省委经济工作、市委十二届二次全会暨市委经济工作会议精神，审议了区委常委会 2021 年工作报告。请大家认真学习领会，抓好贯彻落实。

2021 年，全区上下以习近平新时代中国特色社会主义思想为指导，全面贯彻党的十九大和十九届历次全会和省、市、区党代会精神，深入贯彻落实省委全面建设“六个江西”目标要求,全力实施市委“五新”战略行动，以景德镇国家陶瓷文化传承创新试验区建设为统领，传承十一届区委“用实干擦亮瓷都对话世界的窗口”的工作思路，接续奋斗，坚持高质量推进五区共建，坚持高标准拓宽四大路径，坚持高效率锻造三大指挥体系，担当实干、提质加速，全区经济社会发展和党的建设迈上了新台阶。回顾 2021 年的工作，可以归纳为：

一是发展目标更加明确。区第十二次党代会胜利召开，要求全区上下以“全面建设社会主义现代化国际瓷都先行区”为总目标，把高质量推进国家试验区核心区、城市经济活力区、城乡融合发展示范区、社会治理改革活力区、文明和谐标杆区“五区共建”作为战略支撑，把高标准拓宽联动发展、优化提升、创新赋能、资源整合“四大路径”作为遵循，通过高效率锻造经济发展（招商引资）、常态长效创建全国文明城市、社会治理改革三大指挥体系，实行“大部制”攻坚，打好“三大会战”，推动全区经济社会发展全方位上水平、上台阶，发挥了指明发展方向、鼓舞干事热情、统一干群思想的良好效果。

二是服务大局更加有力。传承保护成效显著。积极配合御窑一号工程的实施，不断加强对御窑厂遗址及其周边的保护利用，围绕御窑遗址保护空间置换，完成棚户区改造 791 户 10.12 万平方米。文化旅游捷报频传。成功承办 2021 年江西省旅游产业发展大会，三宝蓬获评全省首批夜间文旅消费集聚区，三宝国际瓷谷荣获“江西省版权示范园区（基地）”称号，“夜珠山”消费带入选文化和旅游部公布的第一批国家级夜间文化和旅游消费集聚区名单。基础设施逐步改善。投入资金 1.2 亿元实施背街小巷改造工程，大力推进老旧小区改造，全年实施改造项目 36 个，改造户数 11614 户。创建成果持续巩固。创新早巡、夜巡、节假日巡工作机制，确保督查检查工作时间、空间全覆盖，督促全区上下时刻绷紧常态长效创建这根弦，为我市顺利通过创文国检作出了应有贡献。民生福祉不断夯实。维修改造区属 13 所中小学及幼儿园，实施第一小学新校园、珠山实验学校改扩建工程，督促学校将“双减”和五项管理落到实处；城乡低保标准稳定提升至月标准 780 元、月人均补差 490 元，建成“瓷都爱心食堂”4 个,打造“暖心驿站”6 个，对 80 户特困老人家庭进行适老化改造；开展线上线下招聘会 14 场，城镇新增就业 3019 人。

三是工作成效更加明显。经济指标稳中向好。全年全区地区生产总值预计增长 8% 左右，一般公共预算收入完成 8 亿元，增长 6.4%，城镇居民人均可支配收入预计增长 8% 左右，固定资产投资预计增长 9% 左右，社会消费品零售总额预计增长 17% 左右；新增“四上”企业 39 家，正在申报 42 家。规模以上工业增加值预计增长 10% 左右，增速 5 年来首次由负转正，实现了新的突破。项目建设扎实推进。全年我区有 18 个项目纳入市重点项目全面开工，总投资约 88.48 亿元。全年累计完成投资 28.86 亿元，完成年度投资总额的 114.72%，列全市第一。洛客设计谷一期、高铁商务区（珠山片区）市政道路及配套工程（二期）项目顺利完工并交付使用。产业结构持续优化。积极推动“3+1”特色产业体系提档升级。凯悦五星级酒店等一批高端服务业品牌落户，实现业态提升、消费升级。全年申报新增入规工业企业 11 家，引进浙江星洲、江苏恒铭达 2 家亿元工业企业落户，推动蓝印子、百陶会入选省级“专精特新”企业。陶阳·菁华轩（二期）顺利开盘，三桥、景颂、金鼎玖域二期等 7 个房地产项目成功入库。招商引资成果丰硕。全年累计外出招商 74 批次，开展商务洽谈 250 余次，洽谈项目 150 余个，与京东、好活科技等 30 余家企业签订战略合作协议。成功举办全区首届招商引资、招才引智推介大赛，全区招商氛围更加浓厚，招商队伍更加专业。

四是工作作风更加务实。学习教育入脑入心。围绕“学党史、悟思想、办实事、开新局”这一主题，持续开展互动宣讲 40 余场，举办“百名‘景漂’庆百年华诞艺术展”等各类活动 60 余场，印发《一百个红色小故事》读本 1 万册。大力开展“我为群众办实事”实践活动，在完成 25 个重点民生项目 83 项具体任务的基础上，实施“千名干部大走访，为民办事解难题”专项活动，共摸排并解决群众急难愁盼问题 1000 余个。队伍建设更加过硬。突出政治标准，坚持“做事是最好作风”的用人导向，树立“四个优先选用”用人原则，坚持“老中青”相结合，稳慎推进党政机关改革、公务员职务与职级并行以及事业单位改革工作。整改成果更加巩固。坚持举一反三，切实运用和巩固好省委巡视整改成果，全面完成了十四届省委第二轮巡视中省委组织部选人用人第一检查组反馈的 4 个方面 12 个问题的整改工作，形成选人用人巡视整改常态化长效机制，做好巡视整改“后半篇文章”。正风肃纪更加深入。深入整治群众身边腐败和不正之风，推动解决群众反映强烈的突出问题，共查处“微腐败”问题 8 起，处理 8 人。加强对重大决策部署的监督检查，共开展监督检查 110 次，发现并推动解决问题 513 个，处理 41 人。

这些成绩的取得，是市委、市政府正确领导的结果，是全区上下智慧和汗水的共同结晶。在此，我代表区委向同志们的辛勤付出表示衷心的感谢，致以崇高的敬意！

2022 年是党的二十大召开之年，也是我们落实省市区党代会精神、加快珠山发展进程的关键一年，做好各项工作至关重要。今年工作的总体要求是：坚持以习近平新时代中国特色社会主义思想为指导，全面贯彻党的十九大和十九届历次全会精神，深入贯彻习近平总书记视察江西重要讲话精神，全面落实中央、省委经济工作会议和市委全会暨经济工作会议以及省、市、区党代会精神，大力弘扬伟大建党精神，以国家陶瓷文化传承创新试验区建设为统领，坚持稳字当头、稳中求进，注重“稳住、进好、调优”协同发力，稳增长、强产业、优环境、防风险、惠民生，坚持高质量推进五区共建，坚持高标准拓宽四大路径，坚持高效率打好“三大会战”，担当实干、勇毅前行，全面建设社会主义现代化国际瓷都先行区，以优异成绩迎接党的二十大胜利召开。

全区经济发展的主要预期目标是：地区生产总值增长 7% 以上，新旧动能加快转换，质量效益进一步提升，主要经济指标在全省排位进一步前移，城乡居民收入增长与经济增长保持基本同步，为完成“十四五”规划目标打下坚实基础。

关于 2022 年的经济工作怎么干，徐华同志等下会作具体部署，请同志们抓好贯彻落实。我就做好 2022 年和今后一个阶段的工作，重点讲七个方面：

一、把产业发展的首位抓手坚持好

珠山发展的根本在产业，出路在产业，只有以更大气魄、更实作风推动产业高质量发展，才能在新一轮区域发展大比拼中，赢得主动、赢得未来。

*一要立足自身抓产业发展。*要高起点谋划。要跳出珠山谋珠山。持续加大与中国社科院大学经济学院和中化研究院沟通对接力度，充分结合国家政策导向和市场需求热点，紧紧围绕市委、市政府对珠山产业发展的部署要求，进一步统筹优化、把脉定向，进一步细化、实化产业发展路径。要高精度定位。既要立足于“上无片瓦、下无寸土”的区域实际，又要充分发挥我区厚积薄发的产业优势、配套完善的生活优势、底蕴厚重的文化优势、人才荟萃的资源优势，用“跳起来摘桃子”的精神来不断优化产业发展层次，在建设陶瓷文化传承创新轴上勇当主力军，在全力打造新型人文城市上成为主阵地，在加快发展城市经济上打造主引擎，在深化基层社会治理上当好主心骨。要高效率服务。坚持把优化营商环境作为“一号改革工程”，对标先进县区做法、一流营商环境标准，牢固树立问题导向、需求导向、纪律导向开展自查整改，大力开展损害营商环境突出问题专项治理，切实解决“卷帘门”“玻璃门”“旋转门”等问题，持续在深化“放管服”改革上出实招、下实功，推行“一站式”审批、“掌上办”审批、容缺审批，打造审批更简、材料更少、办事更快、服务更优的政务服务环境，让珠山不但成为生活的高地，更成为企业投资、产业发展的热土。

*二要积极协同抓产业发展。*充分发挥辖区大型国企在产业链配套和协作方面的龙头引领作用，支持产业链上下游企业加强产业协同。要围绕昌飞、昌汽等龙头工业企业，大力发展航空、汽车配套产业，在对现有厂房、仓库进行技改提高土地利用率，精准扶持高科技、高附加值、低能耗、低排放的配套企业成长的同时，主动加强与兄弟县区的招商协作，加快核心零部件“本地化”配套步伐，不断提高零部件企业本土配套比例，实现产业链需求端和供给端的无缝对接，构建完

善大中小微企业专业化分工协作、共同发展的产业体系；要围绕陶文旅集团等龙头文旅企业，结合陶阳里、陶溪川等老城区城市更新工作，活态修复老厂房、老街区、老里弄原有风貌，推进人文、科技、时尚等元素融入陶瓷文化，做好文化产业配套，打造以陶瓷文化为核心要素的产业融合发展示范区。

三要主动服务抓产业发展。要服务试验区建设。积极配合御窑厂遗址、湖田窑址、落马桥元代窑业遗址的申遗工作，持之以恒抓实抓牢老城区房屋征收、周边环境治理，加快推动陶阳里、陶溪川、三宝瓷谷创建国家AAAAA级旅游景区，通过智慧旅游建设，逐步构建全域旅游发展新格局。要服务市本级发展。充分把握我市新旧动能转换、项目建设集中的机遇期，利用珠山知识密集的优势，大力扶植培育会计、律师、咨询、设计、房产交易等中介组织，着力引进知名中介机构，推动辖区中介服务业快速有序发展。要服务先进陶瓷发展。要加强与市内高等院校的校地合作，推动辖区各类陶研所“多所合一”协力创新。要充分认识陶文旅与珠山区的共生共荣关系，全力服务好陶文旅集团发展，支持其打造北站北珠山先进陶瓷创新研究院集群，建设陶瓷新材料“中试基地”和初创产业园，为先进陶瓷企业孵化成长赋能加速。

二、把项目建设的首位带动运用好

抓项目就是抓发展，谋项目就是谋未来。抓好抓实一批重大项目，就能形成一个个新的经济增长点，释放出强大的辐射带动作用。

一要突出整体谋划。要牢牢把握政策导向，顺应市场需求，立足发展实际，把珠山发展和项目谋划融入全国、全省、全市发展大局之中来思考、去谋划。要围绕“长处”谋，立足于千年瓷都的传承创新，抓住“微笑曲线”两端发力，延伸产业链条，进一步提升传统陶瓷业的产业化、标准化程度，创造更多的价值和收益。要围绕“短板”谋，立足当前发展短板和民生热点，聚焦人民群众普遍关心民生突出问题，精准谋划一批打基础、补短板、强功能、增后劲、惠民生的项目。要围绕“创新”谋，加快发展新兴产业，特别要紧盯“互联网+”、健康养老、文化创意等领域，着力谋划一批新兴产业项目。要围绕“特色”谋，打特色牌、走特色路，瞄准规模化、产业化、市场化、商品化，积极谋划一批大项目、好项目。

二要突出向上争取。要吃透政策。精准解读“三新一高”的深刻内涵，把握产业政策和投资的重点及方向，专项债重点聚焦的九大方向，找准向上争取的切入点，避免盲目工作，力争取得事半功倍的效果。要精心准备。时刻掌握上级安排资金进度、项目安排计划，结合我区实际，组建专班，协调配合，做好项目土地、规划、环评、立项等前期工作，把准备工作做足做全，提高项目争取的成功率。要强化沟通。加强与上级部门的沟通联系，早对接、勤汇报、争主动、扩战果，做到人无我有、人少我多、人多我快。

三要突出资金保障。要强化债务管理，完善法人治理结构，建立“负债有度、总债有数、用债有方、偿债有钱、管债有规、举债有责”的债务管理和决策模式，健全债务风险预警机制。要提升信用评级，进一步归集整合现有资源，分类施策，完善公司治理结构和资产结构，使资源变资产、资产变资本，产生裂变效应，加快创建AA级企业信用等级，壮大平台实力。要提高还款能力，在项目的选择上要充分论证，追求政治效益、经济效益、社会效益相统一，明晰政府与市场、财政与国资公司的界限，市场化建强国资公司，充分发挥国资公司造血作用，为大项目建设提供更多资金保障。要优化运营模式，面向资本市场寻求合作，加快与国内一流企业的对接进度，引入优势社会力量提升国资公司治理水平，积极探索多途径多品种的直接融资方式，发挥好资本杠杆的乘数效应，打造助推项目建设的强劲引擎。

四要突出落地见效。面对复杂多变的外部环境、日益激烈的区域竞争态势，全区各项目负责同志务必既当好项目推进的“一线总指挥”，又当好高质量建设的“施工队长”。要强化项目调度。紧盯重点项目，加强资源要素保障，强化节点意识，发扬钉钉子精神，健全从洽谈签约、跟踪对接，到开工建设、投产运营的全周期项目管理机制，秉着“麻风细雨当好天，晴天一天当两天”的精神，全力以赴把节奏拉起来、把进度提上去。要保证工程质量。落实精细化要求，合理调配好人员、土方、建筑材料等要素资源，严把项目质量关、工程安全关，确保各重点项目高标准建设、高质量呈现。

三、把招商引资的首位战略实施好

招商引资是经济工作的“生命线”。抓招商引资，就要抓扩大有效投资，抓增量发展，抓存量转型，这是必须始终坚持的首位战略。

一要坚持靶向发力。聚焦粤港澳大湾区、长三角等发达地区，重点瞄准辖区现有产业链的关键核心、重点环节，按照“需要什么招什么”“缺什么引什么”的原则，绘制招商地图，建立多层次、宽领域的招引企业目录，完成从“拣到篮子里都是菜”到“编好篮子去选菜”的转变，做到挂图作战、按图索骥。

二要坚持育才引智。要始终秉持“打铁还需自身硬”的理念，邀请各类产业专家开展专题培训，不断提升招商人员对经济形势、区域规划、产业政策、产业分布等内容的把握能力。要在借助第三方机构开展中介招商、平台招商、委托招商的基础上，积极与来自顶级名校的智囊团队以及知名会计、律师事务所等咨询机构建立合作关系，通过借梯登高、借船出海推动招商工作提质增效。

三要坚持招大引强。要在用好存量空间资源的基础上，突破土地资源制约、破解产业空间瓶颈，主动加强与兄弟县（市、区）、产业园区及各类国企的招商协作，探索发展“飞地经济”新模式，着力招引一批创新能力强、投资规模大、产业层次高、带动潜力足的“5020”项目（低铁磁感取向硅钢项目）。

四要坚持定点突破。要继续沿着总部经济引领、数字经济赋能的思路开展招商引资。做大总部经济，以“陶瓷 +”、“互联网 +”、物流、建筑安装、金融保险、人力资源为方向，以总部经济大楼建设为依托，带动一批产业链集散中心、研发中心、销售中心落户珠山，实现集群发展；同时，要抓住全市创建国家跨境电商综合试验区的契机，积极探索陶瓷产业跨境电商新途径。做强数字经济,加快建设“三宝智造”，强化与字节跳动、京东等国内一流互联网企业、优质直播服务机构的对接力度，为直播经济、流量经济赋能。

四、把扩大内需的首位优势发挥好

扩大内需是当前及今后一段时期经济社会发展的一个重要战略基点，要充分发挥主城区人口密集、底蕴深厚的优势，加快完善内需体系，把扩大内需战略和供给侧结构性改革有机结合起来。

一要着眼片区改造。按照留住乡愁、充实业态、完善功能、便捷生活的理念，加快推进珠山新区、东片区基础设施建设和改造提升。积极招引综合物流服务平台，建立便捷高效的生活服务智能配送体系。发挥城市产业辐射带动作用，着力加强资源盘活利用和农业景观价值提升，加快乡村文化旅游提质升级，推动新农村建设与城市产业有机融合。

二要着眼传统商贸提升。积极缓解需求收缩、供给冲击、预期转弱三重压力，招引杉杉奥特莱斯等商贸综合体，提升老城区消费品质。实施重点商圈品质提升行动，聚焦服务便利化、人性化、特色化要求，以智慧场景应用、夜间活动开展、街区环境优化为抓手，打造麻石弄、抚州弄等特色美食文化街区，建好陶溪川、陶艺街、九集小镇、三宝瓷谷等一批夜经济示范街区，做亮“夜珠山”文旅消费带，促进商贸经济繁荣、品质高端、服务齐全、智慧共享。

三要着眼供给侧创新。依托洛客设计谷数字经济产业园建设，坚持设计与渠道拓展双向发力，高品质建设“陶瓷打样中心”“版权交易中心”，整合优化辖区各类设计资源，带动一批全国有影响、有实力的陶瓷生产企业研发总部落户珠山，推动“大师”向“大设计师”转变、“作品”向“产品”延伸，让洛客设计谷真正成为景德镇陶瓷“学美学、出美样、选美品，开展完美交易”的“四美”平台。

五、把社会治理的首位保障落实好

要不断深化对新时代社会治理特点规律的认识，以系统思维聚合力、以系统方法谋全局，推动珠山社会治理由“碎片化”治理向“系统化”治理转变。

一要推进城乡融合发展。扎实做好巩固拓展脱贫攻坚成果同乡村振兴的有效衔接，严格落实过渡期内“四个不摘”要求，全力梳理完善现有帮扶政策，强化各牵头部门数据共享和对接，对易返贫致贫人口实行重点监测。聚焦城乡体制职能转换，加快推进基本公共服务一体化，稳步推进镇改街道、村改社区，加快农村集体资产公司化改造步伐，因地制宜发展产业，促进资源变资产、资金变股金、农民变股民。全面实施城乡文明互动共建，挖掘、继承、创新优秀传统乡土文化，深化移风易俗，摒除陈规陋习，形成知荣辱、树正气、促和谐的良好风尚。

二要推进社区体制改革。以“社会综合体”为改革目标，以党建为引领，坚持“痛点”导向、需求导向、标准导向、组织导向，打通治理堵点，提升治理水平。要加强全链条协同，结合“智慧城市”建设，科学设置社会治理网格，充分整合社区、公安、城管等治理力量，做到问题联治、工作联动、信息联通，推动治理资源向网格聚集、治理难题在网格解决。

三要推进法治珠山建设。要抓好法治教育。切实增强法治意识和法治信仰，推动宪法实施，让宪法家喻户晓，在全区形成学法、尊法、守法、用法的良好氛围。要坚持依法行政。加快推进行政组织和行政职能的规范化、法定化，深化行政执法体制改革，着力解决多头执法、重复执法等行政执法突出问题，建立权责统一、权威高效的行政执法体制。要深化司法改革。加快现代科技在司法领域的应用，同时推动制度创新、体制创新，深入推进庭审实质化改革，构建立体化、多元化、精细化的诉讼程序体系，提高办案质量和效率，努力让群众在每一个司法案件中感受到公平正义。

六、要把文明和谐的首位形象展示好

以“可宜居、可持续、有特色、有生态、有面子、有里子、有颜值”为标准，进一步巩固文明创建成果，提升城市功能品质，优化城市公共服务，推动珠山文明和谐程度达到更高境界。

一要主动对标看齐。锚定全国文明典范城市创建标准，以重整行装再出发的姿态，严格对标“一模范四高四力”要求，细致谋划、系统研究，坚持目标引领、问题导向、综合施策，加快老旧小区、背街小巷改造提升，塑造富有文化特色、时代特征的城市新风貌。充分发挥“新时代文明实践中心”文化宣传阵地作用，常态化开展志愿服务和市民文明养成行动，大力践行社会主义核心价值观，积极发挥道德模范、“身边好人”和优秀志愿者的示范引领作用，培育良好社会风尚。完善常态长效创建体制机制，不断夯实各方责任，坚持开展“每旬一巡”和“每周一次联合执法”，形成上下联动，全方位开展文明创建的工作格局。

二要主动修复治理。深入贯彻习近平生态文明思想，牢固树立生态优先、绿色发展理念，倡导简约适度、绿色低碳的生活方式，务实推进碳达峰、碳中和行动，逐步完成南河流域综合治理和昌江水系、三宝水系修复，筑牢珠山生态屏障。扎实推进城市内涝整治，配合做好全市排水系统建设，积极推进垃圾分类，加快补齐城市功能短板。紧盯大气污染、油烟污染和噪声污染等影响人民群众生产生活的突出环保问题，健全执法机制、强化综合治理，切实把生态环境保护工作抓紧抓实抓好，打造生态宜居秀美珠山。

三要主动改善民生。始终把人民放在心中最高位置，瞄准群众“急难愁盼”的就业岗位、托幼园位、上学座位、医疗床位、养老点位、停车车位、如厕厕位等问题，加强普惠性、基础性、兜底性民生保障建设。实施更加积极的就业扶持政策，建设打造一批创业就业孵化基地、大学生就业见习基地、高技能人才培训基地等示范性服务机构。不断深化教育领域综合改革，落实落细“双减”工作要求，促进义务教育优质均衡发展。着力补齐公共卫生短板，全面推进基层卫生服务机构标准化建设。建立健全物业服务企业星级评比、惩戒退出制度，引导完善车位管理机制，着力解决夜间停车难问题。持续推进厕所革命，把公厕等环卫设施纳入项目竣工验收指标。以“一老一小”为重点，完善人口服务供给体系，大力发展社区嵌入式养老机构和家庭“适老化”改造、普惠托育服务，让民生福祉更有“温度”、更有“质感”。

四要主动防范化解。坚持打防结合、整体防控，专群结合、群防群治，把“枫桥经验”坚持好、发展好，从完善政策、健全体系、落实责任、创新机制等方面入手，不断提高预防化解社会矛盾水平，持续优化“百姓说事”平台，及时反映和协调群众各方面利益诉求，从源头上预防减少社会矛盾。要健全立体化治安防控体系，强化属地风险处置责任和维稳第一责任，做到发现在早、防范在先、处置在小，不让“小矛盾”酝酿成“大信访”。

五要主动排除隐患。要把安全发展贯穿于经济社会发展全过程，加快智慧安防小区建设。深入推进防灾减灾救灾管理机制改革，持续开展“九小场所”、危险化学品、交通、建筑施工、食品药品等重点领域安全专项整治。健全金融风险预防、预警、处置等机制，强化民间融资机构专项整治，严厉打击非法集资行为，切实抓好银行业金融机构各种存量风险化解和增量风险防范。

七、把管党治党的首位责任履行好

在新时代党的建设总要求中，加强党的长期执政能力建设、先进性和纯洁性建设是一条不断引导我们取得党的建设更大胜利的主线，需要我们深刻把握。

一要持续建强干部队伍。要不断浓厚学习氛围，开展专业化建设，制定务实培训计划，重点培训各类别干部必备知识、履职技巧、工作方法，鼓励干部接受在职专业教育。要探索谁分管、谁负责，谁领衔、谁评价的干部考评机制和竞争机制，推动能者上、庸者下、劣者汰。要扎实推进社区工作者职业体系建设、“两新”组织党务工作者专业化建设，着力打造一支政治素质好、治理能力强的基层党组织带头人队伍。

二要持续夯实党建基础。探索开展基层党建星级创评活动，打造一批有推广价值或有特色亮点的党建品牌及有影响力的工作示范点，加大社会组织发展党员力度，进一步凝聚全区基层党建工作力量。支持社区项目建设，按照“办公场所最小化、活动场所最大化”的要求，进一步整合阵地资源、优化空间布局、拓宽服务功能，推广建设“暖心驿站”，打造有品质、有温度、有人气的社区活动阵地。加强对社区工作的领导和指导，完善制度设计，健全管理体制，强化社区财务、绩效的考核和管理，加大资金投入，做到教育与监督、奖励与惩处并重。

三要持续推进勤廉珠山。要以作风建设大讨论活动为抓手，推动全区上下向更加清廉有为转变，破除高质量发展藩篱，让“躺平式”干部躺不住，让装样子、混日子没市场。要围绕易炼红同志《关于抓工作落实的调研与思考》一文，对照“三个问一问，两个必须”要求，找差距、比不足，坚持干字当头、实字为先，一锤接着一锤敲、一件接着一件办，以钉钉子精神把各项举措落细落实、务实求效。要制定向基层一线倾斜的选人用人方案，明确“重基层、重一线”的工作导向。要同心同向讲团结，坚持以党的事业为重、大局为重、人民利益为重，做到分工负责共担当，营造风清气正心齐的政治生态。要在全国范围选好参照系、对标优等生，向优者学、与快者比、跟强者争、朝高者攀，多打大算盘、算大账，少打小算盘、算小账，努力在百舸争流、千帆竞发的激烈竞争中掌握主动、加快跨越赶超。

同志们，做好2022年工作，责任重大、任务艰巨。我们要深入贯彻落实中央决策部署和省、市委工作要求，进一步解放思想、争先进位，踔厉奋发、笃行不怠，为全面建设社会主义现代化国际瓷都先行区而努力奋斗，以优异成绩迎接党的二十大胜利召开！

在中共珠山区委十二届五次全体（扩大）会议上的讲话（节选）

珠山区委书记 徐 华

（2022 年 12 月 19 日）

同志们：

2022 年，全区上下高举习近平新时代中国特色社会主义思想伟大旗帜，在市委、市政府坚强领导下，区委团结带领广大干部群众，完整、准确、全面贯彻新发展理念，坚持稳中求进工作总基调，锚定全年经济社会发展目标任务，大力推进国家试验区建设，全力实施“五新”战略行动，以“五区共建”为战略支撑，珠山经济社会发展在挑战中承压前行、变局中逆势稳增，全面建设社会主义现代化国际瓷都先行区实现良好开局。

这一年，我们讲政治、讲大局、迎大战、迎大考，攻坚破难，负重前行。这一年，我们策应市委“工业倍增三年行动计划”，突破历史地引进了一个“工业 20”项目（低铁磁感取向硅钢项目）。我们策应省委“双一号工程”，“央视网·瓷”等一批数字经济项目落地见效。我们策应御窑厂申遗，古街征收项目 40 天落地。我们策应国家级夜间文化和旅游消费集聚区建设，推动夜间经济高质量发展，打造“夜珠山”消费带获得省委主要领导高度肯定。这一年，我们防汛抗洪、同力抗疫、文明创建、配合巡视。这一年，工作经历极不平凡，工作成绩极为不易。在此我向广大党员干部致以最崇高的敬意！

一、坚持对标对表、同向同行，坚决做到“两个维护”

区委坚持以习近平新时代中国特色社会主义思想作为根本遵循，持续在学懂弄通做实上下功夫，引导广大干部群众深刻领悟“两个确立”的决定性意义，增强“四个意识”、坚定“四个自信”、做到“两个维护”，把珠山区打造成最讲党性、最讲忠诚、最讲政治的首善之区。

一是认真学习研讨。区委始终坚持把学习贯彻习近平新时代中国特色社会主义思想作为首要政治任务，深入学习《习近平谈治国理政》第四卷、《党的二十大报告学习辅导百问》等读物，及时跟进学习习近平总书记重要讲话和重要指示批示精神。区委理论学习中心组带头围绕党章、党内法规、习近平总书记关于统筹推进疫情防控和经济社会发展的重要论述等主题，进行了 21 次集体学习研讨，做到学思用贯通、知信行统一。党的二十大胜利闭幕后，立即召开全区领导干部会议、区委常委会会议、区委理论学习中心组集体学习会等传达学习党的二十大精神，印发《关于认真学习宣传贯彻党的二十大精神的通知》，对学习宣传贯彻工作进行部署，推动党的二十大精神入脑入心、落实落地。

二是广泛教育宣讲。制定了《关于迎接党的二十大胜利召开组织开展“强国复兴有我”群众性主题宣传教育活动的通知》《关于做好宣传贯彻党的二十大精神氛围营造工作的通知》等文件，紧紧围绕“喜迎二十大 奋进新征程”“三大会战”等主题开展宣讲活动 600 余场，线上线下受众 8 万余人，策划制作了“坚守，‘疫’无反顾”“营商环境大家谈”等特色专栏。在“学习强国”全国总平台上稿 1 篇、省级平台上稿 62 篇；央视主流媒体上稿 22 篇，省级媒体上稿 400 余篇，市级媒体上稿 800 余篇。

三是全面贯彻落实。聚焦“作示范、勇争先”目标定位，认真梳理贯彻落实习近平总书记重要讲话重要指示批示、党中央重大决策部署情况，加大督查督办力度，确保各项工作落地落实。在习近平总书记视察江西三周年之际，重温习近平总书记视察江西重要讲话精神，动员全区上下从更高层次落实习近平总书记的殷殷嘱托，助力建好国家陶瓷文化传承创新试验区，以优异成绩回报总书记的关心厚爱。筹备召开区委十二届五次全会，对照党的二十大提出的宏伟目标、总体任务、战略部署，结合珠山实际，研究制定《中共珠山区委关于深入学习宣传贯彻党的二十大精神 加快全面建设社会主义现代化国际瓷都先行区的决定》，切实把党的二十大精神转化为推动高质量跨越式发展的思路举措和生动实践。

二、坚持人民至上、生命至上，有力有效应对大战大考

面对疫情汛情的严重冲击，区委始终坚持人民至上、生命至上的执政理念，坚决打好疫情防控的人民战争、总体战、阻击战，坚决打好抗洪救灾的攻坚战，确保人民生命财产安全。

一是全力以赴防汛抗洪。6 月以来，面对历史罕见的防汛抗洪形势，区委坚决贯彻落实习近平总书记重要指示精神，立足防大汛、抗大洪、抢大险，及时启动和调整应急响应等级，以战时标准、战时状态、战时纪律，取得了防汛抗洪斗争的全面胜利。应急响应期间，全区广大干部群众迅速投入抗洪抢险一线，党员干部、抢险队员紧急驰援、冲锋在前，出动 18 支救援小分队，会同社会救援队伍共计 600 余人参与救援，转移群众832人，切实维护了人民群众生命财产安全。

二是上下一心创文国检。制定了《珠山区常态长效创建全国文明城市迎检工作方案》，成立了区委主要领导为组长、有关县级领导为副组长和各单位负责人为成员的迎检领导小组，下设5个工作组和249个点位工作专班。31名县级领导率先垂范挂点包居，区直各部门力量全部下沉一线，进社区、巡路段。组织志愿服务队、人大代表、政协委员和社会各界3000余人积极参与，形成了区、街、居、楼栋四级联创、齐抓共建的工作格局，国检期间涉及我区点位30个，约占全市点位总数的60%，为我市顺利通过创文国检作出了巨大贡献。

三是极其不易同心抗疫。疫情发生后，区委快速响应、高效指挥、有力应对，按照“坚定信心、同舟共济、科学防治、精准施策”的总要求，第一时间启动了疫情联防联控工作机制，快速构建了应急指挥体系“新十条”政策出台后，我们严格落实疫情防控工作新要求，提供科学防疫“七个一”宣传引导服务，让人文关怀更有温度。对重点人群全面摸排，登记造册，动态管理。在辖区范围内新设立26个发热门诊，落实分级诊疗，确保防控措施调整转段平稳有序。

四是同题共答省委巡视。9月15日，按照省委统一安排，省委第四巡视组对我区开展常规巡视。区委先后多次召开专题会议研究相关配合巡视工作，制定了《配合省委巡视工作方案》，成立了区委配合巡视工作领导小组，统筹协调配合省委巡视工作。两个月来，巡视组调阅各类资料500余卷，与100余名干部和相关人员谈话，深入10余个单位开展下沉调研，了解问题30余人次。工作中，我区全体干部展现了良好的职业素养，严肃谨慎的纪律作风，认真高效的工作状态，严谨细致的工作态度，得到了巡视组的高度评价。

五是多措并举复工复产。加快推进复工复产，最大限度减少疫情对群众生活和企业发展的影响。立足保民生，建立供应和物价监测机制，紧盯“菜篮子”“米袋子”，加强物资调配，严厉打击哄抬物价、囤积居奇等不法行为，保障了粮油、蔬菜、肉类等生活必需品供应充足平稳。充分发挥财政救助资金的兜底作用，加大对低保对象、特困供养对象、低收入家庭等困难群体的救助力度。着力稳运行，打好助企防疫、援企行动、惠企政策“组合拳”。截至2022年11月，珠山区“财园信贷通”在贷企业23家，帮助企业解决资金缺口约9335万元。实施新一轮商贸消费升级“三年行动”，开展消费促进活动，今年以来在节假日期间共计发放20余万元消费券，成功带火全城假日消费热潮。组织企业参加第二届中国米粉节、2022赣菜美食文化节等活动，为企业争取相应参展补贴，助力企业“走出去”，千方百计与企业一起“过关”。

三、坚持稳中求进、提质增效，经济高质量发展迈出坚实步伐

面对国内外环境深刻复杂的变化，区委坚定不移贯彻新发展理念，加快推进高质量跨越式发展，努力推动经济运行整体向好。

一是经济运行稳中有进。始终坚持“两手抓、两手硬”，全区经济运行保持平稳健康、持续向好态势。前三季度地区生产总值205.1亿元，同比增长4.9%；社会消费品零售总额完成154.5亿元，同比增长5.5%，增幅位列全市第2；城镇居民人均可支配收入完成37737元，同比增长4.9%。1—10月，规模以上工业增加值同比增长8.9%；固定资产投资总额同比增长10.0%，其中工业项目投资中工业技改投资比重为65.96%，位列全市第一；规模以上服务业营业收入完成53.06亿元，同比增长17.0%；规模以上数字经济核心产业企业营业收入同比增长152.3%，增幅位列全市第二。

二是产业发展提质升级。实施数字经济做优做强“一号发展工程”，2022年启动数字经济重点项目5个，开工率100%，总投资5.5亿元，当年计划投资2.35亿元，1—11月完成投资2.45亿元，年度完成率104%。瞄准专业芯片、电子元器件、半导体等领域，大力支持瓷与链智能科技、鑫惠康电子等企业做大做强。紧盯数字文创领域，全面助力闲云居、真如堂、瓷上功夫、青花故事等陶瓷文创企业做深做实。“央视网·瓷”项目成功落户，8月开播以来线上销售额341.2万元。成功引进梦网科技有限公司，打造艺次元·元宇宙陶瓷项目落地。

三是项目建设成效显著。立足珠山、强化融合，深入实施“项目大会战”。2022年安排区重点工程建设项目28个，项目计划总投资约233.66亿元，其中续建项目7个，计划总投资约43.82亿元；新建项目14个，计划总投资约112.66亿元；前期储备项目7个，计划总投资约77.18亿元。洛客设计谷、瓷源境文旅产业园等一批重点项目一期落成并满园运行。瓷源境二期、三宝国际瓷谷三期、老鸦滩瓷文化·城市更新项目加快推进。东片区道路改造工程加快推进，新厂东路与何家桥路、景德大道二标段全线通车。

四、坚持改革创新、扩大开放，发展动力活力得到进一步增强

发展环境越是严峻复杂，越要用好改革开放创新这个“关键一招”，区委坚持向改革要活力、向开放要空间、向创新要动力，为高质量跨越式发展提供强大动能。

一是改革攻坚不断深化。加强对改革工作的领导，先后召开5次区委深改委会议，部署改革任务17项。串联陶溪川文创街区等4大优质文旅板块，打造成“夜珠山”消费带集聚区，初步形成了“全域、全时、全龄”的夜间消费生态体系，有效带动城市经济高质量发展，已成功获批两家国家级夜间文化和旅游消费集聚区。省委深改委第二十四次会议听取我区关于探索“夜珠山”国家级夜间文旅消费带模式的情况汇报，工作成绩得到省委主要领导高度评价。2021年10月以来“夜珠山”消费带累计吸引游客约3600万人次，带动2万余人就业，实现夜间旅游收入约128亿元，约占全市旅游总收入的27%。

二是开放水平不断提升。坚持

“走出去”“请进来”，共计外出招商 83 次，其中区主要领导累计外出招商 26 次，各招商小分队累计外出 57 次；外出招引或接待企业来访共计 500 余人次。接洽各类项目 65 个。截至 11 月底，利用省外资金项目实际进资 32.79 亿元；同比增长 8.62%。已审核认定亿元以上省项目 22 个，其中亿元工业项目 13 个；5 亿元工业项目 7 个；10 亿元工业项目 1 个。“5020 项目”（低铁磁感取向硅钢项目）成功以“飞地经济”的形式与高新区三方签约。该项目总投资约 22.6 亿元，预计一期达产后年产低铁磁感取向硅钢 6 万吨，年产值 10 亿元以上，项目全部达产后年产值不少于 35 亿元。

三是营商环境不断优化。深入推进营商环境优化升级“一号改革工程”，组建四套班子主要负责同志任组长的领导小组和党政主要负责同志任指挥长的指挥部，创新推出“一二三”+“三位一体”工作法，紧盯“全省第一方阵、全市保三争一”的一个目标，建立指挥长会议、红黑榜两项制度，点线面融合推进政务服务 +“珠事顺利”、“千千入万企”+“12345”、“五大改革”+“十大行动”的“三条路径”，五组一中心和指标牵头部门、指标配合部门一体发力，全力打响“珠事顺利”营商环境品牌。重点开展“新官不理旧账”、工作人员不作为慢作为、中介服务等专项整治，探索完善“企业安静期”“超时默许制”“首违轻微免罚”等暖心机制，真正做到有事必应、无事不扰，推动全区营商环境实现根本性、整体性提升。截至目前，惠企通注册率、电子印章申领率、破产案件结案数、执转破案件受理完成率等 10 项指标位列全省前列，每万人有效发明专利拥有量、民商事案件结案率、赣政通活跃率等 11 项指标位列全市第一，“珠事顺利”相关做法入选市首批营商环境典型案例。

五、坚持民生至上、共享发展，持续增进群众幸福感获得感安全感

民心是最大的政治，区委始终坚持发展为了人民、发展依靠人民、发展成果由人民共享的发展理念，大力提升中心城市功能品质，用心用情用力办好民生实事，不断满足人民群众对美好生活的需要。

一是城市功能持续完善。持续深入开展背街小巷、农贸市场、控违拆违、农村人居环境等专项整治，全年拆除违法建筑 480 余处，共计约 1.8 万平方米，城市面貌不断提升。稳步推进全区背街小巷及老旧小区改造提升，2022 年完成棚改征收 1018 户，征收面积约 9.52 万平方米。2022 年我区申报老旧小区改造任务 5334 户，涉及老旧小区改造 16 个，改造建筑面积约 68 万平方米。实施环境空气质量提升行动，深入打好蓝天、碧水、净土保卫战，严格落实河湖林长制，强化对新、老南河排污口监管，持续提升城市污染防治精细化管理水平，截至 11 月，空气优良天数比例为 98%，地表水国控、省控断面水质优良比例为 100%，集中式饮用水水源水质达标率 100%，无受污染耕地和污染地块。

二是社会事业全面发展。截至 11 月底，全区城镇新增就业 2638 人，完成目标任务 91%，城镇就业率为 96.5%；城镇零就业家庭安置率达 100%。以前所未有的力度持续推进学校建设，一年内投入 2.64 亿元，完成第一小学新校园和珠山实验学校改扩建工程，新增学位 3450 个。突出教育优质均衡普惠，落实“双减”政策，打造高效课堂，提升教师教学水平。通过面向社会招聘、政府购买服务、签约公费师范生以及引进人才等方式，以前所未有的力度招录中小学校及幼儿园老师 140 人，充实教师队伍，师资力量得到新加强。进一步提高社区工作者和城管队员收入待遇，社区工作者实行统一的“基本报酬 + 绩效报酬”薪酬体系。薪酬水平不低于上年度当地全口径城镇单位就业人员平均工资（景德镇市 2021 年为 5078 元 / 月）。城管队员人均月收入提升至 3000 元左右。把“幸福社区”作为推进幸福江西建设的基本单元，以数字化改革为街道社区扩权赋能。目前，画眉楼社区、南河社区、三宝村、湖田村共 4 个村社区作为首批试点，将在年底完成建设工作。

三是和谐局面更加巩固。牢固树立总体国家安全观，扎实推进更高水平的平安珠山建设，常态化开展扫黑除恶斗争。深入开展涉法涉诉信访积案化解工作，成功化解涉法涉诉信访积案 14 件，市“895”专项行动共交办我区 65 件，已全部上报化解，化解率 100%。开展矛盾纠纷大排查大化解专项行动，共排查矛盾纠纷 1477 起，化解 1445 起，化解率 97.83%。圆满完成了党的二十大、全国两会、瓷博会等重要时间节点的安保维稳工作。深入开展“两个反诈”工作（养老诈骗、电信网络诈骗），捂紧百姓“钱袋子”。创新打造市域治理项目亮点，打造七点半夜巡、电动车巡防队、青花姐姐巾帼志愿服务队、妈妈防火团等多个亮点品牌，里村街道马鞍山社区、石狮埠街道五龙山社区成功入选市级“五社联动”工作试点单位。

四是文明新风蔚然成风。升级改造珠山区新时代文明实践中心，促进“两中心一平台”深度融合。打造了“实践中心—实践所—实践站—实践点”四级服务阵地，实现了新时代文明实践中心（所、站）全覆盖。推选陈智等 13 人为 2022 年“瓷都好人”，推选李木花等 3 人为 2022 年“江西好人”。制定了《珠山区关于开展全国全省道德模范事迹展示宣传活动方案》，组织开展好模范事迹展示宣传、文明家庭评选和第一届星级文明户评选活动。截至 11 月，全区注册志愿者达 84000 余人，服务时长达 28 万余小时，志愿服务组织 466 个，志愿服务项目 17526 个，胡余徽等 27 人被表彰为市级优秀志愿者，小巷宣讲志愿服务队等 7 个志愿服务组织被表彰为市级优秀服务组织，昌盛社区等 11 个社区被表彰为市级优秀服务社区。

六、坚持党要管党、从严治党，党的建设全面加强

全面从严治党永远在路上，区委坚决贯彻新时代党的建设总要求和新时代党的组织路线，把严的主基调长期坚持下去，全面提升党的建设质量水平，营造风清气正的良好政治生态。

一是压实管党治党政治责任。区委坚持把管党治党主体责任扛在肩上、落实在行动上，定期召开区委常委会听取其他三套班子党组、法检两院党组和纪检监察工作汇报，督促四套班子成员自觉履行“一岗双责”。研究制定《中共珠山区委落实全面从严治党主体责任2022年度责任清单和任务安排》，压紧压实管党治党责任，增强监督的针对性、有效性。同时，出台《贯彻落实〈中共中央关于加强对“一把手”和领导班子监督的意见〉任务清单》，提出55项落实措施，推动形成“一把手”牵头抓、班子成员主动抓、纪检监察机关专责抓、部门联动协作抓的工作格局。区委班子成员带头深入开展政治谈话，共对各街道、区直部门党政“一把手”开展政治谈话137人次。坚持反腐败工作态度不变、决心不减、尺度不松，深化运用“四种形态”，保持惩治腐败压倒性力量常在、强大势能常在。今年以来，全区纪检监察机关共受理信访举报件134件，立案87件，结案96件，给予党纪政务处分102人，其中科级干部10人；办理留置案件9件，其中自办2件；运用“四种形态”批评教育帮助和处理173人次，其中运用第一种形态批评教育帮助69人次，占总人次的39.88%。

二是推进基层党建创新发展。区委始终坚持以高质量党建引领乡村全面振兴，继续探索“三个三”发展的新路径，2022年珠山区村级集体经济经营性收入达15万元以上的村14个，达标率100%。以打造模范机关党组织工作为契机，充分发挥“党建+发展引领”“党建+政策服务”等作用，开展各项惠企活动。积极组织各级党组织书记和党员领导干部在“七一”期间上专题党课,参加主题党日活动。“七一”期间，共组织372人讲党课，受众10323人。强化社区物业党建联建，制定《关于进一步加强珠山区物业管理工作的实施意见》等文件，全区56个社区实施了物业党建联建，符合条件的住宅小区业委会或物业管理委员会组建率达85%。

三是着力打造过硬干部队伍。牢固树立“四个优先使用”用人导向，重点使用“六类”干部，科学配置区属科级领导班子。2022年2名街道书记，1名区直单位主官被市委提拔为副县级干部。不断提升干部干事创业能力素养，有计划、分批次将干部派往基层一线承担急难险重任务，让干部在基层岗位中砥砺品格,在工作一线“比学赶超”。2022年组织开设各类主体班7次，选派12名干部到市区信访局跟班学习。健全激励担当制度，让干部干事创业有想法、有干劲。注重考准干部，实施分类年度考核机制，建立“大考评”体系，探索制定干部综合评价积分管理制度，积分评价结果直接与干部使用、排位、待遇“三挂钩”。充分发挥榜样示范引领作用，注重在中心工作、重点项目、急难险重一线发现担当作为典型。

四是广泛凝聚团结奋进合力。坚持和加强党的全面领导，严格贯彻落实习近平总书记关于加强和改进新时代地方人大工作、人民政协工作、统一战线工作的重要思想，支持人大、政协依法按章履职；不断完善大统战工作格局，最广泛的爱国统一战线得到巩固发展；全面贯彻党的民族宗教工作方针，维护民族宗教领域和谐稳定；积极推进国防动员和后备力量建设。坚持人才强区战略，今年以来，认定市“3+1+X”产业人才131人，评选市级创新创业示范基地2家，1人成功获评“省双千计划”人才。积极做好工会、共青团、妇联、科协等群团工作，加强对非公有制经济人士、党外知识分子和新的社会阶层人士的团结引导，广泛凝聚了全区高质量跨越式发展的强大合力。

一年来，区委常委会高度重视自身建设，带头深学笃行习近平新时代中国特色社会主义思想，增强“四个意识”、坚定“四个自信”、做到“两个维护”。带头严肃党内政治生活，认真执行民主集中制，严守党的政治纪律和政治规矩。带头落实意识形态工作责任制，定期研究意识形态工作，牢牢把握意识形态工作领导权。带头贯彻落实中央八项规定及其实施细则精神，严格遵守廉洁自律准则，深入践行党的群众路线，主动接受各方面监督。

回顾一年来的工作，走过的历程极不寻常，取得的成绩来之不易。这些成绩的取得，是区四套班子齐心协力的结果，是社会各界关心、支持、帮助的结果，更是全区广大干部群众奋力拼搏的结果。

区委常委会分析了当前面临的困难和存在的不足，主要是：外部发展环境复杂多变，创新创业人才不足，改革开放仍需进一步深化；项目体量偏小、支撑力还不强，产业业态和结构亟待提升；干部解决实际问题的能力还有待进一步提升，等等。区委常委会将团结带领全区广大干部群众，强化政治担当，坚持问题导向，强化攻坚意识，不断开创社会主义现代化国际瓷都先行区建设新局面。

景德镇市珠山区人民代表大会常务委员会工作报告（节选）

——2022 年 2 月 22 日在珠山区第十一届人民代表大会第二次会议上

珠山区人大常委会副主任　余　畅

各位代表：

受区十一届人大常委会委托，我向大会报告工作，请予审议。

二〇二一年的主要工作

2021 年是实施“十四五”规划、开启全面建设社会主义现代化国际瓷都先行区的开局之年，也是区十一届人大常委会履职的起始之年。区人大常委会（以下简称“常委会”）以习近平新时代中国特色社会主义思想为指导，全面贯彻党的十九大和十九届历次全会以及中央人大工作会议精神，坚决落实习近平总书记关于坚持和完善人民代表大会制度的重要思想，在中共珠山区委的正确领导下，紧紧围绕全区发展大局和人民关切，认真履行宪法法律赋予的各项职权，以新担当、新作为开创人大工作新局面，为推动全面建设社会主义现代化国际瓷都先行区贡献人大力量。

一、同心同力，在贯彻区委决策上体现新担当

常委会始终把坚持党的全面领导作为人大工作的首要政治原则，始终与区委思想上同心、目标上同向、工作上同力，切实把党的领导贯穿人大工作全过程。

坚持党的领导，思想上与区委同心。坚持把党的全面领导作为人大工作不可动摇的生命线，在思想上坚持正确政治方向，深入学习贯彻习近平新时代中国特色社会主义思想以及关于坚持和完善人民代表大会制度的重要思想，增强“四个意识”、坚定“四个自信”、做到“两个维护”，坚决捍卫“两个确立”。在工作上坚守正确政治立场，坚持党总揽全局、协调各方的领导核心作用，自觉把常委会置于区委领导下开展工作，主动服从服务工作大局，严格执行请示报告制度，主动向区委汇报工作，及时向区委请示报告重点工作、重要会议、重大事项。

贯彻区委意图，目标上与区委同向。紧紧围绕区委决策部署和全区经济社会发展大局，依法决定重大事项，确保人大作出的决策决议符合区党代会精神。一年来，共召开常委会会议 14 次，主任会议 16 次，听取和审议专项工作报告 12 项，作出决议决定　4 项；坚持党管干部原则与人大依法选举任免有机统一，对区委人事安排和“一府一委两院”提请的任免议案依法办理。一年来，共任免国家机关工作人员 55 人次；扎实开展人大换届选举工作，精心组织、科学部署、周密安排，圆满完成了区、镇两级人大换届选举工作，选举产生新一届市人大代表 69 名，区人大代表 199 名。

响应区委号召，工作上与区委同力。积极参与全区中心及重点工作，不断融入全区经济社会改革发展大局，切实做到区委有号召、人大有部署、代表有行动。一年来，区人大紧紧围绕招商引资、疫情防控、常态长效创建、社会治理、乡村振兴等中心及重点工作，积极响应区委号召，主动作为，配合招商小分队围绕总部经济、数字经济开展招商引资工作；在社会治理工作中，按照职责分工，全面完成市域治理社会化改革工作；切实开展乡村振兴工作，严格按照脱贫攻坚要求，做到队伍不撤、政策不变、力度不减，助力乡村振兴。

二、尽职尽责，在推动依法监督上展现新作为

常委会牢牢把握依法监督的基本定位，大力弘扬监督为民的价值取向，不断创新监督方式方法，着力增强监督实效。

以预算审查为重点，加大经济监督力度。依法审查批准区人民政府 2020 年财政决算及 2021 年财政预算，预算监督“硬约束”进一步凸显；突出财权与事权相匹配的基本原则，前移预算审查关口，深度介入预算编制前期工作，推动预算编制与项目规划同步启动、及时对接，着力提升预算的科学性和前瞻性；听取了区国资公司关于国有资产经营管理情况的专项报告，为促进国有资产保值增值提出意见建议；坚持为审计监督“撑腰打气”，对区本级财政、区农业农村水务局等审计查出问题进行跟踪整改，开展满意度测评，切实将审计监督落到实处。

以增进福祉为导向，加快民生改善速度。坚持人民利益至上，着眼于满足人民群众美好生活需要，持续释放人大监督力量。对饮用水源地进行执法检查，依法履行保障农村饮用水安全；开展中央环境督察组反馈信访件督查工作，听取审议了全区环境状况和环境目标完成情况报告，进行了满意度测评，促进生态环境持续改善。审议区行政服务中心运行情况，提出合理的意见建议，打通服务群众“最后一公里”，提升了为民服务的能力；组织代表对校园食堂食品安全工作情况进行了调研，听取了区市场监督管理局关于学校食堂食品安全工作

情况的汇报，维护了校园食堂食品安全。

以法治珠山为目标，提高法律监督精度。听取审议区法院《服务保障营商环境优化工作情况的报告》，支持法院发挥审判职能作用，为我区经济高质量发展营造良好的法治环境；组织代表参加了区检察院认罪认罚开庭审判现场会，节约了司法成本，缩短了办案时间、提高了办案质效；听取审议了《珠山区"七五"法治宣传教育规划实施情况的工作报告》，对《珠山区开展第八个五年法治宣传教育的决议》进行备案审查，深入推进法治教育。

三、聚智聚力，在发挥代表作用上凝聚新合力

常委会充分发挥代表主体作用，不断提升代表履职能力，完善工作机制，丰富代表活动形式，凝聚代表发展合力。

做活联络站点添动力。开展了区级领导人大代表进联络站常态化制度化，区委书记、区人大常委会主任等县级领导进人大代表联络站开展接待代表和选民活动，与选民群众面对面交流、心贴心服务，切实发挥了代表联络站为代表履职、联系选民的平台作用。

做优服务保障激活力。针对换届以后多为新代表的情况，邀请了省人大常委会选任联工委原副主任李元生和市委党校副校长傅得球为新一届市、区两级人大代表就新时代人大代表如何履职和十九届六中全会精神进行了培训，尽快让代表了解和掌握人民代表大会制度和代表履职相关知识，提升代表履职能力。

做实跟踪督办增效力。按照"内容高质量、办理高质量"的要求，在建议提出、交办、办理、督办、答复等环节持续优化管理服务，切实做好了区十一届人大一次会议期间代表提出的16件建议的跟踪督办工作，办复率、满意率达100%。

做强代表活动聚合力。精心组织代表参加常委会的调研视察活动，组织代表旁听法院庭审，邀请代表对征兵、低保办理等工作进行全过程监督，丰富代表履职形式。发放代表履职手册，将代表的活动记录在册，提高代表履职的积极性和规范性。

四、立学力行，在加强自身建设上树立新形象

常委会主动适应新时代人大工作要求，持续深入推进党史学习教育，不断强化理论武装，改进工作作风，推动人大工作与时俱进、创新发展。

政治建设摆在首位。强化常委会党组政治责任，加强机关党支部标准化规范化建设，健全完善党建工作制度，严格落实全面从严治党主体责任。按照"学党史、悟思想、办实事、开新局"的要求，扎实开展党史学习教育，深入落实"千名干部大走访"活动，积极推进"我为群众办实事"活动，通过干部走访问需、问计、问策，解决群众实际困难14个，切实将党史学习教育成果转化为惠民成果。

作风建设主动进位。大兴调查研究之风，改进调研方式，确保提出的意见有理有据，作出的决策切实可行。换届后重新调整各委办对口联系部门，加强各专委办和部门之间的协调配合，形成工作合力。注重对外联系和横向交流，先后与安徽黟县、赣州上犹县、郑州中牟县、无锡梁溪区、抚州临川区、四川蒲江县等人大进行交流联系，在相互学习中共同提升。

基础建设夯实到位。坚持邀请基层人大负责人列席常委会，完善规范镇人大会议制度，加强对镇（街）人大工作的业务指导，进一步提升镇（街）人大工作业务能力，提升人大工作整体水平。安排专人负责珠山人大门户网站，及时更新信息，充实网站内容，筑牢人大对外宣传阵地。按照省数字人大工作要求，常委会正在规划建设会议表决系统，提高常委会办会水平，从而推动人大工作数字化建设。

各位代表，过去的一年常委会取得的成绩，是在区委的坚强领导下，全体组成人员和广大代表履职尽责、扎实工作的结果，是区"一府一委两院"积极配合、团结协作的结果，更是社会各界和全区人民大力支持、共同参与的结果。在此，我谨代表区人大常委会向所有关心、支持和帮助人大工作的同志们和社会各界人士表示崇高的敬意和衷心的感谢！

回顾一年来的履职实践，我们也清醒地认识到，常委会各项工作与时代的发展、人民的期望、代表的要求还有一定差距。主要是监督方式运用不多，推动经济社会高质量发展的力度还有待进一步加大；代表履职能力不强，代表主体作用的发挥还有待进一步提升；管理服务水平不高，常委会自身建设还有待进一步加强。对此，我们将以改革创新的精神，采取积极有效措施，切实加以改进。

二○二二年的工作安排

2022年是党的二十大召开之年，也是贯彻落实中央人大工作会议精神的开局之年，更是我区全面建设社会主义现代化国际瓷都先行区的关键之年。新的一年，区人大常委会工作总体要求是：坚持以习近平新时代中国特色社会主义思想为指导，全面贯彻党的十九大和十九届历次全会精神，深入贯彻习近平总书记在中央人大工作会议上重要讲话和视察江西重要讲话精神，全面落实省、市、区党代会精神，以景德镇国家陶瓷文化传承创新试验区建设为统领，在中共珠山区委的坚强领导下，坚持高质量推进五区共建，坚持高标准拓宽四大路径，坚持高效率打好"三大会战"，坚持党的领导、人民当家作主、依法治国有机统一，加强和改进新时代人大工作，不断发展全过程人民民主，担当实干、勇毅前行，全面建设社会主义现代化国际瓷都先行区，以优异成绩迎接党的二十大胜利召开。

各位代表，珠山正值全面建设社会主义现代化、推进高质量跨越式发展的关键时期，按照全面建设社会主义现代化国际瓷都先行区的宏伟目标和上述总体要求，常委会今年将着重做好以下四个方面

的工作：

一、坚持“三个始终”，更加自觉地坚持党的全面领导。始终牢记人大政治属性，学深悟透“两个确立”，增强“四个意识”、坚定“四个自信”、做到“两个维护”，切实把坚持党的领导贯穿于人大工作的全过程；始终坚持强化理论学习，把学习好、宣传好、贯彻好习近平总书记关于坚持和完善人民代表大会制度的重要思想为首要政治任务，着力在学懂弄通做实上下功夫，领会精神实质，武装头脑、指导实践、推动工作；始终坚持响应区委号召，自觉维护区委总揽全局、协调各方的领导核心地位，保证区委的决策部署在人大得到全面贯彻落实。坚持请示报告制度，常委会重大会议、重要决定、重点工作都要向区委请示报告、批准后组织实施。

二、锁定“三个导向”，更加主动地凝聚发展合力。紧紧围绕区委部署的重点、政府工作的难点和社会关注的焦点，整合各界资源，凝聚代表合力，为珠山全面建设社会主义现代化国际瓷都先行区贡献力量。锁定“高质量”导向，明确监督重点。深入贯彻落实区十二次党代会精神，围绕“三大会战”领域，以“高质量”为标准，加强对“十四五”规划纲要执行情况监督，促进我区经济社会高质量发展；锁定“高标准”导向，创新监督方式。创新监督形式，积极探索“视察＋评议”“审议＋询问”“决定＋督办”等举措，依法履行监督职权，凝聚发展合力；锁定“高效率”导向，增强监督实效。充分发挥人大视察监督的作用，对法律法规贯彻实施情况进行专项执法检查，推动法律法规有效实施。开展区、镇（街）两级人大联动监督，凝聚监督力量，发挥整体监督效应。

三、强化“三个突出”，更加贴心地做好服务保障。发挥代表主体作用，狠抓代表工作制度建设、代表活动开展、代表建议督办，服务发展大局。突出制度建设，推动代表履职科学化。调整完善常委会、委员、代表“三联系”工作制度，实行常委会班子成员联系常委会委员，常委会委员联系代表，代表联系选民工作机制。突出组织引导，推动代表活动常态化。围绕疫情防控、常态长效创建、招商引资、社会治理等重点工作，依托镇（街）代表联络站平台精心开展好代表团活动，积极引导代表助力珠山高质量发展，丰富代表闭会期间活动；突出履职保障，推动代表管理规范化。实行代表履职全过程管理，发放代表履职手册，建立代表履职档案，细化代表团活动计划，促进代表管理规范化。

四、围绕“三个紧扣”，更加坚定地深化自身建设。着眼“建机制、转作风、强宣传”，持续加强人大自身建设。紧扣职责使命，建机制明责任。按照中央人大工作会议精神，修订完善常委会议事规则、监督工作、人事任免、代表工作等规章制度，明晰常委会和代表工作职责，提升人大履职尽责能力，为常委会依法高效履职和机关规范服务提供制度保障；紧扣目标任务，转作风抓落实。聚焦改革发展重点、着眼社会治理难点、紧盯群众关注热点，精选监督议题，定责定时定标，切实做到视察检查去繁就简、审议监察去虚就实，增强代表意见建议的针对性和可操作性；紧扣时代要求，强宣传树形象。进一步加大人大工作宣传工作力度，在依托门户网站、“古镇珠山”新闻媒体宣传的基础上，加大“数字人大”等新平台的宣传力度，拓宽宣传渠道推动人大宣传工作与时俱进。加大人大代表履职活动宣传工作力度，选优树优，讲好人大故事、传播人大声音，树立人大代表“做示范、勇争先”的良好形象。

各位代表，实干笃定前行，汗水浇灌收获。让我们更加紧密地团结在以习近平同志为核心的党中央周围，在中共珠山区委坚强的领导下，坚持以习近平新时代中国特色社会主义思想为指导，牢记嘱托、感恩奋进，担当实干、提质加速，为珠山全面建设社会主义现代化国际瓷都先行区作出新的更大贡献，以优异成绩迎接党的二十大胜利召开！

珠山区政府工作报告（节选）

——珠山区第十一届人民代表大会第二次会议

珠山区人民政府区长 徐 华

（2022 年 2 月 22 日）

各位代表：

现在，我代表区人民政府向大会报告工作，请予审议，并请区政协委员和列席会议的同志提出意见。

一、2021 年工作回顾

2021 年，在市委、市政府和区委的坚强领导下，全区上下坚持以习近平新时代中国特色社会主义思想为指导，全面贯彻党的十九大和十九届历次全会及省、市、区党代会精神，深入贯彻落实省委全面建设“六个江西”目标要求①，积极践行市委“五新”战略行动②，高质量推进“五区共建”，全力打好“三大会战”，在冲刺中完成交接棒，经济社会发展实现了量质双升。

一年来，我们主要做了以下工作：

（一）经济指标跨越式提升。各项主要经济指标位居全市前列。全区一般公共预算收入完成 8 亿元，增长 6.4%，增幅全市第一；社会消费品零售总额 201.2 亿元，增长 17.3%，总量、增幅均列全市第一；工业固定资产投资增长 48.8%，增幅全市第一；新增“四上”企业③ 81 家，列全市第一。全区地区生产总值完成 256.3 亿元，增长 8.7%，增幅全市第二；固定资产投资增长 9.6%，增幅全市第二；规模工业增加值增长 10.9%；城镇居民人均可支配收入 47836 元，增长 7.9%。

（二）重点项目加速度推进。全年实施市级重点项目 18 个，累计完成投资 32.5 亿元，完成年度投资计划的 129.3%，列全市第一。陶瓷跨境电商产业园、洛客工业设计产业园、瓷源境文旅产业园等一批重点项目一期落成并满园运行。积极配合御窑一号工程，完成棚户区改造 791 户 10.12 万平方米。投入 1.2 亿元改造提升背街小巷 109 条，投入 3.4 亿元实施老旧小区改造 36 个 11614 户。东片区道路改造工程加快推进，新厂东路与何家桥路、景德大道二标段全线通车。

（三）高质量发展阶段性突破。策应全市工业三年倍增要求，全年新增入规工业企业 11 家，为以前若干年的总和。引进浙江星洲、江苏恒铭达 2 家亿元工业企业落户，推动蓝印子、百陶会入选省级“专精特新”企业④。凯悦五星级酒店、海底捞、钟书阁等高端服务业品牌落户。陶阳 · 菁华轩（二期）顺利开盘，三桥、景颂等 7 个房地产项目成功入库。圆满承办全省旅发大会“三宝村宴”“三宝游购”，举办“2021 三宝 + 艺术周”活动。“夜珠山”消费带成功入选首批国家级夜间文旅消费集聚区，珠山区获评江西省全域旅游示范区、文化产业重点县（市、区），三宝国际瓷谷成功创建国家 AAAA 级旅游景区、省版权示范园区（基地）。首次成功举办招商推介大会，组织招商 90 余批次，开展商务洽谈 280 余次项目 180 余个，与京东、好活科技等 30 余家企业签订战略合作协议，涵盖数字经济、总部经济、基金创投和商贸文旅等多个领域。

（四）民生福祉持续化改善。全年新增就业 3019 人，城镇就业率达到 96.5%，城镇零就业家庭安置率 100%。在全省率先实现城乡低保一体化，标准达 780 元每月，累计发放低保资金 7233.6 万元。实现社区嵌入式养老机构街道全覆盖，完成 80 户困难老年人家庭适老化改造，建成“瓷都爱心食堂”4 个、打造“暖心加油站”6 个。落实“双减”政策⑤，“未来学校 · 智慧空间”科技馆落成，课后延时服务实现全覆盖，义务教育阶段学科类校外培训机构压减率 100%。全年为企业新增减税降费 6957 万元，助力企业融资 2.15 亿元，发放创业担保贷款 5000 万元以上。文明创建成果持续巩固，拆除“两违”2 万余平方米，打造市容环境示范街 28 条、油烟治理示范街 2 条，5 个社区荣获 2021 年度全省“绿色社区美丽家园”示范社区。镇改街道、村改社区工作稳步推进，樊家井村在全市率先试点完成村改社区。平安珠山、法治珠山建设扎实推进，连续 19 年未发生重大安全生产事故。全面推进乡村振兴战略，坚决打好污染防治攻坚战，重点领域风险得到有效防范化解。

一年来，我们始终把坚持和加强党的全面领导贯穿政府工作全过程，坚定拥护“两个确立”，坚决做到“两个维护”，深入开展党史学习教育，确保党中央和省委省政府、市委市政府、区委的决策部署落到实处。持续深化“放管服”改革，政务服务水平进一步优化，昌河街道荣获第二批全省“五型”政府建设⑥示范乡（镇、街道）。自觉接受人大法律监督、政协民主监督和社会监督，换届以来，共办理人大代表建议 16 件、政协提案 45 件，办复率 100%。“我为群众办实事”实践活动 25 个重点民生项目和 2021 年初确定的十件民生实事基本完成。市一小新校园改建、珠山实验学校扩建项目正快速推进，将于今年秋季开学前建成投入使用；珠山区人民医院项目已成立工作专班，正在加紧选址、谋划实施。

一年来，国防动员、人防、节能、农林水、消防、退役军人、信访、编制、档案史志、民族宗教、外事侨务、工青妇、残联、红十字会、老龄和关心下一代等工作取得了新进展。

各位代表，成绩来之不易，成绩弥足珍贵。这主要得益于市委、市政府和区委的科学决策、坚强领导，得益于区人大、区政协的有效监督、鼎力支持，得益于全区干部群众的凝心聚力、团结拼搏。在此，我谨代表区人民政府，向所有关心、支持和参与珠山建设发展的同志们、朋友们，致以崇高的敬意和衷心的感谢！

在肯定成绩的同时，我们也清醒地看到存在的问题和不足，如产业结构不够优化、工业经济底子薄、城市精细化管理水平不够高、公共服务领域还存在短板等等。对此，我们将高度重视、科学布局，以抓铁有痕的决心和韧劲，拿出“硬举措”、啃下“硬骨头”。

二、2022 年工作安排

2022 年是党的二十大召开之年，也是全面落实省、市、区党代会决策部署的关键之年，做好各项工作至关重要。今年，政府工作的总体要求：坚持以习近平新时代中国特色社会主义思想为指导，以国家陶瓷文化传承创新试验区建设为统领，坚持稳字当头、稳中求进，注重“稳住、进好、调优”协同发力，稳增长、强产业、优环境、防风险、惠民生，坚决贯彻省委全面建设“六个江西”目标要求，积极践行市委“五新”战略行动，坚持高质量推进五区共建、高标准拓宽四大路径、高效率打好“三大会战”，担当实干、勇毅前行，全面建设社会主义现代化国际瓷都先行区，以优异成绩迎接党的二十大胜利召开。

经济社会发展的主要预期目标：地区生产总值增长 7% 以上，一般公共预算收入增长 5% 以上，规模以上工业增加值增长 8% 以上，固定资产投资增长 8.5% 以上，社会消费品零售总额增长 10% 以上，实际利用外资增长 6% 以上，城镇居民人均可支配收入增长 7.5% 左右，节能减排完成国家和省、市下达任务。

为实现上述目标，我们要聚焦“作示范、勇争先”目标要求，更加积极地策应全市发展大局大势，着力推动珠山高质量发展再上新台阶。一是对标对表，找准定位谋发展。全面落实市委市政府对珠山提出的“三好两主”发展定位[⑦]，同时围绕全市中心、大局，助力发展先进陶瓷等主导产业，奋力在“飞地经济”[⑧]“5020”项目[⑨]上实现新突破。二是强强联合，抱团融合谋发展。主动加强与陶文旅、国控等国资企业的“黏性”合作，深化与景德镇陶瓷大学、景德镇陶瓷研究院、六〇二所等“大院大所”“名校名企”的产学研对接，实现高效联动、协同发展。三是市场思维，拓宽路径谋发展。用好市场逻辑、用活资本手段，壮大国资平台实力，让资源变资产、资产变资本，促进裂变，释放虹吸效应。四是目标导向，项目引领谋发展。始终把项目建设作为不二“王炸”，一切以项目落地为导向，一切为了项目、一切服务项目，聚焦项目“主战场”，筑牢发展“压舱石”。

重点是做好“六个聚焦”：

（一）聚焦项目为王，坚定不移推进好“五区共建”。立足珠山、强化融合，深入实施“项目大会战”。全力以赴推进好区本级 31 个市重点项目，总投资 164 亿元，年度计划投资 51 亿元；全力保障好陶文旅、国控集团等国企在珠山区实施的 38 个市重点项目，总投资 750 亿元，年度计划投资 134 亿元。

——推进国家试验区核心区建设。支持陶阳里历史街区保护项目、太平巷南片区保护更新，高标准建设景德镇御窑国家考古遗址公园。服务好景德镇先进陶瓷创新研究院集群项目，引进国内头部先进陶瓷创新研究院落户珠山，让珠山底蕴更深厚、文化更自信。

——推进城市经济活力区建设。实施新一轮商贸消费升级“三年行动”，持续加大重点商圈品质提升力度，推动杉杉奥特莱斯等高端城市商贸综合体落地。启动洛客设计谷二期建设，打造陶瓷工业设计园。推进汉光元宇宙数字产业园、陶瓷跨境电商产业园满园扩园，让珠山产业更兴旺、发展更强劲。

——推进城乡融合发展示范区建设。加快城乡一体融合发展，实现“城中有村、村中有城”。实施城市功能与品质提升行动 2.0 版，谋划南河湾半岛、东三宝城市更新、河东老城区开发项目建设，实施童街、洋湖等 16 个老旧小区改造项目，支持黄泥头、三宝片防洪排涝工程建设，配合古街提升改造项目建设，让珠山融合更紧密、发展更均衡。

——推进社会治理改革试验区建设。全速推进社区居家养老服务中心项目、市一小新校园改建、珠山实验学校扩建工程建设，强化普惠性、基础性、兜底性民生保障建设，让珠山生活更美好、群众更满意。

——推进文明和谐标杆区建设。加快南河流域三宝河段生态修复工程建设，助推全市智慧综合停车场工程建设，不断提升城市人居环境和生态水平，让珠山生态更优美、生活更宜居。

（二）聚焦传承创新，坚定不移守护好历史文脉。把守护好历史文脉作为首要责任和历史担当，在国家试验区核心区建设上接续发力。

——立起传承标杆。按照“保护千年遗存、传承千年技艺、呵护千年匠心、讲述千年故事”要求，不断擦亮“景德镇陶瓷老字号”金字招牌。大力支持御窑遗址、湖田窑址、落马桥遗址的申遗工作。坚持以人为本，善用巧用老城资源禀赋，做强“陶瓷”文化内核，通过产权多样化，让有实力的陶瓷世家、非遗传承人、老艺人等“原住民”回归老城，带动人气、产业集聚，唤醒老城记忆、恢复老城活力。

——筑起创新高地。坚持把工匠文化与当代陶瓷艺术工艺相结合，大力发展陶瓷文创、文博产业，以陶阳里、陶溪川、陶源谷等为载体，推进人文、科技、时尚等元素融入陶瓷文化，积极打造现代陶瓷文创产业体系。加大陶瓷人才引进培养力度，落实创业扶持贷款、中小微企业基金扶持等配套保障，积极打造“景漂”人才创业园。加强与我区友好城市、“一带一路”节点城市、世界制瓷城市交流合作，着力打造青年友好城市。

——树起融合示范。做好“文化＋商贸＋旅游”文章，推出世界级陶瓷文化游、工业游，积极创建“风景独好”旅游名县（区）。加快三宝三期、瓷源境二期等文旅项目建设，打造烟火三宝、创客三宝、田园三宝。坚持市场化运作，用好“夜珠山”消费带国字招牌，打造“三宝村宴”“三宝游购”升级版，做好全省旅发大会“后半篇文章”。

（三）聚焦智造引领，坚定不移发展好数字经济。深入推进数字经济做优做强“一号发展工程”，加快推动质量变革、效率变革、动力变革，全力打造绿色产业发展体系。

——布局产业赛道。牢固树立“精细化、专业化、赛道化”思维，统筹优势资源，出台数字经济发展规划，积极向上争取政策、资金和项目支持。瞄准基础赛道中专业芯片、电子元器件等领域，大力支持瓷与链智能科技、鑫惠康电子等企业做深做实。紧盯新兴赛道中物联网领域，全力扶持众云物流做大做强、孵化上市。聚焦融合赛道中数字健康、数字文创、智慧家居等领域，全面助力易通通信、江泰电子、弘伟科技等企业做精做优。

——强化数字赋能。聚焦数字文创、物联网、元宇宙等方向，努力培育一批亿元级的数字经济集聚区，推动生产性服务业数字化发展。打造三宝文创数字经济集聚区，构建数字经济发展平台、产业数字化发展中心、创业创客孵化基地及沉浸式互动式文旅体验中心；进一步提升洛客设计谷运营效益，坚持设计招引两手发力，高品质建设“数字陶瓷设计打样中心”“版权专利交易中心”，打造“四美”平台[⑩]。做强珠山新区陶瓷物联数字经济集聚区，以全市成功创建跨境电子商务综合试验区为契机，依托陶瓷跨境电商产业园，加大与京东、必创等龙头企业合作，招引30家以上链群配头部企业，力争全年产值突破10亿元，争创首批省级跨境电商产业示范园区。支持陶溪川直播基地数字经济集聚区建设，依托陶溪川特色陶瓷生活品牌效应，吸引国内外优质直播平台、MCN机构[⑪]、直播企业总部集聚，建立“直播基地＋产业基金＋互联网平台”的经济模式，为直播经济、流量经济赋能。

——统筹场景应用。积极对接、全力配合全市智慧城市一期、二期项目建设，用好用足中心城区5G基站密集、公共服务要素齐全的优势，围绕数字政府、公共安全、应急管理等重点领域，构建智能化、高端化、绿色化、融合化的多元应用场景。积极整合陶阳学校、市一小等名校教育资源，探索发展在线教育新模式。

（四）聚焦自我革新，坚定不移优化好营商环境。以打造全省营商环境先进城区为目标，大力实施营商环境优化升级“一号改革工程”，让珠山真正成为企业投资的热土、产业发展的高地。

——建好作战体系。成立工作专班，出台全区营商环境优化升级方案，聘请第三方专业评价机构，建立健全“高位化调度、集成化作战、扁平化协调、一体化办理”工作模式，对工作推进情况实行跟踪问效。

——做好上门服务。聚焦“办事不用求人、办事依法依规、办事便捷高效、办事暖心爽心”要求，继续深化“放管服”改革，全面提升政务服务效能，始终站在“企业侧”“群众侧”，优化项目审批流程，推动赣服通迭代升级，落实容缺受理、并联审批等制度。常态化开展“企业服务日”活动，健全完善挂点帮扶企业制度，实现规模以上企业和“5020”项目帮扶“双覆盖”，统筹打好减税降费、稳贷增信、惠企利民“组合拳”。

——抓好扶优扶强。实施企业梯次培育行动，建立升规培育库，聚焦梳理一批传统特色产业领域潜力企业，推动“个转企、小升规、规转股、股上市、育龙头、聚集群”，争做产业链的“举旗者”“带头人”，全年完成新增入规工业企业10家以上。

（五）聚焦都市经济，坚定不移实施好招大引强。坚持高举高打、高打高中，全力实施招商引资首位战略，抓牢抓实招商引资“生命线”。

——瞄准靶向再发力。坚持前瞻性思考、全局性谋划、战略性布局、整体性推进，精准编制全区招引产业目录清单。以数字经济、总部经济、先进陶瓷、商贸文旅为主攻方向，以三宝190亩零星地块、珠山新区1.25平方千米地块、东片区3平方千米地块为平台支撑，瞄准粤港澳大湾区、长三角等发达地区的产业链核心企业，高水平走出去、高质量引进来，引进“5020”项目2个，亿元以上项目13个。

——精准聚焦再用力。不断创新招引方式，抓好多元招商。向产业要合力，聚焦业内头部领军企业，全力引进产业链核心企业，带动吸引上下游配套企业，形成滚动效应和集群效应。向资本要动力，用好专业招商、资本招商、资本平台＋专业机构招商、“反向飞地”合作招商等方式，推动传统招商向精准、专业招商转变。向人才要活力，用好首届招商引资、招才引智推介大会成果，加强与专业机构合作，不断提升招商小分队专业化水平。

——拓宽路径再借力。在用好存量空间资源的基础上，积极突破土地资源制约、破解产业空间瓶颈，主动加强与兄弟县（市、区）、产业园区及国企、院所的招商协作，常态化开展政企联席会议，发展“飞地经济”，招引“5020”项目。

（六）聚焦群众关切，坚定不移增进好民生福祉。坚持以人为主体，打造新型人文城市主阵地，让城市可触摸可体验、生活有温度有品位。

——发展社会事业。加快构建多元化社区养老服务体系。大力发展普惠托育服务，确保顺利通过县域学前教育普及普惠督导评估。落实“双减”政策，推进智慧校园建设。深入实施健康珠山行动，加快珠山区人民医院项目建设，完善三级公共卫生体系。积极打造区工人文化宫，启动升级城市文化会客厅。健全社区商业配套设施，打造“5分钟便利店+10分钟农贸市场+15分钟超市”的社区生活服务圈。

——保障社会民生。扎实推进巩固拓展脱贫攻坚成果同乡村振兴有效衔接，持续推广“三个三”发展模式[12]，壮大村集体经济，扎实推动共同富裕。切实保障粮食安全，着力整治粮食购销领域腐败问题，守好群众的“米袋子”。持续落实减负稳岗扩就业政策，大力开展职业技能培训，加快建设一批创业就业孵化基地、高技能人才培训基地等示范性服务机构。聚焦民生“七个位”，全力办好2022年十件民生实事[13]。

——创新社会治理。深化市域社会治理现代化试点，加快推进智能安防小区建设。巩固提升常态长效创建成果，积极创建全国文明典范城市。整合城管、公安等平台功能，建设“城市大脑”智能中枢。慎终如始抓好疫情防控，筑牢“安全防线”。打好安全生产专项整治三年行动“巩固提升”攻坚战，坚决遏制重特大事故发生，防范化解食品药品、涉众非法金融等各类风险。深入推进常态化扫黑除恶斗争，严厉打击电信网络违法犯罪活动。积极践行“两山”发展理念[14]，持续推进生态文明建设，打好污染防治攻坚战，推进生活垃圾分类，倡导绿色低碳生活方式。统筹推进民兵、征兵、双拥等工作。

各位代表！面对新形势、新任务、新要求，我们将坚持把讲政治作为第一要求，把对党忠诚作为第一标准，不断提高政治判断力、政治领悟力、政治执行力，捍卫“两个确立”、做到“两个维护”，进一步推进“五型”政府建设走深走实。坚持争先进位。始终以“等不起”的紧迫感、“慢不得”的危机感、“坐不住”的责任感，认真对待每一项工作，不讲如果、只讲结果，集中力量打硬仗、打胜仗，推动政府各项工作干在实处、走在前列、争创一流。坚持狠抓落实。倡导“一线工作法”，大力弘扬“事事马上办、人人钉钉子、个个敢担当”的精神，以承诺践诺取信于民，以实绩实效造福于民，让“现在就办、马上就办、办就办好”成为政府工作常态。坚持廉洁从政。严格落实中央八项规定精神，驰而不息纠“四风”、树新风。严格预算执行，收紧“三公”经费支出。深入推进法治政府建设，自觉接受区人大法律监督、区政协民主监督、社会和舆论监督。

各位代表，知行合一，行胜于言！让我们更加紧密地团结在以习近平同志为核心的党中央周围，坚持以习近平新时代中国特色社会主义思想为指导，在市委、市政府和区委的坚强领导下，踔厉奋发、砥砺前行，为全面建设社会主义现代化国际瓷都先行区而努力奋斗，以优异成绩迎接党的二十大胜利召开！

注 释

1.“六个江西”目标要求：指全面建设创新江西，发展动力得到新提升；全面建设富裕江西，综合实力实现新跨越；全面建设美丽江西，绿色转型取得新突破；全面建设幸福江西，民生改善迈出新步伐；全面建设和谐江西，治理效能达到新水平；全面建设勤廉江西，政治生态呈现新气象。

2.“五新”战略行动：新型人文城市新范例、特色产业发展新高地、全域融合发展新格局、共同富裕实践新样本、对外文化交流新平台。

3.“四上”企业：包括规模以上工业企业、有资质等级的建筑业企业与房地产开发经营企业、限额以上批发零售业和住宿餐饮业企业、规模以上服务业企业。

4.“专精特新”企业：指具有“专业化、精细化、特色化、新颖化”特征的工业企业。

5.“双减”政策：指减轻义务教育阶段学生作业负担和校外培训负担。

6.“五型”政府建设：指忠诚型政府、创新型政府、担当型政府、服务型政府、过硬型政府。

7.“三好两主”发展定位：指“守护好历史文脉，提供好公共服务，发展好数字经济、总部经济、生产性服务业集群等现代都市经济，在建设陶瓷文化传承创新轴上勇当主力军，在打造新型人文城市上成为主阵地”。

8.“飞地经济”：指打破区划限制，以最新国务院批准的各类开发区为主要载体，在平等协商、自愿合作的基础上，以生产要素的互补和高效利用为直接目的，在特定区域合作建设开发各种产业园区，通过规划、建设、管理和利益分配等合作和协调机制，实现互利共赢的区域经济发展模式。

9.“5020”项目：指国家级开发区新引进投资总额不少于50亿元或2亿美元的产业项目；省级开发区新引进投资总额不少于20亿元或1亿美元的产业项目。

10.“四美”平台：指“学美学、出美样、选美品，开展完美交易”。

11. MCN机构：指寻找内容优质的博主进行包装，提高视频质量，寻找平台进行推广，获取更多的流量，培养网络红人，通过商业变现来获取盈利的机构。

12.“三个三”发展模式：指“三权分享、三股分红、三手合力”，即保护所有权、尊重承包权、用好经营权，引入资金股、用好资产股、盘活资源股，充分发挥政府有形之手力量、运用市场无形之手作用，动员群众勤劳之手参与，努力实现特色产业旺起来、村级集体经济活起来、农民群众富起来的目的。

13. 2022年十件民生实事：（1）新增城镇就业人数2750人；（2）完成老旧小区改造16个5334户；（3）落实3岁以下婴幼儿照护费用纳入个人所得税专项附加扣除政策；（4）完成市一小新校园改建、珠山实验学校扩建工程建设；（5）为困难家庭孕产妇免费检查四维彩超，困难家庭孕产妇所生儿童免费检查耳聋基因；（6）完成80户困难老年人家庭适老化改造，建成一批城区老年人助餐点；（7）推进旅游厕所提档升级，开展农贸市场、客运站等重点公共场所厕所环境整治；（8）改造老旧燃气管道 80 千米以上，人工煤气置换天然气 9000 户以上；（9）为全区单点药店免费提供并安装医保电子凭证扫描仪；（10）为全区 3 年内未参加过“两癌”免费检查的 35~64 周岁城镇困难家庭妇女同步进行宫颈癌和乳腺癌免费检查。

14.“两山”发展理念：既要绿水青山也要金山银山，宁要绿水青山，不要金山银山，而且绿水青山就是金山银山。

中国人民政治协商会议
景德镇市珠山区第九届委员会常务委员会工作报告

——2022 年 2 月 21 日在政协珠山区第九届委员会第二次会议上

珠山区政协副主席　方才来

各位委员：

我受政协珠山区第九届委员会常务委员会委托，向大会报告工作，请各位委员审议，并请列席会议的同志提出意见。

一、2021 年工作回顾

过去的一年，是砥砺前行的一年，是团结奋进的一年，也是继往开来的一年。一年来，我们坚持以习近平新时代中国特色社会主义思想为指导，认真贯彻中共十九大和十九届历次全会精神，全面落实中央、省委、市委政协工作会议精神，在市政协的正确指导和中共珠山区委的坚强领导下，牢牢把握团结和民主两大主题，充分发挥专门协商机构作用，坚持围绕中心、服务大局、与时俱进、守正创新，认真履行政治协商、民主监督、参政议政三项职能，各项工作取得了新的成绩。

（一）深化学习，坚定方向，政治站位有了新提高。一年来，区政协始终把坚持党的领导作为根本政治原则，深学笃行习近平新时代中国特色社会主义思想，确保政协正确的政治方向，始终做到同区委方向一致、目标一致、步调一致。

一是加强党的建设，落实主体责任。始终坚持党对政协工作的全面领导，以党的建设为统领，认真贯彻落实习近平总书记关于加强和改进人民政协工作的重要思想以及中共中央办公厅《关于加强和改进新时代市县政协工作的意见》，健全完善责任、组织、制度三个体系，切实履行党建工作、意识形态、党风廉政建设三个责任制，切实扛起管党治党的责任，形成了政协党组、政协机关党支部层层抓党建的工作新格局。

二是强化理论学习，提高政治站位。以创建学习型组织为抓手，健全学习制度、制定学习计划，建立考核机制，机关党员干部坚持每周二集中学习、每日“学习强国”、“江西干部网络学院”网上自学，使广大委员和政协机关干部履职能力和综合素质得到进一步提高，政协工作的责任感和使命感得到进一步增强，团结奋斗的共同思想政治基础得到进一步夯实。

三是开展主题教育，筑牢思想根基。以研读习近平《论中国共产党历史》为重点，深入开展“学党史、悟思想、办实事、开新局”主题教育，认真开展“四个专题”党史学习，推动党史学习教育走深走实。引导政协委员和机关干部回望历史、感悟初心、坚定信念、铭记使命，进一步增进对中国共产党和中国特色社会主义的政治认同、思想认同、理论认同和情感认同。

（二）围绕中心，服务大局，协商议政取得新成效。区政协常委会坚持把促进发展作为履行职能的第一要务，始终做到关注发展、支持发展、服务发展。

一是积极参与项目建设。一年来，区政协机关无论是领导还是专委干部均在一线参与了珠山区如火如荼的项目大会战，按照区委安排，区政协副县以上领导参与了城市征收、招商引资、常态长效创建及经济建设主战场一线工作，为助推相关项目的顺利完成发挥了积极的作用。

二是积极参与中心工作。在常态长效创建及抗疫工作中，坚守岗位，风雨无阻，区政协坚持开展“协商在基层、双创在一线”活动，组织 100 多名委员和市政协委员一起分成 69 个小分队深入 69 个社区（村）全覆盖，委员们纷纷变成文明“监督员”“宣传员”“志愿者”，为我市顺利通过创文国检的复检及防疫抗疫工作作出了应有的贡献。

三是积极围绕重点工作建言献策。围绕“高质量推进‘五区共建’，全力打好‘三大会战’”等中心工作，以专委会为单位，围绕“产业提升”“城市更新”“乡村振兴”“生态修复”“社会治理”及“百年陶瓷老字号传承”等课题，以专委会为单位进行调研视察、常委会专题协商，形成了具有一定调研分量及参考价值的调研文章 20 余篇，并通过各种途径报送相关单位及领导。

（三）反映舆情，体现民意，民主监督有了新加强。政协常委会积极探索新形势下民主监督的新方法和新途径，不断增强民主监督实效。

一是全力提高提案督办效果。按照“围绕中心、服务大局、提高质量、讲求实效”的工作方针，努力在提高提案质量和督办效果上下功夫。区九届一次会议以来，共立案交办提案 90 件，其中涉及区政府办理的提案 45 件，提案的承办率、调研率、面商率、办复率均达到 100%，做到了事事有答复、件件有回音。

二是积极反映社情民意。以反映社情民意作为政协民主监督的重要途径，充分发挥政协委员、政协特邀信息员和政协机关工作人员的力量，多渠道、多途径了解社情民意。一年来，共收集各类社情民意信息50余篇，整理上报20余篇，其中采用并转送相关领导10余篇。

三是稳步推进民主监督。推荐和选派了一批素质高、能力强、善担当的政协委员，分别担任公、检、法、司等相关行业和单位的行风监督员。按照“主动对接、相互支持”的原则开展监督工作，全年开展各类民主监督活动30余次，提出民主监督意见11份，为积极营造“宣传推进部门工作、努力提升群众满意度”的良好氛围，发挥了积极的作用。

（四）团结民主，广泛联谊，凝心聚力有了新局面。充分发挥联系广泛的优势，不断增强人民政协的感召力、凝聚力。

一是宣教活动寓教于乐。去年以来，先后开展了中国共产党“百年华诞”系列活动，以及学习党的十九届六中全会研讨活动，广泛宣传中国共产党领导的多党合作和政治协商制度，加深了广大政协委员对新时代人民政协新方位新使命的理解，增强了做好新时代政协工作的责任感和使命感。

二是深化交往广泛联谊。坚持以陶瓷为媒介，以城市为名片，以政协“珠山湖田画院”为平台，积极推进与全国各地政协联络联谊。一年来，共接待全国省级以上政协单位来我区考察4批次，地市级政协5批次，县（区）政协单位35批次，就陶瓷文化、工业遗存、生态保护等议题进行了交流。通过视察交流，增进了外界对珠山的了解和认识。

三是存史资政团结育人。结合党史学习教育，组织政协文史研究人员和相关部门人员，加强文史资料的征集、编辑和出版工作，在2021年7月组织完成编撰了《珠山红色记忆》，受到社会各界的认可，产生了良好的社会影响。

（五）与时俱进，开拓进取，自身建设迈上新台阶。以改革创新精神不断推进政协自身建设，进一步激发了政协工作活力。

一是委员素质不断提高。去年顺利完成了区政协班子及政协委员的新老交替，使我区人民政协事业薪火相传，永葆活力。加强对新老委员的培训力度，组织委员到高岭·中国村就参政议政、委员履职、乡村振兴等方面进行学习培训，并健全委员联系制度、落实委员履职工作规则、建立委员履职档案制度、开展委员年度履职考核，保持了委员队伍的生机和活力。

二是作风建设不断改进。严格落实中央八项规定及实施细则精神，坚决整治“怕、慢、假、庸、散”突出问题。认真学习贯彻《中国共产党纪律处分条例》和《中国共产党廉洁自律准则》，始终把党纪党规挺在前面，机关干部队伍的作风建设得到进一步提高。

三是履职能力不断提升。一年来，政协委员在全市全区各条战线上奋力拼搏，勇当标兵，捷报频传。如徐国明委员荣获省五一劳动奖章，江生元、杨子健等10多位委员被评为江西省第二届陶瓷艺术大师。

各位委员，过去一年区政协工作取得了一些成绩，这些成绩的取得是中共珠山区委正确领导的结果，是区人大、区政府和社会各方面大力支持的结果，是政协各参加单位、广大政协委员、政协机关全体工作人员和社会各界人士共同努力的结果。在此，我谨代表区政协常委会向大家表示由衷的敬意和感谢!

但是，我们也清醒地看到，还存在不小差距。专门协商机构制度效能还需进一步提升；协商能力水平还不够适应新形势新要求；民主监督方式方法还需进一步探索。对此，必须高度重视，认真解决。

二、2022年工作思路

今年区政协常委会工作的总体要求：坚持以习近平新时代中国特色社会主义思想为指导，深入贯彻落实中共十九大和十九届历次全会精神，围绕省、市、区党代会精神，按照中共珠山区委提出的坚持高质量推进五区共建，坚持高标准拓宽四大路径，坚持高效率打好“三大会战”，坚持发扬民主与增进团结相互贯通，建言资政与凝聚共识双向发力，为助力全面建设社会主义现代化国际瓷都先行区做出新贡献，以优异成绩迎接党的二十大胜利召开。

（一）讲学习，思想理论武装有新加强。坚持用习近平新时代中国特色社会主义思想团结教育引导各界代表人士，努力做到学思用贯通、知信行统一。进一步深入学习贯彻中共十九届六中全会精神，增强捍卫“两个确立”。积极开展“喜迎二十大、委员在行动”主题活动，巩固拓展党史学习教育成果。举办常委和新任委员专题培训班，学习履职必需的理论政策、前沿知识。强化思想政治引领，引导各界代表人士始终同中国共产党想在一起、站在一起、干在一起。

（二）讲大局，服务高质量跨越式发展有新作为。聚焦全区党政工作要事、民生改善实事、社会治理难事，开展专题议政性常委会会议协商、专题协商、对口协商、界别协商；紧扣关注度高的课题，开展提案办理协商。聚焦“十四五”规划实施中的重大问题，开展协商式监督。践行以人民为中心的发展思想，把握民心民意，围绕解决群众急难愁盼问题深入调研，提出有价值的建议。

（三）讲质效，推进协商民主有新举措。贯彻中共中央办公厅《关于加强和改进新时代市县政协工作的意见》，制定我区贯彻实施意见，把握新时代新要求，持续扩大“赣事好商量”品牌影响力。进一步丰富协商内涵，深刻把握全过程人民民主的特点优势，落实到政治协商、民主监督、参政议政和凝聚共识工作中。加强协商前的深入调研，强化协商中的交流互动，抓好协商后的成果运用。围绕重点议题持续关注，探索开展微协商、微监督。进一步提高委员同部门、同界别群众协商的能力。

（四）讲团结，发挥政协统战功能有新气象。深入贯彻《中国共产党统一战线工作条例》，团结一切可以团结的力量，调动一切可以调动的积极因素，把党的主张转化为社会各界共识，积极参与全区优化营商环境“一号改革工程”和数字经济“一号发展工程”，认真倾听意见，帮助反映问题，协商助推解决，加强同界别群众联系，密切同党外知识分子、非公有制经济人士、新的社会阶层人士沟通联络，支持和保障民主党派、各方面在政协更好履行职能、凝聚共识，找到最大公约数，固守圆心，画出最大同心圆。

（五）讲责任，强化委员主体作用有新风采。强化责任担当，引导委员按照"懂政协、会协商、善议政、守纪律、讲规矩、重品行"要求，知责于心、担责于身、履责于行，做到建言资政有用、凝聚共识有效。当好政协人、说好政协话、办好政协事。加强和改进专委会工作，推动履职更加活跃有序。要以全区开展的整顿机关作风建设为契机，切实加强政协机关作风建设和委员教育培训，坚决克服形式主义、官僚主义，努力提高工作质量和办事效率。压实管党治党政治责任，加强干部队伍建设，树立良好的干部形象。

各位委员，百年征程波澜壮阔，百年成就催人奋进。踏上第二个百年奋斗目标新征程，政协组织使命光荣、重任在肩。让我们更加紧密地团结在以习近平同志为核心的党中央周围，在市政协的正确指导和中共珠山区委的坚强领导下，同心同德，埋头苦干，踔厉奋发，勇毅前行，为助力全面建设社会主义现代化国际瓷都先行区贡献政协力量，以优异成绩迎接党的二十大胜利召开！

专 文

“夜珠山”消费带的发展

2021年以来，珠山区立足中心城区夜经济较为活跃、资源较为丰富的特点，多措并举、综合施策，全力建设景德镇“夜珠山”消费带国家级夜间文化和旅游消费集聚区，充分扩大夜间文旅消费，繁荣发展夜间经济，通过“文化交流”做旺“经贸往来”，形成了“全域、全时、全龄”的文旅消费生态体系，有效助推了文旅产业高质量发展。

一、“夜珠山”发展工作的举措

探索全域发展新理念。统筹谋划、高位推进，顺应文化和旅游消费提质转型升级新趋势，持续提升各要素品质。一是加强顶层设计。依托珠山区全域旅游规划，对辖区内国家文化产业示范园区陶溪川文创街区、国家AAAA级旅游景区三宝国际瓷谷（陶源谷）、江西省商旅文融合发展综合体九集小镇、青年学生创客街陶艺街四大优质文旅板块进行串联，打包成“夜珠山”消费带集聚区开展创建活动，并以创建活动为引领，辐射带动集聚区周边夜间文旅消费。二是注重品质提升。在硬件方面，完善夜间社会治安、照明、卫生、移动通信、交通服务、停车位设置等配套公共设施、优化交通出行，打造舒心放心的夜间文旅消费环境。在软件方面，创作“上镇”“经海山”等优秀原创剧目并引进“夜宋”“只此青绿”“开心麻花”等高品质文化演艺品牌，打造引流强、标杆性、常态化的夜间文化演艺项目，促进了景德镇城市品位的提升。三是巩固品牌形象。自2021年11月获评首批国家级夜间文化和旅游消费集聚区以来，设计并发布了统一的“夜珠山”消费带品牌logo、海报、IP等视觉形象，及时进行商标注册和版权登记，2022年春节期间将“夜珠山·九集小镇”园区作为试点进行全方位的立体打造，植入丰富的“夜珠山”元素，并逐步将该做法复制推广，不断提升“夜珠山”识别度。

搭建消费运营新平台。政企之间优势互补、资源共享，高质量为消费者提供各类消费促进活动，拉动文旅消费市场繁荣向好。一是激活“十夜”业态，激发消费活力。由珠山区政府搭建平台、辖区文旅企业唱好大戏，做好节庆消费文章，策划推出了2021“千店共庆”金秋商贸旅游消费季、“夜珠山·消夏节”等各类文旅消费季活动，持续发放消费券3万余张，投入财政补贴100万元，引导企业让利近1.5亿元，整合近千家商家参与，搅动消费热度。并整合辖区优质文旅资源，推出了“夜珠山”之旅、陶瓷文化之旅等10条精品旅游线路，丰富文旅产品供给，发动网红主播开展直播带货大赛，全方位推介当地特色，将线上流量转化为线下客流，盘活了“精品夜游、沉浸夜演、饕餮夜宴、文创夜购、多彩夜展、风情夜宿、品位夜读、捡漏夜淘、时尚夜娱、兴趣夜研”“十夜”文旅消费业态。二是强化项目拉动，增强发展后劲。在夜购板块，充分挖掘本地陶瓷特色文化，以项目化的运作方式与研发设计能力强的文创公司合作，开发了礼盒、茶具等近10种“夜珠山”文创礼物，并积极推动“夜珠山·文创旗舰店”落地，让游客来到珠山，把夜珠山礼物带回家；同时以“品牌＋战略”“品牌＋冠名”的形式打造“夜珠山·城市文化会客厅”、“夜珠山·码头夜市”等项目，将夜读、夜游、夜宴等业态引向深入，延伸文旅消费链条，进而持续扩大“夜珠山”消费带品牌知名度。三是突出活动引流，强化品牌传播。坚持“一月一主题”“一月一活动”工作计划，充分挖掘中国传统节日内涵，弘扬中华优秀传统文化，开展好集聚区文旅活动，同时鼓励集聚区各板块开展特色活动，形成全域文旅活动常态化、大众化格局，开展活动300余场。运用“社会宣传＋媒体宣传＋自媒体宣传”的宣传矩阵为活动造势，相关做法和成效得到中央、省市多家主流媒体的宣传推介外宣，上稿百余篇，同时，还利用了视频号、各类短视频平台等方式积极开展直播宣传，实现了传统媒体与新媒体全覆盖，全方位、多维度为“夜珠山”消费带宣传造势，不断强化“夜珠山”消费带品牌传播力和影响力。

打造经济发展新引擎。不断优化环境，着力构建创新孵化培育体系，让文旅夜经济成为推动经济增长的重要抓手。一是强化保障，构建多方联动机制。区文广新旅局、公安分局、市监局、行政服务等多部门合作联动、精准对接，强化“夜珠山”消费带社会治理保障和公共服务保障，并开展领导干部走流程、

“企业服务日”等营商环境优化升级行动，营造“珠事顺利”、舒心暖心的文旅市场营商环境，持续激发文旅发展潜能和活力，厚培文旅产业发展沃土，吸引广大市场主体在珠山区文旅领域投资兴业。二是加速孵化，形成夜间经济矩阵。通过孵化、培育、扶持、冠名等方式，充分挖掘辖区内美食街区、网红园区。“夜珠山”消费带从获评首批国家级夜间文化和旅游消费集聚区时的东市区3平方千米4个点位增加了中心城区陶阳里御窑景区、码头夜市、昌江村新安路美食街区等点位，实现了从东市区向中心城区覆盖，做到了连点成线、连线成面。陶阳里御窑已获评第二批国家级夜间文化和旅游集聚区，夜珠山·码头夜市已于2022年8月18日正式开街。三是文旅搭台，做好夜经济唱戏文章。通过常态化开展文旅活动、创新化丰富文旅产品、持续化推出优惠举措，推动“夜珠山”消费带向新业态、全业态发展，向“她经济”“童经济”“银发经济”等主题性消费延伸，成为推动全区社会经济发展的新动能。在建设“夜珠山”消费带的带动和促进下，珠山区文旅消费市场持续繁荣发展，引进“央视网”“艺次元”等文旅项目14个，解决2万余人就业，吸引旅游人次达1200万人次，实现旅游收入近150亿元，其中夜间旅游收入占比约70%，“夜珠山”消费带助推文旅产业高质量发展的效果得到显现。

提供夜经济发展新支撑。实现夜经济规模化、品牌化、项目化等高质量发展，离不开相应载体的支撑。一是加强合力共建。珠山区文广新旅局作为建设“夜珠山”消费带的主要职能部门，加强统筹协调，上下合力积极建设“夜珠山”，对上争取文化和旅游部产业发展司支持景德镇市发展夜间文化和旅游消费，“夜珠山”消费带、陶阳里御窑为第一、第二批国家级夜间文化和旅游消费集聚区。珠山区文广新旅局党组书记、局长杜辉代表江西在全国夜间文化和旅游经济发展论坛上推广“夜珠山”消费带经验做法。对接江西省文化和旅游厅精心指导办好江西“百城百夜”文化和旅游消费季景德镇分会场活动，并在首届“江西风景独好”云端旅游系列推介“夜珠山”。“夜珠山”工作受到景德镇市委主要领导点题，开展夜经济政策研究，市政府主要领导多次调度夜经济工作，推动出台促进“夜珠山”消费的有力举措。区委、区政府主要领导及分管领导常态化调度夜经济工作，为夜间文旅消费促进活动“站台”。并积极联动区直有关部门主动搭台，与辖区内文旅企业组建夜间文旅消费联盟，抢抓夜经济发展机遇。二是差异化建设八大板块。按照三宝国际瓷谷艺术治愈旅居胜地、陶溪川国内外知名陶文化主题文创园区、浙江路商圈陶瓷首店集聚区、陶阳里御窑景区多元文化体验区、码头夜市在地慢活休闲新空间、新安路美食街民俗美食体验地，九集小镇和陶艺街时尚生活与艺术休闲空间的发展定位，强化自身特色，丰富不同日间和夜间旅游产品，实现“夜珠山”空间协同发展。三是持续化推动提质增效。与中国旅游研究院共建“夜珠山创新实验室”；举办以陶瓷文化和艺术为主题的夜间文旅发展论坛、陶艺作品创意大赛等，为国内外陶艺家交流与合作搭平台、建网络；与陶溪川合作搭建“夜珠山”智慧化管理小组，建立数据和信息共享机制，提升“夜珠山”消费带的智慧化管理能力；打造三宝艺术旅居生态圈，创建三宝艺术装置群，主办景德镇治愈艺术节、文化艺术夜游等品牌节事；明晰陶阳里景区品牌形象，提升知名度，融汇御窑文化、里弄文化、戏曲文化、会馆文化等多元文化，举办四季文化主题活动，打造多元文化体验场景，进行产品调整和研发；引导九集小镇和陶艺街联动共建“商圈企业联席会”，政企联合共建美食人才库，政企合作开办餐饮专项技能培训班，推动九集小镇形成名特小吃和陶艺文创美食品牌；协调相关部门支持码头夜市优化空间布局与交通体系，提升容客空间和承载量，协助精准招商，重点宣传推广，引导完善业态，推进昌江游览水岸联动发展；对标《旅游休闲街区等级划分》的标准要求，加大浙江路商圈街区基础设施建设改造，优化夜景观，提升优化公共休闲空间，聚焦陶瓷“品牌经济”与“首发经济”，以金昌利、国贸和景瀚等陶瓷购物商贸综合体为重点，推进浙江路商圈“陶瓷新品首发地”建设；融合景德镇特色民俗文化、非遗文化，依托新安路美食节联合举办各类美食节、小吃节、餐饮嘉年华活动，引导品牌发展。

二、“夜珠山”发展取得的社会反响和成效

自2021年“夜珠山”消费带成功被评选为第一批国家级夜间文化和旅游消费集聚区以来，“夜珠山”发展模式工作经验及做法受到了文化和旅游部产业发展司司长缪沐阳频频点赞，缪沐阳指出“夜珠山”不仅仅是景德镇市、江西省的一面旗帜，还是文旅部产业司着力打造的标杆，要大力宣传好。省委第二十四次深改委会上对“夜珠山”文旅消费带的发展模式给予了肯定，指出景德镇市珠山区依托国家陶瓷文化传承创新试验区建设，结合文化创意、文化互动、文化鉴赏，打造了别具一格、更具吸引力和可持续的城市夜经济，有效提升了市场活跃度、扩大了城市影响力。市委、市政府高度重视“夜珠山”工作，并专门出台了《关于推进“夜珠山”高品质发展的意见》。珠山辖区三宝文旅公司、风过耳美术馆酒店等文旅企业负责人纷纷表示：自参与建设发展景德镇市“夜珠山”消费带以来，珠山文旅团队给予了我们很大的支持与帮助，带动我们形成了疫情防控下的文旅“新夜态”，推动了文旅市场有序复苏、提振了文旅经济发展信心。珠山区文广新旅局以做优做强“夜珠山”消费带平台为依托发展城市夜经济的做法和成效提供了可借鉴、可复制、可推广的成功经验。

珠山区通过顶层设计、项目化运营、常态化开展文旅活动、创新化丰富文旅产品、持续化推出优惠举措，推动“夜珠山”消费带向新业态、全业态发展。通过一年多的发展，“夜珠山”消费带覆盖商户从1346户增加到3299户，实现线上线下年收入110亿元，成为景德镇文化产业和旅游产业高质量发展的新增长点。在建设“夜珠山”消费带的带动和促进下，夜经济持续繁荣发展，成为景德镇国家陶瓷文化传承创新试验区建设的一道亮丽风景线。

三、“夜珠山”发展的规划布局、工作目标和重点任务

规划布局：按照打造“一核两轴、一圈两区”全域融合发展新格局的战略布局，结合景德镇市“夜经济”发展现状，构建“双圈双十”的“夜珠山”发展格局。“双圈”，即“15分钟夜经济圈”和“半小时夜经济圈”。“双十”，即围绕“15分钟夜经济圈”，重点打造陶阳里御窑景区、陶溪川文创街区、三宝国际瓷谷、九集小镇—陶艺街片区、码头夜市、浙江路商圈、新安路美食街、景德镇记忆、古窑景区、昌南里休闲时尚街区等10个15分钟“夜珠山”打卡地；围绕“半小时夜经济圈”，重点打造陶博城、陶青台—宁封窑片区、航空小镇、陶大小镇、浮梁古县衙、浮梁天湖里美食街、高岭·中国村、瑶里景区、乐平老北街、赣东北商贸城等10个半小时“夜珠山”打卡地。

工作目标：一年初见成效。到2023年，初步构建特色鲜明、布局合理、业态多元、功能完善、管理规范的“双圈双十”“夜珠山”发展格局。“夜珠山”消费规模达到200亿元，客流量达到5000万人次，引进品牌首店5家以上，发展网红点位30个以上，在全省“夜经济”发展中有影响、有位置。两年全省标杆。到2024年，“夜珠山”更好满足国内外受众的多样化、多层次、多方面夜间消费需求，持续带旺人气，有效拉动市场。“夜珠山”消费规模突破250亿元，客流量达到5500万人次，累计引进品牌首店10家以上，发展网红点位60个以上，在全省“夜经济”发展中走前列、树标杆。三年全国示范。到2025年，“夜珠山”逐渐成为辨识度高、美誉度好，有独特IP价值、值得回味体验的夜间消费品牌。“夜珠山”消费规模突破300亿元，客流量达到6000万人次，累计引进品牌首店20家以上，发展网红点位100个以上，在全国“夜经济”发展中作示范、勇争先，成功创建国家文化和旅游消费示范城市。

重点任务：按照“市场主导、政府引导，包容多元、差异发展，创新供给、品牌示范，统筹指导、属地管理”的原则，丰富“十类”文化场景，繁荣“十夜”发展业态，统筹推进“十大攻坚行动”。一是丰富“十类”文化场景。文化是“夜经济”的内核，精神消费是“夜经济”的高级形态。景德镇拥有全球独树一帜的陶瓷历史文化生态，衍生出丰富多样的御窑文化、工业遗产文化、里弄文化、景漂文化、码头文化、会馆文化、茶文化、戏曲文化、景派小吃文化、景派节日文化等文化形态，在满足多层次精神文化消费需求方面具有独特的优势。充分挖掘阐释。由宣传文化部门牵头，充分发挥高校、各类文化研究机构的作用，加强对景德镇特色文化的挖掘和阐释，推出一批展示景德镇特色文化的丛书、折页、剧目、歌曲、短视频、宣传画等通俗易懂、雅俗共赏、便于宣传推介、群众喜闻乐见的艺术精品，通过各类媒介、产品、广告、主题活动等方式，常态化植入“夜珠山”品牌塑造和业态推广中。统一规范使用。加强“夜珠山”区域品牌管理，设计发布具有景德镇文化特色、引领时尚潮流的“夜珠山”母标识以及满足差异化需求的各类子标识。免费向符合条件的夜间消费集聚区及市场主体授予母标识和子标识使用权，各市场主体也可依托母标识自行设计子标识，以精准对接不同层次市场需求。开发文创产品。充分依托“十类”文化场景，大力发展文创产品研发和创意设计，推进人文、科技、时尚等元素植入“夜珠山”产品、融入“夜珠山”发展。采取数字水印、二维码等技术，建立“一物一码”的“夜珠山”产品质量追溯体系，实现可追溯、可防伪的全链条质量管控。二是繁荣“十夜”发展业态。发展“夜珠山”业态，要做到“四个注重”。注重“雅俗共赏”，合理布局高中低端业态，充分发挥文化的亲和力，为“下里巴人”注入“阳春白雪”的文化内涵，为“阳春白雪”注入“下里巴人”的平易近人。注重“动静结合”，既发展游园会、嘉年华、创意集市、美食夜市等富有“烟火气”的业态，又深入挖掘夜间研学、星空夜宿、观星观虫等“宁静”的业态。注重“老少咸宜”，围绕各年龄段、各圈层、各场景消费者的多元化需求，加快介入亲子游、疗养游、观光游、研学游、戏曲游等“夜经济”细分赛道，统筹发展“童经济”“她经济”“他经济”“银发经济”，形成覆盖全年龄段的“夜珠山”产品体系。注重“内外兼修”，坚持内涵与外在并举、室内与室外并行、本地人与外地人需求并重，重点围绕夜游、夜演、夜宴、夜购、夜展、夜宿、夜淘、夜娱、夜研、夜读等十大业态，提升夜间消费品质，丰富夜间消费内涵，用心塑造“夜珠山”业态新貌。三是实施点位提升攻坚、交通优化攻坚、硬件提升攻坚、环境整治攻坚、招商引资攻坚、活动策划攻坚、智慧服务攻坚、惠企纾困攻坚、宣传推介攻坚、调查反馈攻坚“十大攻坚行动”。

风好正是扬帆时，不待扬鞭自奋蹄。在党的二十大精神指引下，“夜珠山”发展正在朝着成为拉动经济增长、促进创新创业、展现城市魅力的“夜经济”品牌，努力把城市品牌延伸到企业品牌、把文化影响力转化为现实生产力、把文化交流拓展到经贸交流、把陶瓷文化胜地打造成产业发展高地，为建好国家陶瓷文化传承创新试验区，全力实施“五新”战略行动，全面建设社会主义现代化国际瓷都作出珠山应有贡献的方向大步迈进，春光无限，未来可期。

大事记

1月

1 日，市委副书记、市长胡雪梅到珠山区沿江东路西瓜洲片区燃气管道改造项目现场、金鼎百货商场，调研燃气管道改造项目及商贸旅游消费工作。

4 日，中共珠山区委十二届三次全体（扩大）会议暨区委经济工作会议在区礼堂召开。会议传达学习省委经济工作会议、市委十二届二次全会暨市委经济工作会议精神，会议审议《中共珠山区委常委会 2021 年工作报告》，表决通过《中共珠山区第十二届委员会全体会议工作规则》，部署全区 2022 年各项工作。

同日，珠山区与景德镇学院校地合作座谈会在珠山区发展中心举行。

5 日，珠山区在区礼堂召开区委理论学习中心组集体学习（扩大）会。邀请中共江西省委党校党史党建教研部专家张志芳作题为《深刻理解和把握伟大建党精神》的专题宣讲报告。

同日，珠山区在区发展中心召开党史学习教育评估测评会，市委党史学习教育第四指导组组长及成员、部分党政机关、企事业单位、“两代表一委员”，以及“两新”组织代表等 200 余人参加会议。

6 日，珠山区文联组织区书法家协会会员到竟成小学开展“我们的中国梦”文艺志愿者进校园“辞旧岁 迎新春”送祝福活动。

7 日，中国共产党珠山区第十二届委员会第四次全体会议在区发展中心召开，表决通过江西省出席党的二十大代表候选人推荐人选名单。

8 日，由珠山区妇联主办、市一路阳光志愿者协会承办的 2022“暖心行动”启动仪式暨温暖包发放、彩虹村助学活动在凯宾酒店 9 楼会议室举行，区妇联“青花姐姐”巾帼志愿者、市一路阳光志愿者、社会各界爱心人士、爱心妈妈以及受助学生共同参加活动。

9 日，珠山区政协联合高新区创客工会，组织区政协人口环境资源委员会部分委员、社会公益人士，到太白园街道西瓜洲社区开展“迎新春送温暖”冬日暖阳走访慰问活动，为困难群众送去冬日的温暖。

9—11 日，珠山区委书记高翔带队，赴浙江省杭州市、广东省广州市等地，拜访了浙江铭泰集团、广州泽沐信息科技有限责任公司，进行项目考察及招商引资。区委常委、统战部部长董玉成参加考察。

10—12 日，珠山区区长徐华带队，赴广东省潮州市开展招商引资和项目考察，先后拜访了广东松发陶瓷股份有限公司、四通集团股份有限公司、文化长城集团股份有限公司、派陶瓷业有限公司等企业。景德镇陶瓷研究院院长吴浪，景德镇陶瓷大学材料科学与工程学院博导肖卓豪参加考察。

12 日，珠山区在区礼堂召开区委党史学习教育总结会议。市委党史学习教育第四指导组组长徐发军到会指导。

同日，珠山区在区发展中心召开燃气老旧管网改造及安全隐患整治专项工作会。

同日，珠山区在区发展中心召开重点行业单位代表疫情防控集体约谈会。

13 日，市委副书记、市长胡雪梅到珠山区樊家井社区、跨境电商产业园、三宝·洛客设计谷调研经济社会发展、常态长效创建全国文明城市、陶瓷工业设计等工作并现场办公。

同日，珠山区总工会在三宝瓷谷游客服务中心二楼大厅开展“送万福、进万家”书法公益暨川剧变脸非遗艺术迎春活动。

同日，在江西省文化和旅游厅主办的江西“百县百日”文化和旅游消费季活动总结暨文化和旅游项目投融资对接会上，中国旅游报文旅产业指数实验室发布《江西省百县百日文化和旅游消费季活动情况监测报告》，报告显示百县文化和旅游消费情况，其中珠山区名列百县第七，荣获江西百县百日文化和旅游消费季“优秀组织奖”。此报告中，省文旅厅还将景德镇市珠山区作为特色案例进行报道。

14 日，景漂志愿服务队邀请景德镇知名书法家、景漂书画院获奖学生代表和“洋景漂”到南河社区现场书写春联。

15 日，珠山区委书记高翔带队，赴南昌市联创光电科技产业园开展招商引资及项目考察。

16 日，珠山区委统战部以“同心迎新春、携手向未来”为主题，在三宝国际瓷谷内洛克设计谷举办“同心共书新春福”活动。

18 日，由珠山区妇联、珠山区税务局主办的“阳光护航暖童心 青花姐姐伴成长”——珠山区“把爱带回家——送法到家”让儿童健康成长活动在小港嘴小学举行。

同日，珠山区在区礼堂召开常态长效化创建全国文明城市工作培训会。市委宣传部四级调研员倪凯到会作指导培训。

20日，珠山区统一战线开展“迎新春 看变化 促发展”活动，区委统战部邀请党外代表人士到新枫园小区、景德镇市一小改扩建新址、瓷源境文化旅游建设项目、洛客设计谷调研珠山区重点项目现场，感受珠山区变化。各民主党派直属珠山支部（社）、党外非公有制企业代表、区知联会、区新联会代表20余人到场参加。

同日，珠山区职工子女寒假托管班正式开班。

21日，省政协副主席陈兴超到珠山区开展走访慰问活动。陈兴超先后到方家山村委会慰问驻村帮扶干部，到竟成镇敬老院看望老人，到江西省海泰窑炉开发中心慰问困难企业。

同日，市委常委、市委宣传部部长林蓉到景德镇鑫惠康电子有限责任公司和景德镇市瑞牛文化科技有限公司开展“企业服务日”走访活动，调研企业生产环境，了解企业发展现状、产业结构以及存在的困难和问题等情况，积极为企业排忧解难。

同日，珠山区在区发展中心召开党外人士座谈会，就全区经济社会发展各项工作，听取各民主党派、工商联负责人和无党派人士代表的意见建议。

25日，珠山区先陶办邀请市先陶办规划技术组副组长叶逢春和景德镇陶瓷大学古陶瓷研究所研究室副主任、市先陶办规划技术组组员吴琳一行到珠山区宣讲解读《景德镇市先进陶瓷产业发展规划（2022—2025年）》。

同日，珠山区红十字会联合日新百货在陶新家园日新百货门店、太白园二中对面日新百货门店举行2022年“博爱进万家”活动。区委副书记、区委政法委书记程传冬出席活动。副区长万雪生、区政协副主席宁静出席活动。区红十字会、区工商联、爱心企业日新百货负责人参加活动。

同日，珠山区妇联与一路阳光志愿者协会联合开展“暖心行动”——给困难家庭送年货活动，珠山区“青花姐姐”巾帼志愿者和一路阳光志愿者协会召集的各界爱心人士组成“送年货小分队”，为辖区45户困难家庭送过年必需的年货。

28日，十二届市委涉粮问题专项巡察监督检查珠山区情况反馈会在珠山区发展中心召开。市纪委副书记、监委副主任钟炜出席会议并讲话。

29日，珠山区在区发展中心召开涉粮问题专项巡察监督检查集中反馈暨整改部署推进会。

2月

3日，市委副书记、市长胡雪梅走进三宝国际陶艺村，与来自9个国家的10名“洋景漂”共话新春愿景，展望未来发展。

7日，珠山区在区发展中心收听收看省委、省政府召开全省深化发展和改革双“一号工程”推进视频会（大力推动实施数字经济做优做强“一号发展工程”、营商环境优化升级“一号改革工程”，研究部署全面深化改革攻坚行动）。珠山区委书记高翔会后立即主持召开区委常委专题务虚会，利用半天时间，研究部署迅速贯彻落实全省会议精神，谋划全区深化发展和改革双“一号工程”工作。徐华、程传冬、余文军、杜钧瑞、董玉成、朱志梁、江斌等区委常委出席会议。

同日，由珠山区文学艺术界联合会主办，珠山区摄影家协会承办“文化进万家——镜头里的珠山年”图片展在线上开展。

8日，陶瓷跨境电商产业园在珠山区落成。

9日，珠山区在区发展中心召开2021年度基层党建工作述职评议会议。

11日，三宝·瓷源境文旅产业园开园。

同日，全市县域经济高质量发展现场巡察走进珠山区。市委书记刘锋，市委副书记、市长胡雪梅等市四套班子领导率队到珠山区陶瓷跨境电商产业园、陶阳学校未来智慧空间、景德镇艺术职业大学（征迁）、瓷源境文旅项目、洛客设计谷等项目开展现场观摩，检阅一年来珠山区经济社会高质量发展成效。

12日，北京中联加互联网科技研究院院长陈伟一行，到珠山区考察数字经济和跨境电商产业发展。珠山区委书记高翔，景德镇陶瓷研究院党组书记、院长吴浪，区领导余文军、杜钧瑞等参加考察。高翔与陈伟一行就珠山区数字经济和跨境电商产业发展进行了深入交流，并聘请陈伟担任珠山区数字经济顾问。

14日，珠山区政府在区发展中心召开十一届一次全体（扩大）会议。珠山区委副书记、区长徐华出席会议并讲话。

15日，中共珠山区委印发《中共珠山区第十二届委员会常务委员会工作规则》的通知。

16日，中国共产党珠山区第十二届纪律检查委员会第二次全体会议在区礼堂召开。

同日，珠山区第十一届人大常委会在区发展中心召开第三次会议。

同日，珠山区人民法院受理的首例“执转破”案件——景德镇市恒光电子有限公司破产清算案第一次债权人会议召开。案件合议庭成员、破产管理人和5名债权人参加会议。

17—20日，珠山区委书记高翔，区委副书记、区长徐华带队，分别赴上海、江苏、浙江等地开展招商引资及项目考察。在上海市，高翔、徐华一行先后拜访了上海复星国际、达索析统（上海）信息技术有限公司、上海影创信息科技有限公司、汉王科技股份有限公司、上海万向区块链股份公司等知名企业。在江苏省南京市，高翔先后拜访了江苏欣华恒精密机械集团、拓攻（南京）机器人有限公司等知名企业，以及南京大学电子工程学院等科研机构。在浙江省杭州市，徐华先后拜访了杭州信息港小镇、浙江汽灵灵工业互联网有限公司、浙江万有引力数字科技有限公司、杭州实想科技有限公司等知名企业。

21 日，中国人民政治协商会议景德镇市珠山区第九届委员会第二次会议在珠山区发展中心开幕。

同日，由珠山区人力资源和社会保障局主办、珠山区就业创业服务中心承办、石狮埠街道等单位协办，珠山区 2022 年春季扶优扶强企业招工暨春风行动招聘会在华达超市古镇天御店门口隆重举行。招聘会提供的工作岗位达 4458 个，现场初步达成就业意向 136 人。

22 日，珠山区第十一届人民代表大会第二次会议开幕会在区发展中心举行。

同日，中国人民政治协商会议景德镇市珠山区第九届委员会第二次会议，在圆满完成各项会议议程后闭幕。

23 日，珠山区第十一届人民代表大会第二次会议在圆满完成各项议程后闭幕。

同日，来自广东省广州市泽沐信息科技有限责任公司负责人一行，到珠山区进行项目考察及合作洽谈。珠山区委常委、统战部部长董玉成在区发展中心会见了企业董事长高超，双方就合作事宜展开洽谈。

24 日，珠山区四套班子领导，到和谐大道沿线的义务植树点，集体参加义务植树活动。

同日，珠山区首届社区公益创新项目大赛决赛在珠山区社会组织培育发展创新基地举办。

25 日，珠山区开展物流企业 2022 年政策推介及集中签约活动。区发改委、区税务局、区财政局、区货运办，竟成镇、各街道有关负责人同珠山辖区近百家物流企业负责人面对面交流，宣讲政策并做出优化营商环境服务承诺，进行“一对一”现场集中签约。

28 日，中共珠山区委 珠山区人民政府印发《珠山区法治政府建设实施纲要（2021—2025 年）》。

同日，珠山区在区发展中心召开全区镇（街、区）高质量发展总结表彰暨三大会战指挥部调度会。珠山区委书记高翔主持会议并讲话，珠山区委副书记、区长徐华就做好下一步高质量发展相关工作讲话，程传冬、汪良、张志刚、柳军华、余文军、杜钧瑞出席会议。会议通报 2021 年度全区镇（街、区）高质量发展综合考评结果。新厂街道获一等奖，昌河街道、新村街道获二等奖，昌江街道、里村街道、竟成镇获三等奖。

3 月

1 日，珠山区为深入推进营商环境优化升级，提高企业开办效率，实现企业开办“零成本”，经景德镇市政府同意，决定扩大新开办企业首套印章免费刻制服务范围。3 月 1 日起开始实施。

同日，珠山区卫健委在区发展中心举办新时代文明实践卫健专场——新冠疫情防控应知应会知识及相关法律专题宣讲会。

同日，珠山区以“学雷锋纪念日”为契机，在全区各地、各部门、各单位推动“奉献、友爱、互助、进步”的志愿服务活动。

同日，新村街道社区卫生服务中心评估人员和体检医生组成关爱老人志愿服务团队到为民养老中心，为养老中心 10 余位老年人进行身体健康评估、筛查、指导及公共卫生体检。

3 日，由珠山区委宣传部、珠山区民政局主办，珠山区社会工作服务中心承办的“服务民生、春暖珠山”志愿服务周启动仪式在珠山区社会组织培育发展创新基地举行。

4 日，景德镇市三宝国际瓷谷荣获国家版权局授予的“全国版权示范园区（基地）”称号，景德镇市瑞牛文化科技有限公司荣获“全国版权示范单位”称号。

同日，第一小学党支部的党员、团员老师及学生代表们，到竟成镇敬老院开展“情暖老人心”的爱心志愿活动。

5 日，珠山区委政法委全体干部到石狮埠街道风景路社区，与社区干部、志愿者共同开展“学雷锋见行动”志愿服务活动。

同日，市委副书记、市长、市常态长效创建全国文明城市工作指挥长胡雪梅到珠山区新德园农贸市场、樊家井社区巡察景德镇市创建全国文明典范城市工作。

同日，珠山区社联、区政协文化文史委、区知联会联合开展了新时代文明实践“小巷讲堂”——“传播陶瓷技艺，弘扬陶瓷文化”社科普及活动。

7 日，珠山区在区礼堂召开“三八”国际妇女节 112 周年纪念暨表彰大会。

9 日，江西省市场监督管理局（知识产权局）发布 2022 年国家知识产权建设试点城市、试点园区、强县建设试点县（市、区）评审情况公示：经省局组织专家评审，确定珠山区为江西省知识产权强县建设试点县培育县（市、区）。此次评选是国家知识产权局将国家知识产权试点示范工作升级为知识产权强国建设试点示范工作后，全省开展的首次评选工作。珠山区是景德镇市唯一入选公示名单的县（市、区）。

10 日，竟成镇樊家井社区组织开展移风易俗积分兑换生活用品宣传活动。

同日，珠山区开展“守底线、查隐患、保安全”野生蘑菇中毒防控宣传教育和监管检查，在全区筑起防控野生蘑菇食物中毒安全屏障。

12 日，珠山区在区发展中心收听收看国务院和省、市新冠疫情防控工作电视电话会议后，立即召开新冠疫情防控工作部署会，贯彻落实相关会议精神，对全区下一步疫情防控工作开展部署。

12—14 日，珠山区在区礼堂举行科级领导干部深入学习贯彻党的十九届六中全会精神专题研讨班，为期 3 天。

15 日，珠山区市场监督管理局围绕“共促消费公平”消费维权主题开展系列活动，动员社会各方力量，凝聚社会共识，营造浓厚氛围，切实提高消费者维权意识和经营者责任意识。

17日，珠山区在区发展中心收听收看全国和省、市森林草原防灭火工作电视电话会议后，立即召开森林防灭火指挥部工作会议暨春季森林防灭火工作部署会，贯彻落实相关会议精神，对全区下一步森林防灭火工作开展部署。

19日，珠山区在区发展中心收听收看国务院和省、市新冠疫情防控工作电视电话会议后，立即召开新冠疫情防控工作部署会，贯彻落实相关会议精神，对全区下一步疫情防控工作开展部署。

23日，珠山区在区发展中心开展“3·23”党员领导干部党风廉政建设警示教育活动。

25日，景德镇市优化营商环境系列新闻发布会珠山区专场在景德镇市政府新闻发布厅举行。

同日，中共珠山区委 珠山区人民政府印发《珠山区关于深入推进营商环境优化升级“一号改革工程”的实施方案》。该方案提出主要目标：一年求突破。到2022年底，找出各领域差距不足，全面补齐营商环境短板，夯实基础。力争2~3项评价指标与全省同步进入全国标杆行列，全区营商环境水平进入全省第一方阵。两年创一流。到2023年底，多项指标进入全国一流水平。三年树标杆。到2024年底，打造一批领先的营商环境单项指标。打响“珠事顺利”营商环境品牌，珠山营商环境水平进入全国一流行列。

同日，中共珠山区委 珠山区人民政府印发《珠山区关于深入推进数字经济做优做强“一号发展工程”的实施方案》。该方案提出主要目标：进一步细化深化数字产业，以陶瓷数字化转型、数字文旅融合和营商环境建设为切入点和突破口，力争用5年左右时间，布局一批具有珠山特色的产业赛道，推进一批新型基础设施重大项目，培育一批数字经济重点企业，形成3个以上产业聚集高、规模效益显著的数字产业集聚区，推动数字经济发展迈上新台阶。

26日，区金融办在区发展中心组织召开推进获得信贷指标提升工作暨政银企对接会，区政府办、区发改委（营商办）、区科技局、区工信局、区农业农村和水利局相关负责人，辖区部分银行机构负责人以及相关企业代表出席会议。

同日，珠山区新厂街道怡景美苑小区举行新冠疫情封控管控区域应急演练。

同日，珠山区政府办公室在区发展中心举办“青年干部读书班”开班仪式并组织开展第一期活动，政府办全体青年干部参加。

28日，珠山区在区礼堂召开双“一号工程”和工业发展暨招商引资工作推进大会，就深入贯彻落实好省、市深化发展和改革双“一号工程”推进大会精神，对全区工业发展和招商引资工作，进行再动员、再部署、再发力。

29日，珠山区在区发展中心召开全区机关党组工作会议暨打造模范机关动员部署会，会议书面传达学习了省、市直机关党的工作暨打造模范机关动员部署会精神。

31日，珠山区在区发展中心召开区营商环境优化升级“一号改革工程”指挥部第一次会议。

同日，珠山区在区发展中心举行小巷宣讲志愿服务队见面会暨座谈会。

4月

2日，珠山区在竟成镇开展2022年度森林火灾应急预案演练。

7日，珠山区在区发展中心召开区委全面深化改革委员会第九次会议。会议传达学习了中共景德镇市委全面深化改革委员会第八次会议精神。审议了《珠山区全面深化改革委员会2022年工作要点》《珠山区全面深化改革攻坚行动方案（2022—2024年）》。

9日，珠山区开展常态长效创建全国文明城市巡查并召开区常态长效创建全国文明城市指挥部指挥长会议。巡察组一行先后到新厂街道长虹金域小区及林荫路社区周边，新村街道通站路、九中路沿线，供销社宿舍老旧小区，新德园农贸市场及周边，竟成镇樊家井筲箕坞蔬菜基地等处，围绕在前一阶段全市常态长效创建工作中得分排名较低的点位整改落实情况开展认真细致的巡察。

11日，珠山区在区发展中心召开新冠疫情工作调度会，分析当前形势，安排部署了下一步疫情防控工作。

14日，新厂街道的第一场“七点钟行动”志愿服务活动走进了景城名郡小区。

同日，珠山区在区发展中心召开常态长效创建全国文明城市工作调度会，通报市委书记刘锋督查暗访珠山区常态长效创建全国文明城市工作情况，安排部署下一步工作。

14—16日，珠山区委书记高翔，区委副书记、区长徐华带队，赴湖北省武汉市，先后拜访了宁波美高电气有限公司、王冠医疗器械有限责任公司、湖北华波科技有限公司、湖北荣邦织造有限公司、湖北豪马塑胶有限公司等知名企业开展招商引资及项目考察。

15日，是第7个全民国家安全教育日，珠山区各学校、社区开展国家安全教育日普法宣传活动。

同日，景德镇市委国安委、珠山区委国安委联合在陶新小学开展“4·15”全民国家安全教育日进校园主题宣讲活动，活动邀请市国家安全局高级工程师曾向阳担任活动讲师，为陶新小学师生讲解国家安全相关法律知识，取得了良好的效果。

18日，珠山区在区发展中心召开2022年财经委员会第一次会议。会议传达学习了市委财经委员会第五次会议精神。会议审议了区委财经委员会组成人员调整名单，审议了《区委财经委员会2022年工作要点》。

同日，珠山区在区发展中心召开区委教育工作领导小组会议。会议传达学习了全国、全省教育工作会议精神。会议听取区教体局就教育工作作专题汇报，听取陶阳学校汇报“超大班额”整改进展情况。审议了《珠山区义务教育学校教师交流轮岗工作实施办法》《珠山区教师人事管理办法》等相关文件。

同日，珠山区在区发展中心收听收看全省城镇困难群众解困脱困工作推进视频会议，珠山区委副书记、区长徐华在分会场作视频交流发言。

同日，珠山区在区发展中心召开2022年全区禁毒工作会议。会上，区公安分局相关负责人部署了“喜迎二十大、忠诚保平安”珠山区禁毒“肃毒净土”专项行动并宣读专项行动实施及考核方案；书面传达了区禁毒委关于转发《2022年景德镇市社戒社康工作站考核评估实施细则（试行）的通知》的通知；回顾总结了2021年以来全区禁毒工作总体情况，就下一步全区禁毒工作做了部署。

同日，珠山区在区发展中心召开全区生态文明建设、碳达峰碳中和工作、推动长江经济带发展领导小组和区生态环境保护委员会2022年第一次会议。

19—22日，珠山区委书记高翔带队，赴广东省佛山市、云浮市、深圳市等地开展招商引资及项目考察，拜访了广东省多家知名企业，洽谈“2050重大投资项目”1个，并考察了多家数字经济相关企业。其中，广东盈嘉新材料有限公司，近期将在珠山区投资20亿元建设低铁损高磁感取向硅钢项目。

22日，由珠山区妇联主办的“阳光护航 书送希望 点亮未来”——“4·23”世界读书日主题活动在青塘小学举行。区妇联相关负责人、一路阳光志愿者协会负责人以及“青花姐姐”巾帼志愿者共同参与。

同日，第53个世界地球日，为了倡导居民爱护地球、保护地球、珍惜资源，珠山区各社区通过多种形式开展“珍爱地球、人与自然和谐共生”为主题的宣传活动。

24日，珠山区统计局在区发展中心举行工业统计业务培训会，邀请了市统计局工业科科长郑景勇授课，提高基层统计水平。

同日，珠山区在区发展中心收听收看省、市新冠疫情防控工作视频会议后，立即召开新冠疫情防控工作部署会，贯彻落实相关会议精神，安排部署下一步疫情防控工作。

25日，珠山区在区发展中心收听收看国务院和省、市廉政工作会议后，立即召开廉政工作会议，贯彻落实相关会议精神，安排部署全区政府系统党风廉政建设工作。

26日，第22个世界知识产权日，景德镇市珠山区人民法院在三宝国际瓷谷洛克设计谷揭牌成立全省首家知识产权保护法官工作室。

同日，珠山区第十一届人大常委会在区发展中心召开第四次会议，会议听取和审议了“夜珠山”消费带品牌打造2021年工作情况及2022年工作计划，听取了珠山区2021年度环境状况和目标完成情况报告，并开展了满意度测评。会议还通过了珠山区人大常委会2022年工作要点。

同日，珠山区关工委、珠山区政协文化文史和学习委员会联合珠山画院举行关爱困难儿童爱心笔会。

同日，珠山区在区发展中心召开医保电子凭证推广应用工作会。

同日，珠山区在三宝国际文创中心举办由珠山区委宣传部指导，珠山区文化旅游新闻出版局主办、珠山区版权服务站、珠山区三宝文旅承办的2022年珠山版权作品展暨新品发布会。

27日，珠山区四套班子领导分别带队，同全区党员志愿者和机关干部职工一道，到珠山辖区各街道社区、小区、路段、景区、市场周边等关键点位，开展第34个爱国卫生月活动暨常态长效创建全国文明城市“大清扫、大捡拾、大宣传”活动。

同日，在珠山区委、区政府的大力推动下，洛客设计谷“知识产权保护工作站”正式在洛客设计谷揭牌成立。

同日，珠山区就业创业服务中心，举办“2022年民营企业暨大中城市联合招聘高校毕业生专场招聘会”，推行线上招聘活动及就业服务，全力确保疫情防控期间就业服务“不打烊”。此次直播间共推介了32家优质企业、提供岗位近2000个。

28日，中共景德镇市委下发《关于高翔同志免职的通知》。通知告知，按江西省委组织部赣组字〔2022〕123号文件，经研究决定：免去高翔的中共景德镇市珠山区委书记、常委、委员职务。

同日，珠山区“珠事顺利，担当奉献”我为珠山营商环境发展做贡献主题演讲比赛在陶新小学举行。

同日，珠山区在区发展中心召开“千千人万企、党建促发展”工作部署会议，研究部署全力推进营商环境优化升级“一号改革工程”，落实“千千人万企、党建促发展”相关工作。

同日，由浙江必创集团有限公司主办，珠山区商务局协办，景德镇海创产业服务有限公司承办的“2022年跨境电子商务培训班”在海创跨境电商产业园开展。培训班邀请阿里巴巴国际站吴如成老师进行授课。来自跨境电商产业园的50余名电商从业人员和准备从事电商工作人员参加培训。

同日，珠山区在区发展中心召开新冠疫情防控指挥部指挥长会议，传达全市疫情防控工作会议精神，安排部署下一步工作。

29日，珠山区总工会联合市女子书画法协会、陶艺街景漂工会举办了中国梦·劳动美——迎“五一”书画致敬劳动者活动。

是月 珠山区财政局将预算管理一体化改革作为当前财政预算管理的重点工作，实现预算管理一体化系统建设有序推进。

是月 共青团珠山区委联合区文明办、区乡村振兴局、区民政局下发了《珠山区童心港湾关爱农村留守儿童工作项目的实施方案（2022—2024）》，依托竟成镇、各街道基层团组织，组建了10个童心港湾，积极落实童心港湾关爱服务工作。

5月

1日，区市监局联合市市监局为切实保障“五一”假期辖区特种设备的安全平稳运行，对辖区内特种设备使用单位开展了节前特种设备安全专项大检查。

6日，景德镇市老科技工作者协会珠山区科普服务站揭牌仪式在石狮埠街道五龙山社区举行。

7日，珠山区在区发展中心收听收看国务院和省、市自建房安全专项整治电视电话会议后，立即召开自建房安全专项整治会议，贯彻落实相关会议精神，安排部署全区自建房安全专项整治工作。

同日，珠山区在区发展中心召开扫黑除恶斗争领导小组会议，会议传达学习《中华人民共和国反有组织犯罪法》和全国、全省扫黑除恶相关会议精神；审议通过《2022年珠山区常态化扫黑除恶斗争重点任务分工方案》；通报2021年度景德镇市常态化扫黑除恶斗争各项指标全省排名情况；区公安分局、区住建局就专项整治工作作交流发言。

8日，景德镇6万吨低铁损高磁感冷轧取向硅钢项目签约仪式在景德镇高新区举行。项目总投资超过20亿元，是珠山区引进的首个工业"20"项目。该项目由珠山区与高新区牵手合作，采取"飞地"模式，在高新区开展建设和运营。

同日，珠山区在区发展中心召开推进平安建设暨市域社会治理现代化试点工作调度会。会议传达学习了全国、全省、全市打击整治养老诈骗动员部署会精神和创新"五社联动"助推基层治理现代化有关文件精神；通报了近期打击治理电信网络新型违法犯罪工作情况和"国家反诈中心"App注册情况；区公安分局、区民政局、区市监局，石狮埠街道、周路口街道、里村街道分别就近期工作进展作汇报发言；研究部署了下一步工作。

9日，珠山区在区发展中心收听收看国务院和省、市新冠疫情防控工作电视电话会议后，立即召开新冠疫情防控工作部署会，贯彻落实相关会议精神，传达省疫情防控督导组在珠山区督导时提出的工作要求，安排部署下一步疫情防控工作。

同日，市委常委、市委宣传部部长林蓉到珠山区新村街道梨树园社区、里村街道调研新时代文明实践中心建设工作。

同日，根据《市委机构编制委员会办公室、市委保密机要局关于落实县级机要密码部门加挂"县（市、区）国家密码管理局"牌子的通知》《江西省档案局关于印发国家档案局档案工作综合检查反馈意见整改方案的通知》文件精神和相关工作需要，在区委办公室文秘行政股加挂景德镇市珠山区国家密码管理局和景德镇市珠山区档案局的牌子，为两块牌子、一套人马。

10日，珠山区在区发展中心召开全区组织工作会议，会议传达学习了全国、全省、全市组织部长会议精神，总结2021年全区组织工作，对2022年工作进行部署安排。

11日，市委副书记、市长胡雪梅到珠山区实验学校、景城名郡幼儿园调研教育工作。

12日，是中国第14个全国防灾减灾日，为进一步提高广大群众的安全防范意识和面对突发灾害应急避险能力。珠山区各单位以"减轻灾害风险、守护美好家园"为主题开展"5·12"全国防灾减灾日宣传活动。

同日，珠山区在区发展中心收听收看省、市水利高质量发展大会电视电话会议后，立即召开全区水利高质量发展大会，贯彻落实相关会议精神，安排部署下一步工作。

同日，珠山区财政局联合景德镇市财政局开展景德镇市营商环境优化升级政府采购理论政策宣讲（珠山专场）活动，区直相关采购单位和景德镇市瓷源秀带陶瓷文化发展有限公司等供应商参与配合，宣讲活动同步开展网络视频会议，覆盖约100人次。

12—14日，中旅智业董事长张正启、常务副总经理戴林序、市场部总经理齐凡一行3人到珠山区三宝国际瓷谷，就全域文旅资源及开发项目进行深入洽谈交流。

13日，珠山区红十字会、区直机关工委、区卫生健康委员会联合在区发展中心内组织开展"抗疫情、捐热血"主题党日无偿献血志愿服务活动。此次活动累计献血者82人，献血量达28900毫升。

同日，珠山区"古镇飞舞"红色文艺轻骑兵志愿服务队授旗仪式在区发展中心举行。

同日，珠山区人力资源和社会保障局利用毕业前黄金期、关键季，通过专题讲座的方式，组织江西陶瓷工艺美术职业技术学院共同开展"公共就业服务进校园"政策宣讲活动，为高校应届毕业生送去了就业创业政策"大礼包"。

同日，珠山区经开区与景德镇陶瓷大学校友（总）会缔结友好交流座谈会在珠山区经开区管理委员会会议室召开。会议达成以下共识：一是建立友好互助机制。二是加强业务交流与学习。三是加强双向信息交流。

15日，区残联联合市残联、区民政局、竟成镇、里村街道等单位共同开展以"保障残疾人权益"为主题的一系列助残帮扶活动。

同日，珠山区检察院、区妇联联合举办了"阳光护航 从心开始"家庭教育指导讲堂，特邀"赣鄱红色娘子军"宣讲团成员——家庭教育指导老师黄玉芳，通过家庭教育指导课的形式，为涉案未成年人家长就如何教育、引导孩子提供指导和帮助，13组涉案未成年人家庭参加此次课程。

16日，珠山区委副书记、区长徐华带队，赴安徽、浙江开展招商引资及项目考察。徐华一行在安徽考察阜阳合肥现代产业园区；在浙江省杭州市，考察杭州拾焰科技有限公司、共道网络科技有限公司、杭州如涵科技有限公司、杭州口岸国际物流有限公司等当地知名企业。

同日，珠山区金融办联合各街道开展防范非法集资及养老诈骗宣传活动。

同日，珠山区在区发展中心召开区委全面依法治区委员会第四次会议。会议传达学习了省委依法治省委员会第五次会议和市委全面依法治市委员会第四次会议精神，通报了2021年度全面依法治区暨法治政府建设考评结果，审议了有关文件，听取了有关方面负责人就履行推进法治建设第一责任人职责情况的述职。

同日，珠山区乡村振兴局在竟成镇举办全区防止返贫动态监测和帮扶工作专题培训会，市乡村振兴局党组成员、副局长郑新平出席培训会并授课。

17日，珠山区开展常态长效创建全国文明城市巡查并召开区常态长效创建全国文明城市指挥部指挥长调度会。巡察组先后到新厂街道一中周边，十八桥农贸市场及赛跑坦社区周边、中山北路延伸段等地检查环境卫生、停车秩序、基础设施、市场管理等工作开展情况，现场协调解决问题,并提出具体要求。

18日，珠山区消防救援大队联合珠山区应急管理局，对竟成镇辖区内的经营性自建房隐患排查工作进行督导，并对辖区三合一场所进行安全隐患检查。

19日，珠山区在区发展中心召开学习贯彻习近平总书记在庆祝中国共产主义青年团成立100周年大会上的重要讲话精神座谈会，会议传达学习习近平总书记在庆祝中国共产主义青年团成立100周年大会上的重要讲话精神和省、市学习贯彻习近平总书记在庆祝中国共产主义青年团成立100周年大会上重要讲话座谈会精神。

同日，珠山区在陶阳学校举行“喜迎党的二十大、永远跟党走、奋进新征程”新团员入团仪式。

同日，由珠山区委宣传部、区民政局联合举办的全区志愿服务组织工作推进暨志愿服务交流培训会在区社会组织培育发展创新基地举行。区级志愿服务组织、社会组织负责人，竟成镇、各街道、经开区辖区内志愿服务组织负责人70余人接受培训。

同日，珠山公安分局刑警大队广辟线索，顺线追踪，在市局有关部门的大力支持下，经过30多个小时的艰苦蹲守，抓获1名潜逃31年的命案在逃人员杨某。

20日，珠山区疾病预防控中心为驰援上饶婺源抗疫凯旋的流调队举行了欢迎仪式。

同日，珠山区市场监督管理局围绕“数字时代的计量”主题开展主题宣传系列活动。珠山区市场监督管理局联合景德镇供电公司、新厂社区在新厂社区开展“世界计量日”惠民服务活动。现场发放宣传资料，宣传《中华人民共和国计量法》《江西省计量管理条例》等计量法律法规和计量知识。珠山区市场监督管理局联合市市场监督管理综合检验检测中心对景德镇市第一人民医院正在使用的医用血压计、温度计、数字心电图机、数字摄影（DR）系统X射线辐射源和医用诊断螺旋计算机断层摄影装置（CT）X射线辐射源等强检计量器具进行监督检查并服务指导。

24日，景德镇市珠山区人民法院刑庭干警到老年群体聚集的人民广场，积极开展防范养老诈骗普法宣传活动。

25日，全国公安系统英雄模范立功集体表彰大会在京举行。会上 景德镇市公安局珠山分局景东派出所副所长王建月获得全国优秀人民警察称号，景德镇市公安局珠山分局珠山派出所获得全国爱民模范集体称号。

同日，珠山区委副书记、区长徐华带队，赴湖南省长沙市考察学习城市更新并开展招商引资工作。徐华一行实地调研了长沙立体森林城市项目，白果园、井巷小区等城市更新和老旧小区改造项目，长沙湖橡小区周边城市更新单元（旧城改建）项目，橘子洲城市生态环境与城市运营项目。

25—27日，珠山区红十字会联合景德镇市日新百货商贸有限公司在黄泥头日新百货总部举办3期“救在身边+生命教育”日新专场红十字应急救护员培训班，来自日新百货商贸有限公司11家直营分店，物流配送中心、生鲜加工中心及营销总部的130多名员工参加培训。

25—27日，“我的城、我的镇——景漂故事”创作研讨会在景德镇珠山区三宝国际瓷谷马鞍岭召开。由于疫情防控要求，会议邀请的北京、上海、武汉三地的著名文学评论家，均以网络视频连线方式参与此次创作研讨。研讨会由景德镇复礼文化发展有限公司创始人、著名陶瓷文化学者王志刚主持。会议为期3天。

26日，2022年江西省文化强省建设推进大会在上饶召开。大会公布了江西省首批省级特色文化街区名单中有景德镇三宝国际瓷谷街区。

同日，十二届区委第三轮巡察工作动员部署会在区发展中心召开。

27日，由珠山区委宣传部、区总工会、区社联联合举办的“珠事顺利，担当奉献”我为珠山营商环境发展做贡献主题演讲比赛颁奖活动在陶新小学隆重举行。

同日，珠山区在石狮埠街道开展了2022年度洪涝灾害应急疏散转移演练。

同日，珠山区“喜迎党的二十大 同心护未来”庆“六一”红色故事活动在陶阳学校举行。

29日，珠山区在区发展中心召开自建房安全隐患排查整治工作部署会。会议传达学习全省、全市自建房安全隐患排查整治工作电视电话会议精神，研究部署了当前有关工作。

30日，珠山区人社局联合区委信访局、区住建局、区总工会、区国资公司在昌江广场开展《保障农民工工资支付条例》宣传集中启动仪式活动。

同日，区民政局联合区社会工作服务中心、武汉恩派社会创新发展中心在区礼堂开展2022年社会工作者职业资格考试考前培训会。

31日，市委副书记、市长胡雪梅先后到市委机关保育院、市第一小学与少年儿童们共度“六一”儿童节。

同日，珠山区在区礼堂召开防汛知识培训会。

6月

1日，珠山区农业农村和水利局在竟成镇组织开展2022年度农药化肥减量增效、秸秆综合利用技术和废弃农膜回收利用等工作培训会。

同日，为助力“东亚文化之都”创建，弘扬中华民族传统文化，让戏曲艺术焕发新的活力。由中共景德镇市委宣传部、景德镇市文化广播新闻旅游局主办，中共珠山区委宣传部、珠山区文化广播新闻旅游局、珠山区文化馆承办的“2022年景德镇市戏曲进校园——赣剧演出”走进第一小学和第六小学，为学生们带来了一场精彩的文化盛宴。

5日，珠山生态环境局联合珠山区城市管理局、珠山公安分局食药环大队、太白园街道办事处、曙光村社区等单位，围绕“共建清洁美丽世界”主题在假日广场门前开展2022年世界环境日宣传活动。

7日，珠山区新时代文明实践基地（点、广场）集中揭牌仪式在新华书店新时代文明实践基地举行。市委常委、市委宣传部部长林蓉出席仪式并揭牌。

同日，珠山区在区发展中心召开经济运行调度会，对二季度“确保双过半”各项指标任务进行再分析、再研判，明确下步主攻方向和重点任务，推动全区经济平稳健康运行。

8日，市委副书记吴隽到珠山区数字经济产业园陶瓷电商直播基地，调研指导陶瓷电商产业平台建设工作。

9日，珠山区在区礼堂召开区委理论学习中心组集体学习（扩大）会。邀请湖南省长沙市智汇人居环境创新研究院执行院长廖明辉作“城市更新”专题授课。

10日，区委办公室 区政府办公室印发《关于加快文化产业发展的实施意见》的通知。

同日，珠山区市场监督管理局邀请景德镇市市场监督管理局在珠山东市举行规范直播行为，优化营商环境法律宣贯活动。

11日，珠山区在区礼堂召开区总工会三届三次委员（扩大）会议，会议审议通过有关人事事项和相关文件，书面学习传达了省总工会、市总工会有关会议精神。会议以表决方式进行选举，选举产生了景德镇市珠山区总工会常务副主席、常委。区总工会相关负责人分别向大会作2021年工会工作报告和2021年经审工作报告。

12日，珠山区委副书记、区长徐华带队，赴广东省深圳市、江西省吉安市开展招商引资及项目考察。

13—17日，由景德镇市妇联，珠山区妇联及珠山区教体局主办，江西省家庭教育指导中心承办的2022年儿童五防安全教育及家庭教育讲座在第八小学、新厂小学、陶新小学、陶阳学校等19个学校开展，来自省家庭教育指导中心的儿童安全教育讲师吴玉芳和家庭教育讲师张魏为孩子和家长讲授了防溺水安全教育和家庭教育相关知识。

14日，珠山区促进非公有制经济发展领导小组在区发展中心召开2022年第一次全体（扩大）会议暨助推“双一号工程”工作推进会。会议传达学习中央、省、市相关会议和文件精神，总结区促进非公有制经济发展领导小组2021年工作并部署2022年工作；印发《助力双“一号工程”推动非公有制经济高质量发展工作方案（2022—2025）》；审议《区促进非公有制经济发展领导小组2022年工作计划》。区发展和改革委员会、区工业和信息化局、区市场监督管理局、区税务局就助力“双一号工程”开展情况及下一步工作进行了汇报。

同日，珠山区在区发展中心召开数字经济工作调度会，专题研究珠山区监测评价指标落实情况。会议审议了《珠山区关于落实〈江西省数字经济发展水平监测评价办法（试行）〉任务分工方案》，总结1—4月全区数字经济做优做强“一号发展工程”工作进展情况，区统计局、区工信局、竟成镇、太白园街道就数字经济工作开展情况及下一步工作进行了汇报。

同日，珠山区在区发展中心召开普法工作领导小组会议。会议审议并通过《关于对2016—2020年全区普法工作先进单位、先进个人和依法治理创建活动先进单位予以通报表扬的决定》《珠山区普法工作领导小组工作规则》《珠山区普法工作领导小组办公室工作规则》《成立珠山区“八五”普法讲师团》等文件。

同日，珠山区机关事务管理局、中国共产主义青年团珠山区委员会在梨树园小学联合开展以“寻访美丽江西 绿色低碳 节能先行”为主题的节能宣传周活动。

15日，景德镇市第一小学举行“强国有我 红歌飞扬”合唱比赛。

同日，珠山区政府金融办联合区民政局、珠山区市场监督管理局、珠山公安分局、珠山法院、珠山检察院以及辖区银行保险等机构，在市人民广场开展“守住钱袋子·护好幸福家”为主题的防范和打击非法集资暨防范养老诈骗集中宣传日活动。

同日，昌河街道在昌河广场组织开展以“遵守安全生产法 当好第一责任人”为主题的“安全生产月”和“安全生产万里行”宣传活动，并组织各社区多形式开展安全生产月系列活动。

16日，珠山区在区发展中心召开数字化转型升级辅导培训，景德镇市工业和信息化局党组成员、副局长、三级调研员潘福林介绍开展数字化转型升级宣贯辅导工作情况。

同日，全区妇女儿童工作委员会全体会议在区发展中心召开。会议总结珠山区十年来妇女儿童工作取得的成绩，审议《2021—2030年珠山区妇女发展规划和珠山区儿童发展规划（审议稿）》。

17日，景德镇市珠山区人民法院联合昌河中学开展法治教育实践活动，昌河中学100余名师生受邀走进珠山法院，沉浸式体验庭审，零距离接受普法教育。

同日，珠山区在三宝蓬艺术聚落召开全区文化产业发展银企对接会。会议旨在促进银企对接，推动文化与资本结合，为全区文化企业提供金融支持平台，为金融企业搭建文化建设参与平台，在银企互助与对接中实现共赢，为推动珠山区文化产业发展贡献力量。

同日，珠山区机关事务管理局联合江西中再生环保产业有限公司在珠山区发展中心运动中心开展绿色回收活动。

同日，江西省卫生健康委（省老龄办）公示了江西省2022年全国示范性老年友好型社区拟推荐对象，其中有珠山区新村街道梨树园社区。

18日，珠山区在区发展中心召开防汛工作会议。

19日，景德镇市发生高强度降雨，防汛工作面临严峻形势。珠山区全区上下从坚持人民至上、生命至上的高度出发，坚定落实防汛工作各项要求，坚决克服麻痹思想和侥幸心理，全力以赴抓防汛保安全，确保万无一失。

同日，珠山区在区发展中心召开学前教育普及普惠工作部署会，贯彻落实国家和省、市学前教育普及普惠督导评估要求，研究部署全区下一步学前教育工作。

20日，珠山区范围内的防汛形势有所减弱。但兄弟县区乐平受到乐安河涨水影响，汛情形势依然严峻。按照景德镇市消防救援支队部署要求，珠山消防救援大队立即调派1辆车、10人、1艘舟艇、100余件（套）抗洪抢险救援装备，于6月20日14时30分集结出发，前往乐平增援，参与当地抗洪抢险。

同日，22时，乐平市汛情严重，乐安河乐北联圩港口段出现多处危急险情。珠山区人武部接到军分区命令，迅速启动应急预案，在做好本区内涝险情应对防护的同时，紧急召集民兵应急分队，支援乐平市抗洪任务，全力保护人民群众生命财产安全。

22—24日，珠山区直机关在区委党校举办青年党员干部贯彻党的十九届六中全会精神读书班。

23日，为积极探索景德镇跨境电商行业进出口“本地模式”，引导外贸和实体企业合理布局，构建跨境电商陶瓷产业集聚区。珠山区在区陶瓷跨境电商产业园举行TikTok巡回交流公开课。本次活动特别邀请到了TikTok培训商义乌海媒信息科技有限公司，共同助力江西景德镇市陶瓷跨境卖家出海启航。

24日，珠山区委副书记、区长徐华带队，赴杭州开展招商引资和项目考察暨参加景德镇市（杭州）数字经济招商推介会。徐华一行在杭州考察浙江一亿中流信息科技有限公司、盘石全球数字经济产业园等企业与项目。

25日，珠山区举行禁毒主题公园揭牌仪式暨禁毒工作调度会。

27日，珠山区在区发展中心召开区委全面深化改革委员会第十次会议。

同日，珠山区经济开发区湖田村党总支走访慰问湖田村党龄达50年的老党员，为“光荣在党50年”的老党员邓发龙颁发纪念章。

同日，省政协党组成员、副主席陈兴超带队到景德镇，深入乡村振兴联系点珠山区开展调研。

28日，珠山区深化新时代文明实践中心建设“我进文明实践站 共建珠山新风尚”主题活动动员会在樊家井社区新时代文明实践站召开。

29日至7月2日，中旅智业董事长张正启、中旅智业总经理许文龙一行6人到珠山区，就全域文旅资源及开发项目进行深入洽谈交流。

30日，珠山区景漂陶瓷流动党员党支部换届选举大会在三宝文创中心举行。

同日，为帮助乐平受灾群众重建家园、渡过难关，珠山区红十字会组织全区干部职工开展驰援乐平严重洪涝灾害捐款活动，现场共收到捐款12.5万余元。

同日，珠山区委副书记、区长徐华在区发展中心会见中旅智业、中国城市规划设计研究院、浪潮集团等客商。

同日，珠山区第十一届人大常委会召开第五次会议。

7月

1日，珠山区在区发展中心举行新党员集中入党宣誓仪式。区委副书记、区委政法委书记程传冬出席仪式并讲话，区委常委、区委组织部部长朱志梁主持仪式。

同日，“珠乐一家亲 携手抗洪灾”珠山区驰援乐平特大洪灾捐赠仪式在乐平市卫生健康委员会举行。

同日，夜珠山·码头夜市签约仪式在御窑景巷老城故事会客厅举行。

同日，珠山区司法局组织社区矫正对象开展“七一”爱国主义教育和《中华人民共和国社区矫正法》实施两周年宣传活动。

同日，“我的城、我的镇——景漂故事”视频创作研讨会在珠山区三宝蓬艺术聚落举行。“五个一工程”奖获得者、著名作家胡平出席研讨会。景德镇复礼文化发展有限公司创始人、陶瓷文化学者王志刚主持研讨会。

3日，珠山区关工委、珠山区妇联在亮剑军之旅科教基地联合开展“阳光护航，相伴成长”——“喜迎党的二十大，同心向未来”军旅体验活动。

5日，珠山区妈妈防火团志愿者协会举办的珠山区首届社区公益项目大赛20强项目《安全社区三级应急预案（社区社会组织培育）》在珠山区社会培育发展创新基地举行。珠山区全区妈妈防火团分会志愿者、社工等30余人参与本次培训。

同日，珠山区委副书记、区长徐华在区发展中心会见移通科技（杭州）有限公司董事长陈建文一行，双方就加快智慧化城市管理平台建设等事宜进行了洽谈。

6日，珠山区委副书记、区长徐华带队，开展“企业服务日”活动，先后到国瑰陶瓷文化有限公司、昌友航空科技有限公司等企业，为企业解决实际困难和问题，助力企业持续健康发展。

同日，为进一步倡树文明婚恋新风尚，满足广大单身男女青年交友需求，航空工业直升机所团委、珠山区妇联在陶溪川陶公塾联合举办了“缘定航空 相约珠山”联谊活动，来自直升机所和珠山区机关企事业单位的近60名单身男女青年共聚一堂，上演了一场浪漫邂逅。

同日，珠山区城市管理局在人民广场开展《中华人民共和国反有组织犯罪法》宣传活动。

6—7日，中国文学艺术界联合会党组成员、副主席、书记处书记诸迪率中国文学艺术界联合会调研组到景德镇市，就“文艺两新”发展现状等开展专题调研。其间，到珠山区陶溪川文创街区、三宝蓬艺术聚落、真如堂陶瓷有限公司、陶阳里历史文化街区调研。对珠山区文学艺术界联合会团结引领“景漂”艺术家的工作予以肯定，勉励该区文艺工作者继续坚持正确的政治方向，坚持“走出去、请进来”，开展对外文化交流活动，常态化联络服务“景漂”艺术家，推动基层文艺工作高质量发展。

7日，珠山区在区发展中心召开信访工作联席会，区委副书记、区委政法委书记、区信访联席会总召集人程传冬出席会议并讲话。区有关领导余文军、赵军、李海平、杨涛出席会议。会议传达学习第九次全国信访工作会议，省信访联席会议全体（扩大）会议精神，国家信访局、省委信访局关于学习宣传贯彻《信访工作条例》等相关会议精神。审议并通过相关请示和工作方案，通报“895”专项行动完成情况并提出下一步工作意见。

同日，江西省道德模范与“身边好人”现场交流活动暨2022年上半年“江西好人”发布仪式在南昌举行。获奖人员中有珠山区居民李木花、江丽君。

同日，珠山区人民法院刑庭干警到新德园菜市场及周边商户，再次开展防范养老诈骗普法宣传活动。

8日，珠山区在区发展中心收听收看全市学生防溺水工作视频会议后，紧急召开全区防学生溺水工作会议，传达省、市防溺水工作相关会议精神，安排部署下一步工作，坚决遏制学生溺水事故。

同日，景德镇市政协党组书记、主席俞小平先后到陶阳南路、新厂村、林荫路社区督导常态长效创文暨争创全国文明典范城市工作，并听取相关街道、村、社区创建工作情况汇报。

同日，景德镇市委常委、市委统战部部长吴财锋到挂点的珠山区竟成镇青塘村，调研常态长效创建全国文明城市和乡村振兴等工作。

10日，珠山区在区礼堂召开常态长效创建全国文明城市暨争创全国文明典范城市工作推进大会。

11日，珠山区政府获得江西省“五型”政府建设领导小组颁发的2021年度全省政府系统“五型”政府建设先进集体荣誉。

同日，珠山区在区发展中心收听收看全国和全市安全生产电视电话会议后，立即召开全区安全生产工作会议，传达相关会议精神，深入分析安全生产形势，安排部署下一步工作。区委副书记、区长徐华出席会议并讲话。区领导余文军、江志瑜、万雪生出席。

同日，珠山区常态长效创建全国文明城市工作指挥部发出关于在全区开展“不文明行为‘随手拍’活动”的通知。

同日，“夜珠山·消夏节”活动政策新闻发布会在景德镇市人民政府新闻办公室举行。

同日，珠山区在区发展中心召开落实全面建设“六个江西”奋斗目标领导小组第一次会议。区委副书记、区长、区落实全面建设“六个江西”奋斗目标领导小组组长徐华主持会议并讲话。程传冬、汪良、邵继纲、张志刚、柳军华、余文军、杜钧瑞、董玉成出席会议。会议传达学习省委、市委有关会议精神。会议听取珠山区贯彻落实全面建设“六个江西”工作总体情况汇报，听取各联络组和工作组前一阶段工作进展情况汇报。

12日，央视网与景德镇市珠山区在北京举行“央视网·瓷”项目签约仪式。

同日，市人大常委会主任曹雄泰一行到珠山区珠山大道，督导常态长效创文暨争创全国文明典范城市工作，并召开座谈会。

同日，珠山区“双减”联合督查组开展校外培训机构办学行为专项检查行动，及时消除监管“盲区”和“真空”，从严查处校外培训机构违规培训，坚决打击“隐形变异”违规开展学科类校外培训、非学科类培训机构超范围开展培训行为。

14日，珠山区2021年度巩固拓展脱贫攻坚成果同乡村振兴有效衔接国家考核评估反馈问题和省考核发现问题整改落实督导汇报会在区发展中心召开。

同日，珠山区知识产权质押融资“入园惠企”银企对接会陶瓷跨境电商数字产业园专场活动在园区一楼大厅举行。

15日，珠山区职工子女暑假托管班在十七小分校正式开班。

16日，珠山区在里村街道召开推进平安建设暨市域社会治理现代化试点工作例会，区委副书记、区委政法委书记程传冬出席会议并讲话。

17日，中国社会科学评价研究院研究员李传章（正局级）、中国生产力学会副秘书长、21世纪马克思主义研究院经济社会文化发展战略研究中心副主任马平、南昌大学教师潘博一行，赴景德镇市珠山区三宝国际瓷谷开展学术调研。

18日，中共珠山区委员会全面从严治党形势分析会在区发展中心召开。

18—22日，珠山区委组织部、区委党校共同举办了全区机关事业单位基层党组织书记培训班，全区机关事业单位基层党组织书记共计84人参加此次培训。

19日，珠山区营商环境优化升级“一号改革工程”指挥部法治环境组在区发展中心召开座谈会。邀请辖区内的企业和商会代表参加，现场听取企业家代表意见建议，并进行了深入广泛交流。

20日，珠山区在区礼堂召开《新冠疫情防控方案（第九版）》培训会。

同日，由市税务局与珠山区税务局组织的“税企涉税机构三方交流会”在珠山税务局召开，来自市税务局领导，纳税服务科负责人与区局领导，以及相关部门的负责人与企业代表面对面交流，共同商讨税源管理、纳税服务、政策法规等方面的问题，听取纳税人对税务部门工作的意见和建议，并现场解答企业提出的涉税问题。

20日，珠山区委副书记、区长徐华采取“四不两直”方式，先后到湖田桥段、昌江中渡口河段以及瓷都大桥段部分河段，暗访督察防溺水工作。

21日，景德镇市政协党组书记、主席俞小平深入珠山区，先后到白鹭大桥南侧、吉马美苑小区、林荫路、景城名郡小区，巡察督导常态长效创建全国文明城市和争创全国文明典范城市工作，并出席工作会。

22日，珠山区在昌江河流域举行了渔业资源人工增殖放流活动。

同日，《人民日报》头版《赣鄱大地面貌新》报道珠山百姓说事解民忧。

同日，珠山区融媒体中心举行“赣就有未来”百县联动直播带岗——珠山区2022夏季网络直播招聘会。近3小时的直播中，有近4万名网友在线观看。共组织了42家企业，为求职者准备了1000余个工作岗位。

23日，市委常委、统战部部长吴财锋率部班子成员一行赴珠山区挂点路段——通站路昌江大道至景德大道路段、包片社区——珠山街道龙珠阁社区巡查常态长效创建全国文明城市和争创全国文明典范城市工作。

24日，珠山区应急管理局、区工业和信息化局在区发展中心开展为期3天的工商贸企业安全生产知识培训，全区规模以上工、商贸企业安全负责人及安管人员共计100余人参训。

25日，珠山区委副书记、区长徐华带队，赴浙江开展招商引资及项目考察。徐华一行考察树兰医疗集团、杭州文化产权交易所有限公司、杭州壹网壹创科技股份有限公司，还拜访移通科技、七彩集团、华聪股份等数字经济行业知名企业。

同日，根据《中共江西省委机构编制委员会办公室关于印发〈市县粮食行政管理体制机制相关问题整改方案〉的通知》要求，在区农业农村和水利局加挂景德镇市珠山区粮食局牌子，实行两块牌子、一套人马。

同日，根据《中共江西省委机构编制委员会办公室关于印发〈关于加强文物保护和考古工作机构编制保障的实施方案〉的通知》（赣编办发〔2022〕10号）文件精神，在珠山区文化广电新闻出版旅游局加挂珠山区文物局牌子。

26日，由江西省妇女联合会主办，景德镇市妇联、珠山区妇联承办的江西省“少年儿童心向党 用心用情伴成长”儿童暑期关爱宣讲活动在竟成小学举行，近40名青少年儿童和家长聆听了宣讲。

27日，市委副书记、市长胡雪梅到珠山区城乡接合部、农贸市场、批发市场、老旧小区等，巡察指导常态长效创建全国文明城市暨争创全国文明典范城市工作。

同日，珠山区退役军人事务局到昌盛社区开展新时代文明实践——“新长征”退役军人志愿者“红色文化进社区”宣讲活动，通过给社区居民们讲述红色故事，激发大家爱党爱国热情，凝聚奋进力量。

28日，在八一建军节即将来临之际，珠山区四套班子领导带着全区人民的深厚情谊，走访慰问了景德镇军分区。

同日，珠山公安分局反诈中心民警联合里村街道、尚东社区干部在小区内开展精准反诈宣传工作。

29日，景德镇市委书记刘锋一行到央视网陶瓷数字文化产业基地进行调研，详细了解了产业园的运营模式、合作平台、带货选品、人员培训等各方面情况，并对产业园利用直播赋能推动景德镇传统商贸业转型升级的运营模式给予高度评价。

同日，珠山区在区礼堂举办贯彻全市创建工作推进大会暨全国文明城市创建复查座谈会精神培训班。景德镇市委宣传部副部长、市文明办主任、市指挥部材料审核组组长程步才，市委宣传部四级调研员、市文明办副主任、市指挥部材料审核组常务副组长倪凯出席会议。

30日，由珠山区文化广播新闻旅游局举办的“夜景德镇·珠山消夏节”——强国复兴有我 喜迎二十大“古典诗文”夜诵分享会在三宝蓬艺术聚落开幕。

8月

3日，珠山区妇联、区民政局、新厂街道主办的“珍爱一生永相伴 携手共传好家风”珠山区七夕金婚集体婚礼在新厂街道东三郡社区举行。

同日，区老体协在区委党校举行喜迎党的二十大全区柔乐球比赛。

同日，由珠山区委宣传部主办，区总工会、区社联、区国资公司协办，景德镇瓷源带陶瓷文化发展有限公司承办的“瓷上七夕·缘定三宝”青年相亲联谊活动在三宝洛客设计谷举行，来自全区党政机关、企事业单位的优秀单身青年踊跃参加活动。

5日，江西省省长叶建春在景德镇调研期间，到珠山区央视网陶瓷数字文化产业基地、陶瓷跨境电商数字产业园调研。

同日，珠山区人民检察院到某纯净水厂，上门公开送达“企业合规风险提示函”。珠山区人民检察院特地为该企业“私人定制”“量身打造”一套贴合该企业经营发展的企业合规整改方案，帮助企业最大化减少可能发生的法律风险。

6日，珠山区在区礼堂召开常态长效创建全国文明城市指挥部工作部署会。

8日，珠山区交通运输事业发展中心道路运输“三类十证”全面启用道路运输电子证照。

同日，珠山区农业农村和水利局联合竟成镇共同开展森林火灾隐患排查整治行动，切实保护森林资源安全。

同日，珠山区联合昌江区、昌南新区，共同举办了养老护理员职业技能培训暨选拔赛培训班。

同日，珠山区在区发展中心召开控烟专项整治行动部署会。

10日，景德镇市委书记刘锋到珠山区对常态长效创建文明城市工作进行调研。

11日，珠山区在区发展中心召开智能安防小区建设工作推进会，就智能安防小区建设工作进行再部署、再提升。

同日，区委办公室 区政府办公室印发《中共竟成街道工作委员会 竟成街道办事处职能配置、机构设置和人员编制规定》的通知。

12—17 日，珠山公安分局为纵深推进夏季治安打击整治“百日行动”，组织开展夏夜治安巡查宣防第二次集中统一行动。

16 日，珠山区陶阳里御窑景区入选第二批国家级夜间文化和旅游消费集聚区名单。

18 日，珠山区在区发展中心召开全区推进新时代产业工人队伍建设改革工作部署会。

19 日，景德镇市委书记刘锋到珠山辖区交警执勤点位、环卫作业点、基层供电部门和重点项目建设现场，看望慰问在高温酷暑下坚守岗位的一线劳动者。

同日，景德镇市委副书记、市长胡雪梅到珠山区城中村、排涝站等地，调研城市更新暨防洪补短板工作开展情况。

同日，景德镇市委常委、市委宣传部部长林蓉到珠山区黄泥头村徐家坞、青塘村李家调研防旱抗旱工作。

同日，景德镇市首届技能大赛（珠山赛区）在陶邑观英酒店礼堂举行，共有 29 名选手（团队）参加比赛。

20 日，由珠山区政府和古镇公司携手打造的御窑景巷“夜经济”消费带正式开始营业。

22 日，珠山区人民法院、区人民检察院及昌江公安分局联合开展对 13577 瓶涉案假酒的销毁行动。

23 日，景德镇市生态环境局和珠山区生态环境局联合后街村委会开展“全民禁塑共参与，绿色生活伴我行”为主题的环保志愿服务活动，倡导辖区居民增强共建生态环境意识。

24 日，景德镇市政协副主席钟良贵到珠山区青塘村李家、黄泥头村徐家坞，调研防旱抗旱工作。

同日，珠山区退役军人事务局在陶阳新村举行退役军人和其他优抚对象优待证发放启动仪式。

25 日，中国共产主义青年团珠山区委员会开展“金秋助学——圆梦行动”，为辖区 13 名即将步入大学的困难学子累计筹集 65000 元助学金。

26 日，珠山区就业局联合昌河街道在昌盛社区如心湖开展以“赣就有未来，援助暖民心”为主题的就业专场线下招聘会。本次招聘会提供了上百个岗位。

同日，中央电视台《晚间新闻》《第一时间》《经济信息联播》等栏目播报珠山区“夜经济”再升温——创意夜市聚人气 多元消费成亮点。

同日，竟成文化站、方家山新时代文明实践所在方家山群众运动场组织开展“喜迎党的二十大、奋进新征程”文艺会演活动。

27 日，珠山区在区发展中心收听收看省、市防旱抗旱工作相关会议。会后，珠山区立即召开防旱抗旱工作部署会，贯彻落实相关会议精神，安排部署下一步防旱抗旱工作。

同日，珠山区发布节约用电倡议书。

同日，珠山区住建局组织驻村第一书记、竟成镇（经开区）乡建办主任、各村专干在区委党校开展了农村低收入群体等重点对象住房安全保障工作培训。

29 日，珠山区在区发展中心收听收看国务院和省、市深化“放管服”改革优化营商环境电视电话会后，立即组织召开全区深化“放管服”改革优化营商环境会。

30 日，珠山区第十一届人大常委会在区发展中心召开第六次会议。

9 月

5 日，中共珠山区委全面深化改革委员会印发《关于报送“夜珠山”消费带建设经验做法材料的报告》。

同日，珠山区在区发展中心收听收看省、市新冠疫情防控工作电视电话会议后，立即召开新冠疫情防控工作部署会，贯彻落实相关会议精神，安排部署下一步工作。

6 日，珠山区在区发展中心召开信访工作联席会暨市党的二十大信访工作第四督查组进驻动员会。景德镇市党的二十大信访工作第四督查组组长、市委信访局正县级督查专员杨星光出席会议并讲话。

同日，为喜迎党的二十大胜利召开，民进景德镇市委会、珠山区政协携手，在三宝国际瓷谷国际文创中心（汉光）隆重举行“同心喜迎党的二十大 携手共进颂党恩”——陶瓷艺术展暨 1% 工程公益捐赠活动开幕式。民进江西省委会副主委欧阳剑雄出席开幕式。来自全国各地的近百位优秀陶瓷艺术家参与此次公益活动，他们捐赠艺术作品参展并出席开幕式。

同日，珠山区在区发展中心召开疫情防控工作部署会，分析当前形势，安排部署下一步疫情防控工作。

同日，珠山区人民法院联合区工商联开展优化营商环境“企业公众开放日”活动，邀请辖区企业家代表走进法院，零距离了解法院工作，面对面听取企业需求。

6—9 日，珠山区委组织部、区委党校共同举办 2022 年度珠山区党员发展对象培训班，共计 80 名党员发展对象参加此次培训。

7 日，珠山区诗词学会在马鞍山社区新时代文明实践站举办传承好家风、好家训中秋诗会。

9 日，珠山区委宣传部、区委网信办、区总工会、区社联、画眉楼社区、央视网直播基地以“网络安全为人民，网络安全靠人民”为主题，共同举办网络安全进社区、进家庭、进企业志愿服务活动。

10 日，由珠山区文化广播新闻旅游局、市古镇商旅文公司联合在御窑景巷码头举办“夜珠山 · 码头夜市”月满中秋 国潮演出 + 汉服走秀 + 国潮游园活动。

同日，由景德镇新闻传媒集团、英国江西总商会主办，景德镇陶瓷大学、南昌航空大学、景德镇学院、景德镇美术馆、三宝蓬艺术聚落协办的但愿人长久 千里共婵娟——“丝路瓷行——天涯共此时”中秋陶瓷文化国际交流活动在珠山区三宝国际瓷谷三宝蓬帐篷营地酒店拉开序幕。

11 日，景德镇市申遗办、珠山区与上海建为历保科技股份有限公司在三宝文创中心召开申遗工作座谈会。双方针对国内“申遗”形势变化、现阶段“申遗”工作、申遗监测预警平台建设及运营等内容进行了深入交流。

12 日，珠山区提前进入森林防火重点期。为有效预防和遏制森林火灾发生，珠山区人民政府发布禁火令。

同日，珠山区医疗保障局的医保电子凭证激活率达到 63.31%，定点医疗机构医保电子结算率全市排第一。

14 日，江西省委退役军人事务工作领导小组办公室调研组一行到珠山区，开展“蹲点抓落实”专题调研。

15 日，省委第四巡视组巡视珠山区工作动员会议在区礼堂召开。

19 日，珠山区在区发展中心召开区委全面深化改革委员会第十一次会议。

20 日，珠山区在区发展中心收听收看全省稳增长、防风险、保稳定、惠民生工作部署视频会。省委书记易炼红出席并讲话，他强调，全省各地各部门要深入贯彻习近平总书记视察江西重要讲话精神，全面落实党中央“疫情要防住、经济要稳住、发展要安全”重要要求，聚焦“作示范、勇争先”的目标要求，高效统筹疫情防控和经济社会发展，统筹发展和安全，坚定信心、保持定力，攻坚克难、奋发进取，全力以赴做好稳增长、防风险、保稳定、惠民生等各项工作，着力营造平稳健康的经济环境、国泰民安的社会环境、风清气正的政治环境，以优异成绩迎接党的二十大胜利召开。

21 日，2022 年“国际青年中国行”活动在景德镇市举行。其间，参加活动人员走进珠山区三宝村，感受中国文化的独特魅力，共同见证中国脱贫攻坚和乡村振兴中的发展密码。

22 日，珠山区正式启动深入打好污染防治攻坚战“百日攻坚”行动。珠山生态环境局会同市综合环境执法大队一大队、区城管部门、属地街道对九集小镇开展餐饮油烟污染帮扶检查。

23 日，珠山区生态环境局、区住建局、区城市管理局、区交通发展中心、属地街道等部门联合开展统一行动，围绕大气、水、土壤污染防治及专项问题整治 13 个方面内容，组成多个行动小组奔赴各地进行帮扶检查。

同日，珠山区在区发展中心收听收看了国务院安全生产工作电视电话会议和全省安全生产工作视频会、全市安全生产工作视频会后，立即组织召开区安委会全体会议，研究分析安全生产工作形势，安排部署国庆、党的二十大期间安全生产有关工作。

同日，珠山区委宣传部（区文明办）公示了 2022 年珠山区文明家庭候选名单。根据评选标准和评选办法，经过宣传发动、筛选把关，共确定 100 户珠山区文明家庭候选家庭。

同日，珠山区“喜迎党的二十大 感恩奋进新征程”主题演讲、征文、书法比赛社会科学普及周活动在第二十二小学举行。

25 日，珠山区老体协“喜迎党的二十大”体育运动健身项目展演在梨树园小学举行。

26 日，“景德镇这十年”系列主题新闻发布会（珠山区专场）在景德镇市政府新闻办新闻发布厅举行。珠山区委副书记、区长徐华作了题为《锚定“三好两主”目标 全力推动珠山区高质量跨越式发展》主题发言并答记者问，区委副书记、区委政法委书记程传冬，区委常委、区委宣传部部长江斌回答记者提问。景德镇市委宣传部副部长董臻主持。

同日，珠山区新村街道在街道会议室与江西嘉合船务有限公司举行签约仪式。该公司主要以船舶修造为主，从 2005 年至今陆续交船共计 120 余艘。双方将本着平等互利、优势互补、资源共享、共同发展的原则，合力推动景德镇市相关产业实现高质量发展。

同日，景德镇市委常委、统战部部长吴财锋率队赴珠山区调研双“一号工程”工作，并在区发展中心召开座谈会。

同日，珠山区委宣传部（区文明办）公示了珠山区 2022 年“珠山好人”候选人名单。分别为“助人为乐好人”曹福孙、毛正根；“见义勇为好人”夏敏、冯绍桂；“诚实守信好人”全佳莉、刘义；“敬业奉献好人”黄绍平、章能；“孝老爱亲好人”程娇娥、鲍绿英。

27 日，珠山区在区发展中心召开“千名干部入万家企业”暨“亲清瓷都·暖心爽心”活动专题部署会。

28 日，景德镇市委书记刘锋到珠山区调研黄泥头防洪排涝项目建设工作，督促加快项目施工进度，现场协调解决有关问题。

同日，珠山区统战部率 14 名区工商联常执委企业家，走进樊家井新时代文明实践站看变化、听党课、提意见，助力全区双“一号工程”。随后，组织民营企业家代表们进行了座谈，向企业家们传达学习了习近平总书记关于民营经济工作的重要论述，就贯彻全省“稳增长、防风险、保稳定、惠民生”会议精神，优化珠山区营商环境，与企业家进行交流。随后，珠山区委统战部、区工商联组织民营经济人士近 20 人，前往马列主义在景德镇的初始传播地“平民夜校”，开展“喜迎二十大 永远跟党走”红色教育活动。

30 日，珠山区在莲花塘烈士陵园举行烈士纪念日公祭仪式。区四套班子领导和全区 130 余名干部群众代表、老战士代表、学校师生代表参加公祭活动。

是月，江西省文明办发布 2022 年第三季度“江西好人”名单中，珠山区抗美援朝老战士翁山红入围。

10 月

2 日，市委副书记、市长胡雪梅深入县区，调研文旅“夜经济”

消费新业态发展情况。胡雪梅到三宝国际瓷谷，考察了“夜珠山”消费带板块发展情况。胡雪梅指出“夜经济”是城市经济的重要组成部分，是推动消费回暖、激发市场活力的重要举措。希望珠山区科学规划、合理布局、全力以赴，把打造“夜珠山”消费带作为建设国家试验区核心区的战略支点，加快推进“夜游、夜演、夜宴、夜购、夜娱、夜宿、夜读”融合发展，不断擦亮“夜珠山”品牌，为全市夜经济发展作示范。

3日，新厂街道新厂社区新时代文明实践站联合景德镇市市场监督管理局开展“我们的节日·重阳”敬老爱老慰问活动。

5日，珠山区在区发展中心召开营商环境优化升级“一号改革工程”专题调度会，总结分析前一阶段工作，安排部署下一步工作。会议审议并原则通过了《关于全面推行“企业安静期”的实施意见（试行）》《关于进一步推进行政监管领域“首违轻微免罚”工作的实施意见（试行）》方案。

同日，珠山区老年体育协会在春天花园老年体育辅导站组织开展“喜迎党的二十大 奋进新征程”文艺会演。

8—9日，珠山区统计局在区发展中心开展2022年人口变动调查业务培训会。各街道统计员、调查员、指导员、区统计局相关业务人员等30余人参加培训。

9日，市委常委、市委宣传部部长林蓉到珠山区委党校、华润万家超市、陶阳学校、三宝蓬隐居景德艺术酒店等部分重点场所督导检查安全生产工作。

同日，珠山区在区发展中心召开迎接党的二十大信访稳定工作部署会。

10日，中共景德镇市委下发《关于徐华同志任职的通知》。通知告知，经市委研究，并报省委同意：徐华任中共景德镇市珠山区委书记。

同日，为深入推进营商环境优化升级“一号改革工程”，不断提升市场主体获得感和满意度，为企业放心发展、安心经营营造良好的法治氛围和营商环境，珠山区在区发展中心召开“企业安静期”工作部署会。

11日，珠山区委副书记、区长徐华会见盘石集团总裁章海江一行，双方就推进数字经济发展等事宜进行洽谈。

同日，珠山区农业农村和水利局联合景德镇市农业综合执法支队和竟成街道在黄泥头村开展“十年禁捕”宣传活动。

13日，珠山区博爱社会工作服务中心邀请国家工艺美术师走进半边街社区开展“喜迎二十大 银龄心向党”绘画活动，半边街社区老年分校学员参加了此次活动。昌河街道昌盛社区新时代文明实践站邀请珠山区老年书画协会共同开展“喜迎党的二十大、感恩奋进新征程”书画笔会活动。

14日，珠山区在区礼堂召开全区领导干部大会。景德镇市委副书记吴隽出席会议并讲话。景德镇市委组织部常务副部长汤武辉出席会议，宣布省委、市委决定：徐华任中共珠山区委书记，不再担任珠山区政府区长。徐华作表态发言。区委副书记、区委政法委书记程传冬主持会议。

同日，珠山区在区发展中心召开县域共青团基层组织改革动员会暨青年发展工作联席会议第三次全体会议。

同日，珠山实验幼儿园联合竟成街道黄泥头村开展了一场“盘中餐 中国粮”亲子务农体验活动。

16日，中国共产党第二十次全国代表大会在人民大会堂开幕，习近平同志代表第十九届中央委员会向大会作报告。珠山区各部门通过各种方式集中收听收看开幕会直播。

同日，珠山区农业农村和水利局到黄泥头村开展世界粮食日、全国粮食安全宣传周及水稻机械化减损宣传活动。

同日，珠山区市场监督管理局联合区机关事务管理局，在珠山区发展中心开展了“反对浪费 崇尚节约 杜绝舌尖上的浪费”文明行动。

19日，景德镇市人大常委会副主任、市委秘书长罗建国到选区、联系选民，听取选民的意见建议和诉求。

20日，珠山街道民政办、珠山街道残联和珠山街道社工站联合美年大健康体检中心开展“关爱残疾人，义诊进社区”为主题的义诊活动，免费为辖区残疾人进行健康体检和康复指导。

同日，珠山区人力资源和社会保障局联合江西陶瓷工艺美术职业技术学院、珠山区教体局在江西陶瓷工艺美术职业技术学院图书馆开展珠山区2022年幼师专场招聘会。

21日，江西省人大常委会党组书记、副主任赵力平带队到珠山区，围绕贯彻落实中央人大工作会议精神、乡村振兴、产业发展等工作开展调研。

同日，江西省安全生产委员会第三检查组一行到珠山区开展安全生产巡查“回头看”。

24日，珠山区在区发展中心收听收看江西省领导干部视频会及景德镇市领导干部视频会，会议传达学习党的二十大精神，全面部署学习宣传贯彻落实各项工作。

27日，珠山区在区发展中心召开全区“三大会战”指挥部调度会暨高质量发展考核工作调度会。

同日，珠山区第十一届人大常委会召开第七次会议。

同日，新厂街道林荫路社区党委组织辖区党员和居民，充分利用小区“街坊零距离”文化长廊接地气、聚民心的平台让党的二十大精神深入小区居民，以实际行动和工作成效确保学习宣传贯彻落实党的二十大精神走深走实。

同日，经开区画眉楼社区党委走进三宝国际瓷谷寻味三宝、闲云居等多家企业，开展党的二十大精神进基层专题宣讲活动，受到了企业职工的欢迎。

同日，景德镇市第七小学开展学习贯彻党的二十大精神专题宣讲活动。学校邀请到全国人大代表、梨树园社区书记、珠山区小巷宣讲志愿服务队宣讲员余梅，围绕“高举旗帜凝心聚力，团结奋进新征程”展开宣讲。

28日，景德镇市委常委、市委宣传部部长林蓉到珠山区昌盛社区、马鞍岭村宣讲党的二十大精神。林蓉一行还前往马鞍岭村解鞍小筑、三宝村陶耕村史馆等地，就常态长效创建全国文明城市、新时代文明实践和乡村振兴工作进行了调研。

同日，珠山区委书记徐华前往珠山街道“平民夜校”、莲花塘社区宣讲党的二十大精神。

同日，由市文联、珠山区委宣传部主办，珠山区文联承办的“领航新时代 奋进新征程”——江西省文联“万名文艺家下基层”学习宣传贯彻二十大精神文艺志愿服务活动走进昌江村新时代文明实践站举行。市、区两级文联领导还向参加活动的文艺家发放了书籍《习近平的七年知青岁月》和绘画用品，勉励文艺工作者不断加强理论学习，砥砺初心使命。

同日，珠山区人民检察院举行“与民同行”行政检察工作室揭牌仪式。

同日，珠山区工商联组织工商联常委企业家走进真如堂陶瓷有限公司，召开学习贯彻“党的二十大精神”企业家座谈会。

同日，珠山区农业农村和水利局邀请市农业农村局三级调研员吴农科深入竟成街道开展党的二十大精神专题宣讲。

同日，新厂街道开展“亲清瓷都·暖心爽心”活动启动仪式暨首届文明商户评选活动。此次活动旨在进一步激励和引导广大市场主体积极投身文明诚信建设中来，树立依法经营、诚信经营、文明经营意识，让全区文明城市创建基础更加牢固。

29日，珠山区委书记徐华带队赴杭州开展招商引资及项目考察。徐华先后拜访杭州一亿中流信息科技有限公司、杭州博联智能科技有限公司、杭州天谷信息科技有限公司（e签宝）等数字经济领域知名企业，同各位企业家就加强数字经济合作亲切交流，并发出诚挚邀请，欢迎“浙商”高科技企业多到珠山区考察调研、投资兴业，实现互利共赢。

同日，珠山区妇联联合景德镇市华达超市开展“宣讲党的二十大，巧手妙笔绘美好”亲子主题活动。

30日，珠山区开展“板凳课堂”活动。珠山区小巷宣讲志愿服务队宣讲员程赣生用一首全国人民耳熟能详的歌曲《唱支山歌给党听》在三宝村马鞍岭山间响亮开唱。程赣生用接地气的快板三句半形式讲述着三宝村的历史——从只有一条泥泞不堪小道的贫困小村庄变成了景德镇市知名的旅游景区。

31日，全国城乡社区治理专项表彰评审委员会办公室发布全国先进基层群众性自治组织拟表彰名单和全国优秀城乡社区工作者拟表彰名单公示，珠山区新厂街道六〇二所社区居民委员会在全国先进基层群众性自治组织拟表彰名单之列。

同日，陶阳学校特邀党的二十大代表、景德镇市信访局副局长姚石玉到校，开展了一场学习贯彻党的二十大精神专题宣讲会。姚石玉以《心中有人民 脚下有力量——感悟二十大，奋进新征程》为题，为学校领导班子、全体教师及少先队队委上了一堂生动的宣讲课、思政课。宣讲结束后，姚石玉还与部分教师和少先队员代表进行座谈。

11月

1日，江西省委书记、省人大常委会主任易炼红到景德镇调研，宣讲党的二十大精神期间，调研珠山区三宝瓷谷央视网陶瓷数字文化产业基地，提出要充分发挥央视品牌影响力和传播资源优势，大力宣传好、推广好景德镇，携手推动陶瓷产业创新发展。

同日，珠山区在区发展中心和昌江广场同步举办营商环境日“五大活动”（优化营商环境成果展活动、优化营商环境签名活动、优化营商环境政策宣讲活动、优化营商环境政策企业展示活动、优化营商环境服务企业用工活动），展现全区营商环境优化升级成果，营造“亲商、暖商、爱商、护商”的良好氛围。

同日，珠山区市场监督管理局在景德镇市打击传销工作领导小组办公室的指导下，向成功创建“无传销网络平台”的陶溪川直播基地及珠山东市直播企业正式授牌。

同日，珠山公安分局举办警务辅助人员“实战大练兵”培训班，主要学习政治理论、公安业务、法律法规以及警务技能，为期5天。

同日，珠山区在区发展中心召开住房安全暨区住建局巩固拓展脱贫攻坚成果同乡村振兴有效衔接工作推进会。

同日，新村街道梨树园社区幸福食堂开始试运营。

2日，珠山区政协借助“赣事好商量”协商议事平台，在区政协委员和相关负责人的共同参与下，走进珠山街道龙珠阁社区，顺利调解了一起因重点项目建设引发的矛盾纠纷，在持续优化珠山区“珠事顺利”营商环境品牌的同时，又切实提升了基层治理效能，得到当事群众交口称赞。

同日，珠山区妇幼保健院在新村街道开展2022年度“敬老月”健康义诊及“反诈防骗”宣传活动。

3日，珠山区召开信访工作联席会，深入学习宣传贯彻党的二十大精神，总结有关信访工作，安排部署重点工作任务。

5日，竟成街道竟成文化站召开“学习宣传贯彻党的二十大精神”农民演员座谈会。座谈会上，农民演员们结合党的二十大精神的学习宣讲，畅聊“新时代新农村”的新变化，共话乡村振兴的美好图景，共同回忆竟成农民拍电视剧的快乐生活。

7日，珠山区委书记徐华在珠山区发展中心会见了中国城市规划设计研究院（北京）规划设计公司未来城市事业部副主任刘世晖一行，双方就推动珠山区城市更新、重点项目建设等合作落地进行了深入交流。

8日，由珠山区文学艺术界联合会、区书法家协会、区国资公司联合主办的“践行党的二十大精神——同心书写新征程”珠山区陶瓷书法刻字展在三宝洛客设计谷开幕。江西省文学艺术界联合会副主席、省书法家协会主席毛国典，参加开幕仪式。

同日，在参加2022景德镇国际陶瓷博览会开幕式后，中国文学艺术界联合会国际联络部主任董占顺到珠山区三宝国际瓷谷，调研文化产业发展情况。

同日，在“11·9”消防安全月来临之际，珠山区消防救援大队、珠山区实验幼儿园、三宝村、珠山区各社区多形式开展消防安全宣传活动。

9日，由中央广播电视总台央视网、共青团江西省委、景德镇市人民政府、珠山区人民政府共同主办的“央视网·瓷”数字文化产业基地启动暨中国·景德镇首届国际青年陶瓷文化艺术节开幕仪式在江西省景德镇市珠山区陶源谷·三宝举行，景德镇市委书记刘锋、中央广播电视总台央视网副总经理魏驱虎、共青团江西省委副书记胡振燕等出席仪式。

同日，珠山区融媒体作品——《珠山十二时辰》获江西省2022年第4期市县融媒体优秀原创作品双月赛三等奖。

同日，由中共景德镇市委宣传部（市文明办）和珠山区委宣传部联合主办的市道德模范和身边好人故事宣讲活动在珠山区新时代文明实践中心举行。本次宣讲还邀请了第七届市道德模范余辉到现场，与大家分享助人为乐的心路历程和感悟并发放吉祥卡。

同日，珠山区在区发展中心召开新冠疫情防控工作调度会，就认真抓好常态化疫情防控工作进行再动员、再部署、再压实。

10日，珠山区农业农村和水利局联合竟成街道组织开展“加拿大一枝黄花”有害生物清除工作，利用人工拔除+药剂治理两种方法，对“加拿大一枝黄花”进行清理。

11日，由招商银行和景德镇市人民政府主办，景德镇市瓷博会执委会、国家传承创新中心办公室、珠山区人民政府、江西省陶瓷行业协会、招商银行南昌分行、景德镇陶瓷研究院、招商银行景德镇分行等承办的第七届“金葵花杯”中国（景德镇）原创陶瓷艺术大赛暨作品展颁奖仪式在珠山区央视网数字文化产业基地开幕。

同日，珠山区委书记徐华在区发展中心会见中国旅游研究院专家组一行，双方就促进珠山区夜间经济发展、提升“夜珠山”品牌建设等课题进行深入交流。

同日，珠山区市场监管局开展“携手共建药物警戒生态”“四进”活动（进医院、进药房、进社区、进校园）。

同日，珠山区在区发展中心收听收看全国全省新冠疫情防控工作电视电话会议后，立即召开新冠疫情防控工作调度会，就贯彻落实全国全省会议精神，扎实做好当前疫情防控工作进行再安排再部署。

14日，由珠山区老年人书画协会主办，竟成小学协办的“珠山嬗变 非凡十年”书画作品展暨颁奖活动在竟成小学报告厅内举行。

15日，珠山区在区发展中心召开疫情防控工作调度会，区委书记徐华出席并讲话。会议传达学习《关于进一步优化新冠疫情防控措施科学精准做好防控工作的通知》精神以及市委副书记、市长胡雪梅在市疫情防控指挥部会议上的讲话精神，研究珠山区贯彻落实意见。

16日，珠山区委书记徐华带队，赴黄山考察学习无名初自然疗愈酒店、黄山未晞园旅游度假村、梦乡村祖源民宿群等文旅项目先进经验并开展招商引资工作。

17日，珠山区委书记徐华在珠山区发展中心会见了黑龙江天鹅航空有限公司董事长金秋野一行，双方就共同推动三宝国际瓷谷精品酒店项目进行交流。

同日，珠山区开展常态长效创建全国文明城市巡查并召开区常态长效创建全国文明城市指挥长会议。

同日，珠山区发布瓷源境文旅产业园百工百匠招募令。

19日，凌晨2时，珠山区在区发展中心召开疫情防控工作部署会。会议传达全市疫情防控工作部署会议精神，分析当前形势，对进一步做好疫情防控工作进行再动员、再部署、再压实。

同日，珠山区环境保护委员会在区发展中心组织召开2023年第一次环境保护调度会暨春节期间大气环境管控工作紧急调度会。

同日，景德镇市耄耋老人翁山红因退休不退岗，义务宣讲红色故事，上榜2022年第四季度“中国好人榜”。

21日，文化和旅游部产业发展司在《消费工作专刊》刊载了景德镇市“夜珠山”消费带建设的经验做法。

同日，景德镇浙江商会、景德镇杰创建工集团有限公司携手，向珠山区红十字会定向捐赠价值2万余元的防疫物资，助力珠山区疫情防控工作。

同日，珠山区在区发展中心收听收看了省、市疫情防控工作会议后，珠山区立即召开疫情防控工作部署会，就贯彻落实省、市会议精神进行再安排、再部署。

同日，乐平市政协委员、广州瑞廉窗饰有限公司负责人马海兵，向珠山区捐赠5500千克新鲜蔬菜。

同日，珠山区收到江西明博集团和景德镇一万服饰捐赠给抗疫一线志愿者的爱心御寒衣物。

28日，珠山区融媒体中心制作的短视频《巷子里的珠山味道》在新华社新闻信息中心、音视频部与“百度”、百家号联合出品的小康中国·千城早餐第五季短视频展映活动中上榜并荣获优秀奖。

30日，鑫景州集团有限公司为珠山区一线抗疫人员捐赠约1000套棉服。

12月

2日，珠山区发布生活必需品供应指南第四版——“保供套餐”再更新 打通“战疫”“最后一公里”。为进一步保障疫情防控期间居民生活物资供应，珠山区及时响应居民诉求，在确保米面油、肉蛋奶、蔬菜水果保供充足的前提下，进一步优化保供套餐，增加调味品、日用品等套餐。同时，在原有保供超市提供线上套餐的基础上，在全区各街道、区经济开发区共 93 个点位，线下供应蔬菜、肉及米面油等日用食品。

5 日，珠山区疫情防控前线指挥部发布《珠山区进一步优化疫情防控工作有关措施的公告》，珠山区疫情防控工作取得了阶段性成果。

6 日，10 时，珠山区干部群众用各种方式收听收看中共中央、全国人大常委会、国务院、全国政协、中央军委在北京人民大会堂隆重举行的江泽民同志追悼大会。

同日，珠山区为乐平驰援珠山医疗队举行欢送仪式。区政府副区长王锋胜出席仪式。

同日，珠山区在区行政服务中心召开经济运行调度会，与重点项目建设调度会，分析当前形势，工作进展，安排部署下一步工作。

11 日，珠山区疫情防控应急指挥部办公室发布《关于进一步加快复工复产复市的通知》。

14 日，珠山区在三宝文创中心召开推动“景漂”复工复产复市对接会。

同日，珠山生态环境局、景德镇市环境综合执法支队一大队联合景德镇市兴航科技有限公司开展危险废物和危险化学品的突发环境事件应急演习。

15 日，十二届区委第 36 次常委会会议在区常委会会议室召开。

19 日，中共珠山区委十二届五次全体（扩大）会议在区礼堂召开。

24 日，景德镇市珠山区翁山红被推选为 2022 年第四季度“中国好人榜”候选人。

同日，昌江街道桂花弄社区免费给商户发放消毒液助力复工复产。

26 日，景德镇第一小学开展 80 周年校庆活动。

区情概览

行政区划

【历史沿革】 1970年8月14日，经省革命委员会批准，市革委以景发〔1970〕字第058号批复同意成立景德镇市景北区革命委员会。区革委设立党的核心领导小组，区革委与党的核心领导小组合署办公，实行党政合一的领导体制。

1979年3月14日，江西省革命委员会决定，景北区改称珠山区，为县一级权力机构，下设街道办事处。

1981年11月1日，市委常委会决定，从1981年11月1日起，朝阳、先锋两个国营垦殖场的公安、检察、法院及有关地方行政分别从鹅湖、蛟潭两区划出，归珠山区管辖。

1983年12月25日，景德镇市人民政府决定对市区行政区划进行调整，将昌江区的昌江、里村、新厂、昌河街道和周路口街道所辖的万年街、强家弄、牌楼里、小塘街、解放桥、金家弄、解放路、赛跑坦和毕家弄居委会从1983年12月30日起，划归珠山区管辖；珠山区所辖的景德镇市先锋、朝阳国营垦殖场划归昌江区管辖。

2002年10月，市政府决定，从11月1日起将昌江区太白园街道划归珠山区管辖，西郊街道从珠山区析出，划归昌江区管辖。从此，昌江区、珠山区行政区域界线划分以昌江河为界线，昌江河以东为珠山区，昌江河以西为昌江区。

2014年1月3日，珠山区在区委常委会议室召开行政区划局部调整交接工作会议，根据省民政厅赣民字〔2013〕173号文件，《关于同意景德镇市调整部分行政区划的批复》——将昌江区竟成镇划归珠山区管辖；将竟成镇昌南湖、金岸名都居委会划归昌江区西郊街道办事处管辖，河西、三河里村委会划归昌江区新枫街道办事处管辖，北景苑居委会划归珠山区新厂街道办事处管辖；将浮梁县浮梁镇洋湖村委会划归竟成镇管辖；将市第二小学、市第三小学、市第十五小学、竟成镇中学及竟成镇昌江以东内的所属小学划归珠山区；将市第十一小学、市二十一小学划归昌江区。

【地理位置】 珠山区位于江西省景德镇市城区昌江东部，北纬29°16′04″~29°19′11″、东经117°11′35″~117°15′54″。区域面积111.1414平方千米，其中城区面积32.87平方千米，耕地面积4.5242平方千米。

【政区划分】 2022年，珠山区下辖10个街道，13个行政村、56个社区居委会。

石狮埠街道办事处：辖5个社区居委会，分别是半边街、梨树园北苑、风景路、五龙山、春天。

珠山街道办事处：辖3个社区居委会，分别是莲花塘、龙珠阁、御窑。

里村街道办事处：辖8个社区居委会，分别是庆安、陶溪川、恒大、尚东、童宾、新峰巷、马鞍山、曙光路。

新村街道办事处：辖11个社区居委会，分别是向阳岭、茶叶坞、昌虹、奥林、西路、洪家山、北路、中路、百眼井、梅家岭、梨树园。

新厂街道办事处：辖12个社区居委会，分别是曹家岭、景东、南河、一中路、陶艺、老厂、景华、昌江广场、林荫路、六〇二所、瓷苑、东三郡。

昌江街道办事处：辖3个社区居委会，分别是瓷器街、再胜弄、桂花弄。

周路口街道办事处：辖4个社区居委会，分别是云锦巷、金家弄、赛跑坦、广场。

昌河街道办事处：辖4个社区居委会，分别是昌盛、梦园、画眉楼、景东安厦。

太白园街道办事处：辖5个社区居委会，分别是西瓜洲、戴家弄、小路园、曙光村、浙江路。

竟成街道：辖1个社区居委会——樊家井。辖13个村委会，分别是青塘、昌江、新厂、黄泥头、童街、前街、后街、方家山、湖田、小港嘴、银坑、三宝、洋湖。

自然环境

【地貌】 区域地势平坦、开阔。总的趋势为东北高、西南低，地形起伏变化较大，最高点为马鞍山，最低点为西瓜洲。中渡口至昌江大桥一段河床地势平缓，底部为U形，铺满碎片和碎瓷渣片。

【山脉】 区域山脉属黄山山脉的余脉，总体走向为北东—南西向。最高峰为马鞍山，海拔（黄海高程）为93.3米。

【河流】 昌江是流经珠山区流域最长的河流，也是景德镇市珠山区、昌江区两区自然的、最长的行政区划分界线。它发源于安徽省祁门县境域，称闻江。经过祁门县城，至皖赣边界倒湖流入江西省浮梁县境内，始名昌江，由北蜿蜒向南，贯穿浮梁县境域。在浮梁县南端流入景德镇市城区珠山区竟成街道青塘村，进入昌江区西岸三闾庙南侧纳西河水，一路由北向南在东岸西瓜洲纳南河水，向西南流入昌江区境域至吕蒙、鲇鱼山流至凰岗进入鄱阳县境。依次流经竟成街道、石狮埠、珠山、昌江、太白园、新厂6个街道办事处境域的西面边界。在珠山区境域全长为14.75千米。

南河发源于婺源县西北五花尖之南麓。由婺源县车田进入浮梁县，经北安，与北来长源水汇入玉田水库，出水库过蓝田在湘湖街鲤鱼桥会水，向西南经塘下至新厂街道黄泥头，再向西南，又出珠山区境。直到湖田分成2条，干流继续向西，支流改向北流入新厂街道和里村街道境内，过景德大道后注入干流向西，在西瓜洲注入昌江，全长76千米，在珠山区境域10.2千米。

【气候】 属亚热带季风性气候，热量丰富，雨量充沛，光照充足，无霜期长；冬冷春寒，夏热秋旱，春秋短而冬夏长。

【土壤】 红壤是境内面积最大的土壤类型，山丘地区的基带土壤，除个别低丘出露紫色岩风化物发育而成的紫色土外，都是红壤土类。

【森林】 属常绿阔叶林和针叶林植物区，森林植被覆盖率达29.52%，树木种类主要有杉树、马尾松、湿地松、樟树等。灌木丛种类有月季、荆、杜鹃等。

【自然资源】 境域内野生动物仅有香狸（野猫）、松花蛇、壁虎、蝙蝠等。野生水产有草鱼、鲢鱼、鳙鱼、鲤鱼、青鱼、刺鲃、黄颡鱼、鳜鱼、鳊鱼、鲫鱼、鲴鱼、鲇鱼、花鱼、白条鱼（餐子鱼）、青虾、鳅、鳝等。昆虫类有蟋蟀、蝉、螳螂、金龟子、蜻蜓、蝴蝶、萤火虫等。野生鸟类有麻雀、乌鸦、画眉、喜鹊、鸽、燕、相思鸟等。植物资源主要有木本植物类、藤本植物类、草本植物类，已查明有97科366种。矿产资源主要是非金属矿产白云岩、石灰岩和耐火黏土。

【自然灾害】 境域为江西省三大暴雨中心之一，每年汛期降雨量占全年的50%，且昌江上游地形陡峭，河道狭窄，水流落差大，集流快，江河水位变幅很大，水灾成为珠山区境内主要自然灾害之一。2022年珠山区区域年降雨量1887毫米，渡峰坑水文站年蒸发量1077.8毫米。6月18—20日，出现集中强降雨，平均降雨量353毫米。受强降雨影响，昌江流域出现明显洪水过程。昌江渡峰坑水文站6月20日13时5分出现洪峰水位29.96米，超警戒1.46米，洪峰流量4190立方米每秒；南河新厂水文站6月20日14时50分洪峰水位33.60米，实测最大流量978立方米/秒。自6月底开始，辖区水文情势呈现涝旱急转态势，伏、秋季连续高温少雨，出现了严重旱情。

【环境质量】 2022年，珠山区生态环境质量总体评价为优。$PM_{2.5}$年平均浓度为22微克/m^3，同比下降8.3%，空气优良天数比例为98.4%，同比下降1.0%；城镇集中式饮用水水源地水质达标率100%，断面水质优良率100%，暂无受污染耕地和污染地块。

经济发展

【概况】 2022年，珠山区年实现地区生产总值276亿元，按照可比价格计算，同比增长4.6%，三次产业结构为0.3 ∶ 21.0 ∶ 78.7。其中，第一产业同比增长1.2%，第二产业同比增长5.7%，第三产业同比增长4.4%。第三产业对经济的拉动力达80%以上，对经济发展贡献显著。

【财政税收】 全年完成一般公共预算收入4.79亿元，为调整预算的100%，同口径与2021年持平。其中，完成税收收入0.98亿元，完成其他各项收入3.81亿元。

【工业】 28家规模以上工业总产值同比增长18.8%；规模以上工业增加值同比增长8.4%；营业收入同比增长1.69%；规模以上工业利润总额同比增长49.42%；工业固投同比增长8.9%，技改占工业比重68.54%。工业技改投资占工业投资同比提高2.34%，制造业投资占固定资产投资比重6.44%，制造业增加值占地区生产总值比重12.15%。

【服务业】 全区规模以上服务业实现营业收入68.9亿元，同比增长16.5%，位列全市第二。整体来看，服务业受疫情影响较大，部分大型物流企业营收出现大幅下降，一定程度上拉低了大口径服务业增幅。从其他营利性服务看：互联网和相关服务、软件和信息技术服务业，同比下降2.1%，位列全市第二；租赁和商务服务业同比增长23.6%，位列全市第三；科学研究和技术服务业同比增长62.2%，位列全市第三；居民服务、修理和其他服务业同比增长32.9%，位列全市第二；文化、体育和娱乐业同比增长17.7%，位列全市第三。

【消费品市场】 消费品市场规模稳步扩大，消费结构持续优化，实现社会消费品零售总额210.18亿元，同比增长4.45%，居全区第二。分行业看：批发业同比增长19.7%，高于全市平均水平0.1个百分点、零售业同比增长9.8%，高于全市平均水平1个百分点。从限额以上消费品市场看，生活类商品增长额同比较好，其中，粮油、食品类零售额同比增长31.7%，服装鞋帽类同比增长37.2%，中西药品类同比增长90.1%；智能化商品备受青睐，智能家用电器和音像器材同比增长77.4%；绿色消费需求持续释放，其中，能效等级为1级和2级的商品同比增长32.3%，新能源汽车同比增长 346.8%。网络消费高速同比增长。2022 年，全区限额以上批发零售单位通过公共网络实现的销售额为 12.3 亿元，同比增长 248%。

【项目建设】 固定资产投资同比增长 8.1%，与全市平均水平持平，增幅位居全市第三，其中，工业项目投资同比下降 11.4%，增幅处于全市末位。从项目建设情况看，1—12 月，全区亿元以上在建工程项目共 84 个，同比增长 6.32%，完成项目投资额同比增长 0.85%，占全部固定资产投资额的 75.36%。

人口与社会保障

【人口】 2022 年统计年度（2021 年 10 月 1 日至 2022 年 9 月 30 日）全区总人口 375930 人，出生人口 1793 人。其中，一孩 863 人，二孩 763 人，三孩 139 人，多孩 28 人，较 2021 年同期少生育 240 人。出生人口男女性别比 121 ∶ 63，出生率 4.79‰，死亡率 2.4‰；自然增长率 2.38‰。

【社会保障】 全区城镇新增就业 3361 人，失业人员再就业 1261 人，困难人员再就业 1022 人，城镇零就业家庭安置率达 100%。累计发放创业担保贷款 7440 万元，提供劳动岗位 1.8 万个。参加城镇企业职工养老保险，总计 24626 人，征缴养老保险费 12803.25 万元，参加城乡居民基本养老保险 10990 人。医保参保总人数 14.51 万人（其中，职工参保人数 2.94 万人，城乡居民参保人数 11.57 万人），享受医疗救助 9122 人次，参保率超过 95%，基本实现城乡居民应保尽保。医保基金总收入 118276.58 万元（城乡居民医疗保险收入 11872.53 万元，城镇职工医疗保险收入 106404.05 万元），医保基金总支出 16816.08 万元（城乡居民基本医疗支出 9662.93 万元，城镇职工基本医疗支出 7153.15 万元）。医疗救助上级财政拨款 1422.84 万元，支出 1037.64 万元。

风景名胜

【景德镇陶阳里御窑景区】 陶阳里御窑景区位于景德镇的城市中心地带，北起瓷都大桥、昌江大道，南至昌江大桥，西至沿江西路，东至莲社路、胜利路。自宋代以来，景德镇先民“沿河建窑，因窑成市”，渐呈“码头—民窑—老街—里弄—御窑”聚落的历史空间和瓷业肌理，形成了世界建筑史上绝无仅有的老城格局。

区域涵盖 108 条历经千年的老城里弄、650 余年的御窑厂、400 余年的明清窑作群落和 70 余年的陶瓷工业遗产。埋藏于地下出土的御窑瓷片，与故宫馆藏御瓷同源，向世人揭示景德镇闻名天下的“密码”，故宫 95% 的藏瓷烧制于此。

在留住历史文脉和城市记忆的同时，景区融合现代生活、艺术元素，打造集文化体验、研学旅行、休闲购物、餐饮住宿功能于一体的文化旅游消费主题街区，再现了当年“陶阳十三里，烟火十万家”的繁华景象。2022 年 8 月，陶阳里御窑景区获选第二批国家级夜间文化和旅游消费集聚区名单。

【陶溪川文创街区】 陶溪川坐落于景德镇东城片区中心，是以陶瓷工业遗产保护利用为基础，融产业升级与城市更新于一体的商旅文项目，陶溪川总体规划 2 平方千米，总建筑面积约 160 万平方米。

园区已开放运营宇宙瓷厂、陶瓷机械厂、为民瓷厂等区域，设有景德镇陶瓷工业遗产博物馆、陶溪川美术馆、邑空间双创平台、陶公塾教育研学基地、陶溪川艺术中心、国际工作室、玻璃工作室、木工坊、直播基地、中德工业 4.0 智能制造公共实训基地、大剧院、文创商店、餐饮酒店等业态，2022 年接待游客 390 余万人次，打造了一个国内外知名、无边无墙的文化艺术街区。

通过精心运营，陶溪川经济效益不断增长，园区运营公司 2022 年实现营收 9.23 亿元，同比增长 49.3%。同时，陶溪川双创的社会效益凸显，聚集了来自全国各地的“景漂”创业青年 2 万余名，并与抖音、快手、京东等平台达成战略合作，成为抖音全国陶瓷产业带直播基地，实现了“景漂”双创的线上线下融合发展。2022 年，通过抖音平台为“景漂”创客实现线上营收 57.6 亿元，同比增长 87.8%，成为年轻人的造梦空间。

“陶溪川现象”受到社会各界的广泛关注，获得国家级、省级荣誉 64 项，是江西省唯一的国家级文化产业示范园区，国家双创示范基地、全国创业孵化示范基地、全国版权示范园区、国家级夜间文化和旅游消费集聚区、国家旅游科技示范园区、全国非遗旅游街区、第一批国家工业遗产等，获 2017 年联合国教科文组织亚太遗产保护创新奖、2020 年中国版权金奖、全国三八红旗集体等荣誉，陶文旅集团先后荣获 2019 年和 2022 年“全国文化企业 30 强”提名企业称号。

【三宝国际瓷谷】 三宝国际瓷谷景区坐落于江西省景德镇市珠山区竟成镇东南麓，呈南北走向的山谷地势，北起湖田桥头，南至山田坞水库，西至大峰尖，东至胡家岭，全长 9.1 千米，占地 6 平方千米。景区内植被丰富多样，生态环境优良，陶瓷文化底蕴深厚，开矿制瓷历史悠久，且民风淳朴思想包容，现代文化艺术交流频繁，陶瓷文创、设计、手工多元文化融合。2021 年 4 月，成功创建国家 AAAA 级旅游景区。

三宝国际瓷谷自古盛产优质瓷矿，并形成完备的手工瓷业生态。自唐以来，三宝瓷矿出产优质瓷石，经古家岭官道向外运送，三宝水系又提供瓷业原材料加工生产的自然条件，当地人沿三宝水系建造瓷业水碓，形成庞大的瓷业水碓群，至中华人民共和国成立初期仍保有水碓 120 余处。通过水碓群及其他工序生产出来的制瓷原料就近送到杨梅（胜梅）亭窑、湖田窑等地，制作烧成陶瓷器物，逐渐形成景德镇所独有的民窑体系。

唐宋时期，三宝民窑的发展，促进了瓷业的创新进步。北宋初期创烧出打破当时南青北白瓷业格局的影青瓷，其色青里透白、温润如玉，又称青白瓷，深得皇帝及仕族大夫们的喜爱，宋真宗更是将年号“景德”赐给本地，自此，景德镇的地名沿用了 1000 余年至今。可以说，三宝国际瓷谷诞生的景德镇民窑体系是中国御窑文化的发端，是景德镇瓷业走向中国乃至世界的制瓷中心的起点，“镇之初 · 三宝国际瓷谷”由此而来。

景区已形成集“吃、住、行、游、购、娱”六大旅游要素于一体的文化旅游生态和以陶瓷为核心的新文创产业发展路径。景区内餐饮商铺超过 50 家，并打造了供游客打卡体验的“三宝谷市”、特色酒店民宿 30 余家、休闲娱乐场所及项目 20 余个，涵盖中医体验、“夜宋”瓷文化沉浸式体验、瓷茶文化公益课等；陶瓷生产销售工作室、艺术展厅 300 余家，可供陶瓷体验、参观、交流、学习、购物；陶瓷及文化综合型园区 8 个，如三宝国际文创中心、闲云涧 · 马鞍岭、三宝蓬、洛客谷、三宝国际陶艺村、真如堂、景德闲云居、瓷源秀带综合体。景区四季都有不同的主题活动，全年各项文化、艺术、体验性活动多达上千场。

【御窑景巷】 御窑景巷，位于景德镇市中山北路，南起中渡口，北至瓷都大桥，全长 1.1 千米，占地约 3.1 公顷，是景德镇首个老城保护与利用项目，至今还保留着宋代以后形成的 23 条里弄，以及码头、商铺、民居、戏台、会馆、教堂等大量历史建（构）筑物等物质文化遗产，并活态传承着制瓷工艺、民俗风情等非物质文化遗产，较为集中地反映了景德镇老城区漫长历史时期陶瓷生产、商业贸易、市井生活、社会治理、文化交融等遗迹形态，是景德镇文化遗产的重要组成部分，具有非常重要的历史和文化艺术价值。

【雕塑瓷厂】 雕塑瓷厂创建于 1956 年，是全国工业旅游示范点、江西省服务业基地及江西省文化产业示范基地、景德镇市大学生创意就业孵化基地、景德镇市非物质文化遗产生产性保护示范基地。位于景德镇东市区，占地面积 11 公顷，是一个将历史与现代、工业与艺术和谐交融在一起的陶瓷文化创意园区。人们可以从镌满历史记忆的厂墙、烟囱外壁上找寻残存的时代标语，古色古香的徽派建筑，首尾相连的前卫陶吧、酒吧，满身泥渍的陶艺家和光鲜时尚的国内外游人，琳琅满目的陶瓷一条街，前店后坊的陶艺工作室，历史与现代、工业与艺术在这里得到了和谐的互动与交融。

【莲花塘】 莲花塘为市内著名的风景区，坐落在闹市区的东北角。外湖与内湖呈“吕”字形，中间有小桥连接。湖水清澄，风起处，碧波粼粼；风止时，水平如镜。晴雨朝夕，景色各异。在莲花塘东南侧的山顶上，矗立着一座革命烈士纪念塔。该塔建于 1953 年，塔高 10 余米，塔基呈八角形，塔身四方形。正面嵌刻着毛泽东的题字“革命烈士永垂不朽”，另三面分别刻有周恩来、刘少奇、朱德的题字。

中国共产党珠山区委员会

综　述

2022年，区委常委会全面贯彻党的二十大精神，高举习近平新时代中国特色社会主义思想伟大旗帜，在市委、市政府坚强领导下，区委团结带领广大干部群众，完整、准确、全面贯彻新发展理念，坚持稳中求进工作总基调，锚定全年经济社会发展目标任务，大力推进国家试验区建设，全力实施“五新”战略行动，以“五区共建”为战略支撑，珠山经济社会发展在挑战中承压前行、变局中逆势稳增，推动全区经济社会发展取得新的成效。

一年来，区委讲政治、讲大局、迎大战、迎大考，攻坚克难，负重前行。这一年，区委策应市委“工业倍增三年行动计划”，突破历史地引进了一个“5020项目”（低铁损高磁感冷轧取向硅钢带项目）。策应省委“双一号工程”，“央视网·瓷”等一批数字经济项目落地见效。策应御窑厂申遗，古街征收项目40天落地。策应国家级夜间文化和旅游消费集聚区建设，推动夜间经济高质量发展，打造“夜珠山”消费带获得省委主要领导高度肯定。这一年，防汛抗洪、同力抗疫、文明创建、配合巡视，工作经历极不平凡，工作成绩的取得极为不易。

坚持对标对表、同向同行，坚决做到“两个维护”。区委坚持以习近平新时代中国特色社会主义思想作为根本遵循，持续在学懂弄通做实上下功夫，引导广大干部群众深刻领悟“两个确立”的决定性意义，增强“四个意识”、坚定“四个自信”、做到“两个维护”，把珠山区打造成最讲党性、最讲忠诚、最讲政治的首善之区。认真学习研讨。区委始终坚持把学习贯彻习近平新时代中国特色社会主义思想作为首要政治任务，深入学习《习近平谈治国理政》第四卷、《党的二十大报告学习辅导百问》等读物，及时跟进学习习近平总书记重要讲话和重要指示批示精神。区委理论学习中心组带头围绕党章、党内法规、习近平总书记关于统筹推进疫情防控和经济社会发展的重要论述等主题，进行了21次集体学习研讨，做到学思用贯通、知信行统一。党的二十大胜利闭幕后，立即召开全区领导干部会议、区委常委会会议、区委理论学习中心组集体学习会等传达学习党的二十大精神，印发《关于认真学习宣传贯彻党的二十大精神的通知》，对学习宣传贯彻工作进行部署，推动党的二十大精神入脑入心、落实落地。广泛教育宣讲。制定了《关于迎接党的二十大胜利召开组织开展“强国复兴有我”群众性主题宣传教育活动的通知》《关于做好宣传贯彻党的二十大精神氛围营造工作的通知》等文件，紧紧围绕“喜迎二十大 奋进新征程”“三大会战”等主题开展宣讲活动600余场，线上线下受众8万余人，策划制作了《坚守，“疫无反顾”》《营商环境大家谈》等特色专栏。在“学习强国”全国总平台上稿1篇、省级平台上稿62篇；央视主流媒体上稿22篇，省级媒体上稿400余篇，市级媒体上稿800余篇。全面贯彻落实。聚焦“作示范、勇争先”目标定位，认真梳理贯彻落实习近平总书记重要讲话重要指示批示、党中央重大决策部署情况，加大督查督办力度，确保各项工作落地落实。在习近平总书记视察江西三周年之际，重温习近平总书记视察江西重要讲话精神，动员全区上下从更高层次落实总书记的殷殷嘱托，助力建好国家陶瓷文化传承创新试验区，以优异成绩回报总书记的关心厚爱。筹备召开区委十二届五次全会，对照党的二十大提出的宏伟目标、总体任务、战略部署，结合珠山实际，研究制定《中共珠山区委关于深入学习宣传贯彻党的二十大精神 加快全面建设社会主义现代化国际瓷都先行区的决定》，切实把党的二十大精神转化为推动高质量跨越式发展的思路举措和生动实践。

坚持人民至上、生命至上，有力有效应对大战大考。面对疫情汛情的严重冲击，区委始终坚持人民至上、生命至上的执政理念，坚决打赢疫情防控的人民战争、总体战、阻击战，坚决打好抗洪救灾的攻坚战，确保人民生命财产安全。

全力以赴防汛抗洪。面对历史罕见的防汛抗洪形势，区委坚决贯彻落实习近平总书记重要指示精神，立足防大汛、抗大洪、抢大险，及时启动和调整应急响应等级，以战时标准、战时状态、战时纪律，取得了防汛抗洪斗争的全面胜利。应急响应期间，全区广大干部群众迅速投入抗洪抢险一线，党员干部、抢险队员紧急驰援、冲锋在前，出动18支救援小分队，会同社会救援队伍共计600余人参与救援，转移群众832人，切实维护了人民群众生命财产安全。上下一心创文国检。制定了《珠山区常态长效创建全国文明城市迎检工作方案》，成立了区委主要领导为组长、有关县级领导为副组长和各单位负责人为成员的迎检领导小组，下设 5 个工作组和 249 个点位工作专班。31 名县级领导率先垂范挂点包居，区直各部门力量全部下沉一线，进社区、巡路段。组织志愿服务队、人大代表、政协委员和社会各界 3000 余人参与，形成了区、街、居、楼栋四级联创、齐抓共建的工作格局，国检期间涉及珠山区点位 30 个，约占全市点位总数的 60%，为全市顺利通过创文国检作出了巨大贡献。同题共答省委巡视。9 月 15 日，按照省委统一安排，省委第四巡视组对珠山区开展常规巡视。区委先后多次召开专题会议研究相关配合巡视工作，制定了《配合省委巡视工作方案》，成立了区委配合巡视工作领导小组，统筹协调配合省委巡视工作。两个月来，巡视组调阅各类资料 500 余卷，与 100 余名干部和相关人员谈话，深入 10 余个单位开展下沉调研，了解问题 30 余人次。工作中，珠山区全体干部展现了良好的职业素养、严肃谨慎的纪律作风、认真高效的工作状态、严谨细致的工作态度，得到了巡视组的高度评价。多措并举复工复产。加快推进复工复产，最大限度减少疫情对群众生活和企业发展的影响。立足保民生，建立供应和物价监测机制，紧盯“菜篮子”“米袋子”，加强物资调配，严厉打击哄抬物价、囤积居奇等不法行为，保障了粮油、蔬菜、肉类等生活必需品供应充足平稳。

坚持稳中求进、提质增效，经济高质量发展迈出坚实步伐。面对国内外环境深刻复杂的变化，区委坚定不移贯彻新发展理念、构建新发展格局、推动高质量发展，努力推动经济运行整体向好。经济运行稳中有进。始终坚持“两手抓、两手硬”，全区经济运行保持平稳健康、持续向好态势。2022 全年地区生产总值 276 亿元，同比增长 4.6%；社会消费品零售总额完成 210.2 亿元，同比增长 4.45%，增幅位列全市第二；城镇居民人均可支配收入完成 49916 元，同比增长 4.3%。规模以上工业增加值同比增长 8.4%，增幅位列全市第三；固定资产投资总额同比增长 8.1%，增幅位列全市第三，其中工业项目投资中工业技改投资比重位列全市第一；规模以上服务业营业收入完成 68.9 亿元，同比增长 16.5%，增幅位列全市第二；规模以上数字经济核心产业企业营业收入同比增长 47.2%，增幅位列全市第四。产业发展提质升级。实施数字经济做优做强“一号发展工程”，2022 年启动数字经济重点项目 5 个，开工率 100%，总投资 5.5 亿元。瞄准专业芯片、电子元器件、半导体等领域，大力支持瓷与链智能科技、鑫惠康电子等企业做大做强。紧盯数字文创领域，全面助力闲云居、真如堂、瓷上功夫、青花故事等陶瓷文创企业做深做实。“央视网 · 瓷”项目成功落户，8 月开播以来线上销售额 341.2 万元。成功引进梦网科技有限公司，打造艺次元 · 元宇宙陶瓷项目落地。项目建设成效显著。立足珠山、强化融合，深入实施“项目大会战”。2022 年安排区重点工程建设项目 28 个，项目计划总投资约 233.66 亿元。其中，续建项目 7 个，计划总投资约 43.82 亿元；新建项目 14 个，计划总投资约 112.66 亿元；前期储备项目 7 个，计划总投资约 77.18 亿元。洛客设计谷、瓷源境文旅产业园等一批重点项目一期落成并满园运行。瓷源境二期、三宝国际瓷谷三期、老鸦滩瓷文化 · 城市更新项目加快推进。东片区道路改造工程加快推进，新厂东路与何家桥路、景德大道二标段全线通车。

坚持改革创新、扩大开放，发展动力活力得到进一步增强。发展环境越是严峻复杂，越要用好改革开放创新这个“关键一招”，区委坚持向改革要活力、向开放要空间、向创新要动力，为高质量跨越式发展提供强大动能。改革攻坚不断深化。加强对改革工作的领导，先后召开 5 次区委深改委会议，部署改革任务 17 项。串联陶溪川文创街区等四大优质文旅板块，打造成“夜珠山”消费带集聚区，初步形成了“全域、全时、全龄”的夜间消费生态体系，有效带动城市经济高质量发展，成功获批两家国家级夜间文化和旅游消费集聚区。省委深改委第二十四次会议听取珠山区关于探索“夜珠山”国家级夜间文旅消费带模式的情况汇报，工作成绩得到省委主要领导高度评价。2021 年 10 月以来“夜珠山”消费带累计吸引游客约 3600 万人次，带动 2 万余人就业，实现夜间旅游收入约 128 亿元，约占全市旅游总收入的 27%。开放水平不断提升。坚持“走出去”“请进来”，全年共计外出招商 84 次，外出招引或接待企业来访共计近 600 人次。接洽各类项目 65 个。利用省外资金项目实际进资 58.451 亿元，同比增长 9.15%。“5020 项目”（低铁损高磁感冷轧取向硅钢带项目）成功以“飞地经济”的形式与高新区三方签约。该项目总投资约 22.6 亿元，预计一期达产后年产低铁损高磁感冷轧取向硅钢带 6 万吨，年产值 10 亿元以上，项目全部达产后年产值不少于 35 亿元。营商环境不断优化。深入推进营商环境优化升级“一号改革工程”，组建四套班子主要负责人任组长的领导小组和党政主要负责人任指挥长的指挥部，创新推出“一二三”+“三位一体”工作法，紧盯“全省第一方阵、全市保三争一”的一个目标，建立指挥长会议、红黑榜两项制度，点线面融合推进政务服务 +“珠事顺利”、“千干入万企”+“12345”、“五大改革”+“十大行动”的“三条路径”，五组一中心和指标牵头部门、指标配合部门一体发力，全力打响“珠事顺利”营商环境品牌。重点开展“新官不理旧账”、工作人员不作为慢作为、行政审批、中介服务、规范治理等专项整治，探索完善“企业安静期”“超时默许制”“首违轻微免罚”等暖心机制，真正做到有事必应、无事不扰，推动全区营商环境实现根本性、整体性提升。惠企通注册率、电子印章申领率、破产案件结案数、执转破案件受理完成率等 10 项指标位列全省前列，每万人有效发明专利拥有量、民商事案件结案率、赣政通活跃率等 11 项指标位列全市第一，“珠事顺利”相关做法入选市首批营商环境典型案例。

坚持民生至上、共享发展，持续增进群众幸福感获得感安全感。民心是最大的政治，区委始终坚持发展为了人民、发展依靠人民、发展成果由人民共享的发展理念，大力提升中心城市功能品质，用心用情用力办好民生实事，不断满足人民群众对美好生活的需要。城市功能持续完善。持续深入开展背街小巷、农贸市场、控违拆违、农村人居环境等专项整治，全年拆除违法建筑480余处，共计约1.8万平米，城市面貌不断提升。稳步推进全区背街小巷及老旧小区改造提升，2022年完成棚改征收1018户，征收面积约9.52万平方米。2022年珠山区申报老旧小区改造任务5334户，涉及老旧小区改造16个，改造建筑面积约68万平方米。实施环境空气质量提升行动，深入打好蓝天、碧水、净土保卫战，严格落实河湖林长制，强化对新、老南河排污口监管，持续提升城市污染防治精细化管理水平，截至11月，空气优良天数比例为98%，地表水国控、省控断面水质优良比例为100%，集中式饮用水水源水质达标率100%，无受污染耕地和污染地块。社会事业全面发展。全区城镇新增就业3361人，城镇就业率为96.5%；城镇零就业家庭安置率达100%。以前所未有的力度持续推进学校建设，一年内投入2.64亿元，完成第一小学新校园和珠山实验学校改扩建工程，新增学位3450个。突出教育优质均衡普惠，落实“双减”政策，打造高效课堂，提升教师教学水平。通过面向社会招聘、政府购买服务、签约公费师范生以及引进人才等方式，以前所未有的力度招录中小学校及幼儿园老师140人，充实教师队伍，师资力量得到新加强。进一步提高社区工作者和城管队员收入待遇，社区工作者实行统一的“基本报酬＋绩效报酬”薪酬体系。薪酬水平不低于2021年度当地全口径城镇单位就业人员平均工资（全市2021年为5078元/月）。城管队员人均月收入提升至3000元左右。把“幸福社区”作为推进幸福江西建设的基本单元，以数字化改革为街道社区扩权赋能。画眉楼社区、南河社区、三宝村、湖田村共4个村社区作为首批试点，将在年底完成建设工作。三是和谐局面更加巩固。牢固树立总体国家安全观，扎实推进更高水平的平安珠山建设，常态化开展扫黑除恶斗争。深入开展涉法涉诉信访积案化解工作，成功化解涉法涉诉信访积案14件，市信访局交办的65件案件，已全部上报化解，化解率100%。开展矛盾纠纷大排查大化解专项行动，共排查矛盾纠纷1477起，化解1445起，化解率97.83%。圆满完成了党的二十大、全国两会、瓷博会等重要时间节点的安保维稳工作。深入开展“两个反诈”（养老诈骗、电信网络诈骗）工作，捂紧百姓“钱袋子”。创新打造市域治理项目亮点，打造“七点半夜巡”、电动车巡防队、青花姐姐巾帼志愿服务队、妈妈防火团等多个亮点品牌，里村街道马鞍山社区、石狮埠街道五龙山社区成功入选市级“五社联动”工作试点单位。文明新风蔚然成风。升级改造珠山区新时代文明实践中心，促进“两中心一平台”深度融合。打造了“实践中心—实践所—实践站—实践点”四级服务阵地，实现了新时代文明实践中心（所、站）全覆盖。推选陈智等13人为2022年“瓷都好人”，推选李木花等3人为2022年“江西好人”。制定了《珠山区关于开展全国全省道德模范事迹展示宣传活动方案》，组织开展好模范事迹展示宣传、文明家庭评选和第一届星级文明户评选活动。全区注册志愿者达84000余人，服务时长达28万余小时，志愿服务组织466个，志愿服务项目17526个，胡余徽等27人被表彰为市级优秀志愿者，小巷宣讲志愿服务队等7个志愿服务组织被表彰为市级优秀服务组织，昌盛社区等11个社区被表彰为市级优秀服务社区。

坚持党要管党、全面从严治党，党的建设全面加强。全面从严治党永远在路上，区委坚决贯彻新时代党的建设总要求和新时代党的组织路线，把严的主基调长期坚持下去，全面提升党的建设质量水平，营造风清气正的良好政治生态。压实管党治党政治责任。区委坚持把管党治党主体责任扛在肩上、落实在行动上，定期召开区委常委会听取其他三套班子党组、法检两院党组和纪检监察工作汇报，督促四套班子成员自觉履行“一岗双责”。研究制定《中共珠山区委落实全面从严治党主体责任2022年度责任清单和任务安排》，压紧压实管党治党责任，增强监督的针对性、有效性。同时，出台《贯彻落实〈中共中央关于加强对“一把手”和领导班子监督的意见〉任务清单》，提出55项落实措施，推动形成“一把手”牵头抓、班子成员主动抓、纪检监察机关专责抓、部门联动协作抓的工作格局。区委班子成员带头深入开展政治谈话，共对各街道、区直部门党政“一把手”开展政治谈话137人次。坚持反腐败工作态度不变、决心不减、尺度不松，深化运用“四种形态”，保持惩治腐败压倒性力量常在、强大势能常在。全区纪检监察机关共受理信访举报件134件，立案87件，结案96件，给予党纪政务处分102人，其中科级干部10人；办理留置案件9件，其中自办2件；运用“四种形态”批评教育帮助和处理173人次，其中运用第一种形态批评教育帮助69人次，占总人次的39.88%。推进基层党建创新发展。区委始终坚持以高质量党建引领乡村全面振兴，继续探索“三个三”发展的新路径，2022年珠山区村级集体经济经营性收入达15万元以上的村14个，达标率100%。以打造模范机关党组织工作为契机，充分发挥“党建＋发展引领”“党建＋政策服务”等作用，开展各项惠企活动。组织各级党组织书记和党员领导干部在“七一”期间上专题党课，参加主题党日活动。“七一”期间，共组织372人讲党课，受众10323人。强化社区物业党建联建，制定《关于进一步加强珠山区物业管理工作的实施意见》等文件，全区56个社区实施了物业党建联建，符合条件的住宅小区业委会或物业管理委员会组建率达 85%。着力打造过硬干部队伍。牢固树立“四个优先使用”用人导向，重点使用“六类”干部，科学配置区属科级领导班子。2022 年 2 名街道书记，1 名区直单位主官被市委提拔为副县级干部。不断提升干部干事创业能力素养，有计划、分批次将干部派往基层一线承担急难险重任务，让干部在基层岗位中砥砺品格，在工作一线“比学赶超”。2022 年组织开设各类主体班 7 次，选派 12 名干部到市区信访局跟班学习。健全激励担当制度，让干部干事创业有想法、有干劲。注重考准干部，实施分类年度考核机制，建立“大考评”体系，探索制定干部综合评价积分管理制度，积分评价结果直接与干部使用、排位、待遇“三挂钩”。充分发挥榜样示范引领作用，注重在中心工作、重点项目、急难险重一线发现担当作为典型。广泛凝聚团结奋进合力。坚持和加强党的全面领导，严格贯彻落实习近平总书记关于加强和改进新时代地方人大工作、人民政协工作、统一战线工作的重要思想，支持人大、政协依法按章履职；不断完善大统战工作格局，最广泛的爱国统一战线得到巩固发展；全面贯彻党的民族宗教工作方针，维护民族宗教领域和谐稳定。推进国防动员和后备力量建设。坚持人才强区战略，认定市“3+1+X”产业人才 131 人，评选市级创新创业示范基地 2 家，1 人获评“省双千计划”人才。做好工会、共青团、妇联、科协等群团工作，加强对非公有制经济人士、党外知识分子和新的社会阶层人士的团结引导，广泛凝聚了全区高质量跨越式发展的强大合力。

重要会议

【中共珠山区委十二届三次全体（扩大）会议暨区委经济工作会议】 1 月 4 日，中共珠山区委十二届三次全体（扩大）会议暨区委经济工作会议在区发展中心大礼堂召开，会议由区委书记高翔主持并作重要讲话。

全会的主要任务是学习贯彻落实省委经济工作会议、市委十二届二次全会暨市委经济工作会议精神，审议《中共珠山区委常委会 2021 年工作报告》，表决《中共珠山区第十二届委员会全体会议工作规则》，部署 2022 年各项工作。

会上，区委书记高翔代表区委常委会作工作报告，会议审议并一致通过了这个报告。

会议传达学习了省委经济工作会议、市委十二届二次全会暨市委经济工作会议精神。

会上，区委书记高翔作重要讲话。高翔指出，2022 年，全区上下以习近平新时代中国特色社会主义思想为指导，全面贯彻党的十九大和十九届历次全会和省、市、区党代会精神，深入贯彻落实省委全面建设“六个江西”目标要求，全力实施市委“五新”战略行动，以景德镇国家陶瓷文化传承创新试验区建设为统领，传承十一届区委“用实干擦亮瓷都对话世界的窗口”的工作思路，接续奋斗，坚持高质量推进五区共建，坚持高标准拓宽四大路径，坚持高效率锻造三大指挥体系，担当实干、提质加速，全区经济社会发展和党的建设迈上了新台阶。回顾 2021 年的工作，可以归纳为四个方面：一是发展目标更加明确。二是服务大局更加有力。三是工作成效更加明显。四是工作作风更加务实。

高翔强调，2022 年是党的二十大召开之年，也是落实省市区党代会精神、加快珠山发展进程的关键一年，做好 2022 年各项工作至关重要。2022 年珠山区工作的总体要求是：坚持以习近平新时代中国特色社会主义思想为指导，全面贯彻党的十九大和十九届历次全会精神，深入贯彻习近平总书记视察江西重要讲话精神，全面落实中央、省委经济工作会议和市委全会暨经济工作会议以及省、市、区党代会精神，大力弘扬伟大建党精神，以国家陶瓷文化传承创新试验区建设为统领，坚持稳字当头、稳中求进，注重“稳住、进好、调优”协同发力，稳增长、强产业、优环境、防风险、惠民生，坚持高质量推进五区共建，坚持高标准拓宽四大路径，坚持高效率打好“三大会战”，担当实干、勇毅前行，全面建设社会主义现代化国际瓷都先行区，以优异成绩迎接党的二十大胜利召开。全区经济发展的主要预期目标是：新旧动能加快转换，质量效益进一步提升，主要经济指标在全省排位进一步前移，城乡居民收入增长与经济增长保持基本同步，为完成“十四五”规划目标打下坚实基础。

高翔指出，就做好 2022 年和今后一个阶段的工作，一要把产业发展的首位抓手坚持好。二要把项目建设的首位带动运用好。三要把招商引资的首位战略实施好。四要把扩大内需的首位优势发挥好。五要把社会治理的首位保障落实好。六要把文明和谐的首位形象展示好。七要把管党治党的首位责任履行好。

高翔强调，做好 2022 年工作，责任重大、任务艰巨。我们要深入贯彻落实中央决策部署和省、市委工作要求，进一步解放思想、争先进位，踔厉奋发、笃行不怠，为全面建设社会主义现代化国际瓷都先行区而努力奋斗，以优异成绩迎接党的二十大胜利召开！

会上，区委副书记、代区长徐华作重要讲话，总结 2021 年全区经济工作，部署安排 2022 年经济工作任务。徐华指出，2021 年，全区上下坚持以习近平新时代中国特色社会主义思想为指导，深入贯彻落实省、市、区党代会精神，高质量推进“五区共建”，全力打好“三大会战”，实现了经济社会持续向好发展。做好 2022 年的工作至关重要，要实现 2022 年工作目标，必须做到稳增长，做到稳中求进；强服务，优化营商环境；防风险，守好安全底线。

徐华强调，一要守好历史文脉，让试验区建设更加生动。二要提升发展能级，让城市经济更显活力。三要拓展全域格局，让空间布局更为契合。持续释放三宝活力。四要强化社会治理，让民生福祉更有温度。五要坚持以人为本，让城市品质更具内涵。

会上，区委副书记、政法委书记程传冬作《中共景德镇市珠山区第十二届委员会全体会议工作规则（草案）》的起草说明。

会议表决并一致通过了《中共景德镇市珠山区第十二届委员会全体会议工作规则》。

【中共珠山区委十二届四次全体会议】 1月7日，中共珠山区委十二届四次全体会议在区委常委会议室召开，区委书记高翔主持会议并作重要讲话。

区委副书记、区委政法委书记程传冬代表区委常委会就珠山区推荐提名江西省出席党的二十大代表候选人的产生情况进行了说明。

会议表决并一致通过了《珠山区推荐提名江西省出席党的二十大代表候选人名单（送审稿）》。

【中共珠山区委十二届五次全体（扩大）会议】 12月19日，中共珠山区委十二届五次全体（扩大）会议在区发展中心大礼堂召开，区委书记徐华主持会议。

全会的主要任务：以习近平新时代中国特色社会主义思想为指导，深入学习贯彻落实党的二十大精神，深入贯彻落实习近平总书记视察江西重要讲话精神，聚焦“作示范、勇争先”的目标要求，全面落实中央经济工作会议，省委十五届三次全体（扩大）会议、市委十二届三次全体（扩大）会议精神，审议区委常委会工作报告，审议通过《中共珠山区委关于深入学习宣传贯彻党的二十大精神加快全面建设社会主义现代化国际瓷都先行区的决定》，分析研判当前形势，研究部署2023年和今后一个阶段的工作。

会议传达学习了省委十五届三次全体（扩大）会议、市委十二届三次全体（扩大）会议精神。

会上，区委书记徐华代表区委常委会作工作报告，会议审议并一致通过了这个报告。

会上，区委副书记、区委政法委书记程传冬作《中共珠山区委关于深入学习宣传贯彻党的二十大精神加快全面建设社会主义现代化国际瓷都先行区的决定（草案）》的起草说明。

会议审议并一致通过了《中共珠山区委关于深入学习宣传贯彻党的二十大精神加快全面建设社会主义现代化国际瓷都先行区的决定》。

区委书记徐华作重要讲话，她指出，学习宣传贯彻党的二十大精神是当前和今后一个时期的首要政治任务。全区上下要坚决贯彻习近平总书记“五个牢牢把握”和“全面学习、全面把握、全面落实”的重要指示，切实用党的二十大精神统一思想、统一意志、统一行动，自觉用党的创新理论武装头脑、指导实践、推动工作。在学懂弄通、入脑入心上下实功，在学以致用、知行合一上出实招，在学思践悟、常悟常进上见实效，真正让习近平新时代中国特色社会主义思想，在加快全面建设社会主义现代化国际瓷都先行区中充分彰显真理力量和实践伟力。

就做好2023年的工作，徐华强调，要聚智聚力，以动能转换优化产业升级。要稳扎稳打，以要素归集抓好项目攻坚。要互生互荣，以品位生活打造城市名片。要共建共享，以党群合力推进治理革新。要用心用情，以实招硬招书写幸福答卷。要敢闯敢干，以思想解放护航发展突围。

徐华还对抓好年度收官、推进高质量发展、安全生产和森林防火、疫情防控新形势下加强人文关怀、2023年工作谋划等当前全区重点工作作了部署。徐华号召全区党员干部，要更加紧密地团结在以习近平同志为核心的党中央周围，坚持以习近平新时代中国特色社会主义思想为指导，全面贯彻党的二十大精神，坚定拥护“两个确立”，坚决做到“两个维护”，务必分秒必争、务必全力以赴、务必责无旁贷，为全面建设社会主义现代化国际瓷都先行区，奋力走好新时代珠山“赶考之路”而接续奋斗。

区委常委会会议

【概况】 2022年1月7日至12月29日，中共景德镇市珠山区委共召开27次常委会会议。

【区委第11次常委会会议】 1月7日下午，区委书记高翔主持召开了第11次区委常委会。会议传达学习了习近平总书记在中共中央政治局专题民主生活会上的重要讲话精神；传达学习了习近平总书记在全国政协新年茶话会上的重要讲话精神；传达学习了习近平总书记发表的二〇二二年新年贺词；传达学习了中央农村工作会议精神；传达学习了《中国共产党纪律检查委员工作条例》；传达学习了易炼红在九江市委工作汇报会上的讲话精神；传达学习了易炼红在全省精神文明建设表彰大会上的讲话精神；传达学习了易炼红、叶建春在省委人才工作会议上的讲话精神；传达学习了易炼红、叶建春在全省领导干部“学习贯彻党的十九届六中全会精神提高政治判断力、政治领悟力、政治执行力”专题研讨班上的讲话精神；传达学习了《关于江西省6起违反中央八项规定精神典型问题的通报》；传达学习了市委对区委开展政治谈话会议精神；审议了《中共珠山区委关于政治谈话反馈情况的整改工作方案（送审稿）》和《中共珠山区委关于成立政治谈话反馈情况整改工作领导小组的通知（送审稿）》；听取了区委政法委关于2021年维稳工作情况汇报，并研究部署下步工作；审议了《关于确定珠山区推荐提名江西省出席党的二十大代表候选人的情况汇报（送审稿）》和《珠山区推荐提名江西省出席党的二十大代表候选人名单（送审稿）》；审议了《中共珠山区委十二届四次全体会议方案（送审稿）》；审议了《中共珠山区委常委班子党史学习教育专题民主生活会工作方案（送审稿）》；审议了《景德镇市珠山区南河流域三宝河段生态修复工程设计施工总承包合同的请示》。

【区委第 12 次常委会会议】 1 月 14 日，区委书记高翔主持召开了区委第 12 次常委会。会议传达学习了市长胡雪梅在珠山区调研时的讲话精神，同时审议研究了其他事项。

【区委第 13 次常委会会议】 1 月 25 日，区委书记高翔主持召开了区委第 13 次常委会。区委副书记程传冬、区委常委张志刚、柳军华、余文军、杜钧瑞、董玉成、朱志梁、江斌出席会议，区人大常委会主任汪良、区政协主席邵继纲等列席会议。会议传达学习了习近平总书记在十九届中央纪委六次全会上发表的重要讲话精神；传达学习了习近平总书记在省部级主要领导干部学习贯彻党的十九届六中全会精神专题研讨班开班式上的重要讲话精神；传达学习了习近平总书记在 2022 年世界经济论坛视频会议上演讲精神；传达学习了习近平总书记对党的建设研究工作作出的重要指示精神；传达学习了习近平总书记对政法工作作出的重要指示、易炼红对全省政法工作的批示精神；传达学习了 1 月 6 日中共中央政治局常务委员会会议精神；传达学习了《中国共产党重大事项请示报告条例》、《中共江西省委关于深入贯彻落实〈中国共产党重大事项请示报告条例〉的通知》、《中共景德镇市委关于深入贯彻落实〈中国共产党重大事项请示报告条例〉的通知》、《中组部关于做好 2022 年领导干部个人有关事项报告的有关要求》《市委组织部关于做好 2022 年全市领导干部报告个人有关事项工作的通知》及领导干部报告个人有关事项两项法规精神；传达学习了易炼红在省委党史学习教育总结会议上讲话精神；传达学习了易炼红、叶建春在省委农村工作会议上的讲话精神；传达学习了省"两会"会议精神和市"两会"会议精神；传达学习了《关于景德镇市 4 起群众身边的腐败和作风问题典型案例通报》；审议了《珠山区常态长效创建全国文明城市推行文明积分卡制度实施方案（送审稿）》；审议了《珠山区法治政府建设实施纲要（2021—2025 年）（送审稿）》；审议了珠山区乡村振兴模范村党组织拟推荐名单；审议了《中共珠山区委常委会班子党史学习教育民主生活会对照检查材料（送审稿）》；审议了关于 2022 年珠山区招聘教师计划有关事宜；审议了《珠山区政府与必创集团关于建设景德镇珠山区跨境电子商务产业园合同书核心条款》及其《补充合同书核心条款》；研究人事任免事项。

【区委第 14 次常委会会议】 2 月 15 日，区委书记高翔主持召开了区委第 14 次常委会。会议传达学习了习近平总书记在北京 2022 年冬奥会欢迎宴会上的致辞精神；传达学习了习近平总书记在二〇二二年春节团拜会上的重要讲话精神；传达学习了习近平总书记在二〇二二年春节团拜会上的重要讲话精神；传达学习了习近平总书记在中国同中亚五国建交 30 周年视频峰会上的重要讲话精神；传达学习了习近平总书记在中央政治局第三十六次集体学习时的重要讲话精神；传达学习了习近平总书记就不断做优做强全国数字经济发表的重要讲话精神；传达学习了习近平总书记关于粮食安全的重要讲话和重要指示批示精神；传达学习了《中共中央办公厅印发〈关于加强巡视整改和成果运用的意见〉》的通知；传达学习了全国统战部长会议精神、全省统战部长会议暨"发挥统战作用 助力'六个江西'"动员大会精神，研究珠山区贯彻落实意见；传达学习了全国宣传部长会议精神、全省宣传部长会议精神和全市宣传部长会议精神，研究珠山区贯彻落实意见；传达学习了易炼红在全省政法队伍教育整顿总结会上的讲话精神；传达学习了易炼红、叶建春在全省深化发展和改革双"一号工程"推进大会上的讲话精神；传达学习了易炼红在景德镇调研时的重要讲话精神；传达学习了省纪委十五届二次全会、市纪委十二届二次全会精神；传达学习了刘锋在全市离退休干部形势报告会上的讲话摘要、在全市 2021 年度党委（党组）书记抓基层党建述职评议会上的讲话精神；审议了召开珠山区第十一届人民代表大会第二次会议有关事项的请示、召开政协珠山区第九届委员会第二次会议有关事项的请示；审议了《景德镇市珠山区人大常委会工作报告（送审稿）》《政府工作报告（送审稿）》《政协珠山区委员会工作报告（送审稿）》《景德镇市珠山区 2021 年国民经济和社会发展计划执行情况与 2022 年国民经济和社会发展计划草案的报告（送审稿）》《景德镇市珠山区 2021 年财政预算执行情况和 2022 年财政预算（草案）的报告（送审稿）》《珠山区人民法院工作报告（送审稿）》和《珠山区人民检察院工作报告（送审稿）》；审议了中国共产党珠山区第十二届纪律检查委员会第二次全体会议有关材料；审议了《中共珠山区第十二届委员会常务委员会工作规则（送审稿）》；听取了区人大常委会、区政府、区政协党组，区纪委区监委，区法院、区检察院党组 2021 年工作汇报；听取了珠山区排查整顿农村发展党员违规违纪问题工作情况汇报；审议了《关于贯彻落实市委涉粮问题专项巡察监督检查反馈意见整改的工作方案（送审稿）》；研究其他事项；听取了区国资公司 2021 年融资工作情况汇报，并审议了区国资公司 2022 年融资计划。

【区委第 15 次常委会会议】 3 月 19 日，区委书记高翔主持召开了第 15 次区委常委会。会议传达学习了习近平总书记在中央党校（国家行政学院）中青年干部培训班开班式上发表的重要讲话精神；传达学习了习近平总书记在中央政治局第三十七次集体学习时的重要讲话精神；传达学习了习近平总书记《求是》杂志上发表的重要文章《坚持走中国特色社会主义法治道路，更好推进中国特色社会主义法治体系建设》；传达学习了全国两会精神；

传达学习了2月25日中央政治局会议精神；传达学习了3月17日中共中央政治局常务委员会会议精神、3月17日江西省委应对新冠疫情工作领导小组会议精神、3月18日江西省委常委会会议精神；传达学习了中共中央、国务院关于印发《国家新型城镇化规划（2021—2035年）》的通知；传达学习了中共中央办公厅 国务院办公厅关于印发《地方党委和政府领导班子及其成员粮食安全责任制规定》的通知、《国务院办公厅关于完善支持政策促进农民持续增收的若干意见》《粮食流通管理条例》《江西省人民政府办公厅关于进一步加强地方粮食储备安全管理的意见》；传达学习了《中共中央 国务院关于做好2022年全面推进乡村振兴重点工作的意见》及全省乡村振兴局长会议精神；传达学习了2022年全国、全省、全市生态环境保护工作会议精神，研究珠山区贯彻落实意见；传达学习了易炼红在鹰潭市委、萍乡市委、新余市委和上饶市委工作汇报会上的讲话；传达学习了易炼红在省委教育工作领导小组2022年第一次全体会议上的讲话；传达学习了刘锋、胡雪梅在全市优化营商环境动员大会上的讲话精神；传达学习了《关于景德镇市3起损害营商环境典型问题的通报》；听取了珠山区疫情防控工作情况汇报；听取了区关心下一代工作委员会2021年工作情况及2022年工作要点，审议《关于开展全区副县级以上领导“一对一”帮扶贫困少年儿童活动的请示》；审议了《珠山区优化营商环境工作方案（送审稿）》《珠山区关于深入推进营商环境优化升级“一号改革工程”实施方案（送审稿）》《珠山区营商环境优化升级“一号改革工程”工作推进方案（送审稿）》《珠山区关于深入推进数字经济做优做强“一号发展工程”的实施方案（送审稿）》《关于成立景德镇市珠山区发展数字经济领导小组的通知（送审稿）》；审议了《2022年度珠山区县级领导干部包案处理信访问题（送审稿）》的通知，听取了全区开展“895”专项行动的情况汇报；听取了2022年第一季度经济工作强劲开局及招商引资工作情况汇报；审议了《中共珠山区委理论中心组2022年学习计划（送审稿）》；听取了珠山区推进平安建设暨市域社会治理现代化试点工作情况汇报；审议了《关于调整珠山区委教育工作领导小组的通知（送审稿）》；审议了关于落实珠山区2021年退役士兵安置单位的有关事宜；审议了关于区国资公司出资景德镇市科技创新产业基金的有关事宜；研究人事任免事项；审议了关于调整珠山区隐性债务化解计划的有关事宜。

【区委第16次常委会会议】 4月24日，区委书记高翔主持召开了第16次区委常委会。会议传达学习了习近平总书记出席博鳌亚洲论坛2022年年会开幕式上发表的主旨演讲精神；传达学习了习近平总书记在中央全面深化改革委员会第二十五次会议的重要讲话精神；传达学习了习近平总书记在海南考察时的重要讲话精神；传达学习了习近平在参加十三届全国人大五次会议内蒙古代表团审议时的重要讲话精神；传达学习了国务院安委办、应急管理部：抓紧推动安全生产15条硬措施贯彻执行；传达学习了中共中央 国务院《关于加快建设全国统一大市场的意见》；传达学习了中共中央办公厅印发《关于推动党史学习教育常态化长效化的意见》；传达学习了《关于印发赵乐际和杨晓渡在全国巡视工作会议暨十九届中央第九轮巡视动员部署会上讲话的通知》；传达学习了《信访工作条例》；传达学习了《关于2021年全国窃密涉密案件的情况通报》；传达学习了全国、全省、全市组织部长会议精神，并研究珠山区贯彻落实意见；传达学习了易炼红在全省领导干部会议上的讲话精神；传达学习了易炼红在2022年全省“3·23”警示教育活动暨第2次省委理论学习中心组集体学习时的讲话精神；传达学习了易炼红提出“要以‘干部创先’推动‘大众创业万众创新’”要求；传达学习了易炼红、叶建春在全省一季度经济运行分析会暨“强攻二季度、确保双过半”动员会上的讲话精神；传达学习了易炼红、叶建春在省级总河（湖）长和总林长会议上的讲话精神；传达学习了易炼红、叶建春在省赣南等原中央苏区振兴发展工作领导小组暨省粤港澳大湾区桥头堡建设领导小组会议上的讲话精神；传达学习了易炼红、叶建春、张鸿星在平安江西建设表彰大会暨市域社会治理现代化试点工作推进会上的讲话精神；传达学习了易炼红、马森述在全省巡视巡察工作会议暨十五届省委第一轮巡视动员部署会上的讲话精神；传达学习了《关于新时代深化涉稳问题分类归口处理机制的实施方案》；传达学习了中共江西省委办公厅江西省人民政府办公厅印发《关于进一步强化安全生产责任落实坚决防范遏制重特大事故的实施方案》的通知；传达学习了刘锋在全市工业倍增暨招商引资攻坚大会上的讲话精神；传达学习了刘锋在市委人才工作会议上的讲话精神；审议了《中共珠山区委关于贯彻〈中国共产党政法工作条例〉落实意见（送审稿）》；听取了珠山区禁毒工作情况汇报；审议了《中共珠山区委常委会2022年工作要点（送审稿）》；审议了《中共珠山区委关于市委专项巡察监督检查反馈意见整改进展情况的报告（送审稿）》《关于市委巡察指导督导反馈意见的整改工作方案（送审稿）》；审议了关于招聘珠山区公办幼儿园教师的有关事宜；听取了区中小企业担保中心处置工作进展情况汇报；审议了《景德镇市珠山区规范公务员工资津贴补贴实施方案（送审稿）》。

【区委第17次常委会会议】 5月16日，区委副书记、区长徐华主持召开了第17次区委常委会（区委书记暂缺，徐华主持区委工作）。会议传达学习了习近平总书记在庆祝中国共产主义青年团成立100周年大会上的重要讲话精神；传达学习了习近平总书记在中央政治局第三十八次集体学习时的重要讲话精神；传达学习了习近平总书记对湖南长沙居民自建房倒塌事故的重要指示精神；传达学习了习近平总书记致首届大国工匠创新交流大会的重要贺信；传达学习了5月5日中央政治局常务委员会会议精神；传达学习了4月29日中央政治局会议精神；传达学习了4月26日中央财经委员会第十一次会议精神；传达学习了中共江西省委办公厅 江西省人民政府办公厅关于印发《学习宣传贯彻〈信访工作条例〉工作方案》的通知；传达学习了关于印发《江西新时代文明实践中心建设指南》的通知。审议了区委全面依法治区委员会第四次会议的相关事宜；听取了关于区新时代文明实践中心建设的工作情况汇报；审议了《珠山区事业单位管理岗位职员等级晋升制度工作实施方案（送审稿）》；审议了关于区国资公司平台整合、关于收购市建筑房屋开发有限公司位于牛王庙仓库院内两处房产的有关事宜；审议了《珠山区2022年度老旧小区改造合同核心条款（送审稿）》；听取了全区公安工作情况汇报；审议了关于启动第一小学、珠山实验学校设施设备及仪器等采购项目的有关事宜。

【区委第18次常委会会议】 6月9日，区委副书记、区长徐华主持召开了第18次区委常委会。会议传达学习了习近平总书记在中共中央政治局第三十九次集体学习时的重要讲话精神；传达学习了习近平总书记在庆祝中国国际贸易促进委员会建会70周年大会暨全球贸易投资促进峰会上的致辞；传达学习了习近平总书记在金砖国家外长会晤开幕式上发表的视频致辞；传达学习了习近平总书记在2022年六五环境日国家主场活动上的贺信；传达学习了习近平总书记致南京大学留学归国青年学者的回信；传达学习了习近平总书记文章《正确认识和把握我国发展重大理论和实践问题》；传达学习了赵乐际在湖南调研时的重要讲话精神；传达学习了中共中央办公厅关于印发《党委信息办理工作规定》的通知；传达学习了全国、全省、全市稳住经济大盘电视电话会议精神，研究珠山区贯彻落实意见；传达学习了易炼红调研文章《关于提升基层治理水平的调研和思考》；传达学习了《关于江西省10起违反中央八项规定精神典型问题的通报》。听取了全区2022年上半年信访工作及开展“895”专项行动工作情况汇报；听取了全区安全生产工作情况汇报，审议了《关于进一步强化安全生产责任落实坚决防范遏制重特大事故的实施方案（送审稿）》；审议了《珠山区乡村振兴担当作为好支书拟定人选以及市级好支书拟推荐人选（送审稿）》；审议了《珠山区新村街道全域垃圾分类项目合同（核心条款）（送审稿）》《珠山区其他街道乡镇12个试点垃圾分类项目合同（核心条款）（送审稿）》；审议了珠山区总工会三届三次全委（扩大）会议的相关事宜；审议了《中共珠山区委2022年度政党协商计划（送审稿）》。

【区委第19次常委会会议】 6月27日，区委副书记、区长徐华主持召开了第19次区委常委会。会议传达学习了习近平总书记在全球发展高层对话会上发表的重要讲话精神；传达学习了习近平总书记出席金砖国家工商论坛开幕式上发表的主旨演讲；传达学习了习近平总书记在十九届中共中央政治局第四十次集体学习时发表的重要讲话精神；传达学习了习近平总书记给陆军步兵学院2022届全体学员的重要回信；传达学习了习近平总书记出席第二十五届圣彼得堡国际经济论坛全会的致辞；传达学习了习近平总书记在四川考察时的重要讲话精神；传达学习了习近平同志发表的重要文章《坚定不移走中国人权发展道路更好推动我国人权事业发展》；传达学习了李克强总理在全国稳住经济大盘会议上的讲话精神；传达学习了6月17日中共中央政治局会议精神；传达学习了中共中央办公厅印发《领导干部配偶、子女及其配偶经商办企业管理规定》；传达学习了易炼红在景德镇调研时的重要讲话精神；传达学习了中共江西省委办公厅关于印发《中央纪委国家监委纪检监察建议（龚建华案）整改工作方案》的通知；传达学习了中共江西省委办公厅关于印发《省第十五次党代会确定目标任务落实工作总体方案》的通知。听取了珠山区推进平安建设暨市域社会治理现代化试点工作汇报；听取了听取珠山区2021年巩固拓展脱贫攻坚成果同乡村振兴有效衔接国家考核评估反馈问题和省考发现问题整改工作情况汇报；审议了《珠山区关于落实龚建华案以案促改工作实施方案（送审稿）》《珠山区落实龚建华案以案促改工作清单（送审稿）》；审议了《听取珠山区2020年度绩效考核结果情况汇报》；审议了《关于珠山区扶贫办党组更名的请示》《关于成立珠山区委非公有制经济组织和社会组织工委的请示》；审议了《关于贯彻落实〈关于推动党史学习教育常态化长效化的意见〉的若干措施（送审稿）》。

【区委第20次常委会会议】 7月11日，区委副书记、区长徐华主持召开了第20次区委常委会。会议传达学习了《中国共产党宣传工作条例》《中共中央办公厅关于印发〈党委（党组）意识形态工作责任制实施办法〉的通知》；听取了珠山区2022年上半年意识形态工作专题汇报。

【区委第21次常委会会议】 7月11日，区委副书记、区长徐华主持召开了第21次区委常委会。会议传达学习了习近平总书记在庆祝香港回归祖国25周年大会暨香港特别行政区第六届政府就职典礼上的重要讲话精神；传达学习了习近平总书记致“全球发展：共同使命与行动价值”智库媒体高端论坛的贺信；传达学习了习近平总书记在湖北武汉考察时的重要讲话精神；传达学习了习近平总书记给种粮大户的回信；传达学习了习近平总书记发表的重要讲话《更好把握和运用党的百年奋斗历史经验》；传达学习了《中国共产党政治协商工作条例》；传达学习了中国共产党江西省代表会议精神；传达学习了关于江西省6起公职人员酒驾醉驾背后“四风”问题的通报；传达学习了市委刘锋关于先进陶瓷产业发展工作会议的讲话精神。听取了2022年上半年全区政法工作情况汇报；审议了《珠山区关于开展“化解信访突出问题百日攻坚行动”实施方案》《珠山区关于做好党的二十大信访保障工作方案（送审稿）》；听取了区贯彻落实全面建设“六个江西”工作总体情况，研究部署下步工作；听取了市委涉粮问题专项巡察整改工作情况汇报，审议《中共珠山区委关于市委专项巡察监督检查反馈意见整改进展情况的报告（送审稿）》；审议了《中共珠山区委全面从严治党形势分析材料（送审稿）》。

【区委第22次常委会会议】 7月30日，区委副书记、区长徐华主持召开了第22次区委常委会。会议传达学习了习近平总书记关于全面从严治党的重要讲话精神；传达学习了《中共江西省委关于龚建华案暴露问题及其警示教育的通报》；通报了省纪委加强对“一把手”和领导班子监督专项监督检查反馈的问题，听取了《中共珠山区委关于省纪委省监委专项监督检查反馈问题的整改情况汇报》；听取了2022年上半年全区全面从严治党工作情况汇报。

【区委第23次常委会会议】 7月30日下午，区委副书记、区长徐华主持召开了第23次区委常委会。会议传达学习了习近平总书记在省部级主要领导干部“学习习近平总书记重要讲话精神，迎接党的二十大”专题研讨班上的重要讲话精神；传达学习了习近平总书记致全球重要农业文化遗产大会的贺信；传达学习了习近平总书记在新疆考察时的重要讲话精神；传达学习了习近平总书记在《求是》杂志发表的重要文章《把中国文明历史研究引向深入，增强历史自觉坚定文化自信》；传达学习了习近平总书记致世界互联网大会国际组织成立的贺信；传达学习了习近平总书记给参加海峡青年论坛的台湾青年的回信；传达学习了习近平总书记给中国国家博物馆的老专家的回信；传达学习了中共中央办公厅印发的《纪检监察机关派驻机构工作规则》；传达学习了中共中央办公厅 国务院办公厅印发的《关于更加有效发挥统计监督职能作用的意见》；传达学习了中共江西省委“中国这十年·江西”主题新闻发布会精神；传达学习了《中共江西省委保密委员会关于做好党的二十大保密工作的通知》；传达学习了《关于江西省部分机关、单位微信泄密案例的通报》。听取了2022年上半年全区经济运行情况汇报并研究部署下步工作；听取了区人大常委会、区政府、区政协党组，区纪委区监委，区法院、区检察院党组2022年上半年工作情况汇报；审议了关于通报表扬古街征收工作先进个人的有关事宜；审议了中共珠山区委印发《关于落实“三重一大”事项集体决策制度的实施办法（试行）（送审稿）》的通知。

【区委第24次常委会会议】 8月18日，区委副书记、区长徐华主持召开了第24次区委常委会。会议传达学习了习近平总书记在十九届中共中央政治局第四十一次集体学习时的重要讲话精神；传达学习了习近平总书记给“中国好人”李培生、胡晓春的回信；传达学习了习近平总书记给马耳他中学“中国角”师生的复信；传达学习了习近平总书记致中国共产党与世界马克思主义政党论坛的贺信；传达学习了习近平总书记致国际民间社会共同落实全球发展倡议交流大会的贺信；传达学习了习近平总书记在《求是》杂志发表的重要文章《全党必须完整、准确、全面贯彻新发展理念》；传达学习了7月25日中共中央党外人士座谈会会议精神；传达学习了7月28日中共中央政治局会议精神；传达学习了7月30日中央统战工作会议精神；传达学习了《关于进一步完善和落实积极生育支持措施的指导意见》；传达学习了《关于改革完善体制机制加强粮食储备安全管理的实施意见》《地方党委和政府领导班子及其成员粮食安全责任制规定》，并听取了2021年珠山区落实粮食安全责任制的情况汇报；传达学习了易炼红在省疫情防控工作调度会上的重要讲话精神；传达学习了易炼红、叶建春在全省发展数字经济领导小组和全省优化营商环境工作领导小组会议上的重要讲话精神；传达学习了马森述在景德镇调研时的讲话精神；传达学习了全省统计造假不收手不收敛问题专项纠治工作动员部署会议精神；传达学习了《中共江西省委组织部关于坚决防范和整治任人唯亲、任人唯圈问题的通知》；审议了《关于成立中共珠山区竟成街道工作委员会的请示》；研究人事任免事项；审议了《关于加强基层应急管理体系和能力建设的实施方案（送审稿）》《珠山区深化应急管理综合行政执法改革实施方案（送审稿）》；审议了关于珠山区2022年退役士兵安置的有关事宜；审议了关于景德镇裕泰物业服务有限公司收购恒大资产的有关事宜。

【区委第25次常委会会议】 8月23日，区委副书记、区长徐华主持召开了第25次区委常委会。会议传达学习了中共中央办公厅印发《关于加强巡视巡察上下联动的意见》的通知、中共中央办公厅印发《关于加强巡视整改和成果运用的意见》的通知、省委办公厅关于印发《江西省被巡视党组织配合省委巡视工作的实施办法》的通知、《中共江西省委关于进一步推进全省巡视巡察工作高质量发展的若干意见》、《十五届江西省巡视工作规划（试行）》、《省委巡视工作领导小组关于巡视景德镇市珠山区的通知》；审议了《省委第四巡视组来珠山区巡视工作方案（送审稿）》；审议了省委巡视组巡视期间的相关应急预案。

【区委第26次常委会会议】 9月1日，区委副书记、区长徐华主持召开了第 26 次区委常委会。会议传达学习了习近平总书记在辽宁考察调研时的重要讲话精神；传达学习了习近平总书记致世界职业技术教育发展大会的贺信；传达学习了习近平总书记致第五届中非媒体合作论坛的贺信；传达学习了习近平总书记给外文出版社的外国专家的回信；传达学习了 8 月 30 日中央政治局会议精神；传达学习了易炼红、叶建春在省委应对疫情工作小组会上的讲话精神；传达学习了易炼红在调研指导抗旱救灾工作的讲话和叶建春在全省抗旱救灾会商部署会的讲话精神；传达学习了关于 6 起营商环境领域腐败和作风典型问题的通报；研究人事任免事项；审议了《珠山区关于深化城市基层党建引领基层治理的实施方案（送审稿）》和《中共珠山区委落实全面从严治党主体责任 2022 年度责任清单和任务安排（送审稿）》；审议了《全区学习宣传贯彻〈习近平谈治国理政〉第四卷工作方案（送审稿）》；审议了《关于印发 2022 年区重点工程建设项目计划的通知（送审稿）》；审议了《关于调整珠山区国资公司党组织设置的请示》《全区科级领导班子及科级领导干部年度考核等次建议名单》的送审稿。

【区委第 27 次常委会会议】 9 月 12 日，区委副书记、区长徐华主持召开了第 27 次区委常委会。会议审议了省委巡视相关汇报材料；传达学习了市委办公室印发《关于开展“七个有之”专项治理的工作方案》的通知；审议了《2022 年度珠山区区直机关综合考核方案（送审稿）》；审议了《2022 年度街（区）综合考核方案（送审稿）》。

【区委第 28 次常委会会议】 9 月 19 日，区委副书记、区长徐华主持召开了第 28 次区委常委会。会议传达学习了习近平总书记在上海合作组织成员国元首理事会第二十二次会议发表的重要讲话精神；传达学习了习近平总书记对四川甘孜泸定县 6.8 级地震作出的重要指示；传达学习了习近平总书记给北京师范大学“优师计划”师范生的回信；传达学习了习近平总书记致 2022 年全国专精特新中小企业发展大会的贺信；传达学习了习近平总书记致 2022 年中国国际服务贸易交易会的贺信；传达学习了习近平总书记在《求是》杂志发表的重要文章《坚持和发展中国特色社会主义要一以贯之》；传达学习了李克强总理关于二季度上半年经济形势和做好下一步经济工作的讲话精神；传达学习了 9 月 9 日中共中央政治局会议精神；传达学习了《中共中央关于加强新时代统一战线工作的意见》；传达学习了易炼红在省委民声通道调研时的讲话精神；传达学习了易炼红理论文章《以正确的方法做正确的事情，下最大功夫求最好的效果》；传达学习了省委常委、省纪委书记、省监察委员会主任马森述在省委巡视组巡视萍乡市情况反馈会暨萍乡市警示教育大会上的讲话精神；传达学习了中共江西省委办公厅印发《关于当前江西省意识形态领域有关情况的通报》的通知、中共景德镇市委办公室印发《关于当前景德镇市意识形态领域有关情况的通报》的通知；审议了关于印发《新时代加强和改进思想政治工作要点（送审稿）》的通知和关于印发《珠山区推进红色基因传承 2022 年重点工作安排（送审稿）》的通知；审议了《关于做好 2022 年全面推进乡村振兴重点工作的实施意见（送审稿）》；听取了全区安全生产（森林防火、防旱抗旱等）工作情况汇报；听取了全区 2022 年第三季度推进平安建设暨市域社会治理现代化试点工作汇报；听取了全区近期信访工作汇报和党的二十大期间维稳工作情况汇报；审议了关于《关于当前珠山区意识形态领域有关情况的通报（送审稿）》的通知；听取了全区 2022 年未成年人思想道德建设工作情况专题汇报；审议了关于召开共青团珠山区第十次代表大会的请示；传达学习了省领导关于大气污染防治工作的批示、全省生态环境保护委员会办公室会议及“百日攻坚”行动部署启动会议精神，并听取了珠山区 2022 年以来大气污染、水污染防治工作情况汇报，部署下一步工作；审议了《景德镇市老南河水生态环境修复与治理项目合同核心条款（送审稿）》；审议了《珠山区关于加强新时代中小学思想政治理论课教师队伍建设的实施方案（送审稿）》；审议了关于授权景德镇市玄泰城市建设投资有限公司作为老鸦滩城区更新项目实施主体和拨付龙珠投资控股集团有限公司注册资金及财政补助资金的有关事宜。

【区委第 29 次常委会会议】 10 月 13 日，区委副书记、区长徐华主持召开了第 29 次区委常委会。会议习近平总书记致产业链供应链韧性与稳定国际论坛的贺信；传达学习了习近平总书记为《复兴文库》作的重要序言；传达学习了习近平总书记致第七届中国—亚欧博览会的贺信；传达学习了习近平总书记致 2022 年国际和平日纪念活动的贺信；传达学习了习近平总书记向全国广大农民和工作在“三农”战线上的同志们致以节日祝贺和诚挚慰问；传达学习了习近平总书记致中国新闻社建社 70 周年的贺信；传达学习了习近平总书记给山东省矿局第六地质大队全体地质工作者的回信；传达学习了习近平总书记在参观“奋进新时代”主题成就展发表的重要讲话精神；传达学习了习近平在会见 C919 大型客机项目团队代表并参观项目成果展览发表的重要讲话精神；传达学习了中国共产党第十九届中央委员会第七次全体会议精神；传达学习了中共中央办公厅印发的《推进领导干部能上能下规定》；传达学习了中共中央办公厅 国务院办公厅印发的《关于加强新时代高技能人才队伍建设的意见》；传达学习了中共中央关于印发《中国共产党处分违纪党员批准权限和程序规定》的通知；传达学习了 9 月 28 日江西省委统战工作会议精神；传达学习了中共景德镇市委国家安全委员会办公室关于全力做好党的二十大召开前后政治安全工作的通知；听取了全区城管系统作风及腐败问题专项治理工作情况汇报；听取了近期全区安全生产、信访工作情况汇报，研究部署党的二十大期间重点工作安排；传达学习了市巩固拓展拓展脱贫攻坚成果有效衔接乡村振兴工作领导小组会暨省、市暗访情况反馈会议精神，并听取了巩固脱贫攻坚成果省、市暗访整改工作情况汇报。

【区委第 30 次常委会会议】 10 月 24 日，区委书记徐华主持召开了第 30 次区委常委会。会议审议了省委巡视相关汇报材料；审议了《关于设立珠山区执纪保障中心的请示》。

【区委第 31 次常委会会议】 10 月 25 日，区委书记徐华主持召开了第 31 次区委常委（扩大）会。会议传达学习了党的二十大精神；审议了《珠山区学习宣传贯彻党的二十大精神工作安排（送审稿）》。

【区委第 32 次常委会会议】 11 月 17 日下午，区委书记徐华主持召开了第 32 次区委常委会。会议传达学习了习近平总书记致 2022 年世界互联网大会乌镇峰会的贺信精神，传达学习了习近平主席在视察军委联合作战指挥中心的重要讲话精神，传达学习了习近平总书记致国际竹藤组织成立二十五周年志庆暨第二届世界竹藤大会的贺信精神，传达学习了习近平总书记在《湿地公约》第十四届缔约方大会开幕式上的致辞精神，传达学习了习近平总书记在第五届中国国际进口博览会开幕式上的致辞精神，传达学习了习近平总书记致第 31 届阿拉伯国家联盟首脑理事会会议的贺信，传达学习了习近平总书记致 2022 年世界城市日全球主场活动暨第二届城市可持续发展全球大会的贺信精神，传达学习了习近平总书记致俄罗斯中国友好协会成立 65 周年的贺信精神，传达学习了习近平总书记致美中关系全国委员会年度晚宴的贺信精神，传达学习了习近平总书记在陕西延安、河南安阳考察时的重要讲话精神，传达学习了习近平总书记在瞻仰延安革命纪念地时的重要讲话精神，传达学习了习近平总书记出席军队领导干部会议时的重要讲话精神，传达学习了 11 月 10 日中共中央政治局常务委员会议精神，传达学习了 10 月 25 日中共中央政治局会议精神，传达学习了《中共中央关于认真学习宣传贯彻党的二十大精神的决定》，传达学习了《国务院联防联控机制综合组关于进一步优化新冠疫情防控措施科学精准做好防控工作的通知》，传达学习了《中央生态环保督察整改工作方法》，传达学习了易炼红在景德镇调研宣讲时的讲话精神，传达学习了马森述在全省医疗卫生系统警示教育大会上的讲话精神，研究人事任免事项，审议了《珠山区迎接 2023 年全市高质量发展现场巡查工作方案（送审稿）》，审议了《关于加强全区国有企业监管的若干举措（送审稿）》和《关于全面推进区直机关和事业单位经营性国有资产脱钩移交集中统一监管的实施方案（送审稿）》，审议了《珠山区重点项目规划领导小组及议事规则（送审稿）》，听取了珠山区县域共青团基层组织改革工作情况汇报，并审议了《珠山区推进县域共青团基层组织改革实施方案（送审稿）》，审议了《珠山区社区工作者薪酬调整方案（送审稿）》，听取了低铁损高磁感冷轧取向硅钢带项目招商引资工作情况汇报，审议了《关于召开珠山区残疾人联合会第五次代表大会的请示》，审议了《关于请求下达景德镇市高级技工学校实训基地建设项目地方政府专项债券资金的请示》，审议了《景德镇市三宝国际瓷谷瓷源秀带文化旅游建设项目实施方案（送审稿）》，审议了《关于成立中共景德镇市龙珠投资控股集团有限公司委员会的请示》。

【区委第 33 次常委会会议】 12 月 6 日下午，区委书记徐华主持召开了第 33 次区委常委会。会议传达学习了习近平总书记在二十国集团领导人第十七次峰会和在亚太经合组织第二十九次领导人非正式会议上的重要讲话以及在亚太经合组织工商领导人峰会上发表的书面演讲精神，传达学习了习近平总书记在“杂交水稻援外与世界粮食安全”国际论坛上的重要致辞精神，传达学习了习近平总书记给中国航空工业集团沈飞“罗阳青年突击队”队员们的重要回信、致联合国 / 中国空间探索与创新全球伙伴关系研讨会的贺信和致发展中国家科学院第 16 届学术大会暨第 30 届院士大会的贺信精神，传达学习了习近平总书记对河南安阳市凯信达商贸有限公司火灾事故作出的重要指示精神，传达学习了习近平总书记致第四届中俄能源商务论坛的贺信和致“声援巴勒斯坦人民国际日”纪念大会的重要贺电精神，传达学习了党中央、全国人大常委会、国务院、全国政协、中央军事委员会告全党全军全国各族人民书，传达学习了省委十五届三次全体（扩大）会议精神，传达学习了《中共江西省委关于坚决维护以习近平同志为核心的党中央权威和集中统一领导的规定》，传达学习了《江西省贯彻落实中央八项规定精神实施办法》，传达学习了《江西省进一步优化疫情防控工作有关措施的公告》，听取相关情况汇报，并部署全区疫情防控工作，听取了全区经济运行情况汇报，听取了全区重点项目情况汇报。

【区委第 34 次常委会会议】 12 月 15 日上午，区委书记徐华主持召开了第 34 次区委常委会。会议传达学习了习近平总书记在 12 月 6 日中共中央政治局会议的重要讲话精神，传达学习了习近平总书记在党的十九届七中全会第二次全体会议上的重要讲话精神，传达学习了中央纪委《关于贯彻党的二十大部署要求锲而不舍落实中央八项规定精神深化纠治“四风”工作的意见》，听取 2022 年度全区全面从严治党工作情况汇报。

【区委第 35 次常委会会议】 12 月 15 日上午，区委书记徐华主持召开了第 35 次区委常委会。会议传达学习了中共景德镇市委办公室印发《关于当前景德镇市意识形态领域情况的通报》的通知，听取了珠山区 2022 年意识形态工作情况汇报。

【区委第 36 次常委会会议】 12 月 15 日上午，区委书记徐华主持召开了第 36 次区委常委会。会议传达学习了习近平总书记出席首届中国—海湾阿拉伯国家合作委员会峰会发表的主旨演讲精神，传达学习了习近平总书记致国史学会成立 30 周年的贺信精神，传达学习了习近平总书记对非物质文化遗产保护工作作出的重要指示精神，传达学习了习近平总书记在江泽民同志追悼大会上的悼词精神，传达学习了 12 月 2 日中共中央党外人士座谈会精神，传达学习了市委办公室印发《贯彻落实〈省委办公厅关于加强和改进新时代市县政协工作的二十条措施〉的责任分工》的通知，审议了《关于召开中共珠山区委十二届五次全体（扩大）会议的预案（送审稿）》、《区委常委会工作报告（送审稿）》和《中共珠山区委关于深入学习宣传贯彻党的二十大精神加快全面建设社会主义现代化国际瓷都先行区的决定（送审稿）》，听取了关于政法队伍建设的工作汇报，审议了《关于调整景德镇市珠山区 2022 年财政收支预算的请示》和《关于 2021 年度国有资产管理情况的综合报告（送审稿）》，审议了关于 2023 年珠山区面向社会招聘教师计划和启动珠山区新建学校智慧校园建设项目的有关事宜。

【区委第 37 次常委会会议】 12 月 29 日上午，区委书记徐华主持召开了第 37 次区委常委会。会议传达学习了习近平总书记致第五届“阿拉伯艺术节”的贺信精神，传达学习了习近平总书记致《生物多样性公约》第十五次缔约方大会第二阶段高级别会议开幕会的致辞精神，传达学习了习近平总书记向第十五届中国—拉美企业家高峰会发表的书面致辞精神，传达学习了习近平总书记对爱国卫生运动作出的重要指示精神，传达学习了习近平总书记在《求是》杂志发表的重要文章《继承和发扬党的优良革命传统和作风，弘扬延安精神》，传达学习了中央经济工作会议精神，传达学习了中央农村工作会议精神，传达学习了《关于做好 2023 年元旦春节期间有关工作的通知》，传达学习了《关于对新型冠状病毒感染实施“乙类乙管”的总体方案》，传达学习了《江西省贯彻落实国家统计督察“回头看”反馈意见整改工作方案》，传达学习了《关于赵某东等涉及工程建设领域腐败案件突出问题及其教训警示的通报》《关于周某柬、徐某生、车某等严重违纪违法案暴露突出问题及其教训警示的通报》和《关于万某、胡某萍、周某平、袁某庚等严重违纪违法案暴露突出问题及其教训警示的通报》，传达学习了市十六届人大三次会议精神和市政协十四届三次会议精神，研究人事任免事项，听取了区人大常委会、区政府、区政协党组，区纪委区监委，区法院、区检察院党组 2022 年工作情况汇报，审议了《关于成立珠山区粮食安全工作领导小组的通知（送审稿）》和《关于印发〈珠山区农村人居环境整治提升五年行动实施方案（2021—2025 年）〉的通知（送审稿）》，听取了珠山区 2022 年食品安全工作情况汇报，审议了关于区劳模评选表彰工作的有关事宜，审议了关于珠山区 2023 年度老旧小区改造工程项目立项的有关事宜和珠山区老旧小区及周边基础设施改造提升项目立项的有关事宜。

区委理论学习中心组理论学习

【概况】 2022 年，区委理论学习中心组坚持以习近平新时代中国特色社会主义思想为指导，全面贯彻党的十九大和十九届历次全会精神，认真学习宣传贯彻党的二十大精神，深入学习领会习近平总书记视察江西重要讲话精神及对景德镇重要指示批示精神，深刻领悟“两个确立”的决定性意义，增强“四个意识”、坚定“四个自信”、做到“两个维护”，自觉用习近平新时代中国特色社会主义思想武装头脑、指导实践，推动党中央和省、市各项部署要求在珠山落地落实。

3 月 22 日，区委理论学习中心组制定了《中共珠山区委理论学习中心组 2022 年学习计划》，并由区委办公室发电给区委理论学习中心组学习成员。2022 年学习安排的主要内容：1 月，领会党的十九届六中全会精神；2 月，传达习近平总书记关于数字经济发展的重要论述；3 月，学习习近平总书记关于坚持自我革命、全面从严治党的重要论述；4 月，深入学习习近平总书记关于维护意识形态安全的重要论述；5 月，学习领会习近平总书记关于完整准确全面贯彻新发展理念的重要论述；6 月，传达习近平总书记关于推进马克思主义中国化时代化的重要论述；7 月，学习习近平法治思想；8 月，领会习近平总书记关于中国式现代化道路的重要论述；9 月，传达习近平总书记关于稳步促进全体人民共同富裕的重要论述；10 月，传达习近平总书记关于在社会主义市场经济条件下发挥资本积极作用的重要论述；11 月，深入学习领会党的二十大精神；12 月，学习领会习近平总书记关于全过程人民民主的重要论述。学习要求：采取理论学习务虚会、宣讲报告会、读书会、专题讲座等多种形式，将集中学习与个人自学相结合、学习研讨与专题辅导相结合、优秀经验和创新做法相结合、传统媒体和新兴媒体相结合，不断扩大学习覆盖面，提高学习参与度，增强中心学习组学习质量和效果。

【学习习近平总书记系列重要讲话精神】 3 月 19 日，区委理论学习中心组传达学习了习近平总书记在十九届中共中央政治局第三十七次集体学习时的重要讲话精神、习近平总书记在中央党校（国家行政学院）中青年干部培训班开班式上发表的重要讲话、习近平总书记重要文章《努力成为可堪大用能担重任的栋梁之才》、习近平总书记 2022 年全国两会重要讲话精神等内容。

4 月 24 日，区委理论学习中

心组深入学习贯彻习近平总书记关于宣传思想工作的重要论述和《中国共产党宣传工作简史》。

5月16日，区委理论学习中心组集中观看学习了《生命重于泰山——学习习近平总书记关于安全生产重要论述》电视专题片，并重温了习近平总书记视察江西重要讲话精神。

6月27日，区委理论学习中心组围绕深入学习“在推动中部地区崛起上勇争先——沿着习近平总书记的足迹之江西篇”，开展学习交流研讨。

7月11日，区委理论学习中心组重温了《中国共产党章程》，并传达学习习近平总书记在庆祝香港回归祖国25周年大会暨香港特别行政区第六届政府就职典礼上的重要讲话精神等内容。

8月18日，区委理论学习中心组围绕认真学习《习近平谈治国理政》第四卷，开展学习交流研讨。

9月19日，区委理论学习中心组传达学习习近平总书记在省部级主要领导干部“学习习近平总书记重要讲话精神，迎接党的二十大”专题研讨班上的重要讲话精神和习近平总书记在《求是》杂志发表的重要文章《新发展阶段贯彻新发展理念必然要求构建新发展格局》等内容。

10月13日，区委理论学习中心组围绕认真学习《习近平关于依规治党论述摘编》和习近平总书记在《求是》杂志发表的重要文章《新时代中国共产党的历史使命》。

【省委党校专家授课】 1月5日，邀请中共江西省委党校党史党建教研部专家张志芳作《深刻理解和把握伟大建党精神》专题宣讲报告。区四套班子副县级以上领导出席宣讲报告会。区委常委、宣传部部长江斌主持报告会。

【召开区委常委班子专题民主生活会学习研讨会】 1月24日，召开区委理论学习中心组集体学习暨区委常委班子专题民主生活会学习研讨会。与会人员集中观看《历史虚无主义与苏联解体——对苏联亡党亡国30年的思考》专题片，传达学习了党的十九届六中全会精神及相关文件精神。

【收看陈伟导师专题讲座】 2月15日，以视频形式收听收看北京中联加互联网科技发展研究院创始人、院长、博士后导师陈伟作《新经济，新机遇，新作为——关于景德镇发展数字经济的初步思考》专题讲座，进一步凝聚加快数字经济高质量发展共识。

【“3·23”警示教育活动】 3月23日，开展“3·23”党员领导干部党风廉政建设警示教育活动。全体人员共同观看了警示教育专题片《“赶考”路上的迷失者》，学习了中央纪委国家监委有关通报。

【《城市更新》宣讲报告会】 6月9日，邀请湖南省长沙研究院廖明辉作“城市更新”专题授课。区委常委、宣传部部长江斌主持会议并讲话。报告会上，廖明辉以“城市更新”为主题，从城市更新政策和背景、城市更新试点工作及策略思考、长沙城市更新经验及案例分享三个方面进行深刻阐述，精准解答了“什么是城市更新、为什么要搞城市更新、怎样推动城市更新”等重要问题，深入浅出介绍了城市更新工作的法律法规。

【学习《中国共产党章程》】 7月11日，区委理论学习中心组重温了《中国共产党章程》。12月15日，区委理论学习中心组成员江斌、宁静、李锋、胡春生围绕新修订的《中国共产党章程》和《中共中央政治局召开会议分析 研究二〇二三年经济工作 研究部署党风廉政建设和反腐败工作》等内容，紧密结合各自的思想实际和工作实际作了交流发言，最后徐华就推动学习贯彻党章和党的二十大报告精神有机结合提出新要求。

【集中收看党的二十大开幕会】 10月16日10时，区委理论学习中心组集中收看了党的二十大开幕会直播，聆听习近平同志所作的报告。

【“党的二十大精神”专题学习】 10月27日，区委理论学习中心组专题学习党的二十大精神。区委书记徐华主持会议并讲话。会议传达学习党的二十大精神相关文件精神后，区委常委、区人大常委会主任、区政协主席围绕深入学习宣传贯彻党的二十大精神，紧密联系思想工作实际，做交流发言。最后徐华就学习宣传贯彻党的二十大精神，引领珠山区高质量跨越式发展提出了要求。

办公室工作

【概况】 在区委的正确领导下，2022年，以高度的政治责任感，认真履行岗位职责，高质量办文、高标准办会、高效率办事，充分发挥承上启下、协调左右和参谋助手作用，较好地完成了各项工作任务，有效提升了办公室的“三服务”水平。

【提升文稿服务质量】 2022年，区委办公室高质量、高标准完成领导讲话稿、区委重要汇报材料、典型经验交流、重大宣传稿件等文稿200余篇。9月以来，深入开展调查研究，深入查摆问题，为配合省委巡视工作提供有力的文稿服务。信息工作及时有效。区委办公室紧盯中央重大决策部署，紧盯上级领导指示批示精神，紧盯群众关心的热点难点问题，紧盯珠山特色亮点高效，准确做好信息报送工作，起到了服务领导决策、展示成绩亮点、反映群众呼声的良好效果。

【重点工作督查】 围绕区委决策部署狠抓责任落实。完成各项省委、市委交办的督查任务35次，同时围绕项目建设、全面建设“六个江西”、落实龚某华案以案促改、学习宣传贯彻党的二十大精神等重点工作开展各类督查70余次。2022年以来，为抓好中央决策部署和省委、市委、区委工作要求的落地见效，区委办创新开展“派工单”制度，对上级工作要求、领导交办事项实行一事一单，省委办公厅印发相关工作报告给予充分肯定。围绕领导交办批办狠抓工作质效。按照“批必查、查必清，清必办、办必果”的原则和“批给谁、谁承办，谁承办、谁负责”要求，不断提高查办工作时效和办结质量。围绕群众关心关切狠抓办理回复。全年办理省、市民声通道转（交）办件130余件，解决了一大批群众关心的热点难点问题，取得了良好的社会效果。围绕全面深化改革工作抓落地见效。全年共召开区委深改委会议5次，调度改革事项17项，把探索推进“夜珠山”改革模式作为全区深改工作特色亮点，得到省委主要领导高度评价，央视总台等主流媒体竞相报道。

【办公室综合管理】 持续深化整治形式主义为基层减负工作，把精减文件作为为基层减负的重要抓手，面向全区各单位，全口径严格做好发文“守门员”，对无新增内容直接转发上级文件、照搬照套上级文件不切合珠山区情等明确不符合文件精减工作要求的情形，口头提醒、责令整改或退回处理，发文数量得到有效控制。同时，按照上级要求认真开展党内法规前置审核及备案审查工作。严格执行“周三周五无会日”制度和会议审批制度，认真审查会议议题，努力做到少开会、开短会，2022年全区性会议同比有所减少。紧紧围绕区委中心工作和重大活动，进一步提高接待能力和服务水平，较好完成了中央、省、市各级领导检查考察及其他省市领导干部、客商调研交流的接待任务，尤其是9—11月的省委巡视工作中，区委办公室展现了良好的职业素养，严肃谨慎的纪律作风，认真高效的工作状态，严谨细致的工作态度，得到了巡视组的高度评价。加强相关设备日常管理和维护工作，确保相关设备运行正常，加大对涉密网络的管理和检查力度，为各部门各类涉密会议提供了会议保障。有序推进现代化、数字化档案馆建设，在全区带头开展档案数字化工作。

组织工作

【概况】 2022年，区委组织部深入学习贯彻党的二十大精神，统筹推进基层党组织、干部队伍、人才队伍建设，加强部机关自身建设，积极参与疫情防控，各项工作取得新成效。截至2022年底，全区共有党员14403人，党支部369个。

【基层党组织建设】 以打造模范机关党组织工作为契机，充分发挥“党建＋发展引领”“党建＋政策服务”“党建＋问需献策”“党建＋暖心帮办”“党建＋社会监督”等作用，开展各项惠企活动。正式揭牌成立珠山区委“两新”工委，创新成立区快递外卖行业综合党委与区交通运输行业综合党委，推进快递物流、外卖配送、网约车等新业态行业党建工作，依托各街道社区打造“暖心加油站”18个。以高质量党建引领乡村全面振兴，继续探索“三个三”发展的新路径，2022年珠山区村级集体经济经营性收入情况15万元以上的村14个，达标率100%。

【党员教育管理】 组织各级党组织书记和党员领导干部在“七一”期间上专题党课，参加主题党日活动。“七一”期间，共组织372人讲党课372次，受众10323人。其中，9名区委常委班子讲党课9次，10名乡镇（街道）党委（工委）书记讲党课10次，有69名村（社区）党组织书记讲党课69次；扎实开展教育培训，制定学习贯彻党的十九届六中全会精神培训方案，举办3期基层党组织书记培训班和1期基层党员重点培训班，培训人数总计289人，各街道等基层党委共举办283期培训班，培训8574人；做好党员发展工作，2022年共发展党员76名，其中产业工人领域2人，农牧渔民领域4人，非公有制经济组织领域3人。

【选拔培养优秀年轻干部】 牢固树立“四个优先使用”用人导向，重点使用“六类”干部，科学配置区属科级领导班子。2022年1名优秀年轻干部走上区直部门主要领导岗位，1名街道党工委书记被市委提拔为县级干部。结合公务员队伍实际情况，拟定了珠山区公务员职级晋升工作原则。突出政治标准，按照《区管领导干部政治素质考察办法（试行）》要求，查实干部政治能力，对表现良好的干部重点使用，结果不佳的干部坚决“一票否决”。坚持学干结合，有计划、分批次将干部派往基层一线承担急难险重任务，让干部在基层岗位中砥砺品格，在工作一线“比学赶超”。2022年组织开设各类主体班7次，选派12名干部到市区信访局跟班学习。配合市委组织部做好全体县级领导干部十九届六中全会精神研讨班轮训，开展了全区乡科级领导干部深入学习贯彻党的十九届六中全会精神集中轮训。

【干部队伍建设】 加强对领导干部特别是“一把手”的监督管理，抓好“一报告三评议”反馈问题整改，加强干部选任民主监督实效。坚持干部“依编用人、按职配备”，严格执行干部选拔任用事前报审制度，选人用人的公平性、严肃性得到进一步规范。注重干部苗头性、倾向性问题的发现和纠正，做到抓早抓小、防微杜渐。深入整治干部队伍不良风气，开展“吃空饷”清查、“近亲繁殖”排查、领导干部亲属从业情况排查、干部经商办企情况清查等工作，干部风气和营商环境得到显著优化。健全激励担当制度，让干部干事创业有想法、有干劲。建立“大考评”体系、探索制定干部综合评价积分管理制度。注重考准干部，实施分类年度考核机制，积分评价结果直接与干部使用、排位、待遇“三挂钩”。充分发挥榜样示范引领作用，注重在中心工作、重点项目、急难险重一线发现担当作为典型，在疫情防控、抗洪抢险、乡村振兴、招商安商、重点项目、常态长效创建等中心工作中选树正面典型。

【人才培育引进】 始终坚持党管人才原则，健全人才工作领导小组，明确人才工作任务和思路举措。以“央视网·瓷”数字经济产业基地为中心园区，联结瓷源境文旅产业园、洛克设计谷、陶瓷跨境电商产业园等分园区，打造“景漂”人才创新创业产业集群。深化与中国科学院对接合作，柔性引进一支高素质、专业化博士团队，打造高端人才、研发机构、成果转化基地。2022年以来，认定市“3+1+X”产业人才131人，评选市级创新创业示范基地2家，1人成功获评“省双千计划”人才，通过“财园信贷通”为7家企业发放贷款3440万元，扶持175人自主创业，发放创业担保贷款6810万元，其中为“景漂”人才提供创业担保贷款905万元。

【全面实施社区物业党建联建】 制定《关于进一步加强珠山区物业管理工作的实施意见》等文件，全区56个社区实施了物业党建联建，全区物业服务企业个数61个，建立党组织的物业服务企业个数9个，成立小区业主委员会50个，成立小区物业管理委员会3个，符合条件的住宅小区业委会或物业管理委员会组建率达85%。

【推进社区工作者职业体系建设】 不断加大社会工作者专业培训力度，鼓励考取社会工作师资格证，并根据等级证书增加相应的工资，落实社区工作者基本养老、基本医疗、住房公积金等社会保险。

宣传思想工作

【概况】 2022年，全区宣传思想文化工作牢牢把握学习宣传贯彻党的二十大精神这条主线，围绕区委、区政府的中心工作，坚持守正创新，凝聚奋进力量，开创全区宣传思想文化工作新局面。

【理论学习】 全年开展了18次区委理论学习中心组集体学习。发放《习近平谈治国理政》等重点理论书籍4500余本，做好了党的二十大报告、党章、文件汇编及辅导读本征订工作。开设“学习宣传贯彻党的二十大精神”专栏，刊发党员干部学习心得。对6个街道开展了列席旁听工作。推动党史学习教育常态化长效化，深入开展“七个一”活动100余场。理论宣讲有声有色。开展“党的二十大精神”等主题宣讲活动600余场，线上线下受众8万余人。开展以“喜迎党的二十大 感恩奋进新征程”为主题的社会科学普及周活动114场，其中10场活动入选市社联2022年社科普及周项目。开展了“珠事顺利，担当奉献”等主题演讲比赛。举办“百名‘景漂’庆百年华诞”等系列主题艺术展，向“景漂”赠送《习近平谈治国理政》英文版，相关做法得到省委书记易炼红肯定。省委宣传部《基层理论宣讲工作动态》第3期刊登了《景德镇市珠山区扎实做好新年理论宣讲工作》文章。

【新闻宣传】 围绕“喜迎二十大 奋进新征程”“三大会战”等主题，策划制作了《坚守，“疫”无反顾》《营商环境大家谈》等特色专栏。在“学习强国”全国总平台上稿1篇、省级平台上稿62篇；央视主流媒体上稿22篇，省级媒体上稿500余篇，市级主流媒体上稿900余篇。生产了一批新闻宣传作品：高质量巡查项目巡礼画册《展翅2022》、宣传视频《展翅》在全市重点项目巡查中得到认可。制定了《中共珠山区委宣传部关于迎接党的二十大胜利召开组织开展“强国复兴有我”群众性主题宣传教育活动的通知》《关于做好宣传贯彻党的二十大精神氛围营造工作的通知》，开展“四史”宣传教育等系列活动。持续开展红色文化“七进”活动、“讲好一堂思政课”活动、“三讲一评颂党恩”活动。加强双“一号工程”宣传，连续5期登上红榜。组织各学校开展了“我们的节日”、喜迎“二十大”庆“六一”红色故事会等活动。将“平民夜校”等6处红色遗迹拍摄制作成短视频，弘扬珠山红色文化。制定了《珠山区防溺水宣传工作方案》，开展预防溺水公益性宣传活动，制定了《关于做好七一党史专题及防溺水安全系列宣讲工作通知》。开展宣讲活动，制定了《珠山区全民国防教育工作领导小组工作规则》《珠山区全民国防教育2022年工作要点》。开展全民国防主题教育，协助景德镇新闻传媒集团举办“丝路瓷行——天涯共此时”对外交流活动，围绕创建东亚文化之都、阿拉伯艺术节、瓷博会等大事要事开展氛围营造和舆论引导工作。

【文明创建】 迎国检期间，全区领导干部下沉一线志愿服务，30个点位顺利完成国检迎检任务。组织开展了2022年珠山区文明家庭评选和第一届珠山区星级文明户评选活动。注册志愿者达84332人，服务时长达2893966小时，志愿服务组织467个，志愿服务项目17845个。胡余徽等27人被表彰为市级优秀志愿者，小巷宣讲志愿服务队等7个志愿服务组织被表彰为市级优秀服务组织，昌盛社区等11个社区被表彰为市级优秀服务社区。

【文旅发展促经济】 第五届阿拉伯艺术节在陶溪川召开。“夜珠山”消费带形成了八大优质文旅集聚板块。国庆期间，“夜珠山”夜间文旅消费收入占比全市30.8%。陶阳里御窑景区创建国家AAAAA级旅游景区，被列入第二批国家级夜间文旅消费集聚区。做好了九集小镇、陶艺街特色文化街区打造工作。区委书记徐华代言“百城百夜”文旅消费季活动，短视频吸引众多省级媒体聚焦报道，总曝光量达420万余次。文化事业不断繁荣。共青团江西省委、央视网和珠山区共同举办三宝数字艺术周活动，组织开展了“迎新春 送祝福”主题活动、“文化进万家——镜头里的珠山年”照片征集活动。每月举办公益书法课堂活动，邀请中国书协老师和省书协老师授课。在“古镇珠山”App 上开设《陶瓷鉴赏》专栏，已展出十余期。举办喜迎党的二十大召开暨 2022 年珠山区“礼赞珠山·光耀中华”为主题的“谷雨诗会”诗词征文大赛。组织开展了“优化营商环境结硕果 做强数字经济看珠山”为主题的文艺作品评比活动。联合区作家协会承办了“送书进校园”活动。举办了“践行党的二十大精神——同心书协新征程”珠山区陶瓷书法刻字展览，中央和省、市多位领导到场参观指导。中国文联副主席诸迪等多位中央、省级领导率文联调研组到珠山区开展专题调研。培育打造了 22 家“书香珠山·城市文化会客厅”，举办第四届“4·23”书香珠山读书节活动。组建珠山区“古镇飞舞”红色文艺轻骑兵志愿服务队并授旗。景德镇市三宝国际瓷谷荣获“全国版权示范园区（基地）”称号，景德镇市瑞牛文化科技有限公司荣获“全国版权示范单位”称号。

【加强文物保护】 配合协助加强对御窑厂遗址及其周边进行保护和修缮。推进杨梅亭古窑遗址项目申报专项债，编制杨梅亭古窑遗址保护规划。对辖区内各窑口开展统计和调研工作，建立文化产业季调度制度，制定了《关于加快文化产业发展的实施意见》和 2022 年度文化产业发展任务分解表，共有 22 家规上文化企业，较 2021 年新增 8 家。做好 2022 年省特色文化街区、省重点文化企业、省文化产业扶持项目等重点申报工作，景德镇陶溪川文创街区获评省级文化和科技融合示范基地，陶文旅集团获得全国十四届“文化企业 30 强”提名，组织企业参加首届江西文化产业博览交易会。央视网与珠山区在北京举行“央视网·瓷”项目签约仪式。参加江西省文化和旅游产业链（粤港澳大湾区）招商周专题推进会，协助景德镇市艺次元数字技术有限公司进行区块链备案。开展好“文企贷”和文化企业扶持资金申报工作，举办珠山区文化产业发展工作专项资金及“文企贷”申报工作培训交流会。关心关爱文化类“景漂”，开展产业服务对接会，支持“洋景漂”发展，加大困难“景漂”的帮扶走访。

【融媒体融合发展】 6 月，珠山区“两中心一平台”融合系统正式上线。7 月，“赣就有位来”百县联动直播带岗——珠山区 2022 夏季网络直播招聘会成功举行，共组织了 42 家企业，准备了 1000 余个工作岗位，近 4 万名网友在线观看。《珠山十二时辰》在江西省 2022 年第 4 期市县融媒体优秀原创作品双月赛中，荣获外宣作品三等奖。连续 4 个月登上市级宣传“红榜”。

【《巷子里的珠山味道》】 11 月 28 日，珠山区融媒体中心制作的短视频《巷子里的珠山味道》在新华社新闻信息中心、音视频部与“百度”App、百家号联合出品的“小康中国·千城早餐”第五季短视频展映活动中喜上榜并荣获优秀奖。时代在变迁，美食在更替，关于古镇珠山的记忆，通通藏在早餐里。古镇珠山记者杨程成选取了珠山辖区内一家具有代表性早餐店，通过真实而细腻的镜头与笔触，描绘出了景德镇这座千年古镇弄堂里的珠山滋味。

【建立志愿宣讲员评星制度】 开展深化发展和改革双“一号工程”主题征文、“喜迎党的二十大 感恩奋进新征程”等主题征文活动。建立社科学术研究队伍，统计入库的党校老师、基层干部、陶瓷艺术人才等 10 余人，推荐《陶瓷文化如何融入中小学课堂研究》、短视频《七点钟》等课题参与市级评选。

【推选“瓷都好人”】 组织开展了 2021—2022 年度珠山区优秀志愿服务组织和个人评选、2022 年“珠山好人”评选等活动。

推选陈智等 13 人为 2022 年“瓷都好人”，推选李木花等 3 人为 2022 年“江西好人”，翁山红被推选为 2022 年第四季度“中国好人榜”候选人。制定《珠山区关于开展全国全省道德模范事迹展示宣传活动方案》，组织开展好模范事迹展示宣传活动，全年开展了 2 场市级道德模范和身边好人故事宣讲活动。组织开展了 2022 年珠山区“新时代好少年”评选活动，30 名学生被评为区“新时代好少年”。4 名学生被评为 2022 年景德镇市“新时代好少年”。开展“我们的节日”“扣好人生第一粒扣子·劳动美”、2022 年百场心理辅导等主题活动。

【升级改造珠山区新时代文明实践中心】 促进“两中心一平台”深度融合。打造了“实践中心—实践所—实践站—实践点”四级服务阵地，实现了新时代文明实践中心（所、站）全覆盖。开展“关爱工程”三年行动，组织开展“我进文明实践站 共建珠山新风尚”“‘践行二十大 奋进新征程’新时代文明实践‘六送’”等主题活动。“古镇珠山”App 上线新时代文明实践志愿服务平台，运用第三方专业组织培育志愿服务队，引导志愿者积极参与疫情防控，服务群众。

统一战线工作

【概况】 2022 年，区委统战部在区委的正确领导和市委统战部的精心指导下，围绕中心、服务大局，全力发挥凝聚团结力量的强大法宝作用，在为全面建设社会主义现代化国际瓷都先行区中彰显统战新担当。

【思想政治学习】 召开党外人士情况通报会，通报了 2021 年度珠山区党风廉政建设和反腐败工作、2021 年度经济运行情况和 2022 年度经济发展计划、扫黑除恶斗争工作、法院工作、检察院工作以及全区脱贫攻坚工作情况。组织全区统一战线成员认真学习宣传贯彻党的二十大精神，全区党内党外同频共振，通过领导干部带头学、广泛发动全员学、多措并举灵活学，先后开展了学习座谈、撰写心得等活动，营造了浓厚的学习宣传氛围。在“喜迎二十大、永远跟党走”主题活动中，举办或组织统战成员参加座谈交流、读书学习、理论宣讲、培训班等20多场，实现了统战干部、无党派代表人士、新的社会阶层人士教育培训全覆盖。坚持联谊交友谈心制度，区委领导与党外代表人士谈心谈话100余次，引导党外人士听党话、跟党走。

【民主党派工作】 支持民主党派加强思想政治建设，协助民主党派健全领导班子建设，支持各民主党派直属珠山支部完成换届选举工作。创新学习培训方式，借助市、区两级平台，组织区党外干部参加各类报告会、培训班，向市、区两级的人大、政协积极推荐优秀的党外代表人士参政议政。

【非公有制经济工作】 聚焦区委、区政府重大决策部署，以高度政治自觉主动融入双“一号工程”，开展“千千入万企、党建促发展”活动，印发《助力双“一号工程”推动非公经济高质量发展工作方案（2022—2025）》。加强非公有制经济人士思想政治引导，开展“党的二十大精神宣讲进民企”等活动，凝聚广大非公经济人士政治共识。开展“民企迎新春送温暖”等活动，引导民营企业自觉履行社会责任。构建亲清政商关系，通过召开民营企业家座谈会等形式，畅通民营企业家建言献策的渠道。组织非公有制经济代表人士走进区检察院、区法院，开展非公有制企业维权服务，维护企业合法权益，护航民营经济健康发展。

【民族宗教工作】 持续贯彻落实党的宗教政策。围绕习近平总书记提出的“九个必须”这一主题，引导宗教与社会主义社会相适应，加大宣传力度，利用各种宣传工具和手段，宣传党的宗教政策和国家的有关法律法规，依法加强对区内宗教事务的管理。推动民族团结创建工作。在新厂街道、昌河街道的少数民族工作服务站。开展民族团结进步创建和服务管理工作的联动机制，让城市更好接纳少数民族群众，让少数民族群众更好融入城市。重点开展好“五好”宗教活动场所创建工作。通过创建工作推进宗教界自身建设和宗教活动场所规范化管理，共有5个场所被评为全省“五好”宗教活动场所。

【侨务工作】 始终秉承“以人为本、为侨服务”的宗旨，构建为侨服务新格局，织密为侨服务网，着力在护侨益、聚侨力、汇侨智、凝侨心上下功夫，开展侨法宣传暨侨情普查进社区活动。通过向广大社区居民发放《中华人民共和国归侨侨眷权益保护法》等宣传资料，详细宣传介绍侨法知识及相关涉侨优惠政策等，进一步了解海外侨情动态，更好地掌握社区内侨情信息，开展“喜迎二十大 侨心永向党”“明月照中秋 侨情暖瓷都”等活动，举办侨界人士中秋座谈会，广泛开展传统节假日走访慰问活动，共走访慰问归侨侨眷60人次。引导侨界人士参与社会公益活动，全年侨界人士参与疫情防控、捐资助学、扶贫济困等公益慈善活动累计捐款捐物价值近1.5万元。

【统战品牌】 坚持以“制度化、规范化、特色化”为目标，进一步完善党派基层支部之家、区党外知识分子之家、新的社会阶层人士、自由职业工艺美术师统战工作实践创新基地、社区侨胞之家、新侨创新创业基地和侨文化交流基地等阵地建设。开展好区知联会和无党派知识分子工作，针对党外知识分子特点，不断创新思政引领新模式，持续把党外知识分子大讲堂打造成“三式”特色课题（“思政交流式”课堂，“文化实践式”课堂，“红色走读式”课堂），引导党外知识分子在教育培训中真正明理、增信、崇德、力行。创新开展自由职业工艺美术师统战工作，围绕听党话、感党恩、跟党走这条主线，重点做好理想信念、价值引领、事业引领。开展思想政治教育引导，增强理论认同。以深入学习宣传贯彻党的二十大精神为主题组织了3次学习培训，参与130人次。坚持做好区委领导与新的社会阶层人士联谊交友工作，汇聚价值认同。开展党史学习教育系列活动，锻造信仰认同。组织区新联会理事赴莲花塘革命烈士纪念碑，开展“红色传承·清明祭英烈”爱国主义主题活动，纪念为社会主义事业英勇献身的革命先烈。以喜迎党的二十大为契机，联合景德镇市侨联、区新联会、区侨联共同举办瓷都侨界“喜迎二十大侨心永向党”陶瓷艺术展。在联谊交友方面有新的拓展，全年共开展联谊交友7次，先后与本市的其他3个县区和红谷滩区、玉山县和进贤县开展联谊活动。

【开展“迎新春 看变化 促发展”活动】 1月20日，珠山区开展“迎新春 看变化 促发展”活动，邀请党外代表人士到项目现场感受珠山区变化。区委常委、统战部部长董玉成出席活动，各民主党派直属珠山支部（社）、党外非公有制企业代表、区知联会、区新联会代表20余人参加。

【开展主题花艺创作活动】 3月4日，区委统战部在珠山区党外知识分子之家——占绍陶艺基地开展“巾帼展风采，喜迎二十大”主题花艺创作活动。活动邀请了区知联会理事及部分无党派知识分子20余人，借花香亲近自然芬芳，共度春日美好时光。

【开展“八一”走访慰问活动】 7月28日，区委统战部、区新联会带上消暑药品和慰问物资来到珠山区消防救援大队开展“八一”走访慰问活动。向忠诚履行职责，为辖区群众排忧解难的全体消防救援人员致以美好祝福和崇高敬意。

【开展抖音新媒体运营交流会】 7月30日，区委统战部、区新联会组织开展抖音新媒体运营交流会，邀请字节跳动分公司的产品运营经理，以“企业及个人号如何打造和规划”主题为展开了精彩的主题演讲及运营分享交流。

【红色教育】 9月28日，区委统战部、区工商联组织非公有制经济代表人士近20人，前往平民夜校，开展“喜迎二十大 永远跟党走”红色教育。通过参观学习，重温革命历史，感悟红色历史、凝聚奋进力量。

【学习交流】 11月3日，进贤县委常委、统战部部长涂莉花一行到景德镇市珠山区就新的社会阶层人士统战工作开展学习交流活动，双方就如何在新时代充分发挥新的社会阶层人士优势作用、深化新联会人才队伍建设、推动实践创新基地建设特色化发展等方面进行了深入探讨。11月5日，红谷滩区委统战部副部长、区工商联党组书记孙圆圆一行到珠山区新联会开展学习交流活动。双方签订了缔结友好协会协议书，表示将进一步加强信息互通和经验交流，更好地实现资源共建共享。

机构编制

【概况】 2022年，全区共有党政群行政机构51个，其中党委11个、政府23个、人大1个、政协1个、群团4个、街道10个、开发区管理机构1个，行政编制351名。共有事业单位97个，其中区委、区政府直属10个，街道所属11个，卫生院、街道社区卫生服务中心7个，学校、幼儿园19个，部门所属事业单位50个，事业编制共计2287名。

【核定乡镇街道副科级领导职数】 落实核定竟成街道、石狮埠街道所属事业单位副科级领导职数事宜。在2021年底对各街道开展的改革评估工作，并在2022年2月16日下发了《中共景德镇市珠山区委机构编制委员会关于核定竟成镇、石狮埠街道副科级领导职数的通知》，核定了竟成街道综合行政执法大队和便民服务中心各1名副科级领导职数，核定了石狮埠街道便民服务中心1名副科级领导职数。

【竟成镇更名竟成街道】 按照省、市编办文件要求，为便于竟成街道尽快正常开展工作，在8月10日制定并下发了《中共竟成街道工作委员会竟成街道办事处职能配置、机构设置和人员编制规定》，对“镇改街”后行政编制、事业编制进行调整并对所属事业单位名称进行更名。

【部门挂牌管理】 5月9日，根据《市委机构编制委员会办公室、市委保密机要局关于落实县级机要密码部门加挂“县（市、区）国家密码管理局”牌子的通知》、江西省档案局《关于印发 国家档案局档案工作综合检查反馈意见整改方案的通知》文件精神和相关工作需要，在区委办公室文秘行政股加挂景德镇市珠山区国家密码管理局和景德镇市珠山区档案局的牌子。

7月25日，根据《中共江西省委机构编制委员会办公室关于印发〈市县粮食行政管理体制机制相关问题整改方案〉的通知》文件要求，在区农业农村和水利局加挂景德镇市珠山区粮食局牌子。

7月25日，根据《中共江西省委机构编制委员会办公室关于印发〈关于加强文物保护和考古工作机构编制保障的实施方案〉的通知》文件精神，在珠山区文化广电新闻出版旅游局加挂珠山区文物局牌子。

12月28日，根据省委办公厅、省政府办公厅《关于印发〈江西省深化国防动员体制改革实施方案〉的通知》和市委编办《关于珠山区发展和改革委员会机构编制事项调整的批复》文件精神，在珠山区发展和改革委员会加挂珠山区国防动员办公室的牌子，并将珠山区政府办公室挂牌的珠山区人防办调整为在珠山区发展和改革委员会挂牌。

【市实验幼儿园机构及人员编制划转】 根据市委编办文件要求，做好市实验幼儿园机构、编制及人员划转工作，整建制划归珠山区政府，为珠山区教体局所属公益二类事业单位。

【事业单位法人登记管理】 截至11月底，共完成了2021年度事业单位法人证书年检66家，事业单位法人变更59家，注销19家，新设立7家。

机关工委工作

【概况】 中共景德镇市珠山区直属机关工作委员会下辖1个党委、5个总支、62个支部。2022年新增中共珠山区档案馆支部委员会；中共珠山区工商业联合会支部委员会；中共景德镇市珠山区卫生健康综合监督执法局支部委员会；中共景德镇市珠山区委机构编制委员会办公室支部委员会；中共景德镇市珠山区总工会支部委员会等5个党支部。2022年将中共景德镇市珠山区党史办党校联合支部委员会更名为中共景德镇市珠山区党史地志办联合支部委员会；中共景德镇市区残联行政服务中心联合支部委员会更名中共景德镇市珠山区残疾人联合会支部委员会；中共景德镇市珠山区市场经营服务中心支部委员会更名为中共景德镇市珠山区现代商贸业发展中心支部委员会；中共景德镇市珠山区新区建设办公室支部委员会更名为中共景德镇市珠山区新区发展中心支部委员会；中共景德镇市珠山区财政局支部委员会更名为中共景德镇市珠山区财政局机关支部委员会；中共景德镇市珠山区环境保护局支部委员会更名为中共景德镇市珠山生态环境局党支部；中共景德镇市珠山区公共就业人才服务局支部委员会更名为中共景德镇市珠山区社会保险事业管理局支部委员会更名为中共景德镇市珠山区社会保险事业服务中心支部委员会。

【举办区直属机关党员干部读书班】为引导党员深入学习贯彻落实党的十九届六中全会精神，6月22—24日、7月13—15日在区委党校开设2期“贯彻落实十九届六中全会精神青年党员读书班”，以区直机关“8 5后”青年优秀党员为培训对象。6月29日至7月1日，聘请老师分别在区检察院、区法院开展培训，采取专题宣讲与交流研讨相结合，现场授课与实地参观相结合等形式，开展了丰富多彩的红色活动。6月22—30日，配合区税务局，组织党员参加“全省税务系统科级及以下干部学习贯彻党的十九届六中全会精神网络培训班”。7月25—27日在区发展中心开设1期党员干部培训班。全年共开设6期深入学习贯彻落实党的十九届六中全会精神专题培训班，培训400余人。

2022年，区直机关工委组织党员到“平民夜校”接受红色教育（区直机关工委供图）

【组织党员学习党的二十大精神】10月16日，组织各支部党员收听收看中国共产党第二十次全国代表大会，利用“三会一课”等平台深入学，各党员结合各自的学习感想撰写“深入学习宣传贯彻二十大精神心得体会”200余篇，其中60余篇在“古镇珠山融媒体”刊登发表。

【打造模范机关】3月31日，出台《关于打造让党放心、人民满意的模范机关的实施方案》，以打造模范机关工作为平台，不断推动党建工作与中心工作、业务工作深度融合。发动党员干部采取“一对多”与企对接的方式，进一步压实党员干部责任。充分发挥“党建+发展引领”“党建+政策服务”“党建+问需献策”“党建+暖心帮办”“党建+社会监督”等作用，结合各自职能，开展各项惠企活动。

【红色教育活动】引导珠山区直属机关各级党组织充分发挥珠山区红色资源优势，深化以党史为重点的“新四史”学习教育，全年共组织300余名党员分别到红色教育基地平民夜校、浮乐婺中心县委纪念馆参观学习；在清明节期间，组织党员分时分段到莲花塘烈士陵园，缅怀革命先烈，重温入党誓词，开展“2022·奋进·清明祭英烈”主题党日活动，共有40余个支部（总支），400余名党员参加此次活动。

【机关干部防汛救灾】组织区直机关400余名党员干部，迅速行动，第一时间送去生活物资，帮助受灾群众转移财产，和社区干部排查安全隐患；同时组织党员志愿者走上街头，协助环卫工人清理路面垃圾和积水，帮助居民解决道路障碍、尽快恢复生产生活。各党组织还结合各自职能，大力开展防汛救灾、灾后消杀等工作。

【举办重阳节联欢会】与区直机关老体协共同举办“喜迎二十大 永远跟党走”重阳节联欢会，区直属机关老党员、老干部共70余人参加，进一步丰富老党员的政治文化生活，让老党员感受珠山的发展成果，凝心聚力。

信访工作

【概况】2022年，区信访局以党的二十大信访稳定为主线，扎实做好党的二十大期间信访保障工作，强化矛盾纠纷排查、研判分析形势，部署安排当前工作，守住了“三个不发生”底线。省政协副主席雷元江带队在珠山实地调研过程中，对珠山区信访工作给予肯定。在全市党的二十大信访稳定督导工作部署动员会上，珠山区就信访积案化解作典型交流发言，市信访联席会议印发文件在全市推广珠山区信访积案化解工作经验做法。

【积案化解】区委常委会多次部署党的二十大信访保障工作，区信访工作联席会议召集人密集调度重点工作、分析研判信访形势，区党政领导定期接访、带头包案化解81件疑难复杂信访积案，重点人员及事项由区委指定两名县级领导双包案。对重点信访事项、信访工作作出批示。在区领导的示范引领和高位推动下，全区上下主动作为，齐心协力，促进全区信访形势稳中向好。

【重点信访事项集中办理】市信访局交办65件，其中国家信访局第一批重复信访交办件1件、第二批重复信访交办件6件，已全部化解。省级排查交办5件，市级排查交办4件，区级自行排查12件，已全部上报化解，化解率100%。

【信访隐患排查】 采取“日调度、周通报、月挂牌”的方式，强化工作落实。每日对信访业务和“三率”情况进行调度提醒，确保信访事项及时受理、按期办结、按要求引导评价，及时受理率和按期办结率均为100%；每周进行信访隐患轮动排查，梳理出需市级协调的重点事项10件，分类施策予以化解，有效将隐患化解在萌芽状态、解决在当地。对各单位访量情况进行通报，督促指导存在问题的单位及时整改销号；每月对工作进度滞后的挂牌警示，督促整改到位，共发出督查通报7件、督办函18件、信访快报5期。

【“百姓说事”平台为百姓】 深入开展“百姓说事”，发动基层群众的力量，把诚意给足、把政策用足、把思想工作做足，为群众反映诉求提供便利。2022年全区共有8014名群众参加“百姓说事”，说事件数2223件，解决各类问题2189件。此外，坚持“少用慎用”、“限额发放”和“单次救助”等原则，既要推动“事要解决”，确保案结事了，向上级申请特殊疑难资金21.5万元，解决信访疑难案件3件，所使用专项资金基本发放到位。

【《信访工作条例》宣传】 为拓宽《信访工作条例》宣传月活动形式，充分利用群众来访接待中心LED显示屏，滚动播放信访工作主题宣传标语。利用“百姓说事”微信公众号推出“每日一学”专题，形成“线上+线下”的宣传模式，传播信访理念，普及民信访相关知识。区委信访局印制发放《信访工作条例》以及宣传册4000余份。

老干部工作

【概况】 截至2022年底，全区有离退休干部1525人。其中离休干部6人，享受副地级待遇的退休干部1人，副县级以上退休干部32人。2022年在全省双先推选中，杨向群荣获全省先进工作者称号。

【离退休干部学习教育】 6月，组织老干部们集中观看江西省廉政警示教育片《赶考路上的“迷失者”》，通过收看警示教育片，引导老干部进一步增强政治观念、纪律意识和党性观念，严格遵守党规党纪，树牢底线红线，自觉做到不给党员身份抹黑，珍惜退休待遇和退休生活，永葆共产党人清正廉洁的政治本色。老干部们在观看警示教育片后，也受到了强烈震撼和深刻教育，他们表示要以案为戒、时刻警醒，坚决筑牢思想道德防线，用实际行动，教育和影响年轻人和身边家人，做党的优良传统和作风的传承人、践行者。6月中旬，组织全区离退休老干部代表，来到高岭中国村村长学院，开展了以“感知乡村振兴成就”为主题的集体学习。在感受乡村振兴为农村带来的巨大变化的同时，也让许多老干部都回忆起年轻时候，共同为景德镇城乡改革发展群策群力、挥洒汗水的日子，也坚定了继续为珠山区、为景德镇的建设发展添砖加瓦、贡献“夕阳红”力量的决心。10月，组织部分老干部代表来到旧城村，循着当年革命烈士的光辉足迹，聆听他们的革命事迹，追随革命先辈的红色印记。老干部到金竹山科技小院，了解当地通过科技种植推动乡村振兴的有关情况。在“乡村大学堂”集中开展“学党史、悟初心”党的二十大精神宣讲活动。老干部们在发言中回顾了收听收看党的二十大盛况的情况，畅所欲言，就学习宣传贯彻党的二十大精神开展了学习研讨。

【离退休党支部建设】 开展离退休干部党支部示范创建工作，抓好思想政治建设。在创建中通过了自评自建、逐级申报，区检察院第三党支部被评为全省离退休干部“示范党支部”，新厂街道六〇二所社区航空之家离退休党支部被评为全市离退休干部“示范党支部”。昌河街道昌盛社区东苑退休党支部着手创建全省离退休干部“示范党支部”，昌江街道离退休干部支部着手创建全市离退休干部“示范党支部”。

【离退休干部作用发挥】 2月，组织全区离退休老干部，走项目、看珠山、说变化，点赞项目建设成效。老干部们将继续发扬“夕阳红”精神，充分发挥参谋作用、监督作用、桥梁作用和带头作用，建言献策，为珠山区经济社会发展再尽一份力。携手新村街道北路社区新时代文明实践站、北路社区老年分校慰问城镇贫困困难家庭儿童，并向2名贫困儿童发放“99公益日”捐款金共计1600元。

【离退休干部文体活动】 6月，在区委党校举行了“健康中国，你我同行”老干部应急救护知识讲座。讲座邀请市委党校经济社会发展教研室主任、国家二级心理咨询师、红十字应急救护培训讲师、AHA保护心脏培训讲师朱晓芳，中国红十字应急救护培训讲师潘黎萍为大家普及应急救护知识。活动现场气氛热烈，大家踊跃参与，积极探讨学习相关急救方法。9月，在莲花塘举行“喜迎二十大 永远跟党走”老干部健步行活动，与老干部们一起庆祝重阳佳节，共有400余人参加活动。

党校工作

【概况】 区委党校2022年精心组织教学培训，主办和协办多期培训班，培训达1200余人。

【干部教学培训】 3月11日，举办珠山区科级主要领导干部深入学习贯彻党的十九届六中全会精神专题研讨班，参训120余人。4月26—29日，举办全区学校、国企、“两新”组织基层党组织书记培训班，参训50余人。6月22日至7月27日，共举办3期深入学习贯彻党的十九届六中全会精神暨青年党员干部读书班，参训学员共计198人。7月18—22日，举办2022年度全区机关事业单位基层党组织书记培训班，参训84人。8月18日，区委党校与区委政法委共同举办2022年珠山区政法干警政治轮训班，参训60余人。8月24日，举办全区基层党员重点培训班,参训80余人。9月6—8日，与区委组织部共同举办2022年珠山区党员发展对象培训班，参训83人。11月4日，为深入学习贯彻党的二十大精神，区委党校举办2022年度珠山区科级干部主体班，区委组织部部长朱志梁作开班讲话，参训50余人。

【开展主题党日活动】 6月28日，珠山区委党校、区史志办、区直机关工委联合支部党员，到区经开区三宝瓷谷景德镇工运史陈列室，参观学习景德镇工运史，开展主题党日活动。

【课题立项工作】 7月，区委党校参与《景德镇陶瓷文化产业链金融支持体系研究》等课题立项工作，并完成课题结项。

【参加2022年度全省干部教育培训好课程和现场教学示范点拍摄】 10月份，为进一步加强干部教育培训课程体系和现场教学点建设，区委党校参加并开展2022年度全省干部教育培训好课程和现场教学示范点推进评审工作，邀请特聘教师组织拍摄精品课视频《坚持以人民为中心,推进营商环境优化升级“一号改革工程”》和《因瓷而生、因瓷再兴的三宝村——景德镇陶瓷文化传承创新试验区教学示范点》。

【参加红色基因传承主题征文活动】 为贯彻落实党的二十大精神，深入推进红色基因传承，参加了区委宣传部和区社联主办的红色基因传承主题征文活动，邀请区委党校兼职教师曹婧撰写《江西红色基因与文化软实力提升的影响力分析》论文，并于12月在《锦绣》杂志上发布。

珠山区人民代表大会

综　述

2022年是党的二十大胜利召开之年，区人大常委会在中共珠山区委的坚强领导下，坚持以习近平新时代中国特色社会主义思想为指导，全面贯彻党的十九大和十九届历次全会和党的二十大精神，坚持以深入学习贯彻习近平总书记关于坚持和完善人民代表大会制度的重要思想为主线，围绕全区全面建设社会主义现代化国际瓷都先行区的发展大局，发展全过程人民民主，在围绕中心服务大局上彰显担当，在推进民主法治建设上开拓进取，在联系代表服务群众上积极作为，各项工作迈出新步伐、展现新气象、跃上新台阶。全年召开常委会会议5次，主任会议11次，听取和审议专项工作报告22次，开展调查、视察、执法检查11次，依法任免国家机关工作人员15人次，为全区经济社会高质量发展贡献了人大智慧和力量。

重要会议

【区十一届人大第二次会议】 2月21—23日，珠山区第十一届人民代表大会第二次会议，在珠山区发展中心召开。会议应到代表199人。本次会议听取和审议了区人民政府区长徐华所作的区人民政府工作报告；审议了区发改委主任朱建亚受区政府委托提交的珠山区2021年国民经济和社会发展计划执行情况和2022年国民经济和社会发展计划草案的报告（书面），审查和批准了2021年国民经济和社会发展计划执行情况与2022年国民经济和社会发展计划的报告；审议了区财政局局长刘涛受区政府委托提交的珠山区2021年财政预算执行情况和2022年财政预算草案的报告（书面），审查和批准了珠山区2021年财政预算执行情况和2022年财政预算；听取和审议区十一届人大常委会副主任余畅受区人大常委会委托所作的区人大常委会工作报告；听取和审议了区人民法院院长陈翰朋所作的区人民法院工作报告；听取和审议了区人民检察院检察长李锋所作的区人民检察院工作报告。

【区十一届人大常委会第三次会议】 2月16日，区十一届人大常委会召开第三次会议。应到组成人员29人，实到27人。列席会议的人员有区政府相关领导、区人民法院院长陈翰朋、区人民检察院检察长李锋、区监委负责人、镇街人大负责人。会议议程：传达学习近期重要讲话精神（书面）；人事事项；听取和审议关于珠山区审计查出问题整改情况的报告；听取和审议区政府2021年财政预算调整的报告，审查批准区政府财政预算调整的报告；听取区机关事务管理局2020年部门预算执行情况及审计情况的报告；听取区国资公司关于2021年国有资产经营管理情况的报告；听取和审议区政府关于代表建议、批评和意见办理工作情况汇报；听取区人大常委会代表资格审查委员会代表资格审查报告；听取和审议关于召开区第十一届人民代表大会第二次会议相关事宜。

【区十一届人大常委会第四次会议】 4月26日，区十一届人大常委会召开第四次会议。应到组成人员28人，实到23人。列席会议的人员有区政府相关领导、区人民法院院长陈翰朋、区人民检察院检察长李锋、区监委负责人、镇街人大负责人。会议议程：传达学习近期重要文件、讲话及会议精神；听取和审议“夜珠山”消费带品牌打造2021年工作情况及2022年工作计划；听取珠山区2021年度环境状况和目标完成情况报告；通过珠山区人大常委会2022年工作要点。

【区十一届人大常委会第五次会议】 6月30日，区十一届人大常委会召开第五次会议。应到组成人员28人，实到26人。列席会议的人员有区政府相关领导、区人民法院院长陈翰朋、区人民检察院检察长李锋、区监委负责人、镇街人大负责人。会议议程：人事事项；听取和审议区法院知识产权保护工作情况报告；听取和审议关于贯彻实施《中华人民共和国安全生产法》情况的报告；听取和审议《关于景德镇市珠山区地方政府性债务管理情况的报告》；听取和审议《关于景德镇市珠山区2022年新增地方政府债券收支预算调整的报告》、批准区政府关于2022年新增地方政府债券收支预算调整的报告。

【区十一届人大常委会第六次会议】 8月30日，区十一届人大常委会召开第六次会议。应到组成人员28人，实到28人。列席会议的人员有区政府相关领导、区人民法院院长陈翰朋、区人民检察院检察长李锋、区监委负责人、镇街人大负责人。会议议程：听取区政府2022年1—6月国民经济与计划执行情况的报告；听取和审议区政府2021年财政决算（草案）情况和2022年1—6月财政预算执行情况的报告；听取和审议珠山区2021年度区本级预算执行及决算（草案）情况的审计报告；审查和批准2021年财政决算；听取和审议区商务局2021年部门预算执行和决算情况的报告；听取和审议区政府关于区商务局2021年部门预算执行和决算情况的审计报告。

【区十一届人大常委会第七次会议】10月27日，区十一届人大常委会召开第七次会议。应到组成人员28人，实到24人。列席会议的人员有区政府相关领导、区人民法院院长陈翰朋、区人民检察院检察长李锋、区监委负责人、镇街人大负责人。会议议程：传达学习党的二十大精神；听取区政府关于老年人权益保障工作专项报告（书面）；听取和审议珠山区人民检察院未成年人检察工作情况报告；听取区政府关于残疾人保障工作情况报告；听取和审议区政府办理代表意见的工作情况汇报；听取和审议区财政局新增地方政府债券收支预算调整情况的汇报。

选举任免工作

【人事任免】坚决落实中共珠山区委有关人事工作安排，依法履行人事任免工作职责，坚持把党管干部的原则与依法任免有机结合起来，加强与区委和"一府一委两院"有关部门的联系、协调和沟通，严格把关，认真负责地做好衔接工作，保证人事任免议案顺利提请常委会审议，对人事任免的各项材料把好初审关，严格落实任前法律知识考试和宪法宣誓制度。2022年依法任命监察委员会委员2名，任命法院副庭长、审判员等5名，任命检察院检察员2名，免职6人，并在珠山区人大常委会上听取拟任人员的任前表态发言。

【代表履职服务保障】加强代表活动平台建立，促进代表发挥作用。太白园街道浙江路社区人大代表联络站、新村街道梨树园社区人大代表联络站遵照示范站的标准对"人大代表联络工作站"进行了升级改造，整合提标，并在醒目处公示代表基本信息，便利群众联系代表。通过人大代表联络工作站的运行，亲密代表与选民的关系。新村街道梨树园社区人大代表联络站被评为"省级人大代表联络示范站"。里村、昌河、石狮埠等街道人大代表联络站正在改建中，联络站的升级改造确保了人大代表开展活动有阵地、有制度、有归属。开展"联系代表服务月"活动，先后走访了三宝你好文化创意有限公司、陶行天下陶瓷有限公司、昌华玉牙口腔等企业和部分市、区人大代表。深入了解企业生产经营状况，收集企业代表提出的问题和建议，全力做好服务对接，为企业发展保驾护航，为代表履职提供保障，推进了全区优化营商环境的提升。落实代表联系选民制度，要求每名代表以调研、走访、慰问、接待等方式联系选区选民5人，每月固定一天为代表联系群众工作日，组织代表在人大代表联络站接待选民。领导干部以人大代表身份带头进站履职，密切联系选民活动17次，推动解决相关问题15件。促进老百姓关注的用水、用电、用气、路网改造、小区物业、看病就医等问题解决，得到群众好评。充分发挥人大代表联络工作站履职平台作用。全区338位代表都已进站，其中国代表1位、省代表2位、市代表69位、区代表198位、乡镇代表68位。人大代表联络站通过代表与选民面对面交流的形式，宣传新时代人大制度，解答居民群众的"困惑"，解答居民的"烦心事"，解决居民群众的实际困难。全区各级人大代表走访接待选民415人次，收集各类问题80件，推动解决相关问题65件。

【丰富代表培训形式】为让新一届代表尽快了解和掌握人民代表大会制度和人大工作基层知识，熟悉有关法律，组织人大代表参加市人大常委会组织的人大代表初任履职培训，学习了党的十九届六中全会精神、省市党代会精神以及全国人民代表大会制度、人大代表履职规范等。8月下旬，有针对性组织了部分人大代表和人大工作者共计37人赴全国干部教育培训浙江大学基地开展为期1周的人大代表履职和业务能力提升培训。通过组织这些培训，不断提升人大代表的履职能力和水平，为依法履职、发挥代表作用奠定基础。

【代表建议办理】区十一届人大二次会议期间，共收到属珠山区职权范围的建议16件。大会结束后，进行分类整理及时转给区政府，要求3个月内办理完毕。在区政府常务会议上进行了工作交办，要求在确保办复率的基础上，努力提高办结率和代表满意率。为使这些建议办理收到实效，还通过不定期回访代表等形式督办代表建议。16件代表建议在规定时间内全部答复完毕，办复率100%，做到事事有答复、件件有回音。

监察和司法工作

【司法领域监督】3月中旬，和区公安分局电信诈骗中心联合开展了电信诈骗进社区宣教活动，通过警官授课，观看电信诈骗案件，发放宣传单近千份，进商场宣教等活动，让广大市民群众增强了法律意识，普及了个人防范安全知识。

5月中旬，和区财经办联合开展了物业管理条例进社区活动，通过发放近千份宣传单进楼栋、进家庭让广大社区居民意识到物业管理条例对每个人的重要性。

在6月的珠山区人大常委会会议上听取和审议了区法院知识产权法律保护调研工作，代表们一致认为珠山区法院精准定位，着重加强涉民生和陶瓷知识产权司法保护的研究探索，立足“为大局服务、为人民司法”的审判职能，服务社会服务人民。充分发挥知识产权审判激励和保护创新、促进科技进步和社会发展的职能作用，助推知识产权案件质效创新高。同时，积极参与区域社会治理、精准服务知识产权事业发展，切实加强陶瓷等重点领域保护力度，服务保障双“一号工程”，准确把握优化营商环境的工作大局，为建设现代化强市、陶瓷产业创新高地保驾护航。

【未成年人保护工作调研】 10月下旬，区人大常委会党组成员、副主任程美玉率领人大代表就未成年人保护工作到珠山区检察院进行专项调研活动，并且召开座谈会征求意见。区检察院检察长李锋、副检察长孟艳汇报了珠山区未成年人保护工作情况。未成年人是祖国的未来，是国家的希望。代表们围绕未成年人保护工作的原则是否准确符合实际、未成年人遭受网络欺凌、设立未成年人保护工作站或者指定儿童督导员等方面问题展开讨论。对存在的问题、实际操作、社会共建提出了不少建设性的意见建议。程美玉对珠山区检察院未成年人保护工作给予充分肯定，强调预防未成年人犯罪要积极推动构建珠山区社会共建体系，督促相应部门履职尽责，主动运用检察建议推动改进和完善社会治理，努力为未成年人健康成长营造良好的社会环境。坚持预防为先，提前干预，让法治观念在未成年人心中开花结果，不断创新法治宣传形式，切实关爱农村留守儿童和困难儿童。调研组一行还参观了珠山区检察院综合大楼和“七色堇”未成年人关爱中心。

【备案审查工作】 10月，召开了珠山区备案审查工作会议，以座谈会的情形，对备案审查工作进行了系统讲解和学习，并对以后的工作进行安排。12月下旬，听取和审议《珠山区备案审查工作情况报告》和珠山区监委《关于整治群众反映强烈的问题工作情况的报告》，这两项工作都是第一次接受常委会的审议，实现了珠山区人大常委会“一府一委两院”监督的全覆盖。

财政经济工作

【计划和预算报告审查】 为了保证计划和预算能够依法、科学、合理安排，提前组织人大财经委委员和部分人大代表进行专题调研，集中听取了珠山区政府国民经济计划完成情况和财政预算编制情况的汇报。重点关注珠山区国民经济计划和财政在社会保障、教育、医疗卫生、重大工程等老百姓最关心、最直接、最现实的民生问题上的财政预算安排。在调研的基础上，为落实预算审查事前应听取代表意见、建议，组织部分代表、委员召开预算审查前期会议，同时对国民经济计划和财政预算报告进行了初步审查，结合代表意见、建议提出了修改意见和建议正式转给政府，并要求给予反馈。同时，充分发挥委员和代表的作用，高度重视委员和代表的意见和建议，集体讨论研究起草预算审查报告。2月珠山区人民代表大会期间，根据初审意见和建议，结合代表审议情况，代珠山区人民代表大会预算审查委员会形成了财政预算审查报告（草案），提交珠山区十一届人民代表大会第二次会议审查批准，为人民代表大会审查批准珠山区政府预算报告做了充分的准备工作。

【决算报告审查】 每年中旬都是珠山区人大常委会审查批准珠山区财政决算的法定期间。为了珠山区人大常委会更好地审查批准财政决算，提前调研和通过认真筛选人代会前在预算执行情况及调查中了解到的问题，确定对2021年珠山区本级决算审查的重点。结合珠山区实际情况，对珠山区商务局进行了部门预算执行情况进行审查，要求审计局对珠山区财政局组织的本级预算执行情况进行了审计及珠山区商务局的部门预算进行了审计，并报送相关审计报告。常委会审议前，召开专门会议，对财政决算及上述同级审计重点方面进行了初步审查，并与政府有关部门交换意见。根据财经委员及代表们的初审意见，结合审计报告，形成了决算审查报告，提交常委会会议，为常委会审查批准财政决算当好参谋。

【审计工作监督】 将省人大关于进一步加强审计工作监督的决定落到实处。在常委会开展审计查出问题整改情况满意度测评前，多次与珠山区财政局、机关事务管理局的审计查出问题整改情况，并提出督办意见。同时综合整改情况和代表、委员的意见、建议形成了审计查出问题整改情况督办情况的报告提交常委会审议。在第十一届人大第八次常委会会议上对2021年审计查出问题的整改情况进行了满意度测评，常委们对各部门整改情况都很满意，此次测评取得成功，对推动人大审计查出问题的整改监督工作打下坚实基础。

教育科学文化卫生工作

【走访侨资企业】 4月，配合市人大常委会副主任占剑率领市人大调研组就景德镇市优化营商环境走访侨资企业；同时组织部分委员和代表对“夜珠山”消费带品牌打造2021年工作情况及2022年工作计划进行了调研。

【文化、医保工作督查】 8月，配合市人大常委会副主任况小军率领市人大调研组对《中华人民共和国文物保护法》和《江西省文物保护条例》进行执法检查。并组织委员和代表对区政府关于医保工作的开展情况进行调研。通过现场查看、听取汇报、查阅资料等方式广泛听取了各方面的意见和建议，针对存在的问题，分别在区十一届人大常委会、主任会会议上提出了切实可行的意见和建议。

环境资源工作

【水利工作督查】 年初，为全面了解珠山区小型水库和山塘综合情况，开展了摸底工作。全区共有4座小（2）型水库，库容都在10万立方米以上，4座水库都进行了除险加固及改造，但都未经洪水考验，还须控制水位。督促区政府及有关部门采取切实有效措施，加大对水库和山塘的生态保护与综合利用，确保水库周边群众的生命和财产安全。

【乡村振兴工作督查】 3月中旬，组织部分区人大常委会委员对珠山区开展《中华人民共和国乡村振兴促进法》和《江西省乡村振兴促进条例》情况进行了执法检查。深入竟成街道部分村进行实地检查，通过现场查看、听取汇报、查阅资料等方式，详细了解"一法一条例"的学习宣传、保障措施、规划布局、全面推进乡村振兴战略方面的情况，检查组指出要把实施乡村振兴战略放在全局工作中统筹谋划和推进，坚决扛起"党政一把手是第一责任人"的政治责任，加大保障力度，增强工作本领，以实现农村高质量发展为主线，以增加农民收入为核心，深入推动农村发展，切实改善群众生活，确保乡村振兴各项工作落到实处，人大常委会主任会议上听取了该项工作情况汇报。

【环保工作督查】 4月的区人大常委会会议听取和审议了区政府2021年度环境状况和环境保护目标完成情况，珠山区全年空气质量综合指数列全市第一，全区地表水水质总体良好，生态环境质量总体评价为优，珠山区人大常委会会议上还进行了满意度测评，满意率达到100%。

社会建设工作

【执法监督】 6月，完成景德镇市《中华人民共和国安全生产法》贯彻实施情况的执法检查工作，并提出初步审议意见提交常委会会议审议通过，督促政府深化创新安全监管机制，强化落实各级主体责任，提升隐患排查治理能力，为经济社会发展提供安全保障。

【民生保障监督】 助推残有所助，协助常委会听取珠山区政府残疾人保障工作报告。10月，珠山区人大社会建设委深入基层全面了解残疾人保障工作情况，形成调研报告，为10月常委会听取珠山区政府残疾人工作报告提供了参考。专委会认为，珠山区政府围绕"全面建成小康社会，残疾人一个也不能少"目标，积极推进珠山区"十四五"规划残疾人工作落地见效，保障了残疾人权益，维护了社会和谐。区政府按照会议要求，认真落实相关事项。关心老年人，促进老龄工作。10月上旬组织代表、委员通过实地考察、现场观摩、开座谈会等形式详细了解老年人健康服务、老年权益保障、养老服务体系建设、老年人社会参与、老年友好型社会建设等情况。调研组认为，要深入学习贯彻习近平总书记关于老龄工作的重要指示精神，深刻认识积极应对人口老龄化国家战略的重大意义，准确把握中国人口老龄化的现实状况和发展趋势，未雨绸缪、主动作为，及时总结经验，加强实践探索，为推动新时代老龄事业高质量发展贡献力量。

【受理来信来访】 全年共接待群众来信来访共6批次，共计接待来访群众20余人，回复率100%，督促落实办结率100%，满意率100%。

珠山区人民政府

综　述

2022年，珠山区政府坚持以习近平新时代中国特色社会主义思想为指导，深入贯彻落实省委“作示范、勇争先”目标定位和实现“五个一流”、全面建设“六个江西”目标要求，践行市委“五新”战略行动，扎实推进“五区共建”，全区经济社会实现平稳健康发展。

综合实力持续攀升。全年实现地区生产总值275.97亿元，同比增长4.6%；社会消费品零售总额同比增长4.45%，位列全市第二；规模以上服务业营业收入同比增长16.5%，位列全市第二；规模以上工业增加值同比增长8.4%，位列全市第三；固定资产投资增长8.1%，位列全市第三。招商引资成效显著，全年共组织外出招商84次，接待企业600余人次，接洽各类项目近60个，利用省外资金项目实际进资58.451亿元，同比增长9.15%，审核认定亿元以上省项目25个，历史性引进“6万吨低铁损高磁感冷轧取向硅钢带”项目，实现景德镇市首个工业优强项目飞地落户。

试验区建设持续深入。积极参与御窑厂“一号工程”、陶阳十三里等历史城区保护工作。有序推进总投资233.66亿元的28个重点项目建设，洛客设计谷、瓷源境等项目一期落成并满园运行，瓷源境二期、三宝国际瓷谷三期、老鸦滩艺术社区项目加快推进。引进中旅集团规划运营宋·景德镇国家级旅游度假区，三宝瓷谷获评全国版权示范园区（基地），陶溪川入选2022年国家级区域双创示范基地督查激励名单。持续做亮“夜珠山”文旅消费带，培育码头夜市、陶艺街、九集小镇、新安路等一批夜经济示范街区，“夜珠山”成为覆盖景德镇全域的“夜经济”品牌，并成功入选省全面深化改革优秀案例、基层文化体制改革项目优秀案例，相关经验做法在文旅部《消费工作专刊》上单篇刊载。

双“一号工程”持续推进。做优做强数字经济，启动实施总投资5.5亿元的5个数字经济重点项目，引进艺次元·元宇宙陶瓷项目，落户“央视网·瓷”项目。开展全区“万企上云上平台”专项活动，新增上云企业2600余家。陶溪川直播基地成功申报江西省数字经济第一批集聚区。优化升级营商环境，创新推出“一二三”+“三位一体”工作法，重点开展“新官不理旧账”、工作人员不作为慢作为等专项整治，探索“企业安静期”“超时默许制”“首违轻微免罚”等暖心机制，全力打响“珠事顺利”营商环境品牌，入选全市首批营商环境典型案例。

城市建设持续优化。稳步推进棚改旧改，全年完成棚改征收1018户，40天完成古街征收。实施16个老旧小区、36条背街小巷改造。全力营造宜居宜业宜游城市环境，深入打好蓝天、碧水、净土保卫战，全年累计拆除违法建筑484栋18926平方米，转运生活垃圾量约14万吨，整治非机动车约15.6万辆，空气优良天数比例为98.4%，地表水国控、省控断面水质优良比例为100%，集中式饮用水水源水质达标率100%。加快推进东片区道路改造工程，新厂东路与何家桥路、景德大道二标段全线通车。升级打造实践中心、所、站、点四级服务阵地，实现区域全覆盖，完成全国文明城市复核任务。

民生保障持续完善。全年新增城镇就业3361人，城镇就业率达到96.5%，城镇零就业家庭安置率100%。突出教育优质均衡，落实“双减”政策，投入2.64亿元，完成市一小新校园和珠山实验学校改扩建工程，新增学位3090个。平安珠山、法治珠山建设扎实推进，改造完成425个智能安防小区，连续19年未发生重大安全生产事故。新村街道梨树园社区成功创建全国示范性老年友好型社区。石狮埠街道被评为全国综合减灾示范街道，风景路社区被评为全国综合减灾示范社区。

深入开展党史学习教育，确保党中央和省委省政府、市委市政府、区委的各项决策部署落到实处。持续深化“放管服”改革，政务服务水平进一步优化，区政府获评全省“五型政府”建设先进集体。辛晨荣获全国爱国卫生运动70周年先进个人。自觉接受人大法律监督、政协民主监督和社会监督，共办理人大代表建议16件、政协提案31件，办复率100%。

区政府常务会议

【区政府第6次常务会议】1月18日，区长徐华主持召开区政府第6次常务会议。会议传达学习习近平总书记重要讲话、重要指示和中央有关重要会议精神、进行党史学习教育专题学习、传达学习省委相关会议精神和省领导近期讲话精神、传达学习近期法规文件以及传达学习市长胡雪梅在珠山区调研时的讲话精神并研究珠山区贯彻实施意见。

会议原则通过《中共珠山区政府党组2021年度民主生活会方案（送审稿）》。会议强调，区政府党组班子成员要紧密联系思想实际和工作实际，进一步增强开好专题民主生活会的思想自觉和行动自觉，广泛征求意见建议，认真撰写对照检查材料，深刻查摆剖析问题根源，为强化整改落实打好坚实基础。区政府办要牵头做好2021年度区政府党组民主生活会各项准备工作，确保专题民主生活会开好、开实、开出成效。

会议审议并原则通过珠山区常年法律服务合同核心条款。由区司法局牵头根据会议讨论情况就合同细节与江西京天律师事务所进一步沟通，修改完善后按程序签订。会议指出，引进专业团队，推进区政府法律顾问团队建设，对于进一步完善法律风险防控和化解机制，切实增强政府依法决策、依法行政和依法管理能力具有重要意义。

会议审议并原则通过珠山区政府与必创集团关于建设景德镇珠山区跨境电子商务产业园合同核心条款以及补充合同核心条款。会议指出，建设跨境电子商务产业园，对于珠山区汇聚跨境电商要素和资源，助推本地陶瓷产业跨境电商集约式发展意义重大。会议强调，商务局要加大招商引资力度，引进优质跨境电商企业和机构入驻珠山区产业园。区财政局和区国资公司要积极谋划，严格细化年度目标，建立科学的管理机制，确保建设好、管理好珠山区跨境电子商务产业园。会议明确，由区商务局根据会议讨论情况修改完善后按程序报区委常委会审定。

会议研究关于拨付瓷都东大门综合改造新厂东路拆迁安置地工程项目经费、设计费和监理费、部分征收户临时安置费有关事宜。原则同意由区财政局拨付321万元给新厂东路黄泥头棚户区改造项目部。其中，2022年1—3月临时安置35万元用，由新厂东路黄泥头棚户区改造项目部依法依规按程序支付。

会议研究关于拨付何家桥路棚户区改造项目费用有关事宜。原则同意由区财政局拨付148万元给何家桥路棚户区改造项目部。其中。2022年1—3月临时安置费28万元，由何家桥路棚户区改造项目部依法依规按程序支付。

会议研究关于拨付景德大道延伸段工程项目安置地过渡费及电力迁改资金有关事宜。原则同意由区财政局拨付498万元给景德大道延伸段工程项目部。其中，2022年1月至3月临时安置费68万元，由景德大道延伸段工程项目部依法依规按程序支付。

会议研究关于拨付专项债有关事宜。原则同意：由景德镇三宝瓷谷文化旅游发展有限公司依规按程序支付瓷源境（瓷源秀带）项目工程款2960万元。由区国资公司依规按程序支付社区居家养老服务中心建设工程款374万元。

会议研究关于2022年珠山区招聘教师计划有关事宜。根据省教育厅、省人力资源和社会保障厅《关于做好2022年全省中小学教师招聘工作的通知》要求，会议原则同意2022年通过面向社会公开招聘中小学教师30名，由区教体局负责具体实施。

会议研究关于拨付珠山实验幼儿园、景德镇市第二幼儿园奖励性绩效工资有关事宜。原则同意由区财政局拨付53.8万元给区教体局，用于支付珠山实验幼儿园、景德镇市第二幼儿园在编在岗职工奖励性绩效工资。

会议研究关于拨付工程款、公办幼儿园寒假工资有关事宜。原则同意由区财政局依规拨付1020万元给区教体局。其中，陶阳学校主体工程款及工程监理费538万元，陶阳学校科技馆设备款149万元，御景及景东安厦幼儿园教育教学设备采购项目款37万元，金岭及景华家苑幼儿园教育教学设备采购项目款4万元，珠山实验幼儿园教育教学设备采购项目款110万元，接管公办幼儿园寒假职工工资182万元。由区教体局依法依规按程序支付。

会议研究关于拨付工作经费有关事宜。原则同意由区财政局拨付4300万元给竟成镇，用于发放村级干部工资、工业企业下岗职工安置生活费及解决历史遗留问题等各项经费开支。

会议研究关于拨付珠山区南河流域三宝段生态修复工程项目进度款及预付款有关事宜 。会议原则同意由区财政局拨付1629万元给区农业农村水利局，用于支付珠山区南河流域三宝段生态修复工程项目进度款。

会议研究关于拨付工程建设项目资金有关事宜。原则同意由区财政局拨付2875万元给区住建局。其中，珠山区东片区道路二期工程项目款200万元，石狮埠街道及周路口街道老旧小区改造（一期）项目工程款149万元，2020年背街小巷及其他市政设施改造项目工程款1379万元，2021年昌河街道老旧小区改造项目工程款128万元，2021年新村及石狮埠街道老旧小区改造项目工程款397万元，2021年里村、昌江、太白园、新厂、周路口及珠山街道老旧小区改造项目工程款292万元，项目设计费、审计费330万元，由区住建局依法依规按程序支付。

会议听取2021年区十件民生实事落实情况汇报。会议强调，全区上下要高度重视，把办理民生实事和党史学习教育“我为群众办实事”紧密结合起来，做到对标对表、真抓实干，持续提升人民群众获得感、幸福感、安全感。

会议研究关于拨付打击治理电信网络新型违法犯罪工作经费有关事宜。原则同意由区财政局拨付800万元，用作打击治理电信网络新型违法犯罪工作经费。

【区政府第7次常务会议】 1月25日晚，区长徐华主持召开区政府第7次常务会议。会议传达学习习近平总书记重要讲话、重要指示和中央有关重要会议精神。传达学习易炼红在省委党史学习教育总结会议上的讲话精神，易炼红、叶建春在省委农村工作会议上的讲话精神。

会议传达学习省、市“两会”精神。会议传达学习《关于景德镇市4起群众身边的腐败和作风问题典型案例通报》。

会议审议并原则通过《珠山区人民政府党组班子党史学习教育专题民主生活会对照检查材料（送审稿）》。研究关于拨付2021年度城镇独生子女父母奖励和计划生育特殊家庭一次性抚慰金有关事宜。原则同意由区财政局拨付3641.24万元给区卫健委，用于发放2021年度城镇居民独生子女父母奖励和一次性抚慰金。

会议研究关于区国资公司支付项目资金有关事宜。原则同意由景德镇三宝瓷谷文化旅游发展有限公司依规按程序支付瓷源境（瓷源秀带）项目资金909.03万元，从专项债中列支，其中，瓷源境项目（瓷源秀带）第二次进度款（第二部分）700万元。设计费168.55万元，勘察费36.8万元，勘察外业见证费3.68万元。

会议听取区国资公司2021年融资工作情况汇报并审议了《区国资公司2022年融资计划(送审稿)》。原则通过《区国资公司2022年融资计划（送审稿）》。

【区政府第8次常务会议】 2月14日下午，区长徐华主持召开区政府第8次常务会议。

会议传达学习市委涉粮问题专项巡察监督检查情况反馈会及区委涉粮问题专项巡察监督检查集中反馈暨整改部署推进会会议精神。传达学习全省深化发展和改革双“一号工程”推进大会会议精神。传达学习《关于景德镇市4起群众身边的腐败和作风问题典型案例通报》。传达学习全省乡村振兴局长会议精神。

会议审议并原则同意《区政府工作报告（送审稿）》《景德镇市珠山区2021年国民经济和社会发展计划执行情况与2022年国民经济和社会发展计划草案的报告（送审稿）》《景德镇市珠山区2021年财政预算执行情况和2022年财政预算(草案)的报告(书面)(送审稿)》并研究召开区政府十一届一次全体（扩大）会议有关事宜。

【区政府第9次常务会议】 2月28日上午，区长徐华主持召开区政府第9次常务会议。

会议传达学习习近平总书记近期重要讲话、重要指示和中央有关重要会议精神。传达学习易炼红在省军区党委会、叶建春在省政务公开工作专题汇报会等近期会议上的讲话精神。传达学习近期法规文件。传达学习省委书记易炼红、省长叶建春到景德镇调研时的讲话精神。传达学习2022年省市县三级联动推进重点项目开工暨“项目大会战”动员大会精神。传达学习全市县域经济高质量发展现场巡查会及总结大会精神。传达学习区十一届人大二次会议和区政协九届二次会议精神。传达学习2022年全国、全省、全市生态环境保护工作会议精神并研究珠山区贯彻落实意见。

会议审议并原则通过《珠山区优化营商环境工作方案(送审稿)》。会议要求，全区各级各部门要充分认识优化营商环境的重要性，切实把这项工作摆在突出位置，推动营商环境持续优化、不断提升；要强化统筹协调，结合珠山实际，根据自身职责，主动作为、真抓实干，形成各司其职、各负其责、相互配合、整体联动的工作合力。

会议研究关于珠山区2022年度老旧小区改造项目立项有关事宜。原则同意由区住建局实施珠山区2022年度老旧小区改造项目，采取EPC模式进行工程招投标。会议强调，老旧小区改造是重要民生工程，量大面广，各属地要加强统筹协调，尊重居民意愿，争取群众支持，真正把实事做实办好。

会议研究关于景德镇市老南河水生态环境修复与治理项目建设有关事宜。原则同意成立景德镇市老南河水生态环境修复与治理项目，项目部经理由区住建局局长江智中担任。

会议研究关于成立景德镇市二院周边棚户区改造项目部并审议景德镇市二院周边棚户区改造项目房屋征收与补偿安置方案（征求意见稿）有关事宜。原则同意成立景德镇市二院周边棚户区改造项目部，审议并原则通过景德镇市二院周边棚户区改造项目房屋征收与补偿安置方案（征求意见稿），由区棚改办根据会议讨论情况修改完善后向社会予以公布征求意见。

会议研究关于调整珠山区隐性债务化解计划有关事宜。原则同意调整珠山区隐性债务化解计划，区财政局根据会议讨论情况修改完善后，按程序报区委常委会审定。

【区政府第10次常务会议】 3月15日下午，区长徐华主持召开区政府第10次常务会议。

会议传达学习全国两会精神。传达学习全国、全省、全市疫情防控工作会议精神。传达学习《中共中央 国务院关于做好2022年全面推进乡村振兴重点工作的意见》。传达学习《国务院办公厅关于完善支持政策促进农民持续增收的若干意见》《粮食流通管理条例》《江西省人民政府办公厅关于进一步加强地方粮食储备安全管理的意见》。传达学习《景德镇市安委会办公室转发江西省安委会办公室关于2022年以来典型火灾事故的通报》。

会议听取当前重点工作情况汇报。听取省高质量发展考核对接情况、一季度“开门红”情况、专项债资金使用情况及6月前开工的重点项目推进情况汇报。会议指出，一季度“开门红”是实现全年经济工作主动的关键所在，全区上下要深入学习贯彻中央及省委、市委、区委经济工作会议精神，坚定信心、狠抓落实，加强经济指标的分析研判，奋力实现一季度“开门红”，为全年经济社会高质量发展奠定基础。

会议审议并原则通过《市、区〈政府工作报告〉重点工作任务责任分工（送审稿）》。会议强调，全区各级各部门要强化责任担当、细化任务措施、明确时间节点，坚持工作项目化、项目清单化、清单责任化，确保各项工作取得实效。

会议听取当前疫情防控工作情况汇报并研究关于拨付新冠疫情防

疫费用有关事宜。会议强调，区卫健委要建立健全疫情防控资金管理相关台账，严格按照资金使用范围，合理合规使用资金，确保资金使用规范化，提高资金使用效率。

会议研究关于拨付为计生特殊家庭购买二次医疗保险和住院护理险资金有关事宜。会议原则同意由区财政局拨付 65.88 万元给区卫健委，用作计生特殊家庭购买二次医疗保险和住院护理险费用。

会议研究并原则同意成立景德镇市珠山区发展数字经济领导小组，审议并原则通过《珠山区关于深入推进数字经济做优做强“一号发展工程”实施方案（送审稿）》。

会议审议并原则通过《珠山区关于深入推进营商环境优化升级“一号改革工程”实施方案（送审稿）》。

会议研究关于拨付“赣服通”市县分厅及相关支撑平台项目剩余建设经费有关事宜。原则同意由区财政局拨付 67 万元给区发改委，用于支付“赣服通”市县分厅及相关支撑平台项目剩余建设经费。

会议研究关于拨付省级天然气管网建设 2020 年度财政补助资金有关事宜。原则同意由区财政局拨付 69.14 万元给区发改委，用于支付省级天然气管网建设 2020 年度财政补助资金。

会议研究关于成立景德镇市黄泥头防洪排涝工程房屋征收项目部有关事宜并审议《景德镇市黄泥头防洪排涝工程房屋征收与补偿安置方案（征求意见稿）》。会议原则同意成立景德镇市黄泥头防洪排涝工程房屋征收项目部并通过《景德镇市黄泥头防洪排涝工程房屋征收与补偿安置方案（征求意见稿）》，项目经理由彭冰担任。

会议研究关于 2021 年退役士兵安置有关事宜。根据《退役士兵安置条例》的规定和赣办字 22 号等有关文件要求，会议原则同意接收安置 2021 年度多名转业士官。

会议研究关于成立珠山区 2022 年中小学教师招聘工作领导小组有关事宜。原则同意成立珠山区 2022 年中小学教师招聘工作领导小组，组长由余文军担任，副组长由江志瑜担任。领导小组下设办公室，办公室设在区教体局，负责日常工作。

会议审议并原则通过《景德镇市第一小学新校园改扩建工程设计采购施工总承包合同核心条款（送审稿）》和《景德镇市珠山实验学校改扩建工程设计采购施工总承包合同核心条款（送审稿）》。

会议研究关于拨付珠山区南河流域三宝河段生态修复工程进度款有关事宜。原则同意由区财政局拨付 342.77 万元给区农业农村水利局，用于支付珠山区南河流域三宝河段生态修复工程进度款。

会议研究关于拨付全市县域经济高质量发展现场巡查宣传工作经费有关事宜。原则同意由区财政局拨付 40 万元给区委宣传部，用于支付全市县域经济高质量发展现场巡查宣传工作经费。

会议研究关于拨付救灾物资储备经费有关事宜。原则同意由区财政局拨付 200 万元给区应急管理局，用作整改救灾物资储备经费。

会议研究关于区国资公司出资成立景德镇市科技创新产业基金有关事宜。原则同意由区国资公司出资 3200 万元，认缴比例 3.2%。

【区政府第 11 次常务会议】 3 月 31 日上午，区长徐华主持召开区政府第 11 次常务会议。

会议传达学习习近平总书记近期重要讲话、重要指示和中央有关重要会议精神。传达学习中共中央办公厅国务院办公厅关于印发《地方党委和政府领导班子及其成员粮食安全责任制规定》的通知。传达学习易炼红在全省领导干部会议上及在景德镇调研时的讲话精神。传达学习省委相关会议精神和省领导近期讲话精神。传达学习市委近期相关会议精神和市领导近期讲话精神。学习《国务院关于加快推进政务服务标准化规范化便利化的指导意见》《国务院关于印发“十四五”国家应急体系规划的通知》《中华人民共和国监察法实施条例》《中国共产党纪律检查委员会工作条例》等一系列法规文件。传达学习《江西省安委会办公室 关于深刻吸取江西佰利达制药有限公司“3·11”爆炸事故教训切实加强危险化学品安全生产工作的通报》。传达学习《关于景德镇市 3 起损害营商环境典型问题的通报》。

会议听取并调度全区一季度主要经济指标运行情况。会议强调，全区各相关部门要全面梳理目标任务完成情况，逐行业逐领域查缺口、找差距，持续加强经济运行的动态监测监控，增强做好经济工作的预见性和主动性。要紧盯工作重点，加强分析调度，切实让各项经济指标落到实处。要强化升规入统工作，加大对企业摸底排查力度，深入了解企业规模和发展情况，不断挖掘存量、扩大增量，做好企业培育工作。要坚持“项目为王”，积极谋划一批高质量项目，加强项目要素保障，持续扩大有效投资，为全年经济快速发展打好坚实基础。

会议听取 2022 年一季度全区安全生产工作情况汇报并研究部署近期重点工作。会议强调，全区上下要清醒认识当前全区安全生产面临的风险挑战，强化底线思维，坚持标本兼治，把安全生产工作贯穿全领域，实现全覆盖。要紧盯风险点，突出抓好清明节期间疫情防控、森林防火、道路交通及汛期安全防范等相关工作，切实筑牢安全防线；要提升物资储备能力，全力做好防疫、防汛应急物资储备，确保各类物资采购储备到位；要压紧压实安全生产责任，强化工作协同，形成工作合力。

会议审议并原则通过《珠山区粮食应急预案（送审稿）》。会议强调，全区上下要高度重视粮食应急工作，进一步提高思想认识，增强风险意识和底线思维，确保粮食应急保供万无一失。各相关部门要切实提高粮食应急供应能力水平，加强对粮食市场的跟踪监测和预报预警，注意防范突发事件。

会议研究关于区国资公司 2020—2022 年度代建收入及应收账款有关事宜。原则同意由区财政局对区国资公司 2020—2022 年度代建收入及应收账款予以确认。

会议研究关于收购市建筑房屋开发有限公司位于牛王庙仓库院内 2 处房产有关事宜。原则同意由区国资公司收购市建筑房屋开发有限公司位于牛王庙仓库院内两处房产，用于开办社区幸福餐厅和颐家社区养老中心。

会议研究关于区国资公司平台整合有关事宜。原则同意区国资公司提出的平台整合意见，将景德镇市珠山区国有资产经营管理有限公司持有的景德镇市龙珠投资有限公司的 100% 股权划拨给景德镇市珠山区国有资产管理中心；原则同意将景德镇市珠山区财政局持有的景德镇市珠山区国有资产经营管理有限公司的 100% 股权划拨给景德镇市龙珠投资有限公司；原则同意景德镇市龙珠投资有限公司的注册资本由 1.752 亿元增至 20 亿元，由景德镇市珠山区国有资产管理中心依法依规、逐步认缴到位。

会议研究关于拨付新冠疫情防控物资采购经费有关事宜。

会议研究关于拨付 2021 年度“小升规”工业企业扶持资金有关事宜。原则同意由区财政局拨付 66 万元给区工信局，用作 2021 年度“小升规”工业企业扶持资金。

会议研究关于景德镇高铁北站北广场停车场建设项目有关事宜。原则同意由区财政局拨付专项债券资金 1400 万元给景德镇陶阳置业有限公司，用于支付景德镇高铁北站北广场停车场建设项目。

【区政府第 12 次常务（扩大）会议】 4 月 14 日上午，区长徐华主持召开区政府第 12 次常务（扩大）会议 。

会议传达学习习近平总书记近期重要讲话、重要指示和中央有关重要会议精神。 会议传达学习省委相关会议精神和省领导近期讲话精神。学习领会《关于推动党史学习教育常态化长效化的意见》《关于加强新时代烈士褒扬工作的意见》《关于加强科技伦理治理的意见》《关于构建更高水平的全民健身公共服务体系的意见》《国务院关于落实〈政府工作报告〉重点工作分工的意见》《江西省“十四五”老龄事业发展规划》等近期出台的法规文件精神。传达学习近期农业农村工作有关会议精神。传达学习安全生产“十五条硬措施”。

会议审议并原则通过《珠山区赋予乡镇（街道）县级审批服务执法权限事项清单（送审稿）》《珠山区赋予乡镇（街道）首批县级审批服务执法权限取消清单(送审稿)》。

会议审议并原则通过《关于认真办理 2022 年人大代表建议政协委员提案的工作方案（送审稿)》。

会议研究关于拨付继续购买城镇贫困群众防贫责任保险有关事宜。原则同意为珠山区城镇困难群众继续购买城镇贫困群众防贫责任保险。

会议研究关于招聘珠山区公办幼儿园教师有关事宜。会议原则同意招聘珠山区自收自支事业编及合同制幼儿教师，由区教体局负责具体实施。

会议研究关于预算安排 2022 年公办幼儿园教师工资有关事宜。原则同意由区财政局做好珠山区公办幼儿园教师工资财政预算。

会议审议《景德镇市珠山区规范公务员工资津贴补贴实施方案（送审稿)》。为贯彻落实《中共中央办公厅 国务院办公厅关于进一步严肃纪律清理规范地方违规发放公务员工资津贴补贴的通知》文件要求，会议原则通过《景德镇市珠山区规范公务员工资津贴补贴实施方案（送审稿)》。

会议审议并原则通过《关于进一步完善珠山区建设项目资金拨付的意见（送审稿)》。

会议研究关于景德镇高铁北站北广场停车场建设项目有关事宜。原则同意由区财政局拨付剩余专项债券资金 5600 万元给景德镇陶阳置业有限公司，用于支付景德镇高铁北站北广场停车场建设项目。

会议研究关于拨付区级综治中心建设经费有关事宜。原则同意由区财政局拨付 120 万元给区委政法委，用于建设区本级综治中心。

会议听取区中小企业担保中心处置工作进展情况汇报。

会议研究关于拨付南河水利防洪工程项目征地拆迁款有关事宜。原则同意由区财政局拨付资金 4000 万元给区房屋征收与补偿管理办公室，用于支付项目征迁补偿费用。

会议研究关于拨付珠山警民通信息平台建设经费有关事宜。原则同意由区财政局拨付 800 万元给珠山公安分局，用作珠山警民通信息平台建设经费。

【区政府第 13 次常务会议】 4 月 30 日下午，区长徐华主持召开区政府第 13 次常务会议。

会议传达学习习近平总书记近期重要讲话、重要指示和中央有关重要会议精神。传达学习李克强总理在江西主持召开经济形势部分地方政府主要负责人座谈会上的讲话精神。 传达学习省委相关会议精神和省领导近期讲话精神。传达学习《关于加强打击治理电信网络诈骗违法犯罪工作的意见》《国务院办公厅关于推动个人养老金发展的意见》《江西省人民政府印发关于科学精准做好疫情防控推进经济强劲发展的若干措施的通知》《中共中央 国务院关于加快建设全国统一大市场的意见》《信访工作条例》《关于推进社会信用体系建设高质量发展促进形成新发展格局的意见》等近期出台的法规文件精神。传达学习省委常委、常务副省长梁桂在景德镇调研期间的讲话精神。传达学习《关于认真贯彻落实习近平总书记重要指示精神 举一反三坚决遏制重特大事故的通知》。传达学习《关于进一步强化安全生产责任落实坚决防范遏制重特大事故的实施方案》。传达学习《关于景德镇市 2 起损害营商环境典型问题的通报》。传达学习《关于景德镇市 4 起违反中央八项规定精神典型问题的通报》。

会议审议并原则通过《珠山区 2022 年度地质灾害防治方案（送审稿)》。

会议审议并原则通过《珠山区有效应对疫情帮助中小企业纾困解难政策措施（送审稿)》。

会议审议并原则通过《2022 年“五一”小长假期间重点项目不停工、重点企业不停产、招商引资不停步和做旺消费市场政策措施（送审稿）》。

会议研究关于成立珠山区2022年度老旧小区改造工程项目部有关事宜。原则同意成立珠山区2022年度老旧小区改造工程项目部，项目经理由江智中担任。

会议审议并原则通过《珠山区2022年度老旧小区改造工作实施方案（送审稿）》。会议要求，各相关部门和属地要增强责任感和紧迫感，扎实推进老旧小区改造各项工作有序开展。

会议研究关于启动珠山区智能安防小区建设项目有关事宜。原则同意启动珠山区智能安防小区建设项目。

会议审议并原则通过《关于加快推动全区地方政府融资平台优化升级实施方案（送审稿）》。

会议审议并原则通过《珠山区事业单位管理岗位职员等级晋升制度工作实施方案（送审稿）》。

会议研究关于拨付珠山区南河流域三宝河段生态修复工程进度款有关事宜。原则同意由区财政局拨付1123万元给区农业农村水利局，用于支付珠山区南河流域三宝河段生态修复工程进度款。

会议研究关于启动第一小学、珠山实验学校设施设备及仪器等采购项目有关事宜。原则同意由区财政局安排预算资金2019.6万元给区教体局，用于采购第一小学、珠山实验学校设施设备及仪器等。

会议研究关于拨付珠山实验学校改扩建工程第一期进度款有关事宜。原则同意由区财政局拨付2100万元给区教体局，用于支付珠山实验学校改扩建工程第一期工程进度款。

会议研究关于拨付珠山区2022年老旧小区改造项目专项债券资金有关事宜。原则同意由区财政局拨付2000万元给区住建局，用于珠山区2022年老旧小区改造。

【区政府第14次常务会议】 5月16日上午，区长徐华主持召开区政府第14次常务会议。

会议传达学习习近平总书记近期重要讲话、重要指示和中央有关重要会议精神。传达学习国务院和省政府、市政府廉政工作会议精神。传达学习省委相关会议精神和省领导近期讲话精神。传达学习《创建示范活动管理办法（试行）》《关于推进新时代古籍工作的意见》《国务院办公厅关于进一步释放消费潜力促进消费持续恢复的意见》等近期出台的法规文件精神。传达学习《关于景德镇市4起违反中央八项规定精神典型问题的通报》。

会议听取禁毒工作情况汇报。

会议听取珠山公安分局近年工作情况汇报。

会议传达学习《关于印发江西省新时代文明实践中心建设指南》并听取区新时代文明实践中心建设的工作情况汇报。原则同意，由区财政局拨付45万元给区委宣传部，用于区新时代文明实践中心日常办公及主题广场建设。

会议审议并原则通过《关于进一步完善街道保障机制的意见（试行）（送审稿）》。

会议审议并原则通过《珠山区2022年度老旧小区改造合同核心条款（送审稿）》。

会议研究关于拨付珠山区2022年老旧小区改造项目专项债券资金有关事宜。

【区政府第15次常务会议】 5月29日下午，区长徐华 主持召开了区政府第15次常务会议。

会议传达学习习近平总书记近期重要讲话、重要指示和中央有关重要会议精神。传达学习全国、全省、全市稳住经济大盘电视电话会议精神并研究部署珠山区当前工作。传达学习全省、全市自建房安全隐患排查整治工作电视电话会议精神并研究部署珠山区当前工作。

会议审议《关于进一步强化安全生产责任落实坚决防范遏制重特大事故的实施方案（送审稿）》并听取了全区安全生产工作及各镇（街、区）防汛工作情况汇报。会议原则通过《关于进一步强化安全生产责任落实坚决防范遏制重特大事故的实施方案（送审稿）》。会议强调，由区应急管理局牵头，进一步明确细化责任，严格贯彻执行国务院安委会安全生产15条措施，认真指导督促属地和行业主管部门做好辖区内安全事故隐患排查和整治，全面消除非危化品、道路交通、建筑施工、燃气、消防和旅游景区等重点行业领域安全隐患；要加强值班值守，严格执行领导干部在岗带班、24小时值班、事故信息报告和外出报备制度；要全力做好防汛各项工作，完善应急预案，开展防灾救灾应急演练，确保人民群众生命财产安全。

会议听取全区近期疫情防控工作情况汇报。

会议审议并原则通过《珠山区新村街道全域垃圾分类项目合同（核心条款）》《珠山区其他街道乡镇12个试点垃圾分类项目合同（核心条款）》。

会议审议并原则通过《陶文旅集团回收已移交珠山区政府8所幼儿园协议（送审稿）》。

会议研究关于拨付珠山区中小学校园建设费用有关事宜。会议原则同意由区财政局拨付1126.4万元给区教体局，其中景德镇陶阳学校工程款100万元，第二十二小学建设费12.6万元。

会议研究关于拨付2022年普通高考、中考等经费有关事宜。会议原则同意由区财政局拨付68万元给区教体局，用作2022年普通高考、中考经费。

会议研究关于拨付珠山区重点学校建设工程进度款和设计费有关事宜。会议原则同意由区财政局拨付1831万元给区教体局，其中景德镇市第一小学新校园施工进度款和设计费1131万元，珠山实验学校改扩建工程进度款、设计费和监理费700万元。

会议研究关于拨付景德镇艺术职业大学人文职业教育实训基地项目地方政府专项债券资金有关事宜.会议原则同意由区财政局拨付专项债券资金7500万元给景德镇陶邑文化发展有限公司，用于支付景德镇艺术职业大学人文职业教育实训基地项目地方政府专项债券资金建设费用。

会议研究关于拨付工程建设项目资金有关事宜。原则同意由区财政局拨付4112.64万元给区住建局，用于支付工程建设项目资金。

会议研究关于拨付南河水利防洪工程项目征地拆迁资金有关事宜。会议原则同意由区财政局拨付专项资金4000万元整给区房屋征收与补偿管理办公室，用作南河水利防洪工程项目征地拆迁资金。

会议研究关于拨付瓷都东大门综合改造新厂东路拆迁安置地工程项目经费、设计费和监理费有关事宜。

会议研究关于拨付景德镇市高铁商务区（珠山片区）市政道路及配套工程一期工程款及一二期设计、监理、跟踪审计等费用有关事宜。

会议研究关于拨付景德大道延伸段安置地箱涵工程款、安置地土方工程款及工程报批资金有关事宜。会议原则同意由区财政局拨付300万元给景德大道延伸段工程项目部，用于支付景德大道延伸段安置地箱涵工程款200万元，安置地土方工程款及工程报批款100万元。

会议研究关于拨付珠山区妇幼保健计划生育服务中心搬迁提升项目结算款有关事宜。

会议研究关于拨付工作经费有关事宜。会议原则同意由区财政局拨付1700万元给竟成镇，用于支付村级干部工资、工业企业下岗职工安置生活费等经费开支。

会议听取珠山区新冠疫情防控资金专项审计调查情况汇报。

会议研究关于拨付珠山区2022年老旧小区改造项目专项债券资金有关事宜。会议原则同意由区财政局拨付5000万元给区住建局，用于珠山区2022年老旧小区改造。

会议研究关于拨付2021年度区发展中心房屋租金有关事宜。会议原则由区财政局拨付1152.3万元给区机关事务管理局。

会议审议《珠山区国资办关于建立出资监管企业重大事项报告制度（送审稿）》。

【区政府第16次常务会议】 6月23日上午，区政府区长徐华主持召开区政府第16次常务会议。

会议传达学习习近平总书记近期重要讲话、重要指示和中央有关重要会议精神。重温习近平总书记在江西考察时重要讲话精神。传达学习《李克强总理关于一季度经济形势和做好下一步经济工作的讲话》。传达学习省委相关会议精神和省领导近期讲话精神。学习《乡村建设行动实施方案》《关于推进实施国家文化数字化战略的意见》《国务院办公厅关于进一步盘活存量资产扩大有效投资的意见》《国务院办公厅关于印发全国自建房安全专项整治工作方案的通知》《中华人民共和国安全生产法》《中华人民共和国反有组织犯罪法》《国务院关于扎实稳住经济一揽子政策措施》《江西省关于切实稳住经济发展若干措施》《景德镇市贯彻落实江西省〈关于切实稳住经济发展若干措施〉实施细则》等近期出台的法规文件精神。

会议审议并原则通过《珠山区贯彻落实景德镇市〈关于切实稳住经济发展若干措施〉实施细则（送审稿）》。

会议审议并原则通过《“强攻二季度、确保双过半”行动方案（送审稿）》。

会议听取2022年上半年食品安全工作情况汇报。

会议听取珠山区2021年巩固拓展脱贫攻坚成果同乡村振兴有效衔接国家考核评估反馈问题和省考发现问题整改工作情况汇报。

会议研究关于拨付2022年本级配套防贫资金有关事宜。会议原则同意由区财政局拨付189.96万元给区乡村振兴局，用作2022年本级配套防贫资金。

会议听取2022年区十件民生实事进展情况汇报。

会议听取2022年人大代表建议政协委员提案办理进展情况汇报。

会议听取珠山区2022年上半年文化事业工作情况汇报。

会议听取珠山区2020年度绩效考核结果情况汇报。

会议研究关于调整区城管协管人员工作报酬有关事宜。

会议研究关于重新确定区级财政国库集中支付代理银行有关事宜。

会议研究关于拨付景德镇艺术职业大学人文职业教育实训基地项目地方政府专项债券资金有关事宜。

会议研究关于拨付落马桥元青花遗址及刘家弄历史街区旅游基础设施提升工程地方政府专项债券资金有关事宜。

会议研究关于拨付景德镇御窑厂景区周边配套停车场项目地方政府专项债券资金有关事宜。

【区政府第17次常务会议】 7月18日晚，区长徐华主持召开区政府第17次常务会议。

会议传达学习习近平总书记近期重要讲话、重要指示和中央有关重要会议精神。传达学习省委相关会议精神和省领导近期讲话精神。学习《习近平关于坚持和完善党和国家监督体系论述摘编》《中国共产党章程》《中国共产党地方委员会工作条例》《中国共产党统一战线工作条例》《中国共产党政法工作条例》《中国共产党组织工作条例》《中国共产党党组工作条例》《中华人民共和国职业教育法》等近期出台的法规文件精神。传达学习《新时代景德镇市议稳工作规则》。

会议听取珠山消防救援大队上半年工作情况汇报。

会议听取2022年上半年全区安全生产情况汇报。

会议审议并原则通过《珠山区突发事件总体应急预案（送审稿）》。

会议听取2022年上半年全区经济运行情况汇报。

会议研究关于成立珠山区房屋征收与补偿管理工作领导小组有关事宜。会议原则同意成立珠山区房屋征收与补偿管理工作领导小组，组长由徐华担任，余文军、杜钧瑞、万雪生担任副组长。领导小组下设办公室，办公室设在区住建局，负责日常工作。

会议研究关于调整珠山区城市棚户区改造工作领导小组有关事宜。会议原则调整珠山区城市棚户区改造工作领导小组，组长由徐华担任，余文军、杜钧瑞、万雪生担任副组长。领导小组办公室下设办公室，办公室设在区住建局，负责日常工作。

会议研究关于对景德镇市二院周边棚户区改造项目（二红一光片区及八小周边片区）房屋下达征收决定有关事宜。会议原则同意对景德镇市二院周边棚户区改造项目（二红一光片区及八小周边片区）房屋按照《景德镇市第二人民医院周边棚改项目房屋征收与补偿安置方案》进行征收。

会议审议并原则通过《珠山区征收土地工作实施方案（送审稿）》。同意成立珠山区征收土地工作领导小组，领导小组办公室下设办公室，办公室设在区自然资源和规划分局，负责日常工作。

会议研究关于同意采购乡镇街道“一窗式”综合服务系统和线下“好差评”系统等有关事宜。会议原则同意采购乡镇街道“一窗式”综合服务系统和线下“好差评”系统，由区行政服务中心负责具体实施。

会议审议并原则通过《珠山区妇女发展规划（2021—2030年）（送审稿）》《珠山区儿童发展规划（2021—2030年）（送审稿）》。

会议研究关于通报表扬古街征收工作先进个人有关事宜。会议原则同意对古街征收工作18人给予通报表扬。

会议研究关于拨付退休教师一次性退休补贴有关事宜。会议原则同意由区财政局拨付126.3万元给区教体局，用于发放珠山区29名退休教师一次性退休补贴。

会议研究关于拨付珠山区重点学校建设工程进度款有关事宜。

会议研究关于拨付常态长效创建工作经费有关事宜。会议原则同意由区财政局拨付77万元给区常态长效创建全国文明城市指挥部。

【区政府第18次常务会议】 7月30日下午，区政府区长徐华主持召开区政府第18次常务会议。

会议学习习近平总书记在新疆考察时的重要讲话精神，在中央审计委员会办公室关于2021年困难群众救助补助资金审计情况报告上作出的重要指示精神，在《求是》杂志发表的重要文章精神，给世界青年发展论坛、全球重要农业文化遗产大会、世界互联网大会国际组织、“意大利之源——古罗马文明展”开幕式、中国国家博物馆老专家、参加海峡青年论坛台湾青年的贺信、回信，以及李克强总理在7月6日、7月13日、7月21日国务院常务会议上的重要讲话精神。

传达学习省委相关会议精神和省领导近期讲话精神。学习省委书记易炼红在“中国这十年·江西”主题新闻发布会、省委上半年经济运行分析会、省委应对新冠疫情工作领导小组会、设区市市委书记座谈会、书记专题会、党外人士座谈会、省委理论学习中心组集体学习、7月8日省委常委会会议、全省扩大开放推动经济高质量跨越式发展工作大会、严防学生溺水工作调度会以及在南昌大学调研时的讲话精神，以及叶建春省长在全省产业与金融对接会、省政府第96次常务会议、省政府党组学习研讨会、6月6日省政府党组会议上的讲话精神。学习《习近平谈治国理政》第四卷和《纪检监察机关派驻机构工作规则》《国务院关于加强数字政府建设的指导意见》《中共江西省委关于深入贯彻习近平总书记视察江西重要讲话精神 以优异成绩迎接党的二十大胜利召开的决定》《江西省人民政府关于新形势下进一步推进“五型”政府建设走深走实的意见》《关于认真做好〈习近平经济思想学习纲要〉学习宣传工作的通知》等法规文件精神。

会议审议并原则同意《关于加强基层应急管理体系和能力建设的实施方案（送审稿）》。

会议审议并原则同意《珠山区深化应急管理综合行政执法改革实施方案（送审稿）》。

会议研究关于成立珠山区专业森林消防大队（区综合应急救援大队）有关事宜。

会议审议并原则同意《珠山区深入推广福建省三明市经验深化医药卫生体制改革的实施方案（送审稿）》。

会议研究关于拨付珠山区重点学校建设工程费用有关事宜。会议原则同意由区财政局拨付1412万元整给区教体局，用于支付景德镇市第一小学新校园施工进度款。

【区政府第19次常务会议】 8月18日下午，区政府区长徐华主持召开区政府第19次常务会议。

会议学习习近平总书记在庆祝中国人民解放军建军90周年大会、中央统战工作会议、中共中央政治局第四十一次集体学习、中共中央政治局会议、省部级主要领导干部“学习习近平总书记重要讲话精神，迎接党的二十大”专题研讨班、参观“领航强军向复兴——新时代国防和军队建设成就展”、7月25日党外人士座谈会上的重要讲话精神，向中国共产党与世界马克思主义政党论坛致贺信、向第二届中非和平安全论坛致贺信，以及李克强总理在7月29日国务院常务会议上的重要讲话精神。传达学习省委相关会议精神和省领导近期讲话精神。

会议学习省委书记易炼红在8月4日离退休省级老干部座谈会、8月3日省发展数字经济和省优化营商环境工作领导小组会议、8月2日省委常委会会议、8月1日“军事日”活动、省八一建军节座谈会、八一建军节前夕走访慰问部队、7月28日省委全面从严治党形势分析会暨省委理论学习中心组集体学习会、7月28日省委常委扩大会议上的重要讲话精神，以及省长叶建春第98次省政府常务会议，马森述7月18日至20日在九江市和景德镇市调研讲话时的重要讲话精神。传达学习省委副书记、省长叶建春在景德镇调研期间的讲话精神。

会议学习《国务院办公厅关于印发国家防汛抗旱应急预案的通知》《国务院办公厅转发国家发展改革委关于在重点工程项目中大力实施以工代赈促进当地群众就业增收的工作方案的通知》《江西省医疗保障基金使用监督管理办法》《江西省人民政府办公厅关于深化生态保护补偿制度改革的实施意见》《江西省人民政府关于加快推进政务服

务标准化规范化智能化便利化专业化的实施意见》《江西省公共数据管理办法》。传达学习省发展改革委2022年上半年全省发展改革形势通报会会议精神。

会议听取近期疫情防控工作情况汇报，并研究部署珠山区当前工作。

会议审议并原则通过《珠山区全民科学素质行动规划纲要实施方案（2021—2025年）（送审稿）》。

会议传达学习全省统计造假不收手不收敛问题专项纠治工作动员部署视频会议精神，并研究部署珠山区工作。

会议听取2021年珠山区落实粮食安全责任制的情况汇报。

会议研究关于珠山区2022年退役士兵安置有关事宜。根据《退役士兵安置条例》（国务院中央军委第608号令）及赣办字22号等有关文件要求，会议原则同意2022年度接收安置多名转业士官。

会议研究关于景德镇裕泰物业服务有限公司收购恒大资产有关事宜。

【区政府第20次常务会议】 9月1日下午，区政府区长徐华主持召开区政府第20次常务会议。

会议学习习近平总书记在辽宁考察时的重要讲话精神，在《求是》杂志上发表的《全党必须完整、准确、全面贯彻新发展理念》重要文章精神，向世界职业技术教育发展大会致贺信、向国际民间社会共同落实全球发展倡议交流大会致贺信以及李克强总理在8月18日国务院常务会议上的重要讲话精神。传达学习省委相关会议精神和省领导近期讲话精神。会议学习省委书记易炼红在全省科技创新大会、调研联系服务群众平台、8月15日主持召开省委常委会、8月13日省疫情防控工作调度会、防旱抗旱调度会上的重要讲话精神，以及省长叶建春8月18日在十五届省委第一轮巡视发现涉及政府职能方面问题整改专题会议、8月15日省政府常务会议上的重要讲话精神。学习近期法规文件。会议强调，全区上下要认真学习领会《中共中央办公厅 国务院办公厅印发“十四五”文化发展规划》《中央全面依法治国委员会印发 关于进一步加强市县法治建设的意见》《江西省优化营商环境条例》等法规文件精神。

会议审议并原则通过《关于进一步落实“过紧日子”有关事项的通知（送审稿）》。

会议审议并原则通过《关于做好2022年全面推进乡村振兴重点工作的实施意见（送审稿）》。

会议审议并原则通过《关于调整珠山区生活垃圾分类工作领导小组成员的通知（送审稿）》《珠山区生活垃圾分类工作区级部门工作职责和区生活垃圾分类工作领导小组的议事规则（送审稿）》，听取垃圾分类工作进展情况报告并研究部署下步工作。

会议听取珠山区关于困难群众救助补助资金专项治理工作汇报，并研究关于继续购买区社工中心（站）服务有关事宜。会议强调，全区上下要切实提高政治站位，高度重视，全面整改审计反馈的各项问题。

会议研究关于拨付工程建设项目资金有关事宜。

会议研究关于拨付第一小学新校园原电大地块土地回收款有关事宜。

会议研究关于拨付珠山区中小学电教设备采购和校园建设费用有关事宜。

会议研究关于拨付景德镇市高铁商务区（珠山片区）市政道路及配套工程一期工程款费用有关事宜。

会议研究关于拨付景德大道延伸段安置地箱涵工程款、安置地土方工程款及工程报批等资金有关事宜。

会议研究关于拨付瓷都东大门综合改造新厂路道路改造工程项目设计费和监理费有关事宜。

会议研究关于拨付石狮埠街道党群服务中心建设尾款有关事宜。

会议研究关于拨付背街小巷工作经费有关事宜。

会议研究关于拨付工作经费有关事宜。

会议审议并原则通过《2022年区重点工程建设项目计划的通知（送审稿）》。

【区政府第21次常务会议】 9月19日下午，区政府区长徐华主持召开区政府第21次常务会议。

会议学习习近平总书记在会见全国“人民满意的公务员”和“人民满意的公务员集体”代表、中共中央政治局会议、中央全面深化改革委员会第二十七次会议上的重要讲话精神，在《求是》发表的《新发展阶段贯彻新发展理念必然要求构建新发展格局》重要文章精神，在致2022全国专精特新中小企业发展大会的贺信、勉励北京师范大学“优师计划”师范生的回信、给外文出版社的外国专家的回信、2022年中国国际服务贸易交易会致贺信及对四川甘孜泸定县6.8级地震作出的重要指示精神和李克强总理近期国务院常务会议上的重要讲话精神。

会议传达学习省委相关会议精神和省领导近期讲话精神。会议学习省委书记易炼红在省委深改委第二十三次会议、8月30日省委常委会会议、8月25日省委理论学习中心组集体学习会、8月23日省委常委会会议、全省高校党委书记校长暑期研讨班、庐山全球商界领袖大会上的重要讲话精神，在省社联省社科院调研时、会见全国“人民满意的公务员”和“人民满意的公务员集体”时的重要讲话精神，在《习近平生态文明思想研究与实践》发表的《高标准打造美丽中国“江西样板”》的重要文章精神，省长叶建春8月24日在全省高校党委书记、校长暑期研讨班上作辅导报告时的重要讲话精神，在十五届省委第一轮巡视发现涉及政府职能方面问题整改专题会议上的重要讲话精神以及全省工业强省推进大会会议精神。

会议学习《中华人民共和国反电信网络诈骗法》《关于新时代进一步加强科学技术普及工作的意见》《关于规范村级组织工作事务、机制牌子和证明事项的意见》《关于加强和改进新时代全民国防教育工作的意见》等文件精神。传达学习《关于江西省党员领导干部违规借贷获息问题的通报》《中央纪委国家监委公开通报十起违反中央八项规定精神典型问题》等文件精神。传达学习全国、全省新冠疫情防控工作电视电话会议和省疫情防控应急指挥部形势研判工作部署会议精神。会议传达学习中共中央政治局委员、国务院副总理胡春华在景德镇调研期间的讲话精神。

会议听取全区安全生产（森林防火、防旱抗旱等）工作情况汇报。会议强调，全区上下要认真学习贯彻习近平总书记关于防灾减灾救灾工作的重要指示精神，全面落实党中央、国务院决策部署，按照全省、全市防旱抗旱会议精神，立足抗大旱、抗久旱，紧扣保供水、稳生产，全力以赴做好森林防火、防旱抗旱各项工作。

会议审议并原则通过《珠山区切实稳住经济发展接续政策措施（送审稿）》。会议强调，全区各级各部门要全面贯彻“疫情要防住、经济要稳住、发展要安全”的重要要求，认真落实国务院19条接续政策和省、市接续政策具体措施，切实扛起稳定经济的政治责任，高效统筹疫情防控和经济社会发展，扎实做好“六稳”“六保”工作，用足用好政策性开发性金融工具，进一步扩大有效投资，促进消费持续恢复，推动外贸稳增长，加大助企纾困力度，全力推动稳经济政策措施落地见效，持续巩固经济稳中向好态势，努力为全区经济稳增长作出更大贡献，以实际行动迎接党的二十大胜利召开。

会议审议并原则通过《景德镇市珠山区突发环境事件应急预案（送审稿）》。

会议听取大气污染、水污染防治工作情况汇报,部署下一步工作。

会议传达学习省政府专题会议精神、市政府相关会议精神，并研判当前全区经济形势，部署下一步重点工作。

会议审议并原则通过《珠山区关于创建区、街道、村（社区）三级医保经办服务体系实施方案（送审稿）》。

会议研究关于继续购买城镇贫困群众重大疾病商业补充保险的有关事宜。会议原则同意由区财政局拨付280.8万元给区民政局，用于继续购买城镇贫困群众购买重大疾病商业补充保险。

会议审议并原则通过《景德镇市老南河水生态环境修复与治理项目合同核心条款》。

会议审议并原则通过《珠山区关于加强新时代中小学思想政治理论课教师队伍建设的实施方案（送审稿）》。

会议研究关于拨付珠山区重点学校建设工程费用有关事宜。会议原则同意由区财政局拨付1400万元给区教体局，其中900万元用作景德镇市第一小学新校园施工进度款，500万元用作珠山实验学校改扩建工程进度款。

会议研究关于继续予以三建公司政策扶持有关事宜。会议原则同意延续对区属企业三建公司的优惠政策，有效期为2020年12月底至2023年12月底。返还的扶助金100%存缴至企业社保专户。

会议研究关于授权景德镇市玄泰城市建设投资有限公司作为老鸦滩城区更新项目实施主体有关事宜。会议原则同意授权景德镇市玄泰城市建设投资有限公司（龙珠投资集团公司100%股权的全资子公司）作为老鸦滩城市更新项目实施主体。

会议研究关于拨付资金有关事宜。会议原则同意由区财政局拨付1200万元给区属国资企业，其中拨付1000万元给景德镇市龙珠投资控股集团有限公司，拨付20万元给景德镇市珠山区国有资产经营管理有限公司，分别拨付10元给景德镇裕泰物业服务有限公司、景德镇颐家社区服务有限公司、景德镇益膳餐饮管理服务有限公司、景德镇市瓷韵城市文化建设有限公司、景德镇三宝瓷谷文化旅游发展有限公司、景德镇瓷源境文化旅游发展有限公司、景德镇三宝智造陶瓷文化有限公司、景德镇三宝杏林春满中医养生服务有限公司、景德镇闲云涧文化旅游产业有限公司、景德镇鼎泰工程管理有限公司、景德镇科兴创业投资有限公司、景德镇众云货易行科技有限公司、景德镇平安礼物业服务有限公司、景德镇雅集企业管理有限公司、景德镇瓷源秀带陶瓷文化发展有限公司、景德镇菁华人力资源服务有限公司、景德镇菁华财务咨询有限责任公司、景德镇洋湖冲文化旅游开发有限公司。

【区政府第22次常务会议】 9月29日晚，区政府区长徐华主持召开区政府第22次常务会议。

会议学习习近平总书记对国防和军队改革研讨会作出重要指示精神，在中共中央政治局会议、省部级主要领导干部专题研讨班上的重要讲话精神，《论“三农”工作》著作精神，在《求是》发表的《习近平：坚持和发展中国特色社会主义要一以贯之》重要文章精神，以及向2022年国际和平日纪念活动致贺信、向第七届中国亚欧博览会致贺信、向产业链供应链韧性与稳定国际论坛致贺信精神；学习李克强总理9月13日、9月21日主持召开的国务院常务会议精神。

会议传达学习省委相关会议精神和省领导近期讲话精神。会议学习省委书记易炼红在省委理论学习中心组集体学习时、与省政法机关主要负责人集体谈话时的重要讲话精神，在全省稳增长防风险保稳定惠民生工作部署会、省委财经委第十四次会议、2022江西智库峰会暨国家级大院大所产业技术及高端人才进江西活动开幕上的重要讲话精神，在《当代江西》发表的《加快建设具有更大影响力更强竞争力的创新江西》重要文章精神；学习省长叶建春主持召开的第101次省政府常务会议精神，在2022年全省大众创业万众创新活动周启动仪式、全省抓项目扩投资暨“四大攻坚行动”推进会上的重要讲话精神。

会议学习近期法规文件。会议强调，全区上下要认真学习领会《推进领导干部能上能下规定》《国务院办公厅关于进一步优化营商环境降低市场主体制度性交易成本的意见》等近期出台的法规文件精神，结合珠山工作实际，抓好贯彻落实。

会议传达学习《省纪委关于7起违反中央八项规定精神典型问题的通报》。

会议审议并原则通过《珠山区森林火灾应急预案（送审稿）》。会议强调，全区各级各部门要进一步提高政治站位，坚决扛牢森林防灭火工作政治责任，认真落实党中央国务院，省委、省政府和市委、市政府决策部署，从严从细落实森林防火应急预案。区应急管理局和各属地要进一步加快基础设施建设，着力提升应急保障能力，加快补齐基础设施短板，全面提升全区森林火灾扑救通信保障能力；要进一步抓好源头防控，着力完善风险防控机制，继续深化森林防灭火专项整治，做好节假日和农事用火高峰季节等重点时段的管控巡查，及时组织开展森林防灭火应急演练；要进一步强化宣传引导，持续推动宣传进林区、进学校、进村（社区）、进家庭，着力营造全民参与氛围。

会议传达学习市巩固拓展脱贫攻坚成果有效衔接乡村振兴工作领导小组会暨省、市暗访情况反馈会议精神，并听取了巩固脱贫攻坚成果省、市暗访整改工作情况汇报。

会议传达学习全市城管系统作风暨腐败问题专项治理工作推进会会议精神，并听取珠山区作风及腐败问题专项治理工作情况汇报，部署下一步工作。

会议审议并原则通过《景德镇市珠山区三宝瓷谷PPP项目运营期绩效评价方案（送审稿）》，由区财政局根据会议审议意见修改完善后，按程序审签印发。

会议听取2022年区十件民生实事落实情况汇报。会议强调，全区上下要高度重视，要始终坚持以人民为中心的发展思想，把群众满意作为工作的出发点和落脚点，真正把民生实事办到群众心坎上。区住建局、区教体局等各责任单位要明确责任分工，进一步压实责任，狠抓工作落实，合力推进民生实事办理工作，坚持问题导向，对照目标任务，做实做细各项规划方案，加快项目建设进度，推动项目按时完成。

【区政府第23次常务会议】 10月13日下午，区政府区长徐华主持召开区政府第23次常务会议。

会议传达学习习近平总书记近期重要讲话、重要指示和中央有关重要会议精神。传达学习省委相关会议精神和省领导近期讲话精神。

会议听取近期全区安全生产、信访维稳工作情况汇报，并研究部署“二十大”期间重点工作安排。会议指出，全区各级各部门要坚决扛起做好迎接党的二十大安全稳定工作的重大政治责任，把思想和行动统一到党中央、国务院决策要求以及省委、省政府和市委、市政府决策部署上来，深刻领悟“两个确立”的决定性意义，增强“四个意识”、坚定“四个自信”、做到“两个维护”，认真贯彻总体国家安全观，以“时时放心不下”的责任感，高标准严要求抓好安全稳定各项工作，确保全区政治社会大局持续稳定。

会议审议并原则通过《珠山区重污染天气应急预案（送审稿）》《珠山区辐射事故应急实施方案（送审稿）》。

会议研究关于拨付区委党校修缮改造资金有关事宜。会议原则同意拨付652888.47元给区委党校，用于支付附属设施建设工程剩余资金。

会议研究关于拨付档案数字化工作经费有关事宜。会议原则同意由区委组织部开展档案数字化建设工作，建设经费由区财政局依法依规据实拨付。

会议研究关于聘请第三方咨询机构开展珠山区营商环境指标提升指导工作有关事宜。会议原则同意聘请第三方咨询机构开展珠山区营商环境指标提升指导工作，由区发改委依法依规具体实施。

【区政府第24次常务会议】 10月31日晚，区政府常务副区长余文军主持召开区政府第24次常务会议。

会议进行党的二十大精神专题学习。会议强调，学习宣传贯彻党的二十大精神是当前和今后一个时期的首要任务，全区上下要迅速把思想和行动统一到党的二十大精神上来，深刻认识“两个确立”的决定性意义，始终把“两个维护”作为最高原则，切实用党的二十大精神来武装头脑、指导实践、推动工作。学深悟透，做到入脑入心。要迅速在全区范围内掀起学习宣传贯彻党的二十大精神热潮，认认真真、原原本本学习党的二十大报告、党章修正案等重要文件精髓，加深对习近平新时代中国特色社会主义思想、马克思主义中国化时代化、中国式现代化等重大问题的认识，深刻理解党的二十大对全面建设社会主义现代化国家作出的战略部署，全面把握大会的精神实质和基本要求。广泛宣传，营造浓厚氛围。要精心组织，迅速行动起来，一级抓一级、一级带一级，将党的二十大精神层层传达下去，特别是党员领导干部要带头学习、带头解读、带头宣讲，确保党的二十大精神传达到每一个党支部、每一名党员干部和群众；要正面引导，重点聚焦全区上下学习贯彻党的二十大精神在基层落地的情况，围绕全区中心工作和重点任务，集中媒体力量，加强正面报道，营造学习宣传贯彻党的二十大精神的浓厚氛围。笃行不怠，确保落地生根。要把认真学习贯彻党的二十大精神同深入学习贯彻习近平总书记视察江西重要讲话精神结合起来，与做好当前各项工作紧密结合起来，与精心谋划好今后的重点工作紧密结合起来，锚定“作示范、勇争先”目标要求和“三好两主”发展定位，踔厉奋发、勇毅前行、团结奋斗，切实把学习成果转化为决战四季度、夺取全年胜的强大动力，为推进全区经济社会高质量发展勇挑大梁、多作贡献。

会议进行党的十九届七中全会专题学习。会议强调，全区政府系统要深入学习贯彻党的十九届七中全会精神，深刻领悟丰富内涵、准确把握精神实质，切实把思想和行动统一到习近平总书记重要讲话精神和党中央决策部署上来。以饱满政治热情迎接和学习宣传贯彻党的二十大精神，全面落实“疫情要防住、经济要稳住、发展要安全”的重要要求，铆足干劲、下足狠劲、用足拼劲，扎实做好稳增长、防风险、保稳定、惠民生各项工作。加大力度稳定经济运行，持续发力主攻投资、促进消费、扩大出口，积极巩固拓展回稳向好的发展态势，决战四季度，夺取全年胜。守住守牢安全稳定底线，深入排查化解社会矛盾，全面强化安全生产防范，抓实做细防风险、保安全、护稳定各项工作，坚决维护社会大局和谐稳定。四要持续用力保障改善民生，聚焦人民群众急难愁盼问题，加大民生工程推进力度，强化稳岗就业举措，加快补齐民生短板，更好满足人民群众美好生活需要。

会议传达学习习近平总书记在参观党外人士座谈会、“奋进新时代”主题成就展时的重要讲话精神，在《求是》发表的《坚持人民至上》《新时代中国共产党的历史使命》，在《复兴文库》发表的《在复兴之路上坚定前行》等重要文章精神，以及给山东省地矿局第六地质大队全体地质工作者的回信精神；学习了国务院总理李克强9月26日主持召开的国务院常务会议精神。

会议传达学习省委相关会议精神和省领导近期讲话精神。会议学习省委书记易炼红在省委统战工作会议上、省委党校调研时的重要讲话精神，以及10月8日主持召开省委常委会、9月26日主持召开省委常委会会议精神；学习了省长叶建春在2022年省食品安全委员会全体会议上、在省防指抗旱救灾会议上的重要讲话精神；学习了江西省安全委员会办公室转发国务院安委会办公室《关于吉林省长春市“9·28”重大火灾事故情况的通报》精神。

会议学习《关于加强新时代高技能人才队伍建设的意见》《关于扩大政务服务“跨省通办”范围进一步提升服务效能的意见》《关于加快推进“一件事一次办”打造政务服务升级版的指导意见》《江西省碳达峰实施方案》《江西省森林防灭火“八个一律”暂行规定》《景德镇市数字政府建设三年行动计划（2022—2024年）的通知》等近期出台的法规文件精神。

会议听取全区垃圾分类工作情况汇报，并研究部署下步工作。会议指出，生活垃圾分类与人民群众的生活息息相关，全区各级各部门要高度重视，坚决落实习近平总书记关于垃圾分类工作的重要指示精神，强化责任担当，聚焦重点、精准施策，完善分类投放、分类收集、分类运输、分类处理的垃圾处理系统，从根本上转变观念，认真梳理存在的问题，加速推进生活垃圾分类各项工作落到实处。要进一步加大力度，多形式、多载体、多途径宣传生活垃圾分类知识，提升群众垃圾分类知识知晓率、垃圾分类投放精准率，进一步营造全民参与的浓厚氛围。

会议传达学习《2022年健康江西行动考核评价实施方案》，并研究珠山区贯彻落实意见。会议指出，《2022年健康江西行动考核评价实施方案》是党中央、国务院和省委、省政府作出的战略部署，是推动卫生健康事业高质量发展的重要抓手，全区各级各部门要高度重视，以更高站位、更强担当、更实举措，在健康领域高质量发展赛道上比学赶超、争先创优，努力争取最好成果。

会议研究关于调整健康珠山工作委员会成员有关事宜。会议原则同意调整健康珠山工作委员会成员，组长由王锋胜担任，领导小组下设办公室，办公室设在区卫健委，负责日常工作。

会议听取2022年重点项目工作进展及2023年项目储备情况汇报。

会议审议并原则通过《珠山区社区工作者薪酬调整方案（送审稿）》。会议明确，由区民政局根据会议讨论情况修改完善后，按程序提请区委常委会审定。

会议研究关于拨付景德镇市高级技工学校实训基地建设项目地方政府专项债券资金有关事宜。会议原则同意由区财政局拨付专项债券资金8000万元给景德镇市高级技工学校，用于支付景德镇市高级技工学校实训基地建设项目地方政府专项债券资金建设费用。

会议研究关于拨付应急救援装备建设配套经费有关事宜。会议原则同意由区财政局拨付193万元给珠山消防救援大队，用于年度灭火救援装备专项采购经费。

会议审议并原则通过《景德镇市三宝国际瓷谷瓷源秀带文化旅游建设项目实施方案（送审稿）》，项目实施主体为景德镇市三宝瓷谷文化旅游发展有限公司。

会议听取前三季度全区经济形势情况汇报，并研究部署下一阶段工作。会议指出，前三季度，区委、区政府统筹发展与安全，克服了疫情多点散发、高温干旱等超预期影响，加力落实稳经济一揽子政策，加快释放政策效能，全区经济恢复的基础不断巩固，经济发展呈现指标进位、产业支撑、基础稳固的明显态势。会议强调，四季度是占全年经济份额最大，定全年、保全局的收官之季，全区各级各部门要以更高的起点、更大的干劲、更强的毅力冲刺全年胜。围绕年度任务目标加速冲刺。咬住年初目标任务不放松，全力以赴补短板、抢进度，持续推进稳经济发展、惠企纾困等系列措施办法的落地，最大限度激发市场活力，努力实现年度目标。扭住重大项目建设加速冲刺。要牢固树立“项目为王”的理念，狠抓项目建设施工“黄金期”，千方百计稳投资，推动签约项目早落地、落地项目早开工、开工项目早建设、建设项目早达效。着眼明年工作谋划加速冲刺。重点围绕“十四五”国家投资方向和重点、中央预算内投资、地方政府专项债券、政策性开发性金融、存量资产政策和省基建6个方面，超前布局，超前谋划，超前对接，谋划包装实施一批全区打基础管长远的基础项目和产业项目，为2023年工作强劲起步、开门红夯实基础。

【区政府第25次常务会议】 11月15日下午，区委书记、区长徐华主持召开区政府第25常务会议。

会议传达学习习近平总书记

在《湿地公约》第十四届缔约方大会开幕式、第五届中国国际进口博览会开幕式上致辞精神，在陕西延安和河南安阳考察、瞻仰延安革命纪念地、出席军队领导干部会议时的重要讲话精神，以及致第31届阿拉伯国家联盟首脑理事会议、致2022年世界城市日全球主场活动暨第二届城市可持续发展全球大会、致俄罗斯中国友好协会成立65周年、美中关系全国委员会年度晚宴的贺信精神；学习10月25日中共中央政治局会议精神；学习《中共中央关于认真学习宣传贯彻党的二十大精神的决定》重要文章精神。

会议传达学习易炼红在景德镇调研宣讲时的讲话精神。会议强调，全区上下要深入学习宣传贯彻易炼红在景德镇调研宣讲时的讲话精神，全力践行“作示范、勇争先”的殷殷嘱托，立足特色、发挥优势，团结奋斗、开拓进取，决战四季度、夺取全年胜，全力推动党的二十大精神落地生根、开花结果。加大宣传力度。要深入基层一线，采取灵活多样、更接地气的方式开展宣传宣讲；要多渠道、多层面、多形式组织开展学习宣传贯彻活动，在全区上下不断掀起学习宣传贯彻党的二十大精神热潮。抓好贯彻落实。要聚焦国家试验区“五年树标杆”要求，树牢“项目为王”理念，千方百计促进消费，加快推动珠山高质量发展；要用心用情保障和改善民生，解决好老百姓的操心事、烦心事、揪心事，营造良好的发展环境。加强作风建设。要注重发挥考核的“指挥棒”作用，着力打造坚强战斗堡垒，持续正风肃纪反腐，全力建设忠诚干净担当的干部队伍。

会议传达学习《关于进一步优化新冠疫情防控措施科学精准做好防控工作的通知》精神，并研究珠山区贯彻落实意见。

会议审议并原则通过《关于加强全区国有企业监管的若干举措（送审稿）》。

会议审议并原则通过《关于全面推进区直机关和事业单位经营性国有资产脱钩移交集中统一监管的实施方案（送审稿）》。会议明确，由区财政局根据会议讨论情况修改完善后，按程序提请区委常委会审定。

会议审议并原则通过《珠山区重点项目规划领导小组及议事规则（送审稿）》。会议明确，由发改委根据会议讨论情况修改完善后，按程序提请区委常委会审定。

会议听取并审议低铁损高磁感取向硅钢项目招商引资工作。会议听取硅钢项目招商引资工作情况汇报。会议认为，硅钢项目是珠山区策应市委“工业强市”战略部署，引进的第一个“20”工业项目，意义重大。会议原则同意将硅钢项目作为珠山区2022年“20”项目重点引进，以“飞地经济”模式落户高新区，并由区工信局、区龙珠公司、新村街道和区商务局等相关单位密切配合、加快推进。会议指出，为做好硅钢项目的招引及落地，原则同意由区龙珠公司在对该项目开展尽调及风险可控的基础上，与广东盈嘉合作成立项目公司。同时，区龙珠公司要加强风险防控，在确保融资及担保安全前提下，由景德镇龙珠控股集团有限公司提供柒仟万元融资担保，用于项目公司厂房工程建设。会议明确，为快速稳妥推进硅钢项目，成立工作专班，由余文军、杜钧瑞牵头，加强对项目建设资金的使用和项目建设的推进。相关责任单位要强化协调配合，优化项目跟踪服务，确保硅钢项目早建成、早投产、早见效。

会议研究关于拨付景北安置小区幼儿园建设进度款有关事宜。会议原则同意由区财政局拨付150万元给竟成街道，用于支付景北安置小区幼儿园建设进度款。

会议研究关于撤销竟成街道青塘村桂坑渡口有关事宜。会议原则同意撤销竟成街道青塘村桂坑渡口，由区交通运输事业发展中心具体实施。

会议研究关于拨付2019年招聘合同制教育工作者工资及劳务服务费有关事宜。会议原则同意由区财政局拨付848712元给区教体局，用于支付合同制教育工作者2022年9月至2023年8月工资及劳务服务费。

【区政府第26次常务会议】 12月8日下午，区委书记、区长徐华主持召开了区政府第26常务会议。

会议学习习近平总书记在11月10日中共中央政治局常委会会议、中共中央政治局第一次集体学习会议、二十国集团领导人第十七次峰会第一阶段会议、亚太经合组织工商领导人峰会、第五届中国国际进口博览会开幕式、军队领导干部会议、视察军委联合作战指挥中心、视察陕西延安和河南安阳、瞻仰延安革命纪念地时的重要讲话精神，向“杂交水稻援外与世界粮食安全”国际论坛发表书面致辞精神，给中国航空工业集团沈飞“罗阳青年突击队”队员们的回信精神，给2022年世界互联网大会乌镇峰会、国际竹藤组织成立二十五周年志庆暨第二届世界竹藤大会、2022年世界城市日全球主场活动暨第二届城市可持续发展全球大会的贺信精神。学习李克强总理召开的10月26日、11月22日国务院常务会议精神。会议还进行《习近平法治思想学习纲要》专题学习。

会议传达学习省相关会议精神和省市领导近期讲话精神。会议学习省委书记易炼红在10月14日、11月2日、11月11日、11月18日、12月2日省委常委会会议，11月7日、11月23日、12月1日全省疫情防控工作调度会，党的二十大精神中央宣讲团报告会，全省市厅级主要领导干部学习贯彻党的二十大精神专题研讨班，省委深改委第二十四次会议，全省前三季度经济运行分析会暨“决战四季度、夺取全年胜”动员会，省委理论学习中心组集体学习，全省领导干部会议，省委十五届三次全体（扩大）会议，省委党校宣讲党的二十大精神时的讲话精神；学习了省委副书记、省长叶建春在第103次、第104次、第105次、第106次省政府常务会议，省政府党组会议，省安委会2022年度第五次成员会议，全省疫情防控工作电视电话会议，11月

11日省疫情防控应急指挥部会议，经济口宣讲党的二十大精神，省政府第十一期集体学习，开展人工智能产业专题调研时的讲话精神；学习市委书记刘锋在收听收看全省领导干部会议后的讲话精神。

会议《中国共产党章程》《中国共产党章程（修正案）》《中共中央关于认真学习宣传贯彻党的二十大精神的决定》《中共景德镇市委关于认真学习宣传贯彻党的二十大精神的通知》《中国人民银行 中国银行保险监督管理委员会关于做好当前金融支持房地产市场平稳健康发展工作的通知》《全国一体化政务大数据体系建设指南》《国务院办公厅关于复制推广营商环境创新试点改革举措的通知》《江西省人民政府办公厅关于进一步释放消费潜力促进消费持续恢复的实施意见》《关于进一步优化新冠疫情防控措施 科学精准做好防控工作的通知》精神。

会议传达学习习近平总书记对河南安阳市凯信达商贸有限公司火灾事故的重要指示，及省、市会议精神。会议强调，全区各级各部门要深入学习贯彻习近平总书记对河南安阳市凯信达商贸有限公司火灾事故作出的重要指示精神和有关安全生产的系列重要论述，充分认识抓好当前火灾防控工作的极端重要性，以“时时放心不下”的责任感和紧迫感，克服松懈麻痹思想，扎实开展冬春火灾防控工作，坚决守住消防安全底线，统筹强化岁末年初经济社会发展和安全防范各项工作。提高政治站位，坚决守牢底线。狠抓安全生产“十五条”硬措施和省50条、市56条具体措施的贯彻落实，增强抓好冬春火灾防控工作，坚决防范和遏制重特大事故发生。突出重点领域，全面排查隐患。聚焦交通、建筑工地、危化品、燃气等重点领域，举一反三、标本兼治，全面排查整改各类安全隐患。三要压紧压实责任，强化工作举措。按照“三管三必须”的要求，强化条线监管，健全完善信息共享、情况通报、联合执法等机制，形成冬春火灾防控工作监管合力。

会议审议并原则通过《关于调整区减灾委员会组成人员和组建七个专业委员会的通知（送审稿）》。

会议审议并原则通过《关于成立珠山区粮食安全工作领导小组的通知（送审稿）》。领导小组办公室设在区农业农村和水利局，负责日常工作。

会议审议并原则通过《珠山区农村人居环境整治提升五年行动实施方案（2021—2025年）（送审稿）》。

会议听取2022年1—11月全区经济运行情况汇报。会议强调，全区上下要提高站位，担当实干，深入学习贯彻党的二十大精神，全面落实“疫情要防住、经济要稳住、发展要安全”的重要要求，坚定信心、下定决心，勇于担当、善于作为，统筹推进疫情防控和经济社会发展，以扎实有效的防控举措，促进经济社会发展快速回归正轨。加强监测，摸清底数。紧扣全年目标任务，加强平台监测，强化经济运行调度，精准掌握各企业运行情况，深入挖潜、精准调度，切实做好项目的入库入统、企业的服务指导、数据的采集上报，确保颗粒归仓、应统尽统。抓住关键，稳住预期。盯住关键指标和重点行业、重点项目、重点企业，找出差距不足，拿出有效办法、管用措施，逐项分解任务，倒排工期、加压奋进，扎实推进项目建设“冬季行动”，努力形成更多实物工作量。夯实责任，完善机制。充分发挥助企纾困工作专班作用，坚持领导带头联企助企，精准帮助企业纾困解难，真正把工作谋深谋实谋细，高标准高质量完成全年目标任务，为2023年开好局、起好步奠定坚实基础。

会议研究关于拨付2022年度就业补助资金地方配套资金有关事宜。会议原则同意由区财政局拨付95万元给区就业中心，用作2022年度就业补助资金地方配套资金。

会议研究关于拨付城镇贫困人员由财政代缴城乡居民养老保险费有关事宜。会议原则同意由区财政局拨付52.5万元给区社保中心，用于代缴2022年度城乡居民养老保险费。

会议研究关于提高珠山区2022年城乡居民基本养老保险全省基础养老金标准有关事宜。会议原则同意由区财政局拨付91万元给区社保中心，用于支付2022年城乡居民基本养老保险全省基础养老金。

会议研究关于2023年珠山区面向社会招聘教师计划有关事宜。会议原则同意2023年面向社会招聘教师，由区教体局负责具体实施。

会议研究关于启动珠山区新建学校智慧校园建设项目有关事宜。会议原则同意启动珠山区新建学校智慧校园建设采购项目，建设经费由区财政局依法依规据实拨付。

会议审议并原则通过《关于2021年度国有资产管理情况的综合报告（送审稿）》。

会议研究关于调整景德镇市珠山区2022年财政收支预算有关事宜。会议原则同意调整景德镇市珠山区2022年财政收支预算。

会议研究关于消化珠山区财政暂付性款项计划有关事宜。会议原则通过珠山区消化珠山区财政暂付性款项计划，由区财政局根据会议讨论情况修改完善后，具体组织实施。会议强调，区财政局要全面清理存量，严格控制增量，完善配套政策，确保按时完成全区财政暂付性款项消化清理。

【区政府第27次常务会议】 12月27日下午，区委常委、区政府常务副区长余文军主持召开区政府第27常务会议。

会议学习中央经济工作会议精神，习近平总书记在12月6日中共中央政治局会议、党外人士座谈会上的重要讲话精神，在《生物多样性公约》第十五次缔约方大会第二阶段高级别会议开幕式上的致辞，在《求是》杂志第24期上发表的《继承和发扬党的优良革命传统和作风弘扬延安精神》、在沙特阿拉伯媒体发表的《传承千年友好，共创美好未来》的理论文章，对统计工作、非物质文化遗产保护工作作出的重要指示批示精神，向国史学会成立30周年、发展中国家科学院第 16 届学术大会暨第 30 届院士大会致贺信的重要精神。

会议学习省委书记尹弘在省委应对新冠疫情工作领导小组会议上的讲话精神；学习了省委书记易炼红在《党建》杂志上发表的《深入学习宣传贯彻党的二十大精神加快全面建设社会主义现代化江西》；学习叶建春省长第 107 次省政府常务会议上的讲话精神；学习了全省领导干部会议、全省领导干部能上能下工作推进会议精神。

会议学习近期法规文件。学习《扩大内需战略规划纲要（2022—2035 年）》《乡村振兴责任制实施办法》《关于加强重特大事件档案工作的通知》《关于进一步优化落实新冠疫情防控措施的通知》《防范和惩治统计造假、弄虚作假重要文件汇编》《江西省生产安全事故报告和调查评估办法》。

会议传达学习市两会精神。会议强调，全区政府系统要把学习贯彻市两会精神作为当前一项重要任务，第一时间组织传达，迅速掀起学习贯彻的热潮。切实提高政治站位，学懂弄通悟透习近平新时代中国特色社会主义思想，坚定不移做“两个确立”忠诚拥护者、“两个维护”示范引领者，真正把习近平总书记的殷殷嘱托内化于心、外化于行，以实际行动展示政治上的绝对忠诚；切实深化为民情怀，始终把老百姓的操心事、揪心事、烦心事放在心上，将民生实事办到群众的心坎上，以群众满意作为最高标准，不断改进作风，做群众的贴心人。切实展示担当作为，察实情、出实招、求实效，抢抓机遇、攻坚克难、争先进位，以经济社会发展回报人民期待；切实强化人大和政协意识，自觉接受人大法律监督和政协民主监督，高标准、高效率、高质量做好人大建议和政协提案办理工作。

会议听取 2022 年珠山区食品安全工作汇报，并研究部署下步工作。会议指出，元旦、春节临近，节日期间人口流动量大、聚餐活动频繁、食品消费量大、食品安全问题易发频发，全区各级各部门要切实提高政治站位，增强做好食品安全工作的责任感和使命感。

会议听取 2022 年药品安全工作情况汇报，并研究部署下步工作。区市场监督管理局要全面提升全过程全链条质量安全监管能力和保障水平，严格药物零售监管，严厉查处涉嫌制售假劣药械、非法渠道购销、强制捆绑销售、囤积居奇、哄抬物价等行为，维护正常经营秩序。各属地要做好摸底统计，帮助困难群众解决购药难等问题，加强健康宣讲和防疫指导，确保困难群众安全过冬温暖过节，切实兜住兜牢基本民生保障底线。

会议审议并原则通过《珠山区农村生活污水处理系统运行维护管理办法（送审稿）》，由区生态环境局根据会议审议意见修改完善后，按程序审签印发。

会议研究关于珠山区 2023 年度老旧小区改造工程项目立项有关事宜。会议原则同意珠山区 2023 年度老旧小区改造工程项目立项并成立项目部，由区住建局按程序报区委常委会审定。

会议研究关于珠山区老旧小区及周边基础设施改造提升项目立项及成立项目部有关事宜。会议原则同意珠山区老旧小区及周边基础设施改造提升项目立项并成立项目部，由区住建局按程序报区委常委会审定。

会议研究关于拨付景德镇市老南河水生态环境修复与治理项目预付款有关事宜。会议原则同意由区财政局拨付 195.2 万元给区住建局，用于支付景德镇市老南河水生态环境修复与治理项目预付款。

会议研究关于拨付工程建设项目资金有关事宜。会议原则同意由区财政局拨付 2387.81 万元给区住建局，用于支付珠山区 2022 年度老旧小区改造工程项目工程进度款。

会议研究关于拨付珠山区 2020 年度背街小巷及市政设施改造提升项目资金有关事宜。会议原则同意由区财政局拨付 200 万元给区住建局，用于支付珠山区 2020 年度背街小巷及市政设施改造提升项目工程进度款。

会议研究关于拨付 2023 年度春节走访慰问金有关事宜。会议原则同意由区财政局拨付 66.47 万元给区退役军人事务局，用于支付 2023 年度春节走访慰问金。

会议研究关于启动景德镇陶瓷文化交流提升项目有关事宜。会议原则同意启动景德镇陶瓷文化交流提升项目，由景德镇市三宝瓷谷文化旅游发展有限公司为建设单位。

会议研究关于拨付珠山区党员关爱基金经费有关事宜. 会议原则同意由区财政局拨付 60 万元给区委组织部，用作党员关爱基金。

会议研究关于拨付新冠防疫物资采购和工作运转经费有关事宜。

会议研究关于拨付 2022 年度计划生育利益导向资金区级配套资金有关事宜。会议原则同意由区财政局拨付 4092.89 万元给区卫健委，其中城镇独生子女父母奖励资金 3840.83 万元；计划生育奖特扶和手术并发症补助资金 237.06 万元；失独家庭一次性抚慰金 15 万元。

会议研究关于景德镇陶溪川跨境电商促进中心建设项目采用 EPC 模式招投标建设有关事宜。会议原则同意景德镇陶溪川跨境电商促进中心建设项目采用 EPC 模式招投标建设。会议明确，区发改委要对陶文旅公司上报的陶溪川跨境电商促进中心建设项目进行严格审核，确保招投标程序依法依规、招投标模式符合规定要求。

会议研究关于拨付三宝瓷谷 PPP 项目政府支持责任资金有关事宜。会议原则同意由区财政局拨付 750 万元给政府和社会资本合作中心，用于支付三宝瓷谷 PPP 项目政府支出责任资金。

会议研究关于拨付景德镇市高铁商务区（珠山片区）市政道路及配套工程一、二期工程款费用有关事宜。会议原则同意由区财政局拨付 1400 万元给区新区办，其中 500 万元用于支付景德镇市高铁商务区（珠山片区）市政道路及配套工程一工程款，900 万元用于支付景德镇市高铁商务区（珠山片区）市政道路及配套工程二期工程款。

会议研究关于委托景德镇市公路事业发展中心与铁路设计院签订渡峰坑道口平改立项目可行性研究、踏勘合同有关事宜。会议原则同意由珠山区政府与市公路事业发展中心签订委托协议。会议强调，区财政局、区发改委要积极配合、提前谋划，做好资金申报工作。区交通运输中心要与法律顾问就协议签订细节进一步磋商，确保依法依规推进渡峰坑铁路道口平改立项目建设。

会议听取区十件民生实事进展情况汇报。会议强调，全区各级各有关部门要进一步强化政治站位，以对人民群众高度负责的精神，切实做好2022年民生实事收官工作。要不断提升工作标准，对已完成的项目开展“回头看”，持续跟踪问效，对未完成的项目加强攻坚，不折不扣高质量完成好各项任务，向全区人民交上一份满意的答卷。

办公室工作

【概况】 在区委、区政府的坚强领导下，区政府办充分发挥办公室参谋助手、督促检查、组织协调等工作定位和职能要求，完成各项工作任务。

【意识形态建设】 牢牢掌握意识形态工作主动权。对于确定需要对外发布的内容及本单位流转之各类文件内容，始终坚持牢牢把握正确的思想导向，严把文字关、图片关，加强信息发布审核制度，凡上报、下发的各类信息，均须经分管领导、党政领导审核后方能报送。加强网络安全管理，严禁职工通过单位网络和微信、QQ群组传播和发布涉及敏感话题的言论、图片和视频等，更换国产电脑、打印机，防止重要文件外泄，全年未出现违背主流意识形态的内容。按要求每半年听取班子成员的意识形态工作汇报，分析研判意识形态情况，及时了解和掌握党员干部的思想政治情况，做出具体工作安排，确保意识形态工作有效落实。

【办文办会】 聚焦全区工作大局，主动作为，较高质量完成年度政府工作报告等一批重大文稿，同时，为区政府主要领导起草会议讲话、汇报材料等文稿200余篇，不断增强文稿的思想性、指导性和操作性。全年收到各级来文2297件，处理区政府发文67件、政府办发文76件，编印区政府常务会纪要22件。认真做好会前通知、会中服务、会后情况的收集整理，加强议题、议程安排的协调把关和各个环节的服务，组织召开22次常务会议。严格执行公务接待制度，从“衣食住行”等方面不断丰富接待内容、提高服务水平，高标准、高质量完成省、市各级领导调研。严把公文起草关、审核关、发文关、收文关四个关口，切实提升公文办理效率和质量，实现全年办文工作“零失误、零差错、零延误”。

【政务督查】 全年对区政府常务会、区长办公会议定事项和全区重点工作等开展督查11次。全年共收到“问政江西”留言线索71条，回复率100%；国务院“互联网+督查”33件，回复率100%，切实解决了一批老百姓反映强烈的困难和问题。

【政务服务】 梳理并公布“跨省通办”“省内通办”“市内通办”清单，实现98件跨省事项、272件跨市事项、686件跨区事项在珠山区可以实现异地通办，无须群众多跑路。国务院推行的13件“一事通办”事项均在“赣服通”App珠山分厅上线。全区1226个依申请政务服务事项中，一次不用跑事项为1198个，占97.71%，最多跑一次事项1226个，占100%。梳理并完成惠企政策兑现。公布和出台应对疫情帮助中小企业纾困解难省28条措施、市34条措施、区35条措施，并进行实时更新。梳理珠山区惠企政策“免申即享”41项，“即申即享”5项，“承诺兑现”11项。实现惠企政策兑现企业112家，兑现金额1961.91万余元。推行免费首套印章服务，累计为680家新办企业提供首套印章免费刻制服务，刻制公章1771枚。实行帮代办机制，2022年全程协助“帮代办”5279项，累计解答群众咨询32685次，接待群众54456人次。系统开展政府系统微信工作群重点整治工作，将微信工作群全部下线，转到“赣政通”系统进行办公。

【两会提案办理】 认真办理区十一届人民代表大会第二次会议代表建议16件，区九届政协二次会议委员提案31件，并协助市政府办理市十六届人民代表大会第二次会议代表建议2件，市政协十四届二次会议委员提案6件，做到事事有答复、件件有回音。

【值班值守】 强化日常值班值守，区政府总值班室实行24小时轮流值班，认真做好各类来电、函件、领导交办事项的登记和处理工作，全年接各部门报值班信息121件，及时处置各类突发事件7件，累计上报应急值班信息19期。

机关事务管理

【概况】 区机关事务管理局加强机关大院服务保障，做好区发展中心公共区域内的设备设施运行与维护管理、停车场及车库管理、消防运行管理、监控维保与管理以及维护公共秩序，认真做好会务管理，确保了区两会、四套班子联席会、“三大会战”调度会等会务正常召开，全年共保障会议935场。定期对公共区域进行“四害”消杀、绿化养护、二次供水水箱清洗、垃圾收集和清运，定期对食堂内的重点部位进行安全隐患排查，保障广大干部职工工作生活安全质量。全面启动运动中心，运动中心的建筑面积为1850平方米，一层有健身房、乒乓球室和台球室，二层有篮球场、瑜伽舞蹈室和羽毛球场。运动中心的启用，获得广大干部职工的一致好评。

【公共机构节能管理】 对区属各单位2021年度公共节能工作进行考核，并通报考核结果，公共机构节能成效显著。加强全区公共机构能耗数据统计分析，确保数据的准确性、真实性；加强对公共机构垃圾分类的监督检查，强化宣传培训，进一步扩大公共机构垃圾分类覆盖面，不断提升垃圾分类工作实效。为响应市委市政府关于推广新能源汽车相关政策，安装的22组充电桩现全面启用，充分发挥充电桩设施的效能，倡导绿色出行环境。发放珠山区节约用电倡议书，并对竟成镇、各街道、经开区和全区各单位进行节约用电巡查，同时提醒大家做好用电安全防范工作；以公共机构节能宣传周为重点，开展以“我们‘减塑’，给地球‘减负’”世界地球日、“寻访美丽江西 绿色低碳 节能先行”为主题的节能宣传周活动、绿色回收活动、“反对浪费 崇尚节约 杜绝‘舌尖上的浪费’”宣传、垃圾分类等一系列宣传活动。全区节能工作得到上级部门充分肯定，机管局范嫒荣获全省公共机构节能工作先进个人称号，形成节能考核工作导向，促进全区各单位节能工作水平有效提升。

【公务用车管理】 认真贯彻执行《珠山区党政机关公务用车管理实施细则》，健全公务用车管理各项政策，坚持用制度管车管人。在公车日常调度方面，全面实行“全省一张网”，全年平台调派公车1080辆次，有力保障了区领导和相关部门公务出行需要。在车辆管护方面，对平台公车加油、维修、年检、保险实行专人负责、相互监督，车辆一律实行入库停放制度。在公车驾驶员管理方面，印发《珠山区机关事务管理局驾驶员管理办法》，严格执行驾驶员绩效管理考核制度，严明驾驶员各项工作纪律，不定期组织驾驶员学习相关文件精神和汽车安全知识、观看领导干部司机警示教育片，提升道德素养。

【公务接待管理】 全面落实公务接待管理制度，严控接待范围，规范接待流程，实行公函制接待，坚持用制度管人，按规定办事。2022年，配合相关部门完成了全市县域经济高质量发展现场巡查、老干部喜看珠山新变化活动、庐山市（庐山管理局）考察团到珠山区学习考察、协助接待江西省政协提案委员会、十二届珠山区委第一轮巡查工作、关于对生态环境等系统开展上下联动巡察工作、云南省红河州紫陶文旅产业链代表队到景德镇考察拜访、协助做好外国汉学家“走读中国”走进瓷都景德镇文化采风活动和江西省委第四巡视组到珠山区巡视工作等一系列接待任务。

【办公用房管理】 联合区纪委监委、区财政局、区审计局对全区各单位办公用房进行专项督查，不定期对全区各单位办公用房情况进行督查并发放整改通知单，全面落实“签订承诺书”制度。在县级领导签订承诺书的基础上延伸到全区副科级以上干部，有力推动全区办公用房的规范使用。

【“6·20”灾后迅速恢复运转】 6月20日，珠山区发展中心遭受严重洪涝灾害，区机管局全体党员干部职工上下齐心，采取各项措施做好受灾期间和灾后的后勤保障工作，尤其是在受灾第二天及时恢复供电，保障正常办公。

【荣获全市餐饮技能竞赛奖项】 7月3日，由景德镇市机关事务管理中心主办的景德镇市机关事务系统第二届餐饮技能竞赛在市发展中心南苑落幕。区机管局代表队从全市各个代表队中脱颖而出，获得了此次竞赛的团体一等奖和个人二等奖、三等奖。

行政（社区）服务工作

【概况】 2022年，区行政服务中心荣获景德镇市“雷锋示范点”称号、珠山区妇联“巾帼文明岗”，被珠山区机关工委推荐为市“让党放心人民满意”的模范机关。中心设置24个通用综合窗口、4个分类综合窗口和1个特色窗口。截至年底，为企业群众帮办代办共接待群众54456次，解答群众咨询24685次，协助群众受理填报5079次，提供错时延服务3100次。

【提升政务服务效能】 制定政务服务事项清单和指南的标准化，梳理出本级行政权力清单主项706项，子项747项，依申请类政务服务清单1022项，行政许可事项300项，行政给付事项38项，行政确认事项137项，行政裁决事项1项，行政奖励事项25项，其他行政权力事项197项，公共服务事项314项。10个街道按照要求编制完善乡村两级政务服务标准化事项清单，对标准化事项进行关联认领，完善办事指南。持续提升网办率，全年网办率占比100%、零跑动占比98%、即办件占比80%、压缩时限占比91%。

【打造透明的政务环境】 加强中介服务机构信用监管，培育中介服务市场，推动中介服务减时、降费、提质，让中介服务不再成为影响行政审批效率的顽疾。2022年中心入驻中介机构22家，发布事项24项，项目业主156家，发布采购项目161个。设立惠企资金兑现“直通车”。按照免申即享、即申即享和承诺兑现三种方式，实现财政奖补、减税降费等资金快速审核、快速拨付，提高政策兑现完整率及满意度。2022年珠山区惠企免申即享事项42项，涉及区科技局、区发改委、区人社局等15家部门，共有112家企业从惠企政策中受惠，珠山区级财政共拨付1961.9万元至相关企业。

【推进智能化办公】 打造24小时自助服务区，让政务服务“不打烊”。投放8台自助服务终端设施，实现营业执照申领、身份证申领、涉税业务自助办理等，群众可以随时前来办理，极大地提升了服务效率。推行“一窗受理”综合服务，让业务审批更高效，实现“前台综合受理、后台分类审批、同一窗口出件”，有效解决办事群众“多头跑、往返跑”现象。同时，加快推进电子证照扩大应用领域和全国互通互认，实现更多政务服务事项网上办、掌上办、一次办，开通电子证照44种，电子证照服务开通率100%。电子印章申领率为52.19%，共发放11632户。分别在江西政务服务网和“赣服通”设立了“无证办理”专区，切实为企业群众办事提供便利服务。推动“赣服通”迭代升级，提升“赣政通”应用率。上线“赣服通”4批846项服务事项，实现群众办事不出门、零跑动，成为深受企业和群众欢迎的“掌上助手”。

【“最多跑一次”改革】 率先在全市试点开通“军人退役一件事办理”窗口，通过部门互联、数据共享、集成服务等方式，有效整合公安、人社、医保等7个部门，退役军人办事跑腿次数从7次减少为1次，申请材料从12份减少至6份，办理时限从10天压缩至30分钟，实现了事项即审即办，材料立等可取。开展行政审批“四减一优化”专项行动。全区298个行政许可事项均进行了“四减一优化”改革，99个事项进行了“减环节”，减少环节总数272个；75个事项进行了“减材料”，减少材料总数121个；121个事项进行了“减时限”，减少时间1002天。推行免费首套印章服务，累计为1027户企业免费刻制公章2118枚，为1507户个体工商户免费刻制了首套印章2325枚。推动政务服务“异地通办”，8月与安徽省黄山市黟县实现61项“跨省通办”事项，并签订“跨省通办”合作协议。

【“珠事顺利”团队入驻中心】 为深入贯彻省、市关于深化“放管服”改革、优化营商环境、保障和改善民生的决策部署，推行政务服务窗口“受、办”分离改革提升，构建“全面融合、综合响应、一窗服务”的政务服务新模式。4月24日时任区委书记高翔率队考察“珠事顺利全综窗”模式运行情况，“珠事顺利”团队负责人夏凯介绍珠事顺利服务模式，高翔强调要认真打造双“一号工程”，对标一流营商环境标准，全面打响“珠事顺利”营商环境品牌。5月，“珠事顺利”入驻中心。

各县（市、区）4月份办理群众来电情况通报

受理部门	交办件数	办结件数及办结率		处理中	营商环境投诉		
					交办	办结	处理中
珠山区	410	374	91.2%	36	16	16	0

县市区5月份热线回访不满意情况通报

受理部门	交办件数	办结件数及办结率		回访件	不满意件	
珠山区	589	505	85.7%	478	95	19.9%

6月各县（市、区）热线回访不满意情况通报

受理部门	交办件数	办结件数及办结率		回访件	不满意件	
珠山区	712	606	85.1%	567	55	9.7%

各县市区7月份热线回访不满意情况通报

受理部门	交办件数	办结件数及办结率		回访件	不满意件/不满意率		未回复件（7月…
珠山区	805	651	80.9%	600	97	16.2%	61

各县市区8月份热线回访未回复情况通报

排名	受理部门	交办件数	办结件数及办结率		回访件数	未回复件数及未回复率	
1	珠山区	904	778	86.1%	764	22	2.4%

备注：此表按办结率排名，未办结工单均在办结期限内，统计日期为7月26日至8月25日）

9月份各县（市、区）热线指标情况表

受理部门	交办件数	签收件数及签收率		延期件数及延期率		办结件数及办结率		回复件数及回复率		回访件数及回访率	
		签收件数	签收率	延期件数	延期率	办结件数	办结率	回复件数	回复率	回访数	回访满意率
珠山区	1043	961	92.14%	1	0.10%	861	82.55%	816	98.55%	828	74.15%

注：此表为系统自动生成，从8月26日至9月25日。

10月份各县（市、区）热线指标情况表

受理部门	交办件数		办结件数及办结率		回复件数及回复率				回访件数及回访率			
			办结件数	办结率	回复件数		回复率		回访数		回访满意率	
	9月	10月			9月	10月	9月	10月	9月	10月	9月	10月
珠山区	1043	1285	1089	84.75%	816	1002	98.55%	98.72%	828	1015	74.15%	75.17%

注：此表为系统自动生成，从9月26日至10月25日。

12345热线数据分析一览表

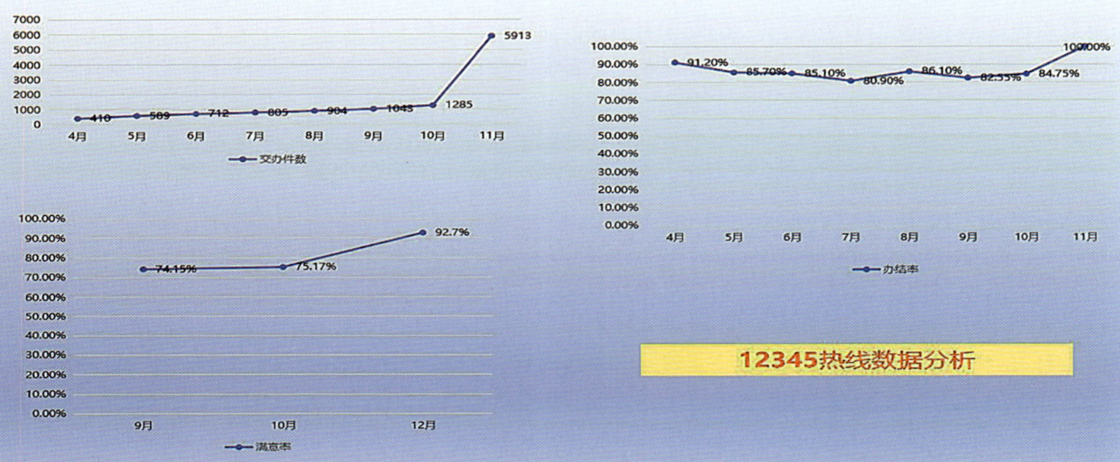

12345热线数据分析

【“12345”政务服务便民热线入驻政务中心】 5月，“12345”便民服务热线入驻中心，设置了短信告知、黄灯预警、红灯警报、督办问责等闭环体系，对每一笔工单都在规定时限内签收并派发到各责任单位，在规定办结时限内督促各责任单位把每一笔工单负责任地落实办结。在提升诉求办理效能的同时，增强了企业群众的获得感、体验感和满意度，成为企业群众日益信赖的“12345，有事找政府”的“民心工程”。热线运行以来受理工单15459件，办结工单15609件，办结率100%，满意率92.21%。

【成功办理首例“一照多址”】 10月28日，中心首例成功办理“一照多址”，打破了传统“一照一址”的限制，实现了“一张执照、多点经营”，既简化了流程、节省了时间，更统一了运营、方便了监管，多点经营准入更加便捷高效，注册登记便利化改革进一步“松绑减压”，更好地激发释放市场活力。

生态环境

【概况】 2022年，珠山区生态环境质量总体评价为优。PM2.5年平均浓度为22微克每立方米，同比下降8.3%，空气优良天数比例为98.4%，同比下降1.0%；城镇集中式饮用水水源地水质达标率100%，断面水质优良率100%；暂无受污染耕地和污染地块。

【实施25个专项行动】 研究制定《关于进一步加强生态环境保护深入打好污染防治攻坚战的实施方案》《珠山区深入打好污染防治攻坚战八大标志性战役25个专项行动工作方案》《珠山区2022年深入打好污染防治攻坚战“百日攻坚”行动工作方案》《关于开展环保突出问题专项整治行动的通知》，扎实推进新八大标志性战役，全面推动实施25个专项行动。区环委会全年共召开调度会5次，区环委会办公室下发督办函3件，构建了齐抓共管的大生态、大环保格局。编制完成了《珠山区突发环境事件应急预案》《珠山区重污染天气应急预案》《珠山区辐射应急预案》，妥善应对各类突发环境事件，切实保障全区生态环境安全。

【大气污染防治】 持续深入开展扬尘整治，严格按照“六个100%”工作要求，对全区63个在建工地覆盖遮挡、降尘喷淋、车辆冲洗等情况实施动态管理。常态化推进“洗城行动”，加强道路的洒水保湿、除尘、抑尘、清扫作业的频次。开展餐饮油烟专项整治行动，建立“一户一档”台账数1000余份，督促餐饮营业商户安装、清洗、维护油烟净化设施，确保辖区内油烟净化装置全覆盖，开机使用率100%。针对涉VOCs的重点企业开展专项治理，做好烟花爆竹禁燃和农作物秸秆综合利用与禁烧工作，加强秸秆露天禁烧管控。

【水污染防治】 加强饮用水源地保护，开展饮用水水源规范化建设，依法清理饮用水水源保护区内违法建筑和排污口。定期对20吨以上农村生活污水处理设施水质和农村水环境面源污染进行监测。进一步加强对南河流域的巡查监测工作，实时盯控水质自动监测站数据，密切关注水质变化情况，对断面水质提前预警；严格落实“河湖长”制，定期对河面、河道垃圾及藻类开展环境整治，督促区住建局加快实施老南河生态修复工程，对三宝雨污分流不彻底的问题开展专项排查整改，确保污水应收尽收。

【土壤污染防治】 全面推进城镇生活垃圾分类处理工作，持续推进辖区土壤污染排查，认真完成“一住二公”土壤污染状况详查，全面摸清土壤环境质量状况底数。开展农用地和重点行业企业用地土壤污染状况详查，建立全区疑似污染地块清单并定期更新。辖区受污染耕地安全利用率达93%以上，耕地土壤环境质量总体保持稳定。继续强化产（收）废企业的平台规范化建设，持续做好收废企业“五全”系统建设。加大农环设施的运营、维护力度，确保农村面源不受污染。

【绿色低碳发展】 严格执行项目准入制度，严格落实环评审批“三线一单”要求，坚决遏制高耗能、高排放、低水平项目盲目发展。推动工业结构调整，聚焦“3+1+X”产业，加快推动传统产业转型升级，推进战略性新兴产业、高新技术产业发展，促进优势产业集群提能升级，依法依规淘汰落后产能。发展可再生能源，稳步推进清洁能源替代，引导企业采用先进工艺技术，开展清洁生产，减少资源消耗和污染物排放。

【生态环境治理能力优化】 严格落实“双随机、一公开”监管制度，实施常态化监督执法正面清单。进一步规范排污许可，建立重点排污单位名录，通过企业自行监测与区生态环境局定期督察相结合的动态管理体系，推动辖区内排污企业落实按证排污主体责任，全年核发排污许可证2个，全国污染源监测平台纳入18家企业。

【营商环境优化提升】 深化“三服务”工作机制，开展服务企业接待日和为企业送服务上门活动，制定生态环境部门上门服务单，推行精准帮扶，现场“把脉问诊”。实施“千千人万企，党建促发展”活动，开展环评审批、项目资金、执法三项政治活动，为企业和商户排忧解难，提振发展信心。

【生态环境保护宣传】 讲好珠山生态环保故事，全年编撰各类稿件50余篇，其中被中央媒体采纳1篇，省级媒体采纳15篇，市级媒体采纳26篇。结合“4·22”地球日、“6·5”世界环境日、“生物多样性日”及“低碳日”组织开展线上线下活动，多渠道宣传生态环保和绿色低碳理念，为深入打好污染防治攻坚战营造良好舆论氛围，形成全社会共同关心、支持和参与生态环境保护的强大合力。

【中央、省环保督察反馈问题整改】开展对2020年、2021年中央、省环保督察反馈问题整改情况专项督查，做到持续深入夯实整改成效，注重加强日常督导调度、监督检查和跟踪问效，确保存量问题持续减少、增量问题解决在萌芽状态，不断提高生态环境保护水平。历次督察反馈问题已基本完成整改并销号。

【扎实做好环保信访投诉】“12369”环保热线平台全天24小时值班，全年共受理各类环境信访投诉66起，案件处理率100%，回复率100%，有效维护了群众的环境权益，促进了社会和谐稳定。

中国人民政治协商会议珠山区委员会

综　述

2022年，区政协第九届委员会及其常委会高举习近平新时代中国特色社会主义思想伟大旗帜，深入学习贯彻党的二十大和十九届历次全会精神，全面落实中央、省市政协工作会议精神，在市政协大力指导下，在中共珠山区委坚强领导下，围绕全区工作大局，牢牢把握团结和民主两大主题，充分发挥专门协商机构作用，以党建强引领，以协商促发展，以团结凝共识，以创新添活力，以担当树形象，不断开创新时代政协工作新局面，为助力全面建设社会主义现代化国际瓷都先行区作出积极贡献。

坚持党的政协工作的全面领导，牢牢把握正确的政治方向，持续加强理论学习，政协委员和机关党员干部增强“四个意识”、坚定“四个自信”、做到“两个维护”，思想上认同核心、政治上维护核心、组织上服从核心、行动上紧跟核心的思想政治基础更加牢固。切实加强党的全面领导。自觉接受区委领导，做到区委有要求、政协有落实，不折不扣把区委决策部署转化为政协组织的履职行动，坚持每年向党委专题汇报政协党组工作，政协年度协商计划围绕区委政府的要求制定，重点工作向区委请示，重点活动、会议邀请区相关党政领导参加，协商成果及时向区委报送；区委对政协工作高度重视，区委书记徐华多次到政协调研工作，谋划政协工作和参加政协重要会议、协商活动，并对区政协调研报告、社情民意、疫情防控等工作作出重要批示，为政协工作指明了前进方向。不断强化思想政治引领。始终坚持用党的最新理论成果武装头脑、指导实践、推动工作。不断加强以党组理论学习中心组引领学、常委会会议集体学、委员培训专题学、机关干部集中学、线上线下互动学等为重点的学习制度体系建设，系统学习习近平新时代中国特色社会主义思想，跟进学习习近平总书记最新重要讲话精神。组织开展“喜迎党的二十大”系列活动，组织全体机关干部和部分委员集中收看党的二十大开幕会盛况，围绕学习贯彻党的二十大精神开展系列专题学习研讨，积极推动党的二十大对人民政协工作的新要求在区政协落实落地。全面推进政协党的建设。充分发挥区政协党组把方向、管大局、保落实的领导作用，落实全面从严治党、意识形态、党风廉政建设主体责任，发挥好“关键少数”示范引领作用。积极探索具有政协特色的党建工作新思路新举措。不断提高政协机关干部的纪律意识和规矩意识。

深入贯彻落实《关于加强和改进新时代市县政协工作的意见》精神，以“赣事好商量＋珠事顺利”为协商平台，坚持把促进发展作为履行职能的第一要务，始终做到关注发展、支持发展、服务发展。参与项目建设。一年来，区政协机关无论是领导还是机关干部围绕大力推进国家试验区建设、全力实施“五新”战略行动等中心工作，在区委安排下，区政协副县以上领导全部投入参与了城市征收、招商引资、营商环境、常态长效创建及经济建设主战场一线工作，为助推相关项目的完成发挥了积极的作用，特别是在策应御窑厂申遗项目中，政协有关人员和区其他领导班子一起，在区委书记的带领下，40天就完成了古街的征收任务。参与中心工作。全力以赴防大汛，6月，区政协领导班子按照区委部署安排，迅速进入临战状态，始终坚持在抗洪抢险一线，切实维护了人民群众生命财产安全。全力以赴迎国检，区政协始终把常态长效创建工作放在首位，在创建全国文明城市和争创全国文明典范城市迎检中，区政协班子成员带头深入社区、路段及市场开展调度，机关干部组成志愿工作者队伍，每日坚持上街、路口文明劝导，坚持开展“协商在基层，双创在一线”活动，形成了多级联创、齐抓共建的工作格局，为创建活动顺利推进作出了贡献。全力以赴抗大疫，11月18日疫情发生后，区政协闻令而动、冲锋在前，区政协领导班子和全体机关干部职工从11月18日至12月5日，日夜奋战在社区防控的最前沿，并在重点疫区始终和基层干部战斗在一起参与抗疫，克服一切难以想象的困难，排除一切难以想象的阻力，用坚守为人民群众筑起疫情防控的坚固防线，在“沧海横流”的大疫大考中，彰显了委员力量，体现了政协担当。围绕重点工作建言献策。围绕“高质量推进‘五区共建’，全力打好‘三大会战’”等中心工作，以专委会为单位，围绕“做大做强老鸦滩瓷板行业的几点建议”“发挥非公有制企业作用 助力珠山经济”“维护良好的营商法治环境”“珠山区垃圾分类工作”“做细做精‘夜珠山’消费带品牌 推动珠山区夜间经济高质量发展”“聚焦优化营商环境 金融助力企业发展”“关于小区物业管理的一些看法和想法”等课题，以专委会为单位进行调研视察、常委会专题协商，并形成了具有一定调研分量及参考价值的调研报告，通过各种途径报送相关单位及领导。

强化凝聚共识，进一步汇聚监督实效。政协常委会探索新形势下民主监督的新方法和新途径，不断增强民主监督实效。全力提高提案督办效果。按照“围绕中心、服务大局、提高质量、讲求实效”的工作方针，努力在提高提案质量和督办效果上下功夫。区九届二次会议以来，共立案交办提案61件，其中，涉及区政府办理的提案31件，提案的承办率、调研率、面商率、办复率均达到100%，做到了事事有答复、件件有回音。积极反映社情民意。以反映社情民意作为政协民主监督的重要途径，充分发挥政协委员、政协特邀信息员和政协机关工作人员的力量，多渠道、多途径了解社情民意。全年共收集各类社情民意信息30余篇，整理上报10余篇。稳步推进民主监督。推荐和选派了一批素质高、能力强、善担当的政协委员，分别担任公、检、法、司等相关行业和单位的行风监督员。按照“主动对接、相互支持”的原则开展监督工作，全年开展各类民主监督活动12次，提出民主监督意见11份，为积极营造“宣传推进部门工作、努力提升群众满意度”的良好氛围，发挥了积极的作用。

强化主体作用，进一步彰显为民情怀。充分发挥联系广泛的优势，不断增强人民政协的感召力、凝聚力。加强宣传教育明方向。开展了以同心喜迎二十大携手共进颂党恩为主题的陶瓷艺术展暨1%工程公益捐赠活动，共捐资近20万元。同时组织开展了党的二十大、十九届六中全会研讨活动，广泛宣传中国共产党领导的多党合作和政治协商制度，加深了广大政协委员对新时代人民政协新方位新使命的理解，增强了做好新时代政协工作的责任感和使命感。增进团结合作集众智。坚持以陶瓷为媒介，以城市为名片，以政协为平台，积极推进与全国各地政协联络联谊。全年共接待全国省级以上政协单位到珠山区考察5批次，地市级政协6批次，县（区）政协单位26批次，就营商环境、经济发展、环境保护等议题进行了交流。通过视察交流，增进了外界对珠山的了解和认识。扎根基层服务汇合力。结合全区乡村振兴工作，区政协持续把巩固扶贫成果、振兴乡村经济作为己任，坚持定期到昌江村脱贫户家中了解情况，驻村指导、倾情慰问，帮助他们解决在发展中遇到的困难，并在经济上、人力上予以支持，助推巩固拓展脱贫攻坚成果同乡村振兴有效衔接，得到了当地群众的好评。

强化自身建设，进一步增强履职能力。以改革创新精神不断推进政协自身建设，进一步激发了政协工作活力。从严从实抓好政协委员和机关干部“两支队伍”建设，持续提升委员能力素质和机关工作水平，打造一流政协工作队伍，树好新时代人民政协新风采。委员素质不断提高。高度重视委员队伍建设，通过多种形式组织开展委员培训，不断提高委员思想水平和履职能力，畅通委员履职渠道，强化委员担当，引导广大委员开展视察调研、撰写提交提案、反映社情民意信息，共向省政协投稿10余篇，充分激发委员队伍的生机和活力。作风建设不断改进。严格落实中央八项规定及实施细则精神，坚决整治“怕、慢、假、庸、散”突出问题。认真学习贯彻《关于加强和改进新时代市县政协工作的意见》，始终把党规党纪挺在前面，进一步激发机关干部作示范、勇争先的精气神，服务保障能力不断增强，团结进取氛围更加浓厚。履职能力不断提升。政协委员以自己的实际行动展现了新时代政协委员的风采，在各自的工作岗位上建功立业，取得骄人业绩。刘斐委员获全省优秀民盟盟民称号，徐家星委员担任央视二套《一槌定音》节目特邀嘉宾。

重要会议

【政协珠山区九届二次全体委员会议】 2月20—22日，政协珠山区第九届委员会第二次会议在珠山区发展中心大礼堂召开。大会开幕式由区政协主席邵继纲主持。区政协副主席方才来作《政协珠山区第九届委员会常务委员会工作报告》，区政协副主席赵军作《政协珠山区第九届委员会常务委员会关于区政协九届一次会议以来提案工作情况的报告》。部分区政协委员在大会发言。中共珠山区委书记高翔代表中共珠山区委在会上讲话。大会闭幕式由区政协副主席王娟主持，会议通过了《政协珠山区九届二次会议关于提案情况和审查意见的报告》，通过《政协珠山区第九届委员会第二次会议决议》。

【政协珠山区九届二次常务委员会议】 2月22日，区政协常委会召开区政协九届二次常委会，会议由区政协党组书记、主席邵继纲主持。会议审议通过《政协珠山区第九届委员会常务委员会关于区政协九届一次会议以来提案工作情况的报告（草案）》；审议通过《政协珠山区第九届委员会第二次会议决议（草案）》；讨论通过人事事项。

视察·调研·调查

【“聚焦优化营商环境 金融助力企业发展”情况调研】 5月25日，区政协农业农村经济科技委在区政协副主席梁霞的带领下，组织部分常委及委员围绕“珠山金融行业助力营商环境”调研课题，到江西银行景德镇昌江支行开展了专题调研并形成了调研报告，该报告就珠山区如何通过金融行业助力营商环境优化和做大做强民营企业等问题进行了阐述，并结合调研中发现有待提升改进之处提出了几点合理化建议，供中共珠山区委领导决策参考。

【“珠山区垃圾分类工作”情况调研】 8月25日，区政协提案委在区政协副主席赵军的带领下，组织部分委员到区城市管理局就垃圾分类工作开展情况进行了专题调研，并形成了调研报告。报告阐述了珠山区垃圾分类的工作开展情况和推进垃圾分类工作出现的问题，提出了4点建议，供中共珠山区委领导决策参考。

【“老鸦滩瓷文化·城市更新项目”情况调研】 10月上旬，区政协人口资源环境委在区政协主席邵继纲的带领下，组织部分委员到老鸦滩就加强景德镇国家陶瓷文化传承创新试验区建设和“老鸦滩瓷文化·城市更新项目”进展情况进行了专题调研，形成调研报告。报告对“老鸦滩瓷文化·城市更新项目”的进展情况和存在的问题等进行了深入阐述，并提出了4点建议，供中共珠山区委领导决策参考。

【“关于对小区物业管理的一些看法和想法”情况调研】 10月中旬，区政协教育卫生体育委在区政协副主席方才来的带领下，组织部分委员深入区属多个小区就珠山区小区物业管理情况进行了专题调研，形成了调研报告，报告阐述了珠山区小区物业管理现状及管理过程中出现的问题，提出了4点建议，供中共珠山区委领导决策参考。

【“发挥商会平台作用 助力珠山经济”情况调研】 10月17日，区政协港澳台侨委在区政协副主席宁静的带领下，组织部分委员到都昌商会就如何发挥商会平台作用，助力珠山经济发展情况进行了专题调研，并形成了调研报告。报告阐述了珠山区商会平台在促进经济增长、扩大就业和活跃市场等方面发挥了巨大的作用及非公有制经济企业亟待解决的问题，提出了4点建议，供中共珠山区委领导决策参考。

【“珠山区夜间经济高质量发展”情况调研】 10月21日，区政协文化文史和学习委在区政协副主席王娟的带领下，组织部分委员就做细做精“夜珠山”消费带品牌，推动珠山区夜间经济高质量发展等情况进行了专题调研，并形成了调研报告。报告阐述了“夜珠山”消费带发展现状及存在的问题，提出了5点建议，供中共珠山区委领导决策参考。

【“维护良好的营商环境”情况调研】 11月2日，区政协法制社团委在区政协主席邵继纲、区政协副主席李海平的带领下，组织部分委员到区检察院就如何维护良好的营商环境情况进行了专题调研，并形成了调研报告。报告阐述了珠山区营商环境现状及做好营商环境工作中出现的问题，提出了4点建议，供中共珠山区委领导决策参考。

专门委员会工作

【对九届二次会议重点提案办理工作的督办】 区政协提案委员会组织各专委会及部分委员针对“老鸦滩瓷文化·城市更新项目”、做细做精“夜珠山”消费带品牌、优化营商环境等工作进行了重点督办，并形成了专题调研报告。

【文史档案汇编】 2022年，由区政协文化文史和学习委牵头，与区文广新旅局、区融媒体中心等相关单位启动《珠山物华志——从老物件老字号回溯城市历史》文史档案汇编工作。历经一年多时间，几个单位的相关工作人员探访、拍摄、采访、挖掘了一批80件老物件，20余家陶瓷老字号，经过搜集整理、文字撰写、图片拍摄等大量工作。珠山区政协从中选取了比较有代表性的30余件老物件和5家老字号，将其相关材料汇编成册，结集作为《珠山物华志——从老物件老字号回溯城市历史》文史档案汇编，稿件正在进行完善之中。

中国共产党珠山区纪律检查委员会
珠山区监察委员会

综　述

【概况】 2022年，珠山区纪委区监委始终坚持以习近平新时代中国特色社会主义思想为指导，认真贯彻中央纪委国家监委、省纪委省监委、市纪委市监委部署要求，紧扣迎接保障党的二十大胜利召开和学习宣传贯彻党的二十大精神主题主线，坚定稳妥推进全面从严治党、党风廉政建设和反腐败斗争，围绕中心大局充分发挥监督保障执行、促进完善发展作用，全区纪检监察工作高质量发展迈出新步伐，全区政治生态更加风清气正、健康向上。

紧盯“首要任务”，把监督保障党的二十大精神贯彻落实作为首要政治任务，推动全区各单位、各部门结合各自职责细化实化落实举措。积极开展“七个有之”专项治理，查处违反政治纪律和政治规矩问题3件，处分3人。加强选人用人监督，办理廉政意见回复46批次703人，对8人提出了暂缓或否定性意见。抓住“关键少数”，认真贯彻落实《中共中央关于加强对“一把手”和领导班子监督的意见》，结合实际制定55项工作举措。2022年以来，共对各街道、区直部门党政“一把手”开展政治谈话137人次，政治谈话指出问题565个，制定整改措施622条，推进“一把手”监督具体化常态化。立足“专责监督”，聚焦疫情防控、优化营商环境、常态长效创建全国文明城市、防汛减灾等重点任务，坚持党中央重大决策部署到哪里，监督检查就跟进到哪里，共开展各类监督检查252次，发现问题1297个，处理103人，印发督查通报88期。

【中国共产党珠山区第十二届纪律检查委员会第二次全体会议召开】 2月16日，中国共产党珠山区第十二届纪律检查委员会第二次全体会议在区礼堂召开。区委书记高翔出席会议并讲话，区四套班子领导出席。区委常委、区纪委书记、监委主任张志刚主持会议并作题为《勇于自我革命 忠诚履职尽责 以纪检监察工作高质量发展的新成效迎接党的二十大胜利召开》的工作报告。市纪委市监委第一监督检查室有关到会指导。会议传达学习了十九届中央纪委六次全会精神、省纪委十五届二次全会精神、市纪委十二届二次全会精神。

2022年2月16日，中国共产党珠山区第十二届纪律检查委员会第二次全体会议召开 （区委宣传部供图）

【集中开展粮食购销领域腐败问题专项整治】 深刻剖析粮食购销领域的深层次问题，下发纪律检查建议书，指导、督促责任单位找准问题症结，督促完善规章制度7项。综合分析自查自纠、监督检查、专项巡察等情况，共发现区发改委、区财政局、区市监局、区农业农村和水利局（区粮食局）、竟成街道等单位在主体责任落实、履行监管责任等方面存在问题。着力发挥政治巡察作用，督促各涉粮职能部门认真做好市委专项巡察监督检查反馈意见整改工作。整改方案中的23个具体问题已整改到位，52条整改措施全部完成。

【开展城管系统作风及腐败问题专项治理】 督导区城管局围绕“管党治党不严、法治思维不够、责任意识不强、自我约束不严”四个方面深入开展自查自纠及“回头看”，持续整治城管系统作风不实、纪律不严、“吃拿卡要”等群众身边的不正之风和腐败问题。发现问题584个，梳理排查问题线索13条，立案审查调查9人，留置2人，坚决做到发现1起、查处1起。

【营商环境作风优化】 成立推进营商环境优化升级“一号改革工程”指挥部作风优化组，聚焦窗口单位工作作风、办事效率等内容，采取陪同办事、暗访检查等方式开展监督检查。共查处损害营商环境问题44起，党纪政务处分23人。深入开展“千干入万企、党建促发展”活动，全区纪检监察干部共挂点454家企业，帮助企业把握发展态势、增强发展信心。先后邀请20家企业代表召开优化营商环境专项监督座谈会2次，围绕全区营商环境方面存在的问题进行交流研讨。坚持以“红黑榜”“12345热线”为切入点，分析研判梳理问题线索，共收到转办工单42件，办结率100%。

党风廉政建设与反腐败

【廉政教育】 2022年全区纪检监察机关共受理信访举报件162件，立案112件，结案108件，给予党纪政务处分113人，其中科级干部11人；运用“四种形态”批评教育帮助和处理209人次，其中运用第一种形态批评教育帮助92人次，占总人次的44.02%。办理留置案件9件10人，其中自办2件2人，严肃查处了叶某毅、胡某海等一批腐败分子。深刻汲取肖某、龚某华案教训，以案释纪释法，以案促改促建，推动全区县级领导干部率先垂范、严于律己。深挖案件背后存在的问题短板，深入“解剖麻雀”，共发出纪检监察建议书31份。坚持以案说纪、释法、施教，聚焦整治“雅贿”问题，以小切口、大主题，组织拍摄《除“贿”务尽“俗雅”共惩》专题微视频，经“古镇珠山”“清廉珠山”等微信公众号发布后，在广大党员干部群众中引起热烈反响，社会各界纷纷点赞。健全完善容错纠错机制，为工作失误、经验不足、符合条件的干部撑腰鼓劲。2022年，对1起符合容错纠错条件的执法过程中处罚依据适用不当问题从轻处理，对2起失实检举控告予以澄清正名。全面贯彻惩前毖后、治病救人方针，严厉惩治“蝇贪”“蚁腐”，助力“双减”，常态化开展“惩腐打伞”，在分类施治、层层设防中贯通不敢腐、不能腐、不想腐。2022年以来，共查处群众身边腐败和作风问题44起，处分处理46人；督促教体局等相关部门依法查封15家培训机构，下达整治通知书20份；查处“保护伞”案件2起，给予党纪政务处分2人。

【落实中央八项规定精神】 注重把握作风建设难在防止反弹、重在精准施治的内在规律，以钉钉子精神纠治“四风”，坚决防反弹回潮、防隐形变异、防由风及腐。查处享乐主义、奢靡之风问题14起，给予党纪政务处分15人。坚决整治形式主义、官僚主义。在全区开展作风建设大讨论活动，树立“有错是过，无为也是过”的鲜明导向，积极营造解放思想、担当作为的浓厚氛围，以作风攻坚促发展攻坚。2022年，共查处形式主义、官僚主义问题11起，处理11人。大力培树新时代新风正气。强化领导干部示范引领，监督推动领导干部自觉遵守操办婚丧喜庆事宜的各项规定，带头移风易俗、厉行节约，自觉减少操办事项，提倡“光盘行动”，杜绝“舌尖上的浪费”，引领社会新风尚。注重关口前移，全面推行廉洁过节提醒制度，在重要节假日前向党员干部发送温馨提示函共1203份，营造崇廉尚俭的节日氛围。

【纪检监察队伍建设】 组织党员干部到浮梁江村江式训革命烈士纪念馆等地，开展“敲警钟明底线 守忠诚做卫士”主题党日活动，庆祝中国共产党成立101周年。按照“办精品案件，带精品队伍”要求，把“在课堂学”和“到监督执纪执法一线学”紧密结合起来，采取跟班轮训、以案代训、以巡代训等方式开展实战练兵，一体化加强纪检监察干部队伍业务人才培养，共组织160人次参加各级各类培训，统筹抽调4人次干部参加上级办案等中心工作。时刻紧绷办案安全这根弦，建立健全分工明确、各司其职、各负其责的“走读式”谈话安全责任体系，推动形成人人负责、齐抓共管的审查安全工作格局。坚持一手抓规范用权，一手抓刀刃向内，持续加大严管严治、自我净化力度，对1名纪检监察干部“酒驾”问题给予党内警告处分。自觉接受监督，向区人大常委会报告专项工作，发挥特约监察员监督作用。坚持严管厚爱结合、激励约束并重，运用卢某、何某生、熊某案为反面典型，组织全区纪检监察干部参加警示教育，及时完善纪检监察干部廉政档案。

巡　察

【概况】 2022年，区委巡察办开展了2轮巡察，分别为十二届第三轮、第四轮巡察，巡察区直单位党组织16个。在原有3个常设巡察组基础上抽调20名优秀年轻干部参加巡察工作。

【十二届区委第三轮巡察】 5月26日至7月23日区生态环境局、区乡村振兴局2个单位配合省委、市委开展上下联动巡视巡察（第一巡察组），对里村街道办事处、区经开区、区财政局、区妇联、团区委、区国资公司6个单位党组织开展常规巡察，对上述单位下属体量较大、情况较复杂、权力较集中的副科级以上单位开展点穴式巡察。巡察办组织各巡察组于9月11日、9月22日分别向区委巡察工作领导小组和区委书记专题会汇报巡察情况。10月全面完成巡察反馈、移交、归档等工作。经梳理，在第三轮巡察中，巡察组向被巡察党组织反馈问题91个，反馈意见22条，移交立行立改问题3个。

【十二届区委第四轮巡察】 十二届区委第四轮巡察暨提级巡察、常规巡察于10月10日开始，12月9日结束，配合市委第二巡察组对珠山区纪委监委机关、区委组织部开展提级巡察，对新厂街道办事处、区科技局、区红十字会、新村街道办事处、区工信局、区档案馆等6个单位党组织开展常规巡察。

【巡察问题整改】 省委巡视反馈的13个问题，现列出整改举措29条，完成整改13条，正在推进16条，整改完成率为44.83%；市委巡察反馈的51个问题，现列出整改举措125条，完成整改73条，正在推进52条，整改完成率为58.40%，并将根据整改落实情况，不断完善整改举措，确保按时按质全面完成整改任务。

【巡察机制完善】 加强巡察机构正规化建设，把巡察作为培养锻炼干部的重要平台，抽调7名新提拔领导干部和优秀年轻干部到巡察岗位锻炼。2022年，共选派2名巡察干部参与省、市巡视巡察工作，让干部接受考验、尽快成长。制定《关于建立完善区委巡察工作机制的意见》等9项工作机制，进一步加大巡察工作力度，做到巡察对象与上级互补、巡察方式与上级互动、巡察工作与上级同步、专项巡察上下联动。

群众团体

珠山区总工会

【概况】 2022年区总工会开展“双节”送温暖活动，慰问困难职工122人，累计发放帮扶资金29.985万元；开展日常生活、医疗救助，帮扶困难职工36人，累计救助资金7.11万元；“五一”走访困难劳模、“六一”慰问留守儿童累计发放救助金1万元。

【职工活动】 1月区总工会深入结对文明村、三宝瓷谷游客中心开展“送万福进万家”系列书法公益活动；5月举办“劳动创造幸福”系列主题宣讲活动走进桂花弄社区，邀请劳模代表为社区干部职工作主题宣讲，引导广大职工群众树立“劳动创造幸福”的理念，立足岗位作贡献；7月举办“喜迎二十大、‘七一’主题党日”活动；8月联合区相关单位，开展以“网络安全为人民，网络安全靠人民”为主题网络安全宣传进机关、进学校、进农村志愿服务活动；9月联合区相关单位举办“喜迎党的二十大 感恩奋进新征程”主题演讲、征文、书法比赛社会科学普及周活动；10月31日组织机关全体干部职工及劳模、产业工人、景漂代表收听收看习近平总书记在中国共产党第二十次全国代表大会上的报告并召开学习宣传贯彻党的二十大精神座谈会。

【助力职工职业发展】 开展“助力双‘一号工程’工会在行动”活动，举办数字经济职工职业技能竞赛。在改革示范企业举办4场职工职业技能竞赛；开展“传技赋能‘数’创未来”数字经济名师带徒活动。向省总选报了1名兴航科技有限公司数控能手，传帮带10名徒弟；积极推荐先进，推荐的1名美团外卖骑手荣获“全市最美劳动者”荣誉称号。开展职工健康关爱活动，为区跨境电商产业园60名职工提供免费健康体检。向加入工会组织的数字企业职工赠送意外大病团体综合保障互助计划险；组织双“一号工程”领域职工疗休养。组织了21名职工（劳模）参加省、市职工疗休养；组织职工联谊活动。七夕节在三宝洛克设计谷举办一场数字经济企业职工联谊会，在陶艺街职工之家举办了一场职工联谊会；开展心理咨询服务，在浙江路餐饮行业工会爱心驿站特邀心理咨询师为外卖小哥、环卫、城管进行心理辅导，受众30余人。打造数字经济企业职工活动场所，为职工增添了业余文体设施；助力小微企业创新发展，由工会提供全额贴息，向创客或小微企业提供免担保无抵押的“瓷都工贷”业务，为6名创客提供200万元信用贷贴息服务；全额返还小微企业工会经费，为11家小微企业返还2.2万元。做到应返尽返，营造良好营商环境。加强基层工会组织建设，特别是数字经济企业和新就业形态劳动者领域的组织建设。成立珠山区新就业形态劳动者联合会工会，并在三宝国际瓷谷打造新就业形态劳动者职工之家。成立了17家基层工会，30家选举结果批复，办理法人资格证书36张；区总工会响应全区“千千人万企、党建促发展”活动，并联合区相关单位举办了“珠事顺利，担当奉献”我为珠山营商环境发展做贡献主题演讲比赛。

【弘扬劳模精神】 大力弘扬劳模精神、劳动精神、工匠精神，珠山区总工会联合市女子书画法协会、陶艺街景漂工会举办了中国梦·劳动美——迎“五一”书画致敬劳动者活动；坚持面向基层、面向一线、面向普通劳动者原则，向上级工会评先推优市五一巾帼标兵、市五一巾帼标兵岗、市女创业带头人、市五一劳动奖状、市五一劳动奖章。关心关爱劳动模范，为区属各级困难劳模申请困难补助金，“双节”走访慰问了珠山区部分困难、大病劳动模范代表。组织63位区级劳模体检并发放2022年劳模慰问金2.52万元。为2个区级劳模创新工作室授牌。经区委、区政府研究决定，评选表彰了70名珠山区劳动模范和先进工作者。

【帮扶解困】 开展防汛抢险救灾等各项工作，把党和政府的温暖送到受灾职工群众和防汛救灾一线工作人员心坎上。9月8日，区总工会慰问组一行走进青塘村，送去5万元抗旱资金。将干旱损失降到最低，为农业增效、农民增收、农村稳定提供助力。助力疫情防控，体现工会“娘家人”的关怀，为全区奋战在一线的干部职工送去近4000份慰问品。推动珠山区“暖心加油站”建设落地生根，让更多户外劳动者感受到社会发展带来的获得感和幸福感；推进“双减”工作落地见效，1月20日至2月11日，开办珠山区职工子女寒假托管班。7—8月，开办了1个暑期幼儿托管班和2个小学托管班。开展“夏送清凉”活动，为奋战在高温一线的广大劳动者送去矿泉水、绿豆、白糖、毛巾、香皂等防暑降温物资。开展“金秋助学”活动，为4名大学生送去1.4万元助学金。6月底全面完成了医疗补充保障，为患大病赔付职工互助保障金。

【市总工会慰问外卖小哥】 2022年1月20日，市总工会党组副书记、常务副主席伍恒明一行走进美团景德镇办事处，看望慰问新就业形态劳动者，为外卖小哥们送去户外保温杯和户外手套等460份生活用品。

【开展送文化下乡送温暖活动】 2022年1月21日，区总工会到文明帮建村（桃墅府前）开展送文化下乡暨送温暖活动，送去了500余册书刊，助力乡村文化振兴。区人大常委会副主任、区总工会汪涛，劳模邹达怀、徐国明、王昌虎、余刚等参加活动并走访慰问困难村民。

共青团珠山区委员会

【概况】 共青团珠山区委围绕“凝聚青年、服务大局、当好桥梁、从严治团”四维工作格局，持续加强青少年思想引领，大力推进团的基层建设。2022年3月被团省委授予“2021年度全省共青团工作先进区”。

【庆祝中国共产主义青年团成立100周年】 为迎接党的二十大胜利召开、庆祝中国共产主义青年团成立100周年，引导广大团员继承和发扬五四精神，厚植爱党、爱国、爱社会主义情感。5月19日，召开学习贯彻习近平总书记在庆祝中国共产主义青年团成立100周年大会上的重要讲话精神座谈会，区委副书记、区委政法委书记程传冬出席并讲话。下午在陶阳学校举行“喜迎二十大、永远跟党走、奋进新征程”新团员入团仪式。

【举办青年联谊活动】 为落实《江西省中长期青年发展规划》文件精神，履行联系服务青年工作职责，为单身青年搭建一个相识、相知、相恋的平台。9月18日，团区委联合昌飞团委、区妇联的“缘聚珠山”主题青年联谊会举办。40余名机关青年参与活动，开启寻找真爱之旅。

【县域共青团改革会议】 10月14日，召开珠山区县域共青团基层组织改革动员会，会上传达学习了全国、全省、全市县域共青团基层组织改革动员部署会议精神，团区委就珠山区县域共青团基层组织改革工作进行了汇报。会议审议了《珠山区推进县域共青团基层组织改革实施方案（征求意见稿）》。

【党的二十大精神专题宣讲】 为认真学习贯彻落实党的二十大精神，11月3日，团区委召开了党的二十大精神专题培训班，学校青年教师、街道团干及社区团支部书记共计50余名青年参加此次培训。

【首届国际青年陶瓷艺术节】 11月9日，由中央广播电视总台央视网、共青团江西省委、景德镇市人民政府、珠山区人民政府共同主办的“央视网·瓷”数字文化产业基地启动暨中国·景德镇首届国际青年陶瓷文化艺术节开幕式在景德镇市珠山区陶源谷·三宝举行。

珠山区妇女联合会

【概况】 2022年区妇联围绕中心服务大局，深化家庭文明建设，持续关爱困难群体，为全面建设社会主义现代化国际瓷都先行区贡献了巾帼力量、彰显了巾帼作为。珠山区妈妈防火团荣获江西省三八红旗集体荣誉称号；区审计局、第十二小学获得全市三八红旗集体荣誉称号；区商务局办公室、竟成镇黄泥头村委会、昌江广场社区荣获全市巾帼文明岗荣誉称号；区统计局荣获全市巾帼建功先进集体称号；有7人荣获全市三八红旗手称号；5人荣获全市巾帼建功标兵称号。

【妇女思想引领】 通过“珠山妇工”微信公众号、网易媒体平台等网络阵地以及党组会议进行学习传达党的二十大精神，引导妇女坚定捍卫“两个确立”，坚决做到“两个维护”，筑牢全区妇女团结奋进的思想根基，夯实党执政的妇女群众基础。并以党的二十大为主题，举办“欢度国庆节·喜迎二十大”“宣讲党的二十大，巧手妙笔绘美好”亲子主题活动，用画笔尽情抒发对党、对祖国的热爱之情。

组织“赣鄱红色娘子军”宣讲

2022年，区妇联开展“宣讲党的二十大，巧手妙笔绘美好”活动（区妇联供图）

团开展党的十九届历次全会精神和党的二十大精神进社区、进企业、进乡村、进高校活动，在辖区企业、田间地头、社区小区等面向基层妇女群众、广大家庭进行宣讲，进一步团结引领了广大妇女、广大家庭坚定不移听党话、跟党走、感党恩，共创未来美好生活。并充分运用好妇联红色资源，开展了“2022·奋进·清明祭英烈”主题党日活动以及“强国复兴有我，传承红色基因”红色文化主题党日活动，进一步教育引导党员干部增强党的意识、党员意识，继承革命传统、传承红色基因。

【颁布“两个规划”】 2022 年 6 月，经区政府研究同意，正式颁布《珠山区妇女发展规划（2021—2030 年）》和《珠山区儿童发展规划（2021—2030 年）》，新“两规”充分体现了以人民为中心的发展思想，开启了未来十年珠山区妇女儿童事业发展的辉煌篇章。

【服务巾帼行动】 与多部门联合在古镇天御华达超市门口开展珠山区 2022 年春季扶优扶强企业招工暨春风行动招聘会，让广大妇女群众“求职有方向、维权有门路”，不断扩大就业创业政策的知晓度；配合省妇联“鹤舞赣鄱”支持女大学生就业创业计划，在 2022 年巾帼专场招聘会上以线上线下的方式提供 341 个岗位面向女大学生进行招聘，促进女大学生创业就业。充分发挥有技能特长巾帼志愿者的作用，组建六大特色巾帼志愿服务分队，精准开展巾帼志愿服务。2022 年，开展百余次卫生环保志愿服务、爱心帮扶志愿服务、文化文艺志愿服务、心理抚慰志愿服务、家庭教育志愿服务、法律维权志愿服务活动。

【注重家庭教育】 在小港嘴小学、新厂小学、十七小学分校、珠山实验幼儿园等学校开展了 10 余场以“安全教育”和“家庭教育”为主题的公益讲座；与区人民法院在五龙山社区共同设立珠山区家庭教育指导服务中心，推动家庭教育指导服务走向科学化、规范化、法治化。并结合“5·15”国际家庭日，与珠山区检察院联合举办了“阳光护航 从心开始”家庭教育指导讲堂，为 13 组涉案未成年人家庭就如何教育、引导孩子提供了指导和帮助，引导家长依法履行相关义务。

以弘扬中华传统文化为主题，开展“家风墨宝永传承 巾帼送福进万家”写春联活动、“传统文化润童心 萌虎喜乐迎新春”“巧手做灯笼 欢乐迎元宵”活动以及“浓情粽香，与爱同行”活动，进一步增强少年儿童对传统文化的了解；以倡导文明婚恋新风尚为主题，举办“缘定航空 相约珠山”联谊活动以及“珍爱一生永相伴 携手共传好家风”金婚见证仪式，把老一辈的优良传统美德和良好家风传承下去，带动青年树立正确的婚恋观、人生观和价值观，争做新时代新风尚的倡导者、传播者和实践者。

经区妇联推荐，3 户家庭获得江西省“书香家庭”荣誉称号、2 户家庭获得江西省“最美家庭”荣誉称号，在“三八”国际妇女节 112 周年纪念暨表彰大会上，为 120 户珠山区“清洁家庭”示范户颁发了奖牌，为 12 户珠山区“最美家庭”颁发了瓷盘和证书；与文广新旅局共同评选出了 2 户珠山区“书香家庭”，并在第四届“4·23”书香珠山读书节活动上进行了颁奖。

【关爱妇女儿童】 开展“暖冬计划”关爱困难妇女活动，对辖区近百名城镇“两癌”贫困妇女、残障妇女、重点人群以及困难妇女家庭进行走访慰问，送去了总价值近 1 0 万元的慰问金和慰问品；充分发挥“联”字优势，以“阳光护航暖童心 青花姐姐伴成长”主题活动为抓手，组织“青花姐姐”巾帼志愿者、党员志愿者与留守儿童、困境儿童家庭进行“1+1”结对，形成关心关爱困境儿童长效机制。2022 年，共关爱帮扶了百余名留守儿童、困难儿童。

与区民政局联合在樊家井社区、画眉楼社区成立“儿童服务站”，为辖区留守儿童、困难儿童提供服务，缓解儿童面临的各类问题；开展“少年儿童心向党、用心用情伴成长”音体美公益项目，不断丰富农村留守儿童和困境儿童的课余文化生活。

举办“维权大家讲·巾帼大讲堂”讲座、“美好生活 民法典相伴”主题宣讲等法律知识讲座，大力宣传男女平等基本国策及《中华人民共和国妇女权益保障法》《中华人民共和国未成年人保护法》《中华人民共和国反家庭暴力法》《中华人民共和国民法典》等法律法规，增强群众法律意识；持续做好妇女的来电来访和咨询，2022 年，共接待了 45 名妇女群众的来电、来访，处理率 100%。

【基层妇联组织建设】 推进“两新”组织组建妇联组织工作，对“两新”组织中已建立党组织的，妇联组织同步跟进、实现全覆盖，同时将妇联的组织链条和工作触角向全区域、新领域延伸，把广大女性紧紧团结在党的周围，持续推动妇联组织改革向纵深发展。2022 年，在 14 家“两新”组织中成立了妇联，在 16 家“两新”组织中成立了妇委会，真正做到了“哪里有妇女群众，哪里就有妇联组织”。

珠山区科学技术协会

【概况】 2022 年，区科学技术协会扎实推进《全民科学素质行动计划纲要》，不断提升科普服务能力，突出科普价值引领，传播科学思想，弘扬科学精神，提高全民科学素质，以高质量科普服务高质量发展。

【科技志愿服务活动】 多方协作，开展科技志愿服务活动。3 月 15 日，结合科普助力新时代文明实践，区科协联合竟成镇开展科普之春活动暨科协农技协助春耕送科技下乡活动。组织科技专家为果农们开展“果树现代栽培”知识讲座，助推美丽乡村建设。4 月 28 日，针对莲花塘晨练集中点防范意识薄弱的老年人居多的特点，联合莲花塘社区开展“崇尚科学 反对邪教”科普志愿服务活动，进行反邪教安全健康知识传播，服务周边老年居民。6月22日，联合昌华玉牙在竟成小学开展“儿童口腔健康知识讲座”，免费为200多名儿童做口腔保健检查，并发放儿童牙膏牙刷。

【公民科学素质抽样调查】 严格贯彻落实省、市科协工作部署会的精神和要求，扎实开展第十二次中国公民科学素质抽样调查工作。5月7日，印发珠山区《关于迎接做好第十二次中国公民科学素质抽样调查工作的通知》，5月12日，召开了全区公民科学素质工作部署会进行动员，8月18日，组织开展了10场抽样调查业务培训会，培训人员共计1100余人。在8月26日的抽样调查国检中，通过与调查组的对接，积极组织配合，完成了抽样调查工作任务。

【全国科普日活动】 9月15—21日全国科普日活动期间，严格按照中国科协、省和市科协相关要求，组织开展了各类群众性科普活动。以贴近实际、贴近生活、贴近群众的形式，开展疫情防控、食品安全、健康助老、节能环保科普讲座，科技志愿服务、应急科普宣传等，通过产品展示、演示、义诊、发放科普宣传资料以及现场科学问答等方式，引导广大群众树立科学生产、健康生活、协调发展的理念，有效提升了公民科学素质，营造了浓厚的全国科普日活动氛围。其间，共开展各类活动30场，参加人5000余人次，并荣获了全国“2022年全国科普日活动优秀组织单位”、2022年江西省“全国科普日”优秀组织单位、景德镇市2022年全国科普日活动优秀组织单位等称号。珠山区科协主席李敏获得“景德镇市2022年全国科普日活动先进个人”荣誉称号。

【企业科协组织建设】 根据省、市科协关于加强企业科协组织建设三年规划的要求，深入辖区的规模以上企业和专精特新等企业沟通联系，指导企业建立企业科协。在鑫惠康电子有限责任公司、真如堂陶瓷有限公司、昌华玉牙口腔连锁机构、景德镇市古镇混凝土有限公司4家企业建立了企业科协。并及时与企业科技工作者联系沟通，倾听他们的呼声，收集他们的意见，关心支持企业科技工作者，保护其合法权益。

珠山区工商业联合会

【概况】 区工商业联合会第五届执行委员会委员48人，常委15人，主席、副主席、秘书长7人，总商会会长、副会长4人。

【牵头全区营商环境工作】 区工商联主动参与营商环境“一号改革工程”，牵头落实“千千入万企、党建促发展”相关工作。编印了5000余本《惠企政策精编》，汇总了景德镇市纾困解难34条以及区税务局、财政局、科技局、人社局上报的国家、省、市、区相关惠企政策，结合全市全区的“惠企政策宣传月”工作要求，通过挂点干部走访，将《惠企政策精编》发放给企业，进行政策宣传、讲解等，了解生产经营中的问题和困难，并且主动帮助协调解决。2022年共收到意见诉求609条，已解决606条。积极对接省市工商联，主动了解“企业评”相关信息，在省“企业评”工作启动当日，区工商联立即组织企业填报，在4个小时内完成了有效问卷作答。

【惠企工作】 组织企业参加招聘会。1月，组织了8家民企参加“2022年就业援助月暨乡村振兴城镇困难群众就业招聘会”。2月，组织了10家民企参加“珠山区2022年春季扶优扶强企业招工暨春风行动招聘会”。为企业融资贷款搭建平台。为帮助企业和银行之间建立沟通桥梁，为企业提供更好金融服务。3月，联合赣州银行开展了政银企交流互动的活动。开展“专利政策服务进企业”专题宣讲会。6月，在三宝瓷谷艺术馆会议厅举办了“专利知识政策服务进企业”专题宣讲会，民营企业代表40余人参加了活动。

【光彩事业】 区工商联引导企业参与光彩事业，通过开展红色教育、学习二十大精神等活动引领企业发展。1月10日工商联开展腊八节迎新送祝福活动，10余名陶瓷书画老师为居民群众送上200余副春联和“福”字；组织开展了“民企迎新送温暖活动”，会员企业捐助慰问品、慰问金共计10万余元，走访慰问群众400余人次。6月1日，工商联与昌华玉牙一同前往昌河街道开展“六一”慰问困难儿童活动，老鸦滩瓷板书画协会在曙光小学开展了“六一”捐赠活动。9月28日，珠山区工商联组织20余名企业家到“平民夜校”开展“喜迎二十大，永远跟党走”红色教育活动，同日走进“樊家井新时代文明实践站”，开展“我进文明实践站，共建珠山新风尚”主题活动。10月16日，组织会员企业党员职工收看、收听党的二十大开幕会，鼓励企业家们撰写心得体会，并在珠山区工商联微信公众号进行了报道。10月28日，深入企业，举办了“党的二十大宣讲进企业”活动并进行了座谈。

【开展“企业服务日”活动】 4月6日上午，区工商联开展“企业服务日”活动，由珠山区委书记带队，深入鑫惠康科技有限公司、昌华玉牙口腔医院、日新百货方家山店、视界风尚酒店等企业，开展“企业服务日”活动，现场协调解决企业发展中遇到的困难和问题。

【非公有制企业维权服务】 区非公有制企业维权服务中心多举措、全方面为非公有制企业提供维权服务，开通了24小时服务热线、公布了电子邮箱、在公众号开设了线上维权入口等。为民营企业排忧解难，让企业安心发展、放心发展。截至年底，共收到非公有制企业维权诉求 58 条，通过转办、自办等方式解决到位 55 条。还有 3 条正在协调解决中，为企业生产经营保驾护航。

珠山区文学艺术界联合会

【概况】 区文联认真履行“团结引导、联络协调、服务管理、自律维权”基本职能，围绕中心、服务大局、深入生活、扎根人民，团结和带领广大文艺工作者一手抓文艺创作、一手抓服务提升，有力促进了珠山文学艺术事业的发展繁荣。

【开展我为群众办实事新时代文明实践活动】 组织区书法家协会在新年前夕开展了“迎新春 送祝福”进学校、村（社区）、进乡村、进机关、进企业共 6 个主题活动。在春节期间组织开展“文化进万家——镜头里的珠山年”照片征集活动，活动征集的照片经评选于春节、元宵期间已在“古镇珠山”微信公众号上展示。举办喜迎党的二十大召开暨 2022 年珠山区“礼赞珠山 · 光耀中华”为主题的“谷雨诗会”诗词征文大赛。开展了“优化营商环境结硕果做强数字经济看珠山”为主题的文艺作品评比活动，用优秀的文艺作品讲好营商环境优化升级中的好故事、好声音。7 月 27 日，组织文艺志愿者走进五龙山社区开展“我进文明实践站 共建珠山新风尚”文明实践活动，以志愿服务为载体，以书画的形式传承优秀文化，丰富社区居民的精神文化生活。10 月 28 日，开展“万名文艺家下基层”学习宣传贯彻二十大精神文艺志愿服务活动，组织文艺志愿服务队走进昌江村新时代文明实践站。11 月 8 日，在三宝洛克谷举办了“践行党的二十大精神——同心书协新征程”珠山区陶瓷书法刻字展览。中国文联国际部主任董占顺，中国外文局副局长陆彩荣，省文联党组书记饶利萍，省文联副主席、省书协主席毛国典，市文联党组书记熊小席，主席谢景玉到场参观指导。

【促进文艺融合的对外交流】 7 月 6 日，中国文联党组成员、副主席诸迪率中国文联调研组来到珠山区开展调研。省委宣传部副部长黎隆武，省文联党组书记马玉玲陪同调研。7 月 31 日至 8 月 3 日，中国文联党组成员、书记处书记张宏率中国文联调研组前往三宝国际陶艺村进行了实地调研，详细了解珠山区陶瓷历史和当今发展现状等情况。8 月 9—12 日，由福建省文联党组书记王秋梅带队的调研组走进三宝瓷谷，实地考察文艺家工作生活创作情况和陶瓷文化产业创新发展情况。11 月 8 日，中国文联国际联络部主任董占顺来到珠山区三宝国际瓷谷，调研文化产业发展情况。省文联党组书记饶利萍参加调研。

【组织会员参与各类申报工作】 组织各协会会员参与各类申报工作，培育壮大文化队伍。组织各协会申报“第四届江西省文学艺术奖”评选、第七届“景德镇市文学艺术奖”评选活动；区作协主席被增补为市作家协会第七届理事会副秘书长，并被发展为省级会员，区美协发展省级会员 2 名、区书协发展省级会员 5 名、区摄协发展省级会员 1 名、区诗词学会发展省级会员 4 名；区书协新增加了新会员 17 名，区作协增加了新会员 6 名，区摄协增加了新会员 5 名。

珠山区残疾人联合会

【概况】 2022 年，区残联大力推行残疾人辅助器具补贴制度，进一步满足残疾人个性化需求，将残疾人基本辅具适配转化为货币化补贴，完成辅具 57 人，假肢 5 人，助听器 23 人（其中儿童 1 人）。推进残疾人基础康复工作，为 241 名有康复需要的残疾人提供基础康复服务（其中联合珠山仁德康复医院为 129 名残疾人提供支持性服务），珠山区康复服务率、辅具适配率均达到 100%。开展儿童康复救助，为 23 名残疾儿童提供康复服务训练，实现重点保障残疾儿童应救尽救。结合“爱耳日”“助残日”“残疾预防日”等重大时间节点相应开展残疾人保障、残疾预防等知识宣传、扶困助残活动，活动期间接待政策咨询 600 余人次。

【提高公益性岗位待遇】 联合区就业局做好公益性岗位审核工作，经审核享受公益性岗位待遇满三年或因超龄（男 60 岁，女 55 岁）不能再享受待遇的共 15 人，完成残疾人“公益性岗位”安置 28 人，并提高公益性岗位待遇达到 1200 元 /（人 · 月）[区就业局补贴 1000 元 /（人 · 月），区残联补贴 200 元 /（人 · 月）]；完成残疾人居家托养 60 人，向仁德康复医院按照 1500 元 /（人·年）的标准，支付 9 万元；发放燃油补贴 140 人，260 元 / 人，共发放 36400 元。审核残疾儿童学前教育补助申报材料 14 人，发放 4.2 万元；为 4 名残疾大学生审核材料并发放助学资金 1.6 万元。

【残疾人信息登记】 按照省残联统一部署，2022 年的残疾人信息专项调查入户登记工作从 3 月正式开始，全区调查数据人口共 5453 人，完成率为 100%。完成了入户调查 4858 人，入户调查率为 91.02%，App 采集比例达 98.84%；全部按要求调查完毕，完成率为 100%。

【“两项补贴”发放】 为进一步改善重度、困难残疾人的生活状况，促进社会和谐稳定，按照省、市有关文件精神，以“满足条件、应享尽享”为目标，自 2019 年 1 月起，“江西省两项补贴信息系统”上线，区残联配合区民政局开展“两项补贴”发放工作，发放生活补贴 2301 人，护理补贴 1495 人，做到了应审尽审。

【推进残疾人就业】 认真结合《关于印发〈江西省超比例安排残疾人就业企业奖励的办法（试行）的通知〉》，2022年残保金征收有关文件精神以及残疾人就业联网认证工作，摸排残疾人就业情况。完成1家企业残疾人就业认证，并向区税务局推送了残保金减免信息。加强残疾人就业帮扶，联合区就业局开展“就业援助月”活动，组织约百名残疾人参加了就业局就业招聘会；与玉禾田、万顺叫车等企业沟通扩大残疾人就业渠道，经协商，玉禾田企业拿出清洁工岗位20个名额招聘残疾人，并设置了2名残疾人大学生招聘专岗。组织4名残疾人参加了就业局就业创业培训，并积极帮助残疾人实现就业，辅助性就业安置6人。

端午、中秋等重大节日开展走访慰问。区残联配合区民政局加大建档立卡贫困户失能照护托养工作力度，为11名残疾人提供每月600元现金补贴，并于2022年5月全国助残日期间巡访11户重度失能残疾人，每户发放价值160元的油和米。

【城镇贫困残疾人帮扶】 自2018年开展城镇贫困残疾人脱贫解困工作，认真与民政局核对数据，摸排完善城镇贫困残疾人信息台账。落实残联政策，结合民生工程、精准康复、燃油补贴、无障碍改造等工作，为城镇贫困残疾人提供贴合需求的服务，并做好城镇贫困残疾人脱贫解困验收工作迎检准备。配合区医保局为全区1617名重度残疾人购买医疗保险。配合区社保局共为1452名残疾人缴纳养老保险。

2022年9月，区残联开展“迎中秋，关爱残疾人”趣味运动会（区残联供图）

【农村贫困残疾人帮扶】 区残联严格按照上级残联部署和区扶贫办意见，认真履行残联职责、落实落细防返贫监测工作。2022年，竟成镇新办证14人，其中建档立卡脱贫户残疾人0人。对接区扶贫办开展易返贫致贫两类人员名单核对，核查这些人政策是否落实到位，并配合各部门开展数据比对，精准变动完善建档立卡残疾人信息台账，截至2022年12月31日，共有建档立卡脱贫残疾人87户95人，边缘易致贫户5户5人。结对帮扶竟成镇昌江村2户建档立卡脱贫户，拨付2022年度副科级以上帮扶干部包户帮扶资金6000元，并每月上户两次，与脱贫户沟通紧密，并在

【开展残疾人文体活动】 2022年受疫情影响，减少了聚集性活动的开展。组织残疾人参加就业局线上招聘会。组织区属街道、社区开展了形式多样的适合残疾人群的各类文体活动，文化周期间组织残疾人报送艺术作品；联合区民政局、竟成街道开展第三十二次“全国助残日”活动，走访困难重度失能残疾人家庭，为残疾人送去党和政府的关怀和温暖，帮助他们解决生活中的实际困难；于5月13日联合市残联、里村街道开展网络助残公益活动；联合昌河街道梦园社区于9月初开展了一场“迎中秋，关爱残疾人”趣味运动会，精心设置了托乒乓球、夹玻璃球等简单易行的趣味项目，让残疾人享受运动带来的乐趣。同时选拔优秀的残障人士，参加上级组织的各类竞技性比赛活动，肢残运动员兰波在省第十六届运动会羽毛球比赛中荣获冠军。

【街道残联组织建设】 指导区属街道残联稳妥有序开展换届工作，选优配强残联领导班子，全区11个街道残联全部完成换届工作。健全基层残联组织，构建“纵向到底、横向到边”的残联组织体系，推动全区69个村（社区）建立残协。

【残疾人维权】 切实解决残疾人反映的焦点问题，做到合理的问题及时解决，无理的诉求做好疏导解释工作，生活困难的及时帮扶。对信访工作做到不迟报、不漏报，出现信访工作问题第一时间赶到现场。2022年，共接待来信来访150余人次，回复网络信访件1起，较好地维护了社会的稳定。

珠山区红十字会

【概况】 2022年，区红十字会共接收捐赠款物254万元，培训红十字应急救护员800人，红十字应急救护普及培训5000人次。

【博爱送万家活动】 为关心贫困群众的基本生活，切实为贫困家庭献爱心、办实事，让贫困群众过上温暖、祥和的节日，1月25日，珠山区红十字会联合日新百货在陶新家园日新百货门店、太白园日新百货门店举行2022年“博爱进万家”活动。区委副书记、区委政法委书记程传冬，副区长万雪生、区政协副主席宁静出席活动。区红十字会、区工商联、爱心企业日新百货负责人参加活动，共向104户困境家庭发放价值5.2万元的104个温暖箱（年货）。

【应急救护培训】 开展红十字应急救护培训“进机关、进学校、进社区、进农村、进企业”，共培训红十字应急救护员 800 人，普及应急救护知识 5000 人次。5 月 24—27 日，区红十字会“救在身边 + 生命教育”行动走进景德镇市日新百货贸易有限公司开展 3 期红十字救护员培训。来自全市 11 家日新超市的 139 名职工参加了红十字基本知识、救护新概念、现场心肺复苏、气道异物梗阻急救法、创伤救护 4 项技术（止血、包扎、骨折固定、伤员搬运）、常见急症的现场处理；意外伤害的现场急救知识和技能、突发事件（自然灾害和事故灾难）的逃生避险知识、自救互救技能的学习。

【无偿献血志愿服务活动】 5 月 13 日，区红十字会、区直机关工委、区卫健委等联合组织区发展中心内办公的单位（党组织）开展“抗疫情、捐热血”主题党日无偿献血志愿服务活动，83 名志愿者参与献血，现场采血 19900 毫升。

【防溺水宣讲进校园活动】 5 月 26 日至 6 月 30 日，区红十字会、区教体局、区应急管理局联合进入区 20 所学校开展“生命教育、人道伴行”防溺水宣讲进校园活动。普及防溺水的措施、溺水时的自救方法以及发现有人溺水时的正确救护方法。尤其要通过现场道具演示、实际参与演练等环节，强化对孩子的防溺水教育，为学生健康安全护航。

【驰援乐平特大洪灾捐赠活动】 6 月 18—21 日，乐平遭遇了历史罕见的洪涝灾害，多处基础设施被毁、农田被淹、房屋进水倒塌，造成重大财产损失，人民群众生产生活受到严重影响。7 月 1 日下午，“珠乐一家亲 携手抗洪灾”珠山区驰援乐平特大洪灾捐赠仪式在乐平市卫健委举行。珠山区委副书记、区委政法委书记程传冬，乐平市委常委、常务副市长丁巍，珠山区副区长万雪生出席捐赠仪式。此次珠山区干部群众向乐平市捐赠 226880 元。

【爱心义诊进社区活动】 倡导健康文明生活方式，更好地开展妇幼健康促进、老年健康促进、心脑血管疾病防治、慢性呼吸系统疾病防治、糖尿病防治等行动。10 月 11 日至 11 月底，组织区红十字会“江小红宣讲团 · 人道讲堂”走进社区开展生命健康教育宣讲，同时组织“珠山区南丁格尔志愿服务队仁德康复医院分队”走进社区开展爱心义诊活动。

【在公共场所投放应急救护设备】为进一步完善公共场所医疗急救体系，提高心源性猝死患者的抢救成功率，先后在区发展中心、昌河梦园社区、昌江桂花弄社区等 3 个点投放安装总价值近 10 万元的应急救护一体机（含 AED）。AED（除颤仪）安装完成后，切实为市民的生命和健康安全“保驾护航”，让广大居民掌握急救知识和技能，能用、会用、敢用 AED 应急救护一体机，真正让“救命神器”发挥作用。

【社会捐赠款物抗击新冠疫情】2022 年末，新冠疫情发生后，社会各界爱心企业和爱心人士纷纷慷慨解囊，立足实际需求，积极捐赠款物，为珠山抗击疫情提供了强大的物资保障。11 月 21 日至 12 月 2 日共接受社会捐赠款物 187 万元。

协　会

珠山区老体协、老体科

【概况】 珠山区老体协以喜迎、欢庆党的二十大为抓手，结合本区的实际，因地制宜、就近就地组织全区老年人开展各项健身体育活动，较好地推进全区老年体育事业的发展。2022 年获得全省群众体育先进单位、全省新闻报道先进单位和全市正能量示范点称号。区老体协副主席、副会长孙根太被省老体协评为全省优秀通讯报道员。

【喜迎党的二十大全区太极、健身气功等系列展演】 区老体协在年初制定了欢庆、喜迎党的二十大胜利召开的一系列活动安排。9 月 25 日在梨树园小学举办喜迎党的二十大全区太极、健身气功等系列展演活动。展演共有 8 个健身项目，44 支队伍、521 人次参加。展演项目分别是太极系列 24 式简化太极拳、32 式太极剑、36 式太极刀、第一套太极功夫扇。健身气功八段锦、大舞。球类柔乐球、柔力球。

【科普宣传】 举办科普宣传员培训班，3 月 9 日，区属 12 个单位老体协秘书长、科普宣传员近 100 人参加。 通过培训有效地提高了科普宣传员的宣讲技能和新闻写作水平，拟写的新闻报道稿件经常在国家、省、市、区等新闻媒体上刊载，仅区老体协本级上稿就有 78 篇，《康乐寿》杂志 2 篇、《瓷都晚报》1 篇、《古镇珠山》25 篇、《省老体协网站》36 篇，国家老体协老年体育报 14 篇。此外，制作视频短片 38 条。较好地宣传了珠山老年体育。社区（村）的宣传栏、宣传窗不仅内容丰富、形式多样，而且如期更新，得到广大老年人青睐。

【老年体育骨干队伍建设】 老年体育骨干是带领广大老年人参加健身体育运动的“领头羊”，活跃在全区 196 个晨晚练点上，辅导、带领老年朋友进行健身锻炼。举办多期健身体育项目的培训班，提高老年体育骨干的技艺，更好地为老年人服务。根据晨晚练点的特点，因地制宜、形式多样地组织、引领广大老年朋友开展各项健身体育活动。

【开展创建老年体育示范辅导站试点】 调整、充实区老年体育辅导总站，并召开辅导总站成员会议，进一步明确辅导员的工作职责、任务和要求。充实、完善基层老年体育辅导站，特别是社区（村）级老年体育辅导站，较好地提高了广大老年体育辅导员的积极性，在各项活动中发挥了极大的作用。

创建 9 个老年体育示范辅导站试点：

1. 竟城镇青塘村老年体育辅导站。

2. 新村街道昌虹社区、茶叶坞社区老年体育辅导站、奥林社区老年体育辅导站。

3. 太白园街道西瓜洲社区老年体育辅导站。

4. 石狮埠街道半边街社区老年体育辅导站。

5. 里村街道恒大社区老年体育辅导站。

6. 珠山街道莲花塘社区老年体育辅导站。

7. 周路口街道广场社区老年体育辅导站。

8. 昌江街道桂花弄社区（健身广场）老年体育辅导站。

9. 新厂街道昌江广场社区老年体育辅导站。

【柔乐球线上比赛】 柔乐球运动是老年健身运动的主打运动项目之一，深受全区老年朋友的喜爱。从当初的 1~2 支队扩大到现在的 16 支队伍，老年柔乐球运动员发展到近 200 人，为推动全区老年健身运动起到了积极的作用。

6 月 22 日，区老体协举办以会代培训形式的柔乐球培训班，由各秘书长率所属柔乐球队队长参加。全区 16 支柔乐球队队长参加了培训。培训班上区老年体育辅导总站辅导员讲解了此次柔乐球比赛的规定套路要领和要求，并将柔乐球比赛的规定套路、音乐等影像视频发在区柔乐球微信群中，供各队演练。由于天气炎热，为了安全、健康，区老体协将线下的集中比赛改为线上进行。由各队自选场地，自定时间进行分散训练。这次柔乐球的比赛为柔乐球健身操《坐上动车去台湾》，集舞蹈、体操于一体。

各队按区老体协的要求从 7 月 20—25 日，15 支柔乐球队的参赛视频陆续上传到区老体协工作群和柔乐球工作群等待评比。区老体协组织了区老年体育辅导总站柔乐球辅导员等相关人员进行了认真的评选。在颁奖大会上区老体协领导对此次线上柔乐球比赛予以中肯的点评，虽然是线上比赛，各队运动员都非常认真，她们服装鲜亮，动作规范，4 分钟的比赛套路动作一气呵成，为全区的柔乐球运动蓬勃开展作出了奉献。

珠山区老科协

【概况】 2022年，区老科协以服务大局惠民众为出发点和落脚点，践行“积极老龄观，健康老龄化”理念，深入调查研究，精心组织撰文，在进一步创建社区老科协组织的同时，创设科普服务站，创新科普途径和方式，线上线下科普，广泛惠及于民。线上向社区及其居民推发权威性微信公众号中切合人们日常生活的百余科普图文和视频，线下采取设置流动咨询台、分发传单、办科普专栏等户外灵活方式和举办小型科普讲座，组织科普宣传9场次，受众260人次。开展“智慧助老”行动，先后举办有关“智慧助老”“银发小课堂”等培训、讲座等53场次，还以流动方式进小区入户进行宣传、指导，据不完全统计，受众4116人次。上下齐心协力，以实际行动取得各项工作新成绩，迎接党的二十大胜利召开。

【区老科协第四次会员代表大会召开】 1月19日上午，珠山区老科学技术工作者协会第四次会员代表大会在区行政发展中心第七会议室胜利召开。市老科协会长周景伟，常务副会长陈家林、副会长兼秘书长余爱菊应邀出席会议，区委副书记、政法委书记程传冬出席会议并讲话。会上听取并审议通过区老科协第三届理事会工作报告和章程修改稿，选举产生区老科协第四届理事会领导成员，罗丽玲当选第四届老科协会长，朱玉全、李敏当选副会长，胡伟华当选副会长兼秘书长，李宝英当选副秘书长。

【市老科协领导来区调研老科协工作】 4月28日市老科协会长周景伟、常务副会长陈家林、副会长兼秘书长余爱菊、副会长嵇景辉、副秘书长吴玉和与办公室副主任金爱云一行到珠山调研老科协工作，区委副书记、政法委书记程传冬、区老科协会长罗丽玲和相关负责人陪同。调研组到区老科协办公场所，察看工作条件和环境，翻阅工作资料，听取区老科协当年目标工作进展情况的汇报，并进行座谈，肯定珠山区老科协科普宣传突出“一老一少”工作特色，建言献策工作有很多好的经验。

【首次设立市、区两级科普服务站】 5月6日上午，本会协同市老科协在石狮埠街道五龙山社区举行景德镇市老科技工作者协会珠山区科普服务站揭牌仪式，市老科协周景伟会长、副会长兼秘书长余爱菊、区老科协罗丽玲会长和石狮埠街道办事处主任夏文彬一起揭牌，区老科协副会长朱玉全、副会长兼秘书长胡伟华、五龙山社区党委书记兼主任程春香等近40人参加。随后科普服务站开始运行。在全市社区首次设立科普服务站是市、区老科协深入贯彻落实习近平总书记对老科协工作的重要指示精神，按照“积极老龄观、健康老龄化”理念，老有所为，积极作为，上下多方融合更好地为居民实施科普服务所采取的新举措。9月27日上午，又在新厂街道林荫路社区增设科普服务站。

【开展老科技工作者日“新征程”主题活动】 9月28日，珠山区老科协在新村街道三楼会议室开展老科技工作者日“新征程”主题主场活动。区老科技工作者代表和历年参与本系统建言献策征文获奖者27人聚集一堂，共度自己的节日。首先收看中国老科协直播全国老科技工作者日北京主场活动盛况，随后召开“新征程智助发展”主题座谈会。节日期间，还开展科普应急救护知识、诗韵话乡村振兴、“昂首阔步走、奋进新征程”健步行等系列活动，各分会也分别开展义诊服务、登山远眺、养生讲座、趣味运动会和唱红歌、话家风、诵经典等形式各异、丰富多彩的老科技工作者日活动。

【组织学习宣传贯彻党的二十大精神】 10月16日上午，本会组织以分会为单位集中收看党的二十大开幕会盛况，本会领导班子成员遵照市老科协安排在市老年科技大学集中收看。按照区委要求，通过学原文、做笔记、交流学习体会，深入领会和贯彻落实党的二十大精神，组织参与省、市老科协开展党的二十大精神理论研讨暨征文活动，收到征文16篇，向市老科协选送10篇参评，体现区老科协会员学有所悟，充满积极作为、发光发热的意志和信心。

【开展“智慧助老”行动】 落实《江西省“智慧助老”行动方案》，开展“智慧助老”行动，点多面广，直接或以老年科技分校与科普服务站为平台，或依托街道及其社区老科协先后举办有关“智慧助老”“银发小课堂”等培训、讲座等53场次，还以流动方式进小区入户进行宣传、指导，“智慧助老”活动内容涉及较广且具实用性，主要包括传授智能手机运用知识、宣传有关政策、正确识别网络信息，以及许多常见实用类App软件的使用等。据不完全统计，受众人数4116人次，取得阶段性显著成效。

【参加市老科协征文活动】 按照市老科协《关于开展2022年建言献策活动的通知》《关于开展“我们这十年”征文活动的通知》组织征文活动，组成人才智库并建微信交流群，全年共收“我们这十年”征文13篇，建言献策征文35篇，内容涉及老龄事业11篇，城市管理6篇，营商环境5篇，社区服务3篇，陶瓷产业、文明创建和教育管理各2篇，产业发展、疫情防控、物业管理和小区交通各1篇，其中选送市老科协参评分别为8篇和10篇，均有6篇获奖。

【赵赛菊与王剑分别获市老科协奖】 赵赛菊继2021年获得市老科协奖，不懈地积极参与医疗事故的鉴定、卫生工作的检查、社区卫生工作的指导培训检查、从事临床医疗工作、带教医师、义诊、科普等。更多地在社区、单位为群众主讲饮食卫生科普知识及老年性疾病的防治，尤其助力社区疫情防控、企业复工复产发挥积极作用。王剑热情周到为老年人服务，定期组织科普宣传员培训，经常组织开展养生防病类知识讲座、义诊、咨询等内容丰富、形式多样的科普以及文体活动，以此通过言行引导，破除迷信等旧习，弘扬新时代文明。每年精心组织建言献策征文工作，所推选的论文均有获市老科协颁发的奖项。根据景老科协字〔2022〕07号文件精神，赵赛菊和王剑分别被评为市老科协奖先进个人。

珠山区老年书画协会

【概况】 珠山区老年书画协会于2003年12月18日成立，是老年书画爱好者和专业书画人员自发联合组成的文化社会团体。协会坚持“老有所乐，老有所为”的办会方针，致力于传承发扬祖国优秀传统文化，把协会打造成广大老年书画爱好者的精神乐园和弘扬正能量的服务平台。会员以珠山区老年书画爱好者为主体，吸收具有专业书画水平的社会中老年人入会。截至2022年底会员50人，团体会员为10个街道分会。

【开展书赠春联活动】 1月23日，区老年书画协会会员11人赴浮梁县西湖乡桃墅村开展书赠春联活动。活动根据村大人多情况分两场地同时进行。用1天时间为村民书赠了300副春联和200余张“福”字。

【举行“珠山嬗变”——喜迎党的二十大书画陶瓷作品展览】 9月21—26日，在区美术馆举行“珠山嬗变”——喜迎党的二十大书画陶瓷作品展览。该展览由区委老干部局、区老年书画协会和景德镇当代陶瓷书画研究院主办，区美术馆、区图书馆承办，区委副书记程传冬出席开幕式致辞并宣布展览开幕。展出的书画作品100余幅，陶瓷作品40余件。

【举行迎二十大书画笔会】 10月14日，协会组织部分会员与昌河街道分会会员在昌盛社区举行迎二十大书画笔会，共创作书画作品50余幅，赠送该社区。街道党政领导亲临笔会现场，社区和分会负责同人自始至终参加笔会。

【举行师生书画作品入展证书发放仪式】 11月14日下午在竟成小学报告厅举行师生书画作品入展证书发放仪式。在9月下旬举办的“珠山嬗变”喜迎党的二十大书画陶瓷作品展览上，有24位少儿书法实验学校师生作品入展。仪式上，协会和学校领导颁发入展证书并致辞，入展作品当场展示，学校师生100余人参加了仪式活动。

2022年7月，在五龙山社区开展“我进文明实践站 共建珠山新风尚”主题活动，珠山区书协老师创作书法、绘画作品赠送社区居民（区老年协会供图）

珠山区作家协会

【概况】 区作协以“二为”方向和“双百”为方针，以讲好“珠山故事”、唱响“珠山之歌”、宣传“珠山之美”、塑造“珠山形象”为指导，以培养一批知名作家、创作一批文学精品为目标，以“加强管理、规范运行、活动为先、扩大影响”为措施，发挥作协团结、组织、协调和服务等职能，团结和带领广大作家开展了一系列有声有色的文学艺术活动，有力促进了珠山文学事业的发展繁荣。

【增补会员】 1月8日，在景德镇市作家协会第七届四次常务理事（扩大）会上，鉴于区作协主席罗一鸣政治素质和工作热情较高，被增补为市作家协会第七届理事会副秘书长，周时杰发展为市作协会员。3月区作协主席罗一鸣被发展为江西省作协会员。3月27日上午，区作协主席罗一鸣在景德镇市直播协会组织召开了第二届二次理事扩大会议。理事会一致表决通过了刘竟芳、张杰、余作泉、胡昱、刘英华的申报，同意吸收以上五人为珠山区作家协会会员。

【作家协会揭牌】 1月11日，珠山区作家协会在江西友邦文化传播有限公司举行揭牌仪式。市作家协会主席江华明，江西友邦文化传播有限公司董事长、香港美术家协会会长胡正魁，珠山区作协主席罗一鸣，珠山区作协副主席刘军霞，以及文友代表共计30余人参加。

【送书进校园活动】 1月17日，区作家协会23名会员来到新厂小学，启动了“送书进校园”活动，共捐赠文学、科普类书籍400余本。这是景德镇市作协根据省文联要求的，计划实施的元旦、春节期间“送书下乡惠民”志愿者系列开展的第五批活动。

【爱心捐赠】 1月19日下午，珠山区作家协会携手景德镇一点公益举行爱心捐赠送温暖仪式，市作协主席江华明，珠山区文联主席刘斐等出席。天赐冷冻食品商行的王琪女士为盲人朋友送上了大米、围巾；艺美整形医院李姣董事长为每个盲人朋友送去了红色的T恤衫。余少辉代表盲人朋友对于社会各界的爱心人士的帮助和捐赠表达了深深的谢意和深情的祝福。

【征文获奖】 4月5日，景德镇市2022年谷雨诗会征稿评审结果揭晓，其中区作家协会会员：蓝田玉的《三宝印象》获一等奖，吴晓敏的《昌南新区绿色家园》获二等奖，张玉春的《轻轻地捧起你》获优秀奖。4月18日，区文联公布了2022年珠山区“谷雨诗会”征文评审结果，获奖人员80%为区作协成员。5月10日，在“优化营商环境结硕果，做强数字经济看珠山”主题文艺作品征集中，区作协成员姚绍云和罗焕新获三等奖，曾兰兰获优秀奖。

珠山区书法家协会

【概况】 2022年，区书法家协会在区文联的指导下，不断解放思想、更新观念，努力提升协会专业水平，积极开展各类活动。增加了新会员17名，不仅扩大了协会的队伍，也提升了协会的知名度。

【开展协会活动】 紧紧围绕迎接党的二十大召开，开展相关庆祝活动，并参与区委宣传部、区文联等部门安排的主题活动。1月20日，与珠山区美术馆共同举办“龙腾虎跃迎新春”展，参展主题虎年书法作品13幅；3月8日，与珠山区美术馆共同举办“美丽绽放”庆三八妇女节活动；3月18日，与珠山区诗词学会共同举办送文化进里村街道活动，会员创作32幅作品；6月11日，开办公益讲堂，邀请中书协会员为协会会员讲课，进一步提高了珠山书协的影响力。

【邀请专家指导】 为切实提高协会成员的专业水平，区书协积极联系江西省书法家协会、邀请他们到协会来为本协会会员进行专业技艺指导，通过培训、交流、看稿，协会会员专业水平得到了长足的提升。

【收获丰厚荣誉】 协会成员不断学习、认真创作、敢于亮相、勇于争先，收获了不少荣誉。江乐山，省级展览获优秀奖；孙月珍入选省级展览。

珠山区诗词学会

【概况】 2022年，区诗词学会坚持以人民为中心的创作导向，用充满正能量的原创作品去抒发万众抗击疫情的信心与决心。用鲜活生动的诗词作品弘扬社会主义核心价值观，开展了一系列文化活动和优秀诗词创作。吸收了20多名多才多艺的、诗词创作爱好者入会。

【春联送暖】 1月10日，学会9位书法老师，冒着严寒，驱车来到浮梁县蛟潭镇洛溪村，为村民书写新春对联。还根据乡村的特点和现场村民的要求即兴为他们创作了农民自己喜欢的对联。3月16日上午，学会走进里村街道，举办“春之聲书画联谊”活动，为街道、社区创作字、画作品几十幅。

【诗庆二十大】 4月23日，由珠山区诗词学会承办的喜迎党的二十大召开暨2022年珠山区“礼赞珠山·光耀中华”为主题的“谷雨诗会”朗诵会暨诗词征文大赛颁奖仪式在石狮埠街道半边街社区隆重举行。6月28日，学会为将诗词文化和陶瓷书画相结合，在市奥林社区国学文化站，举行庆“七一”党的生日书画笔会暨珠山区诗词学会“书画艺术委员会”成立大会，刘圣国任“书画艺委会”主任。9月7日上午，学会和市文联、市诗词楹联协会、里村街道和马鞍山社区联合举办“传承好家风、好家训暨中秋诗会”活动。9月30日，为党的二十大胜利召开和中华人民共和国成立73周年献礼，组织40余人来到了英溪村举办重阳采风活动，寻找创作素材，创作作品近四十首。10月24日在景德镇市陶溪川职业技术学校开展“喜庆二十大，书法进校园”主题活动，为学校书写作品几十幅，受到师生们的好评。10月29日上午，在区委党校三楼会议室召开了九组改为“连珠分会”成立大会暨学习党的二十大报告座谈会。会议采取举手表决的方式，选举产生了“连珠分会”班子成员。会上，新当选的分会会长李和平作了就职发言。

法　治

政法委与综治

【概况】 2022年，全区政法机关在区委的坚强领导下，坚持以党的二十大维稳安保工作和学习宣传贯彻党的二十大精神为主线，强化使命担当，狠抓工作落实，紧扣市域社会治理现代化试点、扫黑除恶专项斗争和维护社会稳定等重要工作目标，以开展政法队伍建设为有力抓手，全面提升政法工作现代化水平，努力建设更高水平的平安珠山、法治珠山，全区政治环境更加稳定、社会治安更加有序、营商环境更加优化，群众获得感、幸福感、安全感进一步提升。区公安分局王建月荣获全国优秀人民警察称号，郑慧忠获评全国公安机关成绩突出青年民警，珠山派出所荣获全国公安机关爱民模范集体，区法院漆丽荣获全国法院办案标兵，万骏获评全国少年法庭工作先进个人，区法院全省高质量发展考核成绩蝉联全省法院第三。

【护航社会和谐发展】 聚焦护航党的二十大这一主题主线，打好政治安全保卫战和风险化解攻坚战。破获了一批涉邪涉政案件，筑牢了政治安全屏障。社会稳定风险评估扩面提质，妥善处置化解了一批涉稳矛盾纠纷隐患，信访积案化解工作排名位列全市第一，在市信访工作联席会上作典型交流发言，信访积案化解工作经验做法在全市范围内推广。完成党的二十大期间安保等30余项重要任务，守住了“三个不发生”底线。实现现发命案必破的目标，先后快速破获“1·26”“7·25”“8·11”“9·12”4起现行命案，切实维护了社会稳定；成功破获“1·8”系列盗掘古文化遗址案、“6·15”持刀抢劫案、“6·27”浙江路聚众斗殴案、“操某森非法制造枪支案”，打掉张某瑶涉恶犯罪组织，及时消除了社会影响。同时，扎实开展命案积案攻坚，成功抓获一名潜逃31年的命案在逃人员，为全市“云剑2022”命案积案攻坚行动再添战果。

【基层社会治理】 积极构建共建共治共享社会治理新格局，完成综治中心实体化建设、419个智能安防小区建设，有力推动了区、街道、社区三级综治中心上下联动，实现了各类事务线上流转、线下处理，顺畅运行。创新打造“七点半夜巡”、电动车巡防队、青花姐姐巾帼志愿服务队、妈妈防火团、百姓说事、暖心加油站、小巷之声广播站等多个亮点品牌，里村街道马鞍山社区、石狮埠街道五龙山社区入选市级“五社联动”工作试点单位。区综治中心实体化运行指标考核综合排名列全省第31位、全市第一位。珠山区五社联动典型经验做法被《江西日报》刊载，新厂街道办事处、昌河街道昌盛社区获评2017—2021年度全省平安建设先进集体，竟成街道黄泥头村党委书记刘翠被评为全省平安建设先进个人。

【优化法治营商环境】 创新打造珠山“警民通”微信平台、诉讼服务“三个一”模式、“五预工作法”、“非公有制企业绿色通道”、“行政执法信息查询平台”等经验特色品牌，全区户政业务办理时长平均压缩50%，民事案件简易程序适用率提升至98.04%。刑事手段干预民事纠纷有效降低，各类行政执法事前记录、事中监管、事后反馈进行“一站式”公开，区法治化营商环境二级指标12个项目中7项位列全省前10，亲清政商关系进一步优化。区检察院企业合规改革试点经验做法被《检察日报》头版刊登并被最高检微信公众号转载。

【全区政法工作会议召开】 召开全区政法工作会议，珠山区委副书记、政法委书记程传冬，区政府副区长、区公安分局局长于辉耀，区法院党组书记、院长陈翰朋，区检察院党组书记、检察长李锋出席会议。会议传达学习了坚持以习近平新时代中国特色社会主义思想为指导，深入贯彻习近平法治思想，全面贯彻党的十九大和十九届历次全会精神以及中央政法工作会议和省委、市委政法工作会议精神，认真落实区第十二次党代会部署要求，总结工作、分析形势，研究部署2022年全区政法工作。程传冬指出，过去一年，全区政法机关在区委的坚强领导下，强化使命担当，狠抓工作落实，紧扣各项重要工作目标，以开展政法队伍教育整顿为有力抓手，使全区政治环境更加稳定、社会治安更加有序、营商环境更加优化，各项工作均取得了积极成效。程传冬强调，全区政法工作要紧紧围绕护航党的二十大胜利召开这条主线，把准“五个坚持”，打好“五场战役”，推动全区政法工作高质量发展。

【热烈庆祝第二届“中国人民警察节”】 1月10日，在珠山公安分局机关大院举行第二届“中国人民警察节”庆祝活动。区委副书记、区委政法委书记程传冬，市公安局党委委员、副局长钟健等领导和该局全体班子成员、各科所队除值班外的全体民警200余人参加。民警统一着警礼服，整齐列队，精神抖擞。庆祝活动上，程传冬、钟健分别代表区委、区政府和市公安局党委致辞，他们充分肯定了珠山公安分局近年来在推进“情、指、勤、舆”一体化实战化机制改革、维护社会政治和治安稳定、服务辖区群众和保障重点工程建设、疫情防控等方面取得的突出成绩，对今后的工作提出了殷切的希望，并向珠山公安分局全体民警、文员、辅警致以节日的慰问和祝福。

【举行“与民同行”行政检察工作室揭牌仪式】 10月28日，珠山区人民检察院举行“与民同行”行政检察工作室揭牌仪式。景德镇市人民检察院党组成员、副检察长王子祥、珠山区委副书记、区委政法委书记程传冬为“与民同行”行政检察工作室揭牌，仪式由珠山区人民检察院党组书记、检察长李锋主持。王子祥在讲话中希望珠山区人民检察院积极贯彻落实党的二十大要求，切实担负起全面深化行政检察监督的政治责任、法治责任、检察责任，进一步推动行政检察工作高质量发展，服务珠山经济社会高质量发展。程传冬指出，多年来，珠山区人民检察院大力支持珠山区法治建设，打击违法犯罪活动、促进社会安定和谐、服务优化营商环境，为珠山区经济社会发展社会稳定做出了积极贡献。希望珠山区人民检察院在党的二十大精神的引领下，充分发挥行政检察“一手托两家”的作用，在推进法治政府建设，促进人民法院依法审判、行政机关依法行政、行政争议的实质性化解方面发挥出更大、更积极的作用和价值。

公　安

【概况】 2022年，珠山公安分局有力维护了全区社会治安大局持续稳定。全区盗窃店面及车内财物案件同比下降28.9%，实现现行命案和抢劫案件全部侦破；“警民通”应用平台荣获省公安厅技术革新评比二等奖，并在全市公安机关进行推广；九集小镇巡防模式在全省公安机关进行推广；2022“百日禁毒”行动考评排名全市第一、全省25个主城区第四，“封某某非法经营笑气案”被评为全省十大优质案件。

【组建全警情管控联处中心】 1月，珠山公安分局抽调刑侦、治安、经侦、禁毒、国保、指挥中心等警种部门组建全警情管控联处中心，打破警种壁垒，整合警种力量，集成警务资源，实现对所有警情案件精准管控，打造一体化运作实战体系。重点聚焦侵财案件打击防范，围绕“快破案、控发案”工作目标，中心实行研判与抓捕一体统筹，及时推送预警防范指令，指导派出所精准高效开展巡逻布控，实现打击与防范双管齐下、双轮驱动，有效提升警务运行质效和基层实战能力。2022年共下发预警防范指令33条、下发案件线索97条，精准推送防范建议25期，得到辖区群众广泛好评。3月20日凌晨，辖区昌江大道古镇天御、嘉华园、昌江村等地的30余辆汽车玻璃被砸，车内财物被盗。联处中心通过深度研判、精准制导，仅用10小时就成功抓获4名盗窃团伙成员，全年破获系列盗窃案30余起。

【织牢社会面整体防控网络】 以全市辅警改革为契机，对全局辅警力量进行重新调配，精选47人充实城巡大队，提升整体巡防实力。精心打造覆盖全域的巡逻防控网络，按照“守住点、管住线、控住面”工作思路，提升社会面治安掌控力。科学合理编排13条车巡、步巡巡控路线，以8个城区街面执勤点和警务站为依托，以车站、广场、旅游景点、金融商业区等人员密集场所及学校、医院等部位为重点，持续开展“见警察、见警灯、见警车”行动，做到“点亮警灯、打开肩灯”，有效提升人民群众安全感，全力为珠山夜经济保驾护航。2022年，共出动巡逻警力19837人次、警车6330辆次，分局构建的九集小镇巡防模式在全省公安机关进行推广。

【打击防范电诈犯罪】 坚持打防并举、以防为先，每月牵头组织召开全区打击治理电信网络新型违法犯罪联席工作会议，压实基层党委政府主体责任，形成工作合力。以“云

2022年7月28日，珠山公安分局反诈中心民警联合里村街道、尚东社区干部在小区内开展精准反诈宣传工作（尚东社区供图）

剑”“长风”行动为抓手，持续深入开展“断卡”“断流”工作，彻底铲除电诈滋生土壤。全年共破获电诈案件463起，处理违法犯罪人员252人，摧毁电诈窝点8个，打掉电诈团伙16个。建立健全精准预警拦截劝阻工作机制，实体化运作“反诈中心”，最大限度防范电诈案件发生。全年通过“第五空间”平台预警劝阻589次。

【整治黄赌毒违法犯罪】 以“和谐2022”、夏季治安打击整治百日行动等专项行动为抓手，对“黄赌毒”违法犯罪保持“零容忍”，全力整治治安突出问题。全年共破获各类“黄赌毒”案件495起，处理违法犯罪嫌疑人1094人。针对2021年珠山区污水毒性监测指数居高不下、被列为全省预挂牌地区的严峻禁毒形势，组织全区各部门联合开展“肃毒净土”专项行动，扎实做好涉毒人员管控，开展禁毒宣传，向涉毒违法犯罪展开凌厉攻势，取得显著工作成效。在2022“百日禁毒”行动考评中，排名全市第一、全省25个主城区第四，取得历史最好成绩。

【快侦快破大要案件】 以常态化开展扫黑除恶斗争为牵引，依托联处中心，全力开展各类大要案件侦破工作。先后快速破获“1·26”“7·25”“8·11”“9·12”4起现行命案，完成了现发命案必破的目标；成功破获“1·8”系列盗掘古文化遗址案、“6·15”持刀抢劫案、“6·27”浙江路聚众斗殴案、“操某森非法制造枪支案”，打掉张太平等人恶势力犯罪集团，及时消除了社会影响。同时，扎实开展命案积案攻坚，成功抓获一名潜逃31年的命案在逃人员，为全市“云剑2022”命案积案攻坚行动添战果。

【开展“千警助千企”活动】 组织挂点民警深入263家规模以上企业和64个重点工程进行走访，了解企业周边治安状况，把企业急难愁盼问题“兜”上来。指导做好内部安全防范，积极协调解决企业发展中遇到的难题，为企业营造安全稳定的治安环境。2022年共调处涉企矛盾21起，处置阻工事件13起。

【“珠山警民通”应用平台荣获省公安厅技术革新评比二等奖】 3月，创新打造智慧警务应用平台——珠山警民通，实现“一对一”提供在线预约咨询，精准发布防范建议，实时查询案件进展，广泛收集案件线索，全面落实网上回访，在线处理群众求助等功能，有效提升人民群众获得感。同时，利用平台对取保候审、监视居住、涉毒人员等重点人员及“九小”场所等重点行业场所进行在线精准管控，有效提升了基层警务工作效率。全年平台共添加居民4.8万余人，创建居民群685个、覆盖8.4万余人；共提供咨询预约服务19712人次，收集案件线索123条,发布防范建议48期。2022年该平台荣获省公安厅技术革新评比二等奖，并在全市公安机关进行推广。

【“11·11”非法经营案案例】 群众举报称“青龙山”山后有一移动私人加油点。接到报案后，经调查发现，2022年1月以来，万某琴等人在无任何资质情况下，在江西南昌、景德镇、新余等地通过改装厢式货车向过往的车辆出售汽油，涉案金额高达数百万元。12月初，专案组先后分别在江西南昌、新余、景德镇以及山东东营抓获犯罪嫌疑人19名，扣押涉案储油车、油罐车6辆、涉案银行卡百余张，涉案账本10余本。

【“8·11”现行命案案例】 2022年8月12日10时许，分局接警得知8月11日7时刘某萍从家中外出后失联。经过市局、分局相关部门通过视频追踪、信息研判，发现刘某萍与其友刘某杰外出一起登山后失联24小时，手机关机，民警推测刘某萍遭受不法侵害的可能性极大。随后，分局迅速启动命案侦破机制，抽调刑警大队、联处中心精干警力成立专案组开展侦破工作，认定刘某杰具有重大作案嫌疑。为尽快查明案情，分局一面组织警力加大审讯力度，一面组织警力围绕刘某杰的活动轨迹，微信、支付资金等大数据加紧研判分析，并加强对亲友及相关人员的调查走访，逐步掌握了刘某杰杀害刘某萍后将其抛尸的犯罪证据。最终犯罪嫌疑人刘某杰如实交代了自己因感情纠纷杀害刘某萍的犯罪事实。

【张某平恶势力集团犯罪案件】 2022年5月10凌晨，分局接到浙江路金碧辉煌KTV报警称店内有人持械闹事，并将1名无辜群众殴打致轻微伤，公安机关立即出警并在现场抓获嫌疑人张某平（贵州籍）。侦查员通过对张某平的关系人以及资金流水情况分析出该案另外5名犯罪嫌疑人。经大量侦查发现本案并非简单的持械寻衅滋事，而是两伙贵州籍男子因一名卖淫女所产生的斗殴事件。该团伙自2020年至2022年一直在从事组织卖淫的犯罪活动，并查实该团伙里的多名犯罪成员及卖淫女子。经分局统一部署，刑警大队于2022年10月中旬对该犯罪团伙进行统一抓捕，共抓获罪嫌疑人6名，缴获非法资金13万余元。经审讯，该犯罪组织系以吴某为首贵州籍的恶势力集团犯罪组织。该犯罪集团成员于2020年9月开始陆续到景德镇，在景德镇市长期从事组织卖淫活动，以此为业，并以手持砍刀、甩棍殴打、威胁、恐吓等暴力手段在浙江路一带实施寻衅滋事、聚众斗殴等违法犯罪活动，为非作恶、欺压百姓，造成较为恶劣的社会影响。该犯罪组织共实施组织卖淫案1起、聚众斗殴案1起、寻衅滋事案2起、故意殴打他人案5起的违法活动。该案6名涉案人员均认定为恶势力集团犯罪。

检 察

【概况】 2022年，区检察院承办案件入选最高检典型案例1件、优秀案例1件，省级以上典型案例和参考性案例5件，第三党支部荣获全省离退休干部“示范党支部”，1名干警被省委组织部授予“新时代赣鄱先锋”群众身边好党员，多篇课题及调研文章在省检察院、最高检立项获奖。

【依法检察】 积极回应人民群众平安法治需求，坚决打击严重影响公众安全感的各类犯罪。2022年，区检察院依法批捕232人，起诉587人。其中批捕故意伤害、性侵等严重暴力犯罪56人，起诉106人；批捕“抢盗骗”“黄赌毒”等多发性犯罪126人，起诉250人。

【保护企业经营者合法权益】 深入开展企业合规改革试点，规范企业生产经营。在办理某纯净水厂行政非诉执行监督一案中，针对企业存在的安全生产隐患，用心制作企业合规风险提示函，引导企业合法经营，该经验做法被《检察日报》头版刊登并被最高检微信公众号转载。保护企业经营者合法权益，对涉嫌买卖国家机关证件的企业家刘某依法作出相对不起诉决定，最大限度降低办案对民营企业的影响。

【助力市域治理】 坚持和发展新时代“枫桥经验”,将矛盾消除在萌芽、化解在基层。受理来信来访36件，检察长接访12件，均做到“7日内程序回复，3个月内办理过程或结果答复”，确保群众信访件件有着落、事事有回音。办理司法救助案件61件61人，发放救助金29.65万元。参与社会治理，针对长虹金域中央小区发生的多起高空抛物造成人员受伤、财物受损等情况，主动介入、督促相关职能部门积极履职，聚力筑牢安全防线，进一步守护好老百姓“头顶上”的安全。

【常态化开展扫黑除恶】 区检察院组织干警深入社区，宣传《中华人民共和国反有组织犯罪法》，办理涉恶案件2件，批捕7人，进一步从源头上杜绝黑恶势力滋生。

【加大防诈“护老”力度】 从严惩处养老诈骗，批捕4件12人，起诉4件9人。就程某华虚构养老服务项目、骗取百名老人1500万余元资金案，依法提起公诉，并全力追赃挽损，维护老年人合法权益。

【培育行政检察品牌】 更新行政检察理念，提升行政检察效能，倾力打造的“与民同行”行政检察工作室，入选全省十佳基层院建设事例；配套开发的微信小程序投入应用并取得良好效果。在省检察院举办的“深化行政争议实质性化解，依法护航民生民利”新闻发布会上，唯一受邀在会上讲述行政检察品牌创建工作。区委改革办高度关注，撰文《“与民同行”行政检察助力珠山区法治建设》,并在《景德镇党刊》发表。

【发布检察建议】 针对社会治理存在的薄弱环节和人民群众反映的突出问题，制发检察建议12份，督促相关单位健全管理机制，防范违法犯罪行为发生。围绕辖区内犬只管理失范，“共享电动车”乱停乱放等普遍性问题，经实地走访、调查核实，召开听证会，依法提出加强监管、完善治理的对策建议，给人民群众安全出行送上一颗“定心丸”。

【关爱未成年人成长】 贯彻落实“一号检察建议”，选派17名检察干警到辖区内22所小学、1所幼儿园担任法治副校长，实现法治副校长全覆盖。开展法治宣传，通过线上线下举办“女童保护”“预防校园欺凌”等法治教育28次。以实际案例解析青少年常见犯罪的相关法律知识，达到了教育引导广大中小学生知法守法用法及自我防范的目的。

【唱响检察声音添动力】 围绕“双一号工程”，突出宣传热点。助力企业合规、开展“检企共建”、化解企业矛盾等系列活动，被中国网、《江西日报》、江西营商等媒体报道。拓宽传播渠道，在室外安装大屏幕，讲述检察好故事；制作喜闻乐见的宣传册，展示检察好形象。在4个基层检察院率先注册抖音账号，聘请专业团队结合检察履职拍摄抖音视频，深受公众关注。

【接受外部监督提效力】 主动向区委、区人大及区政协专题汇报未成年人检察、行政检察等工作，确保检察权始终在法治轨道上运行。通过赠阅《检察日报》的方式，让人大代表、政协委员密切关注、时刻了解检察工作。坚持开门纳谏，邀请81名人大代表、政协委员、人民监督员、社区代表等参加公开听证61次,让公平正义可触可感可信。

【检察开放日活动】 邀请社会各界人士走进检察机关，参加“宪法与您同行”“同舟共济、检护明天”等活动10余次。自觉接受新闻舆论监督，启用“检务公开云平台”，公开各类法律文书101份，程序性信息742条，在“两微一端”、官方抖音等新媒体发布各类检察新闻信息300余条，让检察权在阳光下运行。

法　院

【概况】 2022年，区人民法院受理各类案件13190件（含旧存，下同），办结13062件，员额法官人均结案429件，收结案数均创历史新高，服判息诉率、发改率等13项审执质效指标综合得分位列全省第二。高质量发展考核成绩蝉联全省法院第三、全市法院第一，在全部45项考核指标中，26项指标全省第一，33项指标全市第一。全省优化营商环境监测9项指标取得历史性突破,“执行合同”6项指标中，5项指标全市第一,一项指标全市第三，所有指标均进入全省前十；“办理破产”3项指标中，2项指标全市第一,一项指标全市第二。竟成法庭获评“全省优秀法庭”，4名干警先后荣获“全国法院办案标兵”“全国法院少年法庭工作先进个人”“全省优秀法官”“全省法院宣传舆论工作先进个人”称号。

【优化营商环境】 2022年，区人民法院在洛客设计谷设立全省首家知识产权保护法官工作室、在区陶瓷跨境电商数字产业园设立诉讼服务分中心,把服务链条延伸至企业“家门口”，第一时间受理和调处涉企纠纷，经验做法在《江西改革工作简讯》刊登推广。召开企业家恳谈会、开展“企业公众开放日”、送法进企业、“千千入万企”走访调研等，收集企业司法需求68条，以贴心服务让企业放心投资、安心经营。

【发挥破产审判职能】 构建破产审判新模式，建立健全破产审判工作制度9项，加强管理人队伍建设，创新“执转破”联动机制,推出“三三工作法”，先后集中受理12件“执转破”案件，由院领导担任审判长或从各部门抽取精英力量成立破产专班进行办理，60天内使星河湾农贸、普天凯特、蓝爵投资等5家危困企业涅槃重生，平均审理期限位居全省前列。

【加强知识产权司法保护】 严格实行知识产权“三合一”审判机制，审结知识产权案件346件。围绕国家陶瓷文化传承创新试验区建设，审理涉陶瓷知识产权案件25件，严厉打击傍名牌、抄袭陶瓷版权设计的侵权行为，妥善化解“贝汉美陶瓷”“艺林藏珍陶瓷”等知识产权侵权案。打造跨部门联动协同平台，构建“大保护”格局，知识产权保护相关经验在全省法院知识产权审判工作会上作典型发言。

【探索柔性执行新模式】 2022年，区人民法院执结案件3717件，执行到位金额27547.65万元。创新企业信用“预提醒+快修复”机制，通过反向警示和正向激励双向发力，促使失信被执行人主动履行。推出“五预工作法”，经验入选2022年全省法院服务保障优化营商环境十大典型案事例，被省高院工作报告引用，入选景德镇市营商环境红榜。2篇案例分别入选全省法院服务保障双“一号工程”十大执行典型案例、全省法院2022年涉金融执行案件十大典型案例。

【惩治刑事犯罪】 2022年，区人民法院审结刑事案件467件，判处罪犯597人。审结黄赌毒犯罪案件109件，刘某涛容留他人吸毒案入选全省法院毒品犯罪典型案例。审结涉电信网络犯罪及其关联犯罪案件81件，妥善处理了以提供养老服务为名吸资逾千万元的程某华非法吸收公众存款案。审结贪污贿赂类案件9件，审结侵犯公民人身权利类案件40件，审结广受关注的全市首例侵犯公民个人信息刑事附带民事公益诉讼案。常态化开展扫黑除恶斗争，审结涉恶案件1件，涉伞案件1件，主动发出司法建议21份，整改率与回函率100%。一件“套路贷”涉恶案例入选全国法院系统2022年度优秀案例。

【审理民商纠纷】 贯彻实施《中华人民共和国民法典》，审结各类民商事案件7988件。加强家事审判工作，审结婚姻家庭、继承等家事案件299件，发出首份家庭教育令，推动家庭教育规范发展，多篇经验交流文章刊登在江西法院家事审判网。注重劳动权益保障，审结劳动争议、人身损害赔偿等涉民生案件1382件。规范契约关系，审结合同纠纷5416件。及时调处物业纠纷，集中公开审理一批典型物业类集体诉讼案件，化解物业纠纷1032件。2件案例分别入选全国法院系统年度优秀案例分析三等奖和优秀奖。

【化解行政争议】 依法监督行政机关简政放权，审结行政案件六〇二件。妥善审理3起涉群体性、疑难复杂系列案，审结首例涉宗教行政诉讼案件。加强府院良性互动，与市文广新旅局签订联动协作协议，建立行政争议实质性化解平台。优化行政审判和行政检察工作联动衔接机制，化解多起行政矛盾纠纷。深入乡村社区开展行政巡回审判，为80岁老人提供“零距离”司法服务。审结司法救助案件28件，发放救助金60.16万元。

【传播司法正能量】 依托赣法民意中心珠山分中心收集群众诉求，接受群众监督，一案例入选全省法院赣法民意中心工作典型案例，累计接收办理各类诉求260件，回访满意率始终保持100%。实质化解25件涉诉信访积案，妥善处理群众来信来访28人次。围绕学习宣传贯彻党的二十大精神等主题内容开辟专栏，在国家级、省级媒体上稿134篇。设立官方抖音账号，自2022年初开播以来，发布短视频79条，其中10条播放量大于10万人次，最高单条播放量504万人次，4月排名全省法院第二，助推区法院传播司法正能量。

【拓宽多元化解格局】 借助市中级人民法院设立100万元多元化解基金这一契机深化诉源治理，先后与市交警、市仲裁委、区妇联、区消防大队等部门签订诉前诉中调解合作协议，做实做细“大调解”格局，共引入特邀调解组织17个，聘任特邀调解员79名，诉前调解案件9261件，调解成功8381件，成功率90.50%。通过社区网格员对受灾户的走访摸底，与珠山消防大队共同将63户火灾索赔纠纷化解在诉前。与区妇联共建诉调对接机制，打造婚姻家庭纠纷调解、法律咨询服务一体化的绿色通道。

【守护未成年人健康成长】 2022年，区人民法院审结涉未成年被害人案件14件15人，涉未成年被告人案件2件2人，审结被告人邵某猥亵儿童案、申请撤销监护权案、司法救助案。积极开展延伸帮教，对未成年被告人开展判后帮教10人次，帮助复学就业1人，“圆你一个大学梦”回访帮教事例在江西二套《落槌有声》播出，被《人民法院报》《新法治报》推广。集中挂牌成立10家家庭教育指导服务中心，建立婚姻家庭纠纷调解室、妇女儿童维权站，推荐5名员额法官担任法治副校长，对未成年人予以特殊、优先保护。文某东强奸案入选全省法院未成年人权益保护十大典型案例。

【推进司法体制改革】 深化智慧法院建设，全年网上立案2759件，是2021年全年网上立案数的8.68倍，跨域立案16件，视频庭审1699次，无纸化开庭569件，电子送达11690件，以智慧法院的全流程闭环管理为公平正义“提速”。深化综合配套改革，落实法官员额动态调整和交流退出机制，遴选员额法官（含候补）3名。依法保障律师执业权利，发出律师调查令323份。健全院庭长带头办理重大疑难复杂案件制度，入额院庭长办结案件8810件。深化审判监督管理，新建功能齐备的智慧审委会，强化院庭长对“四类案件”的有效监管，对134件案件进行全过程监管，长期未结案件一直保持“清零”状态。

【打造高素质法院队伍】 2022年，区人民法院贯彻《中国共产党政法工作条例》，学习贯彻习近平新时代中国特色社会主义思想，严格落实意识形态工作责任制，共组织召开理论学习中心组学习13次。扎实开展“两个确立”主题教育、“为群众办实事示范法院”创建活动，在中国共产党成立101周年前夕开展为期3天的集中轮训。严格执行防止干预司法“三个规定”、新时代政法干警“十个严禁”等铁规禁令，深化运用“赣法廉韵”系统，建成廉洁文化长廊，引导干警时刻紧绷思想红线，守住行为底线。3篇案例在全国法院系统优秀案例分析评选中获奖，7篇案例入选省高院典型案例；4篇论文先后获国家级、省级奖项，其中1篇论文获全国法院学术讨论会二等奖。

司法行政

【概况】 2022年，区司法局统筹推进法治珠山、法治政府、法治社会一体化建设，全力发挥司法行政在维护稳定、推动法治、服务发展等方面的积极作用，为全面建设社会主义现代化国际瓷都先行区提供了有力的法治保障。全年共提供法律咨询2313件，办理认罪认罚法律帮助案件427件，受理法律援助案件292件，其中刑事案件270件，民事案件26件。

【依法治区】 牵头召开了区委全面依法治区委员会第四次工作会议，及时将中央、省委、市委相关会议精神传达到位，通报了2021年度全面依法治区暨法治政府建设考评结果，听取了有关方面负责人就履行推进法治建设第一责任人职责情况的述职，研究制定了《区委全面依法治区委员会2021年工作情况报告》《关于2021年珠山区法治政府建设工作情况报告》《区委全面依法治区委员会2022年工作要点》《争创新时代法治珠山建设“第一等工作”攻坚行动方案（2022—2024年）》《“对标提升法治力、奋进喜迎二十大”主题实践活动实施方案》等相关文件，对标对表全面依法治市工作任务、标准要求、完成时限等有序开展依法治区各项工作。

【法治政府建设】 深入开展全省法治政府建设示范创建活动。根据江西省全面依法治省委员会办公室《关于开展2022年江西省法治政府建设示范创建活动的通知》和《2022年全省法治政府建设示范创建评选工作指引》要求，开展全省法治政府建设示范创建活动，通过书面评审，入围成为21个综合示范候选地区。组织开展法治政府建设专项督察。强化督察机制，推动依法行政工作落实，始终把法治建设成效作为衡量工作实绩的“指挥棒”，纳入全区目标考核体系，通过专项检查、综合评价等形式，严格进行考核，与奖励惩处、干部任免相挂钩，充分发挥考核评价对法治政府建设的重要推动作用。

【基层法治建设】 持续深化“法律明白人”培养工程，在现有基础上，着力在强化培养质量、提升工作实效上下功夫。通过将新任村“两委”干部纳入农村“法律明白人”骨干，进一步做大做强“法律明白人”骨干队伍。同时，注重“法律明白人”骨干法治素养的提升，开展“法律明白人”培训，充分发挥其在宣传政策法规、引导法律服务、化解矛盾纠纷、参与社会治理中的示范引领作用。打造法治文化实体阵地，整合各类资源，深度挖掘文化特色，因地制宜建设法治广场、法治长廊、法治宣传栏，实现法治文化阵地建设全覆盖，集中展示法治文化成果，营造浓厚法治文化氛围。2022年竟成街道洋湖村被命名为省级民主法治示范村。

【法治宣传教育】 召开了区普法工作领导小组会议，研究并制定了《关于对2016—2020年全区普法工作先进单位、先进个人和依法治理创建活动先进单位予以通报表扬的决定》《珠山区普法工作领导小组工作规则》《珠山区普法工作领导小组办公室工作规则》《成立珠山区“八五”普法讲师团》等相关文件。严格落实“谁执法谁普法”普法责任制，研究制定了《珠山区“谁执法谁普法”普法责任制任务清单》，明确各单位的普法责任，充分调动各普法成员单位积极性，利用各时间节点开展法治宣传，形成各司其职、齐抓共管的“大普法”格局。依托“法律六进”，不断丰富宪法宣传活动形式，提升法治涵养能力，以群众喜闻乐见的形式开展法治宣传。在重大节日期间和重要时间节点尤其是“三八”国际妇女节、全民国家安全教育日开展集中宣传活动，通过现场咨询讲解、发放宣传手册等方式向群众普及法律知识，广泛宣传与经济社会发展和人民群众密切相关的法律法规，推动全民守法，形成守法共荣的良好局面。

【打造三级公共法律服务平台】 全面打造完成了区、镇（街）、村（社区）三级公共法律服务实体平台建设工作，完善了公共法律服务体系，实现了公共法律服务实体、热线、网络三大平台全面融合，畅通了法律服务渠道，建立健全与公检法的工作衔接机制，实现了刑事案件律师辩护全覆盖、法律帮助全覆盖。稳步推进人民调解工作。建立10个街道人民调解委员会，69个村（社区）人民调解委员会，共244名人民调解员。调委会围绕家庭关系、邻里关系、社会关系等各类与群众息息相关的矛盾纠纷，开展大排查大化解活动，切实把矛盾化解在基层。全年共排查矛盾纠纷982起，化解982起，调处成功率为100%。

【落实“企业安静期”制度】 以行政执法管理监督为抓手，大力实施营商环境优化升级“一号改革工程”。全区各行政执法单位搭建行政执法信息查询“只点一次”平台，归集各类行政执法事前、事后信息进行“一站式”公开；推进行政监管领域“首违轻微免罚”，牢牢树立包容审慎的执法理念，各行政执法单位和执法人员依法落实“首违轻微免罚”制度，在辖区范围内建设更加包容、更具活力、更有温度的营商环境；全力落实“企业安静期”制度，聚焦聚力“规范执法、强化监管、优化服务”，依托信息化手段做到执法监督无死角，“特殊情形”全部报批（备）、执法监察全线联合、“企业安静”全域覆盖、执法行为全时监督、“首违轻微免罚清单”全面覆盖、企业信用全方位评级、失职干部全员问责，逐步提高对企业“无事不扰”比例，不断擦亮“珠事顺利”营商环境品牌。

军　事

人民武装

【概况】 2022年，珠山区人民武装部（以下简称区人武部）坚持以习近平新时代中国特色社会主义思想和习近平强军思想为引领，坚决贯彻落实省军区、军分区党委全会精神，深入学习宣传贯彻党的二十大精神，牢牢抓住维护核心、看齐追随这个根本，紧紧抓住练兵打仗、国动援战这个主业，聚焦改革重塑、转型发展这个要务，突出依法治军、从严治军这个保证，各项工作有力推进，全面建设稳步提升。

2022年，区人武部坚持举旗铸魂，强化思想引领，紧紧围绕迎接党的二十大胜利召开和学习宣传贯彻党的二十大精神这条主线，始终把加强思想政治建设摆在首位，确保绝对忠诚绝对纯洁绝对可靠。强化理论武装，第一时间收听收看党的二十大盛况，聆听习近平主席报告；召开党委会、支委会、党小组会学习报告原文，人人上台交流体会；突出党的二十大精神、习近平主席重要讲话等学习重点，常态落实“第一议题”，落实好党委议教、突出“主官带头”，带头深学深悟，带头宣讲辅导，带头调查研究，带头讨论发言；积极向专武干部、民兵干部、民兵分队、乡村振兴帮扶村拓展延伸，同堂学原文、听宣讲、谈体会；通过学习，全体人员维护核心、看齐追随、立场坚定，加快国防动员力量建设的使命责任感持续增强。深化主题教育，突出抓好党史学习教育，及时召开专题民主生活会，采取“一人讲、大家评、逐个过”的办法，对照“五个带头”“四个讲清”内容进行剖析检查，取得较好效果。聚焦“忠诚维护核心、矢志奋斗强军”深化主题教育，广泛开展“学思想、铸忠诚、担使命”教育实践活动，组织观看红色电影《长津湖》《狙击手》《智取威虎山》及纪录片《敢教日月换新天》，聘请市委、区委党校教授授课等活动，既丰富了教育形式又充实了教育内容，使全体人员在潜移默化中注入红色基因，砥砺强军底色。抓好经常性思想工作。紧贴人员思想做好教育，深入开展谈心交心活动，耐心细致做好一人一事工作，及时走访慰问亲属病重家庭和生病住院人员，将教育和关心结合起来，让思想政治工作充满温度、有人情味。助力乡村振兴，积极协调对接，主动作为。与竟成镇黄泥头村签订协议，积极开展党建帮扶；协调地方投入近170万元开展产业帮扶和基础设施完善；协调组织市第三人民医院开展义诊；开展消费帮扶等活动。

深化整改整治。2022年，区人武部深入贯彻省军区、军分区纪检政法工作会议精神，认真抓好军委巡视巡察反馈问题整改。抓压力传导，组织党委、纪委成员参加上级集训，组织全员观看反腐电视宣传系列片《零容忍》，传达上级案件事故通报，引导全员知敬畏、存戒惧、守底线。抓重点防范，紧盯重点行业领域、军地交叉地带等重点事项，加强财经管理、物资采购等重点行业领域监督，不断加大防范和纠治力度；坚决维护法规制度和纪律规矩的严肃性权威性，始终做到知责于心、担责于身、履责于行。抓执纪问责，坚持严字当头，注重监督质效，做到正面引导、反面警示和纪律自觉有机结合，强化党委主体责任，及时组织党风廉政建设形势分析，不断推动党风廉政建设向纵深发展。

【练兵备战】 2022年，区人武部坚持把练兵备战作为中心工作，牢牢立起党委统战、纪委督战、主官抓战、一切为战的鲜明共识。先后组织抗洪抢险骨干、专武干部暨“三法一能”集训。6月24日，乐平市乐安河堤坝出现险情，根据上级要求，迅即组织应急连民兵驰援，连续奋战两昼夜，搬运沙袋1000余袋，加固河堤200余米，完成任务，通过遂行任务较好地检验了训练效果。7月，组织区属民兵应急连参加省级领导过军事日活动。严格落实整组“八步法”规定，按照营有党委、连有支部、排有小组、班有党员要求预建民兵党组织，落实基干民兵党员比例和排以上基干民兵干部必须是中共正式党员等规定，确保民兵队伍绝对忠诚可靠。

【兵役登记】 按照上级部署和“五率”量化考评要求，深入宣传发动，严密组织实施，组织年满18周岁适龄青年进行兵役登记，适龄青年登记率100%。先后3次组织廉洁征兵警示教育，在全区设立11个廉洁征兵举报电话和信箱，聘请基层风气监督员和廉洁征兵监督员。

【征兵工作】 3月8日，召开珠山区2022年春季定兵会，区委常委、常务副区长、区征兵工作领导小组常务副组长余文军出席会议并讲话。9月6日，召开珠山区2022年秋季定兵会，区委常委、常务副区长、区征兵工作领导小组常务副组长余文军出席会议并讲话，区人武部部长双培元、政治委员宋亮明，区政府副区长、区公安分局局长于辉耀出席会议。春、秋季征兵工作启动以来，各部门严格按照区委、区政府统一部署和征兵工作有关要求，以高标准完成征兵任务为目标，完成年度男兵征集任务，下半年首次实现100%大学毕业生和零退换兵，未出现任何廉洁征兵相关问题。

【守牢安全底线】 2022年，区人武部严密开展保密专项清理整治活动，第一时间组织学习军委国防动员部、省军区指示要求，对省军区"7个管住、45个严禁"进行背记；结合专武干部例会、民兵政治教育，在落实疫情防控措施要求前提下，将保密教育向专武干部和民兵队伍延伸，逐人签订保密承诺书；联合地方国安、公安和网监部门，建立完善制度机制，严防失泄密问题发生。坚决贯彻落实省军区《关于进一步正规基层武装部保密秩序的通知》，逐基层人武部过，落实一个保密联络员、一台专用电脑、一个保密柜、一本专用登记本和配套保密标签标语等"五个一"，做到"五个规范"。深入开展安全大检查，以迎接军委国防动员部、省军区安全大检查为抓手，紧紧盯住17个安全管控关键要素，重点抓好5类安全问题防范，扎实开展安全管理工作检查自查，每季度组织全面安全检查，节日、两会前组织专项检查，每周组织安全隐患排查。持续推进"四个秩序"规范建设。

【基层基础建设】 2022年，区人武部以高质量考评为抓手，不断开创军政军民团结新局面。区委、区政府领导带头落实双向兼职、现场办公等制度，重要工作推动，用心用情解决部队建设中的矛盾和困难。2022年先后增加民兵集中训练保障经费30万元，将人武部职工绩效工资纳入区财政预算，新营区建设列入区重点建设项目。大力开展"满怀忠诚讲尊崇，千行百业共拥军"活动，主要领导亲自带队深入驻军单位开展慰问活动，常态落实立功受奖送喜报和走访慰问现役军人家庭及困难军属活动，共走访慰问现役军人家庭，发放慰问金17万余元，有效激发军人建功军营的荣誉感自豪感。优先选配基层专武干部，专武干部岗位津贴由每月100元提升到每月230元，定期召开专武干部例会，每月安排1名专武干部到区人武部代职锻炼，帮助提高胜任岗位、完成本职的能力。认真贯彻《军队基层建设纲要》，坚持以"帮理思路、帮查弱项、帮强素质、帮解难题"为重点，改进工作指导、夯实基层发展根基；协调区委、区政府在各镇街政府事务经费中列支党管武装专项经费，完善应急连连部建设和各类库室、场所建设；为各基层武装部统一制作各类制度牌和各类登记本，规范各类软硬件标准，完善了各类物资器材。各镇街不等不靠，主动作为，不断健全完善基层武装部软硬件设施建设；广泛开展群众性国防教育，全区上下形成了关心武装、热爱武装、支持武装的良好氛围。

【党管武装工作会议】 4月18日，区人武部召开2022年度党管武装工作会议。时任区委书记、区人武部党委第一书记高翔出席并讲话，区委常委、人武部部长柳军华主持会议，区委常委、常务副区长余文军出席会议，区人武部政治委员宋亮明出席会议。会议传达学习上级党委全会精神，分析总结2021年党管武装工作情况，研究部署下一步武装工作。会议宣读了基层政治教导员任免命令。竟成镇、新村街道、周路口街道党（工）委书记作党管武装工作述职。

【乐平抗洪】 2022年6月20日22时，乐平市乐安河乐北联圩港口段出现多处危急险情，区人武部接到军分区命令，迅速启动应急预案，在做好本区内涝险情应对防护的同时，紧急召集民兵应急分队，支援乐平市抗洪任务，全力保护人民群众生命财产安全。区人武部闻"汛"出动、精锐出动，领导干部靠前指挥，人武部文职人员，职工、基干民兵冲锋在防汛救灾一线，先后投放砂石土料500余立方米、沙袋1000余袋，奋力抢固河堤200余米，用实际行动筑起了一道道牢不可摧的安全堤坝，为人民群众生命财产安全保驾护航。

人民防空

【概况】 2022年，珠山区人民防空办公室（以下简称区人防办）在区委、区政府的正确领导下，在市人防办的大力支持和指导下，紧紧围绕上级部署和年初确定的目标任务要求，紧密联系实际、克服困难、真抓实干，城市防空袭能力和水平得到明显提升。

【人防知识宣传】 "3·1"国际民防日，区人防办在市第十七小学开展宣传活动，做到人防知识进校园。"5·12"防灾减灾日、"9·18"防空袭警报日等人防宣传日，在广大人民群众中广泛开展多种形式的人防法律法规宣传教育。加强人防进党校工作，与区党校取得联系，在学习培训内容中加入人防相关课程。

【人防工程】 2022年，区人防办推进指挥通信平台建设，多次与区机管局协调解决车辆编制问题，初步确定视频会议选址，并向市办报告落实具体安装事宜。

经济管理及监督

发展和改革管理

【概况】 2022年，面对错综复杂的外部环境和艰巨繁重的改革发展任务，区发展改革委在区委、区政府的正确领导下，努力克服新冠疫情和洪涝灾害带来的不良影响，坚定信心、主动作为，采取扎实有力措施，做好“六稳”工作，落实“六保”任务，努力推动经济运行稳中向好、稳中有进、稳中提质。全年实现地区生产总值275.97亿元，同比增长4.6%；1—12月固定资产投资同比增长8.1%；1—12月，规模以上全口径服务业收入同比增长16.5%，增长率排全市第二。

【推进项目发展】 2022年安排区重点工程建设项目21个，项目总投资约156.48亿元。其中续建项目7个，总投资约43.82亿元；新建项目14个，总投资约112.66亿元。完成第一小学新校园改建工程，珠山实验学校扩建工程，珠山区2022年度老旧小区改造等项目建设。

【争取6个专项债资金】 全区共有6个项目获得了专项债资金，其中珠山区2022年老旧小区改造工程发行专项债券13000万元、艺术职业大学人文职业教育实训基地建设项目发行专项债券5亿元、落马桥元青花遗址及刘家弄历史街区旅游基础设施提升工程发行专项债券2亿元、景德镇御窑厂景区周边配套停车场项目发行专项债券6500万元、高铁北站北广场停车场建设项目发行专项债券7000万元、景德镇市高级技工学校实训基地建设项目发行专项债券8000万元。

【生态文明试验区建设】 为贯彻习近平总书记视察江西重要讲话精神，落实中央、省、市关于生态文明建设和长江经济带发展的部署要求，起草并审议通过了《珠山区深入打好污染防治攻坚战八大标志性战役25个专项行动工作方案》《珠山区碳达峰碳中和“1+N”政策体系编制工作方案》《2022年珠山区推进长江经济带发展工作要点》等，开展了生态文明试验区建设及推进长江经济带发展相关工作。

【价格管理与认定】 做好价格形势分析工作。认真做好季、半年、全年价格形势分析工作，落实本区2022年9月至2022年年底社会救助和保障标准与物价上涨挂钩联动机制的价格临时补贴，9月扩大保障范围发放7630元，惠及218人次，为区委、区政府宏观调控决策提供依据。拓展涉案财物、赃物价格评估鉴定工作。从优质高效服务入手，客观、公正、公平、及时地办理各类案件，共开展涉案物品价格鉴定95件，涉及金额690万余元，维护了当事人的合法权益，保护了人民群众的利益，为促进平安珠山建设起到了重要作用，得到司法机关的认同和上级价格认证机构的重视和肯定。

商　务

【概况】 2022年，全区主要经济指标完成较好，利用省外资金项目实际进资32.79亿元，同比增长8.62%。审核认定亿元以上省项目22个（亿元工业项目13个，其中5亿元工业项目5个，10亿元工业项目1个）。1个“20”项目（低铁磁感取向硅钢项目）以“飞地经济”的形式与高新区三方签约。项目通过市商务局审核，处于省商务厅审核中。社会消费品零售总额共计154.5亿元，同比增长5.5%。1—11月限额以上消费品零售总额共计53.2亿元，实现累计同比增长18.6%以上。完成限额以上企业培育入库40家，其中，批零22家，住餐18家，住餐业完成任务并拿满附加分。外贸截至8月底已完成5.67亿元，已完成全年目标任务，且增长率排名全市第一。外资截至8月底已完成1377万美元外资任务，其中完成现汇526万美元。10月已上报792万美元口径（待省厅认定）。

【招商引资】 围绕产业发展，全年共计外出83次，其中区主要领导累计共组织外出招商26次，各招商小分队累计外出57批次；外出招引或接待企业来访共计500余人次。接洽各类项目65个，其中部分项目达成合作意向或协议。

【外资外贸发展】 组织参展商以及采购商报名2022年中国国际消费品博览会、第132届中国进口商品交易会、第19届中国—东盟博览会、2022年中国国际进口博览会等展会。并组织辖区百余家企业分别参加多场线上线下培训活动。为打造良好营商环境，为企业群众办事提供便捷，针对贸易经营者备案事项，实现只跑一次的高效服务，实行网上指导、审核。为43家企业办理对外贸易经营者备案登记工作。结合“千千入万企”“访外企、送服务、促增长”和“党建+营商环境”等多项活动，对辖区内的外资外贸、电商销售以及中小微等企业进行走访，其间共走访企业270家，收集26条企业信息，为企业解决招工、房租问题2条，联系有关部门联动解决问题3条，提供防疫用品1000余份。

【引企入驻陶瓷跨境电商产业园】按照全省双“一号工程”大力对接数字经济企业，年初与浙江必创科技集团成功签约并落户陶瓷跨境电商产业园。持续对接好数字经济产业园区的企业入驻工作，共计入驻园区企业125家，开展了8场培训活动。

【与深圳梦网科技集团签订合作项目】6月，在杭州数字经济专场招商推介会上签订框架协议，由梦网集团、市国控集团、珠山国资三方合资的运营公司在珠山东市落地并开始试运营。如项目后续进展顺利并最终形成固定资产投资，有望申报“5020”项目。

【智能显示模组项目】由深圳嘉业集团计划牵头投资的工业项目，计划项目总投资不少于20亿元，主要生产手机显示模组，汽车主控台显示屏，小家电显示屏等。计划年生产显示模组6000万片，产值42亿元，其中有望实现年出口总值35亿元。组织考察了企业在九江综保区的分厂区，并与企业在湖南长沙进行了对接并详谈了项目需求，企业要求项目一期需落实工业用地至少3.3万平方米，并提供产业基金配套投入。

【深圳比科斯小米生态链产品项目】由深圳比科斯电子股份有限公司投资的工业项目。比科斯电子于2015年10月成功新三板挂牌。是一家创意创新为导向的科技公司，也是小米生态链企业之一。其有计划在景德镇设立工厂，结合高精尖陶瓷材料并融合小米产品在景建立设计、生产、销售的完整产业链。同时企业也有意于合作建立深圳景德镇联合创新中心，在深圳孵化企业，将符合景德镇市招商产业规划的入选企业注册至本市，最终实现在深圳孵化，项目转移落户至景德镇，从而形成“人才飞地”模式的闭环。需要在寻找项目投融资方和人才政策等方面为整个项目提供定制支持。

【实施新一轮商贸消费升级“三年行动”】2022年以来在春节以及“五一”小长假期间开展各类商贸促消费活动，共计发放20余万元消费券，充分发挥以消费券等形式发放政府补贴的撬动作用，带火全城假日消费热潮。并组织企业参加第二届中国米粉节、2022赣菜美食文化节等活动，为企业争取相应参展补贴，助力企业走出去。

国资管理

【概况】2022年，龙珠集团资产规模达84.63亿元，完成融资19.52亿元。主营板块涉及产业投资、城市服务、文旅产业等，全年总计完成收入约13.65亿元。先后启动“央视网·瓷数字文化产业基地”“艺次元·元宇宙”等一批重点项目工程。

【国企转型升级】为化解隐形债，更好进行融资，加快企业转型升级，6月，经区政府批准，景德镇市龙珠投资有限公司升级为集团控股公司，同时，更名为景德镇市龙珠投资控股集团有限公司，出资人由区财政局变更为区国资管理中心，注册资本金由5亿元增加至20亿元。

【保障全区项目建设】2022年，在银行融资政策趋紧的大背景下，融资渠道变窄，集团克服困难、多元化开拓融资路径，以流贷、项目贷、专项债等方式，先后与九江银行、农商银行、上饶银行、农业银行达成合作，完成融资19.52亿元，为珠山区项目建设提供有力保障。

【土地收储】截至2022年年底，集团土地收储总量达56.94公顷。同时积极对接市、区相关部门加快推进陶阳学校西侧1.33公顷、珠山发展中心东侧地块7.2公顷、湖田桥头0.53公顷、三宝零星土地8.6公顷等地块的收储工作。

【减免租金】2022年，集团落实《关于有效应对疫情帮助中小企业纾困解难的若干政策措施》文件精神，应对疫情、稳定经济增长，全力推进国有房屋租金减免，上半年共为51名租户减免房屋租金56.38万元。11—12月贯彻执行“高风险地区补充减免3个月租金”政策，为43名租户减免房屋租金53.47万元。

【打造文化旅游胜地】2022年，集团不断完善三宝国际瓷谷基础建设和配套设施，打造三宝夜宋全新系

2022年，区国资公司打造的观山月·营河谷帐篷酒店（区国资公司供图）

列——“陶侃”三部曲项目、三宝夜市、观山月·营河谷帐篷酒店等。2022年三宝国际瓷谷景区获评2021年度全国版权示范园区（基地）、省级特色文化街区、江西省特色小镇等。11月9日，三宝国际文创中心承办的“央视网·瓷”数字文化产业基地启动暨国际青年陶瓷文化艺术节开幕仪式，受到央视网、中国新闻网、国际在线、央广网等多家主流媒体广泛关注报道，进一步呈现了富有文化、艺术内涵的魅力三宝。

【瓷源境文工旅特色产业园项目】 项目总投资约13亿元,分3期建设，总占地面积16.8万平方米，总建筑面积72000平方米。项目位于三宝路东侧原昌飞老厂房区域，毗邻三宝寺，并以三宝寺为界，分为南北两区，南区包括大师工作室和创客人才服务中心，北区包括陶瓷制作、展示、销售、文化演出等开放平台。11月大师坊区域全部交付使用，12月启动园区招商运营工作。截至12月31日，陈春勇美术馆、吕品昌艺术馆等企业及大师工作坊入驻，为珠山区文化旅游、陶瓷产业的高质量发展增色添彩。

【央视网·瓷数字文化产业基地项目】 6月，央视网陶瓷数字文化产业基地项目开工。项目建设内容包括三宝国际文创中心1号楼央视网陶瓷数字文化产业基地改造和提升以及央视网瓷直播平台建设，项目总建筑面积约为6300平方米，总投资约3000万元,于8月完工。“央视网·瓷”作为汇集央视网全国资源的重点项目，是继“央视网络春晚”“直播中国”之后第三个重点支持打造的“超级IP”,旨在通过“央视网·瓷”IP建立一套价值体系和内容生态体系，产生持续、高额回报的同时，重塑景德镇陶瓷的价格体系、标准体系与直播体系。

【艺次元·元宇宙项目】 7月，深圳梦网科技有限公司、景德镇市国控集团与龙珠集团共同投资建设景德镇市艺次元数字技术有限公司。展厅于10月开始装修，12月底进行物理空间验收，项目主要建设和运营以合规的国家级权威数字藏品交易中心为核心，数字藏品交易中心将按照一级数字藏品发行平台和二级数字藏品交易平台两期建设，建成支持多链生态的大型开放式交易平台。项目总投资约3.8亿元，计划于2025年12月竣工。

市场监督管理

【概况】 2022年，区市场监督管理局围绕市场监管重点工作，全力以赴“促发展拉高线,保安全守底线”，持续优化营商环境、严守“三大安全”，知识产权工作不断深入，市场监管工作取得了较好的成效。

【惩治涉嫌养老诈骗违法活动】 加强对老年人保健品等涉老产品的虚假宣传的监督检查，联合公安、街道开展打击养老诈骗专项整治行动。共计出动执法人员300余人次，摸排检查商户280余家，发现6条违法线索，均完成核实处理，其中查处4起案例入选全市首批涉嫌养老诈骗典型案例。

【涉粮问题专项整改】 依据市、区粮食购销领域问题整治工作部署会议精神，开展了辖区内粮食购销领域市场秩序专项整治工作，加大对价格、垄断、计量等违法行为检查力度，对粮食流通领域97户个体粮油经营户建立动态检查台账，发现2起地磅超期未检违法行为，共计下达责令整改通知书7份。开展专项抽检粮油及制品40批次，开展食品安全快检大米专项1551批次。

【食品安全监管】 不断巩固食安委考核2021年度全市第一名好成绩带来的成效，对辖区内的餐饮服务单位和食品销售单位开展“守底线、查隐患、保安全”专项行动，全面排查风险隐患，重点检查食品进货查验、场所与设备消杀管理，“公勺公筷”和“制止餐饮浪费”宣传等情况，并开展校园食堂及周边食品抽检监测46批次，保持持证学习食堂和幼儿园“明厨亮灶”全覆盖。共出动执法人员1724人次，检查食品经营单位2287户次，责令整改1124户次；开展食品安全抽检663批次，食品安全快检4638批次，局快检室已建成并正式投入使用。在严格落实“四个最严”工作要求中，加大行刑衔接力度，与公安机关开展风险交流会4次，移送5起涉刑案件，公安机关已立案4起。

【药品安全监管】 结合珠山区实际，制定了《珠山区药品安全专项整治方案》，组织开展各类药品医疗器械专项整治，做好药品不良反应和医疗器械不良事件监测工作。

【特种设备安全监管】 联合市市场监督管理局先后在恒大御景、陶新家园小区开展以“关爱生命 关注电梯安全”和“遵守安全生产法 当好第一责任人”为主题的电梯安全宣传暨应急救援演练活动。以小区电梯、液化气充装站特种设备等为重点，开展特种设备隐患排查治理行动。共完成辖区内流通领域工业产品抽检25批次。

【市场反不正当竞争监督检查】 召开了违法违规商业营销专项整治活动，结合“6·18”重要时间点，邀请市市场监督管理局在珠山东市重点整治网络直播营销中各类违法行为。立案查处1名网络直播用户并向53家直播企业进行宣讲指导。

【优化营商环境】 开展“局长服务日”。每周一上午开展局长服务日活动，全力解决影响企业办事的难点、痛点、堵点问题，助力企业发展。探索食品经营许可试点改革。对905户满足条件申请延续、变更食品经营许可、小餐饮和小食杂店食品经营户申办实施告知承诺制，做到先发证后核查；对420户预包装食品销售经营户实施审批改备

2022年7月，区市场监督管理局组织开展知识产权质押融资“入园惠企”银企对接会（市场监督管理局供图）

案，做到备案即经营。深化“证照分离”改革，探索“容缺受理”制度，简化“个转企”流程，推广“一照通办”改革，推进注销便利化改革，推动照后减证和简化审批，实施无纸全程电子化登记。提高企业开办效率，实现全程网办，企业平均开办时间从1.5天内大幅压缩至2小时内；个体工商户开办实行“即办制”，材料齐全当场即可领取营业执照。新增市场主体6420户，其中企业1539户，个体工商户4881户。创新市场监管方式。制定珠山区“首违免罚”“轻微免罚”制度清单，坚持处罚与教育相结合原则，已对4起企业非主观轻微违规、未造成严重后果等行为，采取包容审慎的态度，灵活运用提示、告诫、约谈、建议等非强制性执法方式，规范经营行为。

【巩固知识产权强县试点建设成果】珠山区作为全市唯一入选国家知识产权强县建设试点县培育县（市、区），2022年以来，全区完成专利申请量814件，同比增长98.31%，其中每万人有效发明专利数18.9，居全市前列。全区创新创造能力增强，1家企业入围全国优势企业，1家企业获得第23届中国专利优秀奖。为了帮助中小企业挖掘内在潜力，畅通专利质押融资渠道，与景德镇农商银行股份有限公司举行促进珠山区知识产权质押融资战略合作协议签约仪式，为“银企”搭建优质服务平台，将无形“知本”变有形“资本”，让企业专利变成红利。

现代商贸业发展中心

【概况】珠山区现代商贸业发展中心在2021年机构改革中由原来的市场经营服务中心更名而来，主要管理区内15个农贸市场。

【农贸市场整治】5月起先后联合区城管局、属地街道对十八桥农贸市场、星河湾农贸市场及周边开展专项集中整治，重点督促厕所保洁、家禽区经营户规范宰杀操作，做到随手清扫。联合区市监局、区城管、属地街道、市场业主等多部门对十八桥、戴家弄、新德园市场及周边开展为期一周的专项整治行动，重点整治了十八桥市场控烟及停车线不清晰，戴家弄市场家禽区保洁不到位，新德园市场设施破损、摊位内杂物较多、墙地面积垢问题。通过开展以上农贸市场专项整治，共处理出店、占道经营550余次、车辆乱停乱放240余处、清理小广告480余张、清理垃圾1151车。

【农贸市场改造】对照全国文明城市测评规范标准，全面查找梳理辖区农贸市场存在的问题，制定并落实相应工作措施，将有限专项资金发挥关键作用，切实帮助业主解决市场普遍存在的问题。完成对里村、黄泥头、新德园、中华北路、西路新区、昌河、戴家弄、星河湾8个农贸市场的公厕整改达标项目、完成星河湾市场办公室及检测室改造等。解决农贸市场公益广告陈旧内容亟须更新问题，辖区15个农贸市场公益广告及健康宣传栏更换上新近百幅。解决农贸市场保洁力量投入不足问题，针对市场业主普遍存在的重创收、轻创建思想，在摸清各市场环境卫生保洁人员底数基础上，适当给各市场发放临时性增加市场保洁人员费用补贴，确保市场保洁人员配备数量到位随场保洁卫生达标。

统　计

【概况】2022年区统计局深入推进统计改革创新、不断提升数据质量、持续优化统计服务、全面夯实统计基础，完成了各项统计工作，通过国家、省、市统计部门的审核验收，数据客观实际地反映了全区经

2022年，珠山区西路新区菜市场改造后的休息区（区现代商贸业发展中心供图）

济社会发展实际。全年实现地区生产总值 276 亿元，按照可比价格计算，同比增长 4.6%，三次产业结构为 0.3 ∶ 21.0 ∶ 78.7，其中，第一产业增加值增长 1.2%，第二产业增加值同比增长 5.7%，第三产业增加值同比增长 4.4%，其中第三产业对经济的拉动力达 80% 以上，对经济发展贡献显著。

【工业经济收入】 全区规模以上工业增加值同比增长 8.4%，与全市平均水平持平，较 2021 年提升 2 个位次。全年规模以上工业企业实现营业收入 12.08 亿元,同比增长 1.69%，总量和增长率在全市处于末位。工业发展瓶颈主要是受物理空间限制，工业发展后劲仍然不足，工业投资项目增长乏力，全年投资额同比下降 11.4%，规模以上工业企业行业单一，主要集中在陶瓷加工制造行业，企业规模普遍偏小，全年营业收入过亿元的规模企业仅 1 家。

【固定资产投资】 2022 年，全区固定资产投资同比增长 8.1%，与全市平均水平持平，增长率位居全市第三，其中，工业项目投资同比下降 11.4%，增长率处于全市末位。从项目建设情况看，1—12 月，全区亿元以上在建工程项目共 84 个，同比增长 6.32%，完成项目投资额同比增长 0.85%，占全部固定资产投资额的 75.36%。

【消费品市场规模】 2022 年，全区消费品市场规模稳步扩大，消费结构持续优化，实现社会消费品零售总额 210.18 亿元,同比增长 4.45%，居全区第二。分行业看：批发业同比增长 19.7%，高于全市平均水平 0.1 个百分点、零售业同比增长 9.8%，高于全市平均水平 1 个百分点。从限额以上消费品市场看，生活类商品增长较好，其中粮油、食品类零售额同比增长 31.7%，服装鞋帽类同比增长 37.2%，中西药品类同比增长 90.1%；智能化商品备受青睐，智能家用电器和音像器材同比增长 77.4%；绿色消费需求持续释放，其中能效等级为 1 级和 2 级的商品同比增长 32.3%，新能源汽车同比增长 346.8%。网络消费高速增长。2022 年，全区限额以上批发零售单位通过公共网络实现的销售额为 12.3 亿元，同比增长 248%。

【服务业收入】 2022 年全区规模以上服务业实现营业收入 68.9 亿元，同比增长 16.5%，位列全市第二。服务业受疫情影响较大，部分大型物流企业营收出现大幅下降，一定程度上拉低了大口径服务业增长率。从其他营利性服务看，互联网和相关服务、软件和信息技术服务业，同比下降 2.1%，位列全市第二；租赁和商务服务业同比增长 23.6%，位列全市第三；科学研究和技术服务业同比增长 62.2%，位列全市第三；居民服务、修理和其他服务业同比增长 32.9%，位列全市第二；文化、体育和娱乐业同比增长 17.7%，位列全市第三。

【高质量发展考核】 认真做好 2022 年区省、市高质量发展绩效评价考核工作，认真研究省、市考核办相关文件精神，进一步完善对高质量发展绩效评价指标动态监测机制。牵头草拟了对街（区）的经济高质量发展考核方案，建立街（区）经济发展工作考评办法,将经济工作纳入区对各街（区）年度目标责任制考核,引导街（区）加倍重视经济工作，促进全区经济工作提质增效。

【统计执法检查】 7 月 10 日，国家统计局江西调查总队陈兰兰处长一行到珠山区，对区内住户调查、劳动力调查、畜牧业调查和粮食产量调查工作的开展进行统计执法检查。8 月省统计局一行在珠山区督导统计造假不收手不收敛问题专项纠治工作。进一步推进了依法统计、科学统计，健全防范和惩治统计造假、弄虚作假的制度体系和责任体系，全面优化统计生态，以高质量的统计工作服务推动高质量跨越式发展。

【推进统计工作从“数库”向“智库”转型】 编制《珠山区统计公报》，分析研判全区主要经济指标及省、市高质量发展考核相关指标的走势和经济总体运行情况，分析各项指标在全市的排位情况和努力方向，定期开展县域经济高质量发展考核监测，为区委、区政府决策以及部门、镇街提供含金量高的参考数据和对策建议。

审　计

【概况】 区审计局牢牢立足于经济一线，充分发挥经济卫士的作用，全年开展了 20 个审计项目，其中审计署、审计厅统一部署的审计项目 3 项，部门预算执行及决算草案情况审计 3 项，任期经济责任审计 9 项，财务收支审计 2 项。投资项目审计，完成了三宝瓷谷 PPP 等 3 个投资项目审计，其中投资项目审计送审金额 23566.98 万元，审定金额 20403.65 万元，核减金额 3163.33 万元。提交各类审计信息 170 余条，被各类媒体频道采用 120 余篇次。

【部门预算执行及决算草案审计】 4 月，区审计局以规范预算管理、提高财政资金使用效益、服务公共财政制度改革为目标，组织展开了区本级预算执行及决算草案情况审计。主要审计了区本级预算执行及决算草案情况，同时延伸审计了珠山区文化广电新闻出版旅游局、珠山区石狮埠街道办事处和景德镇市第一小学等多家单位，还对珠山区商务局 2021 年度预算执行及决算草案情况进行了审计。在审计过程中，结合优化营商环境、发展数字经济等政策举措的落实情况，重点关注了财政资金使用效益、预算管理、财政专项资金绩效、财政管理体制改革等情况，促进各项政策措施落地见效，为党委、政府宏观调控经济决策，人大经济监督和维护财经秩序，促进经济发展等方面发挥了积极的作用。在2022年8月30日珠山区第十一届人大常委会第六次会议上，区审计局受区政府委托向区人大常委会汇报了《关于珠山区财政局具体组织2021年度区本级预算执行及决算草案情况审计工作报告》，区财政局具体组织2021年度区本级预算执行及决算草案情况审计工作得到了各位常委委员的充分肯定。

受珠山区人民政府委托以及珠山区人大要求有关整改事项落实的工作部署，重点对《2020—2021年度珠山区财政预算执行和其他财政收支审计》查出问题督促各单位整改到位，并对整改情况进行满意度测评。

【经济责任审计】 开展了对珠山区9名领导干部任期经济责任审计。通过审计，发现库存现金金额较大、报账手续不规范等问题。审计分别做出了审计评价，并依法提出了相应的审计意见和整改建议，促进了财务核算的规范和相关制度的建立和完善，增强领导干部财经法规意识和经济责任意识，增强了领导干部的事业心和责任感，加强了对领导干部权力制约和监督，当好各级党政选人用人的参谋，促进党政领导干部廉洁自律。

【财务收支情况审计】 为进一步完善行政单位财政财务管理制度，提高行政单位的经济效益、服务质量、竞争力，提升资金的使用效益。组织开展了珠山区竟成镇人民政府2021年财政收支管理情况审计，对竟成镇人民政府经济发展和财政办、竟成镇农业农村工作办公室、景德镇竟达农业综合开发有限公司、竟成镇敬老院等相关部门进行了延伸审计。同时开展了珠山区教体局和珠山区住建局2020年至2021年财务收支情况审计，对审计过程中发现的报账手续不规范、专项资金不规范等问题提出了相应的审计整改意见，以帮助被审单位整改，确保资金的安全、完整、有效使用，确保惠及民生的政策落实到位。

【国家重大政策措施落实情况跟踪审计】 根据《国务院办公厅印发稳增长促改革调结构惠民生政策措施落实情况跟踪审计工作方案的通知》《国务院办公厅关于转发国务院减轻企业负担部际联席会议清理拖欠民营企业中小企业账款工作方案的通知》要求，以及审计署、省审计厅的工作计划安排，稳增长、促改革、调结构、惠民生政策措施贯彻落实情况进行专项审计，重点关注拖欠民营企业中小企业账款，组织开展了对国家重大政策措施落实情况跟踪审计，每个季末都派出专业对口的工作人员对审计署统一组织的重大政策措施落实情况跟踪审计，促进了重大政策措施在珠山落地生根。

【投资审计】 针对区城市建设速度加快，工程量多等情况，在投资审计过程中坚持深入项目现场，对建设单位报送的各项内容，采取现场查看核实施工内容，从源头上杜绝建设单位或施工单位虚报工程量、重复计算工程量、虚假签证、乱签证等现象发生。充分利用工程造价咨询中介库，加大了对政府投资项目的跟踪审计和竣工决算审计力度，成效较为明显。完成了三宝瓷谷PPP等3个投资项目审计，其中投资项目审计送审金额23566.98万元，审定金额20403.65万元，核减金额3163.33万元。开展背街小巷等项目全过程跟踪审计，核减工程进度款3000多万元，为政府节约了大量资金，在促进项目投资质量，防止国有资产流失、减少区基建项目在建设中损失浪费。

【自然资源审计】 为强化领导干部生态环境保护观念，深入贯彻落实“绿水青山就是金山银山”的发展理念，监督领导干部贯彻执行中央生态文明建设方针政策和决策部署情况，完成自然资源资产管理和生态环境保护目标情况，履行自然资源资产管理和生态环境保护监督责任情况，组织自然资源资产和生态环境保护相关资金征管用和项目建设运行情况，完成了对珠山区2名领导干部自然资源资产审计工作。通过审计，发现了管理制度上的不足。在深入分析和发掘带有普遍性、倾向性、苗头性问题的同时，透过现象抓住本质，分析深层次原因，提出了切实可行、具有操作性的改进意见和建议，充分发挥了审计促进中央生态文明建设方针政策和决策部署的落实。

【疫情防控资金专项调查】 为了确保疫情防控资金规范、安全、高效运行，开展了防疫资金专项调查。专项调查重点聚焦疫情防控政策落实、专项资金拨付使用等方面，从源头上、制度上彻底预防和治理有关疫情防控资金的使用问题，提升专项资金的使用效益，充分发挥了审计“免疫系统”功能。

【督促整改事项落实到位】 根据上级要求，审计局牵头负责了景德镇市2名主要领导的自然资源资产离任审计及珠山区2名主要领导的任中经济责任审计的相关问题整改事宜，针对发现的问题督促各单位整改到位。

农业农村和水利

农　业

【概况】2022年珠山区共有14个行政村，农村集体经济组织成员户数为8867户，成员数为29648人。农村土地确权登记总面积为348.95公顷，主要为蔬菜种植。市级农业产业化龙头企业4家。

【农业生产】开展农业农村领域污染防治专项行动。持续推动农药化肥减量增效、农作物秸秆综合利用、废弃农膜回收利用和水产养殖规范用药工作，完成受污染耕地安全利用治理任务，促进全区农业高质量发展。全面完成重大动物疫病春秋两季集中免疫工作。组织开展集中免疫行动，生猪存栏10900头，家禽11700羽，做到应免尽免。

抓好长江流域禁捕工作。发放禁渔通告，沿河设立禁捕退捕、禁止垂钓警示牌，公布举报电话；聘请护渔员，加强日常巡查，加大对非法捕捞的打击力度。抓好屠宰企业监管工作。督促该屠宰企业落实企业“两项制度”，强化企业各项主体责任，确保肉产品质量安全。

开展农业外来入侵物种普查和除治工作。联合竟成街道开展“加拿大一枝黄花”有害生物清除工作，利用人工拔除+药剂治理2种方法，对“加拿大一枝黄花”进行清理。做到发现一株铲除一株，不留盲区死角，坚决杜绝恶性杂草繁殖蔓延，并做好无害化处理。开展保护水生生物多样性活动。为进一步提升水生生物资源养护均衡，保护水生生物多样性，2022年7月22日，在昌江河流域举行了渔业资源人工增殖放流活动，市农业农村局副局长舒君、珠山区政府副区长王锋胜出席活动。此次活动主要品种包括青鱼、草鱼、鲢鱼、鳙鱼四大家鱼，共计放流鱼苗300多万尾。

2022年7月22日，珠山区在昌江河流域举行了渔业资源人工增殖放流活动
（区农林水局供图）

举办2022年度绿色高质高效农业培训会。2022年6月1日上午，在竟成街道组织开展2022年度农药化肥减量增效、秸秆综合利用技术和废弃农膜回收利用等工作培训会。会议邀请了市农业农村局科教科和农技推广中心技术专家向各村农业工作人员、种植大户代表科普了农业用药等相关知识技术。通过培训提升珠山区农业工作人员、种植户规范用药技术水平，为实现全区农业高质量发展提供技术保障。

【农村工作会议召开】3月14日，在区委常委会会议室召开区委农村工作会议。时任区委书记高翔出席会议并讲话，区委副书记、区委政法委书记程传冬主持会议，区人大常委会副主任徐元旺，区政协副主席梁霞出席会议。会议传达学习了习近平总书记关于“三农”工作的重要论述和中央、省委农村工作会议精神；听取了竟成街道、区乡村振兴局前一阶段工作情况汇报，研究部署了下一步农业农村工作。7月29日，在区委党校组织开展2022年珠山区巩固拓展脱贫攻坚成果暨乡村振兴培训班。会议邀请了竟成街道、经开区各村第一书记、扶贫专干及相关工作人员。由市农业技术推广中心农艺讲师向参会人员讲解技术知识，广泛推广农业生产新技术、新模式，与各村扶贫专干深入交流、一一指导。通过培训为扶贫项目输入技术人才，助力乡村振兴。

【粮食安全管理】严格落实粮食安全省长责任制。加强对安全生产的管理，积极了解粮食储备管理总公司粮食储备情况，与江西粮源实业有限公司和各街道12个粮食供应点签订珠山区粮食应急保障协议；开展粮食购销领域腐败问题专项整治自查自纠，严格落实粮食安全省长责任制。开展宣传教育工作，树立粮食安全意识。开展粮食安全宣传周和世界粮食日宣传活动，发放宣传材料，引导广大村民增强粮食安全意识，自觉践行爱粮节粮行动；同时号召村民保护耕地，坚决制止耕地"非农化"、防止耕地"非粮化"，全面遏制耕地撂荒，统筹利用撂荒地促进农业生产。

【加挂景德镇市珠山区粮食局牌子】2022 年 7 月 25 日，按照《中共江西省委机构编制委员会办公室关于印发〈市县粮食行政管理体制机制相关问题整改方案〉的通知》文件要求，经区委编委研究并报市委编办批复同意，决定在区农业农村和水利局加挂景德镇市珠山区粮食局牌子，下设粮食股；在区农业农村产业发展服务中心加挂景德镇市珠山区粮食安全保障中心牌子，下设军粮供应和农产品检验检测股。

林 业

【概况】 截至 2022 年末，全区森林覆盖率 57.85%（含枫树山），国有林面积 6223.57 公顷，其中乔木林 5704.88 公顷，竹林 29.55 公顷，特殊灌木林 35.37 公顷。

【林业有害生物综合防治】 根据松材线虫病秋季普查结果，制定防治方案，下发防控目标责任书。督促竟成街道、经开区及各行政村对辖区内零星枯死松树进行除治，结合枯死松树发生区域情况，开展综合防治。

【推进林长制工作】 布置召开了区级总林长会议，制定了林长制工作要点，修订了林长制工作考核办法，下发督办函至竟成街道和经开区。

【森林资源保护管理】 开展 2022 年度林草湿生态综合监测评价工作，加快推进森林督查及审计问题图斑整改，继续加大对非法侵占林地、乱砍滥伐林木的打击力度，遏制问题"增量"。做好珠山区森林督查及审计违规图斑整改工作，针对问题图斑建立整改台账，进行销号处理，对变化小斑及时开展现场核查，对涉嫌触犯刑律的，坚决移交公安机关立案查处，对造成破坏负有直接责任的，依法追责。

水 利

【概况】 2022 年，全区年平均降水量 1888 毫米，水资源总量 12200 万立方米，地表水资源量 12200 万立方米，地下水资源量 2300 万立方米，共有 4 座小（2）型水库。辖区范围内主要涉及昌江河（左岸，全长约 10.6 千米）、南河（珠山段，全长约 10.2 千米）和老南河（全长约 9.8 千米）三条河流。

【水库度汛管理】 2022 年珠山区行政区域年降雨量 1888 毫米；渡峰坑水文站年蒸发量 1077.8 毫米。降雨时空分布不均，汛期降雨整体呈多发频发态势，局部降雨强度大，枯期降雨异常偏少。自 6 月底开始，辖区水文情势呈现涝旱急转态势，伏、秋季连续高温少雨，出现了严重旱情。6 月 18—20 日，景德镇市出现集中强降雨，珠山区行政区域平均降雨量 353 毫米。受强降雨影响，昌江流域出现明显洪水过程。昌江渡峰坑水文站 6 月 20 日 13 时 5 分出现洪峰水位 29.96 米，超警戒 1.46 米，洪峰流量 4190 立方米每秒；南河新厂水文站 6 月 20 日 14 时 50 分洪峰水位 33.60 米，实测最大流量 978 立方米每秒。

制定和完善了珠山区水库防汛应急预案、水库度汛明白卡和预案，组织区防指各成员单位、竟成街道、经开区和各街道开展汛前汛中防汛安全大检查，确保防汛物资储备充足，严格落实 24 小时领导带班制，明确专人做好水库值守、隐患排查和巡查工作。在抗旱工作中，从实际出发，充分利用河道、水库、沟渠等工程设施拦蓄降水，确保 2022 年全区抗旱减灾工作的顺利开展。

【推进珠山区南河流域三宝河段生态修复工程项目】 在区委、区政府的高度重视下，2021 年 9 月，珠山区农业农村和水利局成立珠山区南河流域三宝河段生态修复工程项目部，2021 年 12 月开工，2022 年 9 月底完工。通过项目实施，改善三宝河生态环境质量，提升水质净化与水源涵养能力，恢复河流生态系统，使三宝河河流水质稳定达到Ⅲ类标准。

【推进河长制工作】 安排部署召开区级总河长会议；督促竟成街道、经开区、沿河各街道做好河长制日常 App 巡河工作，区河长办对巡河发现的问题立即下发督办单，督促属地及时整改到位；适时开展河长制宣传活动，增强民众护河爱河意识。

【水生态环境专项整治】 清理昌江河和南河（珠山段）沿岸菜地 30 余平方米，清除河道水面垃圾 18 余吨，从源头上清理各类污染源，保护河湖库，保护水生态环境。

【推进农村供水工程】 大力实施农村饮水安全工程，加快推进城乡供水一体化工程前期筹备工作，联合区卫健委对脱贫户、边缘户及易致返贫户等水源实施了水质检测，确保饮水安全，切实改善集中供水水质标准。

【保持珠山区县域节水型社会建设成果】 组织开展 2022 年"世界水日""中国水周"及"空瓶行动"等活动，增强全区人民的水忧患意识；严格落实取水许可制度，大力推动取水计量，严厉打击违法取水活动，景德镇市水利局水政执法大队不定期对珠山区范围内各种取用水违法违规行为进行查处。

【荣获景德镇市"节水先进个人"】 2022 年 6 月，珠山区农业农村和水利局党组书记、局长谢君毅在推动景德镇市节水型城市、节水型社会创建工作中表现突出，被评为“节水先进个人”。

乡村振兴

【概况】 2022年全区脱贫人口及监测对象人均纯收入达到28691元，同比增长10.7%，继续位列全省第一，相较2021年3.4%的增长率有了较大提升，全区脱贫基础更加稳固、取得了明显成效。

【防返贫动态监测】 结合防返贫监测大排查工作，建立了“村级常态化排查，镇级周调度，区级月研判”工作机制，强化行业部门信息互通，定期推送医疗费用大、新增低保等疑似问题。截至年底，全区共有脱贫户201户614人（其中脱贫不稳定户9户19人）；边缘易致贫户11户23人；突发严重困难户1户3人，已全部纳入监测管理，并有针对性地制定了“一户一策”帮扶计划。

【社会兜底保障】 实施好救助标准的提标提补工作，将农村低保标准提高至每人每月840元，月人均补差水平达到每人每月530元。农村五保供养标准也与城市特困供养人员标准达到一致，基本生活费达到每人每月1100元，同时失能、半失能、能自理护理补贴分别达到1380元、350元和80元。保障标准的提高确保了农村低保、五保对象的基本生活保障，为实现兜底保障提供坚实基础。增发一次性生活补贴及物价临时补贴，7月，为困难群众增发了一次性生活补贴；10月，为困难群众发放了物价临时补贴，按每人每月35元的标准发放。

【教育帮扶】 狠抓教育资助政策全面落实，严格执行教育资助政策，做到资助发放精准及时。2022年春季，为474名学前教育贫困幼儿发放资助金共计32.925万元。为学籍在珠山区义务教育阶段1381名资助对象学生发放非寄宿生生活补助金共计35.6万元。强化义务教育控辍保学工作，对2022年秋季学期55名义务教育学段的脱贫户学生学籍系统进行比对，做到了一人一籍，对脱贫户家庭子女、残疾儿童等特殊困难儿童接受义务教育实施全过程帮扶和管理。对重度残疾儿童少年实施“送教上门”，防止适龄儿童少年失学辍学工作力度。加强教育资助信息数据比对核查，全面摸清适龄儿童少年特别是脱贫户适龄儿童少年就学状况，按时填报信息数据，建档立卡脱贫户学生春季126名，秋季120名。做到建立学籍全覆盖，资助政策全落实，实现“零辍学”目标。

【医疗帮扶】 落实低保对象、返贫致贫人口、脱贫不稳定人口、边缘易致贫人口、突发严重困难人口实行每人每年320元的定额资助参保，对其他未纳入农村低收入人口监测范围的稳定脱贫人口做好动员参保工作。巩固大病保险保障能力，持续巩固大病保险保障水平，在全面落实大病保险普惠待遇政策基础上，对特困人员、低保对象和返贫致贫人口继续实施起付线降低50%、报销比例提高5个百分点、取消年度封顶线的倾斜保障政策。强化医疗救助托底保障，加大特困人员、低保对象和返贫致贫人口门诊特殊慢性病救助保障，对低保对象和返贫致贫人口住院合并门诊特殊慢性病医疗费用，经基本医保、大病保险、医疗救助三重制度支付后，个人自付费用仍然较重的，进一步实行倾斜救助。优化医保经办服务，巩固县域内、市域内基本医保、大病保险、医疗救助“一站式”结算服务，简化优化医保报销以及办理慢性病卡流程，提升时效。

2022年14个村卫生室共发生门诊统筹4900人次，医疗总费用39.36万元，其中基本医保报销26.48万元。积极与区域内市级定点医院沟通联系，确保脱贫户和监测对象享有“先诊疗后付费”、一站式结算服务。同时，全面实行门诊统筹、基药零差价销售服务，以竟成镇卫生院为主体，组建15支家庭医生服务团队，建立由“镇卫生院统筹管理、村卫生室分级实施”的服务模式，确保家庭医生签约团队、履约服务团队全覆盖，签约履约率达到100%。

【安居帮扶】 结合农村自建房排查工作，对全区所有脱贫户住房进行重新鉴定评级，对鉴定结果为C、D级的房屋，通过进行修缮、申请公租房等措施，切实保障脱贫户住房安全。

【安全饮水】 除银坑村14户脱贫户使用小农饮集中供水外，其余全部为城区一体供水。在做好上述脱贫户水质监测的同时，推进银坑村城乡供水一体化项目，已完成项目编制规划报告。继续落实脱贫户入户通水和水费减免政策，针对建档立卡脱贫户免费通水入户，每个脱贫户每月减免5吨用水费用，不累计减免，确保所有建档立卡脱贫户均享受免费入户供水和水费减免的相关优惠政策。

【就业帮扶】 常态化入户摸清脱贫户就业创业底数，及时开展就业创业培训，确保有培训意愿的脱贫劳动力全部接受培训；用好用活公益性岗位，设置公益性岗位106个，为部分脱贫户解决“家门口”就业问题；围绕本市企业用工需求及脱贫户实际，开展招聘会、送岗上门等活动，截至年底脱贫人口就业率为83.73%，同比增长3.63%。严格按照文件规定落实外出务工交通补贴等政策，加强对脱贫户的外出务工情况进行摸排，截至12月，累计为33名省内区外脱贫劳动力发放外出务工一次性交通补贴0.99万元。

【金融帮扶】 加强与银监局、银行沟通，在符合贷款用途要求的前提下，最大限度满足脱贫人口和边缘易致贫人口信贷需求，做到“应贷尽贷”；扎实开展脱贫人口小额信贷摸底工作，加大对小额信贷政策宣传力度，主动对接脱贫户产品销路，解决他们的后顾之忧。截至12月底，共发放脱贫人口小额信贷30户149万元，完成全年任务的76.4%。

【扶贫资产项目管理】 认真汲取2021年资金项目管理存在开工率低、资金安排不及时、资产闲置等问题的经验教训，结合扶贫资产项目及后续管理“回头看”、扶贫资产确权等工作，向省局、市局和第三方会计师事务所沟通请教，确保不再发生类似问题。立足于“早”抓谋划，对照巩固拓展脱贫攻坚成果和乡村振兴项目库建设要求，结合市场发展和群众需求，着力谋划一批符合珠山区区情的储备项目（如樊家井排粉加工厂项目、黄泥头创业基地等），并按规定时间节点编制申报项目库，提前做好可行性论证分析、优化完善项目建设要素，做到项目等资金；着眼于“快”提效率，确保项目建设高效、有序推进，所有乡村振兴建设项目均紧盯时间节点，倒排工期、挂图作战，实行“日小结、周调度、月通报”制度，每日施工单位在微信群汇报进展、每周镇乡村振兴工作站现场调度协调解决问题、每月全区乡村振兴例会上通报各工程项目实施进度，并按工程进度及时拨付工程款。

截至年底，项目均完工，正在走审计结算程序，已拨付资金688.69万元，拨付比例达到86%。致力于“实”见成效，建立产业项目定期排查制度，由区农业农村局牵头，邀请农业专家会同竟成镇及时跟踪解决产业发展中遇到的困难和问题，实时调整产业方向和经营方式，确保所有产业项目不闲置、见成效。上半年产业收益联结脱贫户分红约20万元，年底计划分红20万元，全年实现为脱贫户产业收益分红40万元。

【乡村建设和乡村治理】 坚持把农村人居环境整治作为乡村振兴战略的基础性工作，结合常态长效创建全国文明城市、文明村镇创建活动，开展垃圾死角清理、空中乱象整治、河道及沿线整治、牛皮癣垃圾广告整治、流浪犬专项整治等各类行动，不断提高村民文明意识养成；依托村级新时代文明实践站，广泛实施积分制志愿活动，开展移风易俗，讲文明树新风行动。

工业信息化

工　业

【概况】 在全区工业发展经济压力增大形势下，区工信局紧紧围绕工业和信息化工作目标，推进重点项目，帮助全区企业平稳度过时艰，推进各项工作稳步发展。2022 年全区 31 家规模以上工业企业，总产值同比增长 18.8%，规模以上工业增加值同比增长 8.4%，营业收入同比增长 1.69%，规模以上工业利润总额同比增长 49.42%，工业固投同比增长 8.9%，技改占工业比重 68.54%。工业技改投资占工业投资同比增长 2.34%，制造业投资占固定资产投资比重 6.44%，制造业增加值占地区生产总值比重 12.15%。

【培育规模以上工业企业】 成功申报 7 户规模以上工业企业升规入统，分别是景德镇徐窑陶瓷有限公司、景德镇市景华建翔电声器件有限公司、景德镇市兴晟建材有限公司、景德镇市童街村肉联有限责任公司、景德镇柴房陶瓷有限公司、江西兆盈新科技有限公司、景德镇市敞靓门窗有限公司。

【推进重点项目建设】 发展“飞地经济”，引进了总投资超过 20 亿元的“低铁磁感取向硅钢项目”并落户高新区，属于国家鼓励类项目，被广泛应用于航空、航天、飞机制造、精密仪器制造等重点领域。该项目的投资建设将在景德镇形成一个全新的硅钢产业生态链，填补珠山区区域多项空白。大力发展总部经济，培育了一批如崔迪器、瑞牛、观宋、青花故事等文创品牌。

【开拓数字经济新蓝海】 扎实推进 5G 网络建设，带动数字经济发展，1—12 月企业上云上平台共计 2649 家，软件企业 1—12 月营业收入总计超 1 亿元。培育陶溪川直播基地，被评为“江西省数字经济集聚区”（第一批）。通过做优数字经济一号发展工程，着重开展数字赋能，打造直播基地，帮助景德镇陶瓷产品走向国际。推进工业数字化转型、数字赋能、提质增效，推进信息化和工业化融合，电子信息产业发展。景德镇瓷与链智能科技有限公司评选为“2022 年江西省 5G 典型应用案例”，瓷与链智能科技基于 5G+ 区块链的陶瓷文化防伪溯源研究与应用，为做优“数字经济一号发展工程”作出贡献。

【发展先进陶瓷产业】 全区共有生产型陶瓷类企业 607 家，陶瓷类个体工商户 869 家，产值达 200 万元以上的陶瓷企业 99 家，个体户 34 家，其中先进陶瓷企业 8 家，产品类别覆盖压电陶瓷、雾化片、氧化铝结构陶瓷、生物功能转性陶瓷、电子元件陶瓷等，全年产值累计完成 1.06 亿元。

【金融助贷服务】 不断加大金融支持民营、中小微企业发展力度。结合“千千人万企”活动，利用《珠山区政府性融资政策汇编》，第一时间对接企业了解情况，并协调相关职能部门和金融机构跟踪服务，提升企业融资便利度，降低企业融资成本。截至年底，珠山区在贷“财园信贷通”企业有 24 家，帮助企业解决资金缺口 9635 万元；6 家企业通过“科贷通”融资 2030 万元；发放“景漂贷”46 笔 940 万元；创业贷款新增个体户 146 户 3649 万元，新增企业 11 家 3840 万元，财政贴息 414.76 万元。组织各类培训推介活动，加强重点企业跟踪服务，通过“映山红行动”有力地推动企业挂牌上市等工作。积极与省联合股权交易中心对接，2022 年，全区 2 家企业在省联合股权交易中心标准层挂牌，2 家企业完成股份制改造，5 家企业在省联合股权交易中心展示。帮助企业解决资金缺口约 9635 万元。

规模以上工业企业

【概况】 截至 2022 年底，全区共有规模以上工业企业 31 家，经济生产运行情况良好，增速回升势头明显，工业体系主要以汽配、陶瓷、电子航配等产业为主，其中电子材料、航空配件等高科技产业发展较快。

【景德镇兴航科技开发有限公司】 景德镇兴航科技开发有限公司成立于 2004 年，位于景德镇六〇二高科技工业园内，是一家以研发、设计、生产直升机精密零部件为主的科技型公司。公司注册资本 1000 万元，固定资产 500 多万元，生产经营面积 1200 平方米，2019 年 5 月，公司 13000 平方米生产扩大用地投入使用。公司取得了军品生产资格证书、国家三级保密资格单位资格证书、武器装备质量管理体系认证证书、武器装备科研生产许可证，成为国防航空装备科研生产军品配套的企业之一。公司员工86人，其中专业技术人员占公司职工总数的30%，具有高、中级技术职称的有10人。为加强研发能力公司长期聘用航空系统内退休的中、高级专家，组成管理研发顾问团队。公司申报了8项专利，其中7项实用新型专利、1项发明专利，被国家知识产权局受理。

【景德镇华弘陶瓷企业有限公司】景德镇华弘陶瓷企业有限公司注册于1992年8月24日，注册地点为珠山区罗家坞神仙井，注册资本500万元。公司主要产品为仿古瓷、工艺瓷制造销售。

【景德镇真如堂陶瓷有限公司】景德镇真如堂陶瓷有限公司是一家坐落于“三宝瓷谷”之中的特色传统陶瓷全手工作业的公司。创办于2008年，公司占地面积3.52公顷，建成的机构与设施有：陶瓷文化艺术创意中心、艺术品展览中心、销售中心、传统陶瓷作坊、现代陶瓷作坊、雕塑车间、国内外艺术家工作室、宾馆及生活区总计近9000平方米，总投资3000余万元。

公司创立初期依托景德镇湖田古窑址的历史底蕴，在坚持景德镇传统制瓷的工艺基础上，以继承并赋予传统文化新的生命力为出发点，用陶瓷演绎中国传统文化的精神内涵和审美情趣。经过8年的坚持与努力，真如堂成为中国高端陶瓷的代名词。产品涵盖茶器、花器、香具、文房、餐具、佛教艺术、雕塑和生活陈设器八大系列。并逐渐发展成为一个以陶瓷为核心的综合性文化聚集地。

【江西维珂赛福航空科技有限公司】江西维珂赛福航空科技有限公司（以下简称公司）是根据国务院国资委、中国航空工业集团公司“瘦身健体、聚焦主业”的工作要求，由原中国直升机设计研究所汽车安全设备厂于2019年7月31日改制而成立的,注册资本2000万元。公司坐落于江西省景德镇市航空路6~8号中国直升机设计研究所大院内，厂房面积约1万平方米，设有综合管理部、财务部、市场部、技术部、质量部、物流部、生产采购部、加工车间、装配车间等9个部门，职工250余人，其中专业技术人员20余人，每年能吸纳本地高校应届毕业生10人左右。

公司管理体系完备，汽车安全带产品通过了IATF 16949 ：2016、GB/T 24001—2016和质量、环境和安全“三标一体化”管理体系认证及3C强制性产品认证；军用产品通过了GJB9001C—2017质量管理体系认证，民航安全带产品通过了适航认证，取得CTSO证书。工厂配置有安全产品检测中心，通过了国家CNAS认可以及莱茵南德（TÜV SÜD）的实验室认可，具备汽车安全带全项性能检测能力及自行进行E-MARK出口认证试验的资质。

【景德镇市古镇混凝土有限责任公司】景德镇市古镇混凝土有限责任公司始建于2013年7月，是市建设局审批的预拌混凝土三级资质企业。通过了市质量技术监督局的资质认定，颁发计量认证证书；以及通过省行业办颁发试验室专项资质认定，是景德镇市第二家通过省、市政府部门审批合格、证件齐全有生产能力的混凝土公司。公司位于珠山区竟成镇青塘村，占地面积4万平方米。景德镇市古镇混凝土有限公司是2013年景德镇市招商引资项目，该项目经市发展改革委立项，市人民政府同意建设，总投资1.2亿元，年产120万立方米商品混凝土，销售产值3.6亿元。

【景德镇市城竞混凝土有限公司】景德镇市城竞混凝土有限公司成立于2009年，注册资本1000万元，公司位于珠山区湖田（六〇二所工业园内）。主要营业范围为混凝土搅拌加工、销售、装卸。

【景德镇市鑫惠康电子有限责任公司】景德镇市鑫惠康电子有限责任公司于2007年9月创办，位于珠山区东一路何家桥李家村。在职员工60余名，主要是研发和生产压电陶瓷超声波传感器芯片、倒车雷达传感器芯片、轮胎压力传感器芯片、汽车油温传感器芯片和液位流量传感器芯片等产品，产品远销韩国、马来西亚等国家，特别是在东南亚具有较高的知名度和信誉度。

【景德镇市瑞牛文化科技有限公司】景德镇市瑞牛文化科技有限公司位于珠山区竟成镇三宝村，建立了占地0.67公顷的陶瓷创研基地，公司致力于研发特色、先进的茶器文化产品，形成12个系列上百款产品，2020年被认定为专精特新企业。

【景德镇崔迪陶瓷文化有限公司】景德镇崔迪陶瓷文化有限公司成立于2014年8月，位于景德镇市珠山区三宝路339号，注册资金300万元，在职职工30余人，占地面积2500平方米，公司是集设计、生产、商贸于一体的现代化私营企业，同全国各大院校和各领域的设计师、艺术家有着深度的合作模式。

【景德镇市瓷上功夫陶瓷有限公司】景德镇市瓷上功夫陶瓷有限公司成立于2015年6月，是一家集陶瓷产品生产、设计、研发、销售于一体的陶瓷公司。主营品牌定制包含陶瓷礼品定制、陶瓷软装定制、陶瓷产品定制、陶瓷私人定制等。销售渠道涵盖了线上销售和线下B端渠道。

【景德镇百陶会陶艺装备有限公司】景德镇百陶会陶艺装备有限公司成立于2012年，是一家专业的陶艺设备和原料制造商，生产和配套制陶所需的全部装备。公司为陶艺教育行业（如：幼儿园、中小学、高职高校、陶吧、工作室、陶艺作坊、家庭玩陶等），提供全面的陶艺培训、陶艺生产装备成套方案，承接各种规模的陶艺室（厂）的配套、安装和调试工程；2020年被认定为专精特新企业。

【景德镇红叶陶瓷股份有限公司】景德镇红叶陶瓷股份有限公司成

立于1996年11月25日，注册地位于珠山区东一路118号。经营范围包括陶瓷制品、窑具、陶瓷原辅材料及相关产品的制造与销售，技术开发与咨询服务；经营本企业自产产品及技术的出口业务；经营本企业生产所需的原辅材料、仪器仪表、机械设备、零配件及技术的进口业务。

【江西省玉风瓷业有限公司】 江西省玉风瓷业有限公司成立于1990年10月18日，注册地位于珠山区新厂西路389号。经营范围包括日用陶瓷、美术瓷、礼品瓷、紫砂产品，紫砂电器产品的研发、制造、销售；陶瓷文化传播。

【江西昌靖汽车内饰件有限责任公司】 江西昌靖汽车内饰件有限责任公司是隶属于“华通集团”靖江华通机电设备制造有限公司的专业性汽车内饰件生产企业。公司成立于2000年10月，2002年4月正式投产，位于昌河汽车零部件工业园内，公司年产总规模达3.5亿元。生产能力年均达到40万台，在职职工320人，技术专业人员50余人。

【景德镇市景迪汽车装饰布有限公司】 景德镇市景迪汽车装饰布有限公司成立于2002年，地处珠山区竟成镇前街村。公司主要经营织布，化工油漆，汽车头枕等产品。

【景德镇金品陶陶瓷有限公司】 景德镇金品陶陶瓷有限公司于2008年4月8日成立，由景德镇陶瓷股份有限公司按现代企业制度要求发起设立并由其及员工全资控股、专注于景德镇传统特色陶瓷和艺术陶瓷产品研发、生产的股份制有限责任公司。经营范围包括陶瓷制造、销售；经营进出口业务。

【景德镇垣发科技有限公司】 景德镇垣发科技有限公司于2018年10月11日成立，经营范围包括一般项目：汽车零部件研发，汽车零部件及配件制造，汽车零配件批发，模具制造，模具销售，金属材料制造，金属材料销售，通信设备销售，电子产品销售，计算机软硬件及辅助设备批发，办公设备销售，办公设备耗材制造，办公用品销售，电线、电缆经营，电子元器件批发，仪器仪表销售，卫生用品和一次性使用医疗用品销售，机械设备销售，家具销售，家用电器销售，针纺织品销售，厨具卫具及日用杂品批发，建筑材料销售，工艺美术品及收藏品批发（象牙及其制品除外），日用品销售，服装服饰批发，鞋帽批发，劳动保护用品销售，箱包销售，体育用品及器材批发，计算机系统服务，消防器材销售，新鲜水果批发，新鲜蔬菜批发，灯具销售，电气设备销售，润滑油销售，五金产品批发，航标器材及相关装置制造，普通货物仓储服务。

【景德镇佳洋陶瓷有限公司】 景德镇佳洋陶瓷有限公司创办于1993年，注册资本320万元，在职员工100多人，占地面积0.67公顷。公司生产从原料淘洗到成形、彩绘、烧制均采用景德镇传统手工工艺。公司旗下拥有：景德镇皇窑陶瓷有限公司、景德镇东璟实业有限公司、景德镇国际陶瓷文化交流中心、景德镇皇窑陶瓷艺术博物馆、古陶瓷标本馆、景德镇皇窑文化研究院等。

【景德镇市星光陶瓷有限公司】 景德镇市星光陶瓷有限公司于1997年3月25日成立，注册资本为60万元，注册地址为江西省景德镇市珠山区曙光路18号，经营范围包括陶瓷制造、加工（不含使用梭式窑）、销售。

【景德镇德韵陶瓷文化发展有限公司】 景德镇德韵陶瓷文化发展有限公司于2011年7月15日成立，经营范围包括陶瓷及艺术品销售、设计、制造（不含使用梭式窑）；陶瓷文化交流传播；日用百货、家具、家居装饰品、装饰画、图书（凭出版物经营许可证经营）销售、设计、制造；陶艺咨询、推广；茶叶、酒水加工及销售（凭食品加工许可证经营）；施工总承包、建筑工程、室内外装饰工程、装饰装修工程设计与施工、建筑图纸设计；窗帘、布艺设计、加工、销售；建筑材料、水暖五金、灯具、瓷砖、卫浴、整体橱柜、陶瓷原料、陶瓷机械设备、包装材料、建筑设备、电子电器、金银制品、工艺品、美术品、酒店用品、酒店厨具销售；包装设计、销售；图文设计；安防设备设计、安装；住宿（凭特种行业经营许可证经营）；经营进出口业务；文创旅游用品设计、开发、销售。2020年被认定为专精特新企业。

【景德镇鹏鹞水务有限公司】 景德镇鹏鹞水务有限公司于2007年7月11日成立，经营范围包括污水治理设施的建设、经营；污泥资源化处置与处置后产品的销售；污泥处置技术、再生资源技术、非危险废弃物资源化处置技术的研发、转让、咨询、服务。

【景德镇日光陶器有限公司】 景德镇日光陶器有限公司于2009年8月26日成立，注册资本为100万元，注册地址为江西省景德镇市珠山区珠山大道八卦山，经营范围包括陶瓷花纸制造、销售；陶瓷加工（不含使用梭式窑）。

【景德镇市巨丰陶瓷厂】 景德镇市巨丰陶瓷厂于1989年11月8日成立，传承祖辈传统工艺、民间艺，结合现代科技，专业从事陶瓷灯具、陶瓷花瓶、餐具、陈设瓷、艺术瓷的开发，生产，销售；经营范围还包括雕塑，仿古瓷，工艺美术瓷，包装纸盒、陶瓷原料加工、销售。

【景德镇蓝印子陶瓷有限公司】 景德镇蓝印子陶瓷有限公司于2015年7月8日成立，经营范围包括日用陶瓷制品制造及销售；工业设计服务；广告制作；数字文化创意内容应用服务；酒类（凭食品经营许可证经营）、服装服饰、鞋帽、工艺美术品及礼仪用品，被认定为2020年专精特新企业。

【景德镇徐窑陶瓷有限公司】 景德镇徐窑陶瓷有限公司成立于2022年3月10日，注册地位于江西省景德镇市珠山区新厂西路陶溪川B8-112商铺。经营范围包括一般项目，日用陶瓷制品制造，工艺美术品及礼仪用品制造（象牙及其制品除外），工艺美术品及收藏品零售（象牙及其制品除外），专业设计服务，互联网销售。

【景德镇市兴晟建材有限公司】 景德镇市兴晟建材有限公司于2019年12月11日成立，经营范围包括预拌混凝土、建材生产及销售；道路货物运输。公司地址位于珠山区竟成镇黄泥头村三步园，公司占地面积1.19公顷，公司拥有三一重工生产的混凝土全自动生产线2条及辅助设备，日生产3000立方米，完全有能力满足客户的需求。公司技术力量雄厚，拥有一批经验丰富的专业技术人员，建立了设备齐全，功能完备的实验室：设有水泥物检室，标准养护室，热学高温室，材料检验力学室及资料档案室。

【江西兆盈新材料科技有限公司】 江西兆盈新材料科技有限公司由广东盈嘉新材料有限公司在江西设立，注册资本1亿元。公司的核心产品为低铁损高磁感冷轧取向硅钢，产品填补江西省空白，属于国家鼓励类项目，低铁损高磁感冷轧取向硅钢被广泛应用于航空航天飞机制造，精密仪器制造，仪器仪表制造，输配变电力设备设施制造，精密机床制造，智能机器人制造，新能源电动车制造，智能充电桩制造，高速轨道交通供电系统制造，5G基站制造，船舶制造，雷达制造，是节能减排实现“双碳”目标的重要功能材料。

【景德镇柴房陶瓷有限公司】 景德镇柴房陶瓷有限公司成立于2019年3月1日，注册地位于景德镇市珠山区三宝路昌河汽车配件制造公司画眉楼，法定代表人为胡茂莲。经营范围包括：日用陶瓷制品销售，日用陶瓷制品制造，卫生陶瓷制品销售，工艺美术品及收藏品零售（象牙及其制品除外），日用木制品销售，厨具卫具及日用杂品批发，办公设备耗材销售，日用百货销售，建筑装饰材料销售，五金产品零售，农副产品销售，工艺美术品及礼仪用品制造（象牙及其制品除外），特种陶瓷制品制造，专业设计服务，企业形象策划，市场营销策划，会议及展览服务，货物进出口，进出口代理。

【景德镇市童街村肉联有限责任公司】 景德镇市童街村肉联有限责任公司成立于2019年8月8日，注册地位于江西省景德镇市珠山区竟成镇岚山路（原竟成镇老年公寓），法定代表人为徐长生。经营范围包括生猪屠宰场经营、管理（凭许可证书经营）；肉制品加工、销售。

【景德镇市景华建翔电声器件有限公司】 景德镇市景华建翔电声器件有限公司成立于2005年11月17日，注册地位于江西省景德镇市珠山区景瑶公路以西（珠山区景华电子工业园内），法定代表人为吴翔。经营范围包括：电子元器件制造，电子元器件批发，日用陶瓷制品制造，日用陶瓷制品销售，颜料制造，颜料销售，工艺美术品及礼仪用品制造（象牙及其制品除外），工艺美术品及礼仪用品销售。

【景德镇市敞靓门窗有限公司】 景德镇市敞靓门窗有限公司成立于2011年9月2日，注册地位于江西省景德镇市珠山区陶阳路圣罗帝景3栋1-601室。经营范围包括门窗制造加工、销售；金属门窗工程施工；塑料制品、五金产品、建筑材料、电线、电缆销售；园林绿化工程施工。

经开区管委会

【概况】 珠山区经济开发区位于景德镇市区东南6千米处，坐落在三宝村蔡家坞三宝文创中心3号楼，辖区北起湖田大桥，南至山田坞水库，西到大峰尖、茅山尖，北抵黄泥岗，纵深绵延10千米，总面积12.4平方千米。下辖2个行政村、2个社区居委会，分别是三宝村、湖田村、南河社区居委会、画眉楼社区居委会。两社区总共有2913户5503人，下岗失业人员72人，办理灵活就业困难人员社保补贴（“4050”）25人，享受城市居民最低生活保障为68户89人。2022年发放城市居民最低生活保障金额568844元。参加医疗保险户数56户，人数66人。育龄妇女489人，2022年出生人数9人。两村人口有633户共2189人。享受城市居民最低生活保障人数共9户11人，享受农村居民最低生活保障人数共22户、32人，2022年发放城市居民最低生活保障金额71520元。参加医疗保险户数、人数有610户、2060人，育龄妇女人数有278人，2022年出生人数10人。

辖区内生态环境优美、历史底蕴深厚、文化气息浓郁、创新产业活跃，既有山水之形、生态之美，又有文化之魂、产业之兴。拥有遗址9处：湖田窑（国家级）、杨梅亭窑(省级)、三宝蓬78号清代民居(省级)、马鞍岭露天瓷石矿遗址、三宝村双坑芭蕉坞古瓷石矿遗址、三宝村双坑古瓷石矿遗址（省级）、三宝蓬瓷石矿8号井（省级）、三宝蓬村水坞口碓棚（省级）、三宝蓬瓷石淘洗遗址（省级）。拥有博物馆2处：江西民窑博物馆、三宝陶瓷研究所博物馆。拥有美术馆10处：宁刚博物馆、湖田书院、梦美术馆、湖田陶瓷、景德镇画院美术馆、三宝美术馆、胡晖陶瓷艺术馆、景德镇时代创意会展、海景美术馆、汤正庚艺术空间。拥有画廊2处：三宝蓬、昌坤画廊。拥有各类展厅（含企业展厅）9处：杨梅亭驿站、湖田陶瓷、占绍林艺术基地、真如堂陶瓷有限公司、山云瓷谷里、守澹斋美术馆、闲云居、三宝蓬、文祥窑。

【基层党建】 2022年新成立了经开区管委会机关党支部；对1个“两

新”党组织进行了换届选举工作，完成了景漂陶瓷流动党员党支部新一届委员会换届选举工作；对经开区南河社区党委书记、副书记进行了调整；党工委（扩大）会议通过并确定了16名积极分子，1名发展对象，2名预备党员，2名正式党员，人才队伍建设得到进一步加强。完成党费清缴工作，上缴党费14466.71元；走访慰问困难党员10名、老党员1名，发放慰问金10600元，为3名老党员颁发“光荣在党50年”纪念章。向乐平洪涝灾区捐款4490元；全面落实“双报到双报告”制度，126名机关党员参与社区建设。开展“党建促发展 千千入万企”活动，优化营商环境，开展“喜迎二十大 奋进新征程”“七一”系列活动。

【经济发展】 助企共渡难关。辖区内不少中小企业主受新冠疫情影响不能到景德镇，经济办为辖区内商户帮代办营业执照5家。营业执照“帮代办”工作，已逐渐成为特殊时期经开区营商环境的特色工作。紧盯项目入统，完成固投项目3个，炊烟升起酒店建设项目2030万元；湖田陶瓷技术改造工程2700万元；南河流域三宝河段生态修复工程5474万元。景德镇平安礼物业有限公司完成服务业入库。景德镇市柴房陶瓷有限公司完成工业升规。完成梭式窑安全生产检查25次，与挂点单位共同完成“千千入万企党建促发展”活动60余次。通过开展持续性“惠企政策落实行动月”走访活动，推广下载电子印章576户，惠企通624户，累计走访企业、项目273家次，帮助解决诉求9个。

【社会事业】 扎实做好低保、低边动态管理，确保弱势群体生活有保障。新增低保5人，取消低保9人，现低保总数为77户99人，总额为53772元。享受残疾人“两项补贴”，其中生活补贴35人2800元、护理补贴19人1520元。享受高龄补贴80~90岁56人，90岁以上3人，总人数为59人，共计9300元。临时救助1户2000元，医疗救助2户2927.16元，共解决11人医保缴费问题，办件量完成率为100%。

【基层治理】 处理化解突出隐患纠纷8宗，调处成功率100%。及时分流并调处“12345”市长热线100余宗，调处成功率100%。开展“三合一”场所“九小”场所整治，开展治安清查10余次、排查安全隐患32处、出动警力42人、处理警情5宗、环比下降90%。治安9宗、环比下降60%，辖区治安刑事总警情同比下降90%，命案“零”发案。截至年底辖区“国家反诈中心”App下载数为3800余人，反诈及防养老诈骗宣传48起。制定《经开区2022年禁毒宣传教育月活动工作方案》，以“预防毒品为主，珍爱生命，远离毒品”为主题开展的宣传活动10余次。在辖区各社区广泛开展法律宣传活动，开展安全隐患排查行动40余次，集中宣传80余次。10月，筹备成立经开区消防所，防范生产安全事故发生。

【文明创建】 清理楼道杂物600车、垃圾死角380余处、清理拆除建筑垃圾约20吨、劝阻私搭乱建9起、整治黄土裸露230平方米、河道沟渠漂浮垃圾清理垃圾10吨、清理托运偷倒的工业、建筑垃圾19.5吨。劝阻不文明行为200余次、劝导机动车和非机动车乱停放现象150余次、处理私拉电线问题140余起，安装电动车充电盒30余个。增设小区停车位14个、增设消防器材8个，替换过期消防器材50个。在病媒防制方面，全面铺开了灭鼠毒饵站并投放毒饵30千克。清理垃圾小广告、“牛皮癣”共计1170余条。更新、更换公益广告牌260处，更新8个便民信息发布栏。发放各类宣传资料5000余份，发放健康教育手册2000余份、送医上门举行义诊共5次。开展“烟头革命”活动，共收集烟头20余千克。全年常态长效创建红榜共计6次。

【乡村振兴】 出台移风易俗工作方案细则，执行细则计划，严格督促两村落实推进乡风文明建设。中秋节前三宝村委帮空巢老人办理手续入驻村养老院，并在节日期间走访慰问养老院，鼓励村民树立养老新观念。湖田村中秋节期间走访慰问脱贫户，鼓励脱贫户以老带新加快脱贫步伐。

【景漂志愿服务队】 开展青年大学习共计8400余次，开展净滩行动8次，开展青年之家活动25次，缴纳团费241.2元，2021年评选出“五四”红旗团支部，团干部、青年志愿者各1人。景漂志愿服务队开展送春联进社区、送文化进校园、走访景漂困难家庭、助力瓷博会·景漂在行动等，张传军表现突出被评为2021—2022年度珠山区优秀志愿者称号。

【亮点和创新】 5月13日经开区与景德镇陶瓷大学校友总会缔结友好协议，开展双向学习和交流，共同研讨经开区发展新趋势和新热点，推动经开区的高质量发展。2022年中国管理案例的最高奖项——第十三届“全国百篇优秀管理案例”，以文创产业为研究对象的案例“瑞牛文创：陶瓷文创产品规模化定制探索之路”成功入选。10月，闲云居陶瓷文化有限公司、瑞牛文化科技有限公司董事长段建平受聘为景德镇陶瓷大学管理与经济学院客座教授。

5月，经开区画眉楼社区获江西省首批绿色社区称号。

6月30日，景漂支部委员任期五年届满，在经开区党工委的指导下，按照换届选举工作程序，完成换届工作。

为优化营商环境让商户子女在周末假期无后顾之忧，画眉楼社区在6月成立儿童驿站，利用社区资源为孩子提供学习娱乐场所。

8月30日，外交部领事司希望通过和三宝村党支部共建，结合外交部领事司所属业务，让三宝村村委成为指导“洋景漂”在景德镇签证咨询的服务平台，并积极拓展服务项目，深挖服务细节。

新区建设

【概况】 珠山新区是景德镇市高铁商务区的重要组成部分。区域总面积1.25平方千米，建设范围东至市高铁商务核心区、西至必景衢铁路支线、南至景东大道、北至九景衢铁路正线。主要功能定位为集行政、教育、旅游、体育、商贸居住于一体的城市综合新区，成为一座开放式、生态型、现代化新城区。

【优化营商环境】 以“就近办、免费办、快捷办”为着力点，全力提升服务水平。针对市政道路及配套工程方面，新区发展中心协助建设单位负责人，对相关档案资料给予快捷查阅，对项目决算给予及时回复，并在高温期间给一线工人送防暑物资，不断升级优化服务。针对定点帮扶主体，多次入户、电话、微信等方式询问需求，解答政策，不厌其烦、细致耐心地解决帮扶对象的各种困难，让“珠事顺利”深入人心。

【项目及产值】 景德镇市高铁商务区（珠山片区）市政道路及配套工程一期经二路、纬一路、站前三路、站前四路、观山西路、经一路道路全线已完成图纸内所有内容。二期站前三路南延伸段、旋喷桩、1–4×4 395米箱涵完成图纸内所有内容。

一期项目累计完成投资约27137万元，占整个工程的100%。二期项目现累计完成投资约5398万元，占整个工程的100%。

【助力创建】 维护新区道路、增设陶阳学校门口交通护栏、道路道旗、站牌、草皮绿化、接通陶阳学校及观英小区四周道路电灯等，完善新区路网、方便群众出行。开展社区共建活动助力创建，全体职工下沉社区基层参与到创建工作中，对沿街市容秩序进行认真巡查，联合社区干部对商户开展门前三包教育，指导商户做好双创宣传和良好习惯、诚信经营的养成，进一步浓厚“创建文明典范城市”宣传氛围。逐户发放市民手册并填写问卷调查，号召居民群众参与创建工作中来，提高社区居民对创建工作的知晓率、参与率和满意度，营造人人参与的浓厚氛围。

城建·交通

住房和城乡建设

【概况】 2022年，区住建局贯彻落实区委、区政府的决策部署，以任务具体化、责任清单化、时间节点化、落实项目化的工作作风，扎实推进珠山区住房和城乡建设工作再上新台阶。

【背街小巷改造工程】 对照“双创”工作的相关标准及要求，对全区背街小巷及老旧小区进行改造提升，坚持“统一规划、以线带面、成片推进”的工作思路，逐步完善给排水、消防设施、环卫设施、道路、路灯、绿化、安防设施等基础设施建设，对原有改造不达标的重新改造提升，提高居民居住环境的安全性和舒适性。基本实现“水通、路平、墙美、灯亮、线齐、窗明、畅通”，同时注重保留里弄小巷的历史遗迹、突出景德镇文化特色，打造一批精品里弄。2022年全区实施抚州弄、华阳小区周边里弄、南湖丽景周边内涝点等背街小巷改造工程36个。

【老旧小区改造工程】 2022年申报老旧小区改造任务5334户，涉及老旧小区改造16个，楼栋213栋，改造建筑面积68万平方米，计划投入改造资金21336万元。梨树园南二区、电厂小区、花明小区、西路小区、奥林社区、向阳岭、北路周边等16个老旧小区已全面进场施工，完成工程产值13500万元左右，于10月底基本完成雨污分流、路面、外立面、屋顶维修等主体工程建设内容，12月底基本完成建设任务。既有住宅加装电梯工作完成审批22台，开工建设19台，其中完工6台，2台在调试阶段，4台正在手续审理洽谈工作过程中。

【棚改征收】 2022年棚改征收任务共为第二人民医院周边2060户，征收面积约为28.19万平方米，分5个片区实施征收，资金约为16.91亿元。基本完成了项目前期的工作，成立棚改征收项目部，开展了入户调查工作，区政府讨论通过了房屋征收方案征求意见稿，准备公示征求征收方案意见。

2021年遗留项目的棚改任务：该棚改项目征收任务数为3635户，征收面积约为18.97万平方米，在5个片区实施征收，资金约为11.41亿元。该遗留项目已征收了1018户，征收面积9.52万平方米。

【物业管理】 出台规范性文件《关于进一步加强珠山区物业管理工作的实施意见》，共参与小区申请维修资金现场勘查121个，参与维修基金验收工程验收33个，参与业主调解会42次，成立业主委员会8个，共处理了物业管理相关的信访件392件。

【脱贫户住房安全监测】 争取区级财政资金并拨付给竟成街道，用于修缮存在漏水等情况的脱贫户的房屋。开展巩固拓展脱贫攻坚成果住房安全动态监测，并形成长效机制。认真开展整改工作，确保整改到位，积极开展培训工作4次，加强专干的业务能力。对14个村的脱贫户的住房进行了房屋安全鉴定，对变更了住址的脱贫户房屋重新上户进行安全鉴定并张贴房屋安全等级牌，做好了巩固拓展脱贫攻坚成果同乡村振兴有效衔接的日常工作。

【工地安全生产管理】 联合市安监站、区应急管理局等单位共同开展了安全生产大检查12次，召开安全生产培训工作会议8次，分别对全区各在建工地及老旧小区改造工地进行了安全生产事故隐患大排查，并发放安全生产相关宣传册300份，共发现安全隐患43处，下发整改通知单12份，督促各施工单位及时加以整改，确保文明安全施工。

【优化企业办证流程】 根据省级、市级各单位发布文件，实施完成辖区内营商环境工作举措，线上通过珠山区政务服务网及时公开相关政策，线下参与11月1日珠山区营商环境日活动，使优化营商环境工作下基层、入民心，充分调动了企业和群众的乐观和主动性。结合实际工作现状，指导区内企业办理建筑许可证、获得用水、用气，优化企业办理流程，减少审批程序，提升珠山区办理建筑许可证书和获得用水、用气的便利度。

城市管理

【概况】 区城市管理局着力抓好常态长效创建全国文明城市暨争创全国文明典范城市、全面落实优化营商环境、提振夜市经济、大气污染防治、城管系统作风及腐败问题专项治理等重点工作的部署，真抓实干，聚焦主责主业，完成了各项目标工作任务。

【助力营商环境优化升级】 制作印发珠山区城管局优化营商环境记录本,作为联动助力商户的“解题本”,开展“珠山城管上门服务”行动，实行“三进三亮三服工作”制度，共有效处理商户提出的行政审批类问题85起，其他类问题1500余起。落实“企业安静期”制度，坚决按照1—25日内进企业检查需要当月1日之前申报，26日之后进企检查需要在当月的15日之前申报的要求，抓好安静期内有手续有审批的入企检查。以“千千入万企党建促发展”活动为契机，积极走访企业、商户3957家，收集反馈城市管理问题144个（完成并回复审批类意见124个、建设类意见20个），办理420余起占道促销报备。

【抓好常态长效创建】 精细管理市容，促进城市品质提升。累计出动执法人员61024人次，整治流动摊点26438起，清理占道经营22983起，规范晾衣晒被7137处，规范非机动车辆乱摆乱放13万余辆、清理乱贴乱挂2228处，劝导沿街商户履行“门前三包”责任8031处，整治校园周边4710起，整治餐饮油烟279起，整治空调滴水30处，清理垃圾死角7200余处，清运垃圾量7600余吨。

【环境污染整治】 围绕打造“夜珠山”消费带工作部署，开展餐饮油烟专项整治行动，建立“一户一档”台账数1144份，督促餐饮营业商户安装、清洗、维护油烟净化设施477起，取缔露天烧烤10余起，确保辖区内油烟净化装置全覆盖，开机使用率100%，守护城区的“烟火气”。开展道路扬尘专项整治行动，全年巡查渣土运输工程920余次，对道路污染的施工单位、渣土公司立案查处20余起，责令责任单位清洁道路扬尘30余次。

【城市运行安全】 严查安全隐患，针对珠山大道外立面隐患排查情况第一时间向市、区相关部门报告；开展户外广告设施汛期安全检查工作，对管辖区域所设置、经营和使用的大型户外广告设施开展安全隐患排查，共计排查各类高空广告30余处，督促业主做好广告加固、维护、更新及自查工作，修复破损店招9处、拆除隐患12处。强力打击“两违”，维护城区宜居环境。拆除违法建筑440余处，共计1.5万余平方米。

交通运输

【概况】 珠山区交通运输局主要职能为竟成镇14个建制村约75千米农村公路桥梁建设、养护和安全管理，以及普通道路货物运输企业、维修企业、驾校管理等方面职能。

【农村公路】 完成了2022年农村公路养护工程，争取了2022年省级养护工程补助资金41万元。按照省厅市局要求，进一步推动农村渡口撤除工作，撤除青塘村桂坑渡口。按照上级要求开展农村公路自动化检测工作，进一步完善电子地图数据质量，开展了普通公路电子地图数据核查纠错工作，对涉及的25条农村公路和5座桥梁，逐一到实地开展定位和信息核查，通过路网采集软件现场拍照上传至数据库平台。

【普通道路货物运输】 为进一步推进交通运输综合行政执法改革，落实深化“放管服”改革任务要求，从市交通局承接交通运输县一级相关行政权力22项。注册普货运输企业193家，其中区招商引资商品运输车企业150余家，注册车辆7285辆。备案的驾校4家，维修企业73家。

【为企服务】 根据《中国人民银行南昌中心支行 江西省交通运输厅转发关于设立交通物流专项再贷款的通知》精神，为物流货运企业对接各银行办理物流专项贷款4833万元；协助区发改委货运办退税返税2.2亿元；为入驻众云物流平台的企业个体户免除半年服务费用150余万元。贯彻落实“首违轻微免罚”工作要求,为企业免除罚单10余张，共计免除罚单总额50余万元。协助企业开展电子证照申领工作，33家企业完成了电子证照申领。

财政·税务

财　政

【概况】 2022年受多重因素影响，全区财政收入总体呈现下降态势，一般公共预算收入增长率开始滑坡，全年完成一般公共预算收入4.79亿元，为调整预算的100%，同口径与2021年持平，其中完成税收收入0.98亿元，完成其他各项收入3.81亿元。

【财政收入】 全区财政收入组织工作面临较大困难，全局上下一心积极应对。深入重点企业实地调研，分析当前财政收入形势，研究解决办法，提高收入质量。协调税务部门等相关单位，按照年度工作要求，认真分析形势，强化税收征管，细化征管措施，确保各项收入应收尽收、足额入库。

【预算支出管理】 大力压缩一般性支出，实施全区压减预算单位公用经费6%，严控非重点、非急需项目支出，科学调度财政资金，确保全区财政预算资金均衡支出。积极稳妥安排各项预算支出，有序保障了全区财政供养人员正常工资待遇，及时兑现了人均月增资300元，预拨付以前年度绩效考核奖励资金，加快拨付新增债务资金。兑现全区公务员（含公务员退休人员）2022年绩效考核奖励资金。集中财力优先保障“三保”支出，足额保障了基本民生和基层运转各项支出，实现兜实兜牢“三保”底线。

【落实减税降费】 加强与区税务局、市人民银行的协作，建立联席会议工作机制，统筹推进减税降费工作。联动调研摸排，对符合退税的企业底数进行摸底，做好退税规模和资金保障的预测。确保退税资金快速直达市场主体，尽快发挥资金效益。在收到退税申请后，按时限完成退税审核并提交市人民银行，经其审核无误后完成资金退付。做好退税资金库款保障，做好退税资金的库款保障，并实行退税资金动态监控，落实退税政策，截至年底增值税留抵退税21.61亿元。落实收费政策，已取消的收费项目不再征收，已降低的收费标准执行到位，并编制行政事业性收费项目目录清单、涉企收费目录清单及政府性基金目录清单，通过门户网站向社会公布。

【发行债券】 2022年全区共发行债券项目12个，市局下发限额12.39亿元，全区已发行12.39亿元，发行率100%。

【保障民生资金】 做好上级转移支付指标资金文件、基金专户拨付和单位资金核拨的台账登记工作及各预算单位工资数据审核和资金拨付。

【助力乡村振兴】 2022年乡村振兴局收到衔接资金800.28万元，已投入使用于项目建设资金692.1万元，2021年“雨露计划”5.1万元，公益性岗位配套工资33.9万元，省外务工交通费0.9万元。2022年“一领办四参与”贷款贴息资金44.16万元，2022年“一领办四参与”贷款奖补资金17.26万元，2021年“一领办四参与”贷款奖补资金5.85元，“小额信贷”贴息1.01万元。

【加大教育投入】 2022年，教育系统在职教职工1196人，离退休人员834人，足额保障了教育系统人员工资的及时发放。及时落实了义务教育阶段学校公用经费的足额到位。按照小学650元/（人·年），初中850元/（人·年）的标准，及时拨付公用经费，确保了义务教育阶段各学校的正常运转。

【优化政府采购流程】 急企业之所急，为企业添油助力。政府采购活动参与供应商可向线上金融机构在线申请“政采贷”，最快只需一天，最高可贷3000万元，无须抵押担保，为企业提供最低成本的优质服务。业务上勤指导，组织政府采购业务培训、宣讲会及业务科室交流会，细化优化内部审批制度，下发工作提示12次，指导预算单位操作电子卖场平台，7月下旬电子卖场活跃度达100%。政策上强连贯，详细制定《优化营商环境政府采购对标提升改革任务实施方案》，出台《珠山区政府采购负面清单2022年版》，坚决贯彻执行省、市政府采购新政策新规定。同时编制《政府采购政策培训汇编》《政府采购十问十答宣传单》和政府采购流程及政策热点问题反馈意见书，加大政府采购政策宣传贯彻力度。

税　务

【概况】 2022年，区税务局锚定税

收目标，以“青花窑烧千年红”党建品牌为引领，坚持抓好党务取得新进展、干好税务开创新局面，推动了各项税收工作稳中求进、稳中向好。

【税收收入】 严格执行省局、市局关于组织收入工作的要求，坚持做到收入增长与国家减税降费政策及地区经济发展相协调，加强收入调度，实现税收均衡入库。2022年，共组织税收收入18.43亿元。落实组合式税费优惠政策。新增减税降费税额24.5亿元，其中留抵退税22.74亿元，惠及纳税人1.38万户/次。共有6299户企业享受了“六税两费”优惠政策，减免税额3255万元，1412户小规模纳税人享受了3%征收率销售额免征增值税，减免税额5806万元，279户纳税人享受了制度性留抵退税政策，共退税22.56亿元，15户企业在办理企业所得税汇算清缴时享受了研发费用加计扣除政策，加计扣除金额共计1082.88万元，完成了4个土地增值税项目清算，共计补税121.25万元。完成个税汇算清缴工作，1.26万人进行了个税汇算清缴，接纳前来咨询的纳税人、扣缴义务人共90余户，同时处理个税汇算清缴退税审核共计1207户，汇缴率95.16%，超过全市平均汇缴率。财税占比下降，工业税收大幅提高，税收收入质量高。财产行为税入库4.9亿元，同比减收2.6亿元，同比下降34.6%，占税收总量的比重为26.6%，同比下降9个百分点，其中契税入库3.1亿元，同比减收1.8亿元，同比下降37.6%。工业增值税入库1.86亿元，同比增收1.43亿元，同比增长326%，以实现工业倍增为目标，为全区工业税收增长作贡献。社保非税多方合作，“统模式”见行见效。成立了“统模式”工作领导小组，明确职责，细化任务，多次会同人社、医保部门开展座谈会，全面梳理现阶段城乡居民、灵活就业人员及企事业单位社保缴费政策及管理规定。全年共组织社会保险基金收入6.1亿元，非税收入67亿元。

【税收环境】 2022年纳税人满意度调查中，综合得分为89.27分，位居全国第二档，为市局在省局绩效考核中加0.2分。选派骨干参加优化税收营商环境培训班，邀请专家开展税收营商环境知识培训，在新闻媒体宣传优化税收营商环境创新做法、正面典型和工作成果，营造稳定、公平、透明的舆论氛围。认真落实“2022年珠山区优化营商环境对标提升改革清单”，加强与财政、公安、人社、市场监管、医保、公积金等部门的密切协作，推动信息共享与合作，推进纳税缴费便利化改革各项措施落实落细。加强与工商联、行业协会、中介机构等社会组织的联系与沟通，促进了工作的互相了解。优化纳税服务，开展“春雨润苗”“换位体验”等活动，连续第9年开展“便民办税春风行动”，持续开展纳税人满意度调查，推出了100条便民服务措施。落实“首违不罚”“一次不跑”“最多跑一次”清单事项，推广“非接触式”办税。

【税收管理】 根据省局《完善纳税人分类分级管理构建“五员”管理体系试点方案》及省局税收业务岗责体系，厘清了各管理部门的职能，派驻业务骨干到大厅集中审核审批，前移了四大类71项税费事项的审核审批。数据管理走深走实，依托征管质量5C管理系统，聚焦基层税收征管频发问题，规范日常征管基础事项管理，强化日常数据监控管理，对出现的问题数据及时进行了清理整改，提升了征管质量效能。加大陶瓷税收管理力度，借助国家陶瓷试验区手工制瓷简易征收优惠政策，高位推动，部门联动，手工制瓷入库近3000万元。依法办理破产企业清算，对内由分管领导牵头，法治、征管、税政与基层分局等局内各部门通力协作；对外主动与区法院、破产管理人等加强联系多方合作，共计协助处理破产案件6件，累计追回破产企业欠税10.50万元。风险管理见行见效，共开展风险应对51户，应对入库税款合计198.5万元，风险分析识别命中率85.71%，发票协查系统案件完成25户。

【创响“青花窑烧千年红”党建品牌】 以陶瓷行业税务服务全面升级为目标，创新传统陶瓷行业税收管理模式，打造了“青花窑烧千年红”党建品牌，推出了党员干部包干服务机制，升级了陶瓷行业税收服务工程，为陶瓷事业发展壮大添柴加火。在全市税务系统“创新突破年”项目评比中获全市一等奖。局机关干部更是以党建品牌为引领在工作中争优创先屡获佳绩，江彦颖获景德镇市巾帼建功标兵、陈雪获珠山区“先进工作者”等荣誉。

科技·文化旅游

科　技

【概况】 2022年，区科技局积极组织企业申报认定高新技术企业和科技型中小企业，有16家高新技术企业、35家企业获批科技型中小企业。推荐景德镇蓝印子陶瓷有限公司、景德镇自在堂文化传播有限公司等5家企业申报“科贷通”，申请贷款资金共计1530万元，一定程度上缓解了企业融资难问题。充分利用本地科研院所的优势，筛选出了11家有意愿与六〇二所合作的企业，为后期的企业间合作搭建了桥梁。组织企业参加第十一届中国创新创业大赛（江西赛区）暨第七届“洪城之星”创新创业大赛，已有景德镇市祎柏新材料研发有限公司荣获优秀奖。

【科技创新项目奖励】 为优化创新环境，提升辖区企业、社会团体及个人的创新能力。依据区政府出台的《关于进一步深化实施创新驱动发展战略的若干实施意见》和《珠山区工业倍增三年计划》文件精神，为9家企业发放后补助资金共计17.5万元。

【科技创新项目申报】 进一步推动大众创业万众创新，加强专业化众创空间建设，不断完善创新创业生态，激发全社会创新创业活力。推荐辖区企业申报省级、市级科技计划项目。景德镇中道堂陶瓷有限公司、祎柏等3家企业申报市科技计划项目；推荐鑫惠康、百陶会等5家企业申报市级技术创新中心、重点实验室；推荐景德镇崔迪陶瓷文化有限公司、景德镇市祎柏新材料研发有限公司等5家企业申报景德镇市陶瓷产业技术创新项目；推荐辖区企业申报国家级、省级高层次创新创业平台。截至年底，成功申报辖区企业申报国家级平台2个，省级平台7个。

【陶瓷产学研协同创新】 深入推进陶瓷产学研协同创新，加快科技成果转化。充分利用在景德镇高校院所优质科技创新资源，开展陶瓷产业产学研协同创新工作，在高校和科研院所遴选专业技术人才，深入企业开展技术诊断、科研攻关、成果转化等服务，帮助企业提升科技创新能力。5家企业与辖区高校、科研院所达成合作意向，实现产学研用的精准对接，推动了陶瓷产业进步和技术创新。

【校地战略合作】 为提升驻区重点科研院所合作的广度和深度，1月27日，珠山区与陶大、昌飞、六〇二所签订校地战略合作协议书与合作备忘录，为全区重点科研院所提供社会功能相关服务。年终区委、区政府主要领导对六〇二所、部陶研所、景德镇陶瓷研究院所等辖区科研院所进行走访慰问并送上3万元慰问金。

文化旅游

【概况】 2022年，区文广新旅局把积极打造“夜珠山”消费带作为建设国家陶瓷文化传承创新试验区的战略支点来抓，内强“夜珠山”消费带品质、外树“夜珠山”消费带形象，贯彻落实区委、区政府下达的各项工作任务，以高度的责任心和强烈的使命感为珠山区建设国家试验区贡献文旅力量，推动珠山文旅工作水平迈上新台阶。1月，珠山区荣获江西百县百日文化和旅游消费季“优秀组织奖”；3月，三宝国际瓷谷荣获“全国版权示范园区（基地）”称号，瑞牛文化科技有限公司荣获“全国版权示范单位”称号；6月，陶溪川文创街区获评“2021年度全省优秀景区”，陶文旅集团获评“2021年度江西省优秀旅游企业”；7月，“夜珠山”消费带正式授牌“国家级夜间文化和旅游消费集聚区”；8月，陶阳里御窑景区入选第二批国家级夜间文化和旅游消费集聚区名单；9月，陶溪川文创街区入选第一批“全国非遗旅游街区”。

通过顶层设计、项目化运营、常态化开展文旅活动、创新化丰富文旅产品、持续化推出优惠举措，推动“夜珠山”消费带向新业态、全业态发展。通过一年多的发展，“夜珠山”消费带覆盖商户从1346户增加到3299户，实现线上线下年收入110亿元，成为景德镇文化产业和旅游产业高质量发展的新增长点，在建设“夜珠山”消费带的带动和促进下，夜经济持续繁荣发展，成为景德镇国家陶瓷文化传承创新试验区建设的一道亮丽风景线。2022年11月1日，省委书记易炼红在景德镇调研时指出，要打造别具一格、极富吸引力、引爆力的城市夜经济，同时在省委第二十四次深改会上对“夜珠山”文旅消费带发展模式给予肯定。

【"夜珠山"助推文旅产业】 2022年区文广新旅局先行先试，充分扩大夜间文旅消费，繁荣发展夜间经济，通过"文化交流"做旺"经贸往来"，形成"全域、全时、全龄"的文旅消费生态体系，高品质建好首批国家级夜间文化和旅游消费集聚区"夜珠山"消费带，为景德镇全域发展夜经济探索出成功路径。市委主要领导点题开展夜经济政策研究，市政府主要领导多次调度夜经济工作，推动出台促进"夜珠山"消费的有力举措。区委、区政府主要领导及分管领导常态化调度夜经济工作，为夜间文旅消费促进活动"站台"。区直有关部门主动搭台，与辖区内文旅企业组建夜间文旅消费联盟，抢抓夜经济发展机遇。上下合力积极建设"夜珠山"，结合节庆假日、特色文化、历史底蕴等，聚焦"精品夜游、沉浸夜演、饕餮夜宴、文创夜购、多彩夜展、风情夜宿、品位夜读、捡漏夜淘、时尚夜娱、兴趣夜研"“十夜”打造多元化的夜间消费业态，先后策划推出了"夜珠山·消夏音乐节""夜珠山朗诵会""夜珠山SHOW场·脱口秀""沉浸式汉服剧本演绎"等文旅活动百余场。国庆黄金周期间，"夜珠山"消费带深挖陶瓷文化内涵，丰富夜间业态，打造陶瓷文化+休闲娱乐的消费多元场景，到珠山区旅游达201.3万人次，旅游总收入达23.72亿元，其中夜间旅游113.73万人次，夜间旅游收入达13.9亿元，"夜珠山"收入占全市的30.8%。充分挖掘本地陶瓷特色文化，以项目化的运作方式与研发设计能力强的文创公司合作，开发了礼盒、茶具等近10种"夜珠山"文创礼物，并积极推动"夜珠山·文创旗舰店"落地，让游客到珠山，把夜珠山礼物带回家，同时以"品牌+战略""品牌+冠名"的形式打造"夜珠山·城市文化会客厅""夜珠山·码头夜市"等项目，将夜读、夜游、夜宴等业态引向深入，延伸文旅消费链条，进而持续扩大"夜珠山"消费带品牌知名度。运用官方推介+媒体矩阵为品牌造势，2022年8月25日，在全国夜间文化和旅游经济发展论坛上，"夜珠山"作典型经验分享。9月28日晚，首届江西风景独好云端推介会举办，大美发现官以沉浸式打卡体验的方式展示了景德镇"夜珠山"的独特魅力。"夜珠山"消费带的相关做法和成效多次受到中央、省市等主流媒体的宣传推介，上稿百余篇，并利用微博、微信、视频号、抖音等平台，开展形式多样的宣传推广活动，不断提升"夜珠山"的曝光率，强化品牌传播力和影响力；区文旅、公安、市监、行政服务等多部门合作联动、精准对接，强化"夜珠山"消费带社会治理保障和公共服务保障，并开展领导干部走流程、"企业服务日"等营商环境优化升级行动，营造"珠事顺利"、舒心暖心的文旅市场营商环境，持续激发文旅发展潜能和活力，厚培文旅产业发展沃土，吸引广大市场主体在珠山区文旅领域投资兴业；通过孵化、培育、扶持、冠名等方式，充分挖掘辖区内美食街区、网红园区。"夜珠山"消费带从获评首批国家级夜间文化和旅游消费集聚区时的东市区3平方千米4个点位增加至中心城区陶阳里御窑景区、码头夜市、昌江村新安路美食街区等连片街区，实现了从东市区向中心城区覆盖，做到了连点成线、连线成面。陶阳里御窑获评第二批国家级夜间文化和旅游集聚区，夜珠山·码头夜市已于2022年8月18日正式开街，通过常态化开展文旅活动、创新化丰富文旅产品、持续化推出优惠举措，推动"夜珠山"消费带向新业态、全业态发展，向"她经济""童经济""银发经济"等主题性消费延伸，成为推动全区社会经济发展的新动能。

【"老字号"延续千年陶瓷历史文脉】 7月，面向全市开展2022年"景德镇文化老字号"评选征集活动。9月，经过线上投票、线下路演、专家评审等环节，最终评选出熊友根窑、崔正泰号、迎祥堂等7家"景德镇文化老字号"。珠山区文广新旅局进一步立足珠山丰厚的文化底蕴和文化资源，着眼于守护好历史文脉，继续坚持挖掘整理、择优评选、宣传推介、文化交流多管齐下，把持续打造"景德镇系列老字号"品牌工作推向纵深，努力取得更好的工作成效，为珠山区实现在建设陶瓷文化传承创新轴上勇当主力军、在打造新型人文城市上成为主阵地工作目标作出文旅和文艺工作应有贡献。

【优化营商环境】 以三宝国际瓷谷荣获"全国版权示范园区（基地）"为着力点，精准对标推进双"一号工程"，将优化营商环境和打造数字经济紧密结合，推动文旅企业高质量发展。邀请专家开设讲座，组织开展版权知识宣传活动，指导各类企业和个人进行版权登记，辅助指导了隐堂文化、文祥窑、景德造、瑞牛文化等企业完成了版权登记工作，大量陶瓷原创设计得到了版权

2022年4月26日，珠山版权作品展暨新品发布会召开（区委宣传部供图）

保护。4月26日世界知识产权日举办珠山版权作品展暨新品发布会，通过版权作品的展示和版权主题论坛的开设，营造了良好的版权服务氛围；发展数字文旅，打造数字藏品，推动文化遗产数字化，开发数字文创。3月，珠山区文广新旅局到成都邛崃市深入考察了旅游集散中心数字平台建设，同时对熊猫基地、东郊记忆、猛追湾望平坊文旅街区等著名文旅企业进行了参观学习，探索未来招引数字文旅企业落户珠山的可能性；积极开展“千千进万企，党建促发展”促进珠山营商环境活动，发动全局干部职工深入企业进行上户走访，真正了解企业需求，帮助企业纾困解难；提高版权服务质量，以加强版权服务为纽带，促进做大做强全区文化产业规模，对文化产业实施政策扶持引导，加大文化企业上市培育，加强文化产业发展调度，进一步扩大珠山文化影响力。

2022年10月，“夜珠山·城市文化会客厅”艺术装置《一面红旗》落户珠山区发展中心（区文旅局供图）

【“书香珠山·城市文化会客厅”提升公共文化服务效能】 从辖区内100多家公共文化空间好中选优，培育打造了22家“书香珠山·城市文化会客厅”，包括酒店式、民宿餐饮综合体式、书店式商圈文化空间，区直部门、乡镇街道、社区在原有阅览室基础上升级打造的基层文化空间以及艺术家工作室跨界文化空间。10月，“夜珠山”消费带十夜业态中“品味夜读”板块的延伸——“夜珠山·城市文化会客厅”艺术装置《一面红旗》落户区发展中心，长12米、宽6米、高6米的艺术装置融入茶吧、展架、书架等功能，结合户外地台活动区，打造出一个具有低碳环保、可持续特点、具有如翻书般的视觉形象的文化艺术公共书吧，可提供文化沙龙、书籍借阅、文创展陈等服务。抓住全民阅读月和世界读书日有利契机，打造“4·23”书香珠山读书节品牌，以“来夜珠山，一起读书吧”为主题，通过征集并发布好书推荐视频和海报等方式，在全社会营造了浓厚的书香氛围。组织开展全区“十佳阅读大使”和“书香系列”评选活动，邀请历届阅读大使走进有代表性的点位现场阅读；落实“一月一主题、一月一活动”工作计划，指导各会客厅常态化开展形式多样的活动，建立健全常态化、规范化长效管理机制，在全区营造浓厚的文化氛围。

【“古镇飞舞”志愿服务队丰富群众文化生活】 整合各街公共文化资源，组建珠山区“古镇飞舞”红色文艺轻骑兵志愿服务队并授旗，开展好文化文艺志愿服务工作。结合春节、元宵等中国传统节日，组织开展送春联、包元宵、送戏下乡、虎年美术展览等活动，丰富群众文化生活；结合校园生活和传统文化，组织开展少儿陶瓷手绘、戏曲进校园、红色讲堂进校园等活动，使青少年接受优秀传统文化的熏陶，增强文化自信；发挥图书馆、美术馆、文化馆等公共文化场馆的阵地作用，开展赣剧联排演出、文艺作品赏析讲座、陶瓷书画作品展等各类文艺活动，提高艺术人文素养，助力“东亚文化之都”创建；以弘扬党的先进文化、中华优秀传统文化、革命红色文化为己任，大力推进文艺志愿服务进基层，为了群众、贴近群众、服务群众，不断丰富群众精神文化生活，促进提高艺术人文素养和文化感染力、文化影响力。

珠山区社会科学界联合会

【概况】 2022年，区社联开展以“喜迎党的二十大 感恩奋进新征程”为主题的社会科学普及周活动，面向全区收集活动114场，其中10场活动入选市社联2022年社科普及周项目。

【社科普及】 以完善社科规划、社科普及等为着力点，推动各项社科普及宣传工作落实落细，开展社科大讲堂科普活动。1月7日，组织开展“迎新年 写春联 走基层 照全家福”系列迎新年活动。1月14日在八方工艺瓷画院开展党的十九届六中全会精神专题宣讲走进民营企业活动。3月5日在占绍陶艺基地开展喜迎“三八”妇女节花艺知识讲座社科普及活动，在景德镇陶瓷大学科学艺术学院美术馆开展“传播陶瓷技艺，弘扬陶瓷文化”社科普及活动。3月6日，邀请昌华玉牙医师在三宝村开展了一场口腔健康与防护知识讲座。3月26日，邀请区红十字会有关人员在三宝村开展一场应急救护知识专题讲座活动，邀请市司法局和谐法律服务所有关法律专家在三宝村组织开展一场婚《中华人民共和国民法典》知识普法讲座活动。4月23日，在三宝村开展爱国卫生月讲座和社会主义核心价值观宣传教育活动。6月10日，推荐2位选手在全省红色社科普及基地讲解员讲解比赛景德镇预选赛中分别荣获一等奖和三等奖。8月4日，开展“瓷上七夕·缘定三宝”青年相亲联谊活动。11月10日，邀请专家学者组织开展习近平法治思想理论政策宣讲活动。11月15日，组织开展全区社科系统党的二十大精神专题学习宣讲会。

【组织演讲比赛】 组织筹划开展好新时代文明实践“小巷讲堂”“珠事顺利，担当奉献”我为珠山营商环境发展做贡献主题演讲比赛活动。4月28日，主题演讲比赛在陶新小学举行，全区各单位29位参赛选手中评选出一等奖1名、二等奖2名、三等奖3名，其他选手及组织单位均颁发优秀奖和优秀组织奖以资鼓励，5月27日举行相关颁奖仪式。

【社科学术队伍建设】 下发《珠山区理论政策特约研究员管理办法（试行）》，在全区各行业各系统择优聘任一批社科学术特约研究员，逐步建立一支有基础性规模水平的社科学术研究队伍，已统计入库的有党校老师、基层干部、陶瓷艺术人才等10余位推荐人选。向区人社局推荐四位陶瓷界人才参与陶瓷工程专业技术资格评审委员会评委库人选。下发《关于开展深化发展和改革双“一号工程”主题征文活动的通知》，面向全区收集征文36篇，向市里报送征文11篇。下发《关于开展红色精神主题征文活动的通知》，组织开展红色精神主题征文活动，面向全区征集主题征文10篇。报送“陶瓷文化如何融入中小学课堂研究”等2篇课题参与市第十次社会科学优秀成果奖申报，推荐短视频《七点钟》参与成果奖评选活动。推荐“创建文明城，你我共参与——争创全国文明典范城市，市民怎么做？”1篇课题参与市社联“喜迎二十大，文明基层行”活动评选。组织开展“强国复兴有我”理论研讨会，在开展学习宣传贯彻党的二十大精神网上竞答活动中，答题人数达到13万余人次，在全省位居前三，全市位居第一，并荣获全省最佳组织单位。

教育·体育

教育管理

【概况】 区教体局按照国家教育高质量发展的要求，贯彻党的教育方针，推进教育优先发展，深化教育改革，推进教育公平，发展素质教育，加快教育现代化，努力培养德智体美全面发展的社会主义建设者和接班人。

2022年，珠山区有九年一贯制学校2所，景德镇市陶阳学校、珠山实验学校。区直小学12所：景德镇市第一小学、景德镇市第二小学、景德镇市第三小学、景德镇市第六小学、景德镇市第七小学、景德镇市第九小学、景德镇市第十二小学、景德镇市第十七小学、景德镇市第十七小学分校、景德镇市第二十二小学、景德镇市梨树园小学、景德镇市陶新小学；竟成镇农村小学8所：竟成小学、新厂小学、第八小学、第十九小学、黄泥头小学、曙光小学、洋湖小学、青塘小学。教学点1个，银坑教学点。在校学生共27702人，其中小学25691人，初中2011人，633个教学班。在校小学教职工1328人，全区县及以上骨干教师57人，具备中小学高级教师资格共146人；全区教师具备本科以上学历936人（其中研究生学历30人），具备专科学历318人；35周岁以下461人，36~45周岁436人，46~55周岁293人，55周岁以上70人，全区教师平均年龄41岁。

【校园改扩建工程】 全年投入约1.5亿元，完成第一小学新校园改扩建工程，新增校园用地约2.90公顷，新增校舍25686平方米，新增学位1890个。投入约1.14亿元，稳步推进珠山实验学校改扩建工程，新增校园用地0.73公顷，总建筑面积22493.14平方米，新增学位1200个。启动第八小学改扩建一期综合楼建设工程，新综合楼2130.53平方米，正在基础施工。投入1860余万元，用于第一小学及珠山实验学校改扩建项目功能室建设和设备采购，添置了224台一体机、21150册图书、293台云终端机、50台空调，改建26间功能室。投资约337万元，用于二小外立面、十七小功能室改造、市实验幼儿园玻璃顶更换等工程。

【资金助学】 2022年共资助学前儿童877人次，资助金额60.7万元；义务教育非寄宿生补助共资助2615人次，资助金额67.4万元；办理生源地助学贷款166人，贷款金额201.6万元，资助金均及时足额发放到位。落实义务教育生均公用经费标准，全部足额及时拨付。

【提升教师教学水平】 落实“双减”政策，打造高效课堂，制定四级备课机制，结合新课标开展主题化教学研讨，提升教师教学水平。组织教师参加2022年教育部“基础教育精品课”遴选活动，区属学校17节课被推荐参加省级评选。组织区级各学科教学竞赛，胡瑶等9位教师代表景德镇市参加全省优秀课例竞赛。引导教师围绕作业设计、零起点教学、红色文化教育等方面开展课题研究，2022年成功立项省级课题15项，市级课题34项，并包揽全市3项龙头课题。利用珠山区未成年人心理辅导站组织区属学校教师开展学校心理健康活动课教研；参加全市心理健康教育学科优质课竞赛，其中邵蓉老师代表景德镇市参加全省优质比赛获一等奖。选送区属学校5个视频作品参加全市中华经典诵读比赛，获一等奖1个，二、三等奖各2个；组织参加景德镇市第25届小学教师“喜迎二十大”诵读大赛，第十七小学获一等奖。

开展第二批区级学科带头人、骨干教师评选工作。梁琦等4名老师申报省级学科带头人，倪蕾等4名老师申报省级骨干教师。组织教师参加“江西省中小学（幼儿园）‘互联网+教师专业发展’全员培训项目”“国培计划”等培训，共计培训教师5000余人次。结合“教学通2.0”应用对教师进行多形式的信息化培训。教育教学实现数字化管理，珠山区智慧作业应用数据在全市位列前茅，是首个实现年级、班级、教师使用率均为100%的县区。2022年公开招聘新任中小学教师29名，完成省属师范大学10名公费师范生的协议签订，有效地补充了教师队伍。

【招生考试】 组织2022年普通高考、成人高考、中小学教师资格证考试、专升本考试、中等学校招生考试、初中学业水平考试、小升初考试等各级各类考试8场，参与考生2.1万余人次。完成2022年六年级小升初工作，六年级毕业生3980人。完成一年级以及初一新生学籍录入工作，全区共招收一年级新生4422人，初一新生672人。完成控辍保学工作，对区属学校招生范围内残疾少儿进行安置，残疾儿童入学率达98%。完成区属各校义务教育阶段建档立卡贫困户就读信息摸底排查。全区共有学生27007人，其中流动人口子女11736人，占比47%，入学率100%。

【平安校园建设】开展校园安全隐患排查，派出1000余人次，劝离流动摊点120多个，整治车辆乱停乱放80余起，消除各类安全隐患15起。开展对校外培训机构专项整治30余次，打击隐形变异机构20余家，同时加大对民办学校及培训机构的日常监管，实施“双减”户外广告整治行动，全区共拆除此类广告招牌80余块。全面开展学生保险工作，全区中小学校投保率95%。2022年南客校车入驻珠山区各学校运营，开通6辆校车，陶阳学校5辆，十七小学1辆，3条线路，共计服务师生400余人。

制定了预防学生溺水专项行动方案，共发放“致家长一封信”2万余份，推送防溺水提醒100余次，开展防溺水宣讲进校园活动，深入下水点开展日常巡查，全区未发生1例溺亡事件。配合区市监局、区公安分局对陶阳学校、十七小分校等学校食堂进行食品安全专项检查，落实校园食品安全风险防控机制。成立校园安全防范工作领导小组，完成公办学校四防建设，完成全区所有幼儿园“四个一”工程设备安装。同时各校积极创建“平安示范校园”，开展应急疏散演练等安全教育活动。珠山区连续四年荣获“全省平安校园建设优秀县（市、区）”荣誉称号；区教体局获全省中小学安全知识网络答题活动优秀组织奖；七小荣获“全省平安校园”称号，梨树园小学、七小荣获“全市内保先进单位”称号；十七小分校申报“全省三防建设试点学校”，陶阳学校和陶新小学荣获“珠山区消防标准化示范学校”称号。

【开展系列主题活动】举办珠山区2022喜迎“二十大”庆“六一”红色故事会主题文艺会演，开展“三色文化”主题系列活动。为加强全区学生体质，举行珠山区第十三届小学生冬季田径运动会。组织参加全市“桃李芬芳”谷雨诗会，参赛师生作品500篇以上。开展“全区新时代少年”“百名好少年”“文明小天使”评选表彰活动，获奖新时代好少年10人，百名和文明小天使各100人。组织学校评选“少先队红领巾奖章”，学校评选一星章、区级评选二星章。常态长效创建全国文明城市，组织各校开展“小手牵大手”实践活动，加强校园宣传氛围，组织开展文明志愿活动，发放市民公约手册2.8万余份，提高文明出行率。组织派发第三方督办单，共派发督办单730份，已结案689份。

九年一贯制学校简介

【景德镇市陶阳学校】景德镇市陶阳学校坐落在高铁商务区站前三路。2019年9月正式启动办学，系珠山区一所九年一贯制义务教育学校。学校占地6.67公顷，总建筑面积50316.51平方米，建有小学教学楼、小学实验楼、初中教学楼、初中实验楼、行政办公楼、图书馆、科技馆、学生餐厅、室内体育馆、地下停车库、400米标准跑道，是一所现代化的园林式学校。学校功能室配备齐全。教师数123人，其中，研究生学历11人，副高级职称教师20人，中级职称教师45人，省级学科带头人、骨干教师2人，市级学科带头人、骨干教师4人。

学校成立以来，以“日进日新，美益求美”为校训，坚持“办阳光教育，育爱国少年”的办学特色，构建“千年韵染，百回勾勒，十分浸润，一路花开”的育人氛围，全面推进素质教育。学校的阳光社团、七色光合唱团、科学评价体系以及“双减”落实在全省教育系统都是先进典范。

2022年获江西省“双减”示范校；获第五届江西广播电视台少年演说家电视大赛优秀组织奖；荣获景德镇市文明校园、景德镇市“绿色校园”、景德镇市“无烟校园”，珠山“书香校园”。3月10日，中宣部副部长张建春带领的全国“扫黄打非”办一行领导对学校“阳光护苗工作站”工作进行调研，对学校的护苗工作和社团活动给予了肯定和称赞。

【珠山实验学校】珠山实验学校地处竟成镇方家山村，紧邻景德大道，交通便利，面对苍翠南山，临着悠悠南河，享一席山水。学校创办于1958年，名为竟成农业学校，1968年更名为竟成五七学校，1978年改名为竟成中学，2017年与景德镇市原第十五小学合并，正式命名为珠山实验学校，成为珠山区的一所九年一贯制学校。学校占地面积2.80公顷，其中0.67公顷待建。专任教师135人，在校生近2000人。

2022年9月，新校区投入使用，新校区规模宏大、设施完善、环境优良。同时学校在教育教学质量提升上密集出拳，开展“教学大练兵”活动、“青蓝工程”师徒结对活动，成立“远顺奖学金”、开展各种特色活动和心理辅导课程，提高办学质量和办学水平，增强学校自身的竞争力。

2022年学校成绩硕果累累，荣获2021年度“学校共青团”工作优秀单位，校长韩林姣被评为景德镇市首届“十大模范校长”，优秀个人典型不断涌现。

小学简介

【景德镇市第一小学】第一小学创立于1942年，1962年被列为全国重点小学之一。1992年在建校五十周年之际，学校收到前国家主席杨尚昆亲笔来信勉励，并获得杨主席亲笔题写校名这一殊荣。2022年，第一小学建校80周年，景德镇市第一小学整体搬迁到校园新址。新校园占地面积2.98公顷，其中地上2265.65平方米、地下3214.4平方米。学校依山而建，采用建筑与自然和谐共生的综合体设计，高标准与现代化的教学设施，浸润着智慧、绿色、书香、文化的校园环境，让百年老校焕新起航，再续华章。学校本着“不求第一，只求唯一”的办学理念，秉承着“传承 + 发展”的初心，凝心聚力打造“有品质、有色彩、有温度”的教育，着力培育守正创新的“雅·正”少年。

【景德镇市第二小学】 第二小学位于中山南路浙江路口，校园占地面积 2934 平方米，校舍建筑面积 5903.1 平方米。2022 年，全校教职工 85 人，其中，中小学高级教师 6 人，中小学一级教师 58 人，中小学二级教师 21 人，本科学历 54 人，大专学历 31 人。

学校拥有 2 幢教学楼，1 幢综合办公楼、塑胶操场和人工草坪，设有多媒体阶梯教室、电子白板教室、计算机室、语音室、音乐舞蹈室、图书阅览室等现代化功能室，教育教学实现了“班班通”，现代教学设施日趋完善。

【景德镇市第三小学】 第三小学坐落在戴家弄上弄周路口 6 号，始创于 1913 年，2014 年 1 月区域调整归于珠山区辖管，2016 年 11 月为了支持城市建设，学校搬迁至十一中（通站路 104 号）办学。

学校占地面积约 4329 平方米，校舍总建筑面积 2422.58 平方米，教学楼 2 栋，校舍建筑面积 2000 平方米，教室 20 间，设有教学功能馆室 6 间，配有图书阅览室、教学仪器室、音美艺术室、计算机室等，教师 25 人。

【景德镇市第六小学】 第六小学坐落在中山南路 110 号，校址原为苏湖会馆（苏湖书院）。学校占地面积 5487 平方米，校舍建筑面积 891 平方米，运动场地面积 1817 平方米，3 幢教学楼，功能室齐全。2022 年，教职工 67 人，其中，中小学高级教师 4 人，中小学一级教师 37 人；研究生学历 3 人，本科学历 45 人，大专学历 19 人，专科以上学历达 100%。

学校以“学校有品牌，学科有特色，教师有专长，学生有个性”为办学宗旨，德育为学校办学特色。校园内灌木常绿，竹林清幽，银杏、云杉等珍稀植物，更是为学生提供了优美的学习环境，以“道德日记”和“阳光体育”为主题的瓷板壁画文化墙成为一道具有本土特色的校园德育风景线。

【景德镇第七小学】 市第七小学创建于 1940 年，1952 年改为景德镇市第七小学，沿袭至今。1963 年和 1978 年学校先后 2 次定为景德镇市重点小学，现有在职教工 91 人。学校秉承“文明、守信、博学、创新”的校训，遵循“德育为首、以人为本、质量立校、内涵发展”的教育理念，坚持“以创新为动力、以发展为目标、以特色为追求”的办学思路。

学校创编了陶瓷文化校本教材——《瓷之国 美名扬》，着重介绍千年陶瓷历史、精湛制瓷工艺，以及众多陶瓷艺术名家及现代陶瓷成就等。将瓷乐引进校园，组建了全国唯一一支的少年儿童瓷乐团，演奏的乐器有瓷磬、瓷瓯、瓷鼓、瓷笛等，并且将其他的小型瓷乐器以及陶瓷手工艺等项目引进课堂。课后延时服务中开设围棋、足球、声乐、街舞、书法、语言等特色课程的开设，获得了学生家长的欢迎和好评。

【景德镇市第九小学】 第九小学始建于 1920 年，最初名为“时化小学”，于 1951 年更名为第九小学，是珠山区唯一一所里弄小学。学校校园环境温馨、文化氛围浓厚、教师队伍素质优良。学校占地面积 2467 平方米，校舍建筑面积 3338 平方米，绿化面积 824 平方米，运动场地 1445 平方米。现有教师 20 人，本科 16 人，大专 4 人，高级教师 1 人，一级教师 14 人，二级教师 5 人。

学校基础设施完善，教学设备齐全，教学手段先进，文化氛围浓厚，教师队伍团结奋进。拥有现代化的实验室、微机室、多媒体教室、图书阅览室、体育器材室、音乐室、美术室等各项专用功能教室。校园内实现了广播系统、安全监控系统、校园无线网络全覆盖，均安装“班班通”。

【景德镇市第十二小学】 第十二小学成立于 1957 年，地处珠山区新村西路 1 号，教育教学质量在全市名列前茅，先后获得“中央教科所‘十一五’重点科研课题实验学校”“全国青少年校园足球布点学校”“江西省安全文明校园”“江西省现代教育技术示范学校”等荣誉称号。学校有专任教师 81 人，其中，本科学历 54 人，大专学历 27 人，高级职称教师 13 人，中级职称教师 49 人。学校占地面积 8165.5 平方米（12.25 亩），校舍建筑面积 5500 平方米，体育用地面积 6345 平方米。

学校建有符合江西省小学标准化办学规定的各功能室，计算机室、音乐室、科学实验室、心理咨询室、美术室、体育器材室等。学校设施齐全，参天大树掩映，鲜花绿草茂盛，文化氛围浓郁，四季气候宜人，是求知求学的理想场所。学校秉承“文明 勤奋 健康 快乐”的校训精神；提出了“每天进步一小步，攀登高峰不停步”的办学思路；倡导“勤学多问、善于思考”的学风，“严谨博学、善教爱生”的教风。以社会主义核心价值观为主题校园的办学特色，推动学校教育全面发展。

【景德镇市第十七小学】 第十七小学位于新厂西路 417 号，学校占地面积 20980 平方米，建筑面积 16097.4 平方米，学校体育用地面积 10195.02 平方米，校园布局合理规范，校园环境优美，学校配有音乐教室、美术教室、体育器材室、科学实验教室、计算机教室、多媒体教室，各班级配备了“一体机”教学设备，开通“班班通”，运用现代化教学手段教学。

学校提出了“明理、文明、感恩、守纪”的校训。组建了“校园足球队”“田径运动队”“红领巾鼓号队”“童声合唱团”“美术兴趣小组”“游泳队”等，同时，“国学”“围棋”“书法”等课程也纷纷走进了课堂。坚持活动课程、隐性课程和课堂教学齐头并进。通过开展每天的“阳光体育一小时”大课间活动以及举办演讲比赛、韵律操比赛、六一会演、课间手势操比拼等丰富多彩的活动，全方位提升学生的综合素质。

【景德镇市第十七小学分校】 第十七小学分校位于景德镇市珠山区新厂街道景瑶公路1号（景城名郡小区内），学校占地面积1万平方米，建筑面积7800平方米，有教师30人，其中，高级教师3人，中级教师14人。洁净、清新、优雅的校园环境令人神清气爽；有线、无线校园网络及“班班通”全覆盖；LED全彩显示屏、自助借阅机等先进设施齐备；阅览室、书法室、舞蹈室、陶艺室、录播室等功能室一应俱全，处处彰显出现代化教学气息；同时学校开辟第二课堂，成立了多个艺术“社团”，开发“学科+特长”的教学模式，为学校深化素质教育开辟了广阔的天地。

学校依托现代化的教学设施和强大的师资队伍，秉持“德育为先，课改为重，安全第一，特色强校”的办学理念，以“明理、文明、感恩、守纪”为校训，遵循“读圣贤书、立君子品、做有德人”的培养目标，精心打造“书香校园”“特色校园”。

【景德镇市第二十二小学】 二十二小学又名逸夫小学。位于珠山大道797号（原景德镇市第一中专），校区总占地面积2.13公顷，共有7栋教学用房。整个校园建设布局合理，环境幽雅，绿化面积达到40%以上，校园内到处可见粗壮的树木，绿意盎然。

学校有教职工63人，大专学历教师100%，本科学历教师95%以上，其中，中小学高级教师7人，中小学一级教师40人，中共党员24人。2022年度，在珠山区“传承经典，炫我风采”教师书画评比竞赛中，1人荣获书法一等奖，1人获绘画一等奖；1人在思政及数学教学比赛活动中获得特等奖，1人获一等奖；1人在市教育技能大赛中获一等奖；3人在珠山区基础教育精品课竞赛中获特等奖，2人获一等奖；1人在珠山区党史剧展演活动评比中获指导一等奖。2022年学校荣获省教育厅“三项文化”教育活动先进单位、第三届“新声少年派”青少儿语言艺术电视大赛景德镇赛区展示活动“优秀组织奖”、古镇珠山“书香校园”、景德镇市青少儿语言艺术字活动“优秀组织奖”等多项荣誉。

【景德镇市陶新小学】 陶新小学位于昌江大道陶新家园东南侧，学校占地面积16184.15平方米，总建筑面积10672.09平方米，是珠山区2019年重点打造的三所新学校之一。学校环境优美，绿树成荫，鸟语花香，绿化面积2000平方米，绿化率达13%。学校功能齐全，设施一流：设有宽敞明亮的报告厅，促进专业成长的录课室、温暖温馨的心理咨询室、漫游书海的图书室，富有童趣的音乐教室、充满书香的书画室和极具现代感的美术室、传承传统的陶艺室、围棋室。体育设施一流，有专业化的排球场地，200米跑道，尤其是全市先进的室内篮球馆（900平方米），还配有科学室、电脑室等功能室，利于学生素质的全面发展。

学校现有在职教师24名，其中高级教师2人，中级教师9人，初级教师13人。学校始终坚持“办幸福教育，为每一位孩子的精彩人生奠基”的办学思想，秉承“以德为先，全面育人，以人为本，和谐发展”的办学理念，关爱每位孩子，成就每位学生；学校以“陶冶品行乐学求新”为校训，形成了“崇真崇善 崇美”的校风、“爱心 专心 精心”的教风、“勤学 乐学 善学”的学风，让学校每一个角落都充满向上的精神与教育的魅力。

【景德镇市梨树园小学】 梨树园小学坐落在梨树园小区北苑，由景德镇市珠山区人民政府兴建，2010年投入使用。作为全市唯一一所能抗七级地震的新建校园，梨树园小学硬件设施全市一流，校园土地面积22780平方米，建筑面积约7200平方米，校园内有200米环形跑道，有多媒体教室、音乐室、舞蹈室、美术室、科学实验室、图书馆、微机房、体育器材室、心理咨询室、专递教室等功能室。

2022年学校有在职教师85名，100%为大专以上学历，其中，本科72人，研究生学历2人。梨树园小学秉承“把每一个孩子都变成一个成功而精彩的故事”的办学宗旨，以学生兴趣导向、自愿报名的原则，分别开设了舞蹈、声乐、足球、绘画、美工、葫芦丝、围棋、播音主持、手语歌、形体操等特色活动课程，切实加强课后服务，全面提升教学质量，办好人民满意的教育。

竟成街道中心学校

【竟成小学】 竟成小学创办于1913年，地处景德镇市里村童宾路延伸段，是景德镇市规模最大的全日制公办农村小学。学校占地面积3万平方米，2022年有教职员工93人。学校有标准的田径运动场，教学辅助用房完善，有校史室、多功能报告厅、校园电视台、录播室、舞蹈室、陶艺室、图书阅览室、微机室、实验室等，所有班级均配备了“班班通”，学校的硬件设施可满足师生学习需求。

竟成小学是一所农村中心小学，留守、随迁农民工子女较多，学校结合校史、校情，形成了“以德为先、全面发展”的办学特色。竟成小学足球队创建于2005年，通过丰富多彩的足球活动，形成了团结拼搏的校园足球文化。学校用心编纂以古诗词为特色的校本教材，开展书法教育，将书法课纳入学生课程，竟成小学师生勤练不辍，师生作品多次入选各级书画展，校园中翰墨飘香。近年来，陶艺课也成为学校固定的社会实践课程，竟成学子们在拉坯、成型、彩塑中体验家乡文化，感受匠人风采。国风吟诵团深挖古诗词情趣，用吟诵的方法打造出学校又一特色品牌，吟诵作品多次被“学习强国”学习平台、“古镇珠山”等新媒体报道。竟成小学的特色教育成了景德镇市农村教育一面高扬的旗帜。学校先后获得“乡村学校少年宫（中央）”“全国青少年校园篮球特色学校”“江西省第二届文明校园”“江西省农村中小学校本培训省级示范学校”“江西省素质教育示范学校”“江西省开展校园足球活动先进学校”“江西省乡村温馨校园典型案例学校”等荣誉称号。

【黄泥头小学】 黄泥头小学创建于1973年，坐落于珠山东大门，背靠古窑遗址，环境优美，是一所含公立幼儿园的九年制小学。学校占地面积5639平方米。学校校风是“自信自强”，校训是“团结坚强、勇于创新”，教风是“治学严谨”，学风是“勤学善学”。2016年5月，黄泥头小学被评为“吴静钰跆拳道培训基地”。学校配备LED全彩显示屏，自助借阅机等辅助教学设备，有线、无线校园网络及“班班通”全覆盖；并配置有音乐室、书法室、阅览室、科学室、跆拳道室等各种功能室。

【青塘小学】 青塘小学位于景德镇北部珠山区竟成镇青塘村李家村，学校于1946年创建，学校教学大楼面积640平方米，综合楼面积120平方米，塑胶跑道270平方米。学校拥有一支团结、实干、高素质的教师队伍，在编教师14人，其中硕士研究生2人，本科学历11人，大专1人，教师学历本科以上达40%。学校在区、镇政府和镇中心学校的关心和大力支持下，学校教学硬件设施得到了进一步的改善，成为一所花园式的学校。学校装备了仪器室、科学实验室、多功能教室、远程教育教室、音乐室、活动室、电脑室、美术室、图书室、心理咨询室、卫生保健室、体育器材室等，仪器装备满足教学需要。

【曙光小学】 曙光小学始建于1994年4月，迄今有20多年的历史，是珠山区一所六年制完全小学。学校位于竟成镇老鸦滩村，占地面积4960平方米，建筑面积1700平方米，运动场地2000平方米。学校环境明净，景色宜人，是莘莘学子成长的摇篮。学校布局合理，设施齐备，拥有图书室、实验室、音乐室、美术室、体育器材室、仪器室、校史室、电脑室、多媒体等功能馆室，为师生创造了良好的工作学习环境。

2006年，学校被全国妇联授予“全国千所流动留守儿童示范学校”荣誉称号。学校始终坚持“全面贯彻党的教育方针，全面提高教育教学质量”的办学宗旨，确定了“四园、四化”的办学目标。近年来教学质量稳步提高，学校各项工作成绩显著。

【第八小学】 第八小学是竟成镇中心学校下辖的一所村完小，始建于1962年，校园占地面积33231平方米，建筑面积3350平方米。有53名教职员工，其中省级骨干教师1人，市级骨干教师2人，县级骨干教师4人；获得国家级优秀教师称号1人。学校设有图书室、微机室、档案室、多媒体室、科学实验室、美术室、音乐室等近10个专用教室，各室设备齐全、管理到位、使用率高。学校先后被评为“景德镇市家长函授学校办学工作先进学校”“景德镇市现代教育技术工作先进学校”。

【新厂小学】 新厂小学地处景德镇市朝阳路和林荫路交会处，创建于1968年，是一所有着60多年历史的公办学校。现有专任教师28人，学校建筑面积3181平方米，体育场4480平方米。学校秉承“以人为本”的办学理念，以“个性＋特长”的办学模式，形成了以音乐为鲜明特色的创新型学校。学校教学设备齐全，音乐舞蹈室、体育室、美术室、图书室、电脑室、仪器室、实验室、多媒体阶梯教室等功能室一应俱全，每个班级都配有“班班通”现代化教学设备。学校积极推进素质教育，成立各类兴趣小组，“百灵”合唱团和校足球队多次获得市、区的金奖和一等奖。

【洋湖小学】 洋湖小学始建于20世纪40年代末，2003年校园重建，校园坐落在洋湖村。学校占地面积0.33公顷，环境不断美化、硬件设施不断完善。学校现有3个年级，在校学生6人，属于袖珍型学校。学校与时俱进，不断深入教学改革，加强素质教育，全面提高教学质量，为发展农村基础教育奠定坚实的基础。

【第十九小学】 第十九小学创办于1972年，新校区于2015年全面竣工，地处和谐家园2期对面2022年校园占地近0.67公顷，教学大楼一栋。现有教师22名，环境优美，功能室功能齐全。班班通、电脑室让孩子们享受优质的教学资源。图书室几千册书籍，让孩子们畅游书海、沐浴书香。篮球场、乒乓球场、塑胶跑道，让孩子们尽情挥汗运动。学校打造书香校园，培育知书明理之才，每学期开展异彩纷呈的古诗词朗诵及读书活动，人人都制定系统的阅读计划。学校开设书法及合唱兴趣班，专业的老师给予学生专业的辅导。

学前教育

【概况】 截至2022年底，全区幼儿园总数达89所（含市直3所），公办园28所，民办园61所。其中，省级示范园4所，一级一类幼儿园20所，乡镇示范园1所。全区在园幼儿10065人，学前三年毛入园率达96%，普惠性幼儿园覆盖率达90.5%；公办园幼儿占比达53.8%。

【幼儿园建设】 面向社会公开招聘事业编及合同制幼儿教师，新聘的93名教师全部充实到区属公办幼儿园。举行民办园幼儿教师专场招聘会，23所幼儿园提供了近95个岗位，补充民办园教师师资力量。利用暑期建设改造小区配套幼儿园，建立公、民办园结对帮扶制度，制定《珠山区学前教育教研责任区制度》，9个片区均配备教研员，实行三级教研模式。开展区域设计方案比赛、幼小科学衔接推进会、各类观摩研讨活动和新入职教师岗前培训、园长培训等各类学习培训，提高保教质量，全力杜绝“小学化”现象。对全区无证幼儿园开展治理，关停了8所无证幼儿园。

【比赛获奖】 市红色文化课程教学比赛中，珠山区实验幼儿园李佳丽教师的“挑梁小道”获得一等奖。

市中小学思政课和红色文化课程省级参赛教师故事演讲比赛中，李佳丽教师“携爱同行，走进童心”获得一等奖。

市中小学教学论文评比中，珠山实验幼儿园的欧阳倩和昌河幼教中心的鄢慧君获得一等奖，中国直升机设计研究所幼教中心的詹智明获得二等奖。

“童心向党 歌颂二十大”景德镇市幼儿园主题环创竞赛活动中，粮食局保育院等3所幼儿园获得一等奖，珠山区天御幼儿园等7所幼儿园获得二等奖，市实验幼儿园等6所幼儿园获得三等奖。

珠山区幼儿园区域设计方案比赛中，珠山区实验幼儿园等10所幼儿园获得一等奖，珠山区景华家苑等13所幼儿园获得二等奖。

幼儿园简介

【景德镇市第二幼儿园】 景德镇市第二幼儿园是一所由珠山区管理的公立幼儿园，坐落在中山南路何家衖13号，占地面积679平方米，建筑面积1214平方米，教职工在编在岗3人，多次被评选为市先进幼儿园和示范幼儿园。参加省、市各领域幼儿活动多次获奖，旨在全面发展幼儿，发掘幼儿的特长潜能，促进幼儿的成长。园内设有多功能教室、游戏室、教师办公室。幼儿园户外场地设有软桥，攀登架、滑梯、水车等多种幼儿玩具器械。

幼儿园始终坚持“成就每一个孩子，满意每一位家长”的办学理念，多方面培养幼儿的兴趣，开设有语言、健康、社会、艺术、科学为主要内容的多元智能课程，还增加了资优教学课程以及篮球、口语、美术等课程。

【珠山区实验幼儿园】 珠山区实验幼儿园位于站前四路西段以北，是珠山区政府按照省级示范幼儿园标准投资5000多万元新建的一所高品质公办幼儿园，于2018年12月开工建设，2019年12月开园。校园占地面积13509平方米，建筑面积8791.47平方米，办园规模14个班，可容纳400余名幼儿入托。

幼儿园设计超前，布局科学，设施配套齐全，环境幽雅极富童趣。每个活动室配有钢琴、多媒体一体机、电脑、净水机等高级硬件设施。内设绘本馆、烘焙坊、美陶吧、舞蹈厅、发现屋等多功能活动室，还有美轮美奂的童梦剧场，极大满足幼儿兴趣需要。幼儿园设有3个户外活动区，有适合孩子锻炼的运动区、主动探索的游戏区以及亲近自然的野趣区，是一所集绿化、美化、童趣化、教育化于一体的儿童成长乐园。

幼儿园现有在编职工47名，是一支经验丰富、业务精湛、高素质的优秀教职工队伍，职工平均年龄在35岁，教龄在7~26年不等，其中，大专及以上学历者占93%，均持有教师资格证。幼儿园秉承“让童年成为曼妙艺景，为梦想奠定厚实才德”的办园宗旨，坚持“以童为本、蕴梦于乐”的办园目标，实施科学保教，为孩子们构建一个自主、和谐的童话乐园。

【景德镇市粮食局保育院】 景德镇市粮食局保育院创办于1981年，是一所历史悠久的“老字号”市一级一类幼儿园。多年来幼儿园一直本着以科学、规范、创新的管理理念。以“用爱养育，用心教育”为办园宗旨，以“小朋友开心、家长放心”为最高追求。有2栋教学楼，分设大班、中班、小班、托班4个年级，教职工41人，本科学历9人，大专学历23人，中小学高级教师2人，中小学一级教师4人，中小学二级教师14名。每年多次开展各项专职培训、技能培训、师德师风建设培训，全方面提升教师素质及能力。

保育院始终坚持正确的办园方向，以素质教育为核心，强化管理，努力创新，取得了丰硕的教育成果。先后被授予了“江西省巾帼文明示范岗”“五四红旗团支部”“景德镇市青年文明号”“景德镇市和谐平安创建工作先进单位”等多种荣誉称号。

【景德镇市实验幼儿园】 景德镇市实验幼儿园位于景德镇市珠山区新村北路凉山树，与景德镇市妇女儿童活动中心同一地块、同步建设，土地面积2566.1平方米，建筑面积3163平方米，有教职工39人。教学楼共有3层，通风设施良好，设有多媒体室、户外大型活动场地，每个班级配有独立的教室、寝室和幼儿盥洗室，教室配备教学一体机、钢琴，拥有宽敞明亮的教育教学环境。每个活动室和公共区域创设了多种功能分区，按需求配备丰富的玩具、游戏材料和幼儿读物，为幼儿自主游戏和学习探索提供机会和条件。

2000年8月幼儿园成立全市唯一一所娃娃消防军校班，向全市各校输送千余名品学兼优的幼儿。幼儿园坚持“国防教育从娃娃抓起”的理念，以安全教育为重点，定期开展消防演练、学“雷锋”活动、走进消防部队、祭扫革命先烈等活动。通过各种形式的活动，陶冶幼儿情操，磨幼儿意志，培养德智双全、身心两健的新一代少年儿童。

体　育

【概况】 2022年，区教体局以增强人民体质为宗旨，开展丰富体育活动，持续加大投入、完善体育设施，动员全民运动。全区现有体育场地数为742块，体育场地总面积9146平方千米，人均体育场地面积2. 39平方米。公共体育服务网络布局合理，辖区10个街道均有晨晚活动点，健身路径全覆盖。完成培训与审批三级社会体育指导员61名，为群众体育工作提供了有力的组织保障，体育社会指导员覆盖率100%。

【校园体育】 区教体局把学校体育作为全民健身活动的重点，确保学生每天体育活动不少于1小时；开展了足球、围棋项目进校园活动，区足协在区属6所城区学校进行足球项目布点，选派专业教练员进行苗子选拔及校队训练工作，为全区校园足球运动奠定了良好的基础。筹备2022年珠山区青少年校园足球联赛；全力做好省第十六届运动会参赛训练工作。

【社区体育场地建设】 积极争取省级体育彩票公益金政策支持，梨树园北苑社区的农村社区体育场地设施投入使用。组织林荫路社区和尚东社区申报农村社区和城市社区体育场地示范工程项目。举办健身技能展示、健身气功、太极拳志愿服务下基层等群众体育活动。

卫生健康

医疗卫生

【概况】2022年，区卫生健康委坚持以人民健康为中心，秉持“大卫生、大健康”的工作理念，统筹推进疫情防控和卫生健康事业高质量发展，持续推动健康珠山新发展。

【疫情防控】压实责任织密防线，毫不松懈做好疫情防控工作。始终坚持“人民至上”的理念，严格贯彻“外防输入、内防反弹”的总策略，科学精准落实各项疫情防控措施，规范有序协调指挥部工作。自新冠疫情发生以来，坚决落实党中央、国务院和省、市、区各项决策部署，结合珠山疫情防控形势，坚持依法防控、科学防控、加强各医疗机构管理及重点人员管理，做好各项工作。区卫生健康委领导班子率先垂范，全体党员干部上下一心，冲锋陷阵，夜以继日，连续奋战，在区委、区政府的坚强领导和市疫情防控指挥部的指挥下，坚定扎实有序开展各项工作，最大限度保护人民生命安全和身体健康，最大限度减少疫情对经济社会发展的影响。

【疫苗接种】建立全民免疫屏障。按照“区分轻重缓急、稳妥有序推进”的原则，全力推动新冠疫苗接种工作。同时为方便居民实际接种需求，组建了一支流动接种队，在各街道社区设立临时疫苗接种点，为社区老年人及行动不便的群众接种新冠疫苗。

【医疗机构审批】全面梳理政务服务事项，精减整合审批环节。共批准医疗机构设置申请21家，受理医疗机构执业许可校验212家，完成医师注册、变更77人，护士注册、变更97人，同意审批医疗机构广告18家，公共场所卫生行政许可171户，变更13户，延续14户，受理发放放射诊疗许可23户。

【落实惠民政策】新筛查并救治先天性心脏病8例，免费救治重性精神病患者315例，免费血透患者166例，先天性心脏病8例，儿童白血病2例。免费为544名艾滋病患者开展治疗前、后免费体检，为21名艾滋病患者进行住院费用报销，救助金额111785元。珠山区11种国家免疫规划疫苗接种率达到96.07％。

【基层医疗人员待遇保障】保障乡村医生待遇，拨付村医基本公共卫生服务补助经费39.9万元，基药、公卫岗位、村医养老等补助经费15.04万元。同时加强村卫生室规范管理，完善家庭医生签约随访制度，组织村医上户宣传慢性病相关政策，做好四类人群家庭医生签约服务工作，并定期暗访督查。

【筹建珠山区人民医院】筹建珠山区人民医院建设项目，政府已批复同意建设并成立了以常务副区长为组长的筹建项目专班领导小组，项目已通过区发改委立项，专项债项目申报已通过国家发改委。

【卫生监督执法】转变卫生监督执法方式，由单一执法转变为“教育＋管理＋执法”模式。在对学校、医疗机构和公共场所日常卫生监督执法过程中首次坚持以教育为主，处罚为辅的“包容审慎”原则，严格按照标准，对符合规定的轻微违法行为免予处罚，并督促相关人员及时整改到位。加大了公共场所监管的监管力度，开展了现制现售饮用水卫生监督、消毒产品专项整治行动及餐饮具集中消毒服务单位专项监督检查，完成全年“双随机”监督抽检工作，监督完结率100％，及时妥善调处各类投诉举报35起。2022年共检查公共场所1100余家次，下达监督意见书800余份，行政处罚13起，罚款3.55万元。检查各类医疗机构260余家，下达监督意见书260余份，立案31起，罚没款共计19.6万元。受理了公共场所办证178户；关停无证行医机构70家。

【开展爱国卫生运动】组织开展以文明健康、绿色环保为主题爱国卫生月活动及纪念爱国卫生运动70周年系列主题活动，上报爱国卫生示范案例10余篇，在省、市、区各类媒体上发布爱国卫生相关稿件15篇。推进控烟行动，开展无烟党政机关、无烟学校、无烟医疗机构创建工作。共创建65家无烟党政机关、26家无烟医疗机构、31家无烟学校，完成率100%。在全区中小学开展了2022年“世界无烟日”青少年控烟主题宣传及作品征集活动，收集上报优秀作品300余份。以卫生城镇创建促健康细胞建设，开展具有珠山特色的健康细胞建设工作，按照年初计划完成11个健康社区（村）、1所健康学校目标任务，同时强化典型示范带动，上报了2家健康细胞典型案例。

【健康科普宣传】 在全区范围内开展2022年居民健康素养监测，选派选手参加上级部门举办的健康科普比赛，分别在2022年景德镇市健康科普“达人”比赛中获得优秀奖，“2022年景德镇市居民防疫知识和健康素养大赛”中获团体三等奖。

【妇幼健康服务】 继续推进孕产期保健和0~6岁儿童集中管理，孕产妇、婴儿、5岁以下儿童死亡率分别为0、1.17‰、1.17‰，这些指标优于全省平均水平。做好妇幼重大公共卫生服务项目，全年共免费婚检2640人，婚检率99.25%，疾病检出率21.12%；免费发放叶酸2523人；免费优检809对；艾梅乙项目免费筛查6103人；完成城镇贫困妇女“两癌”筛查668人；7名困难家庭孕产妇免费检查四维彩超，提供无创产前基因检测以及地中海贫血基因检测，困难家庭孕妇产前基因检测7人，新生儿耳聋基因检测3人；扎实做好全区托幼机构体检和管理工作，完成123所托幼机构16083名儿童体检，托幼工作人员健康体检及发证1568人。

【老年健康服务】 大力推动老年友善机构创建工作，全区综合性医院、康复医院、基层医疗机构共14家机构经过本级、市级及省级评审，均被省卫生健康委、省中医药管理局命名为“江西省老年友善医疗机构”，创建成功率达100%。开展全国示范性老年友好型社区创建工作，经过层层推荐，2022年新村街道梨树园社区成功创建全国示范性老年友好型社区；依托昌盛社区党群服务中心，整合昌河三三五医院、社区卫生服务中心和社工站等多方社会资源，打造了昌盛家庭社区健康服务中心。

人口与计划生育

【概况】 2022年统计年度（2021年10月1日至2022年9月30日）全区总人口375930人，出生人口1793人，其中一孩863人，二孩763人，三孩139人，多孩28人，较2021年同期少生育240人。出生人口性别比121，出生率4.79‰，死亡率2.4‰；自然增长率2.38‰。

【生育服务】 依法全面实施三孩政策，稳步推进生育登记服务制度改革。截至12月底，一孩完成登记外网669例，窗口70例，二孩完成登记外网413例，窗口36例，三孩完成登记外网57例，窗口6例。继续落实奖扶特扶政策，做好计生特殊家庭关怀扶助工作，2022年珠山区享受农村计划生育家庭奖扶政策273人，独生子女伤残特扶政策219人，独生子女死亡特扶政策513人。7月根据省卫生健康委、省财政厅印发《关于调整计划生育特殊家庭特别扶助金标准的通知》，自2022年1月1日起，提高计划生育家庭特别扶助制度扶助标准。独生子女死亡家庭特别扶助金标准：4~48周岁的，从每人每月200元提高至每人每月400元；49~59周岁的，从每人每月450元提高至每人每月650元；60周岁以上，从每人每月580元提高至每人每月810元。独生子女伤残家庭特别扶助金标准从每人每月350元提高至每人每月550元。三级计划生育手术并发症人员特别扶助金标准由每人每月200元提高至每人每月260元。2022年计生特殊家庭二次医疗保险保费由2021年600元/(人·年)调整到680元/(人·年)，4月份与保险公司签订2022年度计划生育特殊家庭二次医疗保险合同，为计生特殊家庭732人进行投保，支付保险费49.776万元。同年9月办理了特扶人员2022年9月1日至2023年8月31日期间的住院护理险，两份护理险保费由原来的360元/(人·年)调整到480元/(人·年)，为726名特扶人员缴纳保费34.848万元。发放2021年度独生子女父母奖励资金共计3647.14万元，享受人数为29049人。发放2021年度失独家庭一次性抚慰金7万元，享受人数为14人。区卫健委在元旦、春节期间开展了走访活动，关心慰问计划生育特殊家庭和计生困难家庭，采取多种形式为群众办实事、办好事，解决他们生活中的实际困难，营造和谐稳定的氛围。共走访计生特扶家庭50户，发放慰问金1.5万元。

【开展省计生协“家庭健康服务中心”项目工作】 5月12日，昌河街道昌盛社区“家庭健康服务中心”项目入选江西省计划生育协会项目。区卫健委下拨了省计生协项目资金3万元，并拨付了配套资金3万元，帮助其开展工作。项目点昌盛社区，积极推广家庭健康主题活动，带动广大居民重视家庭健康，营造“家家崇尚健康，人人享有健康”的良好氛围。尤其在中老年健康指导和服务方面，依托社区家庭健康服务中心，整合昌河三三五医院、社区卫生服务中心和社工站等多方社会资源，组建了“家庭医生”团队，实施“守护夕阳”“童心港湾”关爱计划，确保了老年人身心健康，促进了邻里交流，将健康理念融入生活，让优良健康生活理念源远流长、薪火相传，切实有效地提升了全民健康素养，促进了老年群体身心和谐发展。

【托育机构摸底核查工作】 6月20日，部署开展托育机构摸底核查工作，主要调查了托育机构的办园形式、注册情况、备案情况、可提供托位数、实际收托数、入托收费标准、托育机构用水、电、气收费标准以及各个托育机构的负责人电话和详细地址。

【托育机构消防安全督查】 6月22日，区卫健委联合珠山和南河消防大队对全区托育机构消防安全工作进行了一次督查，本次检查主要是对照《消防安全指南》，重点检查消防安全基本条件、消防安全管理、用火用电用气安全管理、易燃可燃物安全管理、安全疏散管理、应急处置管理等内容。对督查中发现的问题，当场提出了整改意见，并督促整改落实到位。

【托育机构建设情况调研】 6月29日，省卫健委党组成员、省计生协专职副会长罗礼生一行到珠山调研托育机构建设情况。市卫健委主任朱菁华、副主任施莉萍，区卫健委主任辛晨等陪同调研。调研组一行到昌河幼教中心进行实地参观，听取了机构负责人介绍，详细了解了托育机构硬件设置、师资配备、招生规模、日常管理、消防设施配备、消防安全知识普及情况以及面临的困难等。罗礼生肯定了区卫健委在婴幼儿照护服务工作中作出的努力和取得的成效，并要求推动托育事业规范、有序、健康发展。强调要高度重视3岁以下婴幼儿照护服务工作，聚焦群众所需，持续扩大托育服务优质供给，切实提高3岁以下婴幼儿家庭的获得感和满意度。

【健康江西调研工作】 6月30日，省卫生健康监测评价中心章源一行到昌盛社区家庭健康服务中心进行调研，市卫健委、市计生协、区卫健委相关领导进行了陪同。调研中询问了家庭健康服务中心设立运行情况，建立管理制度情况以及运行中遇到的困难，并对中心开展的相关养老工作进行了肯定。

【健康家风主题推进活动】 6月20日至9月30日，为挖掘一批当地传统健康家风故事和新时代健康家风故事，并适时组织健康家风故事宣讲活动，倡导人人增强健康意识，家家争当健康模范，活动期间，上报了健康家风故事征集活动案例7例，“健康家·味道”优秀案例征集活动案例2例，评选上报省百佳健康家庭2户。开展主题推进活动场次（含家庭健康知识大讲堂、知识竞赛、义诊等）8次，线上线下参与544人，宣传覆盖5100人，制作发放家庭健康干预工具500份，制作发放宣传品1000份。

史志·档案

党史地方志工作

【概况】 2022年，区委党史地方志办公室在区委、区政府的正确领导下，坚持以“存史、资政、育人”为指导，编纂党史、方志书籍，保护革命遗址遗迹，开展党史学习教育，并认真开展各项中心工作。

【党史宣传教育】 4月29日是景德镇解放日，区史志办为传承红色文化，弘扬革命历史，4月25日在景德镇日报刊登了《解放军进瓷城》，庆祝景德镇解放73周年。

【参观景德镇工运史展】 “七一”前夕，支部组织党员干部前往区经开区三宝瓷谷景德镇工运史陈列室，参观景德镇工运史展，开展“重温红色岁月、缅怀峥嵘历史”活动，并在景德镇日报刊登此次活动。

【建立珠山区红色资源名录】 根据珠办发〔2022〕5号文件精神，推进红色基因传承重点工作安排，于10月底再次完成对辖区内的20处革命遗址遗迹的全面普查，已建立珠山区红色资源名录。

【编纂《珠山区2021年党史大事记》】 收集、整理、编纂《珠山区2021年党史大事记》，印制成册，作为资料长编留存。

【供稿《江西年鉴（2022）》】 开展《江西年鉴（2022）》珠山区版块的交稿工作，组织相关单位材料，及时与各业务口子对接，对收取材料进行细致的沟通审核，保证其正确性、完整性，于3月31日完成交稿。

【供稿《景德镇年鉴（2022）》】 开展《景德镇年鉴（2022）》珠山区板块的交稿工作，组织相关单位材料，于4月完成交稿。

【编纂《珠山年鉴（2022）》】 2002年，至年底完成《珠山年鉴（2022）》编纂工作，经过三校三改、专家评审，已完成出版。

【编纂《珠山年鉴（2013—2018）》】 在保障当年任务及时完成的基础上，对以前遗留《珠山年鉴（2013—2018）》工作，进行梳理，查遗补漏。

档案工作

【概况】 截至2022年12月，珠山区档案馆实有馆藏档案为共计84821卷，14305件，图书675本，电子档案照片11000余张。其中婚姻档案79400卷，馆藏老文书3377卷，扶贫档案1778卷、2678件，文书档案251卷、8773件，防疫档案3043件，项目档案15卷（工程档案），业务档案1257件（含人事、清房、人口普查、会计档案等），个人家庭档案995件，图书675本。其他馆藏实物档案8022件（含书、证件、照片、粮票、瓷板、奖牌、证书等物件）29646件实物，电子档案照片11000余张。

【档案规范化管理评估】 1月，对太白园街道浙江路社区进行江西省档案规范化管理省三级的评估工作。从组织管理、业务建设、基础设施和开发利用这4个方面进行严格考核。社区有独立的档案室，做到了办公库房两分开，使用符合规范的档案装具，落实了档案机构和档案工作人员，健全了各项档案相关制度，齐全的文书档案目录。经过讨论评审，太白园街道浙江路社区符合江西省档案规范化管理省三级标准要求，并当场颁发荣誉证书。9月，对3家单位进行规范化管理等级申报，农业农村和水利局申报省三级、区政务服务中心申报省二级、区委办公室申报省二级。并对昌河街道昌盛社区、区发改委、区商务局、区环卫局、区人民检察院5家单位开展复查评定工作。

【档案行政执法检查】 3月，开展第一批档案行政执法检查，检查30个区相关单位、学校以及区重点项目部，下发书面反馈意见书24份，整改意见书6份。10月开展第二批档案执法检查，检查24个区相关单位，下发书面反馈意见书22份，整改意见书2份。

【档案移交】 8月，先后对18家单位开展撤并涉改单位回访及档案移交进馆督导，分别为区司法局、区民政局、区卫健委、区委老干部局、区政府办、区住建局、区委统战部、区财政局、区教体局、区工信局、区市监局、区人大、区政协、区委政法委、区委编办、区农业农村和水利局、区医保局、区国资公司。

【接收社会捐赠实物档案】 3月31日，景漂艺术家卢德林向区馆捐赠了高温颜色釉窑变《醉美山水》美人肩瓶作品。窑变釉瓷瓶形态优美，如灿烂云霞、春花秋云、大海怒涛、万马奔腾般色泽。在清代，尤其是清雍正、乾隆时期，窑变被视为一种祥瑞，作为著名色釉而专门生产。6月10日上午，集邮爱好者张长泉向珠山区档案馆捐赠1993年第一期至1999年12月的《中国集邮报》。11月1日，社会人士王鑫安向珠山区档案馆捐赠1982年、1983年、1984年、1985年、1988年《景德镇日报》合订本。

【珠山区区史馆荣获“景德镇市第四批爱国主义教育基地”】3月，为深入贯彻落实《新时代爱国主义教育实施纲要》，持续推动景德镇市爱国主义教育基地建设和管理规范化、常态化、大力培育和践行社会主义核心价值观。经组织推荐、研究审议、媒体公示，市委、市人民政府决定命名中共河西县委旧址等9个单位为景德镇市第四批爱国主义教育基地，珠山区区史馆名列其中，荣获“景德镇市第四批爱国主义教育基地”命名。

【中共珠山区档案馆支部委员会成立】1月20日，根据《关于成立中共珠山区档案馆支部委员会请示的批复》（珠机党发〔2022〕3号）文件精神，中共珠山区档案馆支部委员会成立。2月，选举陈超群为支部书记。

【纪念“6·9”国际档案日】6月8日上午，在里村街道童宾社区开展以“喜迎二十大 档案颂辉煌”为主题的纪念“6·9”国际档案日宣传活动。发动群众积极参与档案知识答题活动，扩大档案工作的社会知晓面和影响力。举办新修订档案法宣传讲座，就社区及家庭档案管理等内容进行深入讲解，解答社区干部和居民非常关心的社区及家庭档案管理、档案查询利用、档案违法行为处理等方面的问题。并设置现场咨询台，制作宣传横幅，发放宣传册页200余份。

2022年6月，区档案馆开展纪念6·9国际档案日宣传活动（区档案馆供图）

人事劳动和社会保障

人力资源和社会保障

【概况】 区人力资源和社会保障局在区委、区政府的正确领导下，按照市人社统筹部署，聚焦做好“六稳”工作、落实“六保”任务，以公开促落实、促规范、促服务，不断优化营商环境，提升政务服务质量，推动人社工作高质量发展，为服务经济社会持续发展作出积极贡献。

【劳动就业】 2022 年，全区城镇新增就业 3361 人，失业人员再就业 1261 人，困难人员再就业 1022 人，城镇零就业家庭安置率达 100%，各项民生指标均按年度任务目标稳步推进。累计发放创业担保贷款 7440 万元（个人贷款 3600 特色“景漂贷”46 人、940 元）。开展公共招聘专项活动，扎实推进政策性岗位落地，持续强化重点群体就业帮扶。提供劳动岗位 1.8 万个，达成用工意向 480 人次。以高校毕业生、返乡农民工等人员为重点，开展线上线下职业技能培训班 58 期，培训学员 1839 人。

【社会保险】 2022 年全区共有 461 家企业和灵活就业人员参加城镇企业职工养老保险，总计 24626 人，征缴养老保险费 12803.25 万元，参加城乡居民基本养老保险 10990 人。全区参加失业保险企业 188 家，符合稳岗返还政策条件企业 48 家，涉及稳岗返还 747 人，稳岗返还共计 23.8 万元。根据《关于景德镇市新业态从业人员职业伤害保障试行办法的通知》精神，认真学习新业态从业人员职业伤害保障参保有关文件，掌握业务操作经办流程。开展了新业态从业人员职业伤害保障动员会，进行情况调查摸底。截至 12 月底，珠山区职业伤害保障参保单位 9 家，参保 134 人。

【人才建设】 做好机关、事业单位招聘及“三支一扶”人员安置工作，2022 年事业单位人员招聘 59 人，其中教育系统招聘 29 人、卫生系统招聘 11 人、事业单位招聘 19 人，“三支一扶”考录人员 2 人，“三支一扶”到期转正 1 人，接收安置退役士官 5 人。稳步推进事业单位岗位设置工作，晋升专技五级 3 人、专技六级 6 人、专技七级 19 人、专技八级 45 人、专业九级 48 人、专技十级 73 人、专技十一级 65 人、专技十二级 4 人。

有序开展了 2021 年度考核工作，完成全区所有乡镇、街道，区直部门及二级事业单位、区属中小学考核工作。完成全区 2021 年机关工人和事业单位人员工资调标工作，机关工人人均工资增长 203 元，事业管理人员人均月工资增长 250 元，事业专业技术人员人均月工资增长 318 元，事业工勤人员人均月工资增长 237 元。推进机关事业单位工勤人员岗位等级晋升工作，完成 2021 年机关事业单位工勤人员岗位等级晋升工作，46 名工勤人员晋升岗位等级，其中，晋升技师 13 人，高级工 32 人，中级工 1 人。

【劳动监察维权】 充分发挥协调第三方机制作用，推进和谐劳动关系创建活动，同时利用传统媒体、新兴媒体广泛宣传法律法规、服务群众，营造政府部门依法履职、用人单位规范用工、劳动者理性维权的良好氛围。联合各部门在开展农民工工资支付条例、法援惠民生 助力农民工法律、人力资源市场秩序专项整顿行动等活动，强化各类用工单位守法诚信、依法用工的意识，确保相关劳动保障法律法规贯彻落实，全年人事争议调解成功率 100%。

全面推进企业薪酬调查工作，通过电话和网络联系企业，口头传授或网络发送培训教材、上门督促等方式让企业能够在规定的时间里操作薪酬调查平台上报数据，完成了上级下发 106 家企业样本的薪酬调查工作，其中，部级样本 44 个，省级样本 62 个。广泛宣传《保障农民工工资支付条例》等法律法规，强化保障农民工的合法权益，提高用人单位增强依法用工、按时足额支付工资的守法意识。通过发放《保障农民工工资支付条例》《中华人民共和国劳动法》等宣传资料，引导农民工通过了解《保障农民工工资支付条例》的相关规定。受理各类欠薪投诉案件 967 件（群众投诉案件 351 件，网络欠薪平台 357 件，“12345”市政府为民热线转办案件 259 件），共涉及拖欠农民工工资金额 2300 万余元，涉及群众人 1300 余人，无投诉人员因拖欠工资而产生的重复上访事件，呈现较好的治欠保支工作形势。

【窗口服务质量提升】 全面推行江西省一体化信息系统使用，落实线下“一窗办”模式，设立人社综合服务窗口，提升人社一体化综合信息系统应用能力。健全“我为群众办实事”常态化工作机制，持续开展“领导干部走流程”、“人社服务快办行动”、练兵比武等活动。江西人社一体化信息平台全年渠道办件量为 64434 件，实现人社服务事项“一网通办”“全程网办”。加强基层人社平台建设。基层人社平台共有专职工作人员 110 人，通过服务链条延伸至街道、社区，全面强化基层人社服务窗口服务质量。10 个乡镇（街道）建立了高标准的人力资源和社会保障综合服务窗口，将所有人社业务全部纳入窗口敞开式办公，实现所有人社业务“一站式办结”。全力打造高效的审批流程。简化创业担保贷款办理时限，由 10 个工作日缩减到 7 个工作日。推进社银合作，在辖区内工商银行设立示范点，设备、窗口到位。

【职称申报】 认真落实国家、省、市职称工作精神，充分发挥人社部门主体作用，各项职称工作顺利进行，根据珠山区实际情况，推动职称申报驻点服务工作在“景漂”党支部落地。推荐申报正高级工艺美术师 9 人，高级工艺美术师 23 人，工艺美术师 8 人，高级工程师 1 人，工程师 4 人，中小学高级教师 39 人，中小学一级教师 59 人。

社会保障

【概况】 2022 年共有 461 家企业和灵活就业人员参加城镇企业职工养老保险总计 24626 人，征缴养老保险费 12803.25 万元，为 19105 名退休职工发放养老金 59625.3 万元。有参保机关单位 90 家，总计 4093 人，征缴养老保险费 4230.12 万元，其中在职缴费人数为 2544 人，为 1549 名退休职工发放养老金 9432.42 万元。参加城乡居民养老保险的参保缴费人员共有 10990 人，征缴养老保险费 250.61 万元，为 2635 名退休人员发放居民养老金 589.83 万元。参加工伤保险的缴费人员共有 7354 人，征缴养老保险费 196.89 万元，工伤保险待遇支出 137.22 万元，工伤预防费支出 1.28 万元。

【调整基本养老金】 2022 年 1 月 1 日起，调整企业和机关事业单位退休人员基本养老金。企业退休人员调整 18679 人，调整金额 1369.27 万元。机关事业单位退休人员调整 1516 人，调整金额 157.33 万元。2022 年 1 月 1 日起，将城乡居民基本养老保险全省基础养老金月人均最低标准提高 8 元，城乡居民养老退休人员调整待遇共计 2613 人，调整金额 2.1 万元。根据《关于 2022 年提高城乡居民基本养老保险全区基础养老金标准的通知》，通知规定每人每月提高 28 元，月调整 7.4 万元，提标后，基础养老金标准为 173 元，从 2022 年 1 月 1 日起执行。城乡居民养老退休人员调整待遇共计 2635 人，调整金额 85.77 万元。从 2022 年 7 月 1 日起，将城乡居民基本养老保险全省基础养老金月人均最低标准提高 5 元。城乡居民养老退休人员调整待遇共计 2613 人，调整金额 1.31 万元。

【养老保险丧葬补助金制度】 建立丧葬补助金制度，从 2022 年 7 月 1 日起施行。城乡居民基本养老保险丧葬补助对象为：按规定符合待遇领取条件，在领取养老金期间死亡的参保人员；已连续缴费（不含补缴）满 5 年，在领取养老金前死亡的参保人员。丧葬补助金实行一次性发放，发放标准为 1000 元，7—12 月已累计发放丧葬补助金 6.2 万元。

【代缴城乡居民养老保险费】 全年为全区 5250 名困难群众代缴 2022 年度城乡居民养老保险费 52.5 万元，代缴率为 100%，并为 1074 名 60 周岁以上困难群众发放养老金 223.58 万元，发放率为 100%。

【职业伤害保障试点工作】 根据《关于景德镇市新业态从业人员职业伤害保障试行办法的通知》精神，学习新业态从业人员职业伤害保障参保有关文件，掌握业务操作经办流程。开展了新业态从业人员职业伤害保障动员会，进行情况调查摸底。截至 12 月底，珠山区职业伤害保障参保单位 9 家，参保人员 134 人。

【工伤保险】 为深入贯彻区、委区政府《关于深入推进营商环境优化升级“一号改革工程”的实施方案》工作要求，为企业降低用工成本，践行企业社保合规政策，开展加强社保降成本专项提升行动。为 362 家企业机构中 86 家机关事业单位降率减费，共计 10.4 万元。

【为企业减负纾困】 根据《关于印发应对疫情保主体促进就业 10 条政策措施的通知》精神，做好养老保险和工伤保险减负纾困工作。通过对辖区内正常缴费企业的参保信息进行比对，共有 214 家中小型企业，个体工商户 56 家符合缓缴三项社保费条件。通过走访中小微企业、个体工商户和 5 个特困行业，微信工作群转发等多种方式对相关纾困政策和申请缓缴社保费的流程进行了宣传和讲解。截至年底，符合阶段性缓缴社会保险费政策并通过申请缓缴职工养老保险单位 12 家，养老保险 298 人，缓缴工伤保险有 8 家，累计帮企业预留 16.05 万元的流动资金。

就业创业服务中心

【概况】 2022 年，珠山区城镇新增就业 3361 人，完成目标任务 115%。其中“4050”再就业 482 人，完成目标任务的 100%，城镇就业率为 96.5%，城镇零就业家庭安置率达 100%。全区新增转移农村劳动力 400 人，新增家庭服务业从业人员 1045 人，完成目标任务的 105%。企业职工岗位技能培训累计培训 96 人，创业培训累计培训 600 人，完成目标任务的 100 %。失业保险累计征缴 135.37 万元，失业保险金累计发放 59.94 万元。创业担保贷款累计发放 7489 万元（其中个人贷款发放 3649 万元、企业贷款发放 3840 万元），完成目标任务

100%。各项民生指标均按年度任务目标稳步推进。

【就业扶持】 继续实施脱贫人员就业帮扶，助力乡村振兴。畅通高校毕业生、退役军人、农民工、城镇困难人员等重点群体就业渠道，搭建农村劳动力和企业用工对接平台，促进无法外出的劳动者就近就地就业，鼓励发展灵活就业，更大释放就业潜力。全区 14 个村 201 户 614 名建档立卡农村脱贫户，其中脱贫劳动力 376 人，已就业的 314 人,11 户 23 人边缘易致贫人口，有劳动能力 21 人，已就业 12 人。

积极落实公益性岗位政策，大力开发基层服务类就业岗位，努力充当求职者与用人单位就业桥梁，促使下岗失业人员、各种就业困难人员等实现再就业。2022 年公益性岗位安置累计 326 人，发放公益性岗位补贴 241.3 万元。其中累计开发脱贫公益性岗位 109 个，安置脱贫劳动力 109 人（其中边缘户致贫劳动力 2 人），累计发放脱贫专岗补贴 88.9 万元，累计安置城镇困难人员公益性岗位 88 个，发放公益性岗位补贴 63.2 万元。为 35 名省内区外脱贫劳动力，发放外出务工一次性交通补贴共计 1.05 万元。

【就业招聘】 积极落实各项就业服务政策，为企业和求职者搭建供需交流平台。2022 年采取线上线下双效模式招聘，开展春风行动、扶优扶强企业招工、优化营商环境服务企业用工活动等线上线下招聘会共计 17 场，共 490 家企业参加，涉及新业态、餐饮、销售、制造、安保、教育等 10 余个行业，提供劳动岗位 1.8 万个，累计达成用工意向 480 人次。

【就业培训】 为进一步提高劳动者就业创业技能，中心“围绕就业抓培训，抓好培训促就业”的工作思路，结合实际，针对大中专毕业生、辖区城镇失业人员及农村劳动力等各类人员开展各类就业培训工作。开展了多期创业培训、就业技能培训、其他培训等多项培训。2022 年，共开展政府补贴性培训 1839 人次（其中就业技能培训累计 1143 人、创业培训 600 人、企业职工岗位技能培训 96 人），共计发放培训补贴 170.028 万元。

【失业保险征缴】 推进企业及事业单位的失业保险征缴工作，不断扩大失业保险覆盖面，加大基金征缴力度，确保失业人员和下岗职工基本生活费按时足额发放，充分发挥了失业保险基金的保障能力。2022 年区失业保险征缴 135.37 万元，其中，事业单位 71.64 万元，企业征缴 63.73 万元。累计发放失业保险金 385 人次，发放金额 59.94 万元；发放代缴医疗 245 人次，发放金额 8.59 万元；发放失业补助金待遇 365 人次，发放金额 36.5 万元；发放价格临时补贴 163 人次，合计发放补贴金额 0.49 万元。充分发挥失业保险稳就业作用，引导企业不裁员、少裁员，依照“全面覆盖、应返尽返”原则，对符合条件的企业按规定落实稳岗返还、失业保险阶段性降费政策，全力为企业减负稳岗，落实“免申即享”模式，采取后台数据比对方式，直接向符合条件的企业精准发放稳岗返还。2022 年符合稳岗返还政策条件企业 48 家,涉及稳岗返还 747 人，稳岗返还共计 23.82 万元，为 14 家符合一次性扩岗补助政策企业，按 24 名大学高校毕业生按每人 1500 元的标准,发放一次性扩岗补助 3.6 万元，保障企业在疫情防控期间的正常运行。

【发放创业担保贷款】 为进一步做好创业担保贷款工作，解决创业人员资金短缺问题，中心与放贷银行以及有关部门协调创业担保贷款工作，对申请创业担保贷款的人员、反担保人进行审核、调查，为实现创业的个体业主提供小额贷款。结合“千千入万企、党建促发展”活动，中心干部走进辖区企业、个体工商户，发放惠企政策宣传册，落实创业担保贷款政策宣传。简化创业担保贷款办理时限，由 10 个工作日缩减到 7 个工作日，办事质效得到较大提升。积极与相关金融机构开展合作，推出免担保、免抵押的特色金融产品如农商银行“景漂贷”、邮储银行“邮信贷”等。2022 年累计发放创业担保贷款 7489 万元，其中，个人贷款 3649 万元（景漂发放 46 户 940 万元）直接扶持 186 人创业，带动就业 743 人；企业贷款 3840 万元,扶持企业 11 家，带动就业 288 人。回收到期贷款个贷 4369 万元、企贷 2255 万元，回收率 99.95%。

【灵活就业人员社保补贴】 落实上级关于“4050”灵活就业困难人员社保补贴工作的相关文件要求，开展“4050”社保补贴的宣传、申报和审核工作，通知各街道、社区广泛宣传“4050”社保补贴政策，为群众做好政策解释与咨询。2022 年，中心受理灵活就业困难人员社保补贴 383 人，共计拨付 208.21 万元。

【大学生就业创业服务工作】 2022 年，为 2074 名大学生办理人事档案接收、调移手续（其中办理调移手续 451 人），将上级分解下发的 802 名离校未就业高校毕业生信息录入公共就业服务信息系统高校毕业生就业管理模块，为 38 名高校毕业生发放大学生一次性创业补贴 19 万元，累计为 376 名困难大学生发放一次性求职补贴 37.6 万元。为扶持大学生就业创业，2022 年景德镇萌瓷网络科技有限公司为 13 人拨付见习补贴共计 5.11 万元。

医疗保障

【概况】 2022 年，珠山区参保总人数 14.51 万人（其中，职工参保人数 2.94 万人，城乡居民参保人数 11.57 万人），享受医疗救助 9122 人次，参保率超过 95%，基本实现城乡居民应保尽保。医保基金总收入 118276.58 万元（其中，城乡居民医疗保险收入 11872.53 万元，城镇职工医疗保险收入 106404.05 万元），医保基金总支出 16816.08 万元（其中，城乡居民基本医疗支出 9662.93 万元，城镇职工基本医疗支出 7153.15 万元）。医疗救助上级财政拨款 1422.84 万元，支出 1037.64 万元。

【医保服务智能化】 推行医保服务"网上办""掌上办"，完成全省统一的医保信息平台在珠山区的上线和运行，提高了医保信息化水平。为全区 56 个一级以下定点医疗机构免费配置医保电子凭证扫描仪，该项工作被纳入珠山区 2022 年十大民生实事之一。开展医保电子凭证进医疗机构、进机关、进社区、进学校、进企业活动，就医购药进入"码时代"。通过线上线下等多种方式推广医保电子凭证的激活和使用，提升知晓率。加强对企业职工医保电子凭证推广使用的培训与指导。通过向定点医药机构张贴宣传海报，医保服务大厅开设引导服务台等方式扩大企业职工参与度。全区医保电子凭证完成激活约 12.5 万人，激活率达 70%。依托江西智慧医保"村村通"工程，实现了区属 14 个村的村民就医用药实时结算，成功打造"15 分钟医保便民服务圈"。

【建设医保基层服务"三级"经办体系】 梳理、优化经办事项，实现了符合实际的 31 项经办服务事项中:12 项"一次不跑"，18 项"只跑一次"，2 项审批权限下放至二级以上公立医疗机构，事项承诺时限压缩率达 20%，做到了让群众少跑路，让数据"多跑路"。2022 年，经办服务好评率 100%，医保窗口被评为珠山区"服务之星先进窗口"。开展医保基层"三级"经办体系建设，在全区范围内打造 81 个医保经办便民服务点，精品医保经办便民服务点 4 个，设置医保服务柜台，铺设有医保专网。将 15 个高频事项权限下放至街道一级，12 个高频事项下放至村、社区一级，做到了事项名称、事项编码、办理材料、办理时限、办理环节、服务标准"六统一"。实现了村里有专人、乡里有窗口、区里有大厅，打通了医保服务"最后一公里"。

【织密基金安全防护网】 切实加强对医疗机构的监管，做实日常监管、专项整治、飞行检查、部门联动，保持稽查常态化，牢牢守护人民群众"救命钱"安全。截至 2022 年 12 月底，共追回医保基金 4.35 万元。通过在人民广场开展大型宣传活动，印发海报、宣传册等方式大力宣传《江西省医疗保障基金使用兼顾管理办法》，公布打击欺诈骗保举报电话，扎紧扎牢基金安全制度笼子，营造"不踩红线""不碰高压线"的良好基金安全氛围。

【拨付疫情治疗资金】 落实"两个确保"免费救助政策，累计向定点医疗机构拨付 60 万元用于新冠疫情患者的收治费用。迅速落实"乙类乙管"医保政策，确诊患者住院免费救治，门急诊费用不设起付线和封顶线，报销比例达 70%。做好中小微企业职工缓缴，阶段性缓缴职工基本医疗保险（含生育保险和大病保险）3 个月，切实缓解了企业疫情防控期间资金压力。

【健康扶贫精细化】 落实特困人员全额资助参保，落实低保对象、返贫致贫人口、脱贫不稳定人口、边缘易致贫人口、突发严重困难人口实行每人每年 320 元的定额资助参保，对其他未纳入农村低收入人口监测范围的稳定脱贫人口做好动员参保工作。持续巩固大病保险保障水平，在全面落实大病保险普惠待遇政策基础上，对特困人员、低保对象和返贫致贫人口继续实施起付线降低 50%、报销比例提高 5 个百分点、取消年度封顶线的倾斜保障政策。

社会事务与应急管理

民　政

【概况】 2022年，珠山区纳入城乡低保对象8077户11025人，城镇特困供养对象190人、农村特困供养人员10人。全年发放临时救助1276人次。全区享受80周岁以上高龄补贴9411人、享受经济困难高龄老年人补贴139人。为23名贫困大学生申请助学金10.6万元，为50户困难家庭发放慈善捐助资金1.5万元。

【社会救助】 完成城乡低保标准提标提补。提标后，城乡低保标准达到840元，月人均补差水平达到530元。全年纳入城乡低保对象8077户11025人，清退不符合城乡低保享受条件1144户1762人。完成了特困供养救助标准的提标工作。提标后，特困供养救助标准为每人每月1100元，全失能、半失能、能自理护理补贴分别达到1380元、350元、80元。城市特困供养对象190人，其中集中供养的城镇特困供养人员15人（市福利院享受市财政供养8人，集中供养在竟成镇敬老院7人）；农村特困供养对象10人（其中集中供养4人）。完成了精减退职救济标准的提标工作。提标后，城乡精简退职人员救济标准分别达到575元和530元。城镇精减退职人员30人，农村精减退职人员2人。

做好城镇脱贫解困工作。按月做好信息数据动态管理，为城镇贫困群众购买了商业补充保险和防贫险。完成了全省城镇脱贫解困工作绩效考核，考核排名在全省、全市均为第一方阵。做好兜底保障全面助力乡村振兴工作。每月对建档立卡贫困人口与农村低保对象进行比对。2022年，全区建档立卡贫困户中享受农村低保177户255人，享受农村分散供养特困人员5户5人。针对全区脱贫户中44户脱贫重点监测户和脱贫不稳定户进行监测和摸排，及时掌握这些人员家中的生活状况，对符合享受低保条件的全部纳入。

根据《关于提高2022年城乡困难群众救助标准的通知》文件要求，残疾人“两项补贴”提标后，困难残疾人生活补贴、重度残疾人护理补贴标准达每人每月80元。全区享受困难残疾人护理补贴2301人，享受重度残疾人护理补贴1495人。2022年，全区建档立卡贫困重度失能残疾人照护和托养补贴11人，每人每月享受补贴600元。

【基层政权】 全力激发城乡社区治理活力，推动社区治理重心向基层下移，建立健全了村（居）务监督委员会，推进村（居）务公开和民主管理。组织各村、社区开展了“幸福社区”星级社区创建工作，马鞍山社区、六〇二所社区、昌盛社区获五星级社区荣誉称号，云锦巷社区获四星级社区荣誉称号。在各村（社区）全面实施“365天服务不打烊”，工作日中午、双休日以及国家法定节假日提供错时、延时和预约服务，组建了帮办代办队伍，提供帮办、代办、线上自助等服务，获得居民群众一致赞扬。7月，省民政厅和南昌大学课题组对区“五社联动”开展情况进行了实地调研，形成了“五社联动”助力基层治理和共同富裕的“珠山经验”，社区治理工作取得明显成效。新厂街道六〇二所社区居民委员会获“全国先进基层群众性自治组织”荣誉称号。推荐后街村、三宝

2022年2月，六〇二所老年食堂（区民政局供图）

村、昌盛社区、赛跑坦社区参加了“优秀村规民约和居民公约”评选，画眉楼社区党支部书记、居委会主任谢芳获2022年度“江西最美城乡社区工作者”荣誉称号。石狮埠街道半边街社区党支部书记、居委会主任邓梁菲获2022年江西省“最可爱民政人”荣誉称号。

【养老服务】 推进社区养老服务建设，打造了里村街道恒大社区幸福食堂、新村街道昌虹社区颐家幸福餐厅和梨树园社区颐家幸福餐厅、昌江街道桂花弄社区颐家幸福餐厅、新厂街道六〇二所社区老年助餐点等一批城市老年助餐网点。投入了16万元对80户特殊困难老年人家庭实施适老化改造，为有需要的老人配置助行器、适老化座椅、移动马桶等居家适老化改造设施，有效改善了困难老年人的居家生活照护条件。

【社会事务（政务服务）】 办理婚姻登记2933对，其中，结婚登记1493对，离婚登记798对，补办结婚登记418对，补办离婚登记224对。申请离婚1088对，登记合格率100%。

开展移风易俗宣传活动20次，悬挂横幅20条，发放倡议书（婚丧告知书）600余份，宣传资料3600余份，倡导群众树立“婚事新办、丧事简办”的理念。在清明、冬至祭扫期间，对历史埋葬点及南山公墓进行巡查、督查及安全保障工作，开展了“鲜花换纸钱”文明祭祀公益活动。公墓开通网上祭扫服务。开展了散埋乱葬坟墓整治专项活动，散埋乱葬坟墓迁入公墓121座；农村公益性公墓安葬27例；为辖区内丧属185人减免基本殡葬服务费用。

【儿童福利】 2月，区民政局联合区委宣传部印发了《珠山区留守儿童、留守老人、精神障碍患者“关爱工程”三年行动计划（2022—2024）工作方案》，对监护缺失、家庭贫困、心理和行为偏差、学业困难、身体残疾等特殊留守儿童群体进行了全面摸排和动态管理，共摸排出重点儿童7人。严格贯彻落实《中华人民共和国民法典》等法律法规，依法办理收养登记工作，办理国内收养登记2例。完成了城乡孤儿和事实无人抚养儿童基本生活补助的提标工作。提标后，城乡散居孤儿和事实无人抚养儿童基本生活标准分别达到1450元、1450元。残疾孤弃儿童发放照料护理补贴标准提标后达每人每月1380元。按时发放孤儿和事实无人抚养儿童基本生活补贴，孤儿享受人数3人，事实无人抚养儿童享受人数32人。依托省民政厅“福彩圆梦”孤儿助学工程，以每名孤儿每年1万元标准，为4名孤儿申报助学金4万元。

开展未成年人保护工作宣传月活动。5月，印发《珠山区未成年人保护工作委员会办公室关于开展“未成年人保护工作宣传月”活动的通知》，开展“点亮六一共护未来”宣传活动，法治教育宣传进村（居）活动和儿童福利工作专题培训。7月，印发《珠山区未成年人保护工作委员会办公室关于做好暑期未成年人安全保护工作的通知》，召开了全区做好暑期未成年人安全保护工作部署会议。建立了以区级未成年人保护中心为龙头，10个街道及经开区未成年人保护工作站为支撑，社区儿童之家为延伸的区、街道、社区三级服务阵地，配备了11名街道儿童督导员和69名社区儿童主任，组建儿童工作队伍，构建覆盖全区的基层组织网络，对未成年人提供关心关爱。设立了56个村（社区）妇女和儿童工作委员会。

【社会组织、慈善和社会工作】 5月19日，在全省率先制定印发了《珠山区社区社会组织登记和备案管理办法》，为全区社区社会组织培育发展工作提供政策依据，省民政厅7月19日第19期《民政工作通报》予以刊发，供各地学习参考。

8月，印发《关于开展2022年度“慈善一日捐”活动的通知》，开展“99公益日”网络募捐筹款活动，共收到公众筹款143000元，获得项目配捐17960.88元。全年通过“农商助学”“金秋助学”“慈善情暖万家”等慈善公益活动为23名贫困大学生申请助学金10.6万元，为50户困难家庭发放慈善捐助资金1.5万元。

区社会工作服务中心统筹各社会工作服务站针对重点服务人群，设计“一站一品”特色服务项目，服务对象达27902人次，孵化社区社会组织43家，推动78家社区社会组织进行备案，培育志愿者203人，挖掘慈善资源42项，链接社会资源价值约8万元。

【举办公益发展论坛大会】 11月，景德镇市珠山区首届社会组织发展论坛暨公益生态发展大会在陶溪川国贸饭店举办，论坛主题围绕景德镇市公益发展现状与经验探索、城市公益生态布局的思考与实践、地区性公益支持平台和社区服务平台、社区动员与互联网公募筹款、公益真探——实地支持本地机构战略发展等5个板块进行了探讨，为促进瓷都公益可持续发展目标提供了有效途径。举办景德镇市珠山区首届“瓷都共创 益美珠山”社区公益创新项目大赛，20个公益项目总计开展了300余场次活动，119次媒体报道，直接受益人群近21000人次。充分发挥五社联动机制优势，挖掘了500余名社区志愿者加入，链接慈善资源3万余元。

应急管理

【概况】 2022年，区应急管理局围绕贯彻落实安全生产十五条措施，聚焦安全生产专项整治三年行动巩固提升、安全生产大检查、“打非治违”专项行动、大检查“回头看”等重点工作，持续开展安全隐患排查整治行动，深入开展森林防灭火、防汛抗旱等工作。区委、区政府领导常态化深入一线开展应急管理各项工作督导督查，全区安全生产形势总体保持稳定，全区未发生一起安全生产责任事故，未因洪涝等自然灾害造成人员伤亡。

【压实领导工作责任】 区委、区政府主要领导经常带队调研、督查检查应急管理各项工作，高位推动、抓紧抓实安全生产工作，真正把安全生产工作摆在先于一切、重于一切的位置。4月1日，珠山区委书记高翔带队调研防汛、森林防灭火工作。深入十九中学附近的新厂街道景华小区内涝隐患点、南河湖田桥段，实地察看地势状况，详细了解路段排水、防洪工程提升、湖田桥隐患排查、南河岸线生态修复等情况。4月3日，高翔深入南山艺术陵园、竟成镇新厂村青年水库和青塘村观音阁防火卡点，督查暗访清明期间森林防火工作落实，仔细询问森林防火队伍、物资准备、禁火措施、村民防火防疫宣传教育等情况，详细了解陵园人员力量配备、值班值守和网络智能监控系统布点等工作。4月13日上午，区委书记高翔深入辖区部分河道河岸，实地调研河长制和防溺水工作，先后来到昌江沿线石狮埠段中渡口河岸、太白园段西瓜洲河岸，以及南河与老南河交汇处河岸，冒雨踏勘河段河岸，询问了解河段属地防溺水及安全措施落实情况。

4月4日，珠山区委副书记、区长徐华带队深入辖区部分企业、地质灾害点、森林防火卡点，调研清明期间安全生产、森林防火工作落实情况。4月13日下午，徐华带队调研防汛工作，先后来到三步园水库、印机宿舍及十九中学内涝隐患点、竟成镇应急物资仓库，实地察看水库运行、内涝片区地势状况、防汛物资储备等情况。6月3日，徐华深入辖区部分商场超市，了解消防安全、安全隐患排查整治力度、节日期间的值班值守、应急安排等情况；在竟成镇南山水库，现场察看水库蓄水情况，详细了解水库防洪度汛措施落实有关工作；到昌飞南苑小区城区内涝点、昌河梦园社区地质灾害隐患点、新厂地铁宿舍地质灾害隐患点，现场察看各点位防汛应急措施落实情况。

【守住安全生产基本盘】 认真开展三年行动“巩固提升”攻坚战、安全生产大检查、安全生产“打非治违”等工作。压实企业主体责任，持续开展“五个一”活动，督促企业深入自查规章制度、风险管控、隐患排查、安全培训等方面存在的问题和薄弱环节，要求企业建立健全隐患排查治理制度，制定排查治理清单，形成隐患排查、治理、记录、通报、报告等程序。突出抓好消防、燃气梭式窑、特种设备、在建工程、工贸企业等重点领域，区安委会组织各职能部门开展联合执法行动，常态化对重点区域、重点设施、不放心区域、易发事故领域开展高频次、大强度的安全生产督导检查。2022年以来，在消防、危化品、燃气梭式窑、特种设备等三年行动专项整治领域共整治安全隐患1073个。

2022年8月，区工信局、区应急管理局、珠山消防大队联合开展安全生产大检查（区应急局供图）

【防汛抗旱工作】 6月中下旬，辖区内普降大到暴雨，区防汛抗旱指挥部办公室于6月17日、6月19日、6月20日分别启动防汛Ⅳ级、Ⅲ级、Ⅱ级应急响应，全区投入雨鞋1520双，雨伞1520把，雨衣1520套，救生圈650个，救生衣650套，橡皮舟15艇，冲锋舟1艘，发电机15组，水泵16台，编织袋5万个，沙袋2万个等防汛物资，出动18支救援小分队305人，会同安能水电武警、中铁十一局、中野一局等社会救援队伍300余人，共计600余人参与救援，共转移群众832人。从7月开始，转为晴热高温少雨天气，同期降水量偏少8成以上，达到重旱以上气象灾害，农田受灾面积较大。区应急管理局申请救灾资金，向经开区下拨中央自然灾害救灾资金20万元，向竟成街道下拨市级抗旱减灾资金10万元，帮助属地开展防旱工作。发动属地，组织人员动用机电井、泵站、机动抗旱设备抽取河水对受灾农田进行浇灌。

【森林防灭火工作】 在全区集中开展森林火灾隐患排查整治和查处违规用火行为专项行动，对全区范围内森林火灾隐患开展排查和整改，同时对野外违规用火加大教育和惩戒力度。在重要时间节点、节假日，珠山区森林防灭火指挥部办公室印发《关于进一步做好两会期间森林防灭火工作的通知》《关于进一步做好清明、“五一”期间森林防灭火工作的通知》，有效预防了森林火灾事故的发生。区政府还下拨专项资金，在各进山通道加装带语音提示的摄像头，同时全区全面停止野外用火审批，严禁炼山、烧荒、烧田坎、烧疫木等一切野外用火。2022 年 6 月，珠山区在江西省防火办组织开展的全省森林防灭火“平安春季行动”中被评为全省森林防灭火“平安春季行动”平安县（市、区）。

【举办各类安全防控培训班】 5 月 29 日，为提高全区防汛专业知识储备和应急抢险能力，召开防汛知识培训会，竟成镇、各街道、区经开区以及区防汛抗旱指挥部各成员单位有关负责人参加培训；7 月 22—24 日，区应急管理局联合区工信局开展工商贸企业安全生产知识培训，全区规模以上工、商贸企业安全负责人及安管人员参加培训；9 月 16—18 日，区应急管理局联合区市场监督管理局举办特种设备安全知识培训，辖区内各特种设备使用单位参加培训。

【应急知识宣传】 5 月 11 日，为宣传普及防震减灾知识，进一步加强幼儿园安全工作，提高全体师生的防震减灾科普知识和自救自护逃生的能力，市应急局、市气象局、市红十字会、珠山区应急局在珠山天御幼儿园，开展了一期“减轻灾害风险，守护美好家园”防震减灾科普知识宣讲演练活动。5 月 12 日，在五龙山公园开展“5·12”防灾减灾宣传日活动，主题是“减轻灾害风险,守护美好家园”。活动现场，工作人员向市民发放宣传手册以及防护小礼品，耐心讲解防灾减灾常识，还向群众示范心肺复苏等急救技能，普及各类灾害防范知识。6 月 16 日，在市人民广场开展 2022 年安全宣传咨询日活动。设立宣传展板百余块,发放宣传画 2000 余张,宣传资料万余份、读本万余本，接受群众咨询 1000 余人，营造全社会关爱生命、关注安全的浓厚氛围。

【应急演练】 为切实做好清明假期森林防灭火工作，进一步提升全区森林防灭火队伍应急处突能力，4 月 2 日，开展了 2022 年度森林火灾应急预案演练。区委常委、区人武部部长柳军华，区政府副区长王锋胜到场指挥演练。此次演练模拟发生森林火灾后，对火灾扑救过程中的火灾报警与应急响应、灭火力量集结、展开灭火行动等环节。演练现场，包括民兵骨干在内的 80 余名扑火队员身在统一指挥下，运用灭火水枪、灭火风机等扑火器具，快速、安全、有序地进行了模拟扑救，并做好了安全撤离、余火清理、现场留守等后续工作。整个演习过程紧张有序，充分显示了参演各部门的快速反应能力和防灭火实战能力。

5 月 27 日，开展了 2022 年度洪涝灾害应急疏散转移演练。区委常委、常务副区长余文军出席活动并指挥演练。演练真实模拟了石狮埠街道小区附近低洼地带发生严重内涝的场景，街道相关负责人第一时间将灾情上报给上级部门，经过会商，街道紧急启动应急响应，集结待命的“抢险救灾组”“转移调度组”“物资保障组”“医疗卫生组”“信息监测组”等各组工作人员在统一指挥下紧急出动，应对灾情。受灾居民被参战民兵和党员干部迅速转移到安全地带，群众在疏散时意外受伤，紧急医疗救护人员马上赶到疏散点，为伤员进行简单包扎处理。随着内涝地带受灾群众被全部稳妥转移至临时安置点或安全地带，完成疏散转移任务。

珠山关心下一代工作委员会

【概况】 2022 年，区关工委借助工作品牌和基地平台着力加强青少年思想道德建设，引导青少年树立和践行社会主义核心价值观，支持和帮助青少年，经常组织开展丰富多彩、寓教于乐的主题活动，为青少年成长成才创造良好的宽松环境。

【“一对一”帮扶贫困少年儿童活动】 年初，各基层关工委对辖区内贫困少年儿童逐一登记造册，上报名单共计 133 人，并且各级关工委组织发动机关干部或“五老”人员参与“一对一”帮扶帮教活动。同时，区委下发了《区委办公室关于开展全区副县级以上领导“一对一”帮扶贫困少年儿童活动的通知》，共有 33 名副县级以上领导参与“一对一”帮扶贫困少年儿童活动，为全区关爱贫困少年儿童起到了表率引导作用。

【举办“喜迎二十大 关爱青少年”活动】 4 月 26 日，为迎接党的二十大的胜利召开，联合区政协、珠山画院举行关爱困难儿童爱心笔会，邀请 20 余位老中青陶瓷艺术家作画，为家庭困难的儿童奉献一片爱心，共计创作 30 余件作品。笔会后，有爱心人士收藏并将善款全部捐赠给珠山区关工委“一对一”帮扶贫困少年儿童项目。8 月 1 日，为关心关爱社区青少年儿童，培养他们良好的阅读习惯，形成阅读兴趣爱好，传递阅读力量，由珠山区关工委举办的“喜迎二十大 关爱青少年”赠书活动在瓷器街社区举行，现场捐赠青少年课外读本 200 余册。

【开展军旅体验活动】 7 月 3 日，区关工委联合区妇联在亮剑军之旅科教基地开展“阳光护航，相伴成长”——“喜迎二十大，同心向未来”军旅体验活动。共有 24 个家庭参加，通过开展寓教于乐的趣味亲子活动，增进了家庭亲子关系的和谐，并在活动中组织青少年学习红色文化知识，了解科教基地的军旅文化，提高了孩子们对党史知识的理解，拓宽了眼界，增长了知识。

【开展心理健康科普教育活动】 11 月 5 日，区关工委与调频 96.5 景德镇新闻综合广播《心兰有约》栏目组联合主办了心理健康科普教育进校园活动，邀请了栏目主持人、二级心理咨询师心兰老师就如何帮助青少年儿童缓解心理压力、解决心理问题、增强信心，如何与学生和学生家长积极沟通，以及教师自身的心理压力疏解等问题进行了心理健康科普教育讲座。

消防救援

【概况】 区消防救援大队紧紧全区经济建设和社会发展大局，对标应急救援“主力军”“国家队”职能定位，深入推进思想政治建设，全面提升执法服务水平，优化消防执法营商环境，狠抓火灾隐患整治，完成了春节、冬奥会、全国两会以及党的二十大等重大活动消防安保任务，成功处置了“6·20”抗洪抢险等重大应急救援任务，全区火灾形势持续平稳，队伍建设发展持续向好。

【消防安全】 铁腕治理火灾隐患，联合公安、应急、市监、教体等部门以及街道社区，开展电动自行车、“九小”场所、经营性自建房、大型商业综合体、高层建筑、人员密集场所等6个方面的专项整治，2022年共检查单位398家次，发现并督促整改火灾隐患107处，临时查封6家，责令“三停”10家，罚款28.77万元。深化消防执法改革，全面推行“双随机、一公开”消防监管，将优化营商环境和“放管服”政策有机结合，创新性开展“事前介入、事后服务”的监督管理模式。稳步推进公众聚集场所告知承诺制，消防行政许可事项实现“只跑一次”，办理时限压缩75%，执法回访好评率持续攀升。大队“首违不罚”案例入选全市“首违轻微免罚”十大案例。全力提升人民群众满意度，组建“一警六员”培训和消防宣传小分队2支，通过上门服务、实地指导、入户宣传等方式，培训以社区工作人员、小区保安、网格员等为主的“准消防员”1万余人。

【实战训练】 坚持以战领训、以训促战，全面提升攻坚打赢能力。开展重点单位实战演练108次，“六熟悉”100余次，实现全员全岗实战实训。立足“一短三快”，加强队站建设，优化力量布局，及时将腊丽山路消防救援站撤出，充实为宇路消防救援站，有效提升了大队整体战斗力。积极与景德镇市城投公司协调，建设了群英街小型站，主体工程和内部装修全部完成即将投入使用，56个微型消防站纳入统一调度。专业救援力量建强做精，科学编组，建立以地震、水域、山岳、雨雪冰冻为序列的专业救援分队，全方位打造专业硬核力量。全年接警出动828起，出动指战员7071人次、消防车1027辆次，有力保障了全区人民的生命财产安全。

【基层消防建设】 2022年大队共申请地方经费1199万元，同比上年增长1.7%；193万元装备专项经费；消防救援人员父母赡养补助金及配偶荣誉金34.38万元，让全体指战员充分感受到党委政府的关心和温暖，进一步激发了大家敬业奉献、建功珠山的热情和动力。投入专项经费完成了消防宣教站等窗口建设和健身房改造，并完成了厨房装修升级改造工程，厨房设备按照总队下发的相关“星级食堂”达标创建文件要求，按三星“星级食堂”标准进行设备采购。进一步加强基层消防监管力量建设，以竟成街道为示范点，全面完成了11个街道消防所挂牌成立工作，切实打通了消防安全监管的“末梢终端”。

【举行“妈妈防火团”授旗仪式】 擦亮“妈妈防火团”品牌，景德镇“妈妈防火团”喜获2021年度江西省三八红旗手（集体）称号，11月7日举办景德镇“妈妈防火团”建团70周年庆典活动，并为各街道“妈妈防火团”举行了授旗仪式，全区11个街道的“妈妈防火团”志愿者队伍有了自己的队旗，妈妈防火团遍布珠山、覆盖全区，群众满意度大幅提升，“火焰蓝”形象深入人心。

【授功嘉奖】 10月19日，景德镇市消防救援支队对“安保之星”予以通报表彰，授予珠山区消防救援大队16名人“安保之星”称号。11月2日授予姚敏2022年度市“优秀消防宣传员”称号。12月12日景德镇市消防救援支队授予珠山区消防救援大队3人“红旗车驾驶员”称号。2022年1月21日景德镇市消防救援支队发布《关于给2021年度工作先进个人记功嘉奖的命令》，授予区消防大队4名队员个人三等功，19人受到了嘉奖。2022年2月15日景德镇市消防救援支队表彰2021年度工作先进集体和先进个人，授予珠山区消防救援大队“防火工作先进单位”称号，授予王新伟“防火工作先进个人”称号、蔡斌“安全工作先进个人”称号。

自然资源管理

【概况】 截至2022年底，珠山区下辖10个街道（含枫树山林场、市良种场等），土地总面积11114.14公顷，其中耕地面积398.29公顷、园地面积36.06公顷、林地面积6156.70公顷、其他农用地面积177.16公顷、建设用地面积4046.14公顷、未利用地面积299.79公顷。

【耕地保护和土地征收】 严格落实耕地保护巡查制度，在新的耕地保有量与永久基本农田保护任务下达之前，完成了2020年市政府下达珠山区72.44公顷永久基本农田与285.08公顷耕地保有量的保护任务。完成黄泥头防洪排涝工程5.63公顷、陶阳北路东侧昌江大道南侧道路1.57公顷（其中施工影响面积需征收0.97公顷）等地块的征收工作，总计7.19公顷，为项目的顺利开工实施提供了有力的保障。

【地质灾害防治】 6月3日，区委副书记、区长徐华检查新厂街道黄泥头社区地铁宿舍17栋人工边坡崩塌点，通过现场查看和听取相关部门情况汇报，现场安排部署隐患治理等工作。徐华强调要密切关注雨水情变化，及时预警预报，要安排专人做好隐患点的监测值守，拉起警戒线。区自然资源部门要会同技术支撑单位对该灾点开展调查，并拿出治理方案，切实保障人民群众生命财产安全。区应急局、农业农村和水利局、住建局、自然资源和规划分局、新厂街道及黄泥头社区等部门负责人陪同。

【省厅领导深入珠山调研】 为指导做好强降雨期间地质灾害防治工作，6月6日，副厅长郑斌勇一行深入珠山区调研指导地质灾害防治工作。查看了珠山区竟成镇樊家井村瓷源路对面滑坡治理工程项目情况，听取了项目工程有关情况介绍。郑斌勇强调要提高认识、认清当前严峻的防灾形势，要全力以赴、做好下阶段的地灾防治工作，要高效组织、积极推动地灾防治项目的实施，要压实责任特别是相关部门的责任，对辖区内地质灾害隐患点，涉及公路、铁路、文旅、学校部门管辖的隐患点，要分工明确。

退役军人事务

【概况】 2022年，珠山区退役军人事务局（以下简称区退役军人事务局）围绕“让退役军人和其他优抚对象成为全社会尊重的人、让军人成为全社会尊崇的职业”的工作目标，深化拓展“尊崇工作法”，按照“七个一”要求，对标对表、落实落细，高质量高标准地完成了各项重点工作任务。

【权益维护】 2022年，区退役军人事务局开展“法律政策落实年活动”“重复访积案化解百日攻坚行动”和“喜迎二十大——为退役军人排忧解难”专项行动。协调解决了部分转业、下岗志愿兵、部分进藏兵安置不到位、没落实和伤残军人子女入学问题，全力展开化解第三批重复信访事项，解决辖区退役军人信访问题。开展党的二十大走访慰问工作，集中走访各类特殊困难退役军人，发放慰问金。扎实做好帮扶援助工作，切实解决困难，确保了春节、全国两会、国庆、党的二十大信访工作安全稳定，营造了和谐稳定的社会环境。

【退役军人服务站建设】 按照省、市工作部署要求，扎实推进尊崇式“示范型退役军人服务站”“红色精品”退役军人之家创建，完善相关职能，优化资源配置，使其真正成为“退役军人之家”，更大效率为退役军人服务。指导街道、经开区、村（社区）二级服务保障体系按省级要求建设达标，在“五有”和“全覆盖”的基础上，全面实现“从有到优”的质的提升和转变。全区退役军人服务中心（站）79个，以全国尊崇式示范性服务中心（站）建设工作为抓手，全面提升退役军人服务站标准化水平，区退役军人服务中心和镇（街道）退役军人服务站100%达到省级标准；新村街道、昌盛社区、五龙山社区、三宝村服务站达到省级精品型、示范型服务站标准。

【退役军人移交安置】 健全“阳光安置”工作机制，安置质量进一步提升。8月，高质量安置退役士官，为历年来时效最快、质量最好，做到了部队、本人、用人单位“三满意”。在全市首创“军人退役一事联办”服务机制，简化退役军人返乡报到程序，依托2个退役军人培训基地举办“订单式”“定向式”“定岗式”专业培训；办理退役士兵参加高职扩招，进行学历提升教育的手续。9月帮助秋季复学退役士兵退役复学和减免学费，组织退伍老兵进行回乡适应性培训，组织退役老兵进行再起航线上培训，完成线上培训。组织了3场退役军人、现役军属招聘会和1场退役士兵森林消防专场招聘会，解决退役士兵就业创业问题。

【优待抚恤】 严格落实优待抚恤政策，建立健全优待抚恤机制，按时足额发放优抚资金。2022年，发放各类优抚对象残疾抚恤金和生活补助，以及义务兵家庭优待金。认真落实物价增长机制，全年共发放28830元，着力解决重点优抚对象的生活困难问题，确保优抚对象各类待遇得到了全面落实。在全省率先完成了全区重点优抚对象年度确认工作，全省第一批确认率达100%，为无工作单位的重点优抚对象办理了城镇职工基本医疗保险，为1—6级残疾军人每人每年购买2000元的大病医疗保险。为“两参”生活困难重点优抚对象每人每年补贴医疗费3000元；为“两

2022年8月24日，珠山区退役军人和其他优抚对象优待证发放启动仪式举行
（区退役军人事务局供图）

参”重点优抚对象解决了公租房或廉租房。

【褒扬与纪念】 清明节期间，在莲花塘烈士纪念塔组织开展“忆英烈、祭英烈、学英烈——坚决捍卫‘两个确立’，永远听党话、跟党走”主题祭扫活动。组织驻区部队和中小学生3000余人开展“缅怀革命先烈、祭扫烈士陵园”的主题教育，隆重举行“9·30”烈士纪念日公祭活动，全区机关事业单位工作人员、英雄模范、医护人员、退役士兵和其他社会各界代表150余人参加。

【双拥活动】 区领导四套班子主要领导和局领导心系军人及军人家属的生活情况，在春节和八一建军节期间，共走访慰问了驻军部队及军队离退休干部和各类优抚对象，现役军人家属，送去慰问品慰问金。发放慰问信、春联、年画。为在部队荣获三等功官兵送立功喜报上门，开展“满怀忠诚讲尊崇、千行百业共拥军”活动，与80家创业门店、企业签订了拥军优属协议，包含了吃穿住行等多方面。

【“七个一”工作】 结合“主题党日”活动，各退役军人服务站开展形式多样的“一月一课堂”活动，开设“传承红色基因大讲堂”，邀请抗日、抗美援朝老战士、英雄代表走进“大讲堂”讲述“老兵故事”，加大正能量宣传力度。组织宣讲活动共100多场次，参与人数近1万人次。实施“一季一走访”、举办“一年一评选”工作，宣传退役军人先进典型，开展“最美退役军人”“模范退役军人”“优秀兵支书”学习宣传工作，2022年共推荐上报了2名“全市最美退役军人”，刘传红被评为“全市最美退役军人”。

街　道

珠山街道

【概况】 珠山街道地处景德镇市中心，坐落于景德镇陶瓷历史文化核心区。辖区面积1.5平方千米，东至莲社北路与新村街道相邻，南至珠山中路与周路口、昌江街道相连，西至沿江东路与昌江区相望，北至斗富弄、风景路与石狮埠街道相接。共有弄巷55条，下辖3个社区党委（龙珠阁社区、莲花塘社区、御窑社区），下设9个党支部（其中1个非公有制企业党支部），其中包括社区党组织6个、机关党组织1个、“两新”组织1个、退休党组织1个，党员453名。常住户1600余户、总人口4189人。2022年街道办事处财政收入1972.4万元，财政支出1972.4万元。

【经济发展】 认真谋划工业经济发展，积极推进工业倍增行动，推动街道经济工作有序推进、稳步发展。2022年固投入库累计进资6.38亿元，国资固投成功入库建国瓷厂项目6亿元；民间固投方面，成功入库瓷沐陶瓷会馆建设项目（2132万元）、山下有瑶陶瓷直播基地及线下会馆建设项目（2108万元）、数码广场改造项目（3300万元）。招商引资亿元以上项目2个、亿元以下项目3个；“五上”企业7家，数字经济方面，与幕轩信息科技有限公司签约。

【项目建设】 助力“申遗”“创建AAAAA旅游景区”工作全面开展。抽调精干人员，壮大征收队伍与力量，严格遵循“公平补偿、决策民主、程序规范、结果公开”的原则，按照“先易后难，有序推进”的思路，开展政策宣传、深入征收户当中耐心细致地开展征收工作。完成中华北路御窑周边涉及居民155户、古街私房店铺80户、御窑一号居民208户征收并移交陶文旅集团，陶文旅集团陶阳里里弄打造工程正有条不紊进行当中，为落实习近平总书记视察江西重要讲话精神，助力景德镇创建国家陶瓷文化传承创新试验区贡献了珠山力量。

【文明创建】 始终把建设文明典范城市作为一项利民、惠民、便民、造福居民的工作，做细做实、不断改善、提升辖区居民群众的居住、生活、工作、经商环境，让居民群众不断增强幸福感、获得感。维修破损路面12860平方米，清理垃圾广告3800余条、清理垃圾杂物128吨。在市常态长效创建全国文明城市工作综合考评中，街道社区进入红榜共18次。

【民生保障】 抓好民生保障政策兜底，全年低保与特困人员银行发放827户1176人、特困19人，低保调标43080元，特困调标2445元；新增低保边缘户12个，截至12月，护理补贴105人次，共发放残疾人护理补贴98080元，生活补贴198人，共发放残疾人生活补贴192280元，“两项补贴”共发放290360元。临时救助70人，救助金额60317万余元；为40户贫困群众办理了医疗救助，救助金额103552元；春节期间走访慰问困难人员130余人；完成高龄老人审核673人，高龄补贴全年共发放403800元。

【宣传报道】 始终把党建工作放在首位，以党建统领街道各项工作。认真抓好队伍建设，严格落实党费收缴管理各项规定，全面完成了党费收缴工作；同时严把“入口关”，深化党员发展工作规范化，发展5名预备党员，各支部开展各类主题党日活动33次；街道纪工委严格落实党风廉政建设工作任务，督查60次，出纪工委督查简报60期；平民夜校接待党员干部参观达2000余人。组织党员干部、居民群众唱响新时代主旋律，宣传文化思想工作有序推进，有力开展、有为进行；在全国、省市区媒体刊发宣传报道800余篇，其中在《人民日报》、中央电视台、央视网、“学习强国”学习平台、中国网、《人民周刊》、欧联华文、凤凰网刊、大江网、江西文明网、《景德镇日报》、景德镇电视台、《瓷都晚报》、景德镇在线、古镇珠山、法治珠山等媒体被采用和刊发。另外优化营商环境工作在省级媒体发布达130余篇，名列珠山区前茅（红榜），同时御窑厂景区的相关宣传报道分别被《人民日报》、中央电视台刊播。

【打造“莲心志愿者”品牌】 围绕发展抓好稳定促发展的思路，以基层社会治理现代化工作为载体，大胆探索，开拓创新，创造性提出并坚持了街道牵头，公安配合，社区主导，群众参与的指导思想，构建六大防控体系和三级防控网络；珠山派出所创建“枫桥式派出所”，荣获“全国优秀基层派出所”称号；打造了首张景德镇群防群治工作的“新名片”——“陶阳里义警队”；充实和完善群防群治“妈妈防火团”；打造“莲芯志愿者”品牌，推动基层社会治理工作开展。

【做好“四字诀”、当好“店小二”】念好“真、实、惠、好”即真纾困、实优化、惠营商、好环境的四字诀，诚心当好“店小二”。推行便民利民惠民的“最多只跑一次”服务工作流程，让企业少跑路和不跑路，让数据多跑路；全面实行延时、错时和预约服务工作机制，承诺节日不放假，服务不打烊。为11户企业上门办理营业执照，为困难企业送去疫情防控物资、走访慰问企业困难职工、雨季汛期纾困活动87次。

里村街道

【概况】里村街道位于珠山区东南部，以辖地“里村”命名。位于城市东南，属城乡接合部，东起陶玉路，西至皖赣铁路马鞍山一线，南临南河，北达东三路尚东国际、恒大名都、观英小区。街道下辖马鞍山社区、曙光路社区、庆安社区、童宾社区、新峰巷社区、尚东社区、恒大社区、陶溪川社区共8个社区党委，16个党支部（14个社区党支部、1个机关党支部、1个离退休党支部）总面积7.02平方千米，常住户约2.2万户，人口5.8万余人。

里村街道地理位置优越，交通便利，火车站、汽车站坐落在辖区内，紧邻景德镇北站，景德大道、新厂西路、珠山东路、童宾路、通站路、曙光路东西南北贯通；街道自然环境优良，宜居宜商，观英小区、恒大名都、尚东国际、御景东方等高档小区入住率全市领先，辖区内华润万家商业综合服务体和陶溪川国际陶瓷文化产业园，是瓷都亮丽醒目的城市名片。2022年，里村街道创新工作方式，推出马鞍山社区“五社联动工作法”，探索“红色物业”新模式成立业主委员会党支部，为解决服务群众“最后一公里”问题，推行“365天”服务不打烊，完善童宾社区、长者之家、幸福食堂等服务项目，发挥新时代智能化优势，整合辖区有效资源，为弱势群体提供“一键”保障、设立暖心加油站等举措有效落实为民服务宗旨。

【“党建+”品牌】因地制宜开放融合，搭建好各具特色的党建平台，打造陶溪川·文旅党建共同体，解决文化创意项目孵化、大学生创新创业过程中存在的实际问题。进一步擦亮马鞍山社区党建品牌，打造了“社区+社会组织+社会工作者+社区志愿者+社会慈善资源”联动发展的“五社联动”，奏响社区治理“大合唱”。

【基层治理】街道党工委积极探索党建+物业，多方式提升社会治理。马鞍山社区创立的“六彩联动”品牌，让社区党支部领导参与社区物业管理服务，发挥党的组织优势和群众工作优势，让“红色”贯穿物业管理始终，让物业成为贯通基层党组织联系群众的“毛细血管”，真正打通政府联系服务群众“最后一百米”。推动成立业主委员会党支部，构建“党建+业委会”模式，实现居民自治。支持在各小区成立业主委员会，以新峰巷社区东方嘉园小区为试点，推进社区业委会党建联建，引导小区业委会换届选举优选党员作为业委会成员，实行“双向进入，交叉任职”，有效推选了符合条件的社区“两委”通过法定程序兼任业委会党支部委员，打造党建+社区综合体。通过设立暖心加油站，使之成为新就业群体的休憩点、孤寡老幼的连心点、文明新风的传播点、社区服务的延伸点，拉近了社区与快递小哥之间的距离，在疫情防控期间，快递小哥主动提供三轮车协助社区开展送物资志愿服务。

【固定资产投资】完成6家固定投资，总金额10.75亿元。2022年引进王丽敏陶瓷和上弄文化2家企业，签约1家总部经济——景德镇越腾汽车服务有限公司。分别前往温州、杭州招商，拜访世界500强企业、全球知名工业电器民族品牌——中国人民电器集团以及国家高新技术企业、电工金行业龙头企业——中希集团有限公司、盘石集团参观公司并进行招商会谈。规范规模以上企业管理，成功入库3家，批零业2家志同贸易、住餐1家毅峰酒店、中铁四局，已提交材料正在审核中三家。稳步推进“双一号”工程。引进数字企业2家，景德镇瓷藏数字有限公司和景德镇溪川德信教育科技有限公司，以数字经济发展推动陶瓷产业实体经济发展，促进数字经济和实体经济深度融合。数字经济成功入库1家手工制瓷。景德镇邦盛科技开发有限公司、景德镇越腾汽车服务有限公司上报材料正在审核中。

【社会救助】至12月底，取消城镇低保63人，34167元；全年为825人累计发放救助金5653991元，人均每月达570元；做好对低保户和困难家庭的医疗救助工作。通过城镇居民医疗、商业保险等结合的方式，共为64户困难户实施了医疗救助，救助金116685元；对辖区内的269名困难群众发放临时救助186700元。春节期间街道走访慰问困难户、残疾人员共计202人，发放慰问金16100元，慰问物资：米110袋，油110桶，牛奶49箱，爱心药包46份，香菇46份，棉衣33件，被子8床，毛毯34床等生活用品。为6名残疾人办理了辅助器具申请，为辖区内295名残疾人发放残疾人“两项补贴”29280元。6名实事无人抚养的儿童，街道每月对事实无人抚养儿童走访，入户及时了解儿童情况，为其排忧解困。

【环境治理】更新破损公益广告牌1522块；制作常态长效建设文明城市宣传喷绘，张贴、悬挂宣传标语、横幅86幅；各社区更新健康教育宣传广告58处；组织社区干部、志愿者，向市民发放文明知识宣传单，上门入户发放景德镇市文明手册28700余份、创建全国文明典范城市宣传资料41720余份；为了养成良好的垃圾分类习惯，践行环保、低碳生活理念，开展垃圾分类宣传活动 58 次，宣传册发放 3456 份；宣传工作提高了广大市民对创建全国文明典范城市工作的知晓率、覆盖率、参与率和满意度，使常态长效活动和社会文明意识深入人心。

【普法宣传】 开展普法宣传 30 次，覆盖 3500 余人；培养法律明白人 640 余人，提供法律咨询 200 余次；开展反诈宣传活动 260 余次，辖区共居民下载“国家反诈中心”App，32027 户。

【老龄工作】 对辖区内年满 80 周岁以上高龄老人建档，每季度及时发放高龄补贴，为 6 名经济困难的老人发放高龄失能老年人补贴。3 月，为 11 名老人申报珠山区特殊困难老年人家庭适老化改造项目。

【创新“金牌调解室”+“百姓说事”平台】 进一步发挥“百姓说事”平台的示范和品牌作用，在街居共设有 9 个“百姓说事”平台，创新开展了“金牌调解室”+“百姓说事”说事活动。完成“百姓说事”216 件，解决 216 件，参与说事的居民群众共 1500 人次。通过百姓说事平台的建设，提高了居民对街道、社区工作的支持度和满意度。

新村街道

【概况】 新村街道位于珠山区东南面，为 20 世纪 50 年代始建的职工新住宅区，故名新村。坐落在西路新区莲花山庄，距珠山区发展中心（新厂东路 299 号）5.8 千米。辖地东至夜叉坞皖赣铁路与里村街道相邻；西至新华书店与珠山街道相连；南至人民广场北侧与周路口街道相接；北至景东大道。辖梨树园、梅家岭、茶叶坞、昌虹、西路、向阳岭、北路、中路、百眼井、洪家山、奥林共 11 个社区居委会；辖区面积 6.44 平方千米，辖区常住人口 55603 人。2022 年，街道财政总收入 7448.65 万元，财政总支出 7448.65 万元。

【喜迎党的二十大】 坚持打响传统文化宣传牌，以中国传统佳节为主题，开展各类文艺主题活动 80 余次，举办喜迎二十大 奋进新征程“七一”系列主题活动。从牢记初心使命、汲取奋进力量、抒发爱国情怀、重温入党初心 4 个主题出发，以实际行动向党的生日献礼，迎接党的二十大召开。理论政策宣讲 60 余场，覆盖人群 2000 余人。微信公众号发布 80 期，内容涵盖中国传统文化、疫情防控、我为群众办实事、党史学习教育、全民反诈、安全生产、走访慰问、好人好事、常态长效、志愿服务等方面的内容。发布抖音小视频 36 个，共有视频号 3 个。

【经济建设】 坚持科技引领，实施陶瓷文化产业倍增计划，不断加快产业载体改造升级，推进新村辖区商圈品质提升。完成招商引资任务省外 2.9 亿元，市内 3.1 亿元，同比增长 10%。固定资产投资额 6 亿元，同比增长 2%。超额完成了区委、区政府下达的任务指标和年初制定的计划目标，无论在数量、投资额还是落地项目质量等方面都有长足进步，成功引进了“5020”项目。在企业入库方面，商贸业完成 6 家，服务业完成 2 家，建筑业完成 1 家，工业完成 1 家。在固定资产投资方面，已上报项目 4 个，实验小学 1.5 亿元、第一小学 1.7 亿元、启航物流购置汽车 0.21 亿元、元华堂展厅 0.28 亿元。其中民间投资项目 2 个（启航、元华堂）。在招商引资方面，引进低铁损高磁感冷轧取向硅钢生产基地“5020”项目和六本餐饮、景德镇市综合停车场项目、海棠一号康养项目、白金汉宫项目。在优化营商环境方面，组织开展“优化营商环境大走访”活动，协调区级相关部门主动深入企业了解实际情况，帮助解决问题。同时将营商环境工作纳入绩效考核，以时间节点倒抓工作效率。制定班子挂点、街居干部包户制度，对辖区内的市场主体进行全面入户摸排，共摸排市场主体 2085 家，其中企业 548 家，个体工商户 1537 家，45 名副科级以上干部以及 133 名街居干部对所有市场主体进行了摸排并正式挂点。收集市场主体存在的困难和意见建议 107 条，其中由街道本级解决的 34 条，已解决 34 条。

【老旧小区改造】 2022 年老旧小区改造项目共有 23 个，涉及 2113 户、75 栋楼，覆盖西路、向阳岭、梨树园、奥林、北路、茶叶坞、昌虹、洪家山 8 个社区。23 个老旧小区改造项目均由中国一冶集团负责实施，还在施工当中。

【民生保障】 落实各项民生政策，全年共发放低保 1259 户 1794 人 12144078 元，发放残疾人生活补贴 3969 人 318920 元，残疾人护理补贴 2813 人 227930 元，医疗救助 105 人 194193 元，临时救助 115 人 170782 元，高龄补贴 6767 人 2085200 元，高龄失能补贴 90 人 13150 元，辖区参加医疗保险户数 5497 户 16491 人。2022 年辖区新增就业人数 163 人，净增就业人数 163 人，下岗失业人员人数 50 人，办理灵活就业困难人员社保补贴人数 514 人，为“4050”困难人员申请社保补贴 510 人。2022 年，辖区出生 283 人。出生率 5.13‰、计划生育率 98.46%、流动人口办证率 100%。办理一孩生育服务证 143 本，二孩生育服务证 121 本，为 44 名特扶人员陪护报销 14.12 万余元，为 6100 名城镇独生子女父母发放奖励补贴，发放金额 757.03 万元。

【文明创建】 清除垃圾广告 3 万余条；垃圾死角 180 余处、垃圾 200 余吨，楼道杂物 400 余吨；整治沿街乱停乱放、出店（占道）经营 24000 余次，增补、更换过期灭火器 1200 余处；日常巡查整治捕抓流浪犬 108 只，送至三龙收容所 84 只，居民自行领养 24 只，劝导居民文明养犬，派发倡议书3658份，签订承诺书1530份，发放狗绳68根；辖区内小区门牌进行规范清晰命名，并将楼栋牌（140块）、单元牌（460块）张贴到位；空中乱线整治约1.7万米；完成了市、区创建全国文明城市工作。

【社会治理】 全年召开了12次扫黑除恶专题会议，在辖区内悬挂宣传标语40余幅，宣传展板11个，设立举报箱11个，设置LED宣传屏8个，张贴涉黑涉恶违法犯罪线索举报通告12000余份，发放扫黑除恶宣传手册8000余份，发放扫黑除恶宣传品6000余个，坚持每季度至少召开一次安全生产工作会议和安全生产检查，查处了新村街道辖区内17个梭式窑，其中2个梭式窑无操作证，对6个社区21处地质灾害点和低洼内涝地区进行排查，保障了辖区平安和居民群众的人身和财物安全。实行每日有带班领导坐镇接访，有效调处，高效处理了520余件各类信访案件，接待来访群众300多人次。调处成功同比增加51件，同比上升16%，成功率98%。其中排查突出矛盾纠纷12件，调处成功11件，调处成功率达99%。

石狮埠街道

【概况】 石狮埠街道位于珠山区北部，街道以辖地弄巷"石狮埠"命名。东至莲花塘后山，西至昌江河东岸，南至斗富弄口，北至青塘发电厂，占地面积约5.2平方千米，距区政府驻地6.6千米。下辖风景路社区、五龙山社区、半边街社区、春天社区、梨树园北苑社区5个社区居委会，辖区总户数16007户，总人口约3.7万人。辖区有弄巷52条，主要道路有沿河东路北段、中山北路北段、中华北路北段、风景路、昌江大道、景北大道等。

【经济发展】 2022年招商引资任务1亿元，实际完成14.1亿元。固定资产投资任务2.44亿元，完成20.58亿元。"四上"企业入库2021全年任务4户，实际完成5户。其中，批零任务1户完成2户；住宿餐饮任务1户，完成1户；服务业任务1户完成1户。工业任务1.5亿元，实际完成工业技改项目3.15亿元。

【民生保障】 2022年辖区新增就业151人，净增就业130人，下岗失业人员47人，办理灵活就业困难人员社保补贴338人，辖区内"4050"再就业47人，免费职介10人，省外劳务输出85人，组织创业、家政等就业培训143人。"4050"人员社保补贴338人，医保新增257人。辖区参加医疗保险户1724人，享受城市居民最低生活保障1123户1595人，年发放城市居民最低生活保障金总计999.9891万元；辖区育龄妇女6396人，年出生202人，出生率4.95%。

【落实"双报到双报告"】 深化落实"双报到双报告"，引导在职党员参与社区建设。强化街道统筹协调作用，各社区分别与10多个单位结对签订共建协议，406名在职党员干部走进社区报到，按照"三清单一协议"要求，精准对接，推动"双报到双报告"下沉社区参与治理服务常态化。截至11月，共开展志愿者活动50余场，累计270多名党员志愿者参与。

【巩固创建成效】 扎实推进"十大专项整治行动"和"清河行动"，针对梳理排查的问题制定出92项整改行动计划，挂图作战，共组织开展专项整治行动130余次，全面完成了整改计划目标任务。主动对标《国家卫生城市和国家卫生县标准》和创建测评细则要求，以问题为导向，举一反三，不断排查环境建设工作中存在的短板和问题，不断进行完善和治理。坚持"最早发现、当场协调、立即整改"的要求。完成督办单整改13000条，完成率达100%。深入开展创"文明家庭"、"道德模范"以及"六关爱"活动和学雷锋志愿服务活动。2022年，街道共组织开展各类志愿服务活动40余次，参加志愿服务的志愿者达200余人次。

【面对面助企纾困】 11月3日上午，在石狮埠街道三楼会议室开展"亲情半日谈 服务大发展 全力助企业"座谈会，珠山区政协主席邵继纲、街道办事处主任夏文彬及副主任占慧共同参加会议。本次会议与8名企业家面对面交流，了解企业困难需求，倾听意见和建议，真心实意为企业纾困解难。

新厂街道

【概况】 新厂街道辖区面积13平方千米，东起黄泥头，西至为宇路，南邻三宝，北达景东大道，素有珠山区"东大门"之称。有常住居民2万余户，共8.6万人，流动人口近7500人。街道有11个社区，分别是昌江广场、林荫路、一中路、景华、老厂、陶艺、东三郡、瓷苑、曹家岭、景东、六〇二所。街道党工委设有社区党委11个，党支部共18个，其中机关支部1个，共有党员2300余名。辖区驻有省、部陶研所、六〇二所以及陶瓷大学、一中、一中分校、十七小学、三院等单位，是景德镇市重要的经济、文化、科教活动窗口。

【经济发展】 2022年，新厂街道财政总收入4820.48万元，同比增长36.76%；财政总支出4820.48万元，同比增长20.87%。完成招商引资18.6亿元，同比增长177.19%；固定投资24.75亿元，同比增长20.2%。完成招商引资18.6亿元，成功签约企业13家，固定资产投资完成24.75亿元，上报项目6个，同时"四上"企业入库完成13户（服务业3户、商贸业8户、工业1户、建筑业1户）。续签物流总部经济17家，商贸总部经济15家，新签物流总部经济2家，商贸总部经济

6 家。并配合上级统一调度，积极下派干部与辖区企业商户加强联系沟通，扎实做好日常服务，较好地完成了上级部门年初下达的各项招商任务。

【民生保障】 全年新增就业目标任务 700 人，完成 742 人，占全年任务量的 106%；登记失业人员就业再就业的目标任务 400 人，完成 415 人，占全年任务量的 103%；就业培训目标任务 140 人，已完成 170 人，占全年任务量的 121%，办理公益性岗位 14 人，办理就业失业登记证 213 本，受理申请办理和领取“4050”社保补贴人员 638 人。共有低保户 889 户、1110 人，全年发放低保金 701.98 万元，发放临时救助 97 人，救助金额 16.65 万元。不断加强残疾人补贴动态管理，辖区 311 人享受生活补贴，225 人享受护理补贴。按季度发放 80 岁以上老人高龄补贴，发放高龄补贴 1919 人。共办理一胎生育服务卡 184 本，二胎生育服务卡 142 本，三胎生育服务卡 11 本；育龄妇女 14426 人，出生率 5.7‰，出生 343 人。

【老旧小区改造】 加大推进改善群众居住环境，分别在六〇二所社区花明小区、林荫路社区粮站宿舍、瓷苑社区果杂宿舍、五二三厂宿舍、邮局宿舍、建行宿舍、东郊商场宿舍开展老旧小区改造项目。区委区政府各级领导，多次实地督查，并要求务必将民生工程做好做实。

【文明创建】 参与志愿服务 5400 余人次，开展志愿服务项目 30 余项、志愿服务活动记录共 1000 余次，组织各社区依托“小巷讲堂”开展道德讲堂活动 95 次，利用传统节日开展系列活动 93 场，引导居民认识、继承、弘扬优秀传统文化，策划开展主题宣传、形势政策教育等活动 360 余次，及时更新公益广告 4200 余块、发放宣传品 3 万余份，清理垃圾 80 余吨、整治“牛皮癣”3.5 万条、完成路面硬化及升级改造 2000 多平方米；新增划线停车位 300 余个，并对空中飞线进行有效整治。

【“七点钟行动”志愿者服务活动】 为弘扬“奉献、友爱、互助、进步”的志愿者精神、配合全市常态长效创建全国文明城市暨争创全国文明典范城市活动的统一开展，动员辖区志愿者参与到创建活动中来，新厂街道本着志愿性与制约性相结合，无偿性与公益性相结合，组织性与业余性相结合的原则，组织开展以“七点钟行动”为主题的志愿服务活动。以习近平新时代中国特色社会主义思想为指导，倡导志愿服务精神，弘扬助人为乐美德，努力营造“有困难找志愿者，有时间做志愿者”的良好氛围，不断拓展服务领域，努力使“七点钟行动”志愿者服务活动成为珠山区建设中具有广泛影响力和社会动员力的特色和亮点，七点钟行动志愿服务项目被评为“2021—2022 年度珠山区优秀志愿服务”。

昌江街道

【概况】 昌江街道位于珠山区南部的昌江河畔，街道以“昌江”命名。辖区东至中华南路，与周路口街道办事处相邻；西至沿江东路昌江河畔，与景德镇市昌江区新枫、西郊街道办事处隔河相望；南至戴家弄北侧，与太白园街道办事处相接；北至珠山中路（新跃广场至景德镇大酒店），与珠山街道办事处相连，辖区面积为 1.47 平方千米。昌江街道办事处机关驻地为中山南路 159 号，距珠山区人民政府机关驻地 6.4 千米。下辖再胜弄社区、瓷器街社区、桂花弄社区 3 个社区居委会，设有 23 个网格，105 个微网格，辖区常住户 4621 户，城镇居民 11174 人，其中少数民族居民 5 人，流动人口 1298 人。有弄巷 63 条，主要道路有沿江东路、中山南路、中华南路、珠山中路、戴家弄（路）、麻石弄（路）。

【经济发展】 始终坚持以发展为第一要务，积极应对经济下行压力和疫情冲击，不断提升经济发展质量和效益。固定资产投资共完成 6.15 亿元，同比增长 59.74%。共签约 2 个项目，恒铭达航空设备有限公司景德镇分公司在珠山区投资的航空设备制造项目和江西百富物流有限公司，其中恒铭达航空设备有限公司景德镇分公司是 5 亿元的工业投资项目。在谈项目为景德镇广州来设计有限公司。全力推进“双一号工程”,完成“四上”入库企业 8 家，其中数字经济 2 家。营商环境持续优化。政务服务提档升级，提升便民服务大厅硬件建设，优化服务流程。建立企业联络员制度，街道社区干部“一对多”与企业商户结对，帮助解决实际问题 7 个，书记带队走访企业 4 次。

【安全生产】 严格落实安全生产责任制，始终把人民群众生命财产安全作为当前和今后一个时期的首要政治任务常抓不懈，开展安全隐患大排查大整治，有效防范化解重大安全风险。以“日间 + 夜间”巡查相结合的方式，成立以党政班子牵头的工作领导小组，明确日、夜间巡逻工作任务，重点对辖区娱乐场所等进行安全巡逻、管控工作，努力减少辖区内可防性案件的发生。切实做好信访工作。落实班子成员信访接待制度，共接待信访人员 120 人次。召开信访调度会 4 次，分析研判信访形势，受理各类矛盾纠纷 138 件，调处成功 138 件，调处成功率 100%，开展“百姓说事”活动 119 次，司法接刑满释放人员 12 人，社区矫正入矫 2 人，解矫 4 人。应急落实到位。组织辖区基干民兵，开展综合应急演练，全力做好各项防汛减灾准备工作，坚持 24 小时值班制度，组建 2 支应急队伍，调整完善应急预案体系，增强辖区居民安全防范意识，做到“及时发现、及时报告、及时处理”。

【全国文明城市创建】 坚持以创促改，采取“三级”联动网格化管理模式，由街道党政班子总牵头，社区书记、主任具体负责，网格员具体落实，以问题为导向落实具体工作，全面整治乱象行为，实现源头防控。坚持落实河长制工作制度，坚持定期巡河制度，重点对倾倒垃圾、晾衣晒被等现象进行整治。广泛开展环境卫生整治行动，共清理垃圾广告 2350 条、清理楼栋 87 栋、卫生死角 18 处、垃圾杂物 41 车；发放宣传手册 2785 份，劝导不文明行为 63238 余次，宣传教育 4345 人次，规范非机动车停放 5686 次。安装停车棚 500 余平方米，新增电动车充电桩 26 处，群众关注的一些急难愁盼问题得到很好解决。

【民生保障】 扎实做好“六稳”“六保”，全面落实民生保障，牢牢把握发展主动权，保障基层民生服务。全年共发放低保金 622 万余元，新增特困对象 7 人；新增支出型家庭 1 户；取消低保户 126 户，约 16 万元，新增低保户 51 户；全年给予大病医疗救助 59 人次，报销金额 9.2 万余元；发放临时救助 80 人次，救助款 9 万元；发放残疾人生活补贴 15.73 万余元，护理补贴 12.06 万余元；发放 80 岁以上老人高龄补贴约 40.66 万元，高龄失能补贴 0.52 万元。落实各项惠民政策，对计生特扶家庭（55 户 73 人，其中 2022 年新增 4 户 5 人）开展帮扶和慰问；全面落实计生特扶住院护理补贴及联系人制度；社区卫生服务中心医生与特扶家庭开展签约服务，推广免费的医疗服务，组织开展特扶人员体检；利用计生活动日对计划生育特困家庭和流动人口困难家庭开展帮扶和慰问，有效的落实了优惠政策。

【基层法治建设】 学习贯彻习近平法治思想，开展专题学法 10 次，依法行政能力得到进一步提高。充分发挥专业法律顾问的作用，使之参与重要决策制定等工作，依法审查重大合同 5 件。推进实施《中华人民共和国民法典》，“八五”普法全面启动。

【“邻里互助小药房”正式上线】 疫情防控期间，昌江街道再胜弄社区充分发挥自身优势，推出“邻里互助小药房”，由居民自发将家中富余药品贡献出来，有需求的居民进行点单，按需取用，切实解决了群众用药难的问题。

【全面推广“精网微格”】 12 月，为将服务进一步向下延伸，提升为民服务水平，在 3 个社区全面推行“精网微格”。在原有 23 个网格的基础上，以 30~50 户为标准划分 105 个微网格，挑选出 105 名觉悟高、基础好、能力强、有热情的居民担任联络员，其中党员占 80% 以上。建立“街道—社区—网格—微格”的四级联动机制，实行“一格一员，一员多责”工作模式，真正实现“人在网在走，事在格中办，难在格中解，情在格中结”。

周路口街道

【概况】 周路口街道于 1976 年 2 月从太白园公社（街道）分离出来，因分界线位于古巷“周路口”而得名。现位于广场南路皇冠购物广场东一区 5 号楼，建筑面积 1107.15 平方米。辖区东起马鞍山路和通站路北段，西至十八桥、中华南路，南邻曙光路、周路口弄，北壤珠山中路，面积约 4.1 平方千米，下辖广场、云锦巷、金家弄、赛跑坦 4 个社区居委会 90 个居民小组，有常住居民 5000 余户，共 1.3 万人，流动人口近 6000 人。街道党工委设有社区党委 4 个，党支部 8 个，其中机关支部 1 个，共有党员 500 余名。

街道地处珠山区中心区域，辖区地势平坦、交通便利，陶瓷专业市场林立、商业购物街区集中，文化娱乐餐饮聚集，既有景瀚、金昌利、国贸、金和汇景、地王大厦、华阳、群英街等 7 个陶瓷专业市场，也有金鼎、华达、苏宁等商城商圈，各类经济业态丰富、“网红打卡点”云集，是本地居民以及外来游客“吃、购、娱”的不二之选，是珠山经济社会各项事业发展的“微观缩影”。

【经济发展】 2022 年街道，财政总收入 1981.98 万元，同比下降 21.37%；财政总支出 1981.98 万元，同比下降 23.69%。完成招商引资 4 亿元，同比增长 35%；固定投资 0.3 亿元，同比下降 51%，房产税税收 87 万元，同比增长 9%。完成协护税税收 86.77 万元，招商引资完成 4 亿元，招商签约 5 家总部经济、赴外地开展 4 次招商工作，完成民间固投 3064 万元、工业技改 3254 万，“四上企业”入库完成 7 家，建筑业入库 1 家。

【稳定就业】 2022 年，新增就业目标任务 300 人，完成 321 人，登记失业人员就业再就业目标任务 150 人，完成 167 人；登记领取失业补助金 59 人，受理申请办理和领取“4050”社保补贴人员 192 人。

【生育服务】 大力推行一站式便民服务，全年接待群众来访办事、咨询 80 余件，办理生育登记 59 本，其中，一孩 38 本，二孩 17 本，三孩 4 本。认真抓好各项奖扶工作，全年新申请城镇独生子女父母奖励 167 人，新申报特扶独生子女死亡 2 人，家庭医生签约服务签约率达 100%。春节全覆盖慰问走访计生特殊家庭，端午节慰问 2 人，中秋节慰问 2 人，为计生特殊家庭办理住院理赔 16400 元。全年查看妇幼信息名单、婚姻数据、防疫站名单等 6 万余条，药具发放 8000 余盒。优生孕检任务完成 20 对。

【老旧小区改造】 扎实推进老旧小区改造工作，至 2022 年底，改造 19 个老旧小区，其中打造了工商局宿舍精品小区，改善了居民的居住环境，并与区住建局对接背街小巷改造工作。

【双创双修】 先后聘请外包公司对“空地”“三无小区”“物业责任缺位小区”进行清扫清运，对新产生的卫生死角做到及时发现及时清除，清除垃圾死角200余处；清理楼道杂物3500余处；清理垃圾小广告2万余条；整理菜地、杂草100余处，清理楼道蜘蛛网1000余处；修复修补小面积路面破损1万多平方米；清运建筑垃圾百余吨；更换破损窨井盖100余处；修补破损下水管200余处；更换里弄不亮路灯300余盏、更换里弄破损纱窗100余处，更换破旧水表箱、电表箱、电信箱500余个。

【网格管理激活末梢治理“细胞”】全面推行“大社区、网格化”管理，按照“地域相近、便于服务”的原则，将辖区居民合理纳入31个城区网格管理，每个网格均分别安排了1名网格员、街道下会干部、在职党员、居民志愿者、城管队员和片警组成“格格管家”服务队，参与网格内矛盾化解、安全巡防、法律宣传等工作，常态开展“六进社区”“一米阳光”等“组团式”服务，走访慰问困难党员群众近千名；认领“微心愿”“微公益”240余个，得到了居民的普遍认可。着眼于消除社会治理的“空白点”“真空带”，聘请了13名“里弄管家”和15名“五老”“街巷长”，组建了19支“弄里有我”服务队，切实做到“群众在哪里，服务就在哪里”。其中，社区志愿者陪伴孤寡老人生命最后24小时的事迹得到了“文明江西”《江南都市报》等媒体的广泛关注。

【“治理联席会”见成效】成立“治理联席会”协调机构，统筹街道“四办一中心”、各社区、派出所、司法所、城管中队力量，实行“大部制”管理，对外协调各职能部门，对社会治理的难点事项，按层级提交小区、社区、街道“治理联席会”研究，依托“百姓说事”平台协商解决，形成了“街道社区搭台，职能单位唱戏，网格推动化解”的共治格局。2022年，各级通过“百姓说事”平台协调解决问题630件，落实率达98.3%。

昌河街道

【概况】昌河街道东至九九九厂建设银行、南至东一路与昌飞北路交界口、西至昌飞宾馆、北至站前三路，距珠山区政府驻地1.1千米。下辖昌盛、梦园、景东安厦3个社区居委会，辖区总面积约4.36平方千米，常住人口4.3万余人。基层党组织37个（含党委2个），共有中共党员1704人。辖区内建有综合性公园1处、广播电视站1处、医疗卫生机构2个、文化广场1处、文化活动中心1处、游泳馆1处。辖区单位驻有中航工业昌河飞机工业集团公司、北汽集团江西昌河汽车有限责任公司、中航工业景德镇昌飞实业有限公司等大中型国有企业及景德镇市公安局南河分局、昌河汽车劳服公司、昌河中学、昌河小学、昌河幼教中心、各类金融机构等单位。

【社区治理】不断夯实社区治理阵地，推行居民自治“议事圈”，握紧社会治理“金钥匙”。街道党工委实施组织赋能行动，凝聚机关相关部门以及社区等党组织力量，通过集结社区网格党小组成员、社工站成员、优化营商环境助企联络员等，采用“组团式”实地走访、电话沟通等形式，开展新业态新就业群体集中摸排行动。在此基础上，街道党工委成立了网约车行业党组织，实现党建与企业发展良性互动，构建共同提高、双向促进的新业态新就业群体党建新格局。继续用好“两号一抖”新媒体平台，共制作短视频96个，其中“学雷锋志愿活动”，疫情防控“取快递”指南、昌盛社区“云祭扫”“浓情端午”“并肩防疫”系列活动视频被景德镇电视台、《瓷都晚报》、古镇珠山融媒体等选用。

【经济发展】2022年，财政总收入18859730.95元，同比减少37.62%。围绕“5020”项目、文旅产业、数字经济、总部经济等重点领域，向企业深入推介珠山区区情及招商引资政策，与客商建立了良好的沟通往来关系，同时就总部经济业务与3家企业进行了明确意向洽谈。通过以商招商、以情招商等方式，广泛联系江浙沪、长江经济圈等地区客商，共洽谈招商企业2家，达成项目资金3.3亿元。另有3家企业项目正在积极推进中，预计达成项目资金6.6亿元，同比减少56.95%。切实做好固投项目材料上报工作，完成新增固定投资项目6个，完成投资额32.08亿元，同比增长264%；储备月度及年度新增入库企业6家。成立优化营商环境领导小组，对辖区956个市场主体数据进行全面摸排，并按照“党建+营商环境”要求，将全体街居干部及挂点单位干部安排结对帮扶市场主体，了解企业现状、询问企业困难，发放宣传材料2000余份，上门指导辖区500余家企业、个体户完成“惠企通、企业年报、申领电子印章”等工作，收集并处理市场主体诉求24条，为辖区市场主体有序生产保驾护航。

【城市管理】景东安厦社区和梦园社区分别接受了全国文明城市国检组的现场测评和入户测评。按照迎检预案，2次测评任务顺利完成。对辖区内出现“争创”“双创”“创建”字眼的宣传广告整改454块，更换破损广告208块，新增189块，维修大型公益景观1处。清理楼道杂物276吨，清理垃圾死角、建筑垃圾350处，清理垃圾广告26420余条，清理杂草3200余平方米，整治菜地87处825平方米，修补破损路面29处270.5平方米、破损井盖13处、破损花坛20余处，清理排水沟3000余米，新增工地围挡320平方米，公益围挡44米，清理流动摊点300余起、占道经营400余起，“门前三包”制度宣传教育500余家，整治问题店铺400余家。7月，昌河街道梦园社区对地面进行硬化，面积约180平方米，方便居民开展休闲娱乐活动。8月完成对安厦街1000多米沿街路面及盲道重新铺设完工，改善了居民出行的安全，提升了辖区整体环境。12月，完成景东安厦社区路面约1500平方米的柏油路面的铺设，方便了居民出行。

【民生保障】 办理城乡居民养老保险22人，领取居民养老保险退休金32人，参加医疗保险444户450人，辖区新增就业141人，净增就业79人，下岗失业人员119人，办理就业创业证129本，办理灵活就业困难人员补贴、“4050”社保申请35人，组织参加就业创业技能培训班100人，企业薪酬调查填报4家，辖区电子医保凭证激活率达70%。接待咨询劳动争议调解及工资纠纷来访8人，都给出了满意的回复。享受低保政策的共计50户58人，发放总金额为428790元，办理临时救助48户，发放救助金26780元，低保动态管理退出低保3户3人。发放高龄补贴3824人，共计发放616750元，发放残疾人“两项补贴”70人，共计59620元。春节期间配合市、区领导走访慰问困难残疾人27户8100元，为困难群众发放大米45袋、食用油93桶、棉被7床、军大衣7件。辖区育龄妇女人数4885人，新生儿出生158人、出生率千分之7.18，计划生育率32.34‰、流动人口办证率0，办理生育服务卡135个。享受城镇独生子女父母奖励963人，发放金额118.89万元，特扶家庭共计24户32人，发放补助金31.312万元，参加优生检测31对。为丰富居民文化生活，采购了1000余套书籍，涉及政治、法律、文化、艺术、历史、哲学等门类，不断提升基层新时代文明实践所、站的层次和水平。

【平安建设】 网格员采用手把手教、线上转发、口头宣传以及发放宣传册等方式深入辖区详细向群众介绍“国家反诈中心”App的功能，充分调动居民安装积极性，提高居民对“国家反诈中心”App的知晓度和下载率。大力开展“百姓说事”活动，说事126件，解决126件，排查化解纠纷217件，化解突出矛盾纠纷4件，网上平台信访件5件和市民热线70件。全力做好2022年两会、党的二十大及其他重要时期安全维稳工作，接待群众来访71次，积极将矛盾化解在萌芽状态。持续深入贯彻落实中央、省、市、区关于常态化开展扫黑除恶斗争指示精神，宣传贯彻《中华人民共和国反有组织犯罪法》，同时以网格为单位持续开展多领域排查、重点群体关注、重点场所走访。建立健全防汛应急值班制度，加强24小时值班与信息报送；排查易涝点2处、危房1处、危墙3处、地质灾害点6处，及时劝离转移群众8人，发放自然灾害救灾资金1328元，摸排申报冬春救助人员119人。扎实开展安全生产宣传工作，制作相关宣传横幅、标语、滚动字幕共20条，发放各类宣传画册800余份，营造浓厚的安全生产宣传氛围。

【打造“景快跑”暖“新”红色驿站】 10月，昌河街道以党建引领社会治理为切入点，紧扣新业态新就业群体需求，密切关注其生活状况和权益保障，在昌盛社区打造约320平方米的“景快跑”暖“新”红色驿站，解决了部分长期在室外工作的网约车司机、快递员、外卖小哥、环卫工人等职工“吃饭难、喝水难、休息难”的现实问题，切实为户外工作人员提供“冷可取暖、热可纳凉、渴可喝水、累可歇脚”的暖心服务，让他们融入社区“生活圈”，感受到“家”的温暖。

【“时间银行”互帮互助】 4月，推行“时间银行”志愿服务。在常态化疫情防控、常态长效创建全国文明城市以及防洪防汛中，组织该群体志愿者做好政策宣传、助老出行、爱心送学、治安巡逻等多项志愿服务，展现“新”作为，践行社会主义核心价值观，大力弘扬“奉献、友爱、互助、进步”的志愿精神，按照“帮助别人、成就自己、助人自助、乐善善行”的思路，鼓励和引导辖区内志愿者为他人提供志愿服务，营造一个相互帮助，团结和谐的氛围，共建友爱文明家园。

太白园街道办事处

【概况】 太白园街道位于珠山区南部，街道以辖地“太白园”命名。东邻广场南路、南邻景德东大道、西对昌江河畔、北邻周路口和昌江街道，面积4.19平方千米。驻地中华南路303号，距区政府驻地为2.5千米。下辖浙江路社区、小路园社区、戴家弄社区、曙光村社区、西瓜洲社区5个社区居委会。辖区常住人口37234人，其中城镇居民37234人（其中有回族居民31人、满族居民1人）。有弄巷76条，有曙光路、中山南路、沿江东路、中华南路、浙江路、广场南路、玲珑路、江翰路和太白园路等9条主要道路。

【学习教育】 全年理论学习中心组学习16次、坚持每周2次的干部集中学习，围绕新时代文明实践所（站）学习计划开展理论宣讲103次，各支部学习90次、开展主题党日活动72次，发放“光荣在党50年”纪念勋章10枚。开展党史知识竞赛、重温入党誓词、重游红军路等各类主题活动10余次。

【基层党建】 2022年预备党员转正12人，培养积极分子7人；对17个党支部、717名党员，分9批次开展学习培训，做到了全覆盖；督促各支部规范使用“赣鄱党建云”信息平台。党建引领搭建“小巷之声”平台，设置了4大板块内容，帮助小区成立业主委员会7个，推动了小区自治；打造“太白园街道人大代表联络工作站”，通过党建引领发挥了人大代表在经济社会发展、社会治理等工作中的作用。全面落实了“双报到双报告”制度；各社区党群服务中心全面推行“365天服务不打烊”。

【宣传报道】 扎实做好宣传工作，正确引导舆论、传播正能量，2022年度各级媒体新闻上稿共572篇。其中，中央媒体2篇、省级媒体174篇、市级媒体113篇、区级媒体283篇。积极做好舆情引导，2022年度古镇珠山微博转发17080条，点赞35800条，评论14811条，私信15034条。共设置公益广告牌5302块，张贴禁烟标识1520张，发放文明养犬、健康教育、双码联查等宣传单近万份。开展常态长效文明创建活动，开展党员教育120次，市民教育60次，教育知识讲座40次，各种文明创建活动236次。

【党风廉政建设】 全年开展街居干部集体谈心谈话3次，个人谈话8人次。对街居干部工作纪律情况进行督查40次，对违规违纪进行立案查处，给予2人政务警告处分，起到了良好的警示与震慑作用。

【经济发展】 经济发展平稳有序。全年征收房产税19.4万元；完成招商引资6亿元；固投完成入库8.5亿元（其中民间固投2.3亿元、工业固投1.68亿元）。1—12月楼宇总部经济共实现财税达502万元，其中增值税490万元。九颂山河商贸体项目，引资5亿元，东璟实业改造项目，引资1亿元，共引资6亿元。

【环境整治】 开展环境整治活动400余次，清理辖区生活垃圾、楼道杂物、杂草、建筑垃圾1360余处845.6吨，清理垃圾广告7496条，疏通下水道8处，疏通化粪池4处，修补破损路面120余处面积约1100平方米，覆盖裸露黄土地340平方米，装订草坪围挡约1800米；街道在环境治理工作中成效显著，在常态长效创建全国文明城市第8期督查通报中登上红榜。

【民生保障】 按照有关规定办理城乡居民医疗保险596人；办理城乡居民养老保险32人；办理城乡居民养老待遇领取26人；办理城镇下岗失业特困人员助保贷款续贷资格2人次；汇总2022年度无法缴纳城乡居民医疗保险的居民信息180人次；全国劳动人事争议在线调解管理平台网受理并调解成功劳资纠纷3起；组织辖区内30名就业困难人员参加珠山区就业局举办的创业培训，110名就业困难人员参加珠山区就业局举办的就业培训；2022年度城乡居民养老保险资格认证279人次，办理城乡居民养老保险退保30人；发放2022年度灵活就业困难人员社保补贴表531份；对2022年度“4050”灵活就业困难人员已完成上户调查531人。

【生育服务】 积极响应国家号召，认真做好二孩、三孩政策宣导工作。发放一孩生育服务卡127本；二孩生育服务卡74本；三孩5本；四孩1本；发放独生子女奖励3455人，421.03万元；其中2022年新增独生子女父母奖励263人，停发16人；上报特扶住院护理保险单：共赔付46人，合计671天，金额134200元；完成孕前优生检查45例。

【安全维稳】 真心实意为百姓服务，为辖区百姓排忧解难，“百姓说事”963件，矛盾纠纷320起，均已解决；社区矫正总人17人、入矫6人、解矫12人、刑满释放人员34人；做好了重大节日期间的信访和信息采集、报送工作；汛期做好防汛值班和物资保障，共转移群众22户、34人，紧急生活救助160人，张贴警示牌35块，街居干部巡查120次。

【浙江路商圈搭桥梁】 在营商环境优化升级工作中发挥浙江路商圈党委的桥梁纽带作用，搭建了“以茶会友，面对面畅聊”活动平台，开展畅聊茶话会4次，为市场主体提供帮代办服务70余次，深受企业好评。

竟成街道

【概况】 竟成街道地处景德镇市郊，辖地环绕穿插市区，总面积61.07平方千米，总人口约3.6万人。下辖13个村民委员会、1个社区，分别是前街村、洋湖村、三宝村、湖田村、童街村、方家山村、银坑村、后街村、青塘村、黄泥头村、小港咀村、新厂村、昌江村、樊家井社区。

2022年，经济总收入82.42亿元，完成财政总收入6.8亿元，财政支出1.17亿元；完成固定资产投入70.57亿元，同比增长10.3%；招商引资实际到位额21.01亿元，同比增长39.7%；社会消费品零售总额15.70亿元，同比增长4.78%；规模以上工业值4.29亿元。累计发放城市低保2044人次，共计1160610元，农村低保6534人次，共计3914630元，两项共计5075240元；临时救助13.19万元，救灾救助81.7万元，均按时足额发放到位；参加医疗保险人数25575人；新增就业66人，净增就业66人，下岗失业人数18人，办理灵活就业困难人员社保补贴人数8人；育龄妇女7313人，2022年出生209人，出生率6.9‰。

【学习贯彻党的二十大精神】 竟成街道坚持把学习贯彻习近平新时代中国特色社会主义思想作为首要的政治任务，发挥好领导干部“领头雁”作用，以主题党日活动、集中学习、座谈讨论等多种方式，组织广大党员干部深学笃行习近平新时代中国特色社会主义思想，贯彻落实好党的二十大精神。开展中心组学习、专题理论学习12场，覆盖干部290余人次，村（社区）开展理论学习100余场，覆盖干部群众3000余人次。党的二十大召开后，以主题党日活动、集中学习、座谈讨论等多种方式，组织广大党员干部深学笃行习近平新时代中国特色社会主义思想，贯彻落实好党的二十大精神。建立“我为群众办实事”长效机制，办结 260 余件。

【产业扶贫】 巩固拓展脱贫成果。建立贫困户参与机制和利益联结机制，以产业推动为核心，搭建好巩固拓展脱贫攻坚成果同乡村振兴有效衔接的桥梁，全力以赴促进群众增收。共有马家柚、蔬菜种植基地等 32 个产业扶贫项目，2022 年分别实施建设了青塘村茶叶加工、洋湖冲枫树咀水果种植基地无土基质栽培建设项目等 11 个项目，并对 2020 年小港咀绿茶种植项目的专项资金进行置换，实施建设了小港咀米粉加工厂建设项目。产业基地聘请脱贫户务工发放工资约 40 万元。街道脱贫人口及监测对象年人均纯收入达到 28691 元，同比增长 10.7%，位列全省第一。

激发乡村振兴动能。以“1+N+1”模式，通过融合辖区内的村庄联村发展，打破村庄发展壁垒，探索符合发展规律、资源有效整合、组织互联共建的乡村振兴新路子。2022 年，街道各村的集体经济收入情况稳中向好。“弱村”前街村的集体经济经营性收入由 2021 年的 11.3 万元增长为 2022 年的 20.7 万元。

【经济发展】 主动融入城市建设与管理，参与景德镇国家陶瓷文化传承创新试验区建设，优化升级营商环境，主动靠前服务。持续深化“最多跑一次”改革，简化企业群众办事流程。发展数字经济。依托珠山东市，打造景德镇市线上陶瓷直播带货产业基地。陆续引进了楚宫吴苑工作室、蔡玉娟陶瓷工作室等 8 家陶瓷类公司及个体户入驻，并合作成立景德镇天弈文化传播有限公司，营造稳商安商的营商环境。珠山东市的景德镇市线上陶瓷直播带货产业基地自 2022 年 3 月引入以来，仅 8 个多月就已产生 800 多万元的税收。

【推进撤镇设街、撤村改居工作】 积极探索社会治理新模式，8 月 18 日，竟成街道正式挂牌。紧扣城乡融合发展要求，率先从樊家井村改社区打开试点局面，聚焦社会治理改革，探索和建立社区社会综合体，通过政策集成、服务集中、资源集聚，为群众提供一站式综合化服务，实现社区服务 365 天不打烊。建设和协调各类社区活动场所，建立健全便民服务工作机制，构建了文明实践 8 支志愿服务队、1 家“樊事我帮忙”志愿服务社会组织、提供 X 项服务的“8+1+X”志愿服务体系，实现“樊事有场所”“樊事我来办”“樊事我帮忙”“樊事好商量”，实现共建共治共享的社会治理新格局。

【强化应急管理】 开展安全生产专项整治，辖区共摸排梭式窑 536 座，已停产 40 座，摸排自建房安全隐患 346 栋，全部完成鉴定。扎实开展森林防灭火工作，建立健全街道、村居干部两级联动森林防火工作机制，明确科级干部挂点、各村书记带班、各卡点专人负责、各值班人员各司其职。清明期间，机关干部全部下沉至各防火点开展森林防火，有效防止重点时间节点重大山林火灾。全力以赴抓防汛保安全。6 月 19 日汛情突发，辖区党员干部闻“汛”而动，迅速开展人员疏散转移、被困群众救援、汛后消杀等各项工作，20 日组织民兵队伍驰援乐平防汛救灾，切实保障了人民群众生命财产安全。

【开展黄泥头防洪排涝工程片区征收】 全力配合黄泥头防洪排涝工程，在 1 个月内就完成了片区征收工作；省三级联动重点项目景东招商场征拆项目全部完成，地下排水箱涵已完成 200 米。化解了 2010 年景北大桥建设时期遗留的 4 户安置过渡事宜；解决 2012 年南变遗留的 16 户群众安置问题；景德大道项目 6 公顷安置地已全数分到群众手上，2022 年 10 月底开工建设。

人　物

2022 年获市级以上荣誉的先进人物表

表 1

姓　名	性别	工作单位	奖励情况	
			授予先进名称	表彰部门
王建月	男	景东派出所	全国优秀人民警察	公安部
万　骏	男	区人民法院	人民法院少年法庭工作先进个人	中华人民共和国最高人民法院
漆　丽	女	区人民法院	全国法院办案标兵	中华人民共和国最高人民法院
辛　晨	女	区卫健委	全国爱国卫生运动 70 周年先进个人	全国爱卫办
许国平	男	第二十二小学	江西省 2022 年度“新时代赣鄱先锋”群众身边好党员	省委组织部
齐菊英	女	里村街道马鞍山社区	第七批全省岗位学雷锋标兵	省委宣传部
杨向群	女	区委老干部局	全省先进老干部工作者	江西省委组织部、江西省老干部局
于洪庆	女	新厂街道六〇二所社区	江西最美城乡社区工作者	江西省民政厅
汪　剑	男	新厂街道劳动保障事务所	江西省第一批金牌劳动关系协调员	江西省人力资源和社会保障厅、江西省总工会、江西省工商业联合会、江西省企业联合会
罗　霞	女	陶阳学校	全省优秀少先队辅导员	共青团省委、江西省教育厅
李惠娟	女	第一小学	全省优秀少先队辅导员	共青团省委、江西省教育厅
李玲洁	女	昌河街道昌盛社区	退役军人服务工作“尊崇之星”	中共江西省退役军人事务工作领导小组办公室、江西省退役军人事务厅
孙梦婷	女	公安局珠山分局信息通信及计算机管理监察科	江西省“天工杯”劳动和技能竞赛暨“智慧公安我先行”基层技术革新评比“革新能手”	江西省公安厅 江西省总工会
杨玉清	男	太白园派出所	个人二等功	江西省公安厅
刘　翠	女	竟成街道黄泥头村	2017—2021 年度平安江西建设先进个人	江西省平安江西建设领导小组、江西省人力资源和社会保障厅
江新华	男	区委网信办	红土评论 2021 年度十佳评论员	江西新闻

续表 1

姓 名	性别	工作单位	奖励情况	
			授予先进名称	表彰部门
欧阳纯	女	第九小学	疫情防控期间，实现“停课不停学”做出积极贡献	江西省教育厅
叶桂香	女	陶阳学校	江西省五一劳动奖章	江西省总工会
刘经晶	女	区人民法院	全省优秀法官	江西省高级人民法院
金晓猛	男	区人民法院	宣传舆论工作先进个人	江西省高级人民法院
杜卫利 冯 涛 周时谦	男	区税务局	全省无偿献血奉献奖铜奖	江西省卫生健康委员会、江西省红十字会、江西省军区保障局
吴 涛	男	第十二小学	2022 江西省跆拳道锦标赛优秀裁判员	江西省教育厅 江西省体育局
陈仁希	男	梨树园小学	全省中小学幼儿园红色、绿色和古色文化教育活动先进个人	江西省教育厅
刘 翠	女	竟成街道黄泥头村	全省百优法律明白人	中共江西省委全面依法治省委员会
刘柄英	女	区统计局	江西省第七次全国人口普查先进个人	江西省第七次全国人口普查领导小组
陈运宏	男	太白园街道	江西省第七次全国人口普查先进个人	江西省第七次全国人口普查领导小组
范 媛	女	区机关事务管理局	江西省公共机构节能先进个人	江西省机关事务管理局
孙根太	男	区老体协	全省优秀通讯报道员	省老体协
邓燕平	女	区民政局	网络筹募工作优秀个人	江西省慈善总会
熊 俊	男	区城市管理局	疫情防控工作突出贡献个人	江西省城市建设管理协会
方 炜	男	区市场监督管理局	2022 年度江西“12315”平台典型	江西省市场监督管理局
谢 芳	女	经开区画眉楼社区	江西城乡最美社区工作者	省住房和城乡建设厅
李 锋	男	区人民检察院	论文《检察机关民事支持起诉工作在保护特殊群体权益中的制度完善——以最高检第三十一批指导性案例为切入点》获江西省举办的第十八届全省检察理论年会论文二等奖	江西省人民检察院
蒋玲玲	女	区人民检察院	论文《检察机关民事支持起诉工作在保护特殊群体权益中的制度完善——以最高检第三十一批指导性案例为切入点》获江西省举办的第十八届全省检察理论年会论文二等奖	江西省人民检察院
万韦龙	男	区人民检察院	论文《检察机关民事支持起诉工作在保护特殊群体权益中的制度完善——以最高检第三十一批指导性案例为切入点》获江西省举办的第十八届全省检察理论年会论文二等奖	江西省人民检察院

续表 1

姓 名	性别	工作单位	奖励情况	
			授予先进名称	表彰部门
万梦萍	女	区人民检察院	论文《恢复性司法理念在刑事犯罪中的运用——以“关系恢复”为讨论维度》获江西省举办的第十八届全省检察理论年会论文三等奖	江西省人民检察院
黄云龙	男	区人民检察院	《徐建营涉嫌以危险方法危害公共安全案》被评为“全省检察机关刑事检察优秀释法说理法律文书”	江西省人民检察院
周 群	女	区商务局	2021 年度景德镇市招商引资工作先进个人	中共景德镇市委、景德镇市人民政府
汪 源	男	新村街道	2021 年度景德镇市招商引资工作先进个人	中共景德镇市委、景德镇市人民政府
韩林姣	女	珠山实验学校	景德镇首届十大模范校长 景德镇市最美科技工作者	中共景德镇市委、景德镇市人民政府 中共景德镇市委宣传部
江 星	女	第十七小学	十大模范教师	中共景德镇市委
董瑞萍	女	第十二小学	景德镇市第九批专业技术拔尖人才	景德镇市人民政府
曹梦琳	女	昌河街道	全市首届党务技能大赛“党员队伍建设”项目二等奖	中共景德镇市委组织部
胡余徽	男	昌河街道昌盛社区	2022 年度“新时代赣鄱先锋”一心为民好支书	中共景德镇市委组织部
胡霞辉	女	区国资公司	景德镇市第八批岗位学雷锋标兵	中共景德镇市委宣传部
李 珺	女	经开区南河社区	景德镇市节水先进个人	景德镇市人民政府办公室
余 洋	女	经开区南河社区	景德镇市节水先进个人	景德镇市人民政府办公室
谢君毅	男	区农业农村和水利局	节水先进个人	市政府办
江海宇	男	珠山实验学校	景德镇市优秀班主任	景德镇市教育局
余贞珍	女	第二小学	全市教体系统优秀团员	景德镇市教育体育局
涂芳芳	女	第十二小学	全市教体系统优秀团干	景德镇市教育体育局
盛新云	女	区教体局	景德镇市五一劳动奖章	景德镇市总工会
江彦颖	女	区税务局	景德镇市五一巾帼标兵	景德镇市总工会
叶 芳	女	陶阳学校	景德镇市五一巾帼标兵	景德镇市总工会
周煜涵	男	珠山实验学校	全市优秀共青团员	共青团景德镇市委
石群丽	女	区工信局	市三八红旗手	景德镇市妇联
周 娜	女	区委政法委		
严 欢	女	珠山街道		
余 洋	女	经开区南河社区		
刘笑尘	女	第十七小学		
吴 兰	女	陶阳学校		
黄彩萍	女	陶阳学校		

续表 1

姓　名	性别	工作单位	奖励情况	
			授予先进名称	表彰部门
徐凡景	女	区妇联	市巾帼建功标兵	景德镇市妇联
李梦婕	女	昌江街道桂花弄社区		
曾　樱	女	周路口街道赛跑坦社区		
王慧萍	女	陶阳学校		
叶桂香	女	陶阳学校		
胡余徽	男	昌河街道昌盛社区	2021 年度常态长效创建全国文明城市“优秀志愿者”	景德镇市常态长效创建全国文明城市指挥部、景德镇市委宣传部（市文明办）、景德镇市志愿服务联合会评
刘桂芬	女	昌河街道昌盛社区		
余　洋	女	经开区南河社区		
刘　翠	女	竟成街道黄泥头村		
齐菊英	女	里村街道马鞍山社区		
王　迎	女	里村街道陶溪川社区		
吴春燕	女	里村街道陶溪川社区		
周　薇	女	太白园街道小路园社区		
孙　辉	男	新村街道百眼井社区		
徐丽丽	女	新村街道西路社区		
张冬生	男	经开区三宝村	景德镇市“2022 年优秀基层‘一长两员’村级林长”	景德镇市林业局
张玉春	女	区诗词学会	谷雨诗会优秀奖	市文联
董兰英	女			
周　禹	男			
黄　芬	女	区疾病预防控制中心	2022 年景德镇最美护士	中共景德镇市委宣传部、景德镇市卫生健康委员会
吴　洋	男	区疾病预防控制中心	新时代最美逆行者	景德镇市新冠疫情防控指挥部办公室
付文华	男	区疾病预防控制中心	2022 年景德镇最美医生	中共景德镇市委宣传部、景德镇市卫生健康委员会
叶碧莹	女	区妇幼保健院	2022 年景德镇最美医生	中共景德镇市委宣传部、景德镇市卫生健康委员会
刘振华	男	区疾病预防控制中心	2022 年优秀医师个人	景德镇市卫生健康委员会
吴明丽	女	区妇幼保健院	2022 年优秀医师个人	景德镇市卫生健康委员会
姚云婷	女	区妇幼保健院	景德镇市妇幼健康宣讲竞赛优秀奖	景德镇市卫生健康委员会
赵赛菊	女	新厂街道老科协分会	老科协奖	市老科协
王　剑	女	石狮埠街道老科协分会	老科协奖	市老科协
史　娟	女	陶阳学校	景德镇市“3+1+ X”市级高层次人才 D 类、E 类	景德镇市招才引智局
刘晓慧	女	陶阳学校	景德镇市“3+1+ X”市级高层次人才 D 类、E 类	景德镇市招才引智局

续表 1

姓名	性别	工作单位	奖励情况	
			授予先进名称	表彰部门
程云 计超 王海鹏 张鹏翼	男	区消防救援大队浙江路消防救援站 区消防救援大队腊丽山路消防救援站	个人三等功	景德镇市消防救援支队
蔡斌 李宾 王新伟 赖焘 王俊龙 韩金城 饶斌 周梓桦 饶建冰 周成康 袁寅康 胡刚 何金燊 冯权 金冲 吴炳财 吕文豪 袁伟	男	区消防救援大队	个人嘉奖	景德镇市消防救援支队
李佳慧	女	区消防救援大队	个人嘉奖	景德镇市消防救援支队
王新伟	男	区消防救援大队	防火工作先进个人	景德镇市消防救援支队
蔡斌	男	区消防救援大队浙江路消防救援站	安全工作先进个人	景德镇市消防救援支队
姚敏 程雯婷	女	区消防救援大队	“‘防风险、保安全、迎二十大’消防安全集中攻坚行动第一期安保之星”	景德镇市消防救援支队
舒先敏 李宾 胡巧生	男	区消防救援大队	“‘防风险、保安全、迎二十大’消防安全集中攻坚行动第一期安保之星”	景德镇市消防救援支队
操吉祥 郑增鹏 曹思阳 刘猛 朱威 袁寅康 江训伟 李嘉熙	男	区消防救援大队浙江路消防救援站		
朱泽鑫 余乐涛 刘绍武	男	区消防救援大队浙江路消防救援站 区消防救援大队浙江路消防救援站 区消防救援大队浙江路消防救援站		

续表 1

姓　名	性别	工作单位	奖励情况	
			授予先进名称	表彰部门
姚　敏	女	区消防救援大队	优秀消防宣传员	景德镇市消防救援支队
林子强	男	区消防救援大队浙江路消防救援站	红旗车驾驶员	景德镇市消防救援支队
吴炳财	男	区消防救援大队浙江路消防救援站		
饶建冰	男	区消防救援大队腊丽山路消防救援站		
程泽诗	女	区统计局	景德镇市第七次全国人口普查优秀个人	景德镇市第七次全国人口普查领导小组
张　彬	男	区统计局		
马媛媛	女	区统计局		
徐凌燕	女	区统计局		
占　慧	女	石狮埠街道		
陈　超	男	石狮埠街道		
刘　璟	女	石狮埠街道		
张　梦	女	石狮埠街道		
梁为一	女	石狮埠街道		
黄丽艳	女	昌河街道昌盛社区		
占玉婷	女	昌河街道昌盛社区		
张梦玉	女	太白园街道		
夏丽林	女	太白园街道		
余弘亮	男	太白园街道		
余　洋	女	经开区南河社区	景德镇市第七次全国人口普查优秀个人	景德镇市第七次全国人口普查领导小组
张明辉	男	经开区湖田村		
余　欢	女	竟成街道小港咀村		
余志军	男	竟成街道黄泥头村		
刘　熙	女	里村街道新峰巷社区		
樊文玉	女	里村街道庆安社区		
陈景兰	女	新村街道中路社区		
孙　辉	男	新村街道百眼井社区		
洪志强	男	新村街道北路社区		
赖超进	男	新村街道昌虹社区		
舒　意	女	周路口街道		
曾　樱	女	周路口街道赛跑坦社区		
余　平	女	周路口街道云锦巷社区		
赵萍华	女	周路口街道金家弄社区		

2022年获市级以上荣誉的先进集体表

表2

单 位	奖励名称	授奖部门
珠山区	江西百县百日文化和旅游消费季“优秀组织奖”	江西省文化和旅游厅
区科协	2022年全国科普日活动优秀组织单位	中国科协办公厅
陶文旅集团	第十四届“全国文化企业30强”提名企业	中宣部
陶溪川文创街区	2022年国家旅游科技示范园区	文化和旅游部
三宝国际瓷谷景区	2021年度全国版权示范园区（基地）	国家版权局
陶阳里御窑景区	第二批国家级夜间文化和旅游消费集聚区	文化和旅游部
陶溪川文创街区	第一批全国非遗旅游街区	中国非物质文化遗产保护协会
珠山派出所	全国公安机关模范集体	公安部
区人民检察	全国检察机关公益诉讼“千案展示”	最高人民检察院
区人民检察院的余某某与江西省某县自然资源和规划局不动产变更登记检察监督案	全国检察机关行政检察公开听证推进行政机关履职典型案例	最高人民检察院
石狮埠街道风景路社区	2021年度全国综合减灾示范社区	应急管理部风险监测和综合减灾司
新厂街道六〇二所社区	全国先进基层群众性自治组织	民政部
新村街道梨树园社区	全国示范性老年友好型社区	国家卫健委、全国老龄办
区政府	2021年度全省政府系统“五型”政府建设先进集体	江西省“五型”政府建设领导小组
区机关事务管理局	2021年度江西省公共机构节能工作优秀县（市、区）	江西省人民政府
区人民检察院的张某甲等8人典型网络诈骗案	未成年人检察工作情况典型案例	江西省人民检察院
区人民检察院	“全省基层院建设十佳事例”（做实行政争议实质性化解 用心用情解民忧）	江西省人民检察院
区人民检察院	全省离退休干部示范党支部	江西省组织部、省委老干部局
区人民检察院《景德镇市市场监督管理局申请执行食品领域市场监管行政处罚决定检察监督案〔赣检例第70号〕》	全省检察机关第一批参考性案例	江西省人民检察院
区人民检察院的实质性化解某纯净水厂和某市监局行政争议检察监督案	2022年8月全省检察机关非公有制企业维权工作典型案（事）例	江西省人民检察院
新厂街道劳动人事争议调解中心	江西省第一批金牌劳动人事争议调解组织	江西省人力资源和社会保障厅、江西省总工会、江西省工商业联合会、江西省企业联合会
里村街道马鞍山社区	2022年度江西省幸福社区	江西省民政厅、江西省财政厅
团区委	2021年度全省共青团工作先进区	团省委
珠山区妈妈防火团	省三八红旗集体	江西省妇联
陶阳里御窑景区	江西省夜间文旅消费集聚区	省文旅厅

续表 2

单　位	奖励名称	授奖部门
昌河街道昌盛社区	平安江西建设先进集体（2017—2021）	江西省平安江西建设领导小组办公室、江西省人力资源和社会保障厅
新厂街道	2017—2021 年度平安江西建设示范乡镇（街道）	江西省平安建设领导小组
太白园街道	2021 年度消防工作先进乡镇（街道）	江西省消防安全委员会
区农业农村和水利局	全省森林防灭火“平安春季行动”平安县（市、区）	省防火办、省林业局、省应急局、省公安局
三宝国际瓷谷景区	江西省特色小镇	江西省发展和改革委员会
新村街道梨树园社区新时代文明实践站	江西省四星级新时代文明实践站	省文明办
昌江街道桂花弄社区新时代文明实践站		
竟成街道樊家井社区新时代文明实践站		
昌河街道昌盛社区新时代文明实践站		
陶阳学校	2021 年度全省中小学三色文化教育“红色基因传承”主题系列视频展示一等奖	江西省教育厅教学教材研究室
	2022 年湘鄂赣“护苗·绿书签”公益设计大赛获优秀组织奖	湖南省“扫黄打非”工作小组办公室、湖北省“扫黄打非”工作小组办公室、江西省“扫黄打非”工作小组领导办公室
	第 22 届华人作文交流活动优秀组织奖	江西省教育厅
	义务教育阶段“课后服务百校行”示范学校	江西省教育厅
经开区画眉楼社区	江西省第一批绿色社区	省住房和城乡建设厅
里村街道马鞍山社区		
太白园街道西瓜洲社区		
太白园街道曙光村社区		
太白园街道浙江路社区		
新村街道北路社区		
新村街道昌虹社区		
新村街道梨树园社区		
新村街道西路社区		
新村街道奥林社区		
三宝国际瓷谷街区	江西省文化强省建设工作领导小组	省级特色文化街区
陶溪川文创街区	江西省旅游产业发展领导小组办公室	2021 年度全省优秀景区
陶文旅集团	2021 年度优秀旅游企业	省旅发领导小组

续表 2

单　位	奖励名称	授奖部门
公安局珠山分局	江西省“天工杯”劳动和技能竞赛暨“智慧公安我先行”基层技术革新评比二等奖	江西省公安厅、江西省总工会
公安局珠山分局	全省实施妇女儿童发展纲要先进集体	江西省妇女儿童工作委员会
竟成街道洋湖村	江西省民主法治示范村	江西省司法厅、江西省民政厅
竟成人民法庭	全省优秀法庭	江西省高级人民法院
里村街道、新厂街道	江西省第七次全国人口先进集体	江西省第七次全国人口普查领导小组
昌河街道、新厂街道	2022 年全省“六化”乡镇（街道）社会工作服务站	江西省民政厅
石狮埠街道	2022 年全省“六化”乡镇（街道）社会工作服务站	江西省民政厅
区科协	2022 年江西省全国科普日优秀组织单位	江西省科协办公室
区老年人体育协会	2018—2021 年度全省群众体育先进单位	江西省体育局
区老体协	“全省群众体育先进单位”；区老体协被省老体协评为“全省新闻报道先进单位”	省教体局
石狮埠街道	江西省减灾委员会	2022 年度全省综合减灾示范乡镇
新厂街道黄泥头社区	2022 年度全省综合减灾示范社区	江西省民政厅
区城市管理局	疫情防控工作突出贡献单位	江西省城市建设管理协会
区城市管理局	环卫行业工作先进集体	江西省城市建设管理协会环卫行业协会
新厂街道六〇二所社区、周路口街道云锦巷社区	省级“幸福社区”拟公示名单	江西省民政厅
竟成镇卫生院、新村街道社区卫生服务中心、里村街道社区卫生服务中心、太白园街道社区卫生服务中心、周路口街道社区卫生服务中心、石狮埠街道社区卫生服务中心、昌江街道社区卫生服务中心、昌河街道社区卫生服务中心、新厂街道社区卫生服务中心、仁德康复医院、新厂医院、东泰中医医院、珠山和美医院、景德镇监狱医院	江西省老年友善医疗机构	省卫生健康委、省中医管理局
第二十二小学	省教育厅“三项文化”教育活动先进单位话网络竞赛获市一等奖	省教育厅
区史馆	景德镇市第四批爱国主义教育基地	中共景德镇市委、景德镇市人民政府
第一小学	十大模范学校	中共景德镇市委、景德镇市政府
新厂街道东三郡社区	景德镇第十次优秀成果奖	景德镇市人民政府
区行政服务中心	景德镇市第八批学雷锋活动示范点	中共景德镇市委宣传部

续表 2

单　位	奖励名称	授奖部门
新村街道	民兵工作先进单位	中国人民解放军景德镇军分区
昌河街道、经开区三宝村	2021 年全市退役军人工作“先进服务站”	中共景德镇市委退役军人事务工作领导小组办公室、景德镇市退役军人事务局
昌河街道昌盛社区	2021 年全市退役军人工作“十佳服务站”	景德镇市退役军人事务局
区退役军人服务中心	2021 年度全市退役军人事务工作先进服务中心	中共景德镇市委退役军人事务工作领导小组办公室、景德镇市退役军人事务局
竟成街道退役军人服务站、昌河街道退役军人服务站、竟成街道三宝村退役军人服务站	2021 年度全市退役军人事务工作先进服务站	中共景德镇市委退役军人事务工作领导小组办公室、景德镇市退役军人事务局
区退役军人服务局	2021 年全市退役军人事务工作标杆单位	中共景德镇市委退役军人事务工作领导小组办公室、景德镇市退役军人事务局
里村街道退役军人服务站、新村街道退役军人服务站	2021 年景德镇市街道级“十佳退役军人服务站”	景德镇市退役军人事务局
昌盛社区退役军人服务站、竟成街道方家山村退役军人服务站	2021 年景德镇市村（社区）级“十佳退役军人服务站”	景德镇市退役军人事务局评为
区消防救援大队	防火工作先进单位	景德镇市消防救援支队
区人民检察院	集体嘉奖	景德镇市人民检察院
区人民检察院	全市离退休干部示范党支部	中共景德镇市委组织部、中共景德镇市委老干部局
区文广新旅局	2021 年度目标管理考评综合先进集体	景德镇市文化广电新闻出版旅游局
洛客设计谷陶瓷创新中心	文旅行业先进集体	景德镇市文化广电新闻出版旅游局
区审计局、第十二小学	市三八红旗集体	景德镇市妇联
区商务局办公室、竟成街道黄泥头村委会、昌江广场社区	市巾帼文明	景德镇市妇联
区统计局	市巾帼建功先进集体	景德镇市妇联
区人民法院团支部、昌河街道团工委、新村街道团工委、石狮埠街道五龙山社区	2021 年度全市五四红旗团支部（总支）、五四红旗团委（团工委）、五四红旗团委（团工委）、五四红旗团支部	共青团景德镇市委
区科协	景德镇市 2022 年全国科普日活动优秀组织单位	景德镇市科学技术协会
新厂街道、昌江街道桂花弄社区、昌河街道梦园社区	常态长效创建全国文明城市“优秀志愿服务组织”	景德镇市常态长效创建全国文明城市工作指挥部、景德镇市委宣传部（市文明办）、景德镇市志愿服务联合会
昌江街道瓷器街社区、昌河街道昌盛社区、经开区南河社区、竟成街道黄泥头村、里村街道童宾社区、太白园街道曙光村社区、太白园街道浙江路社区、周路口街道赛跑坦社区	常态长效创建全国文明城市“优秀志愿服务社区”	景德镇市常态长效创建全国文明城市工作指挥部、景德镇市委宣传部（市文明办）、景德镇市志愿服务联合会

续表 2

单 位	奖励名称	授奖部门
经开区南河社区、里村街道马鞍山社区、太白园街道曙光村社区、新村街道昌虹社区	景德镇市常态长效创文指挥部“优秀志愿服务项目”	景德镇市常态长效创建全国文明城市工作指挥部、景德镇市委宣传部（市文明办）、景德镇市志愿服务联合会
竟成街道洋湖村、竟成街道小港咀村、竟成街道方家山村、竟成街道黄泥头村、竟成街道新厂村、竟成街道后街村、经开区三宝村、经开区湖田村	景德镇市精神文明建设指导委员会办公室	第九届景德镇市文明村镇
昌河街道梦园社区、周路口街道赛跑坦社区	景德镇市无传销社区（村）	景德镇打击传销工作领导小组办公室
竟成镇、昌河街道、新村街道、昌江街道再胜弄社区	景德镇市第七次全国人口普查优秀集体	景德镇市第七次全国人口普查领导小组
石狮埠街道	景德镇市县、乡、村三级综治中心等级评定“一级”	景德镇市委政法委员会
经开区湖田村、竟成街道黄泥头村、竟成街道洋湖村、竟成街道青塘村	第二批景德镇市市级生态村	景德镇市生态环境局办公室
第一小学	助力申遗“小手拉大手 描绘景德镇”全市大中小学生（幼儿园）绘画大赛优秀组织奖	景德镇市申报世界文化遗产领导小组办公室
	“小手拉大手 一起助申遗”征文大赛优秀组织奖	景德镇市申报世界文化遗产领导小组办公室
	2022 年公益活动优秀团队	景德镇市志愿服务联合会
陶阳学校	2022 年景德镇市中学生“三好杯”篮球比赛体育道德风尚奖	景德镇市教育体育局
区文广新旅局、梨树园小学	“喜迎二十大，奋进新征程”大型红色经典情景诵读展演活动金奖	市委宣传部、文明办、市文旅局
第十七小学、第二十二小学	广播之声全国青少年艺术节景德镇展演组委会	北京广播电视台广播之声全国青少年艺术节景德镇展演暨行健杯首届景德镇市青少儿语言艺术展演活动优秀组织奖

组织机构与负责人名录（副科级及以上）

中国共产党珠山区委员会

书 记　高 翔 至4月
书 记　徐 华（女） 9月任
副书记　徐 华（女） 至9月
副书记　程传冬
常 委　张志刚
常 委　柳军华
常 委　余文军
常 委　杜钧瑞
常 委　董玉成
常 委　朱志梁
常 委　江 斌

珠山区人民代表大会常务委员会

党组书记、主任　汪 良
副 主 任　余 畅
党组副书记、副主任　汪 涛
党组成员、副主任　程美玉（女）
党组成员、副主任　江华珍（女）
党 组 成 员　王 鹏
二级巡视员　谢日元

二级调研员　吴筱英（女）
二级调研员　聂　权

珠山区人民政府

党 组 书 记　徐　华（女）　至9月
区　　长　徐　华（女）　至9月
党组成员、常务副区长　余文军
党组成员、副区长　钧瑞
党组成员、副区长　于辉耀
副　区　长　江志瑜（女）
党组成员、副区长　万雪生
党组成员、副区长　虞晓军
党组成员、副区长　王锋胜
党 组 成 员　李　超

中国人民政治协商会议珠山区委员会

主　　席　邵继纲
副　主　席　方才来
副　主　席　王　娟（女）
副　主　席　赵　军
副　主　席　李海平
副　主　席　梁　霞（女）
副　主　席　宁　静（女）
二级调研员　周国逢
二级调研员　罗丽玲（女）
二级调研员　徐光华
二级调研员　吴　云（女）
秘书长、四级调研员　李守清（女）

中国共产党珠山区纪律检查委员会珠山区监察委员会

纪委书记、监委主任　张志刚
纪委副书记、监委副主任　吴为民
纪委副书记、监委副主任　方继伟
纪委常委（正科级）、监委委员
　程　洁（女）
纪委常委、监委委员　李　钰（女）
纪委常委、区委巡察办主任　黄世明　1月任
纪委常委、二级主任科员　姜　莉（女）
监委委员（正科级）　邓迎春　1月任
监 委 委 员　欧阳君　1月任

区委工作机构

区委办公室：
主　　任　袁　峰
副主任、三级主任科员　徐智峰
副　主　任　黄皓民
副　主　任　欧阳健

区档案局：
局　　长　袁　峰

区委组织部：
部　　长　朱志梁
常务副部长　杨　俊
副　部　长　杨向群（女）
副　部　长（正科级）　胡文凯
副　部　长（正科级）　李慧萍（女）
四级主任科员　张丽琴（女）
四级主任科员　朱雅璐（女）

区政策研究中心：
主任、二级主任科员　邹瑞彬
副　主　任　廖敬祥

区委宣传部：
部　　长　江　斌
常务副部长　程继志
副　部　长　杜　辉（女）
副　部　长（正科级）　朱昌玲（女）
副　部　长（正科级）　王文俊
副　部　长（正科级）　徐丽君（女）

区委统战部：
部　　长　董玉成
常务副部长　汪　宏（女）
副　部　长　江胜强
副部长、二级主任科员　计雯英（女）

区委政法委：
书　　记　程传冬
常务副书记　周　娜（女）
副　书　记（正科级）　姚明虎
副　书　记（正科级）　翁　霞（女）
三级调研员　胡　卫　12月任

区综治中心：
主　　任　余乐之　1月任
副　主　任　熊　群（女）　1月任
副　主　任　涂小春　1月任

区委编制委员会办公室：
主　　任　万　静（女）
副　主　任　陈志强

机构编制实名制管理中心：
主　　任　张淑琴（女）

区直属机关工委：
书　　记　朱镇红（女）
副　书　记　钟　耀

区委信访局：
局　　长　　胥文翔
副局长、二级主任科员　　陶　莹（女）
二级主任科员　　聂红清（女）

区委老干部局：
局长、四级调研员　　杨向群（女）　12 月任
副　局　长　　张夏芬（女）

老干部活动中心：
主　　任　　胡馨文（女）

区老年人体育协会　老年体育科学学会：
主席、会长　　占晓春（女）
副　主　席　　查　明
副主席、副会长　　张冬华（女）
副主席、副会长　　孙根太
副主席、副会长　　朱玉全
副主席、副会长、兼秘书长　　殷少华

区老年书画协会：
会　　长　　涂世安
副　会　长　　汪金福
秘　书　长　　胡志平

陶艺活动中心：
主　　任　　李逢民

区老科学技术工作者协会：
会　　长　　罗　曼（女）　至 1 月
会　　长　　罗丽玲（女）　1 月任
副　会　长　　朱玉全
副　会　长　　李　敏
副会长兼秘书长　　伟　华
副 秘 书 长　　李宝英（女）

区诗词学会：
会　　长　　饶正毛
常务副会长　　李　华
副　会　长　　任伯芳
副　会　长　　胡伟华
副　会　长　　胡志平
副　会　长　　范玉红（女）
副　会　长　　李逢民
副　会　长　　张玉春（女）

区关心下一代工作委员会：
主　　任　　施向阳
副主任兼办公室主任　　胡馨文（女）

区委党校：
校　　长　　程传冬
常务副校长　　罗　英（女）
二级主任科员　　吴　缨（女）

区委党史地志办公室：
主　　任　　刘露虹（女）
二级主任科员　　夏旭奇（女）　12 月任

区档案馆：
负　责　人　　张　琦（女）

区人大常委会机关

办公室：
主　　任　　王　鹏
二级主任科员　　鲍雯倩（女）

财政经济办公室：
主　　任　　李席辉
二级主任科员　　熊　瑜（女）
二级主任科员　　曹　亮

教科文卫办公室：
主　　任　　薛　丹（女）
四级调研员　　江才昌

监察和司法办公室：
主　　任　　张　艳（女）
三级调研员　　龚镇红　至 10 月

环境与资源保护办公室：
主　　任　　徐丽娟（女）

选举任联络办公室：
主　　任　　陈红蕾（女）

社会建设办公室：
主　　任　　徐　君（女）

区政协机关

办公室：
主　　任　　朱声隆
二级主任科员　　黄莉芬（女）

政协人口资源环境委员会：
主　任　　李　璎（女）
四级调研员　　沈建新

政协法制社团委员会：
主　　任　　屈蕾芬（女）
一级主任科员　　邹　利（女）　12 月任

政协港澳台侨委员会：
主任、一级主任科员　　江耀斌　12 月任

政协提案委员会：
主任 、四级调研员　　粮与敏

政协农业农村经济科技委员会：
主任、四级调研员　　程润秋（女）

政协文化文史和学习委员会：
主　　任　　吴　芳（女）

政协教育文化卫生体育委员会：
主任、四级调研员　　汪　春

区纪委区监委机关

四级调研员　　杨雄金
二级主任科员　　王细斌

办公室：
主　任　　欧阳君

组织宣传部：
部长、二级主任科员　　单　斌

党风政风监督室：
三级调研员　　余春福　至 3 月

信访室（纪检监察干部监督室）：
主任、二级主任科员　　黄　颖
二级主任科员　　汪　春

案件监督管理室：
主任、二级主任科员　　徐　杰　至 1 月
主　　任　　张秋霞（女） 1 月任

案件审理室：
主　　任　　占文军（女）

第一纪检监察室：
主任、二级主任科员　　汪　江
四级主任科员　　曹宇超

第二纪检监察室：
主任、二级主任科员　　荣　震
四级主任科员　　岳德曹　10 月任

第三纪检监察室：
主任、二级主任科员　　罗嗣标

区纪委监委派驻纪检组：
驻区委办纪检监察组组长、二级主任科员　　江　祺（女）
驻区委组织部纪检监察组组长　梁明龙
驻区委政法委纪检监察组组长　方　剑（女）
驻区委政法委纪检监察组副组长、二级主任科员　　曹新宇
驻区政府办纪检监察组组长、二级主任科员　　应春玲（女）
驻区城管局纪检监察组组长、二级主任科员　　刘　奕
驻区城管局纪检监察组副组长、二级主任科员　　陈　杰
驻区教体局纪检监察组组长、二级主任科员　　吴本康

区委巡察办公室：
主　　任　　黄世明
副　主　任　　胡知柳（女）

第一巡察组：
组　　长　　刘香爱（女）
专　　员　　万腾青（女）

第二巡察组：
组长、四级调研员　　李国平
副组长、二级主任科员　　余燕群
专　　员　　陈伟新

第三巡察组：
组　　长　　涂志军
专　　员　　王春林

区人民法院

党组书记、院长　　陈翰朋
党组副书记、副院长　　黄志刚
党组成员 、副院长　　李智英（女）
党组成员 、副院长　　章　峻
党组成员 、副院长（挂职）　　罗明华
党组副书记　　熊　玮
党组成员 、政治部主任　　毛建平
党组成员　　曹宏美
党组成员　　李晓军
专职审委会委员　　程　红（女）
专职审委会委员　　郭镇峰

立案庭：
庭　　长　　漆　丽（女）
副庭长、一级主任科员　　杨春艳（女）12 月任
副　庭　长　　万　军

刑事审判庭：
庭　　长　　吴　琴（女）
副　庭　长　　周仔君

行政审判庭：
庭　　长　刘经晶（女）
副 庭 长　龙　飞（女）
副 庭 长　程　婷（女）

民事审判庭：
庭　　长　洪莉倩（女）
副 庭 长　严　东
副 庭 长　陈同标

执行局：
局　　长　金晓猛
副 局 长　张志春
副 局 长　段久久

竟成法庭：
庭　　长　李南新
副 庭 长　汪至美（女）

综合办公室：
主任、二级主任　张　娟（女）
副主任、四级主任科员　王　霞（女）
副主任、四级主任科员　许丕德

法警大队：
大 队 长　姜　敏（女）
副大队长　张小玲（女）

审判管理办公室：
主　　任　李红光
副 主 任　王　蒙（女）
四级调研员　熊　智（女）

区人民检察院

党组书记、检察长　李　锋
党组副书记　黄国平
党组成员、副检察长　王飞虎
党组成员、副检察长　黄　娟（女）
党组成员、副检察长　孟　艳（女）
党组成员　夏海丰
检委会专职委员　王　彤
检委会专职委员　付有胜

办公室：
主任、四级主任科员　余　健　2月任
副 主 任　李　川　至9月

政治部：
副主任、四级主任科员　袁志坚

第一检察部：
主　　任　黄云龙　5月任
副 主 任　黄陈婧（女）

第二检察部：
主　　任　蒋玲玲（女）
副 主 任　万韦龙

第三检察部：
主　　任　董　靓（女）
副 主 任　李　川　9月任
正科级检察员　付佳龙
正科级检察员　涂金根
正科级检察员　陈国华

昌河检察室：
主　　任　夏海丰

群众团体

区总工会：
党组书记、主席　汪　涛
党组副书记、常务副主席　刘　楠（女）　1月任
党组成员、二级主任科员　徐圣君（女）
副 主 席（兼职）　黄　斐（女）
副 主 席（兼职）　闪文倩（女）
四级调研员　林荔景（女）

共青团珠山区委员会：
书　　记　汪　倩（女）　3月任
副 书 记　余　升

区妇女联合会：
党组书记、主席　赵　喆（女）
党组成员、二级主任科员　邓凌光（女）
党组成员、副主席　张　琼（女）

区科学技术协会：
主　　席　李　敏
党组成员、二级主任科员　李　菲（女）
二级主任科员　洪　芸（女）

区工商业联合会：
主　　席　宁　静（女）
党组书记、常务副主席　江胜强
党组成员、副主席　刘挺恒
党组成员、秘书长、四级主任科员　陈　维

区文学艺术界联合会：
党组书记　万禄敏
主　　席　刘　斐（女）

区残疾人联合会：
党组书记、理事长　程启勇

党组副书记、副理事长　　瞿　萍　至5月
党组成员、二级主任科员　　曹亮华

区红十字会：
会　　长　　万雪生
党组书记、四级调研员　　赵俊明
常务副会长　　洪　雁（女）
党组成员、专职副监事长　　周　颖（女）
党组成员、挂职副会长　　张晓君（女）

区社会科学界联合会：
党组书记　　殷　琳（女）
主　　席　　岑　涛（女）

区政府工作机构

区政府办公室：
党组书记、主任　　李　超
党组成员、二级主任科员　　卢倩颖（女）
党组成员、驻区政府办纪检组组长　　应春玲（女）
党组成员、副主任　　洪光耀
党组成员、副主任、三级主任科员　　余　婧（女）
党组成员、副主任　　苏小敏（女）
二级主任科员　　金　峰
二级主任科员　　朱惠萍（女）
二级主任科员　　洪　晖
二级主任科员　　王　清（女）

区机关事务管理局：
党组书记、局长、四级调研员　罗序光

区退役军人事务局：
党组书记、局长、四级调研员　彭长武
党组副书记、副局长、二级主任科员　　汪碧君（女）
副 局 长　　邹朝芬（女）

区乡村振兴局：
局　　长　　段载旗
党组成员、副主任、二级主任科员　　付陈芳（女）
二级主任科员　　李宝琴（女）

区行政服务中心：
党组书记、主任　　张　琦（女）　1月任
党组成员、副主任　　吴丽珺（女）

区司法局：
党组书记、局长　　江　滔
党组成员、副局长、二级主任科员　　程文华
党组成员、二级主任科员　　林丽敏（女）
党组成员、二级主任科员　　王　挺
三级调研员　　卢乐宾　12月任

区农业农村和水利局：
党组书记、局长　　谢君毅
党组副书记、副局长、二级主任科员　　刘国银
党组成员、二级主任科员　　钱丽娟（女）
一级主任科员　　龚安成　12月任

区工业和信息化局：
党委书记、局长　　石群丽（女）
党委副书记、副局长、二级主任科员　　程华峰
党委委员、副局长　　徐　君（女）

区陶瓷文创发展中心：
副 主 任　　陈胜明
副 主 任　　曾　菲

区交通运输事业发展中心：
主　　任　　计　勇

经开区管委会：
党工委书记、主任　　余荣幸
党工委委员、副主任　　赵宇凡

区住房和城乡建设局：
党组书记、局长　　江智中
党组成员、副局长（正科级）　张景勇
党组成员、副局长、二级主任科员　　张喜生
党组成员、二级主任科员　　夏泽香（女）

城镇发展服务中心：
主　　任　　陈　浩

区城市管理局：
党委书记、局长　　熊　俊
党委副书记　　潘震锋
党委委员、二级主任科员、驻城管局纪检组组长　　刘　奕

区城管执法大队：
大 队 长　　潘震锋

区新区发展中心
副 主 任　　陈四书

区发展和改革委员会：
党组书记、主任　　朱建亚

党组副书记、副主任　罗嗣忠（正科级）
党组成员、副主任　王　珂
党组成员、二级主任科员　曹彩虹（女）
党组成员、二级主任科员　舒　丹（女）
党组成员、三级主任科员　程天雄
四级调研员　王　斌
四级调研员　吴锦秀（女）
四级主任科员　陈兰芳（女）

区政务信息中心：
主　任　汪　霖

区重点项目推进中心：
副主任　方　超

区应急管理局：
党委书记、局长、四级调研员　金光华
党委副书记、副局长（正科级）　江丽君（女）
党委成员、二级主任科员　古芳卿
党委成员、二级主任科员　汪建华
党委成员、副局长、二级主任科员　刘　波

区商务局：
党组书记、局长　周　群（女）
党组成员、副局长　李俊炜
党组成员、二级主任科员　王凯忠
党组成员、二级主任科员　徐　敬
二级主任科员　陈　静（女）

区经济合作交流中心：
主　任　徐　敬
副主任　朱少锋

区现代商贸业发展中心：
主　任　张　军 1 月任
副主任　万　星

区国有资产经营管理有限公司：
董事长　张跃军

区市场监督管理局：
党组书记、局长　查璐玮（女）
党组成员、副局长　方　炜
党组成员、二级主任科员　陈　锐
党组成员、二级主任科员　孟　刚
党组成员、四级主任科员　吕　忠
党组成员　饶文彬
三级调研员　程中霞　12 月任
二级主任科员　黄剑平
一级主任科员　戴向农　12 月任
三级主任科员　占福清　12 月任

技术保障中心：
所　长　邓　铮

戴家弄分局：
局　长　徐　露（女）

斗富弄分局：
局长、二级主任科员　袁明淳

新村分局：
局　长　吴红卫

新厂分局：
局　长　张　雷

太白园分局：
局　长　陈　伟

昌河分局：
局　长　王金刚

里市渡分局：
局　长　汪　洁（女）

区市场监督技术保障中心：
主　任　邓　铮

区统计局：
党组书记、局长　刘柄英（女）
党组成员、副局长、二级主任科员　程　吟（女）

区统计调查中心：
主　任　王文辉

区审计局：
党组书记、四级调研员　徐笑红（女）
局　长　程瑞华（女）
副局长　沈　娟（女）
党组成员、二级主任科员　陈　方（女）
四级主任科员　杜　鹃（女）

区财政局：
党组书记、局长　刘　涛
党组副书记、副局长、二级主任科员　余　蕾（女）
党组成员、副局长、二级主任科员　李金华
党组成员、副局长、三级主任科员　冯小欢（女）

四级调研员　罗柏林

区国库集中收付核算中心：

主　任　李　俊（女）

区政府和社会资本合作服务中心：

主　任　胡协华　1月任

区国有资产管理中心：

主　任　李文辉　1月任

区财政公共服务中心：

主　任　罗园红（女）　1月任

区投融资中心：

主　任　裴　承

区人力资源和社会保障局：

党组书记、局长、景德镇学院党委组织部副部长　敖景辉

党组副书记、副局长（正科级）汪　伟

党组成员、副局长、二级主任科员　仲筱霞（女）

党组成员、二级主任科员　黄　斐（女）

区社会保险事业服务中心：

主　任（正科级）　曹　鹏　1月任

区就业创业服务中心：

主　任　罗英俊

区医疗保障局：

党组书记、局长　潘　群（女）

主任科员、副局长、二级主任科员　俞淑军（女）

党组成员、副局长　江玉兰（女）

区医疗保险事业服务中心：

主　任　钱少贞（女）

区民政局：

党组书记、局长　王　振

党组成员、副局长（正科级）　邓燕平（女）

党组成员、副局长、二级主任科员　吴　霓（女）

二级主任科员　彭佩芳（女）

区社会救助中心：

主　任　樊　峰

区教育体育局：

党委书记、局长　李海平

党委副书记、副局长（正科级）查　明

党委委员、副局长　汪　倩（女）　至4月

党委委员、驻区教体局纪检组组长　吴本康

三级调研员　朱玉全　至5月

党委委员、一级主任科员　王世平（女）

党委委员（正科级）　盛新云（女）

四级主任科员　张　舷

四级主任科员　金叶青

区卫生健康委员会：

党组书记、主任　辛　晨（女）

党组成员、二级主任科员　喻建明

党组副书记　冯唐春

党组成员　王卫平

二级主任科员　于晓玲（女）

四级主任科员　方少俊（女）

四级主任科员　范惠芬（女）

区疾病预防控制中心：

主　任　冯唐春

区妇幼保健计划生育服务中心：

主　任　王卫平

区卫生健康综合监督执法局：

局　长　张军红（女）

区健康教育馆：

馆　长　袁智华（女）

区科学技术局：

党组书记、局长　金坤辉

党组成员、二级主任科员　林　海

党组成员、副局长、三级主任科员　冯　霞（女）

四级调研员　刘显发

区文化广电新闻出版旅游局：

党组书记、局长　杜　辉（女）

党组成员、副局长　洪　靓（女）

副局长　周　凌

二级主任科员　熊纯良

文化馆：

馆　长　余洪霞（女）

竟成街道：

党工委书记、一级主任科员　万元新

党工委副书记、办事处主任　王朝辉

党工委副书记（正科级）　曹潇毅

人大工委主任　项剑飞

党工委委员、纪工委书记、二级主任科员 程 英
党工委委员、二级主任科员 黄 涛
党工委委员、常务副主任 彭 冰
党工委委员 、政法委员 丁红云
党工委委员 余智鹏
党工委委员 林 斌
人大工委副主任 陈柳红（女）
办事处副主任 柳 杰（女）
办事处副主任、二级主任科员 聂海超
办事处副主任 吕雅芬（女）
四级调研员 王国志
四级调研员 陈晓明
二级主任科员 周帮京
二级主任科员 汪 艳（女）

石狮埠街道：
党工委书记、一级主任科员 程俊锋
党工委副书记、办事处主任 夏文彬
党工委委员、纪工委书记 陶 峰
党工委委员、办事处副主任 占 慧（女）
人大工委副主任 曹小英（女）

珠山街道：
党工委书记、景德镇市贸促会党组成员、副会长 杨 涛
党工委副书记、办事处主任 严 欢（女）
党工委副书记、人大工委主任 黄文明
党工委委员、政法委员、二级主任科员 程宜龙
党工委委员 戴 璐（女）
人大工委副主任 冯茹霞（女）
办事处副主任、司法所所长 张慧丽（女）

新村街道：
党工委书记、一级主任科员 方 军
党工委副书记、办事处主任 汪 源
党工委副书记、人大工委主任 冯宇琪（女）
党工委委员、办事处副主任、三级主任科员 刘艳芳（女）
党工委委员、政法委员 尹 星
党工委委员、纪工委书记 汪 媛（女）
办事处副主任 查裕丞
办事处副主任 刘佳欣
四级主任科员 冯 宁 4月任

昌江街道：
党工委书记 温 庭
党工委副书记、办事处主任 鲍文芳
党工委副书记、人大工委主任、政法委员 卢炆君（女）
党工委委员、纪工委书记 叶符强
党工委委员 江 镇
人大工委副主任 占彦茹（女）

周路口街道：
党工委书记、一级主任科员、景德镇市金融服务中心党组成员、副主任 伍 权
党工委副书记、办事处主任 胡剑锋
党工委副书记、政法委员 许 若
党工委委员、纪工委书记 李 平（女）
党工委委员、办事处副主任 严 芳（女）
办事处副主任 江 平（女）
二级主任科员 沈 斌

太白园街道：
党工委书记、一级主任科员 陈运宏
党工委副书记、办事处主任 张 麒
党工委副书记、人大工委主任、政法委员 夏丽君（女）
党工委委员、纪工委书记 龙 丹（女）
党工委委员 张梦玉（女）
人大工委副主任 熊嫣然（女）

里村街道：
党工委书记、一级主任科员 余 霞
党工委副书记、办事处主任 张子仂
党工委副书记、人大工委主任、政法委员 刘 鎏（女）
党工委委员、二级主任科员 尹海平
党工委委员、纪工委书记 、三级主任科员 黄 敏（女）
党工委委员 叶列东
人大工委副主任 曹 榴（ 女）

新厂街道：
党工委书记、一级主任科员 郑 芳(女)
党工委副书记、办事处主任 孙 斌
党工委副书记、人大工委主任 胡 晓（女）
党工委委员、纪工委书记、三级主任科员 武长胜
党工委委员、政法委员 丁志龙
党工委委员、三级主任科员 谭振红（女）
党工委委员、办事处副主任 邝宏博

昌河街道办事处：
党工委书记、一级主任科员 李田有
党工委副书记、办事处主任 汪雅娴（女）
党工委副书记、人大工委主任、政法委员 罗 瑨
党工委委员、纪工委书记、三级主任科员 叶红英（女）
党工委委员 饶 洁（女）
办事处副主任 于家慧（女）

驻区单位

珠山公安分局：

党委书记、局长　于辉耀
党委副书记、政委　林　胜
党委副书记、常务副局长　陈齐梁
党委委员、副局长　周武科
党委委员、副局长　梁声东
党委委员、副局长　周陈松
党委委员、副局长　冯　胜
党委委员、政工科长　朱晓竹
党委委员、纪委书记　陈　宜

督察大队：

大　队　长　付　强

指挥中心：

主　　任　李晓君

秘书科：

科　　长　王　豪

法制大队：

大　队　长　李新同

户政科：

科　　长　庄　辉　至9月
科　　长　秦　磊　12月任

国内安全保卫大队：

大　队　长　何　琼（女）

经济犯罪侦查大队：

大　队　长　朱为民

治安大队：

大　队　长　修卫国

禁毒大队：

大　队　长　李　伟
教　导　员　蒋建波　12月任

刑事警察大队：

大　队　长　欧阳志洲
教　导　员　付少文

城市警察大队：

大　队　长　倪飞翔　至12月
教　导　员　洪　浩
石狮埠中队指导员　占　锋
周路口中队指导员　袁鸽平
竟成中队指导员　何　强
珠山中队指导员　郑金旗
太白园中队指导员　吴　筠
里村中队指导员　朱爱民
新厂中队指导员　樊　钧
新村中队指导员　陈鑫坤
昌江中队指导员　周晓可
昌河中队指导员　彭乃景　12月任

石狮埠派出所：

所　　长　蔡报智
教　导　员　刘　景　至12月

珠山派出所：

所　　长　卢景春
教　导　员　汪　俊

周路口派出所：

所　　长　李广林
教　导　员　吴　量　12月任

昌江派出所：

所　　长　王镇国
教　导　员　刘厚健

新厂派出所：

所　　长　夏海涛
教　导　员　杜建平　至12月

新村派出所：

所　　长　周革胜　至12月
所　　长　武　波　12月任
教　导　员　徐　冰

陶溪川派出所：

所　　长　张道明
教　导　员　邹君涛

太白园派出所：

所　　长　杨玉清
教　导　员　侯庆林　至12月
教　导　员　吴　剑　12月任

陶院派出所：

所　　长　简维国　至9月
教　导　员　黄少辉

竟成派出所：

所　　长　占　颖　至12月
所　　长　郑慧中　12月任
教　导　员　郑慧中　至12月

湖田派出所：
所　　长　　官云飞
教 导 员　　郭震球

景东派出所：
所　　长　　曹旭东
教 导 员　　程焕明　12月任

珠山生态环境局：
党组书记、局长　　殷　炜
党组成员、二级主任科员　　陈　坚
党组成员　　张　清（女）6月任
二级主任科员　　陈振中
四级调研员　　朱少敏

区环境监察大队：
队　　长　　龙　勇

国家税务总局景德镇市珠山区税务局：
党委书记、局长　　程新华
党委委员、副局长　　饶建平　至3月
党委委员、副局长　　张勇强　至7月
党委委员、副局长　　汪　洋（女）至7月
党委委员、副局长　　石必定　7月任
党委委员、副局长　　方初筠　10月任
党委委员、副局长　　蔡衍记
党委委员、纪检组组长　　汪建华

景德镇市自然资源和规划局珠山分局：
局　　长　　王宏强

竟成自然资源和规划所：
所　　长　　蒋镐勇

区消防救援大队：
大 队 长　　胡春生　2月任
教 导 员　　彭政财
副大队长　　李　青　4月任

浙江路消防救援站：
站　　长　　程卓锐　3月任
指 导 员　　赖　焘　3月任

腊丽山路消防救援站：
站　　长　　蔡　斌　3月任
指 导 员　　操吉祥　3月任

附　录

统计资料

1—12 月主要经济指标运行监测

2022 年，全区实现地区生产总值（GDP）276 亿元，按照可比价格计算，增长 4.6%，三次产业结构为 0.3 ： 21.0 ： 78.7，其中第一产业增长 1.2%，第二产业增长 5.7%，第三产业增长 4.4%，其中第三产业对经济的拉动力达 80% 以上，对经济发展贡献显著。

一是工业经济平稳，短板依然存在。全年全区规模以上工业增加值同比增长 8.4%，与全市平均水平持平，较 2021 年提升 2 个位次。全年规模以上工业企业实现营业收入 12.08 亿元，同比增长 1.69%，总量和增速在全市处于末位。工业发展瓶颈主要是受物理空间限制，工业发展后劲仍然不足，工业投资项目增长乏力，全年投资额下降 11.4%，规模以上工业企业行业单一，主要集中在陶瓷加工制造行业，企业规模普遍偏小，全年营业收入过亿元的规模企业仅 1 家。

二是投资保持平稳增长，项目建设效益跃升。2022 年，全区固定资产投资同比增长 8.1%，与全市平均水平持平，增幅位居全市第 3，其中，工业项目投资同比下降 11.4%，增幅处于全市末位。从项目建设情况看，1—12 月，全区亿元以上在建工程项目共 84 个，同比增长 6.32%，完成项目投资额同比增长 0.85%，占全部固定资产投资额的 75.36%。

三是消费活力持续释放，网络销售增势良好。2022 年，全区消费品市场规模稳步扩大，消费结构持续优化，实现社会消费品零售总额 210.18 亿元，增长 4.45%，居全区第 2。分行业看：批发业同比增长 19.7%，高于全市平均水平 0.1 个百分点、零售业同比增长 9.8%，高于全市平均水平 1 个百分点。从限额以上消费品市场看，生活类商品增长较好，其中粮油、食品类零售额增长 31.7%，服装鞋帽类增长 37.2%，中西药品类增长 90.1%；智能化商品备受青睐，智能家用电器和音像器材同比增长 77.4%；绿色消费需求持续释放，其中能效等级为 1 级和 2 级的商品增长 32.3%，新能源汽车增长 346.8%。网络消费高速增长。2022 年，全区限额以上批发零售单位通过公共网络实现的销售额为 12.3 亿元，同比增长 248%。

四是服务业稳中有进，主要行业贡献突出。2022 年全区规模以上服务业实现营业收入 68.9 亿元，同比增长 16.5%，位列全市第二。整体来看，服务业受疫情影响较大，部分大型物流企业营收出现大幅下降，一定程度上拉低了大口径服务业增幅。从其他营利性服务看：互联网和相关服务、软件和信息技术服务业，下降 2.1%，位列全市第二；租赁和商务服务业增长 23.6%，位列全市第三；科学研究和技术服务业增长 62.2%，位列全市第三；居民服务、修理和其他服务业增长 32.9%，位列全市第二；文化、体育和娱乐业增长 17.7%，位列全市第三。

五是新增“五上”企业多，增长后劲大。2022 年，全区“五上”企业入库数 74 家，除工业没有达到预期目标（新增 7 家,净增 5 家），其他行业均超出预期目标，贸易、服务业、建筑业新增入库分别为 45 家、13 家（5 家为营利性服务业，可纳入 GDP 核算）、8 家，房地产完成 1 家。

总的来看，2022 年全区高效统筹疫情防控和经济社会发展取得积极成效，全区经济持续稳定恢复，经济发展动力不断提升，发展质量稳步提高，发展态势持续向好。但也要看到，当前外部环境更趋复杂严峻，需求收缩、供给冲击、预期转弱三重压力仍然较大，经济持续恢复的基础尚不牢固，产业结构不优，发展质量不高，创新能力不足的问题依然存在，大企业、大项目仍然偏少，经济持续增长压力较大。

主要经济指标完成情况统计表

表 3

指　标		珠山区
地区生产总值	亿元	275.97
	增速（%）	4.6

续表 3

指　标		珠山区
规模工业增加值	亿元	93.94
	增速（%）	8.4
固定资产投资	亿元	126.86
	增速（%）	8.1
一般公共预算收入	亿元	4.80
	增速（%）	-40.0
社会消费品零售总额	亿元	210.2
	增速（%）	4.45
限额以上零售总额	亿元	64.47
	增速（%）	16.6
规模以上服务业营业收入	亿元	68.90
	增速（%）	16.5
“四上”企业入库数（新增）	家	74
城镇居民人均可支配收入	元	49916
	增速（%）	4.3

新增“四上”企业数情况统计表

表 4　单位：个

	合　计	工　业	建筑业	批　零	住　餐	房地产	服务业
珠山区	74	7	8	27	18	1	13

规模以上服务业完成情况统计表

表 5

分地区		珠山区
全口径	单位数	73
	营业收入（亿元）	68.90
	增速（%）	16.5
装卸搬运和仓储业	单位数	—
	营业收入（万元）	—
	增速（%）	—
互联网和相关服务、软件和信息技术服务业	单位数	1
	营业收入（万元）	3742.5
	增速（%）	-2.1

续表 5

分地区		珠山区
租赁和商务服务业	单位数	9
	营业收入（万元）	61205.3
	增速（%）	23.6
科学研究和技术服务业	单位数	2
	营业收入（万元）	8100.0
	增速（%）	62.2
居民服务、修理和其他服务业	单位数	1
	营业收入（万元）	4381.2
	增速（%）	32.9
文化、体育和娱乐业	单位数	4
	营业收入（万元）	4800.6
	增速（%）	17.7

重要文献

中共珠山区重要文件摘录

景德镇市珠山区人民法院工作报告

——2022 年 2 月 22 日在珠山区第十一届人民代表大会第二次会议上

珠山区人民法院院长　陈翰朋

各位代表：

现在，我代表珠山区人民法院向大会报告工作，请予审议，并请各位政协委员和其他列席会议的同志提出意见。

2021 年主要工作

一年来，在区委正确领导、区人大及其常委会有力监督和上级法院精心指导下，在区政府、区政协和社会各界关心支持下，区法院坚持以习近平新时代中国特色社会主义思想为指导，全面贯彻党的十九大和十九届历次全会精神，按照区第十二次党代会部署要求，紧紧围绕“努力让人民群众在每一个司法案件中感受到公平正义”目标，坚持服务大局、司法为民、公正司法，努力服务保障社会主义现代化国际瓷都先行区建设，全力践行“作示范、勇争先”的目标要求，各项工作取得新成效。

全年新收各类案件 8870 件，办结 8692 件（含旧存），员额法官人均结案 322 件，收结案数均创历史新高。高质量发展考核成绩取得历史性突破，以 146.59 分列全省法院第二、全市法院第一。在全部 42 项考核指标中，区法院 22 项指标列全省第一（含并列），33 项指标列全市第一（含并列）。先后荣获“全国巾帼建功先进集体”、全国“司法宣传和通联工作先进单位”、“全省文明单位”、全省扫黑除恶专项斗争先进集体、全省法院“争创一流”工作先进法院等荣誉称号；2个集体被评为“全省法院扫黑除恶专项斗争先进集体”，2个集体被评为“全省法院‘争创一流’工作先进集体”，2个集体被评为“全市扫黑除恶专项斗争先进集体”。

一、立足审判职能，服务高质量发展大局

依法打击刑事犯罪。审结各类刑事案件444件，判处罪犯608人。审结的高某华运输毒品案入选省高院2021年禁毒典型案例，切实维护社会安定、人民安宁。审结故意伤害、强奸等侵犯人身权益犯罪案件47件，审结“盗抢骗”等侵犯财产犯罪案件127件，审结贪污贿赂类案件2件，审结黄赌毒犯罪案件114件，审结袭警、帮信等新类型案件25件。审结全市首例高空抛物案、首例洗钱案等多个社会广泛关注案件，妥善审结两起涉案被害人数众多的非法吸收公众存款案，切实维护群众“头顶上”和“钱袋子”安全。

妥善审理民商纠纷。审结各类民商事案件5690件。策应全市产业发展升级部署，受理破产案件6件，均由院领导担任审判长带头办理。加强民生司法保障，审结劳动争议、人身损害赔偿等涉民生案件299件。将社会主义核心价值观融入审判，审结婚姻家庭、继承等家事案件307件，用法治为人民群众幸福生活保驾护航。审结合同纠纷4740件，平等保护各类市场主体。与景德镇仲裁委员会签订合作框架协议，挂牌成立仲裁调解工作室，拓展民商事纠纷化解渠道，切实维护社会稳定。

服务保障创新发展。出台13条司法措施，服务保障社会主义现代化国际瓷都先行区建设。实行专业化审判，严格贯彻落实“三合一”审判模式，集中审理知识产权案件216件，同比增长109.71%，其中著作权权属、侵权纠纷案件40件，商标权纠纷案件168件。与市文化广播新闻旅游局、市市场监督管理局等行政机关建立诉调对接机制，提升精准保障能力，构建“法院+N”解纷模式。詹某权销售假冒注册商标的商品罪案入选江西法院2020年十大知识产权典型案例，知识产权保护“四项举措”入选《新时代江西法院人民法庭建设案例选编》。

实质化解行政争议。服务纵深推进“放管服”改革，审结行政案件389件，监督行政机关依法行政，以服务法治政府建设推动法治化营商环境建设。加强沟通协调，创新设立行政审判和行政检察工作联动衔接机制，找准解开官民纠纷的钥匙。将司法救助工作集中归口到行政审判庭，决定给予司法救助案件9件，救助金额达14万元。开展巡回审判，3天时间内妥善审理了51件社会关注度高、与民生密切相关的强制清除地上物系列案。

二、站稳人民立场，推进高品质为民司法

兑现当事人胜诉权益。巩固深化“基本解决执行难”成果，紧盯“3+1”核心指标，执结案件2101件，执行到位金额24626.52万元。保护诚实守信，纳入失信名单397人，限制高消费786人。开展“猎狐—2021”打击规避执行、“惠民暖心”等专项行动，集中发放涉民生案件执行款667万余元，努力兑现胜诉权益。创新推出的财产处置“三新”工作法及执行“3+1”模式，被省高院作为先进工作经验刊发并在全省推广，执行质效考核以唯一满分列全省105个基层法院第一。执结的胡某某申请强制执行办证信访案，入选最高人民法院第一批涉执信访实质性化解十大典型案例，获得最高院领导批示肯定。

优化提升诉讼服务水平。坚持诉讼服务做“加法”、群众诉累做“减法”，通过诉讼服务大厅、江西移动微法院、“12368”诉讼服务热线等线上线下多种渠道，实现诉讼服务“线下一站式”“线上一网通”，满足群众一站式办理需求。完善竟成法庭诉讼服务站，把优质的一站式诉讼服务送到群众“家门口”，让群众切实感受到司法为民的速度和温度。建设赣法民意中心珠山分中心，精准服务群众诉求，积极接受群众监督，共接待处理各类诉求274个，建立分派工单100个，回访满意率达100%。一站式多元解纷和诉讼服务体系质效评估综合得分长期稳居全省前列，在全省法院会上作经验交流。

深入推进智慧法院建设。“诉讼网上见”“执行走云端”“服务不打烊”成为工作新常态。借助“12368”热线、赣法民意中心，利用网上远程调解的一起离婚纠纷案入选江西法院赣法民意中心工作典型案例。全年网上立案318件，网上开庭55次，在线音视频远程调解1312件，电子送达7117次。深入贯彻“智慧执行”理念，进一步满足新常态下人民群众的多元司法需求，网络司法拍卖成交金额7560.46万元，成交量达全市近一半水平，案拍比为6.78%，超全国省级法院第一名水平。

积极融入基层社会治理。践行和弘扬社会主义核心价值观，认真落实最高院关于深入推进社会主义核心价值观融入裁判文书释法说理的意见，通过公正裁判传递司法力量，让案外群众感受到司法带来的安全感与获得感。常态化开展法律“六进”宣讲、巡回审判等活动，将民法典等法律法规知识送到群众身边，送进群众心里，引导群众主动践行法律。深入旅发会、瓷博会等进行精准宣传，积极开展网络直播执行活动，吸引90余万网友围观一起“法拍房”强制腾空现场，“法拍”直播助力瓷都金融业发展的单场观看最高人气值达204.09万次。

三、维护和谐稳定，建设高水平平安珠山

服务常态化疫情防控大局。严格落实防控要求，依法快审快结涉疫情口罩诈骗案等涉疫犯罪，利用远程开庭、远程调解等智能化平台，以“屏对屏”方式及时化解涉疫矛盾。审结金融借款、信用卡纠纷等金融案件554件，防范化解金融风险，维护常态化疫情防控下经济社会秩序。司法警察大队和竟成法庭严把入口关，严格落实公共区域防控要求，执行“逢进必检”制度，筑牢法院抗疫“防线”。

浓厚常态化扫黑除恶氛围。严格贯彻落实中央、省委和上级法院常态化扫黑除恶工作部署，成立常态化机构，共审结涉恶案件4件18人、涉伞案件1件1人，结案率100%，判处罚金人民币95.9万元，追缴没收人民币30.3万元，执行到位率100%。积极落实涉黑恶涉“保护伞”线索转办、处置工作，建立线索双向移交反馈机制，向上级法院、区扫黑办提供线索2条，核查反馈率达100%。将常态化扫黑除恶与社会综合治理相结合，规范司法建议，先后向公安机关、卫健委、市场监管等多家单位发送司法建议书，回复率达100%，推动长效常治见实效。

优化全方位纠纷化解格局。发挥“余梅调解工作室”典型示范作用，发动人民调解、行政调解、司法调解、律师调解等主体加入，与区消防大队、区司法局、区妇联、景德镇仲裁委员会等9个特邀调解组织订立合作协议，多方集智，打造多元解纷品牌集群。加强诉前调解，下足解纷的“绣花功夫”，让群众的“微痛点”及时纾解，全年诉前调解纠纷3358件，诉前调解占比57.58%，速裁快审各类案件2942件，简案平均审理期限缩短为7.28天，促进矛盾纠纷公正、高效、实质性化解。诉前鉴定推动医疗纠纷化解案入选江西法院一站式多元解纷机制典型案例。

依法保障未成年合法权益。实行未成年人刑事案件集中管辖，挂牌成立“三合一”少年法庭，审结未成年被害人刑事案件19件22人，审结未成年被告人刑事案件16件26人。坚持“寓教于审”“惩教结合”，维护未成年人合法权益。建立“珠法少年说”未成年人工作室，联手专业心理咨询师开展心理疏导、评估及矫治，专门设立涉未成年人案件救助专项基金，确保未成年人得到特殊、优先保护。会同社区、学校等开展丰富多彩的法治安全教育活动，用生动案例传递司法关怀。

四、聚焦提升质效，深化高标准司法改革

创新审判管理机制。成立案管中心，试运行审判管理可视化平台，并率先将平台延伸至派出法庭，实时动态监管质效指标，强化审判运行态势分析，全力推动审判管理体系和审判管理能力现代化。巩固“发改再”案件、“四类案件”、长期未结案件监管平台成效，“四类案件”监管平台累计监管案件101件，“发改再”案件平台累计评查案件202件，长期未结案件一直保持“清零”状态。狠抓审判质效，全面应用“审判e管理”，实施延长审限院长审批、排名通报及“一把手”约谈制度。平均办案天数34.8天，较2020年缩短14.6天。

深化诉讼制度改革。深入推进以审判为中心的刑事诉讼制度改革，严格实施“三项规程”，不断提高证人、鉴定人、侦查人员出庭作证率，促进庭审实质化。贯彻落实认罪认罚从宽制度，构建普通程序、简易程序、速裁程序有序衔接的多层次诉讼程序体系，简案快办，繁案精办，实现诉讼程序与案件难易、刑罚轻重相适应，共审结认罪认罚从宽案件361件513人，适用率为84.38%。

深化权力监督制约。坚持“放权不放任”，建立审判主体权力清单和责任清单，明确院庭长监督责任，完善专业法官会议和审判委员会工作机制，加大案件监管力度，确保规范廉洁用权。全年召开审判委员会25次，讨论案件86件，邀请检察长列席审委会6次。主动接受监督，邀请人大代表、政协委员等50余人视察法院、旁听庭审、出席会议、见证执行。深化司法公开，裁判文书上网公开累计19212份，庭审直播累计3563场，促进司法质量、效率和公信力提升。

五、锤炼政治品质，打造高素质法院队伍

加强政治建设。深刻领会十九届六中全会精神的丰富内涵和“两个确立”的决定性意义，不断增强“四个意识”、坚定“四个自信”、做到“两个维护”。坚持党对法院工作的绝对领导，坚决落实重大事项请示报告制度。扎实开展队伍教育整顿，紧盯廉政风险防控点及顽瘴痼疾问题，自查评查重点案件119件，专项评查暂予监外执行案件76件，组织干警谈心谈话两轮302人次，核查办理群众举报等线索21件，对全院干警政治、思想、组织、作风进行全方位“体检”。完善出台《意识形态工作责任制实施办法》，主动接受省高院意识形态工作督导检查，进一步明确和落实全院领导班子、领导干部意识形态工作责任，切实维护司法领域意识形态安全。

提升司法能力。突出实战实用实效导向，引导干警在服务和保障常态化疫情防控、化解矛盾纠纷、攻坚改革难题、开展学习教育中强知识、增才干。鼓励青年干警在办大案、处急事、破难题中修炼内功，两名干警分别荣获“全省法院‘争创一流’工作先进个人”“全省扫黑除恶专项斗争先进个人”称号，三名干警荣获个人三等功。深入开展多种形式的交流培训，努力提升干警执法办案水平。高标准升级改造“六专四室”，全省法院“六专四室”规范化建设现场观摩会在我院召开，实战化训练成功通过省法院司法警察总队的考核验收。

严格纪律作风。全面践行新时代党的建设总要求，实现基层党组织全面进步。竟成法庭党支部书记荣获“全国法院党建工作先进个人”。扎实开展党史学习教育，以“屏对屏”方式与最高院赔偿办党支部联合开展“我为群众办实事”主题党日活动，与拉萨两级法院干警、社区党员群众、知识产权保护中心共学党史，组织干警赴红色教育基地实地参观学习，不断提高拒腐防变、抵御风险的能力。坚持廉政短信“每周提醒”“节前提醒”，定制“三个规定”特色彩铃，定期为干警注入廉洁“预防针”。

各位代表，区法院工作的稳步发展，是区委坚强领导、区人大有力监督、区政府和区政协以及社会各界大力支持的结果，在此我代表珠山法院向大家表示衷心的感谢和崇高的敬意！

在肯定成绩的同时，我们也清醒地看到，法院工作还存在许多困难和不足：一是司法理念同新发展理念要求相比存在差距，服务高质量发展水平还需提升；二是在融入市域社会治理现代化全局、优化诉源治理工作上与先进法院相比仍有较大差距；三是法院受理案件数量呈倍增趋势，人案矛盾愈发突出，人才流失、法官断层、法官权益保障等问题不容忽视。对此，我们将立足自身，逐步解决。

2022年工作安排

2022年是踏上全面建设社会主义现代化国家、向第二个百年奋斗目标进军新征程的重要一年。区法院将始终坚持以习近平新时代中国特色社会主义思想为指导，深入学习贯彻党的十九大和十九届历次全会精神，坚决把习近平法治思想贯彻落实到法院工作全过程，坚持服务大局、司法为民、公正司法。忠诚履职、真抓实干、锐意进取，推动法院工作取得新发展新突破，为全面建设社会主义现代化国际瓷都先行区提供更加有力的司法保障。

一是主动担当新使命，以更强力度旗帜鲜明服务大局。深入学习贯彻党的十九届六中全会精神，真学真信笃行习近平法治思想，从党的百年奋斗中汲取智慧和力量，坚定捍卫“两个确立”，切实增强“四个意识”、坚定“四个自信”、做到“两个维护”，践行和弘扬社会主义核心价值观。围绕全区五年发展规划，进一步融入大局、支持大局、服务大局，认真研判服务保障“五区共建”的有效举措，为携手书写全面建设社会主义现代化国际瓷都先行区的精彩华章提供有力司法保障。

二是聚焦谋划新发展，以更高标准持续强化审判职能。依法严惩刑事犯罪，常态化推进扫黑除恶工作，切实维护社会平安稳定。贯彻新发展理念，依法保护和激发市场主体活力，助推数字经济大发展、营商环境大提升。促进依法行政，维护廉洁高效的政务环境。抓好涉知识产权案件的受理和审理，强化知识产权司法保护。依法严惩侵害未成年人犯罪，保护未成年人健康成长。

三是积极回应新要求，以更实措施践行初心司法为民。充分发挥赣法民意中心作用，积极回应人民群众关切，主动融入诉源治理大格局，服务基层社会治理。结合开展“我为群众办实事”实践活动，着力解决人民群众急难愁盼问题和难点痛点堵点问题，加强民生司法保障。深化智慧法院建设，以更高水平的数字正义服务数字经济发展。

四是全面投身新征程，以更大作为有序深化司法改革。紧盯核心质效指标，充分运用“审判 e 管理”平台线上监管功能，加强对重点案件的事中监管、事后评查，促进法官严格按照规程办案，确保审判权正确规范行使。坚持重大事项和问题及时向区委请示报告。强化沟通联络机制，邀请人大代表、政协委员旁听庭审、现场监督法院执行工作。严格落实司法公开各项制度要求，深入推进裁判文书、庭审、审判流程信息公开。

五是深入贯彻新思想，以更严要求坚持不懈锻造队伍。始终把政治建设摆在首要位置，坚持从严治党、从严治院，巩固深化党史学习教育和队伍教育整顿成果，引导干警不断提高政治判断力、政治领悟力、政治执行力。切实加强意识形态阵地建设，坚决维护司法领域意识形态安全，建设一支信得过、靠得住、能放心的高素质法院队伍。

各位代表，风雨多经志弥坚，关山初度路犹长。新的一年，区法院将坚持以习近平新时代中国特色社会主义思想为指导，深入贯彻习近平法治思想，在区委坚强领导和区人大有力监督下，求真务实、开拓创新，以新担当、新作为推动区法院工作高质量发展，为全面建设社会主义现代化国际瓷都先行区作出新的更大贡献，以优异成绩迎接党的二十大胜利召开！

景德镇市珠山区人民检察院工作报告

——2022 年 2 月 22 日在珠山区第十一届人民代表大会第二次会议上

区人民检察院检察长 李 锋

各位代表：

现在，我代表珠山区人民检察院向大会报告工作，请予审议，并请政协委员和列席会议的同志提出意见。

2021 年工作回顾

2021 年是党和国家在历史上具有里程碑意义的一年。一年来，在区委和市人民检察院的坚强领导下，在区人大及其常委会的有力监督下，在区政府、区政协和社会各界的关心支持下，区检察院始终坚持以习近平新时代中国特色社会主义思想和习近平法治思想为指导，坚定捍卫“两个确立”、坚决做到“两个维护”，忠实履行法律监督职责，推动新时代各项检察工作持续走在前列，业务工作考评和公众安全感测评位列全省第一方阵。60 项案件质量主要评价指标中，有 20 项排名全省第一。区检察院被评为全市扫黑除恶专项斗争先进集体，并被省检察院记集体三等功。行政检察办案团队被评为全省优秀行政检察办案团队。一名同志荣获“全省检察机关未成年人检察业务竞赛业务能手”。以行政争议实质性化解工作为背景撰写的事例被评为全省基层检察院建设十佳事例。

一、彰显检察担当，服务大局发展

依法办理各类刑事犯罪。严厉打击各类刑事犯罪，依法批捕 473 人，起诉 606 人。坚决惩处严重影响公众安全感的各类犯罪，批捕故意伤害、强奸等严重暴力犯罪 25 人，起诉 26 人；批捕“抢盗骗”“黄赌毒”等多发性犯罪 296 人，起诉 325 人。依法惩治与群众健康密切相关的危害食品安全犯罪，起诉 7 人。常态化推进扫黑除恶斗争，批捕涉黑恶犯罪 2 人，起诉 14 人。依法起诉全市首例高空抛物案，切实维护人民群众出行安全。严厉打击新型网络诈骗犯罪，办理的丁某忠“杀猪盘”非法经营案，取得较好效果。

努力优化法治化营商环境。坚决保障民营企业合法权益，助力景德镇国家陶瓷文化传承创新试验区建设。维护市场正常秩序，批捕破坏社会主义市场经济秩序犯罪 7 人，起诉 33 人。依法保护企业家合法权益，对民营企业及其工作人员涉嫌轻刑犯罪的案件，能不捕的不捕、能不诉的不诉、能不判实刑的提出适用缓刑建议，依法不批捕 1 人，不起诉 8 人。如办理的某陶瓷有限公司负责人王某江虚开增值税专用发票案，充分考虑其认罪悔罪、积极退缴税款等情节，依法作出不起诉并要求其立即整改的决定，促进民营企业健康发展。实地走访民营企业 15 家，为辖区内民营企业提供法律咨询、服务 38 次，办理涉民营经济非公诉求 5 件。

不断加强生态环境司法保护。进一步加强河流湖泊生态环境保护监督力度，保卫蓝天碧水净土。持续推进“守护鄱阳湖”专项行动，办理南河沿岸垃圾污染案件 4 件、饮用水水源地保护案件 6 件，发出诉前检察建议 8 件，诉前磋商 2 件。开展“守护美丽乡村”专项活动，调查立案 20 件，发出诉前检察建议 14 件，诉前磋商 4 件，督促清理垃圾类固体废物 33 吨，补植复绿公益林 142.5 亩。与各部门在履行职责中形成保护合力，共同保障生态环境安全，消除环境污染隐患，维护社会公共利益。

二、坚持为民初心，增进民生福祉

竭力化解矛盾纠纷。坚持和发展新时代“枫桥经验”，融入社会综合治理。受理来信来访 58 件，检察长接访 12 件，均做到“7 日内程序回复，3 个月内办理过程或结果答复”。强化司法领域矛盾化解，全面推进公开听证，举行检察公开听证 34 次。开展信访积案清理活动，成功化解积案 3 件。切实发挥司法救助职能，传递检察温度，办理司法救助案件 26 件 27 人，发放救助金 16 万元。给予五保户吴某来 2 万元司法救助金，既化解其与社区之间矛盾，又让其吃得饱、穿得暖。贯彻“少捕慎诉慎押”刑事司法政策，依法不批捕 111 人，不起诉 85 人。深入落实认罪认罚从宽制度，认罪认罚适用率达到 91.42%。大力提升量刑精准度，强化与法院的沟通协调，确定刑量刑建议采纳率达到 98.9%。司法效率更高，办案效果更好。

全力维护社会稳定。守好百姓“钱袋子”安全，开展“断卡”专项行动，从严打击电信网络诈骗相关犯罪，起诉 58 人；维护金融安全，起诉洗钱犯罪 2 人。守护群众“舌尖上”安全，起诉危害食品药品安全犯罪 12 人，办理食药领域公益诉讼案件 13 件。保障群众“脚底下”安全，针对部分街道及小区路面窨井盖存在明显破损、松动、变形等安全隐患，向相关职能部门制发检察建议，督促对 50 余个隐患窨井盖进行修复、更换。做好驻村帮扶工作，助力乡村振兴，培养乡村“法律明白人”30 名。

倾力守护未成年人健康。强化未成年人司法保护，对侵害未成年人的犯罪“零容忍”，起诉 22 人。对罪行严重的未成年人依法惩戒，宽容不纵容，批捕 9 人，起诉 26 人。对涉嫌轻微犯罪并有悔罪表现的，依法不批捕 25 人、不起诉 6 人、附条件不起诉 19 人；依法落实特别保护制度，开展帮教 149 次、心理疏导 90 次。针对监护人管教不严、监护缺位，发出督促监护令 42 份，唤醒失职监护人履行监护职责。落实“一号检察建议”，选派 15 名干警担任辖区内 23 所学校法治副校长，开展以“防性侵教育”“预防校园欺凌”等为主题的法治教育 23 次。进一步健全未成年人保护机制，会同区法院、公安局、教体局等 13 家单位，共同出台《关于珠山区刑事案件未成年被害人“一站式”救助体系暂行办法》，在景德镇市妇幼保健院成立未成年被害人“一站式”救助中心，对被侵害的未成年人在同一场所，一次性开展案件询问、调查取证、疏导帮教。向相关行政机关制发检察建议，协助规范娱乐场所、文身美容等领域管理，为未成年人健康成长营造良好的社会环境。

三、聚焦主责主业，促进公平正义

强化刑事诉讼监督。加强侦查和审判监督。监督刑事立案 3 件、撤案 2 件，纠正漏捕 10 人、漏诉 12 人，提出刑事抗诉 5 件，对侦查和审判活动提出纠正意见 22 件，检察长列席同级审委会 6 次。加强刑事执行监督，办理羁押必要性审查 148 人，对 18 人变更强制措施；审查暂予监外执行案件 77 件，提出纠正意见 4 件；配合市检察院开展减刑、假释、暂予监外执行案件和社区矫正巡回专项检察监督 5 次，强化对社区矫正对象日常情况的监督检查，如熊某某在缓刑考验期内违规外出且聚众吸毒，及时建议撤销缓刑。发挥反腐败职能作用，起诉职务犯罪案件 3 件 5 人。

细化民事诉讼监督。办理各类民事检察案件 19 件，其中民事生效裁判监督 1 件，民事执行活动监督 5 件，民事审判活动监督 3 件，支持起诉 10 件。能动履行民事支持起诉职能，依法保护特殊群体合法权益，帮助朱某云等人追回拖欠薪酬 3.99 万元，让农民工兄弟不再“忧酬烦薪”。省检察院将该案作为典型案例发布，学习强国平台也予转载。区检察院以该案为原型，组织拍摄微电影《安薪》，助力农民工“讨薪”，彰显司法温度。

深化行政诉讼监督。与区法院会签《关于加强行政审判和行政检察衔接工作的意见》，促进审判机关依法审判，督促行政机关依法行政，推动行政争议的实质性化解。办理各类行政检察案件 10 件，其中行政生效裁判监督 1 件，行政审判活动违法 3 件，行政执行活动监督 4 件，行政争议实质性化解 1 件，行政违法行为监督 1 件。办理的童某金与市城市管理行政执法局不履行法定职责案，帮助童某金告别“蜗居”生活，获得政治效果、法律效果和社会效果的有机统一，被评为全省检察机关“加强行政检察监督，促进行政争议实质性化解”专项活动优秀案件。成功化解黄某闺和乐平市公安局之间的矛盾纠纷，让历时三年的行政争议画上句号。

优化公益诉讼检察。聚焦食品、药品和环境等重点领域，积极开展公益诉讼工作。办理公益诉讼案件 63 件，发出行政公益诉讼诉前检察建议 50 件。加强国有资产保护，维护国家利益，督促税务部门征收扬尘环境保护税 350 万元。开展饮用水安全、食品药品安全专项监督活动，促使废品回收仓库搬离饮用水源保护区，整治恶意夸大药品疗效广告，守护人民群众“舌尖上的安全”。

开展无障碍设施安全、电动自行车安全专项活动，解决盲道被占用、不连续、设置不规范以及“飞线充电”等问题。聘任律师、媒体记者、行政机关代表等公益诉讼观察员7名，发布公益诉讼线索有奖征集公告，拓宽线索发现渠道，当好公共利益的“代言人”。

四、坚持从严治党，锻造过硬铁军

深耕思想政治建设。强化政治理论学习，在全院营造浓厚的学习氛围。认真学习贯彻习近平新时代中国特色社会主义思想与习近平法治思想，切实在学懂弄通做实上下功夫，将讲政治落实到各项具体检察工作中。严格落实“三会一课”、党组中心组学习等制度，筑牢机关党建的思想根基和组织根基。落实全面从严治党、从严治检的要求，督促干警每月按时填报“三个规定”情况，并进行常态化督察，全年全员记录报告重大事项54件。

抓实教育整顿成效。聚焦“四项任务”，抓好“三个环节”，有序推进政法队伍教育整顿。坚持责任压实、学习为要，不断深化政治教育、警示教育、英模教育。大力开展顽瘴痼疾专项整治，谈心谈话200人次，认领的38条顽瘴痼疾均已整改到位。及时总结经验做法、建章立制，围绕提升干警素质能力、从严管党治检等方面制定12项机制。

强化党史学习教育。组织学习研讨、开展座谈交流和诵读等活动，营造学习氛围。以学原文、读原著、开展党课教育等活动形式，提升理论学习的深度。参观红色基地、开展清明祭扫、庆祝党员“政治生日”，扎实开展主题党日活动。立足法律监督职能，把“我为群众办实事”实践活动贯穿始终，为群众办理各类实事50余件，不断提高人民群众对检察工作的认知度和满意感。

深入推进阳光检察。主动向人大及其常委会报告专题检察工作，接受人大监督。通过赠阅《检察日报》的方式，让人大代表、政协委员密切关注、时刻了解检察工作。秉承开门纳谏，邀请93名人大代表、政协委员、人民监督员、社区代表等参加公开听证34件，让公平正义可触可感可信。常态化开展检察开放日活动，邀请社会各界人士走进检察机关，参加“宪法与您同行”“检察听证，让公平正义看得见”检察开放日等活动10余次。启用“检务公开云平台”，公开各类法律文书382份，重要案件信息7件。10篇论文在全市检察机关理论调研年会荣获奖项，在“两微一端”新媒体发布各类检察新闻信息300余条。

各位代表，2021年成绩的取得，离不开区委的坚强领导，离不开区人大及其常委会的有力监督，离不开区政府、区政协及各位代表、委员和社会各界的关心、支持。在此，我谨代表区检察院表示衷心的感谢！

我们也清醒地认识到，工作中还存在不足：一是服务大局的举措还需加强，保障力度、服务效果还有差距；二是法律监督职能履行还不够充分，新时代司法检察理念仍需进一步更新；三是现有检察队伍素质还需提升，专家型、领军型、复合型人才比较缺乏。对此，我们将多措并举破难题、补短板。

2022年工作安排

2022年，我们将坚持以习近平新时代中国特色社会主义思想和习近平法治思想为指引，深入贯彻落实《中共中央关于加强新时代检察机关法律监督工作的意见》，牢牢把握宪法定位，努力提升法律监督质效，推动“四大检察”“十大业务”全面协调充分发展，聚焦“作示范、勇争先”目标要求，紧紧围绕“五区共建”部署，严格按照“四大路径”方向，认真贯彻本次会议决议和精神，为打好“三大会战”提供更加有力的司法保障，为全区经济社会高质量发展保驾护航。

一是坚定不移强化政治建设。旗帜鲜明讲政治，始终坚持党对检察工作的绝对领导。进一步学习贯彻习近平法治思想，坚持将讲政治与抓业务有机统一，不断提高政治判断力、政治领悟力、政治执行力，主动把上级各项决策部署和宪法法律赋予的职责落实到位。

二是能动履职服务中心大局。着力服务经济社会大局，注重维护社会和谐稳定，常态推进疫情防控、扫黑除恶和文明城市创建，有效服务“六稳六保”，确保检察工作始终与大局合拍、与稳定同行、与发展同步，为经济社会发展保驾护航。依法保障民营企业合法权益，充分发挥检察监督职能优化营商环境。

三是发挥职能践行司法为民。坚决打击危害国家安全、公共安全和社会稳定等各类犯罪。严厉惩处黄赌毒、暴力犯罪和多发性侵财犯罪，加大对危害食品药品安全、非法集资等犯罪的惩治力度，保障人民安居乐业。坚持和发展新时代“枫桥经验”，推动诉源治理，努力将矛盾纠纷化解在萌芽，解决在基层。

四是聚焦主业提升监督质效。深化落实“少捕慎诉慎押”刑事司法政策，提升认罪认罚从宽案件办理质效。聚焦虚假诉讼等严重影响司法公平公正问题，实施精准监督。常态化开展行政争议实质性化解，促进案结事了政和。创新公益诉讼检察办案机制，拓宽监督领域。

五是挺纪在前锻造政法铁军。坚持从严治检和从优待检相结合，抓好队伍作风建设，提高规范管理水平，在全院营造忠诚敬业、创先争优、团结和谐的良好氛围。深化党史学习教育和政法队伍教育整顿成果，努力建设一支信念坚定、司法为民、敢于担当、清正廉洁的过硬检察队伍。

各位代表，星光不问赶路人，岁月不负有心人。新的一年，我们将在区委和市检察院的坚强领导下，踔厉奋发，笃行不怠，用实实在在的业绩来响应人民群众的新需求、新期盼，为打造社会主义现代化国际瓷都先行区贡献检察力量，以优异成绩迎接党的二十大胜利召开！

珠山区人民检察院工作报告有关用语说明及案例简介

一、用语说明

1. 非公诉求（报告第 3 页第 2 行）：非公有制企业法人及其相关人员向检察机关提出的变更强制措施、申请不起诉、协调帮助等方面的合理请求。

2. “少捕慎诉慎押”刑事司法政策（报告第 3 页第 20 行）：对绝大多数的轻罪案件，尽可能适用非羁押强制措施，对符合法定条件的充分适用相对不起诉，旨在惩罚犯罪的前提下，加强人权司法保障，减少社会对抗，促进社会和谐。

3. “断卡”专项行动（报告第 4 页第 3 行）：为严厉打击治理开办贩卖电话卡、银行卡（简称“两卡”）违法犯罪行为，根据全国“断卡”行动部署会和省打击治理电信网络新型违法犯罪工作厅际联席会议办的工作部署，自 2020 年 10 月 10 日起，在全省范围内开展以打击、治理、惩戒开办贩卖“两卡”违法犯罪团伙为主要内容的专项行动。

4. 附条件不起诉（报告第 4 页第 14 行）：检察机关对应当负刑事责任的未成年犯罪嫌疑人，认为可以不立即追究刑事责任时，给其设立一定考察期，如在考察期内积极履行相关社会义务，足以证实其认罪悔罪的，检察机关将依法作出不起诉决定。

5. 督促监护令（报告第 4 页第 16 行）：检察机关在办理涉及未成年人案件中，发现监护人存在管教不严、监护缺位等问题，导致被监护人违法犯罪或受到侵害，向监护人发出依法履行监护职责的检察工作文书。

6. 一号检察建议（报告第 4 页第 17 行）：2018 年 10 月 19 日，最高人民检察院向教育部发送了一份《中华人民共和国最高人民检察院检察建议书》。在这份建议书中，最高检分析了办理的性侵幼儿园儿童、中小学生犯罪案件，针对校园安全管理规定执行不严格、教职员工队伍管理不到位，以及儿童和学生法治教育、预防性侵害教育缺位等问题，提出了 3 项具体建议。因这是最高检首次直接向国务院组成部门发送检察建议，也是最高检首次发出的社会治理创新方面的检察建议书，编号为一号，故称为“一号检察建议”。

7. 支持起诉（报告第 5 页第 17 行）：《中华人民共和国民事诉讼法》第十四条规定，人民检察院有权对民事诉讼实行法律监督。第十五条规定，机关、社会团体、企业事业单位对损害国家、集体或者个人民事权益的行为，可以支持受损害的单位或者个人向人民法院起诉。

8. “三个规定”（报告第 7 页第 6 行）：指 2015 年 3 月，中共中央办公厅、国务院办公厅下发的《领导干部干预司法活动、插手具体案件处理的记录、通报和责任追究规定》；2015 年 3 月，中央政法委下发的《司法机关内部人员过问案件的记录和责任追究规定》；2015 年 9 月，最高人民法院、最高人民检察院、公安部、国家安全部、司法部联合下发《关于进一步规范司法人员与当事人、律师、特殊关系人、中介组织接触交往行为的若干规定》。

二、案例简介

1. 全市首例高空抛物案（报告第 2 页第 11 行）：2021 年 3 月 26 日，被告人欧阳某某将四根带钉子的木棍从五楼阳台扔下，砸到楼下停放的宝马车上，导致该车前挡风玻璃、引擎盖受损，车辆损失 13420 元。经珠山法院审理，被告人欧阳某某犯高空抛物罪，判处有期徒刑八个月，并处罚金人民币 2000 元。

2. 丁某忠“杀猪盘”非法经营案（报告第 2 页第 13 行）：2021 年春节期间，被告人丁某忠租用期货自营盘软件，找到股票、期货直播课团队为其期货自营平台拉客户，赚取客户在期货自营盘软件里投资产生的手续费及亏损资金。截至案发，丁某忠非法经营期货金额达 1100 万元，非法获利 50 余万。经珠山法院审理，被告人丁某忠犯非法经营罪，判处五年一个月，并处罚金人民币 60 万元。

3. 黄某闺和乐平市公安局之间的矛盾纠纷（报告第 6 页第 9 行）：2017 年，黄某闺因相邻权争议与邻居叶某炎产生纠纷并打伤对方头部，被乐平市公安局行政拘留并罚款。黄某闺不服该治安处罚决定向法院提起行政诉讼，中途撤诉后又多次在无正当理由的情况下向法院申请再审，均被驳回。黄某闺随后向本院提出监督申请。通过召开公开听证充分听取各方意见，检察官耐心释法说理后，黄某闺表示不再申诉。本院在办案过程中考虑其家庭困难，给予 5000 元司法救助金，达到案结事了人和的效果。

景德镇市珠山区2021年国民经济和社会发展计划执行情况与2022年国民经济和社会发展计划草案的报告（书面）

——2022年2月22日在珠山区第十一届人民代表大会第二次会议上

珠山区发展和改革委员会主任 朱建亚

各位代表：

受区人民政府委托，现向大会报告全区2021年国民经济和社会发展计划执行情况与2022年国民经济和社会发展计划草案，请予审议，并请政协委员和列席会议的同志提出意见。

一、2021年国民经济和社会发展计划执行情况

时序更替，岁物丰成。2021年是中国共产党成立100周年，是国家试验区建设的关键之年，也是开启全面建设社会主义现代化国际瓷都新征程的第一年。面对错综复杂的国内外经济环境和艰巨繁重的改革发展任务，全区上下坚持以习近平新时代中国特色社会主义思想为指导，深入学习贯彻习近平总书记视察江西重要讲话精神，认真落实省委、省政府、市委、市政府和区委各项决策部署，坚持稳中求进工作总基调，深入贯彻新发展理念，推动经济高质量发展，全力实施“五新”战略行动，统筹抓好稳增长、促改革、调结构、惠民生、防风险、保稳定等各项工作，推动经济社会发展取得积极成效，实现了“十四五”良好开局。

——过去的一年，我们砥砺奋斗，开拓前行，经济发展成绩喜人。全区上下主动适应经济发展新形势，扎实做好“六稳”工作，全面落实“六保”任务，采取扎实有力措施，统筹推进疫情防控和经济社会发展，努力推动经济运行稳中向好、稳中有进、稳中提质。全区地区生产总值完成256.3亿元，增长8.7%；一般公共预算收入完成8亿元，增长6.4%；社会消费品零售总额201.2亿元，增长17.3%；城镇居民人均可支配收入增长7.9%；固定资产投资增长9.6%；规模以上工业增加值增长10.9%，完成全年主要经济指标目标任务，实现“十四五”良好开局。

——过去的一年，我们围绕转型，锐意进取，产业发展提质增效。加快推进产业转型升级，不断提高经济发展质量和核心竞争力。现代服务业提质增效，全年新增入库“四上”企业81家，全市第一。凯悦五星级酒店、海底捞、钟书阁等高端服务业品牌落户。工业发展逐步壮大，引进浙江星洲、江苏恒铭达2家亿元工业企业落户，推动蓝印子、百陶会入选省级专精特新企业。文化旅游业蓬勃发展，圆满承办全省旅发大会“三宝村宴”“三宝游购”，举办“2021三宝+艺术周”活动，打造出了“后备箱里的瓷博会”“夜宋”“三宝窑宴”“镇的心意”等一批特色文旅产品。“夜珠山”成功入选首批国家级夜间文旅消费集聚区，珠山区获评江西省全域旅游示范区，成功入选省文化产业重点县（市、区）；三宝国际瓷谷、陶阳里历史街区入选首批江西省特色文化街区培育名单；三宝国际瓷谷成功创建国家AAAA级景区、省版权示范园区（基地），三宝村获评全省非遗传承小镇和乡村旅游重点村。房地产业发展迅速，陶阳·菁华轩（二期）顺利开盘，三桥、景颂等7个房地产项目成功入库。

——过去的一年，我们攻坚克难，统筹规划，城乡建设再上台阶。项目建设见成效。始终坚持“抓项目就是抓发展”的理念，全年推进市级重点工程建设项目18个，累计完成投资32.5亿元，完成年度投资计划的129.3%，位列全市第一。闲云涧马鞍岭集群民宿项目、高铁商务区（珠山片区）市政道路及配套工程（二期）、陶瓷跨境电商产业园（一期）、洛客设计谷工业设计产业园（一期）、瓷源境文旅产业园（一期）等项目顺利完工并交付使用；景德镇第一小学、珠山实验学校等民生项目顺利推进。城区治理见实效。完成109条背街小巷改造和36个老旧小区改造，城区面貌焕然一新。配合实施御窑一号工程，完成棚户区改造791户10.12万平方米。常态化开展“双创”工作，突出农贸市场、餐饮店、小食品店等重点区域整治，督促590多家餐饮商户完成餐饮油烟净化器整改。打造了28条市容环境示范街和2条油烟治理示范街。持续保持打击“两违”高压态势，全年拆除“两违”面积2万余平方米。

——过去的一年，我们创新驱动，多措并举，深化改革成效显著。着力用好改革这个关键一招，“赣服通”珠山分厅4.0版上线，“赣政通”移动政务平台启用，区本级“一次不跑”“只跑一次”事项比例达99%以上。深化国有体制改革，推动事业单位改革有序推进，完成区发展中心东迁。落实“六稳”“六保”政策，新增减税降费6957万元，惠企政策100%落实到位。助力企业融资2.15亿元，发放创业担保贷款5000万元以上。持续开展招大引强，参加景德镇国家陶瓷文化传承创新试验区投资合作推介会、“产业无界，共创未来”招商推介大会暨全球陶瓷产品创新中心发布盛典等系列活动，在全市率先举办招商引资、招才引智推介大赛，发现、储备了一批招商人才，全区招商氛围更加浓厚。与京东、好活科技、益丰大药房等30余家企业签订战略合作协议。

——过去的一年，我们心系百姓，关切群众，民生事业蓬勃发展。民生支出3.12亿元，占一般公共预算支出15.49%。全年新增就业3019人，城镇就业率达到96.5%，城镇零就业家庭安置率100%。在全省率先实现城乡低保一体化，标准达 780 元 / 月，累计发放低保资金 7233.6 万元。多措并举落实“双减”政策，义务教育阶段学科类校外培训机构压减率 100%。完成社区嵌入式养老机构全覆盖。镇改街道、村改社区工作稳步推进，樊家井村在全区率先试点完成村改社区。充分发挥“百姓说事”平台作用，基层治理工作成效显著。全面推进乡村振兴战略，打好污染防治攻坚战。扎实开展安全生产专项整治行动，连续 19 年未发生重大安全生产事故，百姓生活安居乐业。

各位代表，回望过去一年，我们砥砺前行、攻坚克难，全区经济社会发展稳中有进、稳中向好，这是全区上下以习近平新时代中国特色社会主义思想为指引，认真贯彻党中央、国务院和省委、市委一系列重大方针政策的结果，是区委科学决策、正确领导的结果，是全区干部群众团结奋进、共同努力的结果。与此同时，我区经济社会发展也存在不少困难和问题，主要体现为：我区产业结构较为单一，工业经济底子薄、公共服务领域还存在短板等等。对此，我们要主动顺应高质量发展的新要求，在把握机遇中笃定前行，在攻坚克难中砥砺奋进。

二、2022 年经济社会发展总体要求和主要预期目标

2022 年，是党的二十大召开之年，是实施“十四五”规划承上启下的关键之年，是工业三年倍增行动攻坚之年，也是国家试验区建设的上台阶之年。必须准确把握经济运行规律，做好 2022 年经济社会发展工作，对全面建设社会主义现代化国际瓷都新征程具有重要意义。按照中央和省、市部署，结合珠山实际，今年全区经济社会发展工作的总体要求是：坚持以习近平新时代中国特色社会主义思想为指导，以国家陶瓷文化传承创新试验区建设为统领，坚持稳字当头、稳中求进，注重“稳住、进好、调优”协同发力，稳增长、强产业、优环境、防风险、惠民生，贯彻落实省委全面建设“六个江西”目标要求，积极践行市委“五新”战略行动，坚持高质量推进五区共建、高标准拓宽四大路径、高效率打好“三大会战”，担当实干、勇毅前行，全面建设社会主义现代化国际瓷都先行区，以优异成绩迎接党的二十大胜利召开。

2022 年全区国民经济和社会发展的主要预期目标：

——地区生产总值增长 7% 以上；

——一般公共预算收入增长 5% 以上；

——规模以上工业增加值增长 8% 以上；

——固定资产投资增长 8.5 % 以上；

——社会消费品零售总额增长 10% 以上；

——实际利用外资增长 6% 以上；

——城镇居民人均可支配收入增长 7.5% 左右；

——其他各项事业全面发展，节能减排等指标达到省、市提出的相关目标值。

三、2022 年经济社会发展的主要任务和措施

围绕完成全年预期目标，2022 年务必抓好以下几方面工作：

（一）要躬身入局，重点突破，谱写国家试验区建设新篇章

围绕“两地一中心”战略定位，树立“陶瓷 +”理念，高质量推进国家陶瓷文化传承创新试验区核心区建设。

做好陶瓷文化保护传承。构建老城区保护体系，加快形成文物腾退修缮、背街小巷环境品质提升和历史文化街区保护复兴“点”“线”“面”结合的整体保护格局。积极配合御窑一号工程、落马桥元青花遗址及刘家弄历史街区旅游基础设施提升工程等项目建设。推动御窑遗址、湖田窑遗址、杨梅亭古遗址等大遗址保护工作。加快推进与上海易教深入合作，争取景德镇传统手工陶艺等非遗文化进校园。

推动陶瓷文化产业创新发展。突出“陶瓷 + 创意”，促进陶瓷设计与品牌塑造相融合，大力发展陶瓷文创产业，加快建设陶阳里、陶溪川、三宝国际瓷谷、老鸦滩艺术社区等文创载体，积极打造特色鲜明、优势互补的现代陶瓷文创产业体系。加强与“大院大所”“名校名企”科研合作，共建一批产学研合作基地、企业技术中心、技术创新中心和重点实验室等研发平台。加大陶瓷人才引进培养力度，落实创业扶持贷款、中小微企业基金扶持等配套保障，吸引鼓励更多人才来我区创新创业。

推动陶瓷文商旅融合发展。建立全域旅游发展新格局，实施“文商旅 +”融合工程，全力推进三宝国际瓷谷 AAAAA 级景区创建，积极打造以御窑厂、陶溪川、陶阳里、陶源谷等为代表的“一厂一园一街一谷”全域旅游空间布局。推进旅游与康体养生服务业融合发展，加快建设元溪村国际艺术山谷核心旅游区，打造康体养生旅游品牌。巩固旅发大会成果，推进旅游开发与传统村落融合发展，发挥“三宝论坛”“三宝村宴”“三宝游购”等文化品牌效应，让三宝魅力更加凸显。

（二）要创新为本，产业带动，绘就城乡一体发展美画卷

突出创新核心和引擎地位，以工业倍增三年行动、“三大会战”为主抓手，着力推动“3+1”特色产业体系转型升级，推进产业基础高级化、产业链条现代化，不断提高经济质量效益和核心竞争力。

构建现代产业体系。着力发展主导产业，打造“政策高地”，构筑“成本洼地”，建立集商贸、金融、文旅于一体的经济辐射圈。持续加大浙江路、珠山中路、古街、广场南路等重点商圈品质提升力度，推动一批高品质生活配套企业落地。加快景东招商场综合改造，探索社区商业发展新模式。坚持“房住不炒”，推动房地产市场平稳。全力推进招大引强，以陶瓷、商贸、文旅为主攻方向，注重产业链招商、集群化招商和资本招商，深入实施“三请三回”和“三企入景”行动，健全“专业化招商、市场化运作、智能化服务”机制。加速发展物流业，做好运输两端服务，构建“大物流带大产业”格局，打造综合物流服务平台，全力推动众云物流做大做强。深入实施数字经济“一号发展工程”，贯彻落实数字经济发展三年行动，加快建设“三宝智造”项目，探索陶瓷数字产业园发展新模式。加快珠山区跨境电商产业园、北站北先进陶瓷创新研究院集群等项目建设，做优生产

性服务业，为陶瓷企业赋能。

统筹城乡融合发展。重点围绕“一轴一中心、两河两片区”空间规划布局，运用改造提升、特色保护、搬迁撤并，形成全域发展格局。加快制定出台《珠山区产业规划方案》，高质量推进城乡融合发展示范区建设。依托252亩昌飞、昌汽老厂房、老工业遗存，加快推进瓷源境文化旅游项目建设；盘活整合三宝内190亩零星地块，积极与国内文旅头部企业进行洽谈，打造三宝智选IP，推动整体运营上市。重点推进凤凰山东西两侧、三蕾化工厂周边及凤鸣山安置房等地块建设。以珠山新区1.25平方千米地块为依托，重点实施高铁商务区珠山片区和高铁北片区的打造，积极对接奥特莱斯、文和友等高端商贸平台，打造珠山新区城市新商圈；以珠山发展中心为核心，以北腊梨山、以南葡萄园、以西昌汽老基地的3千米作为珠山今后经济社会发展的发力点。

提升城市功能与品质。立足珠山、强化融合、重点推进，以项目建设带动高质量跨越式发展，深入实施“项目建设提速年”和“项目大会战”，全力以赴推进好区本级31个市级重点项目、保障好陶文旅、国控集团等在珠山区实施的38个市重点工程项目。全面推进洛客设计谷二期、汉光元宇宙数字产业园、社区居家养老服务中心、南河流域三宝河段生态修复等项目建设；支持配合黄泥头防洪排涝、三宝片区防洪排涝等工程建设；做好御窑一号工程、凤凰山二期、小港咀城中村等现有棚户区征收工作。投资1.8亿元对5334户老旧小区住宅进行改造，加快推进背街小巷提升和既有住宅电梯加装步伐。全面推行垃圾分类和减量化、资源化全覆盖，加快废旧物资循环利用，增强居民环保意识。

建设绿色生态家园。夯实现代环境治理体系，推进碳达峰、碳中和行动，实施以“三线一单”为核心的生态环境分区管控体系，推动长江流域“共抓大保护、不搞大开发”政策落实落深，强化流域综合管理。坚决遏制“两高”项目盲目发展，严格落实能耗“双控”制度。加快形成绿色生产生活方式，推动产业绿色发展，繁荣绿色文化，倡导绿色消费，健全绿色低碳循环发展的经济体系，实现“绿起来”“富起来”“强起来”有机统一。扎实推进巩固拓展脱贫攻坚成果同乡村振兴有效衔接，持续推广乡村振兴“三个三”发展模式，打造“一村一景”“一村一业”“一村一品”的乡村产业链，壮大村集体经济，确保共同富裕路上“一个都不掉队”。

（三）深化改革，强化民生，构建幸福平安珠山好家园

深化关键领域改革。纵深推进国资国企改革，做强做优做大国有资本，支持非公有制经济高质量发展，着力激发各类市场主体活力和创造力。抢抓新型城镇化、乡村振兴两大国家战略机遇，稳步实施镇改街道、村改社区。重点实施营商环境“一号改革工程”，着眼打造“办事不用求人”“办事依法依规”“办事便捷高效”“办事暖心爽心”优质营商环境，对照营商环境考核重点评价体系，开展营商环境优化提升行动，全面提升营商环境。开展“企业服务日”活动，发挥“驻企联络员”“驻企特派员”作用，打好减税降费、稳贷增信、惠企利民“组合拳”。深化财税体制改革，增强基层公共服务保障能力。提高对外开放的质量和水平，对接融入国家开放发展战略，主动策应长江经济带、粤港澳大湾区等国家战略，积极参与“一带一路”建设，构建面向全国全省发达经济体和新兴市场的开放体系。

持续增进民生福祉。提高城乡居民就业质量和收入水平，打造一批创业、就业、培训基地。持续推进教育“双减”工作，加快景德镇第一小学、珠山实验学校项目建设，引入南客校车服务。构建特色公共文化服务体系，落实“三馆一站”、村（社区）综合文化服务中心全覆盖，加大全民健身场地设施供给，构建“15分钟健身圈”。加快推进珠山人民医院项目建设，完善三级医疗服务体系，着力补齐公共卫生短板。妥善应对人口老龄化，落实国家人口长期发展战略，以“一老一小”为重点，发展社区嵌入式养老机构和普惠型托育服务。完善社会保障体系，做好退役军人服务管理保障，加大对弱势群体关心关爱，健全覆盖全区、统筹城乡、公平统一的多层次社会保障体系。

不断强化社会治理。深化市域社会治理现代化试点工作，推进“雪亮工程”，加快智慧安防小区建设。有效防范化解房地产、涉众非法金融、产业链供应链等领域风险，牢牢守住不发生区域性系统性风险的底线。严格落实安全生产责任制，坚决遏制重特大安全事故。推进应急管理体系和能力现代化建设，提升应急物资储备、应急救援和防灾减灾能力，强化食品药品监管力度。深化法治珠山建设，推进科学立法、严格执法、公正司法、全民守法。

各位代表，没有比人更高的山，没有比脚更长的路。在珠山建设征程上，我们已翻过很多的峻岭，还要攀越更高的山峰。路要去走才能开辟通途，事要去做才能成就事业。“两个一百年”奋斗目标已经成功交汇，两个“五年规划”已经顺利衔接，共同富裕的道路上使命在肩，让我们更加紧密地团结在以习近平同志为核心的党中央周围，在区委的正确领导下，万众一心，风雨兼程，不负韶华，奋力谱写珠山建设的壮美新篇章！

景德镇市珠山区 2021 年财政预算执行情况和 2022 年财政预算（草案）的报告（书面）

——2022 年 2 月 22 日在珠山区第十一届人民代表大会第二次会议上

珠山区财政局局长 刘 涛

各位代表：

我受区人民政府委托，向大会报告 2021 年财政预算执行情况和 2022 年财政预算（草案），请予审议，并请各位政协委员和其他列席会议的同志提出意见。

一、2021 年财政预算执行情况

2021 年，在区委的正确领导下，区人大及其常委会的监督支持下，全区财政部门从增强“四个意识”、坚定“四个自信”、做到“两个维护”的政治高度出发，坚持稳中求进工作总基调，扎实做好“六稳”工作，全面落实“六保”任务，不断夯实财源基础，继续优化支出结构，稳步推进财税改革，各项工作均达到预期目标，财政预算执行情况总体良好。

1. 全区一般公共预算执行情况

2021 年，全区完成一般公共预算收入 8.00 亿元，为预算的 100.25%，同比增长 6.4%（本级完成一般公共预算收入 6.91 亿元，竟成镇完成一般公共预算收入 1.09 亿元），其中，完成税收收入 3.53 亿元，完成其他各项收入 4.47 亿元。全年一般公共预算收入加上上划中央、省级、市级预算收入 17.99 亿元，全区完成财政总收入 25.99 亿元，为预算的 106.11%，同比增长 13.54%。

2021 年，全区一般公共预算支出执行数为 20.17 亿元（含中央、省、市一般性转移支付支出和专项转移支付支出），同比下降 21.68%。具体支出分项完成情况是：

——一般公共服务类支出 19187 万元；

——农林水支出 9656 万元；

——金融支出 16 万元；

——公共安全支出 5381 万元；

——教育支出 30714 万元；

——科学技术支出 300 万元；

——文化体育与传媒支出 560 万元；

——社会保障和就业支出 19948 万元；

——卫生与健康支出 9650 万元；

——节能环保支出 783 万元；

——城乡社区支出 73515 万元；

——商业服务业等支出 19 万元；

——住房保障支出 978 万元；

——资源勘探信息等支出 20117 万元；

——灾害防治及应急管理支出 3109 万元；

——自然资源海洋气象等支出 50 万元；

——交通运输支出 5183 万元；

——其他支出 802 万元；

——债务付息支出 1700 万元；

——债务发行费用支出 17 万元。

2. 全区政府性基金预算收支执行情况

2021 年，全区政府性基金收入 12.92 亿元，其中政府性基金收入 0.01 亿元，转移支付政府性基金补助收入 7.12 亿元，新增地方专项债券转贷收入 5.79 亿元。全区完成政府性基金预算支出 12.57 亿元，其中专项债券还本付息支出 0.13 亿元。

3. 全区社会保险基金预算收支执行情况

2021 年，全区社会保险基金总收入 0.93 亿元，其中城乡居民养老保险基金收入 565 万元，机关事业单位基本养老保险基金收入 8751 万元。

2021 年，全区完成社会保险基金总支出 0.94 亿元，其中城乡居民养老保险基金支出 421 万元，机关事业单位基本养老保险基金支出 8968 万元。

4. 国有资本经营预算执行情况

2021 年，全区国有资本经营预算收入 0.01 亿元，全区国有资本经营预算支出 0 亿元。

5. 全区预算执行平衡情况

2021 年，全区一般公共预算收入加上返还性收入、一般性转移支付收入、专项转移支付收入和上年结余以及债务收入等，总收入为 22.98 亿元。当年一般公共预算支出、体制上解支出、专项上解支出和债务支出等，总支出为 22.98 亿元，全年总收支相抵，其中累计结转下年支出 0.71 亿元，当年财政收支保持平衡。

2021 年，全区政府性基金总收入为 13.02 亿元，全年政府性基金总支出 13.02 亿元，基金总收支相抵累计结转下年支出 0.45 亿元，政府性基金同样实现当年平衡。

2021 年，全区社会保险基金预算总收入 0.93 亿元，全年社会保险基金预算总支出 0.94 亿元，基金总收支相抵累计结余 0.40 亿元，社会保险基金实现当年平衡。

2021 年，全区国有资本经营预算总收入 0.01 亿元，国有资本经营预算总支出 0 亿元，总收支相抵结余 0.01 亿元，国有资本经营预算同样实现当年平衡。

以上为预算收支执行数，在全市决算编制汇总后可能会有小幅调整，总收入、总支出相应会发生一些变化，届时再向区人大常委会报告。

二、2021 年财政工作

2021 年以来，全区财政部门充分发挥财政职能，坚持“生财有道、聚财有方、理财有规、用财有效”原则，着力在财源建设的主线、财政支出的底线、财政管理的标线上，不断完善制度，强化政策落实，为全区经济发展和社会保障提供强有力的财力支撑。

1. 提效实施积极财政政策，推动经济呈高质量发展。2021 年，全区财政部门认真落实积极的财政政策更加积极有为，不断夯实强化税源建设，强化收入预期管理。一是服务融入全市布局。充分发挥财政职能，积极配合全市“一轴一带一区多点”和我区“一轴一中心、两河两片区”的战略布局，着力在“固存量、促增量”上，建设培植全区财源税源。二是积极组织财税收入。科学组织测算收入目标，完善收入组织应急预案，加强全区重点税源税收数据的分析研判，对重点行业、重点企业、税源变化大的企业做好预测，确保组织财政收入按计划进度足额入库。三是持续落实减税降费。区财税部门通过不同方式开展减税降费政策宣传辅导工作，多渠道提高政策知晓度，切实落实国家减税降费政策，2021 年新增减税降费 6957 万元，有效减轻区域内企业税负，激发经济活力。四是强化非税收入征管。不断深化全区“电子票据”改革，强化非税收入预算管理和“收支两条线”管理，进一步关注收入结构，努力提升税收收入占一般公共预算收入比重，不断提高财政收入质量水平。全年一般公共预算收入实现 8 亿元，财政总收入增幅超预算的 6 个百分点。

2. 倾力做好民生大事实事，满足群众美好生活需要。本着“有保有压、突出重点”的原则，切实把解决民生问题作为财政工作的重中之重。一是全力保障民生持续提升。全区财政部门认真落实落细政府过“紧日子”的要求，严控预算追加，实施压减预算单位公用经费 6%，努力降低行政成本，集中财力加大对疫情防控及“六稳”“六保”等相关重点领域的支出保障。全区财政用于教育、文化体育与传媒、社会保障和就业、医疗卫生与计划生育、住房保障、科学技术、节能环保、城乡社区、农林水等事务支出 14.61 亿元，占一般公共预算支出的 72.43%，有效解决一批群众关注度高、覆盖面广的民生问题，不断提高人民群众的获得感、幸福感和安全感。二是全力支持打赢脱贫攻坚。全面推进乡村振兴战略，将全区扶贫资金列入财政绿色通道，优先审批、优先拨付，及时将下达资金公告公示，提高群众知情率和透明度，全年安排财政衔接推进乡村振兴补助资金 1433 万元，支持巩固拓展脱贫攻坚成果同乡村振兴有效衔接。三是全力确保财政惠农资金。全年发放惠农补贴“一卡通”10 个大项 15 个小项，下达拨付资金 591 万元，涉及抚恤补助、精简退职、伤残抚恤、退役士兵生活补助、农村五保户、农村低保、农资综合补助等方面，惠农 10039 户，惠及 11649 人次，发放率达 99.7%。四是全力实施教育均衡发展。进一步完善全区教育经费保障机制，逐步提高教师生活待遇和教育基础设施建设，义务教育生均公用经费得到切实提高，学前教育经费得到稳步提升，全年教育投入 3.07 亿元，较上年同比增长 0.91%，全区城乡教育保障得到不断强化和攀升。

3. 持续深化预算管理改革，加快完善现代财政制度。区财政按照“统筹兼顾、注重绩效、综合平衡”思路，不断深化财政管理改革，财政治理能力稳步提升。一是财政支付改革进一步推动。持续推进全区国库管理制度改革和“财政预算管理一体化”平台建设，不断完善国库集中支付制度、财政支付动态监控、公务卡改革等财政监督机制，提高财政管理透明度。二是预算管理制度进一步完善。构建规范透明的预算管理机制，实施区人大批准的政府预、决算报告，全区 70 家预算单位预、决算报表和相关说明，部门预、决算及“三公”经费预算等信息，在区政府信息公开网或部门门户网站上全面、及时公开，接受社会和公众监督。同时，全面启动跨年度预算平衡机制，实施编制三年滚动财政规划。三是财政直达资金进一步推进。全区财政部门不断快速推进直达资金管理，扩大直达资金支付范围，确保直达资金预算指标单独调拨、全程监测，确保数据真实、账目清晰、流向明确，转移支付单独标识，单独下达，全部纳入财政直达监控系统全程监测，全年拨付纳入直达管理资金 2.22 亿元（其中，直达资金 22091 万元，参照直达管理资金 77 万元）。四是防范债务风险进一步落实。积极稳妥防范化解全区地方政府性债务风险，牢牢守住不发生全区区域性、系统性风险底线，坚持遵循地方政府举债与我区偿还能力相匹配的原则，发挥政府规范举债对全区经济社会发展的促进作用。2021 年，全区 1.83 亿元的隐性债务化解得到切实落实，隐性债务增量得到有效遏制、存量债务超额得到化解，全区限额内政府债务余额控制在省财政厅核定限额之内，隐性债务风险状况和地方政府性债券预警状况得到明显改善。五是预算绩效规范进一步提效。全区预算绩效管理信息系统全面实施，开展对年初部门预算项目资金总额 4.99 亿元进行审核及批复，对上年度 1.07 亿元的财政项目支出进行绩效自评，进一步提高了绩效管理的时效性和准确性。

4. 强化财政管理监督职能，财政资金效能明显提高。区财政部门积极构建“内部监督、资产监督、预算监督、支出监督”体系，进一步加强规范财政管理工作，提升财政资金使用效率，确保财政资金用到实处。一是不断加强国有资产管理。制定了全区国有资产管理制度，提升国有资产管理的制度化、规范化水平，稳步推进国有资产管理改革，依托行政事业单位资产信息系统，探索区属个性化技术规范，启动全区范围内国有资产信息化清理工作，摸清政府存量资产底数，实现国有资产统一监管，提高资产使用效益。二是持续盘活财政存量资金。强化财政资金内部监督，将盘活存量资金常态化，进一步加大全区各预算单位结转结余资金清理力度，从严控制资金结转，9 月开展实施全区“财政预算一体化管理”预算单位的结余结转指标清理和收回工作。三是加大财政投资评审力度。全年已完结送审金额 3.05 亿元，审定金额 2.79 亿元，核减金额 0.26 亿元，核减率 8.48%。四是切实优化营商环境。11 月份珠山区电子卖场完成第一笔线上交易，全区预算单位依托互联网、云计算、大数据等技术，实施政府采购电子卖场并入全省“一网通办”，实现了政府采购项目全流程网上交易，构建了动态监管的公共服务平台。五是强化财政资金监管。积极开展对全区预算单位的会计基础规范化、小金库、民生资金、部分工程项目资金等多项财务检查，切实规范财政资金管理。同时，建立财政部门内部控制制度体系，防范财政运行风险。

各位代表：2021年，全区财政收支实现平稳运行，各项重点工作得到有序推进。但是在新的发展形势和任务要求下，全区财政工作中仍然存在一些需要关注的问题。一是财源建设效果仍需加速。年度内受经济下行和减税降费政策等叠加影响，财政收入的增长和税源财源的建设，未能得到有效发挥。二是收支平衡难度日益加大。全区民生领域补短板、经济发展提质增效等刚性支出快速增长，与传统依赖财政投入模式的瓶颈日益凸显，资金需求渠道拓宽和体制机制创新亟须进一步推进。三是财政资金效率仍待提升。绩效目标设定还不够科学、财政资金使用效率不高等问题仍然存在。对于这些问题，我们将认真听取各位代表、各位委员的意见和建议，切实加以改进解决。

三、2022年财政预算（草案）

全区经济社会发展总体要求是：高举中国特色社会主义伟大旗帜，坚持以习近平新时代中国特色社会主义思想为指导，深入贯彻习近平总书记视察江西重要讲话精神，统筹推进“五位一体”总体布局，协调推进“四个全面”战略布局，扎实推进全体人民共同富裕，立足新发展阶段，贯彻新发展理念，融入新发展格局，抢抓新时代推动中部地区高质量发展的重大机遇，认真贯彻省委“二十四字”工作思路，以景德镇国家陶瓷文化传承创新试验区建设为统领，坚持高质量推进五区共建，坚持高标准拓宽四大路径，坚持高效率锻造三大指挥体系，担当实干，提质加速，全面建设社会主义现代化国际瓷都先行区。

综合考虑全区经济社会发展态势和区委确定的目标任务，按照“统筹兼顾、量力而行、讲求绩效、收支平衡”的原则，全区政府预算编制如下：

1. 全区一般公共预算收支安排建议

按照2022年珠山区国民经济和社会发展计划，建议2022年我区一般公共预算收入安排8.40亿元，同比增长5%。

一般公共预算收入加上上划中央、省级、市级预算收入19.88亿元，全区财政总收入安排28.28亿元，同比增长8.83%。

2022年，全区一般公共预算收入安排8.40亿元，加上上级补助收入10.68亿元，转贷地方政府债券收入0.94亿元，调入资金3.5亿元，上年结转收入0.71亿元，减去上解支出1.58亿元，预计公共预算可用财力22.65亿元。一般公共预算支出安排22.65亿元，全年实现一般公共预算收支平衡。

2022年一般公共预算支出安排22.65亿元，具体分项是：

——一般公共服务类支出45665万元；

——公共安全支出2203万元；

——教育支出31923万元；

——科学技术支出2127万元；

——文化旅游体育与传媒支出3130万元；

——社会保障和就业支出32115万元；

——卫生健康支出8263万元；

——节能环保支出2646万元；

——城乡社区支出20586万元；

——农林水支出6171万元；

——交通运输支出504万元；

——资源勘探电力信息等支出8723万元；

——商业服务业等支出2505万元；

——金融支出34万元；

——自然资源海洋气象等支出100万元；

——住房保障支出（含老旧小区改造）25955万元；

——灾害防治及应急管理支出217万元；

——其他支出（含年初预留）25368万元；

其中：预备费2200万元；

——债务付息支出8225万元。

2. 全区政府性基金预算安排建议

2022年，全区政府性基金预算收入安排8.47亿元（其中，安排政府性基金收入5亿元，专项债券收入2.75亿元，上年结余0.44亿元），安排政府性基金预算支出8.47亿元（其中：政府性基金支出4.28亿元，专项债券支出2.75亿元，调出资金1.3亿元），全年政府性基金预算收支平衡。

3. 全区社会保险基金预算安排建议

2022年全区社会保险基金预算总收入0.96亿元，其中，城乡居民养老保险基金收入705万元，机关事业单位基本养老保险基金收入8903万元。

2022年全区社会保险基金预算总支出0.97亿元，其中，城乡居民养老保险基金支出432万元，机关事业单位基本养老保险基金支出9282万元。

2022年全区社会保险基金预算收支年末累计结余为0.39亿元，全年社会保险基金预算收支保持平衡。

4. 国有资本经营预算安排建议

2022年安排全区国有资本经营预算收入2.01亿元（利润收入2亿元，上年结余收入0.01亿元）；安排全区国有资本经营预算支出2.01亿元（其他国有资本经营预算支出1.01亿元，调出资金1亿元），全年国有资本经营预算收支基本保持平衡。

四、开源节流，提质增效，扎实做好2022年财政工作

围绕全区总体发展布局，坚持“稳字当头，稳中求进”，积极的财政政策和提质增效的要求，扎实做好各项财政工作，在新的起点上实现全区财政工作新跨越。

1. 立足财源建设，推动经济高质量可持续发展。一是支持实体经济发展。充分发挥财政资金撬动作用，管好用好各类经济发展资金，坚决执行好国家减税降费政策，为企业“松绑”让利，充分激发市场主体的活力和发展后劲，把减税降费的“减法”变成培植财源扩大税基的“加法”，支持企业做大做活做强。二是策应全市工业倍增三年计划。充分利用老厂房、棚户区改造、市发展中心西迁等释放的空间，加快打造工业楼宇和都市工业综合体。推进珠山新区、东市区城市新商圈建设，加大招商项目落实力度，增强财政事业发展后劲。三是发挥财政引导功能。充分发挥政府融资担保财政资金引导作用，不断加强“财园信贷通”和银企融通资金的服务，拓展工业、商贸发展平台，缓解企业融资困难问题，提高区域经济总量和税收贡献。四是抓好收入组织。认真扎实地开展综合治税，确保实现部门联动，努力形成齐抓共管的局面，确保税收信息及时共享，努力杜绝各项收入“跑、冒、滴、漏”。突出加强建安企业管理，按属地对全区房产、建筑项目强化跟踪服务，解决项目建设中税收征管难度大的问题，依法依规组织收入。五是积极向上争取资金。主动把握国家、省市宏观政策导向，力争获得上级更多的项目和资金支持，为区域经济发展注入持续动力。

2. 持续改善民生，不断增强群众获得感幸福感。一是大力压减一般性支出。不折不扣落实过“紧日子”要求，从严从紧编制部门预算，坚持尽力而为、量力而行、守住底线、突出重点，调整优化支出结构，将有限的财力用于实施乡村振兴战略等重点领域，保障我区重大项目资金需求。二是不断健全民生投入长效机制。巩固提升义务教育基础设施，推动教育优质均衡发展。支持促进完善社会保障体系，提升公共卫生服务能力，以促就业为重点，合理安排就业补助资金，不断规范救助保障管理工作，稳步提升救助保障水平，保障群众基本生活。三是积极构建现代公共文化服务体系。支持公共图书馆、文化馆等公共文化设施免费开放，开展公益性群众文化活动，提高珠山城区品位，全面提升城乡公共服务水平。

3. 深化财政改革，建立规范高效财政运行机制。一是健全预算管理制度。建立健全以预算编制为前提，以绩效管理为核心，投资评审、政府采购、资产管理、国库集中支付、监督检查、内部控制、绩效评价等各环节协调联动的现代财政制度，提升财政综合管理效能。二是深化部门预算改革。积极推进零基预算改革前期基础工作，逐步探索健全财政供养分类、定员定额标准和项目支出标准定额体系。打破财政资金分配的固化模式，建立财政资金“能进能出”的管理机制，不再受以前年度预算安排的情况影响，以准零为基点编制预算。开展设立部门预算项目库，项目支出按“项目储备、实际需求、轻重缓急、绩效优先、量力而行”的原则编制。统一预算分配权，加强全口径预算管理，着力解决好专项预算编制中存在的项目固化、资金“碎片化”等问题，确保所有财政性资金按照统一规范化的管理程序进行编制；三是提升绩效管理成效。深化落实关于全面实施预算绩效管理的要求，以绩效为导向优化支出结构，按照“用钱必问效、无效必问责”的原则，进一步扩大绩效评价范围，强化绩效评价通报机制及结果应用；四是加强阳光财政建设。规范预、决算，“三公”经费的公开，拓展公开内容，强化财政资金的社会监督。

4. 加强财政监督，保障财政资金运行高效稳健。一是突出抓好防范债务风险。我们将严控债务增量与化解存量相结合，认真执行防范化解政府债务风险工作方案，积极向上争取政府再融资债券和新增一般债券额度，延长债务期限，优化债务结构，缓解偿债压力，支持区重点项目建设。二是切实加强财政资金监管。重点加强民生领域扶贫资金监管，全面开展财政资金安全检查，促进各项决策部署全面落实。实施行政事业单位内部控制考核评价机制，强化对行政事业单位内部控制与实施情况的监督检查，提高预算单位财务风险防控水平。完善财政预算管理一体化电子平台建设，增强财政数据分析、预警、风控的能力，运用大数据手段提升监管水平。三是管好用好财政直达资金。完善直达资金项目库建设，加强财政国库集中支付功能，完善直达资金分配、审核、拨付、使用和监管全链条运行节点和管理，充分发挥直达资金对公共社会的传导作用，拉动地方经济发展。四是加强国有资产管理。强化资产配置与使用、处置的统筹管理，推动不同部门之间的资产共享共用和资产调剂，切实提高资产使用效率。加快盘活存量国有资产，努力实现“资源资产化、资产资金化”。

各位代表：让我们在区委、区政府的正确领导下，区人大及其常委会、区政协的监督支持下，以十九大精神为指引，认真贯彻落实本次会议的各项决议，坚定信心、锐意进取、真抓实干，努力开创财政改革发展新局面，为建设社会主义现代化国际瓷都先行区而努力奋斗！

报告附表目录

表 10 2021 年珠山区社会保险基金预算支出执行情况表（草案）

表 11 2021 年珠山区社会保险基金预算结余表（草案）

表 12 2022 年珠山区社会保险基金预算收入安排情况表（草案）

表 13 2022 年珠山区社会保险基金预算支出安排情况表（草案）

表 14 2022 年珠山区社会保险基金预算结余表（草案）

表 15 2022 年珠山区国有资本经营预算收入安排情况表（草案）

表 16 2022 年珠山区国有资本经营预算支出安排情况表（草案）

2021 年珠山区一般公共预算收入执行情况表（草案）

表 01　　单位：万元

收入项目	2020 年决算数	2021 年执行数	同比增长 %
财政总收入合计	228865	259856	13.54
其中：税务部门	195161	213312	9.30
其中：财政部门	33704	46544	38.10
一般公共预算收入合计	75225	80001	6.35
一、税收收入	42813	35261	–17.64
增值税（含改增）	16879	16595	–1.68
营业税			
企业所得税	4407	4717	7.03
个人所得税	1486	1258	–15.34
资源税	19	0	–100.00
城市维护建设税	2902	3594	23.85
房产税	1125	1718	52.71
印花税	1304	1862	42.79
城镇土地使用税	1262	1713	35.74
土地增值税	5530	4178	–24.45
车船税	729	463	–36.49
耕地占用税	7172	–837	–111.67
契税	–2	–1	
环境保护税			
其他税收收入		1	
二、非税收入	32412	44740	38.04
专项收入	1267	1601	26.36
行政事业性收费收入	2490	4825	93.78
罚没收入	5283	6226	17.85
国有资本经营收入	23372	32088	37.29
国有资源（资产）有偿使用收入			
捐赠收入			

续表 01

收入项目	2020 年决算数	2021 年执行数	同比增长 %
政府住房基金收入			
其他收入			

2021 年珠山区一般公共预算支出执行情况表（草案）

表 02 单位：万元

支出项目	2020 年决算数	2021 年执行数	同比增长 %
一般公共预算支出合计	257514	201685	–21.68
一般公共服务支出	20106	19187	–4.57
外交支出			
国防支出			
公共安全支出	6771	5381	–20.53
教育支出	30437	30714	0.91
科学技术支出	284	300	5.63
文化体育与传媒支出	6138	560	–90.88
社会保障和就业支出	21206	19948	–5.93
卫生健康支出	23228	9650	–58.46
节能环保支出	730	783	7.26
城乡社区支出	82079	73515	–10.43
农林水支出	9603	9656	0.55
交通运输支出		5183	
资源勘探信息等支出	15467	20117	30.06
商业服务业等支出	182	19	–89.56
金融支出		16	
援助其他地区支出			
自然资源海洋气象等支出	133	50	–62.41
住房保障支出	36462	978	–97.32
灾害防治及应急管理支出	1579	3109	
粮油物资储备支出			
其他支出	1744	802	–54.01
债务付息支出	1365	1700	24.54
债务发行费用支出		17	

2022年珠山区一般公共预算收入安排情况表（草案）

表03 单位：万元

收入项目	2021年执行数	2022年预算数		同比增长%
		小　计	其中：竟成镇	
财政总收入合计	259856	282800	28000	8.83
其中：税务部门	213312	243681	28000	14.24
财政部门	46544	39119		-15.95
一般公共预算收入合计	80001	84000	12000	5.00
一、税收收入	35261	46181	12000	30.97
增值税	16595	17847		7.54
企业所得税	4717	5492		16.43
个人所得税	1258	1412		12.24
资源税	0	0		
城市维护建设税	3594	4306		19.81
房产税	1718	2292		33.41
印花税	1862	2104		13.00
城镇土地使用税	1713	2266		32.28
土地增值税	4178	4935		18.12
车船税	463	527		13.82
耕地占用税	-837	5000		-697.37
契税	-1			
环境保护税				
其他税收收入	1			
二、非税收入	44740	37819	0	-15.47
专项收入	1601	1300		-18.80
行政事业性收费收入	4825	2500		-48.19
罚没收入	6226	3200		-48.60
国有资本经营收入	32088	30819		-3.95
国有资源（资产）有偿使用收入				
捐赠收入				
政府住房基金收入				
其他收入				

2022年珠山区一般公共预算支出安排情况表（草案）

表04 单位：万元

支出项目	2021年执行数	2022年预算数		同比增长%
		小 计	其中：竟成镇	
一般公共预算支出合计	201685	226460	12000	12.28
一般公共服务支出	19187	45665	2700	138.00
外交支出				
国防支出				
公共安全支出	5381	2203		-59.06
教育支出	30714	31923	1600	3.94
科学技术支出	300	2127		609.00
文化旅游体育与传媒支出	560	3130	10	458.93
社会保障和就业支出	19948	32115	100	60.99
卫生健康支出	9650	8263	20	-14.37
节能环保支出	783	2646		237.93
城乡社区支出	73515	20586	2000	-72.00
农林水支出	9656	6171	4900	-36.09
交通运输支出	5183	504		
资源勘探工业信息等支出	20117	8723	500	-56.64
商业服务业等支出	19	2505		13084.21
金融支出	16	34		
援助其他地区支出				
自然资源海洋气象等支出	50	100		100.00
住房保障支出	978	25955		2553.89
粮油物资储备支出	3109			
灾害防治及应急管理支出		217		
预备费	802	2200		
其他支出	1700	23168	170	1262.82
债务付息支出	17	8225		48282.35
债务发行费用支出				

2021年珠山区政府性基金预算收入执行情况表（草案）

表05 单位：万元

收入项目	2020年决算数	2021年执行数	同比增长%
政府性基金预算收入合计	30941	129209.85	317.60
农网还贷资金收入			

续表 05

收入项目	2020 年决算数	2021 年执行数	同比增长 %
海南省高等级公路车辆通行附加费收入			
港口建设费收入			
新型墙体材料专项基金收入			
国家电影事业发展专项资金收入			
城市公用事业附加收入			
国有土地收益基金收入			
农业土地开发资金收入			
国有土地使用权出让收入			
大中型水库库区基金收入			
彩票公益金收入			
城市基础设施配套费收入			
小型水库移民扶助基金收入			
国家重大水利工程建设基金收入			
车辆通行费			
污水处理费收入			
彩票发行机构和彩票销售机构的业务费用			
其他政府性基金收入	30941	129209.85	317.60

2021 年珠山区政府性基金预算支出执行情况表（草案）

表 06　　单位：万元

支出项目	2020 年决算数	2021 年执行数	同比增长 %
政府性基金预算支出合计	29928.00	125692.50	319.98
科学技术支出			
文化旅游体育与传媒支出			
社会保障和就业支出			
节能环保支出			
城乡社区支出			
农林水支出			
交通运输支出			
资源勘探信息等支出			
商业服务业等支出			
金融支出			
其他支出	29928.00	124445.00	315.81
债务付息支出		1247.50	

续表 06

支出项目	2020 年决算数	2021 年执行数	同比增长 %
债务发行费用支出			

2022 年珠山区政府性基金预算收入安排情况表（草案）

表 07 单位：万元

收入项目	2021 年执行数	2022 年预算数	同比增长 %
政府性基金预算收入合计	129209.85	84747.61	–34.41
农网还贷资金收入			
海南省高等级公路车辆通行附加费收入			
港口建设费收入			
国家电影事业发展专项资金收入			
国有土地收益基金收入			
农业土地开发资金收入			
国有土地使用权出让收入			
大中型水库库区基金收入			
彩票公益金收入			
城市基础设施配套费收入			
小型水库移民扶助基金收入			
国家重大水利工程建设基金收入			
车辆通行费			
污水处理费收入			
彩票发行机构和彩票销售机构的业务费用			
其他政府性基金收入	129209.85	84747.61	–34.41

2022 年珠山区政府性基金预算支出安排情况表（草案）

表 08 单位：万元

支出项目	2021 年执行数	2022 年预算数	同比增长 %
政府性基金预算支出合计	125692.50	84747.61	–32.58
科学技术支出			
文化旅游体育与传媒支出		7000.00	
社会保障和就业支出			
节能环保支出			
城乡社区支出		12855.64	
农林水支出			
交通运输支出			

续表 08

支出项目	2021 年执行数	2022 年预算数	同比增长 %
资源勘探信息等支出			
金融支出			
其他支出	124445.00	22595.00	–81.84
债务付息支出	1247.50	398.49	–68.06
债务发行费用支出		0.14	
转移性支出		41898.34	

2021 年珠山区社会保险基金预算收入执行情况表（草案）

表 09　单位：万元

收入项目	2020 年决算数	2021 年执行数	同比增长 %
全区社会保险基金预算收入合计	10762	9316.02	–13.44
一、企业职工基本养老保险基金收入			
二、城乡居民基本养老保险基金收入	723	564.71	–21.89
三、机关事业单位基本养老保险基金收入	9920	8751.31	–11.78
四、城镇职工基本医疗保险基金收入			
五、居民基本医疗保险基金收入			
六、工伤保险基金收入			
七、失业保险基金收入	119		–100.00
八、生育保险基金收入			

2021 年珠山区社会保险基金预算支出执行情况表（草案）

表 10　单位：万元

支出项目	2020 年决算数	2021 年执行数	同比增长 %
全区社会保险基金预算支出合计	9000.00	9388.99	4.32
一、企业职工基本养老保险基金支出			
二、城乡居民基本养老保险基金支出	403.00	420.97	4.46
三、机关事业单位基本养老保险基金支出	8472.00	8968.02	5.85
四、城镇职工基本医疗保险基金支出			
五、居民基本医疗保险基金支出			
六、工伤保险基金支出			
七、失业保险基金支出	125.00		–100.00
八、生育保险基金支出			

2021 年珠山区社会保险基金预算结余表（草案）

表 11

单位：万元

项 目	2020 年决算数	2021 年执行数	同比增长 %
全区社会保险基金预算本年收支结余	1760.00	–72.97	–104.15
全区社会保险基金预算年末滚存结余	2892.00	4009.42	–100.00
一、企业职工基本养老保险基金本年收支结余			
企业职工基本养老保险基金年末滚存结余			
二、城乡居民基本养老保险基金本年收支结余	319.00	143.74	–54.94
城乡居民基本养老保险基金年末滚存结余	906.00	1119.87	23.61
三、机关事业单位基本养老保险基金本年收支结余	1447.00	–216.71	–114.98
机关事业单位基本养老保险基金年末滚存结余	1933.00	2889.55	49.49
四、城镇职工基本医疗保险基金本年收支结余			
城镇职工基本医疗保险基金年末滚存结余			
五、居民基本医疗保险基金本年收支结余			
居民基本医疗保险基金年末滚存结余			
六、工伤保险基金本年收支结余			
工伤保险基金年末滚存结余			
七、失业保险基金本年收支结余	–6.00		
失业保险基金年末滚存结余	53.00		–100.00
八、生育保险基金本年收支结余			
生育保险基金年末滚存结余			

2022 年珠山区社会保险基金预算收入安排情况表（草案）

表 12

单位：万元

收入项目	2021 年执行数	2022 年预算数	同比增长 %
全区社会保险基金预算收入合计	9316.02	9608.45	3.14
一、企业职工基本养老保险基金收入			
二、城乡居民基本养老保险基金收入	564.71	705.22	24.88
三、机关事业单位基本养老保险基金收入	8751.31	8903.23	1.74
四、城镇职工基本医疗保险基金收入			
五、居民基本医疗保险基金收入			
六、工伤保险基金收入			
七、失业保险基金收入			
八、生育保险基金收入			

2022年珠山区社会保险基金预算支出安排情况表（草案）

表13　单位：万元

支出项目	2021年执行数	2022年预算数	同比增长%
全区社会保险基金预算支出合计	9388.99	9714.19	3.46
一、企业职工基本养老保险基金支出			
二、城乡居民基本养老保险基金支出	420.97	432.44	2.72
三、机关事业单位基本养老保险基金支出	8968.02	9281.75	3.50
四、城镇职工基本医疗保险基金支出			
五、居民基本医疗保险基金支出			
六、工伤保险基金支出			
七、失业保险基金支出			

2022年珠山区社会保险基金预算结余表（草案）

表14　单位：万元

项　目	2021年执行数	2022年预算数	同比增长%
全区社会保险基金预算本年收支结余	–72.97	–105.74	144.91
一、企业职工基本养老保险基金本年收支结余			
二、城乡居民基本养老保险基金本年收支结余	143.74	272.78	89.77
三、机关事业单位基本养老保险基金本年收支结余	–216.71	–378.52	174.67
四、城镇职工基本医疗保险基金本年收支结余			
五、居民基本医疗保险基金本年收支结余			
六、工伤保险基金本年收支结余			
七、失业保险基金本年收支结余			

2022年珠山区国有资本经营预算收入安排情况表（草案）

表15　单位：万元

收入项目	2021年执行数	2022年预算数	同比增长%
全区国有资本经营预算收入合计	139.29	20139.29	14358.56
一、利润收入	139.29	20000.00	14258.56
1. 煤炭企业利润收入			
2. 有色冶金采掘企业利润收入			
3. 钢铁企业利润收入			
4. 化工企业利润收入			

续表 15

收入项目	2021 年执行数	2022 年预算数	同比增长 %
5. 运输企业利润收入			
6. 机械企业利润收入			
7. 投资服务企业利润收入			
8. 纺织轻工企业利润收入			
9. 贸易企业利润收入			
10. 建筑施工企业利润收入			
11. 房地产企业利润收入			
12. 建材企业利润收入			
13. 对外合作企业利润收入			
14. 医药企业利润收入			
15. 农林牧渔企业利润收入			
16. 军工企业利润收入			
17. 地质勘查企业利润收入			
18. 卫生体育福利企业利润收入			
19. 教育文化广播科学企业利润收入			
20. 其他国有资本经营预算企业利润收入	139.29	20000.00	14258.56
二、股利、股息收入	0	0	
1、国有控股公司股利、股息收入			
2、国有参股公司股利、股息收入			
三、产权转让收入	0		
四、清算收入	0		
五、其他国有资本经营预算收入	—		
六、转移性收入	0		
七、上年结余收入		139.29	

2022 年珠山区国有资本经营预算支出安排情况表（草案）

表 16　　单位：万元

支出项目	2021 年执行数	2022 年预算数	同比增长 %
全区国有资本经营预算支出合计		20139.298	

续表 16

支出项目	2021 年执行数	2022 年预算数	同比增长 %
一、社会保障和就业支出			
一、国有资本经营预算补充社保基金支出			
二、国有资本经营预算支出			
二、解决历史遗留问题及改革成本支出			
“三供一业”移交补助支出			
国有企业办职教幼教补助支出			
国有企业办公共服务机构移交补助支出			
国有企业退休人员社会化管理补助支出			
国有企业棚户区改造支出			
国有企业改革成本支出			
离休干部医药费补助支出			
其他解决历史遗留问题及改革成本支出			
二、国有企业资本金注入			
国有经济结构调整支出			
公益性设施投资支出			
前瞻性战略性产业发展支出			
生态环境保护支出			
支持科技进步支出			
保障国家经济安全支出			
对外投资合作支出			
其他国有企业资本金注入			
二、国有企业政策性补贴			
二、金融国有资本经营预算支出			
二、其他国有资本经营预算支出		10139.298	
三、转移性支出			
国有资本经营预算转移支付			
调出资金		10000.00	

重要文件

中共珠山区委重要文件一览表

表 6

发文日期	文件字号	文件内容
2022 年 2 月 11 日	珠党发〔2022〕8 号	关于印发《珠山区法治政府建设实施纲要（2021—2025 年）》的通知
2022 年 2 月 15 日	珠党发〔2022〕2 号	印发《中共珠山区第十二届委员会常务委员会工作规则》的通知
2022 年 3 月 25 日	珠党发〔2022〕3 号	印发《珠山区关于深入推进营商环境优化升级“一号改革工程”的实施方案》的通知
2022 年 3 月 25 日	珠党发〔2022〕4 号	印发《珠山区关于深入推进数字经济做优做强“一号发展工程”的实施方案》的通知
2022 年 5 月 5 日	珠办字〔2022〕19 号	印发《关于加快文化产业发展的实施意见》的通知
2022 年 8 月 10 日	珠办字〔2022〕22 号	关于印发《中共竟成街道工作委员会 竟成街道办事处职能配置、机构设置和人员编制规定》的通知
2022 年 9 月 5 日	珠改字〔2022〕3 号	关于报送“夜珠山”消费带建设经验做法材料的报告
2022 年 11 月 17 日	珠办发〔2022〕11 号	关于印发《珠山区推进县域共青团基层组织改革实施方案》的通知
2022 年 11 月 17 日	珠办发〔2022〕16 号	印发《珠山区贯彻落实〈江西省中长期青年发展规划（2018—2025 年）实施意见〉2022 年四季度至 2023 年重点工作任务》的通知
2022 年 12 月 19 日	珠办发〔2022〕14 号	关于印发《珠山区农村人居环境整治提升五年行动实施方案（2021—2025 年）》的通知

中共珠山区委重要文件摘录

珠山区法治政府建设实施纲要（2021—2025 年）

为全面贯彻落实中共中央、国务院《法治政府建设实施纲要（2021—2025 年）》，深入推进法治政府建设，根据中共江西省委、江西省人民政府《法治政府建设实施纲要（2021—2025 年）》，结合我区实际，制定本纲要。

一、总体要求

以习近平新时代中国特色社会主义思想为指导，全面贯彻党的十九大和十九届历次全会精神，深入贯彻习近平法治思想和习近平总书记视察江西重要讲话精神，增强“四个意识”、坚定“四个自信”、做到“两个维护”，以深化“五型”政府建设为引领，全面建设职能科学、权责法定、执法严明、公开公正、智能高效、廉洁诚信、人民满意的法治政府，为建好景德镇国家陶瓷文化传承创新试验区，打造对外文化交流新平台，开启全面建设社会主义现代化国际瓷都新征程提供有力法治保障。到 2025 年，政府行为全面纳入法治轨道，职责明确、依法行政的政府治理体系日益健全，行政执法体制机制基本完善，行政执法质效大幅提升，突发事件应对能力显著增强，为到 2035 年基本建成法治珠山、法治政府、法治社会奠定坚实基础。

二、主要任务

（一）全面优化政府机构职能，提升政府管理效能

1. 优化政府机构职能。构建符合珠山实际的政府机构职能体系，厘清政府和市场、政府和社会关系，推动有效市场和有为政府有机结合。构建简约高效基层管理体制，实行扁平化和网格化管理。推进编制资源向基层倾斜，鼓励、支持调剂使用行政和事业编制。衔接景德镇市政府公布的权责清单，编制完善全区统一行政权责清单并实行动态管理，加强标准化建设。严格执行市场准入负面清单，落实“非禁即入”。

2. 深化“放管服”改革。建立健全项目代办、限时办结、容缺审批 + 承诺制等机制，全面推行“证照分离”“一次不跑”“只跑一次”改革，坚决破除“弹簧门”“旋

转门”等人为障碍,打造便捷办事的“最优地”。推进“无证办理”政务服务大厅建设，打通“一窗式”综合服务平台与电子证照库系统的对接，提高电子证照在办理具体政务服务事项过程中的应用成效。深化“一件事一次办”改革,进一步完善和提升“一链办理”改革含金量,简化优化网上办理服务流程，整合共享数据资源全面打通数据壁，实现一表申请、一套材料、一次提交、限时办结，打通服务“最后一公里”。深化投资审批制度改革，改善投资环境。健全以“双随机、一公开”监管和“互联网＋监管”为基本手段、以重点监管为补充、以信用监管为基础的新型监管机制，推进我区监管业务系统（数据）与省、市“互联网监管”系统对接联通，推进一体化在线监管平台建设，实现“一网通管”。推动“赣服通”“赣政通”迭代升级，推动更多高频政务服务事项上线“赣服通”“赣政通”平台，切实提升专区服务成效，2021 年年底前，完成全区自建业务系统与一体化在线服务平台及其支撑系统(“一窗式”综合服务平台、统一身份认证系统、电子证照系统、“好差评”系统等）全面对接，在实现系统通、数据通、业务通上有所突破。进一步梳理“全区通办”事项清单，推动社保、医保、税务、出入境等高频便民事项“同城通办”。

3. 法治化营商环境。贯彻落实《优化营商环境条例》和《江西省优化营商环境条例》，进一步增加政策红利，降低营商成本，提升服务质量，提高办事效率，进一步优化法治化营商环境。在要素获取、准入许可、经营运行、政府采购和招投标等领域对各类所有制企业依法平等对待，平等保护各类所有制企业产权和自主经营权依法，健全市场准入制度、公平竞争审查机制、数字经济公平竞争监管制度、预防和制止滥用行政权力排除限制竞争制度，推动形成统一开放、竞争有序的市场体系。突出优环境，设立企业服务热线，探索推行“随机联查”“综合查一次”等执法改革，从严查处各类干扰企业日常经营和损害企业利益的违法违纪行为，营造诚实守信信用体系和公平公正法治环境。实行知识产权侵权惩罚性赔偿制度，激励和保护科技创新。

（二）全面健全依法行政制度，提升政府治理效能

4. 加强行政规范性文件监管。落实《江西省行政规范性文件管理办法》，严禁越权发文、严控发文数量、严格制发程序。完善全区行政规范性文件制定、报送程序，全面落实行政规范性文件合法性审核制度。落实行政规范性文件备案审查制度，强化行政规范性文件备案监督，健全公民、法人和其他组织对行政规范性文件建议审查制度。健全行政规范性文件动态清理工作机制。加强对行政规范性文件制定和管理工作的指导监督，推动管理制度化规范化。落实行政规范性文件合法性审核机制,明确审核范围,统一审核标准。逐步构建权威发布、信息共享、动态更新的行政规范性文件信息平台。

（三）全面落实行政决策制度，提升行政决策公信力

5. 强化依法决策意识。各级行政机关负责人要牢固树立依法决策意识，严格遵循法定权限和程序作出决策，确保决策权限、内容、程序符合法律法规规定。行政机关主要负责人作出重大决策前，应当听取合法性审查机构的意见，注重听取法律顾问、公职律师或者有关专家的意见。把是否遵守决策程序制度、做到依法决策作为对政府部门党组（党委）开展巡视巡察和对行政机关主要负责人开展考核督察、经济责任审计的重要内容，防止个人专断、搞“一言堂”。

6. 落实重大行政决策程序。贯彻执行《江西省县级以上人民政府重大行政决策程序规定》《景德镇市人民政府“三重一大”事项集体决策议事规则》《珠山区人民政府实施“三重一大”事项集体决策的议事规则》，落实公众参与、专家论证、风险评估、合法性审查、集体讨论决定等决策程序，加强行政决策执行和评估。加强党中央国务院、省委省政府、市委市政府和区委区政府重大决策部署、重要政策举措、推进的重点工作任务的发布宣传解读工作，合理引导社会预期。建立健全决策过程记录和材料归档制度。落实重大行政决策终身责任追究制度和责任倒查机制。

7. 增强公众参与实效。重大行政决策事项，除依法应当保密的外，在决策前应向社会公布决策草案、决策依据，通过听证座谈、调查研究等方式，与利害人进行充分沟通，广泛听取意见。对依法应听证而未经听证的，不得提交讨论、做出决策，听证意见应当作为决策的重要参考。区政府要把政府网站建设成公众参与决策的主要平台，对社会关注度高的决策事项，应及时公开信息、解释说明。完善公众意见反馈机制，及时反馈意见采纳情况和理由。推行文化教育、医疗卫生、食品安全、资源开发、便民设施建设规划、环境保护、公用事业等重大民生决策事项民意调查制度。

（四）全面健全行政执法工作机制，提升行政执法水平

8. 深化行政执法体制改革。完善权责清晰、运转顺畅、保障有力、廉洁高效的行政执法体制机制，健全事前事中事后监管有效衔接、信息互联互通共享、协同配合的工作机制。持续推进市场监管、生态环保、文化市场、农业、应急等领域综合行政执法改革以及镇街综合行政执法改革。珠山区实行“局队合一”体制，乡镇（街道）逐步实现“一支队伍管执法”。与人民群众日常生活、生产直接相关的行政执法活动，主要由区、镇政府实施。加强综合执法、联合执法、协作执法的组织指挥和统筹协调。推进跨领域跨部门联合执法，实现违法线索互联、执法标准互通、处理结果互认。完善行政执法与刑事司法衔接机制，加强“两法衔接”信息平台建设，推进信息共享机制化、案件移送标准和程序规范化。

9. 加大重点领域执法力度。加大食品药品、公共卫生、自然资源、生态环境、安全生产、劳动保障、城市管理、金融服务、教育培训等关系群众切身利益的重点领域执法力度。对潜在风险大、可能造成严重不良后果的，加强日常监管和执法巡查，从源头上预防和化解违法风险。畅通违法行为投诉举报渠道。

10. 完善行政执法程序规范。落实行政执法公示、执法全过程记录、重大执法决定法制审核“三项制度”。

实行行政执法人员持证上岗和资格管理制度，全面推行网络培训考试和人员信息化管理，加强对行政执法人员的专业培训，完善相关规范标准，建立执法人员退出机制。严格落实行政执法主体公告制度，区政府定期对本行政区域内的行政执法主体进行清理、审核确认并向社会公告。统一行政执法案卷、文书基本标准，提高执法案卷、文书规范化水平。完善行政执法文书送达制度。落实行政裁量权基准制度。梳理、规范和精简执法事项，凡没有法律法规规章依据的一律取消。规范涉企行政检查，做到“无事不扰”。按照行政执法类型，制定完善行政执法程序规范。落实告知制度，依法保障行政相对人陈述、申辩、提出听证申请等权利。

11. 创新行政执法方式。良好应用“双随机、一公开”行政执法监督平台,实现全区“双随机”监管事项全覆盖。运用说服教育、劝导示范、警示告诫、指导约谈等柔性方式，努力做到宽严相济、法理相融，让执法既有力度又有温度。推行轻微违法行为依法免予处罚清单。建立行政执法案例指导制度，定期发布指导案例。落实“谁执法谁普法”普法责任制，加强以案释法。

（五）全面健全突发事件应对体系，提升依法预防处置重大突发事件能力

12. 完善突发事件应对制度。落实《江西省突发事件总体应急预案》《景德镇市突发地质灾害应急预案》《珠山区防汛抗旱应急预案等五个应急预案》，坚持运用法治思维和法治方式应对突发事件，提高突发事件应对法治化规范化水平。建立突发事件预警机制，通过信息情报监控系统及时发现突发事件的端倪，适时发布预警信号。建立和完善信息公开制度，与新闻媒体建立合作机制，构建多层次信息公开平台，通过新闻媒介及时将事件实时动态公开，引导舆论风向，安稳民心。建立健全应急预案体系，完善新冠疫情、洪涝灾害等突发公共事件总体应急预案、专项应急预案、部门应急预案等各类突发事件应急预案。加强突发事件监测预警、信息报告、应急响应、恢复重建、调查评估等机制建设。健全突发事件应对征收、征用、救助、补偿制度。完善城市风险治理机制，增强风险管控能力。健全规范应急处置收集、使用个人信息机制制度，切实保护公民个人信息。

13. 提高突发事件依法处置能力。增强风险防范意识，强化各部门防范化解本领域重大风险责任。推进应急管理综合行政执法改革，强化执法能力建设。强化突发事件依法分级分类施策，增强应急处置的针对性实效性。按照平战结合原则，完善各类突发事件应急响应处置程序和协调联动机制。在政府机关、院校、大型商场等公共场所定期组织开展应急知识的宣传普及活动和必要的应急演练，注重提升依法预防突发事件、先期处置和快速反应能力。加强突发事件信息公开和危机沟通，完善公共舆情应对机制。依法打击利用突发事件哄抬物价、囤积居奇、造谣滋事、制假售假等扰乱社会秩序行为。加强突发事件应急处置法律法规教育培训，增强应急处置法治意识。

14. 加强社会应急救援力量。完善乡镇（街道）、村（社区）应急处置组织体系，推动村（社区）依法参与预防、应对突发事件。鼓励发展社会化应急救援，加强社会应急力量备案登记工作，支持专业化社会应急救援力量发展，支持引导社会力量有序参与应急救援行动。

15. 建立健全奖惩机制。针对突发事件中存在的违反法律责任行为完善问责追责机制。对于区、镇政府部门在突发事件中不作为、乱作为，有关联动单位不履行法定义务，任何组织和个人编造或传播虚假信息，不服从或不配合行政机关应急处置，实施侵权行为、负有侵权责任，负有刑事责任等情况，依据《中华人民共和国突发事件应对法》及其他法律法规的相关规定，对上述违反责任行为进行追责。针对在突发事件中表现优异、贡献较大的单位和个人出台相应的激励政策。

（六）全面健全矛盾纠纷化解机制，提升维护社会和谐稳定合力

16. 加强矛盾纠纷源头化解。完善信访、调解、行政裁决、行政复议、诉讼等社会矛盾纠纷多元预防调处化解综合机制。规范行政调解范围和程序，提高行政调解工作水平。坚持“三调联动”，推进行政调解与人民调解、司法调解有效衔接。有序推进行政裁决工作，建立体系健全、渠道畅通、公正便捷、裁诉衔接的裁决机制。有序推进行政裁决工作。推行“阳光信访”，依法分类处理信访诉求，对合理合法诉求依法予以保障，对非法闹访缠访行为依法打击处理。

17. 加强行政复议和行政应诉工作。贯彻落实《珠山区行政复议体制改革实施方案》，开展行政复议办案场所、人员管理、工作流程规范化建设，打造革命化、正规化、专业化、职业化的行政复议专门队伍，整合行政复议职责，建立健全高效、便民的行政复议工作机制，实现区政府行政复议工作由政府行政复议机构“一个窗口”对外，构建科学、统一的行政复议体制。区政府结合工作实际，建立、健全行政复议委员会，研究本级政府行政复议工作重大问题，审议重大、复杂、疑难行政复议案件。建立、健全人民政府行政复议机构为主导，相关政府部门、专家学者参与的行政复议咨询委员会，为重大、复杂、疑难案件的审理提供咨询意见。充分发挥全国行政复议工作平台作用，强化行政复议案件录入管理，推进行政复议决定书向社会公开。加强和规范行政应诉工作，到 2025 年行政机关负责人出庭应诉率 80% 以上。

18. 加强司法职能作用。支持法院依法受理和审理、执行行政案件，充分发挥珠山区知识产权法庭作用，加大对陶瓷及其他类型知识产权的保护，受理第一审知识产权民事和行政案件。检察院推行民事行政诉讼监督一体化办案机制，全力推进公益诉讼工作，推动行政争议诉源治理，促进行政争议实质性化解。做好司法建议、检察建议落实和反馈工作。

（七）全面加强制约监督，提升行政权力运行透明度

19. 健全行政权力制约和监督体系。突出党内监督主导地位，推动各类监督有机贯通、相互协调，做到组织严密、结构合理、配置科学、制约有力，把权力牢

牢关进制度的笼子，做到权责一致、相互协调、运行顺畅，建立“优势互补、监督有力、富有实效”的监督体系，形成整体监督合力。区、镇（街）要完善内部层级监督，一是日常监督与专项监督相结合；二是主动监督与受理举报投诉监督相结合；三是定期督导与突击检查相结合，从而保证监督频率和覆盖范围，增强监督实效。对行政机关公职人员违法行为严格追究法律责任，依规依法给予处分。坚持严管和厚爱结合、激励和约束并重。

20. 加强对行政执法制约和监督。发挥行政执法监督统筹协调、规范保障、督促指导作用，2024 年年底前基本建成区镇（街）全覆盖的比较完善的行政执法协调监督工作体系。全面落实行政执法责任。加强和完善行政执法案卷管理和评查、行政执法机关处理投诉举报、行政执法考核评议等制度建设。整治重点领域行政执法不作为乱作为、执法不严格不规范不文明不透明、行政执法队伍力量薄弱等突出问题，围绕中心工作部署开展行政执法监督专项行动。建立并实施行政执法监督员制度。

21. 推进政务公开。坚持“以公开为常态、以不公开为例外”，以社会需求为导向，以群众满意为目标，推行“互联网 + 政务”，扩大公众参与，务求公开实效，促进政府有效施政。夯实规范性文件、权责清单、民生实事和建议提案办理、重大行政决策、应急管理信息等基础信息公开，深入推进财政预决算、公共资源配置、重大建设项目批准和实施、社会公益事业建设等领域的政府信息公开。围绕经济社会改革发展，及时权威发布相关政策，切实做好政策解读工作，及时回应公众关切，保障社会公众知情权、参与权、监督权，提升政府公信力和社会凝聚力。推进基层政务公开标准化规范化，到 2022 年底前，基本建成全区统一、系统完备规范的基层政务公开标准体系，覆盖基层政府行政权力运行全过程和政务服务全流程。开展以“优化升级政府网站、规范政府系统政务新媒体建设、建设政务公开专区”为主要内容的政务公开三大平台建设，形成线上线下一体化、移动端和 PC 端互补的政务公开体系。

22. 推进政务诚信建设。健全政府守信践诺机制，区政府在债务融资、政府采购、招标投标等市场交易领域应诚实守信，严格履行各项约定义务，为全社会作出表率。建立政务诚信监测治理机制，建立健全政务失信记录、政府失信责任追究制度，对社会关注度高、人民群众反映强烈的政务失信易发多发领域进行重点治理。

（八）全面健全科技保障机制，提升数字法治政府建设力度

23. 推进信息化平台建设。着力实现政府治理信息化与法治化深度融合，区级政务服务平台实现从区级到村（社区）网上政务全覆盖。推进政务服务向移动端延伸，实现更多政务服务事项“掌上办”。推进新型“智慧城市”“智慧社区”“数字乡村”建设，促进城乡治理转型升级。通过珠山区政府网站，建设地方性法规行政规范性文件统一公开查询平台，2023 年年底前实现全区现行有效地方性法规行政规范性文件统一公开查询。

24. 推进政务数据有序共享。建立健全政务数据共享协调机制，加强政务信息系统优化整合，形成高效运行的工作机制。加强对大数据的分析、挖掘、处理和应用，善于运用大数据辅助行政决策、行政执法工作。建立健全运用互联网、大数据、人工智能等技术手段进行行政管理的制度规则。优先推动民生保障、公共服务、市场监管等领域政府数据向社会有序开放。

25. 推进“互联网 + 监管”执法。丰富执法形式，推进智慧执法，加强信息化技术、装备的配置和应用。推行行政执法 App 掌上执法。探索推行以远程监管、移动监管、预警防控为特征的非现场监管，解决人少事多难题。

三、组织保障和落实机制

26. 加强党对法治政府建设的领导。各级党委和政府要把习近平法治思想贯彻落实到法治政府建设全过程和各方面。各级党委要充分发挥总揽全局、协调各方作用，切实履行推进法治建设领导职责，安排听取有关工作汇报，及时研究解决影响法治政府建设重大问题。各级政府要在党委统一领导下，履行法治政府建设主体责任，谋划落实好法治政府建设各项任务，主动向党委报告法治政府建设中的重大问题。各级政府及其部门主要负责人要切实履行推进本地区本部门法治政府建设第一责任人职责，作为重要工作定期部署推进、抓实抓好。各地区党委法治建设议事协调机构及其办事机构要加强法治政府建设的协调督促推动。

27. 完善法治政府建设推进机制。推进法治政府建设督察工作，2025 年前实现对竟成镇、各街道督察全覆盖。积极开展全区法治政府建设示范创建活动，以创建促提升、以示范带发展，不断激发法治政府建设的内生动力。严格执行法治政府建设年度报告制度，按时向社会公开。加大考核力度，建立健全考核评价机制，将依法行政情况作为对地方政府、政府部门及其领导干部综合绩效考核的重要内容。

28. 加强依法行政能力建设。推动行政机关负责人带头遵守执行宪法法律，建立行政机关工作人员应知应会法律法规清单。坚持把民法典作为行政决策、行政管理、行政监督的重要标尺。抓住“关键少数”，健全领导干部学法用法机制；充分利用珠山区红色资源加大法治教育培训力度，传承红色基因，赓续红色血脉。加强竟成镇、各街道和各部门法治机构建设，优化基层司法所职能定位，保障人员力量、经费等与其职责任务相适应。加强行政执法队伍、行政复议工作队伍、法律顾问和公职律师队伍、行政裁决工作队伍建设。对在法治政府建设中作出突出贡献的单位和个人，按规定给予表彰奖励。

29. 加强理论研究和舆论宣传。建立法治政府建设评估专家库，提升评估专业化水平。加大法治政府建设成就经验宣传力度，营造法治政府建设浓厚氛围。

竟成镇、各街道，各部门要全面准确贯彻落实江西省委、省政府《法治政府建设实施纲要（2021—2025 年）》及本纲要精神和要求，明确分工、压实责任、狠抓落实，确保纲要各项任务措施落到实处。

中共珠山区第十二届委员会常务委员会工作规则

第一章 总 则

第一条 为坚持和加强党的全面领导，落实全面从严治党要求，坚持和健全党的民主集中制，充分发挥中共珠山区第十二届委员会常务委员会（以下简称“区委常委会”）集体领导的作用，不断提高区委常委会工作水平，根据《中国共产党章程》《中国共产党地方委员会工作条例》《中共中央政治局关于加强和维护党中央集中统一领导的若干规定》《中共中央政治局贯彻落实中央八项规定实施细则》《中国共产党问责条例》《中国共产党党内监督条例》等党内有关法规，制定本工作规则。

第二条 区委常委会工作必须遵循以下原则：

（一）坚持高举中国特色社会主义伟大旗帜，以习近平新时代中国特色社会主义思想为指导，深刻领会党确立习近平同志党中央的核心、全党的核心地位，确立习近平新时代中国特色社会主义思想的指导地位的决定性意义，坚决贯彻党的理论和路线方针政策，增强“四个意识”、坚定“四个自信”、做到“两个维护”，始终在思想上政治上行动上同以习近平同志为核心的党中央保持高度一致。

（二）牢固树立以人民为中心的发展思想，坚持立党为公、执政为民，认真践行党的宗旨和群众路线。

（三）坚持解放思想、实事求是、与时俱进、求真务实，把中央及省委、市委精神与珠山实际紧密结合起来，按照建好景德镇国家陶瓷文化传承创新试验区，全力实施“五新”战略行动，全面建设社会主义现代化国际瓷都先行区的重要要求，创造性地开展工作。

（四）坚持民主集中制，增强区委常委会领导集体活力和团结统一。

（五）坚持党要管党、全面从严治党，加强和规范党内政治生活，强化党内监督和群众监督，不断提高领导能力和水平，始终保持党的先进性和纯洁性。

（六）坚持发挥总揽全局、协调各方的作用，把方向、管大局、作决策、保落实。

（七）坚持在宪法和法律范围内活动，依据党章和其他党内法规履职尽责。

第二章 职 责

第三条 区委常委会在区委全会闭会期间，行使区委职权，主持经常工作。其主要职责是：

（一）组织传达学习贯彻习近平总书记重要讲话、重要指示、批示精神，传达学习中央、省委、市委重要会议、重要文件精神和中央、省委、市委领导的重要指示精神，提出贯彻落实意见；组织实施党中央、省委、市委决策部署以及区委全会决议、决定。

（二）召集区委全会，向区委全会报告工作并接受监督；对拟提交区委全会讨论和决定的事项先行审议、提出意见。

（三）向市委请示报告工作，审议以区委或区委、区政府名义上报市委的重要请示、报告等。

（四）讨论和决定区人大常委会党组、区政府党组、区政协党组，区纪委（区监委），区法院党组、区检察院党组，各镇（街道）、区委各部门，区直各单位党组（党委）请示报告的重要事项。

（五）研究制定全区方向性、战略性、全局性的重大政策；对全区经济社会发展和全市宣传思想文化工作、组织工作、纪律检查工作、群众工作、统一战线工作、政法工作等方面经常性工作中的重要问题作出决定，并指导和推动贯彻落实。支持和保证人大、政府、政协、法院、检察院、人民团体依法依章程独立负责、协调一致地开展工作，确保党的理论和路线方针政策的贯彻落实。

（六）按照干部管理权限和规定的程序推荐、提名、任免干部，必要时对重要干部的任免可以征求区委委员意见；教育、管理、监督干部；研究决定党员干部先进评选、表彰、奖励、纪律处分有关事项。

（七）对应当由区委常委会决定的其他重要事项作出决定。

第四条 区委书记主持区委全面工作，组织区委常委会活动，协调区委常委会委员的工作，对区委工作负主要责任。担任政府正职的党委副书记主持政府全面工作，组织政府党组活动。不担任区政府职务的区委副书记主要协助区委书记抓党的建设工作，同时可以根据需要协调和负责其他方面工作。区委常委会其他委员根据分工负责有关工作，领衔区党代会重大部署调查研究和推动落实的工作，履行分管领域管党治党责任。

第五条 区委常委会必须准确把握新时代党的建设总要求，认真履行全面从严治党主体责任，区委书记必须履行抓党建第一责任人职责。区委常委会定期研究党建工作，每年至少向市委和区委全会专题报告 2 次抓党建工作情况。充分发挥党的建设工作领导小组职能作用。加强基层党组织建设，落实县乡两级党委书记抓基层党建工作述职评议考核制度，完善党建工作考核综合评价体系，确保党建各项部署落到实处。区委常委会应当认真落实意识形态工作责任制，每年至少 2 次专题研究意识形态工作。区委常委会应当认真落实维护国家安全的主体责任，加强对履行国家安全职责的督促检查，确保关于国家安全工作的决策部署落到实处。

区委常委会要认真履行党风廉政建设主体责任，领导和支持纪律检查机关、监察机关履行监督责任，坚持纪在法前、纪严于法，严格执行和维护党的纪律，推动形成不敢腐、不能腐、不想腐的廉洁从政环境。

第六条 区委常委会及其委员要坚持把党的政治建设摆在首位，旗帜鲜明讲政治，坚定执行党的政治路线，严格遵守政治纪律和政治规矩，严格执行《关于新形势下党内政治生活的若干准则》，区委常委会委员按照规定参加民主生活会和组织生活会，营造风清气正的良好政治生态，在政治立场、政治方向、政治原则、政治道路上同以习近平同志为核心的党中央保持高度一致。加强作风建设，严格落实中央及省委、市委、区委关于改进工作作风、密切联系群众的各项规定，坚决反对形式主义、官僚主义、享乐主义和奢靡之风，坚决反对特权思想和特权现象。

第三章 组织原则

第七条 区委常委会必须始终在思想上政治上行动上同以习近平同志为核心的党中央保持高度一致，坚决贯彻执行党中央决策部署和省委、市委的决定，任何工作部署都必须以贯彻中央精神为前提。每年及时向市委作 1 次全面工作情况报告，执行党中央和省委、市委有关决定情况的专题报告。市委有关会议、文件、决定贯彻落实情况，市委主要领导批示贯彻落实情况应当及时报告。遇有重大突发事件、重大问题及时请示报告。

第八条 区委常委会应当坚持民主集中制，实行集体领导和个人分工负责相结合的制度。凡属应当由区委常委会讨论和决定的事项，必须由集体研究决定，任何个人或者少数人无权擅自决定。在集体讨论和决定问题时，个人应充分发表意见。个人对集体作出的决定必须坚决执行，有不同意见的可以保留，也可以向市委报告，但在市委或区委改变决定前，除执行决定会引起严重后果等紧急情况外，必须无条件执行已作出的决定。

区委常委会委员应根据分工和集体决定，勇于担当、敢于负责，切实履行职责，自觉主动将重大问题、重要事项报请市委研究；对不属于自己分管的工作，也应从全局出发关心支持，加强研究，积极提出意见和建议。

区人大常委会党组、区政府党组、区政协党组、区纪委（区监委）、区法院党组、区检察院党组每年要向区委常委会报告工作。

第九条 区委书记应带头执行民主集中制，充分发扬党内民主，自觉接受区委常委会其他委员监督，不得搞独断专行。

区委常委会其他委员应支持区委书记开展工作，自觉接受区委书记对其工作的督促检查。

区委常委会委员要在党性原则基础上维护团结，互相信任、互相谅解、互相支持、互相监督。

第十条 区委常委会委员代表区委的讲话和报告，署名发表或者出版同工作有关的文章、著作、言论，应事先经过区委常委会审定或者区委书记批准。除区委统一安排外，个人不发贺信、贺电，不题词、题字。

区委常委会委员在调查研究时，区委书记和区长可听取属地或单位全面工作汇报，其他区委常委会委员可听取相关工作汇报，在调查研究、检查指导工作或者参加其他公务活动时发表的个人意见，应符合区委集体决定精神。

第十一条 需要进行民主协商的重大问题，讨论决定前要向区各民主党派、工商联、人民团体、无党派代表人士通报情况、征求意见、进行民主协商，并注意听取区人大代表和区政协委员的意见建议。需要区党代表大会代表、下级党组织和党员了解的重要情况和重大问题，应及时通报。讨论决定下级党组织有关重要问题，一般应事前征求下级党组织意见。

第十二条 涉及干部人事任免事项，按照《党政领导干部选拔任用工作条例》的规定，在民主推荐、考察的基础上，经区委书记与副书记及分管组织、纪检等工作的区委常委会委员共同酝酿后，并征求其他委员意见，提交区委常委会研究。

第十三条 加强区委常委会内部经常性沟通，通过召开区委常委会会议、书记专题会、议事协调会、民主生活会、区委常委会委员向区委常委会和区委书记汇报分管工作、领衔重大部署工作情况等方式，交流有关工作和决策执行情况，通报有关重要政策制定、工作部署、工作进度及其他情况。

第十四条 采取通气、通报以及有关负责人列席会议等方式，加强与区人大常委会党组、区政府党组、区政协党组等方面的沟通。

第四章 议事和决策

第一节 区委常委会会议

第十五条 区委常委会议事决策要按照集体领导、民主集中、个别酝酿、会议决定的原则，实行科学决策、民主决策、依法决策。

第十六条 健全决策咨询机制，重大决策一般应在调查研究基础上提出方案，充分听取各方面意见，进行风险评估和合法合规性审查，经区委全会或者区委常委会会议讨论和决定。

第十七条 区委常委会会议实行例会制度，一般每月召开 2 次，遇有重要情况可随时召开。

区委常委会会议由区委书记召集并主持。区委书记不能参加会议的，可以委托区委副书记召集并主持。

遇重大突发事件、抢险救灾等紧急情况，不能及时召开区委常委会会议决策的，区委书记、副书记或者区委常委会其他委员可以临机处置，事后应及时向区委常委会报告。

区委常委会应带头切实改进会风，提高会议实效，开短会、讲短话，力戒空话、套话。

第十八条 区委常委会会议议题由区委书记提出，或者由其他区委常委会委员提出建议，有关单位也可以提出建议，由区委书记确定。区委各部门及群众团体提请区委常委会会议讨论的议题，须经分管常委审签同意。区人大常委会、区政府、区政协提请区委常委会会议讨论的议题，由其党组提出。

提交区委常委会会议研究审议，拟以区委或者区委、区政府，区委办公室或者区委办公室、区政府办公室名义印发的文件，会前应当与区委办公室协商并取得一致意见，属于党内法规和规范性文件的，应当提前履行前置审核程序。所有提请区委常委会会议研究的议题一般应在会前5天报送区委办公室，由区委办公室汇总统筹，由区委办主任系统提出安排建议方案，报区委书记综合考虑后确定。

区委常委会委员按照分工可以决定的事项，区政府在职责范围内可以决定的事项，不提交区委常委会会议讨论，区委常委会会议原则上不研究区直部门（组织人事编制部门除外）提出的机构编制、领导职数、干部级别问题，不研究各单位提出的具体建设项目、经费等问题。凡要求解决机构编制、领导职数、干部级别，建设项目、经费等问题，一律向有关部门申报，按程序办理。特殊情况确需提交区委常委会会议研究的，须报区委书记批准。

第十九条 每次区委常委会会议议题应适量安排，重要、紧急议题优先安排，重大议题可安排专题讨论。会议议题确定后一般不再变动，对确有必要研究的临时性议题，由区委书记决定。

提交区委常委会的议题，原则上部门提报的由部门主要负责人汇报，由区委常委担任主要领导的单位提报的可由负责其日常工作的领导同志汇报，区人大常委会党组、区政府党组、区政协党组提报的由其办公室主任汇报。

第二十条 区委常委会会议出席人员为区委常委会委员。区人大常委会党组书记（主任）、区政协党组书记（主席）固定列席会议。其他列席人员根据各项议题的需要，经区委办主任沟通协商后提出，报会议主持人确定。列席区委常委会会议有关议题的人员原则上为单位主要负责人。如有特殊情况，因故不能参会，须按程序书面报请区委批准。

区委常委会会议通知，除特殊情况外，一般应提前2天通知区委常委会委员和区人大常委会主任（党组书记）、区政协主席（党组书记），会议有关材料应及时送达。

第二十一条 提交区委常委会会议研究的议题，会前应酝酿沟通。涉及多部门、单位的议题，议题提出部门或单位要事先组织有关部门进行研究，形成比较成熟一致的意见。有较大意见分歧的，应提出两个以上建议方案。除需要保密的外，一般应在会前征求区委常委会委员及相关区领导同志的意见。一般分管区委常委不能到会的议题不安排上会讨论。

第二十二条 提交区委常委会会议的汇报材料，要文风朴实、简明扼要、突出重点，字数一般不超过2000字，经分管区委常委同志或区人大常委会、区政协、区法院、区检察院党组（党委）主要负责同志签字同意后，按统一要求和格式印制，一般应于会前2天报送区委办公室。

第二十三条 区委常委会会议应有半数以上区委常委会委员到会方可召开。讨论和决定干部任免、处分事项，必须有三分之二以上区委常委会委员到会。区委常委会委员因故不能参加会议的，应在会前向主持人请假，其意见可以用书面形式表达。

第二十四条 区委常委会会议讨论干部问题，应严格按程序办理，不搞临时动议。对拟提任乡科级领导干部人选及需要票决的其他干部人选实行票决制。会议讨论的有关事项，如涉及区委常委会委员本人或其亲属时，区委常委会委员本人必须回避。

第二十五条 参会人员应对每个议题进行充分讨论。程序为：议题汇报人汇报完毕后，由分管区领导提出意见补充，再由列席会议的相关部门进行意见补充；其次，按照先区委常委、区政协党组书记、区人大常委会党组书记、区委专职副书记，后区长的顺序进行发言；最后，会议主持人在集中讨论意见的基础上，提出决策方案或意见，供会议表决。对不属于自己分管工作的常委，也应当从全局出发关心支持，加强研究，积极提出意见和建议。

第二十六条 表决可以根据讨论和决定事项的不同，采用口头、举手、无记名投票或记名投票等方式举行，赞成票超过应到会区委常委会委员半数为通过。未到会区委常委会委员的意见不得计入票数。会议讨论和决定多个事项，应当逐项表决。讨论干部问题时，应当逐一发表明确意见，充分讨论后进行表决。对意见分歧较大的议题，除紧急事项必须按多数人意见执行外，应暂缓作出决定，待进一步调查研究、交换意见后再行讨论表决。

对区委委员、候补委员，给予撤销党内职务、留党察看或开除党籍的处分，必须由全会三分之二以上的多数决定。在全会闭会期间，可以先由区委常委会作出处理决定，待召开全会时予以追认。对区委委员、候补委员的上述处分，必须经过市纪委常委会审议，由市纪委报市委批准。

第二十七条 区委常委会会议由专门人员如实记录。会议决定事项除干部任免和少数不宜公开的外，均编发会议纪要。会议纪要一般由会议主持人或者委托区委办主任签发。会议纪要印发区委常委会委员、区人大常委会党组、区政府党组、区政协党组和纪要涉及的相关部门、单位党组（党委）。区委常委会会议议定的有关事项，由区委办公室以抄告单形式抄告相关部门、单位贯彻执行。

第二十八条 以区委或区委、区政府名义印发的涉及全区工作的重大政策性文件，原则上须经区委常委会会议讨论通过，并由区委书记签发。

第二十九条 根据区委常委会会议议题内容，经会议主持人同意，可安排指定新闻单位听会。区委常委会会议新闻稿由区委办主任或委托有关负责人审定，重要新闻稿件由会议主持人审定。

第三十条 区委常委会可根据工作需要召开扩大会议，但不得代替区委全会、区委常委会会议作出决策。

第二节 书记专题会议

第三十一条 需要提交区委常委会会议审议的重要事项，可以先召开书记专题会议进行酝酿。书记专题会议由区委书记主持，不定期召开，区委副书记和其他有关区委常委会委员等参加。书记专题会议不代替区委常委会会议作出决策。

第三十二条 涉及干部人事任免事项，按照《党政领导干部选拔任用工作条例》规定，在民主推荐、考察的基础上，经区委书记与副书记及与分管组织、纪检等工作的区委常委会委员共同酝酿后提交区委常委会会议研究。

第三节 区委常委议事协调会议

第三十三条 区委常委会委员可以根据工作需要，在其职责范围内主持召开议事协调会议，酝酿协调重要事项，研究解决有关问题，但不得超越权限作出决策。

第三十四条 涉及多个部门，需要部分区委常委会委员进行酝酿和协调的重要事项，可以召开区委常委议事协调会议。

第三十五条 区委常委议事协调会议由区委书记、副书记或分管区委常委会委员主持；会议议题涉及两个以上区委常委会委员分管的工作时，在区委书记、副书记不出席的情况下，由区委书记指定一位区委常委会委员主持。

第三十六条 区委常委议事协调会议研究决定的问题，如事关重大，应由会议主持人在会前向区委书记或区委常委会报告。

第四节 区委常委班子民主生活会

第三十七条 要坚持和完善民主生活会制度，加强和规范党内政治生活。区委常委会委员要牢固树立政治意识、大局意识、核心意识、看齐意识，严肃认真开展批评和自我批评，做到忠诚干净担当。

第三十八条 民主生活会由区委书记主持，一般每年召开 1 次，到会人数必须达到应到会人数的三分之二以上。党中央、省委、市委有明确要求、遇到重要或者普遍性问题应专门召开，及时剖析整改。会议方案应当提前 5 天报市委审核。

第三十九条 民主生活会重在解决突出问题，区委常委会委员应当在会上把群众反映、巡视（巡察）反馈、组织约谈函询的问题说清楚、谈透彻，开展批评和自我批评，提出整改措施，接受组织监督。

第四十条 民主生活会要认真准备，保证质量。会前要广泛听取意见、深入谈心交心、认真开展学习，会上要认真查摆问题、深刻剖析根源、明确整改方向，会后要逐一整改落实，于 15 日内如实上报民主生活会情况和整改措施，并在一定范围内通报。

第四十一条 坚持不懈把批评和自我批评这个武器用好。批评和自我批评必须坚持实事求是，讲党性不讲私情、讲真理不讲面子，坚持“团结—批评—团结”，按照“照镜子、正衣冠、洗洗澡、治治病”的要求，严肃认真提意见，满腔热情帮同志，防止以工作建议代替批评意见。批评和自我批评的具体意见，不得随意散布。

第四十二条 区委常委会带头开好民主生活会。区委常委会应当加强对下级领导班子民主生活会的指导和监督，提高民主生活会质量。区委常委会委员定期、随机参加下级党组织领导班子民主生活会，发现问题及时纠正。还应当以普通党员身份参加所在党支部（党小组）组织生活会、主题党日活动，民主评议党员，过好双重组织生活。

第五章 监督和追责

第四十三条 区委常委会领导全区党内监督工作，组织实施各项监督制度，抓好督促检查。区委常委会在全区党内监督中负主体责任，区委书记是第一责任人，区委常委会委员在职责范围内履行监督职责。

第四十四条 区委常委会及常委会委员应按照《关于新形势下党内政治生活的若干准则》和《中国共产党党内监督条例》的有关规定，自觉接受各方面的监督。

第四十五条 区委常委会委员要正确对待监督，主动接受各方面监督，习惯在监督下开展工作，绝不能拒绝监督、逃避监督；要加强自律、慎独慎微，自觉检查和及时纠正在行使权力、廉政勤政方面存在的问题，做到可以行使的权力按规则正确行使，该由领导班子集体行使的权力个人不能擅自行使，不该由自己行使的权力决不能行使。

第四十六条 违反本工作规则有关规定的，根据情节轻重，依照《中国共产党纪律处分条例》《中国共产党问责条例》《中国共产党党内监督条例》和《中国共产党地方委员会工作条例》等有关规定给予相应处理；涉嫌违法犯罪的，按照国家有关法律规定处理。

第六章 决策实施

第四十七条 区委常委会作出的决策，由区委常委会委员分工负责组织实施，区委书记对组织实施工作负总责。

第四十八条 区委常委会委员必须自觉维护区委权威，带头贯彻执行区委常委会决策、决定，重要进展情况及时向区委和区委书记报告。

第四十九条 区委常委会决定事项，包括通过的决议、文件、重要干部任免等，经会议或区委书记批准，须上报市委的，及时上报市委；需向党外协商通气的，及时协商通气；需要发布的，及时发布。未经批准传达公布的，与会人员必须遵守保密纪律。

第五十条 区委常委会作出的决策、决定和重大工作部署的，不能随意变动更改。执行过程中确需变更的，由分管区委常委会委员协调后，报区委书记决定；区委书记正式决定前，以书面或口头形式征求其他委员意见。需作重大调整的，由区委常委会会议决定。

第五十一条 区委常委会应当建立健全决策督查、评估和反馈机制，强化工作责任，加大协调力度，确保各项决策部署落到实处。区委常委会会议议题汇报部门要主动担起协调落实议决事项的牵头职责，及时发现和报告落实情况，相关部门要主动配合牵头单位共同执行好区委常委会决策，并适时向区委作出书面报告。区纪委（区监委）要加强对贯彻执行党的路线方针政策、落实省委、市委、区委决策部署的监督检查。受区委常委会委托，区委办公室要加强区委常委会会议议定有关事项贯彻落实的督促检查，每季度向区委书记和区委常委会报告贯彻落实情况。对落实不力的部门、单位，要及时督促其整改。对整改不到位的单位和个人，视其情况轻重进行相应处理。

第七章 附 则

第五十二条 本工作规则由中共珠山区委负责解释，具体解释工作由区委办公室承担。

第五十三条 本工作规则自印发之日起施行。

珠山区关于深入推进营商环境优化升级“一号改革工程”的实施方案

为深入贯彻省委省政府《关于深入推进营商环境优化升级“一号改革工程”的意见》和《景德镇市营商环境优化升级“一号改革工程”实施方案》精神，落实省第十五次党代会、市第十二次党代会和区第十二次党代会确定的目标任务，积极打造“办事不用求人、办事依法依规、办事便捷高效、办事暖心爽心”的“珠事顺利”营商环境品牌，努力提升市场主体和群众办事满意度与获得感。现结合珠山区实际情况，制定如下实施方案。

一、总体要求

（一）指导思想

坚持以习近平新时代中国特色社会主义思想为指导，深入贯彻党的十九大和十九届历次全会精神，认真落实习近平总书记视察江西重要讲话精神，以市场主体和群众需求为导向，以深化“放管服”改革为抓手，以“五型政府”建设和“五新战略”推进为突破口，以江西省营商环境评价指标为着力点，围绕影响营商环境优化提升的痛点和堵点，深入开展“五大改革”和“十大行动”，着力解决办事不畅、作风不实、执行不力等问题，助推全区经济社会高质量跨越式发展。

（二）基本原则

1. 坚持集中攻坚、常态管理。聚焦服务企业全生命周期，围绕开办企业与注销、办理建筑许可、政府采购、招标投标等 14 个重点领域，进行集中攻坚。并以攻坚成果为基础，开展常态化管理，及时跟踪调度各项指标问题。

2. 坚持硬件提升、服务优化。全面升级政务服务大厅建设，以硬件提升为基础，以服务优化为突破，深入推进“放管服”改革和“五型政府”建设，着力打造政务服务满意度一等城区。

3. 坚持对标提升、补齐短板。坚持改革创新，以优化营商环境引领全面深化改革，不断对标对表国内国际一流和前沿标准，针对企业生产经营中的痛点、难点、堵点问题，靶向攻坚、综合施策、补齐短板、做强弱项。

4. 坚持回应关切、无事不扰。畅通企业诉求渠道，搭建政企沟通平台，认真听取市场主体的意见和建议，及时回应诉求，提供精准有效服务。加强政策宣传，提高企业对政策的知晓率和满意度，全面构建亲清新型政商关系。

（三）主要目标

一年求突破。到 2022 年底，找出各领域差距不足，全面补齐营商环境短板，夯实基础。力争 2~3 项评价指标与全省同步进入全国标杆行列，全区营商环境水平进入全省第一方阵。

两年创一流。到 2023 年底，多项指标进入全国一流水平。

三年树标杆。到 2024 年底，打造一批领先的营商环境单项指标。打响“珠事顺利”营商环境品牌，珠山营商环境水平进入全国一流行列。

二、主要任务

紧盯实现“一流营商环境”总体目标，全力推进“一号改革工程”走深走实。坚持全面深化改革，以改革创新为突破口，全面推进营商环境五大改革；坚持全面整改提升，以专项行动为着力点，全面实施营商环境十大专项行动。

（一）深化营商环境“五大改革”

1. 深入推进市场环境改革。提升企业服务能力，强化市场要素配置，加强市场培育支持，维护市场竞争秩序，主要增强“四个维度”：

（1）扩大市场开放程度。严格落实市场准入“全国一张单”管理模式，建立行政审批与清单相衔接的准入机制，清单之外全面实行“非禁即入”。定期排查清理在市场准入方面对资质、资金、股比、人员、场所等设置的不合理条件。深化“证照分离”改革，推动照后减证和简化审批，推广“一照通办”改革，推动跨行业跨领域许可证集成办理，实现“准入即准营”。提高企业开办效率，实现全程网办、半日办结。实施快速简易注销，1 日办结。探索建立歇业备案制度，推行破产预重整制度，健全企业破产重整信用修复机制。[责任单位：区发改委、区政府办（政务服务办）、区行政服务中心、区市场监管局、区法院、区人社局、区税务局、珠山公安分局，竟成镇、各街道、经开区]

（2）强化要素配置深度。深化供地用地改革，探索推行采用长期租赁、先租后让、租让结合、弹性年期供应等供地方式，支持产业用地实行“标准地”出让，推广“用地清单制 + 告知承诺制”。优化人力资源配置，配合推进“江西省人力资源地图”项目建设，优化用工就业信息精准推送、重点监测企业用工比对分析等服务。强化金融要素配置，加强金融服务平台建设，接入涉企数据信息，完善企业征信功能；积极发展区政府性融资担保机构，有效整合现有担保资源，推动融资担保机构减量增质，增强担保能力。实施企业上市“映山红行动”升级工程和“金融赣军”工程，完善区域性股权市场和上市公司管理。健全技术要素交易与监管体系，推进科技成果进场交易。配合全市推进建设一体化大数据中心。[责任单位：区自然资源和规划分局、区人社局、区政府办（金融办）、区科技局、区发改委、区行政服务中心，竟成镇、各街道、经开区]

（3）加大市场支持力度。深入实施《培育壮大市场主体三年行动计划（2021—2023 年）》，支持“个转企”“小升规”，大力扶持专精特新、科技型企业发展，帮助市场主体解决堵点、卡点、难点、痛点问题。推动实施产业链链长制，通过稳链、补链、延链、强链，推动产业链提档升级；搭建供应链对接平台，为企业提供精准产销对接服务。推动电力源网荷储一体化和多能互补发展，科学实施有序用电，合理安排错峰用电，保障企业能源安全稳定供应。（责任单位：区市场监管局、区工信局、区科技局、区发改委，竟成镇、各街道、经开区）

（4）提升公平暖心温度。深化“一照多址”“一证多址”改革，优化企业跨区域迁移政策，积极配合清理没有法律法规依据要求的企业在特定区域注册规定。严格落实《反不正当竞争条例》，强化反不正当竞争执法。持续清理妨碍公平竞争的规定和做法，清理规范涉企收费，健全遏制乱收费、乱摊派的长效机制，纠正各类中介机构垄断经营、强制服务等行为。推动公平竞争审查全覆盖，健全第三方评估机制。不断加大信息公开力度，深化政府采购平台系统建设，推行“不见面”招投标，实现全流程电子化。（责任单位：区市场监管局、区发改委、区财政局、区司法局，竟成镇、各街道、经开区）

2. 深入推进政务环境改革。转变思想观念，创新服务方式，集成服务事项、整合服务平台，主要推进“四个化”：

（5）加快推进政务服务信息化。围绕数据通而不动、动而不用的问题，进一步加大各部门政务服务事项与“一窗式”综合服务平台的对接力度，整合各级各类政务服务资源，全面实现应接全接、应上全上，除涉及国家安全以及法律法规明确不能对接外，所有系统必须实现互联互通，数据实时共享，真正实现系统通、数据通、业务通、应用通。2022 年 8 月底前，区级依申请政务服务事项网上可办率达 90% 以上。2022 年底前，除涉密等特殊事项外，区级依申请政务服务事项全部实现全程网办。积极推进公安、市场监管、税务、人力资源社会保障、招投标等领域电子证照、电子印（签）章互通互认，推进全场景无障碍应用，深化“免证办理、相同材料只交一次”改革，分级分类打造“一站式”主题集成服务。[责任单位：区政府办（政务服务办）、区行政服务中心、区发改委，竟成镇、各街道、经开区]

（6）加快推进政务服务标准化。按照“三集中、三到位”要求，深化“一门、一网、一窗、一次”改革，大力提升政务服务中心事项办理的集中度、便捷度。对照省级要求部署，科学编制政务服务事项办事指南，完善政务服务事项受理条件、申请材料、办理流程等信息要素，建立健全事项审查和动态管理机制，确保“一件事项一个标准”，达成高频事项“无差别受理”。加强窗口服务培训和考核，形成职业化、专业化政务服务队伍。健全信息公开、一次性告知、首问负责、顶岗补位、服务承诺、责任追究、文明服务等制度规范。[责任单位：区政府办（政务服务办）、区行政服务中心、区司法局、区发改委，竟成镇、各街道、经开区]

（7）加快推进政务服务便利化。结合市场主体和群众办事需求，以事项为中心，持续精简审批环节，再造业务流程，大力开展政务服务集成化改革，制定“一件事一次办”事项清单。加快通用“综合窗口”建设，实现更多的政务服务事项一表申请、一套材料、一次提交、一窗受理、限时办结。积极构建“线上一网、线下一窗”惠企政策简便快速兑现服务体系，设立惠企资金兑现“直通车”，实现财政奖补、减税降费等资金快速审核、快速拨付。建立健全帮代办服务机制，重点服务国家陶瓷试验区建设项目、“5020”项目、重点企业、景漂景归人才等项目企业、特殊群体，开展“保姆式”全程帮代办服务；全面推进落实“一网选中介”制度，规范中介市场服务行为，推动中介服务减时降费、提质增效。深化工程建设项目审批制度改革，大力推进“承诺制 + 区域评估 + 六多合一”审批模式和全流程在线审批。持续提升纳税、不动产登记、办理水电气等领域办事效率。[责任单位：区政府办（政务服务办）、区行政服务中心、区财政局、区税务局、区住建局、区自然资源和规划分局、区发改委，竟成镇、各街道、经开区]

（8）加快推进政务服务智能化。推动“赣服通”珠山分厅持续迭代升级，做到事项更实、数据更通、技术更新、服务更优、安全更牢。推进数据汇聚融合和深度利用，加快办事表单、办事材料、审批过程与数据信息的智能匹配共享、智能比对校验，实现秒批秒办，推动高频服务“掌上办”。持续扩大平台覆盖范围，聚焦机关内部办事“只跑一次”，整合材料、再造流程，加快推动政务办公“一网办、掌上办”。积极配合完善“赣政通”与“赣服通”的联通渠道，推行“赣服通”前端受理、“赣政通”后端办理的“前店后厂”政务服务新模式。大力推行赣通码和赣通分的场景应用，让更多的用户熟知和掌握“赣服通”手机移动端功能，企业群众在更多服务领域实现“免证办理”。[责任单位：区政府办（政务服务办）、区行政服务中心、区市场监管局、区税务局，竟成镇、各街道、经开区]

3. 深入推进法治环境改革。健全法治机制，创新监管模式、提升司法质效、加强产权保护，主要完善“四个体系”：

（9）健全法规制度体系。深入贯彻落实《江西省优化营商环境条例》《江西省社会信用条例》《江西省中小企业促进条例》《江西省公共数据管理办法》等，完善商事登记规则、标准、程序，为企业进入、退出市场提供规范统一、公开透明、便捷高效、宽进严管的登记服务。推进事中事后监管制度规范化运行，完善企业破产府院联动工作机制，建立行业主管部门配套机制。（责任单位：区发改委、区工信局、区市场监管局、区法院、区司法局，竟成镇、各街道、经开区）

（10）创新市场监管体系。深入推进综合行政执行改革，科学建立综合监管机制，深化“互联网 + 监管”，强化监管数据汇聚共享，形成“一网通管”。建立重点监管事项清单制度，清单之外全部推进“双随机、一公开”监管。完善“一单两库”，与企业信用风险分类结果相结合，扩大跨部门联合抽查范围，实行“进一次门、查多项事”，提高监管效能，使监管对诚信经营者“无事不扰”、对违法失信者“无处不在”。加强风险监测和预警，通过大数据分析、重点指标监测等，及早发现企业异常情况和风险，适时对企业进行提醒。健全社会信用体系，落实分级分类“信用 + 智慧”监管，完善信用修复机制。完善包容审慎监管机制，依法全面推行市场经营活动轻微违法行为免罚和“首违不罚”制度，推广“企业安静日”，寓服务于监管，让执法更有温度。（责任单位：区市场监管局、区司法局、区应急管理局，竟成镇、各街道、经开区）

（11）完善公正司法体系。落实“少捕慎诉慎押”司法政策，推进涉案企业合规管理，深化涉案企业依法从宽制度，坚决防止用刑事手段干预经济纠纷。推进案件繁简分流，推广网上立案、网上阅卷、网上开庭等“一站式”电子诉讼。推进诉讼与公证全流程协同，在调解、保全、送达、调查等环节开展审判执行辅助事务协作。完善执行案款发放机制，持续压缩执行时限，全面推行网上司法拍卖全覆盖、零收费。深入推进法院两个“一站式”建设，提升解纷体系和服务能力现代化水平。（责任单位：区法院、区检察院、珠山公安分局，竟成镇、各街道、经开区）

（12）强化产权保护体系。保护企业合法权益，妥善处理企业经营发展中的不规范问题。开展政务失信专项治理，强化诚信政府建设。持续开展知识产权保护“铁拳”“蓝天”等专项行动，开展专利、商标、商号等专项治理活动。贯彻执行专利权、著作权等领域侵权惩罚性赔偿制度。充分发挥竟成法庭（知识产权法庭、金融法庭）作用，使知识产权保护更加高效快捷，严厉打击知识产权侵权违法行为，大力开展知识产权宣传和保护行动。（责任单位：区发改委、区市场监管局、区法院，竟成镇、各街道、经开区）

4. 深入推进开放环境改革。用好对外平台、做好涉外服务、吸引外商外资，主要提升“两个水平”：

（13）提升对外投资便利水平。充分发挥景德镇国家陶瓷文化传承创新试验区先行区优势，大力推动陶瓷文化“走出去”，广泛开展国际交流展示、国际合作办学、国际研学游学，积极参与外事外交文化活动，吸引更多的外商在珠山投资。落实外商投资准入前国民待遇加负面清单管理制度，编制外商投资指引，加强信息咨询服务。建立专业化招商团队，建设“一站式”外商投资办事平台，推行外资行政许可事项“一网通办”，依法依规在用地审批、人员跨境流动等方面给予便利。（责任单位：区商务局、区委宣传部、区文广新旅局，竟成镇、各街道、经开区）

（14）提升跨境贸易服务水平。配合全市推进中国（景德镇）跨境电子商务综合试验区建设，高标准建设国家文化出口基地，全力创建“东亚文化之都”，打造对外文化交流新平台。积极发展陶瓷跨境电商，搭建集产品发布、评估鉴定、交易结算等功能于一体的国际陶瓷博览运营平台，形成线下园区生产、线上全球供货的陶瓷产品贸易格局。（责任单位：区商务局、区文广新旅局，竟成镇、各街道、经开区）

5. 深入推进人文环境改革。强化人才保障、促进创新创业、升级政商关系，主要提升“三个能力”：

（15）提高人才引进留用能力。实施人才强区战略，加大招才引智力度，争取省市人才政策支持，研究出台更具吸引力、竞争力的人才政策。配合全市围绕景漂人才引进工程，实行境外景漂人才行动。畅通人才引进“绿色通道”，引进和培养一批领军人才、应用型专业人才，为人才施展才华提供广阔舞台。打造一批有多元文化、有创新事业、有宜居生活的特色人才社区，建立“一站式”人才服务平台，优化人才住房、医疗、配偶就业、子女就学等配套支持政策。深化技能人才评价制度改革，健全人才评价标准和机制，优化人才评价方式，让人才在珠山区引得进、留得住、干得好。（责任单位：区委组织部、区人社局、区卫健委、区教体局、区住建局、区自然资源和规划分局，竟成镇、各街道、经开区）

（16）激发创新创业活跃能力。贯彻落实“千年瓷城活力迸发，国际瓷都魅力四射”攻坚改革，围绕陶瓷、航空等优势领域，培育组建一批科研能力较强的区级科研平台，引导景德镇陶瓷大学、六〇二所、陶瓷研究所等科研院所对接产业发展重点及民生热点。完善财政科研项目资金管理，实施科技计划项目“包干制”。深度推进产教融合、校企合作，推动高校资源转化为经济增长点。支持首台（套）重大技术装备、首批次新材料、首版次软件推广应用。加大国家和省级创新创业基地建设力度，提供低成本场地支持和“一站式”创业服务。扩大创业担保贷款覆盖范围，降低小微企业、个体工商户创业担保贷款申请门槛，加大政策扶持力度。（责任单位：区科技局、区财政局、区发改委、区人社局、区工信局，竟成镇、各街道、经开区）

（17）增强政商关系亲和能力。制定亲清政商关系正负面清单，建立健全政企沟通机制，定期召开企业座谈会。依托区领导挂点联系重点企业、企业“白名单”帮扶、企业特派员、非公有制企业维权服务等帮扶机制，开展“千名干部进万企”“入企走访心连心”“政企圆桌会”活动，倾听市场主体意见建议，帮助企业排忧解难。推行企业诉求“1个工作日电话联系、一般问题5个工作日办结、疑难问题10个工作日回复”的快速处置机制。大力弘扬企业家精神，宣传优秀企业家典型案例，发挥榜样示范引领作用，引导企业家积极践行社会责任，遵守法律法规，诚实守信经营。加大破坏营商环境问题查处力度，保持严打严治高压态势。（责任单位：区委办、区政府办、区委统战部、区工商联、区工信局、区委宣传部、区纪委区监委，竟成镇、各街道、经开区）

（二）实施营商环境十大专项行动

1. 开展评价指标提升行动。围绕营商环境评价指标体系，全面提升企业全生命周期服务水平，聘请第三方咨询机构对全区营商环境优化升级工作进行全程指导，对标最高标准、最优水平，梳理我区短板弱项，提出优化提升方法，推出一批针对性强、具有示范引领效应的改革举措，实行清单化管理、项目化实施、高位化推进，持续提升营商环境便利度，逐步形成一批在全省、全国领先的改革经验、特色亮点。[责任单位：区发改委、区市场监管局、区住建局、区人社局、区财政局、区自然资源和规划分局、区政府办（金融办）、区税务局、区法院、区政府办（政务服务办）、区行政服务中心，竟成镇、各街道、经开区]

2. 开展政务服务满意度一等城区建设行动。纵深推进“放管服”改革，深入推进“一件事一次办”改革，聚焦高频政务服务事项，强化数据互联互通共享，注重业务协同办理。依托“赣服通”平台和“一窗式”综合服务平台，加快“综合窗口”建设，提高窗口人员队伍专业化水平，推动更多政务服务事项“就近办、网上办、掌上办”，推行“区块链 + 电子证照 + 免证办理”新模式。[责任单位：区政府办（政务服务办）、区行政服务中心、区发改委，竟成镇、各街道、经开区]

3. 开展降成本提升行动。聚焦稳增长、保市场主体、创新驱动、产业转型升级，深入贯彻落实国家和省减税降费等惠企政策，加大惠企纾困帮扶力度，积极出台地方性降成本政策措施，着力降低企业融资、用工、物流和制度性交易等成本。以阶段性减税降费为主，与制度性措施相结合，结合产业特点、成本痛点，有针对性地制定降成本具体举措，提高政策的时效性、精准性和可操作性，切实保证政策执行到位、落地见效。打通政策落地“最后一公里”，大力开展惠企政策宣传解读，及时发布、精准推送、快速兑付、落地落实。[责任单位：区税务局、区财政局、区政府办（金融办）、区人社局、区商务局，竟成镇、各街道、经开区]

4. 开展“新官不理旧账”整治行动。重点整治政府和部门存在的涉企历史遗留问题和招商引资政策不兑现、合作协议不履行、账款支付不到位、涉政府产权纠纷等突出问题。对“新官不理旧账”违约毁约等失信问题，建立工作台账，及时协调处理。建立健全政务信用记录，完善守信践诺和失信惩戒机制，形成政务信用管理体系。对需要追责问责的，移交纪委监委部门处理，惩戒到人。（责任单位：区发改委、区商务局、区工信局、区纪委区监委、区法院，竟成镇、各街道、经开区）

5. 开展中介服务规范治理行动。全面清理行政事业单位、国有企业与社会中介服务机构在业务办理、资金往来、合股投资等方面各类不合理限制和壁垒，打破市场垄断、切断利益关联，着力解决“明脱暗不脱”“红顶中介”“变相指定中介”“乱收费”等突出问题，维护市场公平秩序。严禁行政机关将自身应承担的行政审批中介服务费用转嫁给企业。充实网上中介服务超市，推动更多中介服务机构入驻，增设签约备案、时限承诺、动态监管、逾期警示、评价评级等管理功能，促进中介服务减时、降费、提质，让中介服务不再成为影响行政审批效率的顽症。[责任单位：区政府办（政务服务办）、区行政服务中心、区委编办、区财政局，竟成镇、各街道、经开区]

6. 开展反不正当竞争整治行动。加大平台经济等领域反不正当竞争的司法和执法力度，依法查处互联网领域滥用市场支配地位限制交易、不正当竞争等违法行为。严禁平台单边签订排他性服务提供合同，规范平台和平台内经营者价格标示、价格促销等行为。严厉打击围标串标、转包、挂靠、违法分包等违法行为，全面清理不合理限制和壁垒，规范招标代理机构和评标专家行为，着力解决招标投标活动中的突出问题。（责任单位：区市场监管局、区发改委、区法院，竟成镇、各街道、经开区）

7. 开展公职人员不作为乱作为整治行动。集中整治敷衍塞责、推诿扯皮、故意拖延、刁难企业、乱检查、乱罚款等问题；重点整治公职人员在行使权力中擅自改变办事程序、增加办事环节、提高办事门槛行为；严厉整治利用审批许可、执法监管等权力吃拿卡要、违规插手工程项目、搞利益输送、干扰企业正常生产经营等腐败和作风问题。加强明察暗访，狠抓一批负面典型，严肃追责问责，加强典型宣传，形成强大震慑作用。（责任单位：区纪委区监委，竟成镇、各街道、经开区）

8. 开展项目审批效能提升行动。推进工程建设领域“六多合一”集成式审批模式，进一步压减工程建设项目审批事项和审批环节，压缩审批办结时限。深化“多证合一”，深入推进联合图审和联合验收。积极推广投资项目“容缺审批 + 承诺制”。（责任单位：区住建局、区自然资源和规划分局、区发改委，竟成镇、各街道、经开区）

9. 开展惠企政策兑现机制改革行动。建设惠企政策兑现平台，健全政策更新和精准推送机制，推动实现由“企业找政策”转变至“政策找企业”。优化提升政策兑现窗口帮代办功能，健全完善兑现办理流程和工作机制。依托大数据等技术，实现财政奖补、减税降费等资金快速审核、快速拨付，提高政策兑现完整率及满意度。[责任单位：区政府办（政务服务办）、区行政服务中心、区财政局、区发改委，竟成镇、各街道、经开区]

10. 开展告知承诺制改革行动。围绕“减材料、快审批、强监管”的总体目标，全面推行证明事项和涉企经营许可事项告知承诺制，以行政机关清楚告知、企业和群众诚信守诺为重点，制定告知承诺制改革事项清单，推动形成标准公开、规则公平、预期明确、各负其责、信用监管的治理模式，有力破解企业群众办证多、办事难、多头跑等难题，实现办事“极简极速”又“不求人”，大力提高办事效率。[责任单位：区政府办（政务服务办）、区行政服务中心、区市场监管局、区住建局、区司法局、珠山公安分局、区财政局、区税务局，竟成镇、各街道、经开区]

三、保障措施

（一）强化组织领导。成立由区委、区人大、区政府、区政协主要领导任组长，区委、区政府主要领导任双指挥长的工作推进机制。区优化营商环境指挥部下设 5 个专项工作组和 1 个投诉举报中心，各组（中心）组长（主任）由相关副指挥长担任。指挥部负责具体推进工作，抽调专门人员、集中办公。各镇（街、区）要认真履行营商环境政府主体责任，形成全区上下齐抓共管、协同推进的良好局面。

（二）明确职责任务。确定领导小组、指挥部职责任务，细化指挥长、副指挥长分工和各组（中心）任务分工，强化组织领导、加强统筹谋划，各组（中心）明确具体职责、工作流程和相关制度等，落实工作任务。整合投诉热线电话，建立常态化领导干部走流程工作机制，落实领导牵头、党员干部全覆盖结对市场主体制度。

（三）加强督查落实。各组（中心）要履行好牵头作用，明确各单位责任。实行目标管理督查、问题导向督查、对标争先督查，强化跟踪督促，实行销号管理。强化调度协同，指挥部定期召开会议，实行“一月一调度、两月一督查、三月一对标”，推动重点问题、难点工作有效化解。各组（中心）日常工作当日事当日毕，每周一次组（中心）协调会，每月底将工作进展情况报指挥部，统一推进。开展“第三方评、企业评、部门评”常态化督查，建立上下联动督查落实机制。

（四）完善评价考核。制定出台考核办法，以营商环境评价考核为抓手，建立营商环境监测评价机制，推动日常监测和年度评价相结合，增强评价的科学性、客观性。强化营商环境改革举措的跟踪督促，实行销号管理。落实容错机制，激励广大干部干事创业、担当作为。健全营商环境尽职免责制度，对依法依规履行优化营商环境职责但出现失误错误的，符合国家有关规定和《江西省优化营商环境条例》明确的六种情形（条件）的，予以免责或者减轻责任。

（五）营造良好氛围。加大政策宣传力度，提高政策知晓率、覆盖面。及时总结推广各地各部门优化营商环境好经验、好做法，每年选树一批改革典型，强化正面宣传。充分发挥人大代表、政协委员、营商环境咨询专家和社会监督员作用，主动接受各方监督。积极办好每年 11 月 1 日“营商环境日”活动，充分调动社会各界参与优化营商环境的积极性、主动性，营造良好的浓厚氛围。

珠山区关于深入推进数字经济做优做强“一号发展工程”的实施方案

为深入贯彻习近平总书记关于数字经济发展的系列重要讲话精神，全面落实党中央、国务院和省委、省政府决策部署，全力实施“五新”战略行动，牢牢把握数字经济发展时代机遇和全省数字经济“一号工程”要求，在新的起点上推动全区数字经济持续快速健康发展，奋力开启全面建设社会主义现代化国际瓷都新征程。根据省委省政府《关于深入推进数字经济做优做强“一号发展工程”的实施意见》文件精神，特制定本实施方案。

一、指导思想

坚持以习近平新时代中国特色社会主义思想为指导，深入贯彻党的十九大和十九届历次全会精神，立足新发展阶段，完整准确全面贯彻新发展理念，服务和融合新发展格局，深入实施数字经济做优做强“一号发展工程”，坚持数字产业化、产业数字化，以推动数字经济高质量跨越式发展为主题，以数据为关键要素，以数字经济与实体经济深度融合为主线，着力推动数字技术创新运用，着力培育产业新赛道，着力赋能产业转型升级，着力加强数字基础设施建设，着力完善数字经济治理体系，努力建设具有珠山特色的数字经济发展新高地，为全面建设社会主义现代化国际瓷都作出应有贡献。

二、主要目标

进一步细化深化数字产业，以陶瓷数字化转型、数字文旅融合和营商环境建设为切入点和突破口，力争用 5 年左右时间，布局一批具有珠山特色的产业赛道，推进一批新型基础设施重大项目，培育一批数字经济重点企业，形成 3 个以上产业聚集高、规模效益显著的数字产业集聚区，推动数字经济发展迈上新台阶。

——打造数字开放合作区。聚焦景德镇国家陶瓷文化传承创新试验区，主动融入江西内陆开放型经济试验区及"一带一路"建设，构建多元化数字应用场景，推动数字商务、智慧物流、国际合作、跨境电商等联动发展，积极招引数字经济头部企业和"高精尖"人才，形成开放合作新高地。

——打造陶瓷数字转型区。坚持陶瓷产业数字化赋能，建立创新引领、特色鲜明、优势突出的数字陶瓷产业体系。做大日用陶瓷、做精艺术陶瓷、做特先进陶瓷，努力实现陶瓷产业数字化转型取得突破性进展。

——打造数字文旅融合发展区。推动数字技术与文化创意、旅游产业深度融合，扩大优质文化产品供给，在智慧旅游服务、线上线下融合展演、旅游智能化监管服务等方面培育旅游产业新优势，推动数字文创和智慧旅游成为社会经济发展的强大引擎和重要增长点。

——打造数字营商环境示范区。聚力打造一流营商环境，推动数字经济创新创业活力持续迸发，多层次创投体系不断完善，数字人才加快汇聚，数字经济与营商环境深度融合，数字化公共服务更加普惠均等。

三、重点任务

（一）陶瓷产业数字化赋能行动

1. 加强陶瓷创新平台建设。推动陶瓷产业数字化转型，加快陶瓷产业大数据中心、工业互联网平台等建设，打造具有全国影响力的陶瓷工业设计互联网平台，推动陶瓷企业上云。依托珠山区陶瓷跨境电商产业园、三宝国际瓷谷等建设数字化陶瓷交流交易新平台，培育赋能陶瓷产业数字化核心产业，聚焦 VR、人工智能、移动物联网等领域，加快形成开放、协同、融合、创新的陶瓷电子商务生态体系。（责任单位：区商务局、区国资公司）

2. 加快数字赋能陶瓷文化传承创新。以御窑、湖田窑、杨梅亭古窑等遗址保护为重点，利用物联网感知技术对遗址本体及环境进行监测控制，提升文化古迹蜕变损坏等保护能力。加快对景德镇手工制瓷技艺等系列非遗文化资源进行数字化处理，建设手工制瓷技艺等陶瓷文化数据库，实施预防性保护和数字化保护利用。引进一批影视、动漫、网络文学、数字音乐等方面内容创作及制作技术研发应用企业，推出一批展示景德镇陶瓷文化的影视剧、纪录片等艺术精品。（责任单位：区委宣传部、区文广新旅局、区商务局、区数字办）

（二）数字文创集聚行动

1. 优化数字文创产业布局。以汉光直播数字经济产业园、洛客元宇宙设计谷为核心，打造数字文创产业基地，推动数字文创和旅游、演艺、会展等产业融合发展。鼓励支持央视网、景德镇陶瓷大学、景德镇学院、景德镇艺术职业大学、景德镇陶瓷研究院等主流媒体、高校、院所建设数字文创产业基地。鼓励支持数字文创头部企业快速壮大，形成以龙头骨干企业为支撑，大中小型企业协同创新、共享资源、融合发展的产业生态。统筹推动数字经济和文创产业领域知识产权保护，应用大数据技术推动文创产业知识产权保护。（责任单位：区文广新旅局、区发改委、区市监局、区国资公司）

2. 完善数字文创产业生态体系。发挥景德镇"全国版权示范城市"优势和陶溪川文创街区"全国版权示范园区（基地）"引领带动作用，配合建好景德镇国家陶瓷版权交易中心，积极招引一批数字文创头部企业，统筹推进数字经济和文创领域知识产权保护。（责任单位：区文广新旅局、区委宣传部、区市监局）

3. 推动区级文旅大数据平台建设。整合全区旅游景区资源、文化场馆资源等，多渠道获取珠山区吃、住、行、游、购、娱等要素信息，综合利用运营商手机信令数据、政府部分数据、第三方 GIS 地图数据、主流 OTA 数据、社交网络数据等资源，并链接进入市级旅游数据库，完善景德镇旅游大数据服务体系。（责任单位：区文广新旅局、区商务局、区数字办、区国资公司）

（三）数字经济核心产业提速行动

1. 配合北斗、区块链等前沿产业发展。加快金融、能源、水利、减灾防灾等领域北斗国产化替代，标准化配置，推进交通、物流、城市管理、医疗、文旅等领域北斗导航技术产业应用。优先在社会管理、公共服务和产业发展等领域，开展区块链技术先用先试，探索区块链应用技术解决方案。（责任单位：区数字领导小组成员单位，竟成镇、各街道、经开区）

2. 支持软件和信息服务业发展。支持现有软件开发和陶瓷、直升机、汽车、医疗、通信等产业配套的工业 App，支持电信、移动、联通等信息服务企业技术迭代升级，实施一批 5G 重点项目，培育一批 5G 产业。（责任单位：区工信局、区国资公司，竟成镇、各街道、经开区）

3. 支持网络安全产业发展。支持配合市工业互联网安全态势感知平台建设，加快引进网络安全优势企业，深化与网络企业战略合作，建设网络安全服务中心。推动网络安全项目在本地快速实施，提升产业规模。（责任单位：区网信办、区工信局、区科技局）

（四）产业数字化转型行动

1. 推进服务业数字化转型。大力推进众云物流科技有限公司数字化平台建设，推动 5G 应用、大数据、云计算、区块链、物联网、人工智能等新一代前沿技术在物流行业中的融合应用。建设现代物流服务体系，深度融合产业上下游供应链，提升产业征信体系，形成产业集聚效应，打造产研一体化的数字化服务标杆。深化 5G 技术在网络购物、虚拟点餐、智能售卖、智能停车、智能家居等服务领域的应用。推进 5G 互联网融媒体建设，促进新型信息消费。加快挖掘新兴培训需求，大力发展智能化、交互式在线教育模式。进一步推动大数据普惠金融试点建设，建立金融综合服务平台，打造区域性金融服务中心。（责任单位：区发改委、区商务局、区数字办、区国资公司）

2. 推进工业数字化转型。积极整合辖区内高新技术企业，支持鑫惠康电子等先进陶瓷企业加大研发投入，提升特种陶瓷、陶瓷元器件、高密度印刷电路板等产品的研发生产能力与集中度。（责任单位：区工信局）

（五）智慧城市建设行动

1. 推进政务服务共享开放平台建设。推动全区电子政务基础设施融合、信息资源整合共享和业务流程协同再造，建设完善“数字政府”政务云平台，提供多元化云应用和云服务。进一步强化“互联网+政务服务”和政务数据共享开放、开发利用工作，打通横向部门、纵向业务之间的数据壁垒，全面推进“系统通、应用通、数据通”,扩大“一网通办”覆盖率,持续推进“赣服通”“赣政通”迭代升级。探索形成政企数据融合的对接机制，促进政企数据对接融合。（责任单位：区行政服务中心、区政府办、区发改委，竟成镇、各街道、经开区）

2. 加强数字治理能力。围绕打造精细化智能的数字治理场景，有序推进新型智慧城市、公共安全、应急管理、数字乡村等领域应用场景，实现创新社会治理新突破。通过建设社会治理平台、统一指挥中心、智慧城管、智慧公安等项目，实现高效协同治理和精细化服务。加快智慧社区建设，推广智慧养老、智能安防、智慧停车、智能配送等应用，实现服务和治理能力下沉社区。（责任单位：区住建局、区城管局、区民政局、珠山公安分局、区自然资源规划分局，竟成镇、各街道、经开区）

3. 提升数字民生服务水平。围绕数字共享的数字生活场景，推动社会保障、医疗健康、教育就业、交通出行、文化旅游等领域应用场景建设。建立供需对接机制，探索“政府搭台、各方出卷、企业答题”模式，协同开展场景建设。推广智能教育应用，扩宽优质数字教育资源供给。加快发展智慧医疗，建设全面健康信息平台，实现医疗机构数据互联互通。加快智慧旅游建设，打造新型文化旅游、超高清视频等应用场景，推动“一键游珠山”和智慧旅游应急指挥中心建设运营。（责任单位：区教体局、区卫健委、区文旅局、区科技局、珠山公安分局，竟成镇、各街道、经开区）

（六）数字人才支撑行动

1. 加强多层次数字人才培育力度。积极引进国内外数字技术领军人才，加强与全国“双一流”高校合作，推动分校建设、项目合作等，打造高端人才聚集地。设立数字经济学院，整合政、产、学、研、用及各方力量，定制化、体系化培养人工智能、大数据等领域高端人才，让“学院”成为珠山区以至景德镇市政府和企业引进数字经济高端人才的抓手。设立数字经济人才培训中心，利用人工智能与大数据项目实训和竞赛，增强全区数字经济项目储备，打造人才培养与实践的生态闭环。（责任单位：区委组织部、区委党校、区人社局）

2. 强化数字人才激励。支持数字经济领域高层次人才申报国家级和省重点人才工程，积极组织申报江西省虚拟现实产业创新创业优秀人才团队。鼓励人才创新创业引导基金、人才银行，有限支持数字经济领域人才创新创业。落实《加强省高层次人才服务团管理服务工作的若干意见》，加强与数字经济领域人才的联系服务。（责任单位：区委组织部、区人社局、区财政局、区金融办）

（七）对外开放合作共赢行动

1. 做好数字经济招大引强工作。用足用好国家陶瓷文化传承创新试验区、内陆开放型经济试验平台，支持产业链企业引进先进技术、资金资本、高端设备等。瞄准全国电子信息、软件、互联网等头部企业和顶级研究机构、创新团队，聚焦关键环节，争取招引20家以上涉及数字文创、数字信息、物联网等领域的企业。（责任单位：区商务局、各招商小分队）

2. 拓展对外开放合作平台。积极参与数字丝绸之路建设，发展数字贸易等服务贸易新业态。完善5G城市会客厅建设，讲好珠山故事。积极对接数字长三角建设，主动承接沿海发达地区数字产业梯度转移，创建数字经济承接产业转移示范区。（责任单位：区商务局、区工信局、区发改委，竟成镇、各街道、经开区）

四、政策支持

（一）改革创新政策

1. 构建包容环境。进一步放宽市场准入限制，破除制约新业态新模式发展的“隐性壁垒”。探索开展“一照多址”“集群注册”等登记改革。深化“宽入严管”的商事制度改革，在数字经济领域推行“容缺审批+承诺制”。探索建立应用场景建设容错纠错机制，实施“包容期”管理，依法审慎开展行政执法。

2. 创新监管模式。深化信用监管、“互联网+监管”新模式运用，建立触发式监管机制，探索“沙盒监管”措施，实现事前事中事后全过程全领域监管。对新出现、一时看不准的新业态新模式，设置一定的观察期，预留发展空间；对存在较大潜在风险的，依法依规严格监管；对触及法律法规红线的，坚决依法予以取缔。加强反垄断、反不正当竞争监管，防止资本无序扩张，推动平台经济健康有序发展。强化数据等知识产权保护。完善适应数字经济发展特点的税收监管模式。

3. 强化安全保障。健全网络安全保障工作体系，强化网络安全主体责任，落实网络安全等级保护2.0、关键信息基础设施安全保护、涉密网络分级保护等要求。加强数据处理活动的风险监测评估，强化利用公民个人信息从事商业活动的监督和约束，加强对违法违规收集使用公民个人信息行为的打击治理。

（二）财税支持政策

1. 进一步加大金融支持力度。充分发挥财政资金和政府投资平台的引导、带动和放大作用，撬动社会资本参与数字经济领域技术创新、产业化、应用示范、创新载体和产业园区建设。加快设立5G、虚拟现实、新型基础设施等专项基金。对成功上市的数字经济领域企业，按照相关规定享受奖励资金，鼓励企业所在地政府给予适当补助。将符合条件的数字经济领域企业优先纳入“财园信贷通”“科贷通”及其他产业融合作主导产业、重点企业支持对象。

2. 加快建立适应数字经济发展的融资模式。培育有条件的数字经济企业上市融资，鼓励中小数字经济企业在“新三板”等股权交易中心挂牌融资。创新金融产品，支持符合条件的数字经济企业通过发行企业债券、公司债券、非金融企业债务融资工具等方式扩大融资。

3. 加大税收支持力度。认真贯彻《新时期促进集成电路产业和软件产业高质量发展的若干政策》，全面落实企业所得税、进口关税、增值税等各项财税政策。进一步落实高新技术企业、小微企业研发费用加计扣除等各项税收优惠政策，激发数字经济市场主体活力。坚持包容审慎的原则，除依上级统一部署外，在纳税人缴费人不违反税收政策的前提下，不专门针对某一新兴业态、新型商业模式组织开展全面风险应对和税务检查。

（三）要素支撑政策

1. 保障项目建设。缩短数字基础设施建设各环节审批周期，符合条件的数字基础设施项目优先纳入省重大项目计划协调推进，给予用地用能等要素保障。对符合条件的新型基础设施项目建设给予地方政府专项债券资金支持，支持符合条件的项目开展基础设施领域不动产投资信托基金（REITs）试点。

2. 推进社会公共资源共建共享。将数字基础设施建设纳入国土空间规划，逐步建立跨行业基础设施“多规合一”体制机制。支持基站、机房建设，推动绿色环保、低成本、高效率的数据基础设施建设，将其列入全区节能减排、技术改造、清洁生产、循环经济等财政引导资金支持的重点。

3. 降低用能成本。鼓励符合条件的 5G 基站、数据中心用电参与电力市场化交易。探索开通数字技术企业电力接入绿色通道，优先保障数字产业集聚区、企业和各类基础设施的电力接入。

五、组织保障

（一）加强组织领导。组建区发展数字经济领导小组，高位推动全区数字经济发展。领导小组办公室设在区发改委，组建区数字经济办，统筹推进数字经济前沿研究、政策规划、场景营造、产业发展、主体培育、项目投融资等工作。全区上下要把深入实施数字经济发展“一号工程”作为“一把手”工程，落实相应制度，建立推进机制，形成齐抓共管、协同高效的工作机制。区委党校要将数字经济知识作为重要培训内容，切实提高领导干部专业能力、工作人员数字素养。

（二）加强工作合力。区数字经济办要切实履行好牵头抓总职责，承担起牵头组织、统筹协调、调度推进、考核评价等具体职责；各责任部门要根据自身职责和任务清单，各司其职、各负其责，主动作为、密切配合，落实好各项重点工程和政策举措，确保各项任务落到实处，进一步凝聚起发展数字经济的强大合力。

（三）加强考核督导。按照国家《数字经济及其核心产业统计分类（2021）》和江西省数字经济指标统计体系，建立健全我区数字经济运行监测体系，定期发布我区数字经济运行监测分析报告。研究制定数字经济发展考核制度，明确发展目标、重点任务，对目标任务实施项目化、清单化、责任化管理，确保各项工作任务落到实处。

珠山区人民政府重要文件一览表

表 7

发文日期	文件字号	文件内容
1 月 4 日	珠府办字〔2022〕1 号	珠山区 2021 年度质量工作自评报告
1 月 21 日	珠府字〔2022〕2 号	珠山区人民政府关于印发《珠山区人民政府重大行政决策程序规定》的通知
2 月 28 日	珠府文〔2022〕1 号	珠山区 2021 年度法治政府建设工作情况的报告
4 月 11 日	珠府字〔2022〕4 号	珠山区人民政府关于印发珠山区粮食应急预案的通知
4 月 24 日	珠府发〔2022〕2 号	关于对景德镇市黄泥头防洪排涝工程房屋下达征收的决定
4 月 24 日	珠府办字〔2022〕17 号	珠山区人民政府办公室关于印发珠山区推进政务服务“一件事一次办”改革工作方案的通知
5 月 6 日	珠府办字〔2022〕15 号	珠山区人民政府办公室关于调整赋予乡镇（街道）县级审批服务执法权限的通知
6 月 23 日	珠府字〔2022〕15 号	珠山区人民政府关于印发《珠山区贯彻落实景德镇市〈关于切实稳住经济发展若干措施〉实施细则》的通知
7 月 18 日	珠府字〔2022〕16 号	珠山区人民政府关于印发《珠山区突发事件总体应急预案》的通知
7 月 21 日	珠府发〔2022〕4 号	珠山区人民政府关于印发珠山区妇女发展规划（2021—2030 年）和珠山区儿童发展规划（2021—2030 年）的通知
7 月 31 日	珠府发〔2022〕5 号	关于对景德镇市二院周边棚户区改造项目（二红一光片区及八小周边片区）房屋下达征收的决定
8 月 3 日	珠府字〔2022〕20 号	珠山区人民政府关于印发《实施“三重一大”事项集体决策的议事规则（试行）》的通知

续表 7

发文日期	文件字号	文件内容
8月24日	珠府字〔2022〕22号	珠山区人民政府关于公布珠山区行政许可事项清单（2022版）的通知
9月19日	珠府字〔2022〕27号	关于印发《珠山区创建区、街道、村（社区）三级医保经办服务体系实施方案》的通知

珠山区人民政府重要文件摘选

珠山区2021年度法治政府建设工作情况的报告

区委、区人大常委会：

2021年，区政府在区委的坚强领导下，在区人大的有效监督下，坚持以习近平新时代中国特色社会主义思想为指导，深入贯彻习近平法治思想，全面贯彻党的十九大及十九届历次全会精神，认真落实《江西省法治政府建设实施纲要（2021—2025年）》《景德镇市法治政府建设实施纲要（2021—2025年）》以及《珠山区法治政府建设实施纲要（2021—2025年）》等省委省政府、市委市政府、区委工作部署，推进法治政府建设纵深发展，取得积极成效。现将有关情况报告如下。

一、主要举措和成效亮点

（一）主要负责人严格履行推进法治建设第一责任人职责。区长在区政府常务会议上，专题学习中央全面依法治国工作会议、中央依法治国委员会会议精神和习近平总书记重要讲话、重要指示批示精神，部署我区贯彻落实工作；及时听取《关于珠山区2020年度法治政府建设工作情况的报告》《关于2020年度全面依法治区暨法治政府建设考评结果的通报》，审议并通过了《珠山区法治政府建设2021年度工作要点》，对珠山区法治政府建设进行了统筹规划和重点部署。

统筹推进法治政府建设工作。严格对标对表中央和省委省政府、市委市政府有关文件精神，在细化落实各项任务目标的基础上，注重凸显珠山特色，紧紧围绕全区经济社会发展大局，以提升公民法治素养和深化依法治理为重点，进一步谋划我区未来五年法治珠山工作规划，提出了经济、政治、文化、社会、生态文明等领域法治建设的方向、要点和举措，明确了建设法治珠山战略构想，制定并出台了《法治珠山建设规划（2021—2025年）》《珠山区法治政府建设实施纲要（2021—2025年）》《珠山区法治社会建设实施方案》《关于开展法治宣传教育的第八个五年规划（2021—2025年）》等文件，统筹推进法治珠山、法治政府、法治社会一体化建设。

着力提升党政机关工作人员法治思维和依法行政能力。组织区政府班子成员、各部门主要负责人讲解各自分管领域、各自行业部门涉及的相关法律法规，把学习宣传贯彻执行《中华人民共和国行政处罚法》等法律法规摆在突出位置，进一步强化法治思维和依法行政的能力水平。

（二）依法全面履行政府职能

坚持依法防控。加大对危害疫情防控行为执法力度。公安机关加强与卫生健康、市场监管等多部门对接，依法严厉打击各类借机造谣滋事的不法行为，及时查处扰乱社会秩序、干扰疫情防控、妨害公务等违法犯罪行为。2021年珠山区共办理拒不执行紧急状态下的决定、命令案5起，行政处罚5人。

优化营商环境。我区高度重视开展优化营商环境，出台了《珠山区优化营商环境2021年工作要点》《珠山区优化营商环境攻坚行动方案》，明确工作任务、责任分工及工作要求。优化企业办事程序。深化“证照分离”改革，对改革事项和事中事后监管措施进行细化。推进商事主体登记确认制改革，推行“一照含证”改革。归属市场监督管理部门的小餐饮、小食杂、小作坊、食品经营、食品生产（市级）等许可证皆可从“一照含证”系统集约办理，实现证照联结，电子证照以此同步生成。为进一步推动公平竞争审查工作，成立了珠山区公平竞争审查工作联席会议制度，更好研究解决维护珠山区竞争秩序重大问题，维护市场公平竞争秩序。

强化生态环境保护。认真贯彻落实《全国污染源普查条例》，印发了《珠山区第二次全国污染源普查工作实施方案》，对辖区的排污口全面开展排查。高度重视领导干部任期自然资源资产审计工作，年初制定审计计划，在对领导干部进行经济责任审计以及其他专项审计时同步开展自然资源资产管理和生态环境履职尽责情况审计，进一步促进领导干部牢固树立绿色发展理念，为推进生态保护和经济高质量发展，发挥了审计监督保障作用。

（三）完善依法行政制度体系

推进依法决策。严格按照《江西省县级以上人民政府重大行政决策程序规定》的规定，完善了公众参与、专家论证、风险评估、合法性审核和政府集体讨论决定的决策程序。聚焦区政府“三重一大”事项，充分发挥法律顾问的专业、经验和实践优势，切实保障行政决策事项于法有据、决策程序依法履行、决策内容依法合规，推进行政决策的科学化、民主化、法治化，确保区政府始终在法治轨道上全面履行职能。全面推行法律顾问制度，实现全区政府各部门法律顾问全覆盖。

依法制定规范性文件。一是严格按照规范性文件的制定程序，对我区出台的所有规范性文件进行了合法性审查，审查率达 100%，并通过政府门户网站进行公布。持续开展规范性文件清理工作，对 43 件现行有效的行政规范性文件进行全面清理，继续有效 33 件，废止 2 件，宣布失效 8 件。

（四）完善行政执法工作体系

强化行政执法监督。一是全面推行“三项制度”。制定并下发了《珠山区全面推行行政执法公示制度执法全过程记录制度重大执法决定法制审核制度实施意见》，推动区直各执法单位严格落实省、市、区主管部门关于行政执法三项制度的工作要求，查找薄弱环节和难点任务，集中力量克难攻坚，推进工作整体平衡。2021 年，我区积极开展行政执法主体和行政执法人员清理工作，经过全面清理，全区现持有行政执法证 500 人。二是认真开展行政执法案卷评查。对区政府 18 家执法单位的行政执法案卷进行了集中评查，对案卷存在的问题，逐一进行了点评，并对行政执法案卷评查情况在全区进行通报，起到举一反三作用，督促全区各行政执法单位认真排查梳理，采取有效措施，切实落实工作责任，把整改问题落到实处。三是充分发挥“双随机、一公开”平台效用。2021 年珠山区共有“双随机”检查实施清单 89 项，发起并办结检查任务 89 个，检查实施清单覆盖率为 100%。发起“双随机”联合检查任务 14 件占单位“双随机”监管事项 15.73%，达到了年度“双随机”联合检查占比 10% 的要求。

做好行政执法体制改革工作。制定《珠山区推进基层整合审批服务执法力量实施方案》，全面推进市场监管、城市管理等领域综合行政执法改革，成立了街道综合执法大队，逐步实现基层“一支执法队伍管执法”。

强化安全生产监管。珠山区着力推进重点行业领域排查治理安全风险隐患，建立健全问题隐患和制度措施“两个清单”，对重大隐患按照措施、责任、资金、时限、预案“五落实”的要求，实行闭环管理。2021 年在“十大攻坚战”领域，共辨识风险点 1080 处，管控到位 1080 处，管控率 100%；排查隐患 1276 条，整治到位 1276 条，进行行政处罚 37 次，处罚 13.27 万元，停产整顿企业 1 家，约谈、警示企业 93 家。同时，在安全生产方面要求企业切实落实主体责任，推动企业全面开展自查，全区企业自查安全隐患 1927 条、整改完成 1927 条。督促企业制定完善应急预案，落实应急演练，依法建设企业应急救援队伍，三年行动开展以来，我区积极组织辖区内金鼎实业、浙江商城、缤纷时代广场等大型综合体开展应急演练，切实提升公众安全意识和应急处置能力。

（五）加强行政权力制约监督

自觉接受各类监督。自觉接受人大法律监督和政协民主监督，办理人大代表建议 16 件，政协委员提案 45 件，办复率达 100%，解决一批群众关心关注的热点难点问题。全力支持法院、检察院依法独立开展工作，对被诉行政机关负责人应出庭应诉的行政诉讼案件，各级行政机关负责人出庭应诉率为 100%，尊重和执行人民法院生效裁判。

全面推进政务公开。推动财政预决算、重大建设项目等重点领域信息公开，加强区政府门户网站标准化、规范化建设，定期或不定期对区政府门户网站进行检查，发现存在问题及时督促责任单位整改。稳步推进基层政务公开标准化规范化建设。在区政府网站开设《珠山区政务公开事项标准目录》专栏，集中展示我区基层政务公开事项标准目录、基层政务公开政策文件、工作推进等相关信息。截至 2021 年全区 26 个公开领域目录和乡镇目录全部编制完成，累计梳理部门事项 427 项、镇、街道事项 182 项。珠山区 2021 年审结的因政府信息公开引起的行政诉讼案件共计 2 件，在已审结的行政诉讼案件中不存在因行政机关不履行政府信息公开法定职责在行政诉讼中被撤销、确认违法或者责令履行的情形。

加强政务诚信建设。为加快建设以信用为核心的监管体制，研究制定《关于推进企业信用监管制度改革的实施意见》，提高事中事后协同监管的效能，切实规范市场秩序，维护公平竞争。根据《江西省加快推进社会信用体系建设构建以信用为基础的新型监管机制的实施方案》要求，珠山区行政执法单位全面建立信用承诺机制，简化了市场主体在申请市场准入时的手续，降低了制度性交易成本。

（六）健全完善社会矛盾纠纷行政预防调处化解体系

推进市域社会治理现代化试点情况。一是积极开展《江西省矛盾纠纷多元化解条例》实施的宣传活动，印发《关于开展〈江西省纠纷多元化解条例〉宣传活动的通知》，组织全区各单位开展宣传活动。珠山区全面依托综治中心平台开展矛盾纠纷化解，实行组团式服务，一站式管理。制定《关于开展矛盾纠纷大排查大化解有效防范“民转刑”案件专项行动实施方案》，充分发挥全区人民调解员及网格员“身在一线，了解民情”的优势，做好深入排查化解，全力防范化解管控各类矛盾风险，最大限度预防和减少命案特别是“民转刑”案件发生。2021 年，我区受理矛盾纠纷 1176 件，暂未发现“民转刑”案件。

深化行政复议体制改革。一是根据省市复议体制改革要求，制定了《珠山区行政复议体制改革实施方案》，于 6 月开始在全区全面实施，设立行政复议委员会，印发了《珠山区人民政府行政复议委员会工作规则》和《珠山区行政复议委员会议事规则》，在政府信息公开网上公布了“关于集中行使行政复议职责有关事项的通告”。2021 年共受理行政复议案件 12 件。二是切实提高行政应诉工作的质量和水平。区政府高度重视行政机关负责人出庭应诉制度，将行政负责人出庭应诉等制度执行情况，纳入法治政府建设综合考核，确保应诉案件中行政机关负责人的出庭率 100%。

化解矛盾纠纷，切实维护社会稳定。一是构建人民调解、行政调解、司法调解多调联动的多元化纠纷解决机制；区法院与区司法局签订了共同推进诉前调解工作合作协议，推动区司法局和法院健全矛盾纠纷多元化解体系；二是人民调解组织建设依法完善。珠山区现有人民调解委员会 77 个，人民调解员 191 名。珠山区成立人民调解指导委员会，积极组织人民调解员开展工作培训。

（七）完善法治政府建设推进机制

加强党对法治政府建设领导情况。明确法治政府建设任务。严格落实市委市政府《景德镇市法治政府建设实施纲要（2021—2025 年）》确定的路线图、时间表、任务书，制发了《珠山区法治政府建设实施纲要（2021—2025 年）》，明确了工作要求，着力构建职责明确、依法行政的政府治理体系，加快推进法治政府建设，为珠山区高质量发展提供有力的法治保障。

完善监督考核制度。将法治政府建设工作纳入全面依法治区考核，把日常考核与年终考核相结合，严格考核标准，有力推进全区法治政府建设工作的开展。在日常工作中，还采取定期检查和不定期抽查的方式，对部门和街办法治政府建设任务落实情况进行监督检查，发现问题及时督促整改。

示范创建情况。积极开展法治政府建设示范创建活动。珠山区作为景德镇市主城区、陶瓷产业主阵地，“保护知识产权就是保护创新”一直是珠山的致力理念。因此珠山区“护航国家陶瓷文化传承，打造知识产权保护新高地”项目申报全国法治政府建设示范创建单项候选项目。

2021 年在全区各单位的共同努力下，我区依法行政、推进法治政府建设工作虽然取得了一定的成绩，但还存在一些短板和弱项：行政执法协调监督机制不够健全；落实行政复议体制改革力度不够，化解行政争议主渠道作用还未完全充分发挥；公共法律服务信息化水平还需要提升。对此，我们将紧紧盯住问题和短板，不断加大工作力度，弥补不足。

二、2022 年工作安排

2022 年是深入实施《法治政府建设实施纲要（2021—2025 年）》的攻坚之年，珠山区将以习近平新时代中国特色社会主义思想为指导，认真贯彻落实党的十九届历次全会精神，聚焦建设社会主义现代化国际瓷都先行区目标任务，进一步做好法治政府建设工作，以优异成绩迎接党的二十大胜利召开。

（一）进一步强化第一责任意识。深入学习贯彻习近平法治思想，全面落实党政主要负责人履行法治建设第一责任人职责，进一步提高领导干部运用法治思维、法治方式推动工作的能力和水平。

（二）全面优化政府职能。编制完成全区统一的行政权责清单并实行动态管理，加强标准化建设。严格执行市场准入负面清单，落实“非禁即入”。建立健全项目代办、限时办结、容缺审批 + 承诺等机制，全面推行“证照分离”“一次不跑”“只跑一次”改革，推进“无证办理”政务服务大厅建设，打通“一窗式”综合服务平台与电子证照库系统的对接。健全以“双随机、一公开”和“互联网 + 监管”为基本手段、以重点监管为补充、以信用监管为基础的新型监管机制。推动“赣服通”“赣政通”迭代升级。健全市场准入制度、公平竞争审查机制、数字经济公平竞争监管制度、预防和制止滥用行政权力排除限制竞争制度。探索推行“随机联查”“综合查一次”等执法改革，实行知识产权侵权惩罚性赔偿制度。

（三）全面健全依法行政制度。完善全区行政规范性文件制定、报送程序，全面落实行政规范性文件合法性审核制度。落实行政规范性文件备案审查制度，强化规范性文件备案监督。

（四）全面落实行政决策制度。贯彻执行《珠山区人民政府重大行政决策程序规定》和《珠山区人民政府实施“三重一大”事项集体决策的议事规则》，落实公众参与、专家论证、风险评估、合法性审查、集体讨论决定等决策程序，加强行政决策执行和评估。

（五）建立健全行政执法工作机制。健全街道综合行政执法统筹协调机制，加强对街道综合行政执法工作的统一安排部署、指导、培训和监督，提升基层执法能力水平，推进规范文明执法。依托“双随机、一公开”平台，全面落实行政执法“三项制度”。加强行政执法层级监督，提高行政执法案卷评查力度。有效规范涉企监管执法，减少执法对企业正常经营的干涉。强化法律专业知识的培训学习，提高基层行政执法人员法律素养。

（六）全面健全矛盾纠纷化解机制。全面深化行政复议体制改革，整合地方行政复议职责，按照事编匹配、优化节约、按需调剂的原则，合理调配编制资源，充实我区行政复议工作力量。强化行政复议保障标准，推进行政复议规范化、信息化、标准化。

（七）进一步落实建设推进机制。围绕法治政府建设年度重点任务开展督察考评。更为细致合理地设置考核项目，以定期考核与日常考核相结合的监督考核方式，确保法治政府建设工作取得新的更大进展。

珠山区妇女发展规划（2021—2030 年）

前　言

妇女是人类文明的开创者、社会进步的推动者、是全面建设社会主义现代化国家的重要力量。男女平等和妇女全面发展程度，是衡量社会文明进步的重要标志。全面落实男女平等基本国策，促进妇女发展是各级政府的重要职责。区委、区政府高度重视妇女事业发展，先后制定实施了三个周期的区级妇女发展规划，为优化妇女发展环境、保障妇女合法权益、促进妇女全面发展提供了重要保障，形成了党委领导、政府主责、妇女儿童工作委员会（以下简称妇儿工委）协调、多部门合作、全社会参与的妇女工作机制，全区妇女事业取得了长足进步。

《珠山区妇女发展规划（2011—2020）》主要目标完成良好。截至 2020 年底，区级四套班子、镇街党政班子中女干部配备率 100%，村民委员会中女性比例达到 33%，较 2014 年大幅度提高；居民委员会成员中女性比例 93.7%，连续十年超过 80%。女性就业人员比例稳定在 47% 左右，女性养老保险参保人数大幅增加，女性基本医疗保险实现全覆盖；全面完成了城镇贫困妇女“两癌”免费检查工作；农村改水收益率 99%，农村自来水普及率 99%，空气质量全年处优良状态，水环境在国家二级以上标准，生活环境不断优化，妇女合法权益日趋完善。

进入新时代，我国社会主要矛盾发生历史性变化，我区妇女群众对美好生活的需要日益广泛，妇女发展不平衡不充分问题仍然突出。城乡、群体之间妇女发展存在差距。性别歧视陋习不同程度存在。法律上的男女平等与事实平等还有差距。妇女发展平台需更多元。妇女管理水平有待全面提升。社会保障仍需均等。促进妇女全面发展，让性别平等落到实处、推动妇女走在时代前列，使命艰巨、任重道远。

未来十年，是我国全面建成社会主义现代化强国的重要时期，也是全力建设景德镇国家陶瓷文化传承创新试验区，全面建设社会主义现代化国际瓷都先行区的关键期，其中离不开广大妇女的积极参与与贡献。我们必须抓住这个重要的发展机遇期，在把握新发展阶段、贯彻新发展理念、构建新发展格局中，科学规划我区妇女全面发展的新目标新任务，健全完善促进男女平等和妇女全面发展的制度机制，团结引领妇女建功新时代，奋进新征程。

依照《中华人民共和国妇女权益保障法》及《江西省实施〈中华人民共和国妇女权益保障法〉办法》等有关法律法规，按照全区经济社会发展总体目标和要求，贯彻落实《中国妇女发展纲要（2021—2030 年）》《江西省妇女发展纲要（2021—2030 年）》《景德镇市妇女发展规划（2021—2030 年）》，结合我区男女平等和妇女发展的实际状况，制定本规划。

一、指导思想、基本原则和总体目标

（一）指导思想

高举中国特色社会主义伟大旗帜，以马克思列宁主义、毛泽东思想、邓小平理论、“三个代表”重要思想、科学发展观、习近平新时代中国特色社会主义思想为指导，深入贯彻党的十九大和十九届历次全会精神，坚持新发展理念，坚持以人民为中心的发展思想，坚持男女平等基本国策，坚持走中国特色社会主义妇女发展道路，不断完善促进男女平等和妇女事业全面发展的制度机制，推动性别平等成为全社会共同遵循的行为规范和价值标准，充分发挥全区妇女在贯彻高质量跨越式发展战略中的“半边天”作用，保障妇女平等依法行使民主权利、平等参与经济社会发展、平等享有改革发展成果，推动妇女全面发展并走在时代前列。

（二）基本原则

1. 坚持党的全面领导。坚持妇女事业发展正确的政治方向，贯彻落实中央关于妇女事业发展的决策部署和省委、市委、区委有关要求，切实把党的领导贯穿到全区妇女事业发展的全过程各方面。

2. 坚持妇女事业与全区经济社会同步协调发展。将促进妇女全面发展目标任务纳入全区经济社会发展总体规划，纳入专项规划，纳入民生实事项目，同部署、同落实，让经济社会发展成果更多更公平惠及全区广大妇女。

3. 坚持男女两性平等发展。贯彻落实男女平等基本国策，在出台法规、制定政策、编制规划、部署工作时充分考虑两性的现实差异和妇女的特殊利益，营造更加平等、包容、可持续的发展环境，缩小男女两性发展差距。

4. 坚持促进妇女全面发展。坚持按照新发展理念和新发展阶段要求，更好地保障妇女权益，有效解决妨碍妇女发展中的重点难点问题，缩小城乡、群体之间妇女发展差异，推进妇女全面协调可持续发展。

5. 坚持共建共治共享。鼓励与支持妇女在景德镇国家陶瓷文化传承创新试验区核心区、城市经济活力区、城乡融合发展示范区、社会治理改革试验区、文明和谐标杆区建设发展中，积极投身高质量发展，踊跃参与社会治理体系和治理能力现代化建设，共享经济社会发展成果。

（三）总体目标

男女平等基本国策得到深入贯彻落实，促进男女平等和妇女全面发展的制度机制创新完善。妇女平等

享有全生命周期健康服务，健康水平不断提升。妇女平等享有受教育权利，终身学习能力持续提升。妇女平等享有经济权益，经济地位稳步提升。妇女平等享有政治权利，参与国家和社会事务管理的水平不断提高。妇女平等享有多层次可持续的社会保障，待遇水平稳步提高。支持家庭发展的法规政策体系更加完善，社会主义家庭文明新风尚持续弘扬。维护妇女合法权益的法治体系更加健全，性别平等理念更加深入人心，妇女发展环境更为优化。妇女获得感幸福感安全感显著提升。妇女发展水平与中国特色社会主义现代化建设相适应，男女平等与妇女全面发展取得更为明显的实质性进展，全区妇女为谱写全面建设社会主义现代化国际瓷都先行区而接续奋斗。

二、发展领域、主要目标和策略措施

（一）妇女与健康

主要目标：

1. 妇女全生命周期享有良好的卫生健康服务，妇女人均预期寿命延长，人均健康预期寿命提高。

2. 孕产妇死亡率控制在12/10万以下，城乡差距缩小。

3. 妇女的宫颈癌和乳腺癌防治意识明显提高。宫颈癌、乳腺癌综合防治能力不断增强。适龄妇女宫颈癌人群筛查率达到70%以上，乳腺癌人群筛查率逐步提高。

4. 全面普及生殖健康和优生优育知识，促进健康孕育，减少非意愿妊娠。

5. 减少艾滋病、梅毒和乙肝母婴传播，艾滋病母婴传播率下降到2%以下。

6. 提升妇女心理健康素养水平。妇女焦虑障碍、抑郁症患病率上升趋势减缓。

7. 普及健康知识，提高妇女健康素养水平。

8. 改善妇女营养状况。预防和减少孕产妇贫血。

9. 妇女经常参加体育锻炼的人数比例提高到40%以上。提高妇女体质测定标准合格比例。

10. 健全妇幼健康服务体系，提升妇幼健康服务能力，妇女健康水平不断提高。

策略措施：

1. 完善保障妇女健康的制度机制。全面推进健康珠山建设，把保障人民健康放在优先发展的战略位置，坚持预防为主，深入实施“健康江西行动”和“健康江西母亲行动”，健全政府主导、部门协同、社会参与、行业监管、科技支撑的妇女健康保障工作机制。统筹改革医疗、医保、医药和监管体制，保障妇女获得高质量、有效率、可负担的医疗和保健服务。多渠道支持妇女健康事业发展。完善公共卫生应急管理体系，关注妇女的特殊需求。重点支持农村妇女健康事业的发展。进一步落实基层首诊、双向转诊、上下联动、急慢分诊的分级诊疗机制。

2. 加强妇幼健康服务体系建设。健全以妇幼保健机构为核心、以基层医疗卫生机构为基础、以大中型医院和科研机构为支撑的妇幼健康服务网络，开展家庭医生签约服务，提升妇幼保健服务供给能力和水平。加强区级政府举办标准化的妇幼保健机构建设。深化妇幼保健机构绩效考核，强化考核结果应用，保障妇女儿童享有高质量的医疗保健服务。强化危重孕产妇救治保障，区级建有标准化的危重孕产妇救治中心。强化区、镇（街道）、村（社区）三级妇幼卫生服务网络建设，完善基层网底和转诊网络。加强复合型妇幼健康人才和产科、助产等岗急需紧缺人才的培养使用。

3. 建立完善妇女全生命周期的健康管理模式。针对青春期、育龄期、孕产期、更年期和老年期妇女的健康需求，提供全方位健康管理服务。坚持保健与临床相结合，预防为主、关口前移，发挥多学科协作优势，积极发挥中医药在妇幼保健和疾病防治中的作用。为妇女提供宣传教育、咨询指导、筛查评估、综合干预和应急救治等全方位卫生健康服务，提高妇女健康水平和人均健康预期寿命。加强监管，促进妇幼健康新业态规范发展。

4. 保障孕产妇安全分娩。提倡科学备孕和适龄怀孕，保持适宜生育间隔，合理控制剖宫产率。完善医疗机构产科质量规范化管理体系。提供生育全程基本医疗保健服务，加强孕产期保健集中管理，建立健全区、镇（街道）、村（社区）三级管理网络，将孕产期保健集中管理纳入基本公共卫生服务范围，孕产妇系统管理率达90%以上。加强对流动孕产妇的管理服务，为低收入孕产妇住院分娩和危重孕产妇救治按规定做好分类救助。持续推进高龄孕产妇等重点人群的分类管理和服务。全面落实妊娠风险筛查评估、高危孕产妇专案管理、危急重症救治、孕产妇死亡个案报告和约谈通报制度。有效运行危重孕产妇救治网络，提高危急重症救治能力。

5. 完善宫颈癌和乳腺癌综合防治体系和救助政策。提高妇女的宫颈癌和乳腺癌防治意识和能力，宫颈癌和乳腺癌防治知识知晓率达90%以上。推进适龄妇女人乳头瘤病毒疫苗接种试点工作。落实基本公共卫生服务中农村适龄妇女宫颈癌和乳腺癌检查项目，深入开展城镇困难家庭妇女宫颈癌和乳腺癌筛查项目，促进70%的妇女在35~45岁接受宫颈癌筛查。督促用人单位落实女职工保健工作规定，定期为女职工进行宫颈癌和乳腺癌筛查，提高人群筛查率。加强宫颈癌和乳腺癌筛查和诊断技术创新应用，提高筛查和服务能力，加强监测与评估。强化筛查和后续诊治服务的衔接，促进早诊早治，宫颈癌患者治疗率达90%以上。加强对困难患者的救助。

6. 提高妇女生殖健康水平。普及生殖道感染、性传播疾病等疾病防控知识。在学校教育不同阶段以多种形式开展科学、实用的健康教育，促进学生掌握生殖健康知识，提高自我保护能力。增强男女两性性道德、性健康、性安全意识，倡导共担避孕责任。将生殖健康服务融入妇女健康管理全过程，保障妇女享有避孕节育知情自主选择权。落实基本避孕服务项目，加强产后和流产后避孕节育服务，提高服务可及性，预防非意愿妊娠。推行免费婚前医学检查，婚姻登记和婚前医学检查紧邻设置，提供“一站式”服务，提升婚育服务能力。统筹推进孕前优生健康检查、增补叶酸等婚前孕前保健服务更加公平可及。减少非医学需要的人工流产。加强对女性健康安全用品产品的质量保障。规范不孕症诊疗服务和人类辅助生殖技术应用。

7. 加强艾滋病梅毒乙肝母婴传播防治。全面落实预防艾滋病、梅毒和乙肝母婴传播综合干预措施，提高孕早期检测率，孕产妇艾滋病、梅毒和乙肝检测率达到98%以上，艾滋病、梅毒孕产妇感染者治疗率达到95%以上。加大艾滋病防控力度，加强艾滋病防治知识和相关政策宣传教育，提高妇女的防范意识和能力。加强对妇女感染者特别是流动和农村妇女感染者的医疗服务，提高随访率。为孕产妇感染者及其家庭提供多形式的健康咨询、心理和社会支持等服务。

8. 促进妇女心理健康。加强心理健康相关知识宣传，根据妇女需要开展心理咨询、评估和指导，促进妇女掌握基本的心理调适方法，预防抑郁和焦虑等心理问题。在心理健康和精神卫生服务体系建设中，重点关注青春期、孕产期、更年期和老年期妇女的心理健康，完善围产期抑郁筛查。鼓励企事业单位职工体检中增加抑郁症筛查项目。强化心理咨询和治疗技术在妇女保健和疾病防治中的应用。加大应用型心理健康和社会工作人员培养力度，促进医疗机构、心理健康和社会工作服务机构提供规范服务。鼓励社区为有需要的妇女提供心理健康服务支持。

9. 提升妇女健康素养。实施健康素养66条等知识普及行动，加大妇女健康知识普及力度，建立完善健康科普专家库和资源库，力争实现常见慢性病如肥胖、抑郁症等的监测及健康管理全覆盖，建立健康知识和技能核心信息发布制度，持续深入开展健康科普宣传教育，引导妇女树立科学的健康理念，掌握身心健康、预防疾病、科学就医、合理用药等知识技能。强化家庭和高危个体健康生活方式指导及干预，开展健康专项行动。开发推广促进健康生活的适宜技术和用品。引导妇女主动控制烟草危害、拒绝酗酒、远离毒品。

10. 提高妇女营养水平。因地制宜持续开展营养和膳食指导，提高妇女对营养标签的知晓率，促进妇女学习掌握营养知识，均衡饮食、吃动平衡，预防控制营养不良和肥胖。面向不同年龄阶段妇女群体开发营养健康宣传信息和产品，提供针对性服务。定期开展孕产妇营养监测和评估，预防和减少孕产妇缺铁性贫血。预防控制老年妇女低体重和贫血。

11. 引导妇女积极参与全民健身行动。完善全民健身公共服务体系。推进社会体育场地设施建设和学校场馆开放共享，提高健身步道、骑行道、社区多功能运动场等便民健身场所覆盖面，全区人均体育场地面积达到2.8平方米。因地制宜发展体育公园，打造“15分钟健身圈”，引导妇女有效利用全民健身场地设施，积极参与全民健身赛事活动，加入各类健身组织。提倡机关、企事业单位开展工间操。鼓励支持工会组织、社区开展妇女健身活动，不断增强妇女的体育活动意识，培养运动习惯。

12. 强化妇女健康服务的科技支撑。推进“互联网+妇幼健康”，促进大数据、云计算、人工智能、计算机仿真技术等在妇女健康领域的创新应用。实施妇女人群健康管理和健康风险预警，促进信息技术在妇女健康领域专科医联体建设中的应用，加强医疗机构间的协作，促进分级诊疗和上下联动。促进妇女身心健康领域的科学研究和成果转化。发挥妇产疾病领域临床医学研究中心的作用。

（二）妇女与教育

主要目标：

1. 加强思想政治教育，增强妇女对习近平新时代中国特色社会主义思想的政治认同、思想认同、情感认同，引领妇女做伟大事业的建设者、文明风尚的倡导者、敢于追梦的奋斗者。

2. 教育工作全面贯彻男女平等基本国策。

3. 中小学性别平等教育全面推进，教师和学生的男女平等意识明显增强。

4. 女童平等接受义务教育，九年义务教育巩固率达到96%以上。

5. 女性接受职业教育的水平逐步提高。

6. 大力培养女性科技人才。男女两性科学素质水平差距不断缩小。

7. 完善女性终身学习的公共服务体系，不断提高女性接受终身教育水平。

8. 女性青壮年文盲基本消除。女性平均受教育年限不断提高。

策略措施：

1. 面向妇女广泛开展思想政治教育。深入开展习近平新时代中国特色社会主义思想主题教育，加强党史、新中国史、改革开放史、社会主义发展史教育，加强爱国主义、集体主义、社会主义教育，促进妇女更加坚定理想信念，不断厚植爱国情怀，把个人理想追求融入党和国家事业大局，为全面建设社会主义现代化国家贡献力量。深化民族团结进步教育，铸牢中华民族共同体意识。充分发挥学校教育主阵地作用，将思想价值引领贯穿于教育教学及管理全过程和校园生活各方面，融入学校党组织、共青团和少先队各类主题教育和实践活动，充分发挥爱国主义教育基地和国防教育基地的思想政治教育作用。

2. 将贯彻落实男女平等基本国策体现在教育工作全过程。增强教育工作者自觉贯彻男女平等基本国策的主动性和能动性。将男女平等基本国策落实到教育法规政策和规划制定、修订、执行和评估中，落实到各级各类教育内容、教学过程、学校管理中。加强对教材编制、课程设置、教学过程的性别平等评估。

3. 推动各级各类学校广泛开展性别平等教育。适时出台性别平等教育工作指导意见。推动因地制宜开发性别平等课程。促进性别平等教育融入学校教学内容、校园文化、社团活动和社会实践活动。探索构建学校教育、家庭教育、社会教育相结合的性别平等教育模式。

4. 保障女童平等接受义务教育的权利与机会。深化教育教学改革，加快城乡义务教育一体化发展，均衡配置教育资源，确保女童平等接受公平优质的义务教育。健全精准控辍保学长效机制，加强分类指导，督促法定监护人依法保障女童接受义务教育，切实解决义务教育女童失学辍学问题。保障农村女童、留守女童、农业转移人口随迁子女以及残疾女童的受教育权利和机会。支持学业困难女童完成义务教育，提高女童义务教育巩固率。

5. 促进女性接受高质量职业教育。完善学历教育与培训并重的现代职业教育体系，推动职业教育与普通教育、继续教育横向融通，构建中高职及职教本科纵向贯通的人才培养体系，优化专业设置，提供多种学习方式，支持女性获得具有景德镇地方特色的职业技能等级证书，培养复合型技术技能女性人才和能工巧匠、赣鄱工匠、巾帼工匠。鼓励职业院校面向高校女毕业生、女农民工、去产能分流女职工等重点人群开展就业创业和职业技能培训。

6. 大力提高女性科学素质。开展全民科学素质行动，利用现代信息化手段，加大面向女性的科学知识教育、传播与普及力度。开展女科学家进校园活动，发挥优秀女科技人才的榜样引领作用。引导中小学女生参加各类科普活动，培养科学兴趣、创新精神和实践能力。鼓励女大学生积极参与项目设计、社会实践、创新创业、科技竞赛等活动。深入实施农村妇女素质提升计划，支持农村妇女参与农业农村现代化建设。

7. 大力加强女性科技人才培养。探索建立多层次女性科技人才培养体系，培养具有国际竞争力的女性科技人才。关注培养义务教育阶段女生爱科学、学科学的兴趣和志向。加大女性创新型、应用型人才培养力度，鼓励女大学生参与科研项目，在实践中培养科学精神和创新能力。引导女性从事科学和技术相关工作，增加女性科技人才参与继续教育和专业培训的机会。

8. 完善女性终身学习体系。健全衔接各级各类教育、认可多种学习成果的妇女终身学习体系。完善注册学习、弹性学习和继续教育制度，拓宽学历教育渠道，满足女性多样化学习需求，关注因生育中断学业和职业女性的发展需求。加大供给便捷的社区和在线优质教育资源，提高针对女农民、进城务工女性、女性新市民、待业女性等的职业技能培训比例。

9. 持续巩固女性青壮年扫盲成果和加大普通话推广力度。完善扫盲工作机制，加强国家通用语言文字教育，消除女童辍学现象，杜绝产生女性青壮年新文盲。普通话培训及各类职业培训向农村妇女和残疾妇女等群体倾斜。深化扫盲后的继续教育。提高妇女特别是新增女性劳动力平均受教育年限。

10. 营造平等尊重和安全友善的校园环境。鼓励学校设置生命教育、心理健康教育和防欺凌、防性侵、防性骚扰的相关课程内容，提高师生尤其学生对自我、对他人尊重保护的意识和能力，促进建立相互尊重、平等和睦的师生、同学关系。中小学校建立完善预防性侵未成年人工作机制，高校建立完善预防性侵和性骚扰工作机制，加强日常管理、预防排查、投诉受理和调查处置。加强师德师风建设，履行查询法定义务，对不符合条件的教职人员进行处置。

（三）妇女与经济

主要目标：

1. 鼓励支持妇女为推动经济高质量发展贡献力量。妇女平等参与经济发展的权利和机会得到保障。

2. 促进平等就业，消除就业性别歧视。就业人员中的女性比例保持在45%左右。促进大中专院校女学生充分就业。

3. 优化妇女就业结构。城镇单位就业人员中的女性比例达到40%左右。

4. 促进女性人才发展。高级专业技术人员中的女性比例达到40%，促进女性劳动者提升职业技能水平。

5. 保障妇女获得公平的劳动报酬，男女收入差距明显缩小。

6. 保障女性劳动者劳动安全和健康。女职工职业病发病率明显降低。

7. 保障农村妇女平等享有土地承包经营权、宅基地使用权等权益，平等享有农村集体经济组织收益分配、土地征收或征用安置补偿权益。

8. 巩固拓展脱贫攻坚成果，增强农村低收入妇女群体的可持续发展能力。

9. 妇女在实施乡村振兴战略中的作用充分发挥。

策略措施：

1. 落实保障妇女平等获得经济资源、参与经济建设、享有经济发展成果的法律法规政策。关注女性特殊权益和需求，制定实施支持女性科技人才在创新发展中发挥更大作用的政策措施。创新制度机制，保障妇女在就业创业、职业发展、劳动报酬、职业健康与安全、职业退出、土地等方面的权益，保障新业态从业人员劳动权益，为妇女充分参与经济高质量发展创造有利条件。

2. 加大消除就业性别歧视工作力度。全面落实消除就业性别歧视的法律法规政策，创造性别平等的就业机制和市场环境。对招聘、录用环节涉嫌性别歧视的用人单位进行联合约谈，依法惩处。督促用人单位加强就业性别歧视自查自纠。依法依规监督和处理涉嫌就业性别歧视的用人单位。依法受理涉及就业性别歧视的诉讼。发挥行业协会、商会协调监督作用，增强行业自律意识。党政机关、国有企事业单位在招录（聘）人员和职工晋职晋级、评定专业技术职称等方面发挥男女平等的示范引领作用。

3. 促进妇女就业创业。依托全省统一公共就业服务平台，建立数据采集共享机制，健全就业领域重大突发事件应急预案，完善就业形势监测预警制度。加强职业、创业指导人员等专业化队伍建设，促进妇女就业的人岗对接。深入实施职业技能提升行动和重点群体专项计划。广泛支持妇女参加新模式、新业态从业人员技能培训，优化现代新技术、新产业、新业态、新模式经济等市场主体的准入条件。多渠道帮助就业困难妇女实现就业。扶持乡村振兴特色产业发展，提高组织化程度，促进妇女就地就近就业。完善人才创新创业尽职免责机制，营造激励创新、宽容失败的浓厚氛围。支持女性科研人员投身科技创业。鼓励外出务工妇女返乡创业，支持有意愿的妇女下乡创业，在推广农村交通、邮政、快递、商务、供销"多站合一"运营模式中，成为新兴专业合作组织、新业态、现代服务业等行业带头人。创新金融、保险产品和服务模式，拓宽妇女创业融资渠道。对实现灵活就业或被单位吸纳的女性就业困难人员按规定发放社保补贴。

4. 促进大中专院校女学生就业创业。健全大中专院校学生就业创业服务体系，完善精细化、差异化就业服务机制。加强职业生涯规划指导，引导大中专院校女学生正确择业就业。完善落实就业创业支持政策，大中专院校和属地政府提供不断线的就业服务，顺畅基层、中小微企业和新经济领域与大中专院校女学生双向选择机制，鼓励大中专院校女学生到基层、中小微企业和新经济领域就业。推广大中专院校女学生创业导师制，开展大中专院校女学生创新创业大赛。对有就业意愿的离校未就业大中专院校女学生开展实名制就业帮扶，对申请就业援助人员中符合条件的给予援助。建立布局合理、规模适用、功能齐全、运作高效、管理规范的创业孵化基地，为有创业意愿的妇女、女大学生提供场地支持，对入驻人社部门认定的创业孵化基地，积极落实运行费补贴，对广大妇女、女大学生符合一次性创业补贴条件的给予一次性创业补贴。

5. 改善妇女就业结构。完善统筹城乡、区域的终身职业技能培训制度，大力培育知识型、技能型、创新型女性劳动者。不断提高女性在高新技术产业、战略性新兴产业和现代服务业从业人员中的比例。逐步消除职业性别隔离，提高城镇单位就业人员中的女性比例。扩大农村妇女转移就业规模，缩小男女转移就业差距。

6. 加强女性专业技术和技能人才队伍建设。制定相关政策，强化制度保障，支持女性科技人才承担科技计划项目、参与科技决策咨询、拓展科研学术网络、提升影响力和活跃度，完善女性科技人才评价激励机制，培养高层次女性科技人才。实施科技创新巾帼行动，提供平台服务，激励女性科技人才、技术技能人才立足岗位锐意创新。加强对女性技术和技能人才专业知识、科研管理、创新创业等的培训。加强典型培养宣传，发挥榜样引领作用。积极开展职业技能大赛。

7. 缩小男女两性收入差距。全面落实男女同工同酬，保障收入公平。促进女性对知识、技术、管理、数据等生产要素的掌握和应用，提高女性职业竞争力。督促用人单位实施男女平等的人力资源制度，畅通女性职业发展和职务职级晋升通道。配合国家开展薪酬调查，加强收入的分性别统计，动态掌握男女两性收入状况。

8. 改善女性劳动者劳动安全状况。广泛开展劳动安全和健康、女职工劳动保护特别规定的宣传教育、执行力度，提高用人单位和女性劳动者的劳动保护和安全生产意识。加强对用人单位女职工劳动保护、职业健康和安全生产的监督。督促用人单位加强对女职工经期、孕期、产期、哺乳期、节育复通手术期和更年期的特殊保护，落实哺乳时间和产假制度。督促用人单位加强职业防护和职业健康监督保护，保障女职工在工作中免受有毒有害物质和危险生产工艺的危害。

9. 保障女职工劳动权益。督促用人单位规范用工行为，依法与女职工签订劳动合同，推动签订女职工权益保护专项集体合同。重视外来务工、灵活就业、公益性岗位就业和残疾就业等女性的利益诉求，推动非公有制经济组织依法建立健全工会女职工组织，加强劳动保障法律监督。指导用人单位建立预防和制止性骚扰工作机制，完善相关执法措施。加强劳动用工信用建设，加大对侵犯女职工劳动权益行为的惩戒。推动有条件的劳动人事争议仲裁机构设立女职工维权仲裁庭，依法处理女职工劳动争议案件。

10. 为女性生育后的职业发展创造有利条件。落实相关生育法规政策。定期开展女职工生育权益保障专项督查。督促用人单位不得因女职工结婚、怀孕、生育、哺乳，降低其工资和福利待遇，限制其晋职晋级、评奖、评定专业技术（职业技能）职称（资格），予以辞退，解除劳动合同或者聘用合同等。为女性生育后回归岗位或再就业提供培训等支持。推动用人单位根据女职工需要建立女职工哺乳室、孕妇休息室等设施。支持有条件的用人单位为职工提供福利性托育托管服务。

11. 保障农村妇女平等享有各项经济权益。在农村土地承包工作中，依法保障农村妇女权益。在宅基地使用权确权登记颁证工作中保障农村妇女权益，确保应登尽登。建立健全农村集体资产管理制度，规范农村集体经济组织成员身份确认办法，完善包括征地补偿安置在内的农村集体经济组织资产收益内部分配机制，保障妇女在农村集体经济组织资产股权量化、权益流转和继承等各环节，作为农村集体经济组织成员和家庭成员平等享有知情权、参与决策权和收益权。保障进城落户女农民的经济权益。畅通经济权益受侵害农村妇女的维权渠道。

12. 支持脱贫妇女稳定增加收入。建立农村低收入人口和城镇困难群众帮扶机制。健全防止返贫监测和帮扶机制。加强妇女实用技术技能培训，扶持发展适合城乡低收入妇女自主发展的手工编织、农村电商、快递、护理等特色产业项目。通过致富带头人培育、帮扶车间建设和以工代赈等方式，支持农村妇女就地就近创业，实现增收致富。落实"四个不摘"政策，对符合条件脱贫妇女劳动力继续落实相关补贴政策。

13. 支持妇女积极参与乡村振兴。积极发挥妇女在农村一、二、三产业融合发展、农业农村现代化建设和"五美"乡村建设中的作用，推动女农民全面发展。大力开展现代农业示范基地建设，深入实施乡村振兴巾帼行动。发挥农村创业创新园区和巾帼示范基地等平台作用，鼓励支持妇女创办领办新型农业经营主体和农业社会化服务组织。加强高素质女农民培育，引导女农民争做乡村工匠、文化能人、手工艺人、农技协领办人和新型农业经营管理能手。

（四）妇女参与决策和管理

主要目标：

1. 保障妇女参与社会主义民主政治建设和社会治

理，提升参与水平。

2. 中国共产党女党员保持合理比例，全区每年新发展党员中女性比例保持在 35% 以上，党代会中女党员代表比例一般不低于党员总数中女性比例。

3. 区人大代表和常委会委员中的女性比例逐步提高。区政协委员和常委中的女性比例逐步提高。

4. 区政府领导班子中的女干部比例逐步提高，担任正职的女干部占同级正职干部的比例逐步提高。

5. 区政府工作部门领导班子中的女干部比例逐步提高，担任正职的女干部占同级正职干部的比例逐步提高。

6. 全区事业单位领导班子成员中的女性比例逐步提高。

7. 企业董事会、监事会成员及管理层中女性比例逐步提高。企事业单位职工代表大会中女性比例与女职工比例相适应。

8. 村党组织成员、村党组织书记中女性比例逐步提高。村委会成员中女性比例达到 30% 以上，村委会主任中女性比例逐步提高。

9. 社区党组织成员、社区党组织书记中女性比例逐步提高。社区居委会成员中女性比例保持在 50% 左右，社区居委会主任中女性比例达到 40% 以上。

10. 鼓励支持女性参与社会组织、担任社会组织负责人。

策略措施：

1. 加大妇女参与决策和管理的支持力度。充分发挥妇女参与国家和社会事务管理的重要作用，破除制约妇女参与决策和管理的障碍，促进妇女参与决策和管理水平与妇女地位作用相适应。加大培训力度，提高各级领导干部贯彻落实男女平等基本国策的意识，把推动妇女参政纳入重要议程，提出目标举措。采取有效措施，提升党委、人大、政府、政协、党政工作部门以及企事业单位、基层群众自治组织中的女性比例。

2. 提高妇女参与社会事务和民主管理的意识和能力。开展女性领导干部政治素质和领导能力培训。加大基层妇女骨干培训力度，提高妇女在自治、法治、德治中的参与意识和能力，鼓励妇女积极参与村（居）民议事会、理事会等自治组织，推进城乡社区妇女议事会实现全覆盖并有效运行，发挥妇女在城乡基层治理中的积极作用。探索打造妇女网上议事平台，引导妇女积极、有序参与基层民主管理和基层民主协商。

3. 重视发展中国共产党女党员。面向妇女深入开展思想政治工作，扩大党的妇女群众基础，培养对党的感情，深化对党的认识，引导拥护党的主张，激发妇女入党的政治意愿。加强对入党积极分子的培养教育。注重从各行各业青年女性中发展党员。在党代表候选人酝酿过程中，充分关注政治过硬、作风优良、敢于担当、成绩突出的优秀妇女，确保党代会中女党员代表保持合理比例。

4. 提高女人大代表、政协女委员比例。落实人大代表选举规则和程序，在选区划分、代表名额分配、候选人推荐、选举等环节，保障妇女享有平等权利和机会。重视从基层、生产一线推荐人大代表女性候选人，候选人中应当有适当数量的妇女代表，并逐步提高妇女代表的比例。提名推荐、协商确定政协委员建议名单时，保障提名一定比例的妇女。充分发挥人大女代表、政协女委员在发展社会主义民主政治和男女平等事业中的积极作用。

5. 加大培养选拔女干部工作力度。培养忠诚干净担当的高素质专业化女干部，促进女干部不断增强学习本领、政治领导本领、改革创新本领、科学发展本领、依法执政本领、群众工作本领、狠抓落实本领、驾驭风险本领。优化女干部成长路径，注重日常培养和战略培养，为女干部参加教育培训、交流任职、挂职锻炼创造条件和机会。注重从基层、生产一线培养选拔女干部，注重选拔女干部到重要部门、关键岗位担任领导职务。注重保持优秀年轻干部队伍中女干部的合理比例。落实女干部选拔配备的目标任务，在保证质量的前提下实现应配尽配。保障妇女在干部录用、选拔、任（聘）用、晋升、退休各环节不因性别受到歧视。

6. 推动妇女积极参与事业单位决策管理。培养选拔优秀女性专业技术人员进入决策管理层。重视在卫生、教育、文化等女性集中的行业提高决策管理层中的女性比例，鼓励妇女积极参与本单位党建和群团组织建设，促进事业单位职工代表大会中女职工代表比例与事业单位女职工比例相适应。在深化事业单位改革进程中，确保妇女在岗位晋升、职员晋级、职称评聘等方面享有平等的权利和机会。

7. 推动妇女广泛参与企业决策管理。将女干部选拔配备纳入国有企业领导班子和干部队伍建设规划，加大培养、选拔、使用力度。在深化企业人事制度改革进程中，采用组织推荐、公开招聘、民主推荐等方式，促进优秀妇女进入企业董事会、监事会和管理层。完善企业民主管理制度，促进企业职工代表大会中女职工代表比例与企业女职工比例相适应，支持女职工通过职工代表大会等形式参与企业民主决策、民主管理和民主监督。企业制定相关规章制度，对涉及女职工权益的事项，听取工会女职工委员会的意见，依法经职工代表大会审议通过。

8. 推动妇女有序参与城乡基层社会治理。注重从女致富能手、经商务工女性、乡村女教师女医生、女社会工作者、女退休干部职工等群体中培养选拔村（社区）干部。在村（社区）“两委”换届工作中，通过提名确定女性候选人、女性委员专职专选、女性成员缺位增补等措施，提高村（居）委会成员、村（居）委会主任中的女性比例。加强对村（居）委会女性成员的培训，增强其管理事务和处理矛盾的能力。组织妇女积极参与村规民约、居民公约的制定修订，开展协商议事活动。促进新的社会阶层人士、社会工作者和志愿者中的女性积极参与社会治理。

9. 支持引导妇女参与社会组织。优化社会组织发展的制度环境，加强对以女性为会员主体或以女性为主要从业人员的社会组织的培育、支持和指导服务，促进其健康有序发展并积极参与社会组织协商。鼓励支持更多女性成为社会组织成员或从业人员，加强社会组织女性专业人才和管理人才的培养，注重发现培养社会组织女性负责人。

10. 发挥妇联组织在推进全区治理体系和治理能力现代化进程中的作用。支持妇联组织履行代表妇女参与国家事务、经济文化事业和社会事务的职责，强化妇联组织参与民主决策、民主管理、民主监督，参与制定有关法律、法规、规章和政策，参与社会治理和公共服务的制度保障。在制定有关促进男女平等和保障妇女合法权益的法规政策以及选拔培养女干部工作中，充分听取妇联组织意见和建议。

（五）妇女与社会保障

主要目标：

1. 妇女平等享有社会保障权益，保障水平不断提高。

2. 完善生育保障制度。提高生育保险参保率。

3. 完善医疗保障体系。提高妇女基本医疗保险参保人数，待遇保障公平适度。

4. 完善养老保险制度体系。提高妇女基本养老保险参保人数，待遇水平稳步提高。

5. 完善失业保险和工伤保险制度。提高妇女失业保险和工伤保险参保人数，落实相关保障待遇。

6. 健全分层分类社会救助体系。困难妇女的生活得到基本保障。

7. 妇女福利待遇水平持续提高，重点向老年妇女、残疾妇女等群体倾斜。

8. 建立完善多层次养老服务和长期照护保障制度。保障老年妇女享有均等可及的基本养老服务，对失能妇女的照护服务水平不断提高。

9. 加强对妇女的关爱服务。重点为有困难、有需求的妇女提供帮扶。

1. 完善惠及妇女群体的社会保障体系。持续推动社会保险参保扩面，支持灵活就业女性参加相应社会保险，实现应保尽保，缩小社会保障的性别差距。建立社会保险全民参保登记信息库，加强社会保障分性别统计、信息动态监测和管理。

2. 完善覆盖城乡妇女的生育保障制度。落实生育保险与职工基本医疗保险合并实施，巩固生育保险参保率，完善生育医疗费用支付及生育津贴制度。妥善解决妇女在就业和领取失业金期间生育保障问题。完善女性居民生育医疗保障，对生育医疗费用按规定给予医保报销，逐步提高居民基本医疗保险生育待遇支付水平。促进多层次医疗保障互补衔接，健全医疗救助对象精准及时识别机制。建立健全计划生育特殊家庭全方位帮扶保障制度、定期巡访制度、“双岗”联系人制度，扎牢织密帮扶安全网。

3. 不断提高妇女医疗保障水平。推动女职工和城乡女性居民持续参加基本医疗保险，健全多层次医疗保障体系，协同推进医保医疗医药联动改革，满足妇女基本医疗保障需求。统筹发挥基本医保、大病保险、医疗救助三重制度综合保障作用，促进多层次医疗保障互补衔接，做好符合条件的低收入妇女医疗救助。推进建立女职工医疗互助，充分发挥商业保险对宫颈癌、乳腺癌等重大疾病的保障作用。

4. 促进妇女享有可持续多层次养老保险。督促用人单位依法为包括女职工在内的全体职工及时足额缴纳基本养老保险费，不断增加妇女参加基本养老保险的人数，促进妇女依法公平享有基本养老保险权益。鼓励有条件的用人单位为包括女职工在内的全体职工建立企业年金，提高职工企业年金、职业年金覆盖率。探索发展个人储蓄性养老保险和商业养老保险，丰富企业商业养老保险产品。

5. 保障女性失业保险权益。督促用人单位依法为女职工办理失业保险，提高女职工特别是女农民工、高风险行业女职工的参保率。保障符合条件的失业女职工按时享受失业保险待遇。强化失业保险促就业防失业功能，支持女职工稳定就业。适时制定特殊时期失业保障政策，为包括女职工在内的劳动者提供失业保障。

6. 扩大妇女工伤保险覆盖面。增强工伤保险预防工伤、保障生活、促进康复的功能，推进新就业形态人员职业伤害保障试点，将新业态就业妇女纳入保障范围。督促用人单位特别是高风险行业单位依法为女职工办理工伤保险，确保落实工伤保险待遇。

7. 强化社会救助对生活困难妇女的兜底保障。构建政府主导、社会参与、制度健全、政策衔接、兜底有力的综合救助格局，健全基本生活救助制度和医疗救助、教育救助、住房救助、就业救助、受灾人员救助等专项救助制度，健全临时救助政策措施，强化急难社会救助，积极发展服务类社会救助，推进政府购买社会救助服务，确保符合条件的妇女应救尽救。加强农村低收入人口动态监测，织密兜牢包括妇女在内的低保、特困对象的基本生活保障网。鼓励、支持慈善组织依法依规为生活困难妇女提供救助帮扶。推动建立统一的救助信息平台，加强社会救助分性别统计，精准识别救助对象，实现精准救助、高效救助、温暖救助、智慧救助。

8. 更好满足妇女群体的社会福利需求。完善经济困难高龄失能老年人补贴制度，落实各项补贴待遇，逐步提升老年妇女福利水平。完善残疾人补贴制度，动态调整、合理确定困难残疾人生活补贴和重度残疾人护理补贴标准，扩大适合残疾妇女特殊需求的公共服务供给。

9. 保障妇女享有基本养老服务。加快建设居家社区机构相协调、医养康养相结合的养老服务体系，大力发展普惠型养老服务。完善社区居家养老服务网络，推广“党建＋农村养老服务”模式，健全覆盖区、镇（街道）、村（社区）三级的农村养老服务体系。加强居家适老化改造。发展多元化、便利化、个性化服务，提高老年妇女生活照料、紧急救援、精神慰藉等服务水平。支持社会力量扩大普惠型养老服务供给，支持邻里之间的互助性养老。

10. 探索建立多层次长期照护保障制度。稳步建立长期护理保险制度，将符合条件的失能妇女按规定纳入保障范围。完善老年妇女照护统一需求评估体系。支持和规范专业养老服务向社区、家庭延伸。探索建立相关保险、福利及救助相衔接的长期照护保障制度，扩大养老机构护理型床位供给，提高护理服务质量。为家庭照料者提供照护培训、心理疏导等支持。

11．提高对妇女的关爱服务水平。开展农村留守妇女关爱行动。摸底排查，完善农村留守妇女信息台账。积极为农村留守妇女创业发展搭建平台、提供服务。支持留守妇女参与乡村振兴和家庭文明建设，在乡村治理、邻里互助、留守老人儿童关爱服务中发挥积极作用。完善特殊困难失能留守老年人探视巡访制度，不断拓展对妇女群体的关爱服务，支持社会力量参与，重点为生活困难、残疾、重病等妇女群体提供权益保护、生活帮扶、人身安全、精神抚慰等关爱服务。

（六）妇女与家庭建设

主要目标：

1．树立新时代家庭观，弘扬爱国爱家、相亲相爱、向上向善、共建共享的社会主义家庭文明新风尚，推动社会主义核心价值观在家庭落地生根。

2．建立完善促进男女平等和妇女全面发展的家庭政策体系，增强家庭功能，提升家庭发展能力。

3．拓展支持家庭与妇女全面发展的公共服务。

4．注重发挥家庭家教家风在基层社会治理中的重要作用。

5．充分发挥妇女在家庭生活中的独特作用，弘扬中华民族家庭美德、树立良好家风，支持妇女成为幸福安康家庭的建设者、倡导者。

6．倡导构建男女平等、和睦、文明的婚姻家庭关系，降低婚姻家庭纠纷对妇女发展的不利影响。

7．倡导和支持男女共担家务，缩小两性家务劳动时间差距。

8．支持家庭承担赡养老人责任，不断提升老年妇女家庭生活质量。提升家人互相养护的能力。

9．促进夫妻共同承担未成年子女的抚养、教育、保护责任，为未成年人子女身心发展创造良好家庭环境。

策略措施：

1.促进家庭成员践行社会主义核心价值观。加强教育引导、舆论宣传、文化熏陶、实践养成，宣传尊老爱幼、男女平等、夫妻和睦、勤俭持家、邻里团结等家庭美德，弘扬中华民族优秀传统家风、革命前辈红色家风、践行社会主义核心价值观的现代家风，营造平等、文明、和谐、稳定的家庭环境，实现共建共享的家庭追求，引导妇女和家庭成员自觉把家庭梦融入中国梦。

2．制定出台促进男女平等和妇女全面发展的家庭政策。落实人口生育相关法规政策，推动生育政策与经济社会发展政策配套衔接。按照国家统一部署，推动将3岁以下婴幼儿照护服务费用纳入个人所得税专项附加扣除、住房等方面支持政策，减轻家庭生育、养育、教育负担。完善幼儿养育、青少年发展、老人赡养、病残照料等政策，形成支持完善家庭基本功能、促进男女平等和妇女全面发展的家庭政策体系，增强家庭发展能力。完善产假制度，落实父母育儿假。建立促进家庭发展政策评估机制。

3．大力发展家庭公共服务。完善覆盖城乡的家庭教育指导服务体系。发展普惠托育服务体系，综合运用土地、住房、财政、金融、人才等支持政策，扩大托育服务供给。加快完善养老、家政等服务标准，推动婚姻家庭辅导服务、家庭教育指导服务普惠享有，提升面向家庭的公共服务水平。通过政府购买服务等方式，引导社会力量开展家庭服务，满足家庭日益增长的个性化、多元化需求。重点为经济困难、住房困难、临时遭遇困难家庭和残疾人家庭等提供支持，加大对计划生育特殊家庭的帮扶保障力度，加强对退役军人家庭的支持和保障。城市社区综合服务设施实现全覆盖。加强社区托育服务设施建设，完善社区养老托育、家政物业等服务网络。发展数字家庭。

4．推动家庭家教家风在基层社会治理中发挥重要作用。构建党委领导、政府主导、部门合作、家庭尽责、社会参与的家庭建设工作格局。将建设好家庭、实施好家教、弘扬好家风纳入基层社会治理体系以及基层社会治理评价考核内容。鼓励家庭成员履行家庭和社会责任。增进政府治理和社会调节、居民自治良性互动，以良好家风支撑起好的社会风气。

5．鼓励支持妇女在家庭生活中发挥独特作用。深化实施“家家幸福安康工程”，深入推进全民阅读，鼓励妇女带领家庭成员积极参与文明家庭、五好家庭、最美家庭等群众性精神文明建设活动，参与绿色（清洁）家庭创建，提升健康素养，坚决革除滥食野生动物等陋习，推广分餐公筷等，践行绿色、低碳、循环、可持续的生活方式，养成勤俭节约好习惯，杜绝浪费。推进平安家庭、无烟家庭建设。

6．促进婚姻家庭关系健康发展。面向家庭开展有关法律法规政策的宣传，促进男女平等观念在婚姻家庭关系建设中落实落地，倡导夫妻平等参与家庭事务决策，反对一切形式的家庭暴力。开展恋爱、婚姻家庭观念教育，为适龄男女青年婚恋交友、组建家庭搭建平台，推广婚姻登记、婚育健康宣传教育、婚姻家庭关系辅导等“一站式”服务。广泛开展生育政策宣传。推进移风易俗，保障妇女婚姻自由，抵制早婚早育、高价彩礼等现象，选树宣传婚事新办典型，引导改变生男偏好，构建新型婚育文化。加强对广播电视、网络等婚恋活动和服务的规范管理。

7．加强婚姻家庭纠纷预防化解工作。健全婚姻家庭纠纷预防化解工作机制，发挥综治中心和网格化服务管理作用，强化衔接联动，加强婚姻家庭纠纷预测预防预警，健全纠纷排查调处制度。建立健全婚姻家庭纠纷人民调解委员会，建设人民调解员队伍，搭建“互联网+”纠纷预防化解工作平台，支持社会力量参与，提供多元便捷服务。推进家事审判制度改革，加强诉调对接平台建设，构建新型家事纠纷综合协调解决模式。

8．促进男女平等分担家务。倡导夫妻在家务劳动中分工配合，共同承担照料陪伴子女老人、教育子女、料理家务等家庭责任，提倡艰苦奋斗、勤俭节约，开展以劳动创造幸福为主题的家庭建设，缩小两性家务劳动时间差距。促进照料、保洁、烹饪等家务劳动社会化，持续推动家政服务业提质扩容增效，发展婴幼儿照护服务和失能失智老年人长期照护服务，增强家庭照护能力，研发家务劳动便利化产品，便于夫妻平等分担家务。督促用人单位落实探亲假、职工带薪休假、育儿假、配偶护理假等制度，鼓励用人单位实施灵活休假和弹性工作制度，创造生育友好的工作环境，支持男女职工共同履行家庭责任。

9. 提升老年妇女的家庭生活质量。倡导养老、孝老、敬老的家庭美德，支持家庭履行赡养老人的主体责任。鼓励子女与老人共同生活或就近居住，为长期照护老人的家庭成员提供"喘息服务"。督促用人单位保障赡养义务人的探亲休假权利，建立子女护理假制度。完善社区老年人关爱服务机制。发展银发经济，推进智慧健康养老，满足老年妇女生活需要。依法保障老年妇女婚姻自由和家庭财产权利。

10. 增强父母共担家庭教育责任的意识和能力。建立家庭教育指导中心。贯彻执行家庭教育促进法和江西省家庭教育促进条例，促进父母共同落实家庭教育主体责任，创造利于未成年子女健康成长的家庭环境。提升家庭教育指导者能力，开展宣传培训，引导家长注重家庭家教家风建设，摒弃"重智轻德"等观念，注重言传身教，提高家庭科学养育身心健康儿童的能力。鼓励父母加强亲子交流，共同陪伴未成年子女成长。对失职监护人发出"督促监护令"。

（七）妇女与环境

主要目标：

1. 增强妇女的思想政治意识，引导妇女积极践行社会主义核心价值观。

2. 提升全社会的性别平等意识，推进男女平等基本国策宣传教育进机关、进学校、进企业、进城乡社区、进家庭。

3. 健全文化与传媒领域的性别平等评估和监管机制。

4. 全面提升妇女的媒介素养，提高妇女利用信息技术参与新时代经济社会高质量发展的能力。

5. 增强妇女的生态文明意识，促进妇女践行绿色发展理念，做生态文明建设的推动者和践行者。

6. 减少环境污染对妇女健康的伤害。全区农村自来水普及率达到90%，提升城市集中式饮用水水源水质。农村生活垃圾无害化处理。全区空气质量总体达到二级标准。

7. 全区农村卫生厕所基本普及，城镇公共厕所男女厕位比例标准化建设与实际需求相适应。

8. 妇女应对突发事件能力不断提高，作用得到发挥，特殊需求得到满足。

9. 加强妇女领域和妇女工作的对外交流合作，营造我区妇女发展的良好环境。

策略措施：

1. 加强对妇女的思想政治引领。坚持用习近平新时代中国特色社会主义思想引领妇女，持续开展中国特色社会主义和中国梦宣传教育，发挥新时代文明实践中心（所、站）、主流媒体、妇女之家以及主城区和中心镇15分钟、一般村镇20分钟的"公共文化服务圈"等阵地作用。在加强构建主流舆论体系，持续加强社会主义核心价值观网络传播，发展积极健康的网络文化中，推动理想信念教育常态化制度化，弘扬党和人民在各个历史时期奋斗中形成的伟大精神，激发妇女的历史责任感和主人翁精神，引导妇女听党话、跟党走，增强"四个意识"、坚定"四个自信"、做到"两个维护"。通过教育联系服务，凝聚青年女性、知识女性和新兴产业从业女性以及活跃在网络空间中的女性。通过培养、评选、表彰、宣传妇女先进集体和个人，激励妇女崇尚先进、学习先进、争当先进。

2. 开展以男女平等为核心的先进性别文化宣传教育。将构建先进性别文化纳入繁荣社会主义先进文化制度体系。大力宣传新时代妇女在社会生活和家庭生活中的独特作用，宣传优秀妇女典型和性别平等优秀案例。推动各级干部学习习近平总书记关于妇女和妇女工作重要论述以及马克思主义妇女观、男女平等基本国策。在机关、学校、企业、城乡社区、家庭以多种形式开展男女平等基本国策的宣传教育，让性别平等成为全社会共同遵循的行为规范和价值标准。

3. 促进妇女共建共享精神文明创建和城乡人居环境改善成果。倡导讲品位讲格调讲责任、抵制低俗庸俗媚俗，推动形成健康清朗的文艺生态，加大供给优质公共文化产品和服务，加快构建城乡一体、区域均衡、人群均等的现代公共文化服务体系，创新实施文化惠民工程，惠及城乡妇女。鼓励妇女积极参与城市文明建设，在测评文明城市满意度时注重把握妇女参与比例，并纳入文明城市等群众性精神文明创建活动测评标准。引导妇女在文明单位创建中爱岗敬业，争做文明职工。促进妇女参与文明村镇建设，主动参与农村人居环境整治提升、农村文化发展、文明乡风培育和乡村社会治理。

4. 加强文化与传媒领域性别平等培训、评估和监管。开展对文化传媒工作者和传媒相关专业学生的性别平等培训，提升文化传媒领域性别平等传播能力。加强公共文化产品和传媒涉及性别平等内容的监测和监管，吸纳性别专家参与相关评估，消除网络媒体、影视产品、公共出版物等中出现的歧视贬抑妇女、侮辱妇女人格尊严、物化妇女形象等不良现象，制作和播放维护妇女权益、促进妇女发展类公益广告数量逐年增加。规范网络名人和公众账号传播行为。完善违规行为警示记录系统，优化线上舆情预警和线下评估处置机制。

5. 引导妇女提高媒介素养。利用妇女之家、图书馆、网络课堂等开展面向妇女的媒介素养培训和指导，加强妇女网络素养教育，提升妇女对媒介信息选择、判断和有效利用的能力，提升妇女网络安全意识和能力，消除性别数字鸿沟。加强学生网络素养教育，引导女生合理安全使用网络，提升自我保护能力，防止网络沉迷。重点帮助老年妇女、困难妇女和残疾妇女群体掌握网络基本知识技能。争做"巾帼好网民"，推动妇女弘扬网上正能量。

6. 充分发挥妇女在生态文明建设中的重要作用。广泛开展生态文化宣传教育和实践活动，引导妇女践行“绿水青山就是金山银山”理念，提高环境科学素养，掌握环境科学知识，提升妇女生态环境保护意识和能力。鼓励妇女引领绿色生产生活，养成节约适度、绿色低碳、文明健康的生活方式和消费模式，杜绝浪费。支持妇女参与生活环境治理。

7. 持续改善妇女生活的环境质量。加强生态环境监测和健康监测，开展环境污染因素影响研究，监测分析评估环境政策、基础设施项目、生产生活学习环境等对妇女健康的影响。推进城乡生活环境治理，按照“户分类、村收集、乡镇转运、区域处理”的原则，实现农村垃圾无害化处理，开发利用清洁能源，普遍推行生活垃圾强制分类和减量化、资源化，扎实开展限塑行动，推广使用节能环保产品。

8. 保障城乡妇女享有安全饮水。引导妇女积极参与水源保护。推进城市集中式饮用水水源地规范化建设和城镇污水管网全覆盖。推动建制镇生活污水处理设施建设运行。加强水源保护和水质监测，守护饮水安全命脉。实施农村供水保障工程，提升水资源优化配置能力，为妇女取水、用水提供便利。

9. 加强符合妇女需求的卫生厕所建设。推进城镇公共厕所改造，完善落实城镇公共厕所设计标准，推动男女厕位比例规范化建设和达标率纳入文明城市、文明社区、文明村镇、文明单位、文明校园建设的评选标准。分类有序推进农村厕所革命，稳步提高卫生厕所普及率，加强厕所粪污无害化处理与资源化利用。在旅游景点、商场、客运枢纽和服务区等公共场所建设第三卫生间。

10. 在突发事件应对中关切妇女特别是孕期、哺乳期妇女及困难妇女群体的特殊需求。在突发事件应急体系建设、预防和应急处置机制建设、相关应急预案和规划中统筹考虑妇女特殊需求，优先保障女性卫生用品、孕产妇用品和重要医用物资供给。面向妇女开展突发事件预防应对知识和自救互救技能指导培训，提高妇女的防灾减灾意识和自救互救能力。在应对突发事件中加强对有需求妇女群体的救助服务和心理疏导。引导妇女积极参与防灾减灾工作。

11. 推进我区妇女事务和妇女工作对外交流合作。加强我区妇女事业妇女工作对外宣传，促进交流合作，讲好珠山故事、珠山妇女发展故事。跟进国家发展妇女民间外交，积极参与有关妇女议题的各类会议，宣传推介珠山，展现珠山形象，提升珠山影响力。

12. 发挥妇联组织在营造男女平等和妇女全面发展环境中的积极作用。健全完善引领服务联系妇女的工作机制，发挥桥梁纽带作用，凝聚妇女人心。联合主流媒体，依托妇联全媒体，大力宣传习近平总书记关于妇女和妇女工作的重要论述，宣传马克思主义妇女观和男女平等基本国策，宣传妇女“半边天”作用。加强妇女舆情尤其是网络舆情监测，对错误观点言论及时发声，协调督促处置，正面引导舆论，优化利于妇女全面发展的社会舆论环境。

（八）妇女与法律

主要目标：

1. 全面贯彻落实男女平等宪法原则和基本国策，推动完善我区保障妇女合法权益的法规政策体系。

2. 促进法规政策性别平等评估机制规范化建设和有效运行。

3. 提高妇女尊法学法守法用法的意识和能力。充分发挥妇女在法治珠山建设中的作用。

4. 深入实施《中华人民共和国反家庭暴力法》，预防和制止针对妇女一切形式的家庭暴力。

5. 严厉打击拐卖、性侵害、暴力伤害妇女等违法犯罪行为。

6. 提升预防和制止性骚扰的法治意识，有效遏制针对妇女的性骚扰。

7. 严厉打击利用网络对妇女实施的违法犯罪行为。

8. 保障妇女在家庭关系中的财产所有权、继承权，保障妇女对婚姻家庭关系中共同共有财产享有知情权和平等处理权。

9. 依法为妇女提供公共法律服务。保障遭受侵害妇女获得及时有效的司法救助。

策略措施：

1. 推进男女平等宪法原则和基本国策贯彻落实到法治珠山建设全过程。加大《中华人民共和国民法典》《中华人民共和国妇女权益保障法》的实施力度，加强执法检查和督查督办，保障侵害妇女权益案件获得公平公正处理。促进开展妇女权益保障领域的公益诉讼。将保障妇女权益相关内容纳入基层社会治理，纳入法治队伍建设、全民普法规划和群众性法治文化活动，增强全社会的男女平等法治意识和法治素养。

2. 加强法规政策性别平等评估工作。健全区法规政策性别平等评估机制和政策性别平等评估机制，明确评估范围，规范评估流程，细化评估指标。加强法规政策制定前研判、决策中贯彻、实施后评估的制度化建设。开展性别平等评估相关培训，加强专业化队伍建设，将男女平等基本国策落实到法规、规章、政策制定实施全过程各环节。

3. 提升妇女法治意识和建设法治珠山的能力。深入开展《中华人民共和国民法典》等专项普法活动，面向妇女提供法律咨询等服务。引导妇女自觉学习宪法和法律知识，增强法治观念，养成办事依法、遇事找法、解决问题用法、化解矛盾靠法的法治思维和行为习惯。鼓励妇女多途径参与立法、司法和普法活动。充分发挥女人大代表、政协女委员、妇联组织、以女性为成员主体或者以女性为主要服务对象的社会组织等在政治协商、民主监督中的作用。

4. 加大反家庭暴力法的实施力度。健全完善预防和制止家庭暴力多部门合作机制，发布反家庭暴力的典型案例或指导性案例。加强宣传教育、预防排查，建立社区网格化家庭暴力重点监控机制。完善落实家庭暴力发现、报告、处置机制，强化相关主体强制报告意识，履行强制报告义务。加大接处警工作力度，开展家庭暴力警情、出具告诫书情况统计。对构成犯罪的施暴人依法追究刑事责任，从严处理重大恶性案件。及时签发人身保护令，提高审核签发率，加大执行力度。加强紧急庇护场所管理，提升庇护服务水平。加强对家庭暴力受害妇女的心理抚慰和生活救助，帮助其身心康复。加强对施暴者的教育警示、心理辅导和行为矫治。开展家庭暴力案件跟踪回访。加强反家庭暴力业务培训和统计。

5. 坚决打击拐卖妇女犯罪。完善落实集预防、打击、救助、安置、康复于一体的反拐工作长效机制。坚持预防为主、防治结合，提高全社会的反拐意识以及妇女的防范意识和能力。深入实施反对拐卖人口行动计划，打击拐卖妇女犯罪团伙。整治“买方市场”，及时解救被拐妇女并帮助其正常融入社会。打击跨国跨区域拐卖妇女犯罪。

6. 加大对组织、强迫、引诱、容留、介绍卖淫等犯罪行为的打击力度。加强网络治理，利用大数据完善违法信息过滤、举报等功能，严厉打击利用网络组织、强迫、引诱、容留、介绍妇女卖淫。依法加大对强迫、引诱幼女和智力残疾妇女卖淫的打击力度。加强社会治安综合治理，建立常态化整治机制，鼓励群众监督和举报涉黄违法犯罪行为。

7. 有效控制和严厉惩处强奸、猥亵、侮辱妇女特别是女童和智力、精神残疾妇女的违法犯罪行为。完善妇女人身安全保护和侵害预防机制。加强防性侵教育，提高妇女尤其是女童的防性侵意识和能力。建立完善重点人群和家庭关爱服务机制、侵权案件发现报告机制、多部门联防联动机制和侵权案件推进工作督查制度。完善立案侦查制度，及时、全面、一次性收取固定证据，避免受害妇女遭受“二次伤害”。建立性侵害违法犯罪人员信息查询系统，完善和落实从业禁止制度。加强对受害妇女的隐私保护、心理疏导和干预。

8. 预防和制止针对妇女的性骚扰。推动完善防治性骚扰相关立法。多形式多渠道传播防治性骚扰知识，提升妇女防范和制止性骚扰的意识和能力。建立健全预防和制止性骚扰工作机制，加强联防联控，发挥典型案例示范指引作用。预防和制止公共场所和工作、学习等场所的性骚扰，在机关、企业、学校等单位建立相关工作机制，预防和制止利用职权、从属关系等实施性骚扰。畅通救济途径。

9. 保障妇女免遭利用网络实施违法犯罪行为的侵害。建设网络安全应急指挥平台，提升网络安全综合防御能力和应急指挥水平。完善网络综合治理体系，加强依法管网和技术治网，加强对网络淫秽色情信息的监管和查处，依法打击网络信息服务平台、生产者和使用者对妇女实施猥亵、侮辱、诽谤、性骚扰、散布谣言、侵犯隐私等违法犯罪行为。规范网络平台管理，保护妇女个人信息安全。依法惩治利用网络非法收集、使用、加工、传输、买卖、提供或者公开妇女个人信息的违法犯罪行为。提高妇女防范电信网络诈骗的意识和能力，严厉打击采取非法网络贷款、虚假投资、咨询服务等手段骗取妇女钱财的违法犯罪行为。

10. 在婚姻家庭和继承案件处理中依法保障妇女的财产权益。保障妇女平等享有家庭财产的占有、使用、收益和处分权利。保障妇女依法享有夫妻互相继承遗产、子女平等继承遗产的权利。保障夫妻对共同财产享有平等的知情权、处理权，认定和分割夫妻共同财产、认定和清偿夫妻共同债务时，切实保障妇女合法权益。离婚时，保障妇女依法获得土地、房屋、股份等权益，保障因抚育子女、照料老人、协助另一方工作等负担较多家庭义务的妇女获得补偿，生活困难妇女获得经济帮助，无过错妇女获得损害赔偿。

11. 为妇女提供优质高效的公共法律服务。推进公共法律服务实体、网络、热线三大平台融合发展，为妇女特别是低收入妇女、老年妇女、残疾妇女、单亲困难母亲等提供便捷、均等普惠的公共法律服务。落实法律法规对妇女申请法律援助的相关规定，保障妇女在刑事、民事、行政案件中享有诉讼代理和维权指导服务。加强维护妇女合法权益的法律援助类社会组织和专业律师、基层法务工作者队伍建设。保障特定案件中生活困难妇女能够获得司法救助。

12. 发挥妇联组织代表和维护妇女合法权益的职能作用。支持妇联组织健全联合约谈、联席会议、信息通报、调研督查、案例发布等工作制度，推动保障妇女权益法规政策的制定实施。加强“12338”妇女维权公益服务热线建设，畅通妇女有序表达诉求的渠道。及时发现报告侵权问题，依法建议查处性别歧视事件或协助办理侵害妇女权益案件，配合打击侵害妇女合法权益的犯罪行为，为受侵害妇女提供帮助。

三、组织实施

（一）坚持党的全面领导。坚持以习近平新时代中国特色社会主义思想为指导，坚持以人民为中心的发展思想，坚持走中国特色社会主义妇女发展道路，把党的领导贯穿于规划组织实施全过程。贯彻党中央关于妇女事业发展的决策部署，在区委、区政府的坚强领导下，坚持和完善促进男女平等和妇女全面发展的制度机制。在统筹推进“五位一体”总体布局、协调推进“四个全面”战略布局中推进规划实施。

（二）加强规划与经济社会发展规划的衔接。在经济社会发展总体规划及相关专项规划中贯彻落实男女平等基本国策，将规划实施以及妇女发展纳入经济社会发展总体规划及相关专项规划，结合经济社会发展总体规划部署要求推进规划实施，实现妇女发展与经济社会发展同步规划部署、同步推进落实。

（三）制定部门实施方案。承担规划目标任务的有关部门、相关机构和人民团体结合职责，按照任务分工，制定实施方案并报送区妇儿工委办公室。

（四）落实规划实施责任，完善工作制度机制。在出台法规、制定政策、编制规划、部署工作时贯彻落实男女平等基本国策，切实保障妇女合法权益，促进妇女全面发展。完善落实党委领导、政府主责、妇儿工委协调、多部门合作、全社会参与的规划实施工作机制。区政府负责规划实施工作，区妇儿工委负责组织、协调、指导、督促工作，区妇儿工委办公室负责具体工作。有关部门、相关机构和人民团体结合职责，承担规划相关目标任务落实工作。健全目标管理责任制，将规划实施纳入政府议事日程和考核内容，将规划目标分解到责任单位并纳入目标管理和考核内容。健全督导检查制度，定期对规划落实情况开展督查。健全报告制度，责任单位每年向区妇儿工委报告规划落实情况和下一年工作安排。健全议事协调制度，定期召开妇女儿童工作会议、妇儿工委全体会议、联络员会议等，总结交流情况，研究解决问题，部署工作任务。落实国家纲要实施示范制度。健全表彰制度，对实施规划先进集体和先进个人按照有关规定进行表彰。

（五）保障妇女发展经费支持。将实施规划工作及监测评估所需经费纳入财政预算，实现妇女事业和经济社会同步发展。统筹资金，重点支持农村妇女发展，特别是特殊困难妇女群体发展。动员社会力量，多渠道筹集资源，发展妇女事业。

（六）坚持和创新实施规划的有效做法。贯彻新发展理念，坚持问题导向、目标导向，构建促进妇女发展的法规政策体系，完善妇女合法权益保障机制，实施促进妇女发展的民生实事项目。通过分类指导、示范先行，总结推广好做法好经验。通过政府购买服务等方式，发挥社会力量推动规划实施的作用。开展交流合作，交流互鉴经验，讲好珠山妇女发展故事。

（七）加强实施规划能力建设。将习近平总书记关于妇女和妇女工作的重要论述以及男女平等基本国策有关内容、相关法律法规政策纳入各级干部学习内容，将实施规划所需知识纳入培训计划、举办多层次、多形式培训，增强政府有关部门、相关机构和人员实施规划的责任意识和能力。以政治建设为统领，加强区妇儿工委及其办公室能力建设，促进机构职能优化高效，为更好履职尽责提供必要的人力物力财力支持，为规划实施提供组织保障。

（八）加大实施规划宣传力度。大力宣传习近平总书记关于妇女和妇女工作的重要论述，宣传在党的坚强领导下妇女事业发展的成就，宣传男女平等基本国策和保障妇女合法权益、促进妇女发展的法律法规政策，宣传规划内容和规划实施的经验、成效，努力营造有利于妇女发展的社会氛围。

（九）加强妇女发展调查研究。充分发挥妇儿工委及其办公室作用，加强妇女发展专家队伍建设，依托高校、研究机构、社会组织等建设妇女发展研究基地，培育专业研究力量，广泛深入开展理论与实践研究，为制定完善相关法规政策提供参考。

（十）鼓励社会各界广泛参与规划实施。鼓励企事业单位、社会组织、慈善机构和公益人士参与保障妇女合法权益、促进妇女发展等工作。鼓励妇女参与规划实施，提高妇女在参与规划实施中实现自身全面发展的意识和能力。

四、监测评估

（一）加强监测评估制度建设。对规划实施进行年度监测、中期评估、终期评估。落实并逐步完善性别统计监测方案。区统计部门牵头组织开展年度监测，区妇儿工委成员单位、有关部门、相关机构向同级统计部门报送年度监测数据，及时收集、分析反映妇女发展状况的相关数据和信息。区妇儿工委组织开展中期和终期评估，区妇儿工委成员单位、有关部门、相关机构向区妇儿工委提交中期和终期评估报告。通过评估，了解掌握规划实施进展和妇女发展状况，系统分析评价规划目标任务完成情况，评判规划策略措施的实施效果，总结经验做法，找出突出问题，预测发展趋势，提出对策建议。

（二）加强监测评估工作组织领导。区妇儿工委设立监测评估领导小组，由区妇儿工委及相关部门负责同志组成，负责监测评估工作的组织领导、监测评估方案的审批、监测评估报告的审核等。领导小组下设监测组和评估组。

监测组由区统计部门牵头，相关部门负责规划实施情况统计监测的人员参加，负责监测工作的组织、指导和培训，制定监测方案和指标体系，收集、分析数据信息，向区妇儿工委提交年度、中期和终期监测报告，编辑出版年度妇女儿童统计资料等。监测组成员负责统筹协调本部门规划实施监测、分析、数据上报、分性别分年龄指标完善等工作。

评估组由区妇儿工委办公室牵头，相关部门负责规划实施的人员参加，负责评估工作的组织、指导和培训，制定评估方案，组织开展评估工作，向区妇儿工委提交中期和终期评估报告。评估组成员负责统筹协调本部门规划实施自我评估工作，参加妇儿工委组织的评估工作。支持评估组相关部门就妇女保护与发展中的突出问题开展专项调查、评估，结果可供中期和终期评估参考。

（三）加强分性别统计监测。运用互联网和大数据等技术，丰富、规范、完善性别统计监测指标体系，根据需要调整扩充妇女发展统计指标，推动纳入国家和部门常规统计以及统计调查制度，加强部门分性别统计工作，推进分性别统计监测制度化建设。协同国家、省、市建立完善区级妇女发展统计监测数据库。鼓励支持相关部门对妇女发展缺项数据开展专项统计调查。

（四）提升监测评估工作能力和水平。加强监测评估工作培训和部门协作，规范监测数据收集渠道、报送方式，提高数据质量。科学设计监测评估方案和方法，探索开展第三方评估。提升监测评估工作科学化、标准化、专业化水平。

（五）有效利用监测评估成果。发挥监测评估结果服务决策的作用，定期向区政府及相关部门报送监测评估情况，为决策提供依据。建立监测评估报告交流、反馈和发布机制。加强对监测评估结果的研判和运用，对预计完成困难、波动较大的监测指标及时预警，对评估发现的突出问题和薄弱环节及时提出对策建议。运用监测评估结果指导下一阶段规划实施，实现规划实施的常态化监测、动态化预警、精准化干预、高质量推进。

珠山区儿童发展规划（2021—2030 年）

前　言

儿童是祖国的未来、民族的希望。促进儿童健康成长，将为我区可持续发展提供宝贵资源和不竭动力。区委、区政府高度重视儿童事业发展，先后制定实施了三个周期的区级儿童发展规划，为全区儿童生存、发展、受保护和参与权利的实现提供了重要保障。

为落实国家发展战略，坚持儿童优先，保障儿童权利，在党委领导、政府主责、妇女儿童工作委员会（以下简称妇儿工委）协调、多部门合作、全社会参与下，《珠山区儿童发展规划（2011—2020 年）》主要目标完成良好。截至 2020 年底，全区适龄儿童净入学率 100%，小学六年巩固率 100%，小学生辍学率为零，初中学生毛入学率 98%，初中三年巩固率 100%，九年义务教育成果巩固率 100%；孕产妇住院分娩率均达到了 100%，孕妇产前医学检查率 95.64%；婴幼儿死亡率由 2011 年的 1.52‰下降到 0.84‰；全区儿童计划免疫接种率达 99.25%，其中卡介苗、脊灰、百白破、乙肝、麻疹疫苗 5 类常规疫苗接种率达 99% 以上，全区广大儿童在各方面均得到了更多关爱和保护。

受经济社会发展水平制约，我区儿童事业发展仍然不平衡不充分存在城乡差异。贯彻儿童优先原则的力度需进一步加大，儿童思想引领需进一步增强，保障儿童权利的法治建设需持续推进，儿童发展的城乡差距、群体差距需进一步缩小，基层儿童保护和服务体系需进一步完善，科技进步和生活方式变革给做好儿童工作带来新挑战，儿童事业发展使命艰巨、任重道远。

未来十年，是我国全面建成社会主义现代化强国的重要时期，也是全力建设景德镇国家陶瓷文化传承创新试验区，全面建设社会主义现代化国际瓷都先行区的关键期。我区将打好经济发展（招商引资）、常态长效创建全国文明城市和社会治理改革“三大会战”，基本实现市域治理体系和治理能力现代化，为儿童事业发展提供了重大机遇和强大动力。站在新的历史起点上，需进一步落实儿童优先原则，全面提高儿童综合素质，培养造就德智体美劳全面发展的社会主义建设者和接班人，引领全区儿童勇担新使命、建功新时代。

依照《中华人民共和国未成年人保护法》及《江西省未成年人保护条例》等法律法规，按照全区经济社会发展的总体目标和要求，贯彻落实《中国儿童发展纲要（2021—2030 年）》《江西省儿童发展纲要（2021—2030 年）》和《景德镇市儿童发展规划（2021—2030 年）》，结合珠山区儿童发展的实际状况，制定本规划。

一、指导思想、基本原则和总体目标

（一）指导思想

高举中国特色社会主义伟大旗帜，坚持以马克思列宁主义、毛泽东思想、邓小平理论、“三个代表”重要思想、科学发展观、习近平新时代中国特色社会主义思想为指导，深入贯彻党的十九大和十九届历次全会精神，坚持新发展理念，坚持以人民为中心的发展思想，坚持中国特色社会主义儿童发展道路，坚持和完善最有利于儿童、促进儿童全面发展的制度机制，落实立德树人根本任务，优化儿童发展环境，保障儿童生存、发展、受保护和参与权利，全面提升儿童综合素质，为实现第二个百年奋斗目标奠定坚实的人才基础。

（二）基本原则

1. 坚持党的全面领导。坚持儿童事业发展的政治方向，贯彻落实党中央对儿童事业发展的决策部署和省委、市委、区委有关要求，切实把党的领导贯彻到全区儿童事业发展的全过程和各方面。

2. 坚持对儿童发展的优先保障。在制定法规、出台政策、编制规划、部署工作时，优先考虑儿童的利益和发展需求。

3. 坚持促进儿童全面发展。尊重儿童的人格尊严，遵循儿童身心发展特点的规律，保障儿童身心健康，促进儿童在德智体美劳各方面发展。

4. 坚持保障儿童平等发展。创造公平社会环境，消除对儿童一切形式的歧视，促进全区所有儿童平等享有发展权利和机会。

5. 坚持支持儿童参与。尊重儿童主体地位，鼓励支持儿童参与家庭、社会和文化生活，营造有利于儿童参与的社会氛围。

（三）总体目标

保障儿童权利的法规政策体系更加健全，促进儿童发展的工作机制更加完善，儿童优先的社会风尚普遍形成，城乡、群体之间的儿童发展差距明显缩小。儿童在健康、安全、教育、福利、家庭、环境、法律保护等领域的权利进一步实现，享有的基本公共服务更加均等可及，享有的福利保障更加普惠优越，享有的家庭和社会环境更加和谐友好，儿童的获得感幸福感安全感明显增强。全区儿童事业与社会主义现代化建设进程相适应，儿童优先原则在我区得到全面贯彻，全区儿童发展水平取得更为明显的实质性进展，广大儿童成长为堪当民族复兴大任的时代新人。

二、发展领域、主要目标和策略措施

（一）儿童与健康

主要目标：

1. 覆盖城乡的儿童健康服务体系更加完善，儿童医疗保健服务能力明显增强，儿童健康水平不断提高。

2. 普及儿童健康生活方式，提高儿童及其照护人

健康素养。

3．新生儿、婴儿和5岁以下儿童死亡率分别控制在3.0‰、5.0‰和6.0‰以下，城乡差距逐步缩小。

4．构建完善覆盖婚前、孕前、孕期、新生儿和儿童各阶段的出生缺陷防治体系，预防和控制出生缺陷。

5．儿童常见疾病和恶性肿瘤等严重危害儿童健康的疾病得到有效防治。

6．适龄儿童免疫规划疫苗接种率以镇（街道）为单位保持在90%以上。

7．促进城乡儿童早期发展服务供给，普及儿童早期发展的知识、方法和技能。

8．5岁以下儿童贫血率和生长迟缓率分别控制在10%和5%以下，儿童超重、肥胖上升趋势得到有效控制。

9．儿童新发近视率明显下降，小学生近视率降至38%以下，初中生近视率降至60%以下，高中阶段学生近视率降至70%以下。0—6岁儿童眼保健和视力检查覆盖率达到90%以上。

10．增强儿童体质。中小学生国家学生体质健康标准优良率达60%以上。

11．增强儿童心理健康服务能力，提升儿童心理健康水平。

12．适龄儿童普遍接受性健康教育，儿童性健康服务可及性明显提高。

策略措施：

1．优先保障儿童健康。将儿童健康理念融入经济社会发展政策，儿童健康主要指标纳入政府目标和责任考核。完善涵盖儿童的基本医疗卫生制度，加强儿童医疗保障与公共卫生政策衔接。加大对儿童医疗卫生与健康事业的投入力度，支持农村儿童健康事业发展，逐步实现妇幼健康服务均等化。推动建设统一的妇幼健康信息平台与电子健康档案的信息互联共享，完善妇幼健康统计调查制度，推行"互联网+妇幼健康"服务模式，完善妇幼健康大数据，实现儿童健康全周期全过程管理和服务的信息化、智能化。积极参与国家"儿童健康综合发展示范县（市、区）"创建活动。

2．完善儿童健康服务体系。构建儿童医疗保健服务网络，以妇幼保健机构为重点，统筹规划和设置区域内儿童健康服务资源。设置1所政府举办、标准化的妇幼保健机构，每千名儿童拥有儿科执业（助理）医生达到1.12名、床位增至3.17张。建立完善以区妇幼保健机构为龙头，乡镇卫生院、社区卫生服务中心为枢纽，村卫生室为基础的基层儿童保健服务网络，每所乡镇卫生院、社区卫生服务中心至少配备1名提供规范儿童基本医疗服务的全科医生，至少配备2名专业从事儿童保健的医生。完善儿童急救体系。加快儿童医学人才培养，提高全科医生的儿科和儿童保健专业技能，提高儿科医务人员薪酬待遇。

3．加大儿童健康知识宣传普及力度。强化父母或其他监护人是儿童健康第一责任人的理念，依托家庭、社区、学校、幼儿园、托育机构，加强科学育儿、预防疾病、及时就医、合理用药、合理膳食、应急避险、心理健康、环保家装等知识和技能宣传普及，促进儿童养成健康行为习惯。构建全媒体健康知识传播机制。发挥健康科普专家库和资源库作用。推进医疗机构规范设置"孕妇学校"和家长课堂，鼓励医疗机构、医务人员、相关专业社会组织等开展健康科普活动。预防和制止儿童吸烟（含电子烟）、酗酒，保护儿童远离毒品。

4．保障新生儿安全健康。深入实施危重新生儿筛查与评估、高危新生儿专案管理、危急重症救治、新生儿死亡评审等制度。加强新生儿规范化访视工作，新生儿访视率90%以上。完善医疗机构产科、新生儿科质量规范化管理体系，加强新生儿保健专科建设。依托现有机构加强危重新生儿救治中心建设，强化危重新生儿救治保障。

5．加强出生缺陷综合防治。建立多部门联动联防出生缺陷工作机制，落实三级防治措施，加强知识普及和出生缺陷防控咨询，出生缺陷防治知识知晓率达到80%。推行免费婚前医学检查，婚姻登记、婚前医学检查紧邻设置，提供生育指导"一站式"服务，婚前医学检查率达到97%以上。强化婚前孕前保健，提升产前筛查和诊断能力，孕前优生健康检查率达到90%以上，产前筛查率达到80%，新生儿遗传代谢性疾病筛查率和听力筛查率分别达98%、90%以上。推动围孕期、产前产后一体化和多学科诊疗协作，规范服务与质量监管。扩大新生儿疾病筛查病种范围，建立筛查、阳性病例召回、诊断、治疗和随访一体化服务模式，促进早筛早诊早治。加强对地中海贫血、唐氏综合征、先天性耳聋等出生缺陷的防治。做好出生缺陷患儿基本医疗和康复救助工作。健全出生缺陷监测网络，加强监测，促进出生缺陷防治领域科技创新和成果转化。

6．加强儿童保健服务和管理。加强儿童保健门诊标准化、规范化建设，提升儿童保健服务质量。加强0—6岁儿童健康的集中管理，健全区、镇（街道）、村（社区）三级管理网络，将0—6岁儿童健康集中管理纳入基本公共卫生服务范围，3岁以下儿童系统管理率和7岁以下儿童健康管理率保持在90%以上。推进以视力、听力、肢体、智力及孤独症等五类残疾为重点的0—6岁儿童残疾筛查，完善筛查、诊断、康复、救助相衔接的工作机制。提高儿童康复服务能力和水平。增强家庭对儿童常见病的预防保健能力。增强学校、幼儿园、托育机构的常见病预防保健能力，按标准配备校医、幼儿园及托育机构卫生保健人员和必要保健设备。加强对孤儿、流动、留守和困境儿童等重点人群的健康管理。

7．强化儿童疾病防治。以早产、低出生体重、贫血、肥胖、心理行为异常、视力不良、龋齿等儿童健康问题为重点，推广儿童疾病防治适宜技术，建立早期筛查、诊断和干预服务机制。加强儿童口腔保健，12岁儿童龋患率控制在25%以内。加强儿童重大传染性疾病、新发传染病管理以及艾滋病、梅毒、乙肝母婴阻断工作，艾滋病和梅毒感染孕产妇所生儿童治疗率达95%以上。完善儿童血液病、恶性肿瘤等重病诊疗体系、药品供应制度、综合保障制度。科学合理制定罕见病目录，加强罕见病管理。推广应用中医儿科适宜技术。

8. 加强儿童免疫规划疫苗管理和预防接种。认真落实扩大国家免疫规划的政策措施，维持我区较高水平的国家免疫规划疫苗接种率。支持多联多价等新型疫苗研制。加强对疫苗研制、生产、流通和预防接种管理。完善预防接种异常反应补偿相关政策。

9. 加强儿童早期发展服务。建立健全多部门协作的儿童早期发展工作机制，开展涵盖良好健康、充足营养、适应性照护、早期学习、安全保障等多维度的儿童早期发展综合服务。加强对家庭和托育机构的婴幼儿早期发展指导服务。促进儿童早期发展服务进农村、进社区、进家庭，探索推广入户家访指导等适合农村儿童、困境儿童的早期发展服务模式。

10. 改善儿童营养状况。关注生命早期1000天营养，开展孕前、孕产期营养与膳食评价指导。实施母乳喂养促进行动，强化爱婴医院管理，加强公共场所和工作场所母婴设施建设，6个月内婴儿纯母乳喂养率达50%以上。普及为6月龄以上儿童合理添加辅食的知识技能。开展儿童生长发育监测和评价，加强个性化营养指导，保障儿童充足营养。加强食育教育，引导科学均衡饮食、吃动平衡，预防控制儿童超重和肥胖。加强学校、幼儿园、托育机构的营养健康教育和膳食指导。加强碘缺乏病防治知识宣传普及。完善食品标签体系。

11. 有效控制儿童近视。加强0—6岁儿童眼保健和视力检查工作，推动建立儿童视力电子档案。减轻学生学业负担，指导监督学生做好眼保健操，纠正不良读写姿势。保障学校、幼儿园、托育机构室内采光、照明和课桌椅、黑板等达到规定标准。指导家长掌握科学用眼护眼知识。教育儿童按需科学规范合理使用电子产品。确保儿童每天接触户外自然光不少于1小时。

12. 增强儿童身体素质。推进阳光体育运动，开足开齐体育与健康课。保障儿童每天1小时以上中等强度的运动，培养儿童良好的运动习惯。全面实施《国家学生体质健康标准》，完善学生健康体检和体质监测制度。鼓励公共体育场馆设施免费或优惠向周边学校和儿童开放，落实学校体育场馆设施在课余和节假日向学生开放政策，支持学校向体育类社会组织购买课后体育服务。进一步加大户外运动、健身休闲等配套公共基础设施建设力度。合理安排儿童作息，保证每天睡眠时间小学生达到10小时、初中生达到9小时。

13. 加强儿童心理健康服务。构建儿童心理健康教育、咨询服务、评估治疗、危机干预和心理援助的公共服务网络。将心理健康教育纳入我区中小学校的教育发展规划，构建学校家庭社会“三位一体”的心理健康教育体系。中小学校配备心理健康教育教师。积极开展生命教育、挫折教育，开展儿童抑郁症筛查防治，培养儿童珍爱生命意识和自我情绪调适能力。关注和满足孤儿、事实无人抚养儿童、留守儿童、困境儿童心理发展需要。建立青少年学生心理健康体检和档案管理制度。提高教师、家长预防和识别儿童心理行为问题的能力，加强儿童医院、精神专科医院和妇幼保健机构儿童心理咨询及专科门诊建设。大力培养心理健康服务人才。

14. 为儿童提供性教育和性健康服务。引导儿童树立正确的性别观念和道德观念，正确认识两性关系。将性教育与生殖健康教育纳入基础教育课程体系和质量监测体系，增强教育效果。引导父母或其他监护人根据儿童年龄阶段和发展特点开展性教育，加强防范性侵害教育，提高儿童自我保护意识和能力。促进学校与医疗机构密切协作，提供适宜儿童的性健康服务，保护就诊儿童隐私。设立儿童性健康保护热线。

15. 加强儿童健康领域的科研创新。围绕儿童重大疾病的预防、诊断、治疗、康复和健康管理开展基础和应用研究。加强儿科科技创新基地、平台建设，发挥儿科医学领域临床医学研究中心重要作用。鼓励儿童用药研发生产，加快儿童用药申报审批工作。建设珠山区药品安全智慧监管平台。完善儿童临床用药规范，药品说明书明确表述儿童用药信息。切实贯彻落实基本药物制度，提升儿科用药基本药物占比，完善儿科用药的基本药物配备，满足儿科临床需求。

（二）儿童与安全

主要目标：

1. 减少儿童伤害所致死亡和残疾。儿童伤害死亡率以2020年为基数下降20%。

2. 排查消除溺水隐患，儿童溺水死亡率持续下降。

3. 推广使用儿童安全座椅、安全头盔，儿童出行安全得到有效保障。

4. 减少儿童跌倒、跌落、烧烫伤和中毒等伤害的发生、致残和死亡。

5. 儿童食品安全得到有效保障。

6. 提升儿童用品质量安全水平。

7. 预防和制止针对儿童一切形式的暴力。

8. 提高对学生欺凌的综合治理能力，预防和有效处置学生欺凌。

9. 预防和干预儿童沉迷网络，有效治理不良信息、泄露隐私等问题。

10. 儿童遭受意外和暴力伤害的监测报告系统进一步完善。

策略措施：

1. 创建儿童安全环境。树立儿童伤害可防可控意识，通过宣传教育、改善环境、加强执法、使用安全产品、开展评估等策略，创建有利于儿童成长的家庭、学校、社区安全环境。在中小学、幼儿园、家庭进行交通安全、消防安全知识和防伤害、防暴力、避灾险、会自救等技能教育，帮助儿童及其看护人提高安全意识和技能，培养儿童安全行为习惯。落实学校、幼儿园、托育机构等安全管理主体责任。

2. 建立健全儿童伤害防控工作体系。加大儿童伤害防控领域立法和执法力度。构建完善多部门合作的儿童伤害防控工作机制，鼓励社会力量参与儿童伤害防控。制定实施儿童伤害防控行动计划，探索创新并大力推广儿童伤害防控适宜技术，优先制定实施针对留守儿童、流动儿童、困境儿童的伤害防控措施。全面推进智慧安防。

3. 预防控制儿童溺水。加强看护，保证儿童远离危险水体。隔离、消除家庭及校园环境的溺水隐患，加强农村地区相关水体的防护隔离和安全巡查，加强开放性水域、水上游乐场所、船只等安全管理并配置适用于儿童的应急救援装备。加强预防溺水和应急救援知识技能教育，普及儿童游泳及水上安全技能，引导儿童使用安全游泳场所。

4. 预防控制儿童道路交通伤害。推动完善交通安全法规。提高儿童看护人看护能力，养成儿童良好交通行为习惯。推广使用儿童安全座椅、安全头盔和儿童步行及骑乘非机动车反光标识。完善儿童道路安全防护用品标准，加强生产和销售监管。道路规划建设充分考虑儿童年龄特点，完善校园周边安全设施，严查严处交通违法行为。落实珠山区校车安全管理规定。

5. 预防控制儿童跌倒、跌落、烧烫伤、中毒等伤害。消除环境危险因素，推广使用窗户护栏、窗口限位器等防护用品，减少儿童跌倒、跌落。教育儿童远离火源，引导家庭分隔热源、安全使用家用电器，推广使用具有儿童保护功能的家用电器，预防儿童烧烫伤。推广使用儿童安全包装，提升儿童看护人对农药、药物、日用化学品等的识别及保管能力，避免儿童中毒。预防婴幼儿窒息，提升看护人对婴幼儿有效照护能力。规范犬类管理及宠物饲养，预防动物咬伤。加强防灾减灾教育，提高儿童及其看护人针对地震、火灾、踩踏等的防灾避险技能。

6. 加强儿童食品安全监管。完善儿童食品安全标准体系。依托江西省食品安全智慧监管平台。强化婴幼儿配方食品和婴幼儿辅助食品安全监管，加大婴幼儿配方乳粉产品抽检监测及不合格食品处罚力度。落实学校、幼儿园、托育机构食品安全管理主体责任，消除儿童集体用餐各环节食品安全隐患，加强校园及周边食品安全监管。严肃查处食品安全违法违规行为。

7. 预防减少产品引发的儿童伤害。强化产品质量安全监管。按照儿童用品强制性国家标准体系，完善产品安全警示标识。执行儿童玩具强制性国家标准，加强儿童用品行业自律，鼓励制定技术先进的团体标准。对部分儿童用品依法依规实施强制性新产品认证管理。持续开展儿童用品质量安全守护行动，严厉查处制售假冒伪劣产品的违法行为，鼓励消费者依法投诉举报产品安全问题。加强对产品造成儿童伤害的信息监测、分析、监督检查和缺陷产品召回工作。杜绝“毒跑道”“毒校服”“毒文具”，保障游戏游艺设备及大型游乐设施安全，引导儿童安全使用电动扶梯、旋转门等设施设备。

8. 预防和控制针对儿童的暴力伤害。宣传倡导对儿童暴力零容忍理念，提升公众法治意识和儿童保护意识，增强儿童安全意识和自我保护能力。强化政府、社会、学校、家庭保护责任，建立防控针对儿童暴力伤害的部门合作工作机制，健全未成年人保护工作平台，落实针对儿童暴力伤害发现、报告、干预机制。落实密切接触未成年人的机构和人员的强制报告责任，鼓励公众依法劝阻、制止、检举、控告针对儿童的暴力行为。依法严惩针对儿童的暴力违法犯罪行为。

9. 加强对学生欺凌的综合治理。完善落实学生欺凌综合治理的部门合作工作机制。营造文明安全校园环境，加强思想道德教育、法治教育和心理健康教育，培养学生的健全人格和社会交往能力。严格学校日常安全管理，深化平安校园建设，全面实施100%校园封闭化管理、100%专职保安配备、100%视频监控和一键式报警装置与公安机关联网、100%护学岗建设。健全学生欺凌早期预警、事中处理、事后干预等工作机制，提高教职员工、家长、学生对欺凌的预防和处置能力。依法依规调查和处置欺凌事件，发挥教育惩戒作用。强化校园周边综合治理，将学生欺凌专项治理纳入社会治安综合治理工作。

10. 加强未成年人网络保护。落实政府、企业、学校、家庭、社会保护责任，为儿童提供安全、健康的网络环境，保障儿童在网络空间的合法权益。加强网络监管和治理，完善和落实网络信息监测、识别、举报、处置、防范制度，依法惩处利用网络散布价值导向不良信息、从事危害未成年人身心健康的行为。网络游戏、网络直播、网络音视频、网络社交等网络服务提供者，针对未成年人使用其服务依法设置相应的时间管理、权限管理、消费管理等功能，不得为未满十六周岁儿童提供网络直播发布者账号注册服务。加强网络语言文明教育，坚决遏阻庸俗暴戾网络语言传播。实施未成年人网络游戏电子身份认证，完善游戏产品分类、内容审核、时长限制等措施。加强儿童个人信息和隐私保护。

11. 提高对儿童遭受意外和暴力伤害的紧急救援、医疗救治、康复服务水平。广泛宣传儿童紧急救援知识，提升看护人、教师紧急救援技能。完善公共场所急救设施配备。完善紧急医学救援网络，加强儿童伤害院前急救设施设备配备，有效衔接院前急救与院内急诊，加强康复机构能力建设，提高儿童医学救治及康复服务的效率和水平。

12. 完善监测机制。建立健全我区儿童遭受意外和暴力伤害的监测体系，通过医疗机构、学校、托育机构、社区、司法机关等多渠道收集儿童伤害数据，促进数据规范化。建立多部门、多专业参与的数据共享、分析、评估、利用工作机制。

（三）儿童与教育

主要目标：

1. 全面落实立德树人根本任务，培养德智体美劳全面发展的社会主义建设者和接班人。

2. 适龄儿童普遍接受有质量的学前教育，学前教育毛入园率达到并保持在90%以上。

3. 促进义务教育优质均衡发展和城乡一体化，九年义务教育巩固率达96%以上。

4. 孤儿、事实无人抚养儿童、残疾儿童、农业转移人口随迁子女、留守儿童、困境儿童等特殊群体受教育权得到根本保障。残疾儿童义务教育巩固水平进一步提高。

5. 儿童科学素质全面提升，科学兴趣、创新意识、实践能力不断提高。

6. 以提高儿童综合素质为导向的教育评价体系更加完善。

7. 加强校园文化建设，营造友善、平等、尊重的师生关系和同学关系。

8. 学校、家庭、社会协同育人机制进一步完善。

策略措施：

1. 全面贯彻党的教育方针。坚持社会主义办学方向，健全立德树人落实机制，实施素质教育，完善德智体美劳全面培养的教育体系。提高思想道德素质，引领学生坚定理想信念，热爱祖国、热爱人民、热爱中国共产党、热爱社会主义，培育和践行社会主义核心价值观。提升智育水平，发展学生终身学习能力，促进思维发展，激发创新意识。坚持健康第一的教育理念，帮助学生锻炼强健体魄、磨炼坚强意志。改进美育教学，提升学生审美和人文素养。加强劳动教育，引导学生树立正确的劳动观，形成良好劳动习惯，培养勤俭、奋斗、创新、奉献的劳动精神。

2. 全面落实教育优先发展战略。经济社会发展规划上优先安排教育，财政资金投入上优先保障教育，公共资源配置上优先满足教育。优化教育经费支出结构，把义务教育作为教育投入重中之重。依法落实各级政府教育支出责任，完善各教育阶段生均财政拨款（或生均公用经费）制度或财政补助政策。支持和规范社会力量办学。

3. 培养儿童良好思想道德素质、法治意识和行为习惯。加强理想教育、道德教育、法治教育、劳动教育，养成健全人格，提升法治素养。中小学、幼儿园广泛开展性别平等教育。深化课程育人、文化育人、活动育人、实践育人、管理育人、协同育人。大力推进中小学德育一体化，根据不同年龄段学生身心发展规律，构建分层递进的德育内容序列，创新德育工作形式，增强德育工作吸引力、感染力和实效性。

4. 全面推进教育理念、体系、制度、内容、方法创新。严格落实课程方案和课程标准，提高教学质量。完善教材选用、退出机制。遵循教育规律和学生身心发展规律，尊重个体差异，因材施教，推行启发式、探究式、参与式、合作式教学。探索具有特殊才能学生的培养体系。提升校园智能化水平，提高信息化服务教育教学、管理的能力水平，推动优质教育资源在线辐射农村薄弱学校，加快发展适合不同学生的信息化自主学习方式，满足个性化发展需求。提高乡村教育质量和水平，加大国家通用语言文字推广力度。深化民族团结进步教育。

5. 逐步推进学前教育全面普及。强化政府主体责任，将普惠性幼儿园建设纳入城乡公共管理和公共服务设施统一规划，健全城镇小区配套园建设管理长效机制，推进城镇住宅小区配建幼儿园、完善村级幼儿园建设，鼓励国有企事业单位、街道、村集体举办公办幼儿园，鼓励社会力量举办普惠性幼儿园。重点补齐人口流入地、农村以及城市薄弱地区的普惠性资源短板，基本实现学前教育公共服务体系全覆盖。加强学前幼儿普通话教育，推进学前学会普通话。健全普惠性学前教育成本分担机制，建立公办园收费动态调整机制，加强非营利民办园收费监管，遏制过度逐利行为。注重科学保教，建立健全幼儿园保教质量监测体系，坚决克服和纠正“小学化”倾向，全面提升保教质量。

6. 优质均衡发展城乡义务教育。推进城乡学校在办学条件、教师队伍建设等方面全面达标。建立健全学龄人口监测机制，健全精准控辍保学长效机制，依据学龄人口变化，动态优化调整义务教育学校网点布局，提高义务教育巩固水平。综合利用闲置校园校舍，加强乡村学校建设。健全城乡对口帮扶机制，探索名校长走动制、名师流动制，推动集团化办学、联盟办学、镇村一体化办学，逐步将班额控制在国家标准内。深化教学改革，完善区、校二级联动教研体系，健全教师定期参与教研的长效机制，加大学科名师工作室建设，发挥教研支撑、名师引领作用。全面实行义务教育公办民办学校同步招生，支持和规范民办义务教育发展。推进义务教育学校免试就近入学全覆盖。规范落实进一步减轻义务教育阶段学生作业负担和校外培训负担，提升课后服务水平，课后服务时间应与当地正常上下班时间相衔接。

7. 保障特殊儿童群体受教育权利。完善特殊教育保障机制，建立普通学校和特殊教育学校责任共担、资源共享、相互支撑的发展机制。坚持以普通学校随班就读为主体，以特殊教育学校为骨干，推进适龄残疾儿童教育全覆盖。尊重特殊学生的个体差异，推进送教上门、远程教育、医教结合，实施差别化和个性化培养。大力发展残疾儿童学前教育，巩固残疾儿童义务教育水平。推进孤独症儿童教育工作。加强家庭经济困难学生精准资助，完善奖学金、助学金和助学贷款政策。加强对留守儿童和困境儿童的法治教育、安全教育和心理健康教育，优先满足留守儿童寄宿需求。在特殊教育学校大力推广国家通用手语和国家通用盲文。

8. 提高儿童科学素质。实施未成年人科学素质提升行动。将弘扬科学精神贯穿教育全过程，开展学前科学启蒙，完善课程标准和体系，丰富课程资源，提高学校科学教育质量。加强社会协同，注重利用科技馆、儿童中心、青少年宫、博物馆等校外活动场所开展校外科学学习和实践活动。培养儿童创新精神和实践能力。广泛开展社区科普活动。建设专兼职科学教师和科技辅导员队伍。完善科学教育质量和未成年人科学素质监测评估。

9. 建立健全科学的教育评价制度体系。树立科学的教育质量观，健全以发展素质教育为导向的评价体系。落实区域义务教育质量、学校办学质量和学生发展质量评价标准。针对不同主体和不同学段、不同类型教育特点，改进结果评价，强化过程评价，探索增值评价，健全综合评价，克服唯分数、唯升学倾向。完善综合素质评价制度。

10. 加强教师队伍建设。完善师德师风建设长效机制，引导教师自觉践行社会主义核心价值观，提升职业道德修养，坚守教书育人职责。完善教师资格准入制度，着力解决教师结构性、阶段性、区域性短缺问题。加强教师进修培训，提高基本功和专业能力。提高教师地位待遇，加大奖励力度，增强教师荣誉感获得感，弘扬尊师重教的社会风尚。培养造就一支有理想信念、有道德情操、有扎实学识、有仁爱之心的高素质专业化创新型教师队伍。

11．开展民主、文明、和谐、平等的友好型学校建设。加强校风、教风、学风建设，构建尊师爱生的师生关系和团结友爱的同学关系。保障学生参与学校事务的权利。美化校园环境，优化学生学习、生活条件，推进校园无障碍环境建设和改造，为学生提供安全饮用水、卫生厕所和适合身高的课桌椅，改善学校用餐和学生寄宿条件。培育和丰富积极向上、健康文明的校园文化。

12．坚持学校家庭社会合力育人。加强家园、家校协作，推动教师家访制度化、常态化。加强中小学、幼儿园、社区家长学校和家庭教育指导中心、家长委员会建设，普及家庭教育知识，推广家庭教育经验，减轻学生作业负担。统筹社会教育资源，丰富校外教育内容和形式，鼓励儿童积极参与科技、文化、体育、艺术、劳动等实践活动，参与日常生活劳动、生产劳动和服务性劳动，帮助学生深入了解国情、社情、民情。增强校外教育公益性。加强校外教育理论研究。规范校外培训，切实减轻学生课外培训负担，严格监管面向低龄儿童的校外网络教育培训。充分发挥中小学课后服务主渠道作用，完善中小学课后服务保障机制和措施，课后服务结束时间原则上不早于当地正常下班时间。发挥共青团、少先队、妇联、科协、关工委等组织的育人作用。

（四）儿童与福利

主要目标：

1．提升儿童福利水平，基本建成与经济社会发展水平相适应的适度普惠型儿童福利制度体系。

2．面向儿童的基本公共服务均等化水平明显提高，城乡、区域和不同群体儿童公共服务需求得到公平满足。

3．巩固提高儿童基本医疗保障水平，保障儿童基本医疗权益。

4．构建连续完整的儿童营养改善项目支持体系。

5．加快普惠托育服务体系建设，托育机构和托位数量持续增加。

6．孤儿、事实无人抚养儿童、残疾儿童、流浪儿童生存、发展和安全权益得到有效保障。

7．留守儿童关爱服务体系不断完善，流动儿童服务机制更加健全。

8．城乡社区儿童之家覆盖率进一步巩固提高，服务能力持续提升。

9．监测预防、强制报告、应急处置、评估帮扶、监护干预“五位一体”的基层儿童保护机制有效运行。区政府开通并有效运行全国统一的儿童保护热线。

10．基层儿童福利工作阵地和队伍建设进一步加强。

11．为儿童服务的社会组织和儿童社会工作专业队伍明显壮大。

策略措施：

1．完善儿童福利保障和救助制度体系。逐步建成适应经济社会发展状况、衔接相关福利制度的适度普惠型儿童福利制度体系。完善困境儿童分类保障政策，加大困境儿童保障力度。完善儿童福利政策，合理提高儿童福利标准。合理制定低保标准和特困人员救助供养标准并建立动态调整机制，提升儿童生活质量。

2．提高面向儿童的公共服务供给水平。提高基本公共服务均等化和可及性水平，将儿童教育、医疗卫生、福利保障事项优先纳入基本公共服务清单，提高服务智慧化水平。完善面向儿童的基本公共服务标准体系，推动基本公共服务向农村、薄弱环节、特殊儿童群体倾斜。扩大公共服务覆盖面，全面落实儿童乘坐公共交通工具和游览参观票价优惠政策，推进采取年龄标准优先、身高标准补充的儿童票价优待政策。

3．做好儿童医疗保障工作。强化基本医疗保险、大病保险与医疗救助三重保障功能，巩固儿童居民基本医疗保险覆盖率。健全基本医疗保险筹资和待遇调整机制。做好低收入家庭儿童城乡居民医保参保工作。做好符合条件的家庭经济困难患儿医疗救助。促进各类医疗保障互补衔接，支持商业保险机构开发并推广适宜不同年龄段儿童的大病和意外伤害险产品，统筹调动慈善医疗救助力量，支持医疗互助有序发展，合力降低患儿家庭医疗费用负担。严格执行国家对特殊群体、特定疾病医药费豁免制度。

4．推进实施儿童营养改善项目。稳妥推进农村义务教育学生营养改善计划，完善膳食费用分摊机制。加强3—5岁儿童营养改善工作，实施学龄前儿童营养改善计划，构建从婴儿期到学龄期儿童连续完整的营养改善项目支持体系。

5．发展普惠托育服务体系。将婴幼儿照护服务纳入全区经济社会发展规划，编制实施托育服务发展专项规划，强化政策引导，综合运用土地、住房、财政、金融、人才等支持政策，扩大托育服务供给。大力发展多种形式的普惠托育服务，推动建设一批承担指导功能的示范性托育服务机构和社区托育服务设施。建立规范化的婴幼儿照护服务机构，发挥示范引领，增加普惠托位，满足群众需求。支持有条件的用人单位为职工提供托幼服务，鼓励国有企业等主体积极参与各级政府推动的普惠托育服务体系建设。支持和引导社会力量依托社区提供普惠托育服务。支持家政企业扩大育儿服务。鼓励和支持有条件的幼儿园招收2—3岁幼儿，制定家庭托育点管理办法。加大专业人才培养培训力度，依法逐步实行从业人员职业资格准入制度。落实托育服务标准规范，加强综合监管，推动托育服务规范健康发展。

6．加强孤儿和事实无人抚养儿童保障。落实孤儿和事实无人抚养儿童保障政策，明确保障对象，规范认定流程，合理确定保障标准。畅通亲属抚养、家庭寄养、机构养育和依法收养孤儿安置渠道。落实社会散居孤儿、事实无人抚养儿童监护责任，严格执行儿童收养法规政策。引导鼓励国内家庭收养孤残儿童，加强收养评估、收养状况回访监督、收养登记信息化建设等工作。

7. 落实残疾儿童康复救助制度。加强残疾儿童康复救助机构建设，完善儿童残疾筛查、诊断、治疗、康复一体化工作机制，建立残疾报告和信息共享制度。提高残疾儿童康复服务覆盖率，为有需求的残疾儿童提供康复医疗、康复辅助器具、康复训练等基本康复服务，促进康复辅助器具提质升级。完善残疾儿童康复服务标准，增强残疾儿童康复服务供给能力，规范残疾儿童康复机构管理。支持儿童福利机构面向社会残疾儿童开展替代照料、养育教育辅导、康复训练等服务。

8. 加强流浪儿童救助保护工作。落实流浪儿童街面巡查和转介处置职责，依法依规为流浪儿童提供生活照料、身份查询、接送返回等服务。流出地县级政府建立源头治理和回归稳固机制，落实流浪儿童相关社会保障和义务教育等政策，教育督促流浪儿童父母或其他监护人履行抚养义务。依法严厉打击遗弃、虐待未成年人违法犯罪行为。

9. 加强留守儿童关爱保护。完善留守儿童关爱保护工作体系。强化家庭监护主体责任，提高监护能力。强化镇（街道）政府属地责任，落实关爱帮扶政策措施。常态化开展寒暑假特别关爱行动，充分发挥群团组织以及社会组织、社会工作者、志愿者等作用，加强对留守儿童心理、情感、行为和安全自护的指导服务。积极倡导企业履行社会责任，为务工人员与留守儿童的联系沟通提供支持。落实支持农民工返乡创业就业相关政策措施，从源头上减少留守儿童现象。

10. 完善流动儿童服务机制。深化户籍制度改革，健全以居住证为载体、与居住年限等条件挂钩的基本公共服务提供机制，推进城镇常住人口基本公共服务均等化，保障儿童平等享有教育、医疗卫生等基本公共服务。健全以社区为依托、面向流动儿童家庭的管理和服务网络，提升专业服务能力，促进流动儿童及其家庭融入社区。

11. 提高儿童之家建设、管理和服务水平。健全政府主导、部门统筹、多方参与、共同建设儿童之家的工作格局，巩固提高儿童之家建设覆盖率。完善儿童之家建设标准、工作制度和管理规范，配备专兼职工作人员，发挥社区儿童主任和妇联执委作用，提升管理和使用效能。保证儿童之家服务时长，拓展服务内容，确保服务安全，通过购买服务、项目合作等方式引入有资质的专业社会组织为儿童提供专业服务，充分发挥儿童之家在基层社会治理和儿童保护中的作用。

12. 建立健全基层儿童保护机制。完善区、镇（街道）、村（社区）三级儿童保护机制。督促学校、幼儿园、托育机构、医疗机构、儿童福利机构、未成年人救助保护机构、村（居）民委员会等主体强化主动报告意识，履行困境儿童和受暴力伤害儿童的强制报告义务。用好全国统一的儿童保护热线，及时受理、转介侵犯儿童合法权益的投诉、举报，探索完善接报、评估、处置、帮扶等一体化工作流程，明确民政相关部门工作职责和协作程序，形成“一门受理，协同办理”的工作机制。

13. 提升未成年人救助保护机构、儿童福利机构和基层儿童工作队伍服务能力。推进承担集中养育职能的儿童福利机构优化提质，推进儿童养育、康复、教育、医疗、社会工作一体化发展。整合儿童福利机构和未成年人救助保护相关机构职能，为临时监护的未成年人、社会散居孤儿、农村留守儿童和困境儿童等提供服务。加强未成年人救助保护中心建设，制定完善未成年人救助保护机构工作标准。进一步落实未成年人救助保护机构、儿童督导员、儿童主任的工作职责，加大儿童督导员、儿童主任等基层儿童工作者培训力度，提高服务能力。

14. 支持引导社会力量参与儿童保护和服务工作。通过政府委托、项目合作、重点推介、孵化扶持等方式，积极培育为儿童服务的社会组织和志愿服务组织。将更多符合条件的儿童保护与服务事项纳入政府购买服务指导性目录，积极引导为儿童服务的社会组织面向城乡社区、家庭和学校提供服务。加强儿童社会工作专业队伍建设，提高服务技能水平。引导社会资源向农村倾斜，扶持农村为儿童服务的社会组织发展。

（五）儿童与家庭

主要目标：

1. 发挥家庭立德树人第一所学校作用，培养儿童的好思想、好品行、好习惯。

2. 尊重儿童主体地位，保障儿童平等参与自身和家庭事务的权利。提升儿童养护家人的能力。

3. 教育引导父母或其他监护人落实抚养、教育、保护责任，树立科学育儿理念，掌握运用科学育儿方法。

4. 培养儿童成为好家风的践行者和传承者。

5. 增强亲子互动，建立平等和谐的亲子关系。

6. 完善覆盖城乡的家庭教育指导服务体系，进一步提升指导服务能力。95% 的城市社区和 85% 的农村社区（村）建立家长学校或家庭教育指导服务站点。

7. 完善家庭生育养育教育的法规政策体系。

8. 提升家庭领域理论和实践研究水平，促进成果转化应用。

策略措施：

1. 将立德树人落实到家庭教育各方面。父母或其他监护人将立德树人作为家庭教育的首要任务，将思想品德教育融入日常生活，帮助儿童开阔视野、认识社会，通过身边人、身边事，培养儿童的好思想、好品德、好习惯，引导儿童树立正确的世界观、人生观、价值观。教育引导儿童自觉践行社会主义核心价值观，学习中华优秀传统文化，厚植爱党爱祖国爱社会主义情怀。增强法治意识和社会责任感，从小学会做人、学会做事、学会学习，扣好人生第一粒扣子。

2. 尊重儿童主体地位和权利。引导父母或其他监护人以儿童为本，尊重儿童身心发展规律和特点，保障儿童休息、锻炼、闲暇和娱乐的权利，合理安排儿童的学习和生活，增加体育锻炼、劳动实践、休息娱乐、社会实践、同伴交往、亲子活动等时间。尊重儿童的知情权、参与权，听取并采纳儿童的合理意见。教育引导儿童增强家庭和社会责任意识，鼓励儿童自主选择、自我管理、自我服务，学会养护家人。参与力所能及的家务劳动，提升劳动技能，养成劳动习惯。

3. 增强监护责任意识和能力。创造良好家庭环境，满足儿童身心发展需要，培养儿童良好行为习惯和健康生活方式，提高安全意识和自救自护能力。加强宣传教育培训，帮助父母或其他监护人学习家庭教育知识，树立科学育儿理念和成才观，掌握科学育儿方法，尊重个体差异，因材施教。禁止对儿童殴打、虐待等一切形式的家庭暴力。加强对家庭落实监护责任的支持、监督和干预，根据不同需求为家庭提供分类指导和福利保障。

4. 用好家风涵养熏陶儿童。发挥父母榜样和示范作用，教育引导儿童传承尊老爱幼、男女平等、夫妻和睦、勤俭持家、亲子平等、邻里团结的家庭美德，践行爱国爱家、相亲相爱、向上向善、共建共享的社会主义家庭文明新风尚。弘扬内容丰富、形式新颖、富有教育意义的好家风，推出系列家风文化服务产品。坚决革除滥食野生动物等陋习，推广分餐公筷等，杜绝餐饮浪费，引领儿童养成文明健康的生活方式和消费模式。

5. 培育良好亲子关系。引导家庭进行有效的亲子沟通，加强亲子交流，增加陪伴时间，提高陪伴质量。鼓励支持家庭开展亲子游戏、亲子阅读、亲子运动、亲子出游等活动。指导帮助家庭调适亲子关系，缓解育儿焦虑，化解亲子矛盾。鼓励支持各类教育、科技、文化、体育、娱乐等公益性设施、场所和城乡社区儿童之家等为开展家庭亲子活动提供条件。加强亲子阅读指导，培养儿童良好阅读习惯。分年龄段推荐优秀儿童书目，完善儿童社区阅读场所和功能，鼓励社区图书室设立亲子阅读区。

6. 完善覆盖城乡的家庭教育指导服务体系。依托现有机构设立家庭教育指导服务中心，统筹家庭教育指导服务工作，依托家长学校、城乡社区公共服务设施、妇女之家、儿童之家等设立家庭教育服务站点。建设家庭教育信息化共享平台，开设网上家长学校和家庭教育指导课程。中小学、幼儿园健全家庭教育指导服务工作制度，将家庭教育指导服务纳入学校工作计划和教师业务培训。社区（村）支持协助家庭教育指导服务站点开展家庭教育指导服务。鼓励支持公共文化服务场所开展家庭教育指导活动，利用多种媒体开展家庭教育知识宣传。

7. 强化对家庭教育指导服务的支持保障。编制实施各级家庭教育工作规划，推动家庭教育指导服务普惠享有，并纳入政府购买服务指导性目录，培育家庭教育服务机构。加强对家庭教育服务机构和从业人员的管理，规范家庭教育服务市场。加强家庭教育服务行业自律，提升服务质量。鼓励机关、企事业单位和社会组织面向本单位职工开展家庭教育指导服务。支持社会工作机构、志愿者组织和专业工作者依法依规开展家庭教育指导服务活动。

8. 完善家庭生育养育教育法规政策。贯彻执行家庭教育促进法和江西省家庭教育促进条例。完善三孩生育政策配套措施。促进出生人口性别比趋于正常。提高优生优育服务水平，增加优质普惠托育服务供给，推进教育公平与优质教育资源供给，落实产假制度、生育津贴，落实父母育儿假的规定。按照国家统一部署，推动将3岁以下婴幼儿照护服务费用纳入个人所得税专项附加扣除政策，加强住房等支持政策，减轻生育养育教育负担。将困境儿童及其家庭支持与保障作为家庭支持政策的优先领域。完善家政服务标准，提高家庭服务智慧化和数字化水平。鼓励用人单位创办母婴室和托育托管服务设施，实施弹性工时、居家办公等灵活的家庭友好措施。

9. 加强家庭领域理论和实践研究。充分发挥学术型社会组织作用，鼓励有条件的科研机构开设家庭教育专业和课程，建立家庭领域研究基地，培养壮大家庭领域研究队伍，提升研究水平。坚持问题导向，聚焦家庭建设、家庭教育、家风培树等开展研究，及时推进研究成果转化，为家庭领域相关工作提供理论支撑。

（六）儿童与环境

主要目标：

1. 将儿童优先理念落实到公共政策制定、公共设施建设、公共服务供给各方面，尊重、爱护儿童的社会环境进一步形成。

2. 提供更多有益于儿童全面发展的高质量精神文化产品。

3. 保护儿童免受各类传媒不良信息影响。提升儿童媒介素养。

4. 儿童参与家庭、学校和社会事务的权利得到充分保障。

5. 建设儿童友好县区和儿童友好社区。

6. 增加公益性儿童教育、科技、文化、体育、娱乐等校外活动场所，提高利用率和服务质量。

7. 减少环境污染对儿童的伤害。城市集中式饮用水水源水质达到或优于Ⅲ类比例总体为95%左右。农村自来水普及率达到90%，稳步提高农村卫生厕所普及率。

8. 增强儿童生态环境保护意识，帮助养成绿色低碳生活习惯。

9. 预防和应对突发事件时充分考虑儿童的身心特点，优先满足儿童的特殊需求。

10. 加强儿童事务儿童工作对外交流与合作，宣传我区儿童工作，提升儿童事业发展水平。

策略措施：

1. 全面贯彻儿童优先原则。建立和完善促进儿童优先发展的政策体系，提高政府部门和社会公众对儿童权利的认识，增强保障儿童权利的自觉性。在出台法规、制定政策、编制规划、部署工作时优先考虑儿童利益和需求。鼓励企事业单位、各类公共服务机构和社会组织参与儿童发展和权利保护服务。在城乡建设规划和城市改造中提供更多适合儿童的公共设施和活动场所。

2. 提升面向儿童的公共文化服务水平。制作和传播体现社会主义核心价值观、适合儿童的图书、影视、歌曲、游戏、广播电视节目、动画片等精神文化产品，培育儿童文化品牌。支持儿童参与优秀传统文化的保护、传承和创新。探索在网络空间开展儿童思想道德教育的新途径、新方法，增强知识性、趣味性和时代性。支持儿童题材作品参加有关舞台艺术精品创作扶持项目和重要展演节庆活动。鼓励社会组织、文化艺术机构为儿童文化艺术活动提供专业指导和场地支持。公共图书馆单设儿童阅览区，公共图书馆盲人阅览区为盲童阅读提供便利，鼓励社区图书室设立儿童图书专区。

3．加强新闻出版、文化等领域市场监管和执法。加强对儿童出版物的审读、鉴定和处置，深化“扫黄打非”工作，清除淫秽色情低俗、暴力恐怖迷信等有害出版物及信息。清理校园周边非法销售出版物和涉及低俗内容的儿童文化用品、玩具。严格网络出版、文化市场管理与执法，及时整治网络游戏、视频、直播、社交、学习类移动应用软件传播危害未成年人身心健康的有害信息。严格管控诱导未成年人无底线追星、拜金炫富等价值导向问题的不良信息和行为。加强互联网营业场所和娱乐场所执法，查处违规接纳未成年人、提供含有禁止内容的曲目和游戏游艺设备等违规行为。落实互联网企业主体责任，完善产品开发、内容审核、用户管理、保护措施、举报处置等环节的治理手段。

4．规范与儿童相关的广告和商业性活动。规范与儿童有关的产品（服务）广告播出。针对儿童的大众传播媒介不得发布医疗、药品、医疗器械、保健食品、化妆品、酒类、美容广告，以及不利于儿童身心健康的网络游戏广告。禁止在大众传播媒介、公共场所发布声称全部或部分替代母乳的婴儿乳制品、饮料和其他食品广告。加大对相关虚假违法广告案件的查处力度。规范和限制安排儿童参加商业性展演活动。

5．加强儿童媒介素养教育。保障儿童利用和参与媒介的权利。丰富儿童数字生活体验，提高数字生活质量。通过学校、家庭和社会，提升儿童及其监护人媒介素养，加强对不同年龄段儿童使用网络的分类教育指导，帮助儿童掌握网络基本知识技能，提高学习交流的能力，养成良好用网习惯，抵制网络不文明行为，增强信息识别和网上自护能力，防止沉迷网络。为农村儿童、残疾儿童、困境儿童安全合理参与网络提供条件。

6．保障儿童参与和表达的权利。尊重儿童参与自身和家庭事务的权利，培养儿童参与意识和能力。涉及儿童的法规政策制定、实施和评估以及重大事项决策，听取儿童意见。将儿童参与纳入学校、校外教育机构、社区工作计划。支持少先队、共青团、妇联等组织开展社会实践及体验活动。加强学校班委会和学生会建设，畅通学生参与学校事务的渠道。广泛开展儿童参与的宣传、教育和培训活动。

7．创建儿童友好县区和儿童友好社区。推进社会政策友好、公共服务友好、权利保障友好、成长空间友好、发展环境友好的中国特色儿童友好县区建设。加强部门协调联动，细化政策措施，按照儿童友好县区和友好社区标准体系和建设指南，在基层大力倡导创建儿童友好社区，争创市级、省级、国家级儿童友好社区。探索儿童友好大数据智慧服务。积极参与和开展儿童友好城市建设交流活动。

8．加大儿童校外活动场所建设管理力度。将儿童活动场所建设纳入全区各级经济社会发展规划，加强我区各类爱国主义教育基地、党史国史学习教育基地、科普教育基地、中小学生研学实践教育基地等的建设，加大对农村儿童活动场所的建设和运行的扶持力度，推进儿童活动场所无障碍建设和改造。规范儿童校外活动场所管理，各类公益性教育、科技、文化、体育、娱乐场所对儿童免费或优惠开放，根据条件开辟儿童活动专区。在具备条件的校外活动场所普遍建立少先队组织。发挥校外活动场所育人优势，打造特色鲜明、参与面广的儿童主题活动品牌。

9．优化儿童健康成长的自然环境和人居环境。控制和治理大气、水、土壤等环境污染以及工业、生活和农村面源污染。加强有关重金属污染防治和监测。规范城市饮用水水源地建设。实施农村供水保障工程，提高农村集中供水率、自来水普及率、水质达标率和供水保证率。深入开展爱国卫生运动，持续改善村容村貌和人居环境，分类有序推进农村厕所革命，统筹农村改厕和污水、黑臭水体治理，因地制宜建设污水处理设施。

10．创新开展面向儿童的生态文明宣传教育活动。落实把生态文明教育纳入国民教育体系的要求，将生态文明教育融入课堂教学、校园活动、社会实践等环节。推进生态环境科普基地和中小学环境教育社会实践基地建设，在世界环境日、全国低碳日、全国科技活动周等节点开展丰富的儿童环保主题活动，依托自然保护地等建设儿童自然教育保护基地，开展儿童自然教育。培养儿童生态文明意识，树立珍惜资源、保护自然、珍爱生命、与自然和谐相处的观念，自觉养成健康文明、绿色低碳、垃圾分类的良好生活习惯。

11．在突发事件预防和应对中加强对儿童的保护。在制定突发事件应急预案时统筹考虑儿童的特殊需求。严格执行儿童防护用品标准，应急处置期间，优先保证儿童食品、药品、用品供给。学校、托育机构、校外教育机构和社区开展形式多样的安全教育和应急演练活动，提高教职工、儿童及其监护人识别灾害事故风险和应对灾害事故的能力。公共场所突发事件时，应优先救护儿童。在灾后恢复重建中，针对儿童特点采取优先救助和康复措施，将灾害事故对儿童的伤害降到最低程度。

12．加强我区儿童事务儿童工作对外交流与合作。落实与儿童发展相关的法律法规和政策措施。总结宣传我区儿童事业成效与儿童工作有益做法经验，展示儿童风采、展现珠山形象、贡献珠山智慧，促进全区儿童事业全面发展。

（七）儿童与法律保护

主要目标：

1．推动全区保障儿童权益法规政策体系的完善。

2．加强保障儿童权益执法工作。

3．完善司法保护制度，司法工作体系满足儿童身心发展特殊需要。

4．儿童法治素养和自我保护意识进一步提升，社会公众保护儿童的意识和能力进一步提高。

5．依法保障儿童的民事权益。

6．落实儿童监护制度，保障儿童获得有效监护。

7. 禁止使用童工，禁止对儿童的经济剥削，严格监管安排儿童参与商业活动的行为。

8. 依法严惩性侵害、家庭暴力、拐卖、遗弃、暴力伤害等侵害儿童人身权利的违法犯罪行为。

9. 依法严惩利用网络侵犯儿童合法权益的违法犯罪行为。

10. 预防未成年人违法犯罪，对未成年人违法犯罪实行分级干预。降低未成年人犯罪人数占未成年人人口数量的比重和全部犯罪人数的比重。

策略措施：

1. 落实保障儿童权益的法规政策。贯彻执行未成年人保护法及江西省未成年人保护条例。加强保障儿童权益的法学理论与实践研究。

2. 严格保障儿童权益执法。全面落实保障儿童权益主体责任。加大行政执法力度，及时发现和处置监护侵害、家庭暴力、校园及周边安全隐患、食品药品安全隐患等问题。探索建立保障儿童权益多部门综合执法制度，探索建立儿童救助协作制度，强化部门间信息沟通和工作衔接，形成执法、保护、服务合力。

3. 健全未成年人司法工作体系。公安机关、人民检察院、人民法院和司法行政部门应当确定专门机构或者指定专门人员负责办理涉及未成年人案件。深化“未检机构＋未检检察官”相结合的专业化办案模式。完善未成年人司法保护工作评价考核标准。加强专业化办案与社会化保护配合衔接，加强司法机关与政府部门、人民团体、社会组织和社会工作者等的合作，共同做好未成年人心理干预、社会观护、教育矫治、社区矫正等工作。

4. 加强对未成年人的特殊司法保护。依法保障涉案未成年人的隐私权、名誉权以及知情权、参与权等诉讼权利。落实未成年人犯罪案件特别程序关于严格限制适用逮捕措施、法律援助、社会调查、心理评估、法定代理人或合适成年人到场、附条件不起诉、不公开审理、犯罪记录封存等规定。增强未成年人社区矫正实施效果。落实涉案未成年人与成年人分别关押、分别管理、分别教育制度。

5. 依法为儿童提供法律援助和司法救助。依托公共法律服务实体、热线、网络等平台为儿童提供法律咨询等法律援助服务，推进法律援助标准化、规范化建设，推进专业化儿童法律援助队伍建设。保障符合司法救助条件的儿童获得有针对性的经济救助、身心康复、生活安置、复学就业等多元综合救助。

6. 加强儿童保护的法治宣传教育。完善学校、家庭、社会共同参与的儿童法治教育工作机制，提高儿童法治素养。扎实推进青少年法治教育实践基地、法治资源教室和网络平台建设，发挥法治副校长作用，采用以案释法、模拟法庭等方式深入开展法治教育和法治实践活动。增强社会公众的法治意识，推动形成依法保障儿童权益的良好氛围。引导媒体客观、审慎、适度采访和报道涉未成年人案件。

7. 全面保障儿童的民事权益。依法保障儿童人身权利、财产权利和其他合法权益。调解涉及儿童的权益纠纷，探索父母婚内分居期间未成年子女权益保护措施，依法保障父母离婚后未成年子女获得探望、抚养、教育、保护的权利。依法保障儿童和胎儿的继承权和受遗赠权。依法保护儿童名誉、隐私和个人信息等人格权。完善支持起诉制度。对食品药品安全、产品质量、烟酒销售、文化宣传、网络传播等侵害儿童合法权益的行为，开展公益诉讼工作。

8. 完善落实监护制度。强化父母或其他监护人履行对未成年子女的抚养、教育和保护职责，依法规范父母或其他监护人委托他人照护未成年子女的行为。督促落实监护责任，禁止早婚早育和早婚辍学行为。加强监护的监督、指导和帮助，落实强制家庭教育制度。强化村（居）民委员会对父母或其他监护人监护和委托照护的监督责任，村（居）儿童主任切实做好儿童面临监护风险或受到监护侵害情况的发现、核实、报告工作。探索建立监护风险及异常状况评估制度。依法纠正和处理监护人侵害儿童权益事件。对监护缺失的儿童由民政部门依法进行临时监护，也可由具备条件的儿童住所地的村（居）民委员会安排必要的生活照料，确保突发事件情况下无人照料儿童及时获得临时监护。

9. 严厉查处使用童工等违法犯罪行为。加强对使用童工行为的日常巡视监察和专项执法检查。严格执行儿童参加演出、节目制作等方面有关规定。加强对企业、其他经营组织或个人、网络平台等吸纳儿童参与广告拍摄、商业代言、演出、赛事、节目制作、网络直播等的监督管理。严格执行未成年工特殊保护规定，用人单位定期对未成年人进行健康检查，不得安排其从事过重、有毒、有害等危害儿童身心健康的劳动或者危险作业。

10. 预防和依法严惩性侵害未成年人违法犯罪行为。加强儿童预防性侵害教育，提高儿童、家庭、学校、社区识别防范性侵害和发现报告的意识和能力，落实强制报告制度。用好全国统一建立的性侵害、虐待、拐卖、暴力伤害等违法犯罪人员信息查询系统，完善落实入职查询、从业禁止制度。探索建立性侵害儿童犯罪人员信息公开制度，严格落实外籍教师无犯罪证明备案制度。加强立案和立案监督，完善立案标准和定罪量刑标准。依法严惩对儿童负有特殊职责人员实施的性侵害行为，依法严惩组织、强迫、引诱、容留、介绍未成年人卖淫犯罪。建立未成年被害人“一站式”取证机制，保护未成年人免受“二次伤害”。执行性侵害儿童案件特殊证据标准。对遭受性侵害或者暴力伤害的未成年被害人及其家庭实施必要的心理干预、经济救助、法律援助、转学安置等保护措施。

11. 预防和依法严惩对儿童实施家庭暴力的违法犯罪行为。加强反家庭暴力宣传，杜绝针对儿童的家庭暴力以及严重忽视等不利于儿童身心健康的行为。落实强制报告制度，及时受理、调查、立案和转处儿童遭受家庭暴力的案件。充分运用告诫书、人身安全保护令、撤销监护人资格等措施，加强对施暴人的惩戒和教育。对构成犯罪的施暴人依法追究刑事责任，从严处理重大恶性案件。保护未成年被害人的隐私和安全，及时为未成年被害人及目睹家庭暴力的儿童提供心理疏导、医疗救治和临时庇护。

12. 严厉打击拐卖儿童和引诱胁迫儿童涉毒、涉黑涉恶等违法犯罪行为。坚持和完善集预防、打击、救助、安置、康复于一体的反拐工作长效机制，落实反对拐卖人口行动计划。有效防范和严厉打击借收养名义买卖儿童，利用网络平台实施拐卖人口等违法犯罪行为，加大对出卖亲生子女犯罪的预防和打击力度，完善孕产妇就医生产身份核实机制，完善亲子鉴定意见书和出生医学证明开具制度，落实儿童出生登记制度。妥善安置查找不到亲生父母和自生自卖类案件的被解救儿童。禁止除公安机关以外的任何组织或者个人收集被拐卖儿童、父母和疑似被拐卖人员 DNA 数据等信息。做好青少年毒品预防教育工作，开展对引诱、教唆、欺骗、强迫、容留儿童吸贩毒犯罪专项打击行动。依法严惩胁迫、引诱、教唆儿童参与黑社会性质组织从事违法犯罪活动的行为。

13. 严厉打击侵犯儿童合法权益的网络违法犯罪行为。建设区级网络安全应急指挥平台，提升网络安全防御能力和应急指挥水平。加强对网络空间涉及儿童犯罪的分析研究，以案释法，提高公众对儿童网络保护的意识和能力。禁止制作、复制、发布、传播或持有有关未成年人的淫秽色情物品和网络信息。依法严惩利用网络性引诱、性侵害儿童的违法犯罪行为。禁止对儿童实施侮辱、诽谤、威胁或者恶意损害形象等网络欺凌行为。严厉打击利用网络诱骗儿童实施金融诈骗、参与赌博以及敲诈勒索等违法犯罪行为。

14. 有效预防未成年人违法犯罪。加强对未成年人的法治和预防犯罪教育。落实未成年人违法犯罪分级干预制度，依法采取教育矫治措施，及时发现、制止、管教未成年人不良行为。及时制止、处理未成年人严重不良行为和未达刑事责任年龄未成年人严重危害他人及社会的行为。完善专门学校入学程序、学生和学籍管理、转回普通学校等制度。对涉罪未成年人坚持依法惩戒与精准帮教相结合，预防重新犯罪。保障涉罪未成年人免受歧视，依法实现在复学、升学、就业等方面的同等权利。强化预防未成年人犯罪工作的基层基础。

三、组织实施

（一）坚持党的全面领导。坚持以习近平新时代中国特色社会主义思想为指导，坚持以人民为中心的发展思想，坚持走中国特色社会主义儿童发展道路，把党的领导贯穿于规划组织实施全过程。贯彻党中央关于儿童事业发展的决策部署和省委、市委、区委有关要求，在统筹推进“五位一体”总体布局、协调推进“四个全面”战略布局中推进规划实施。

（二）加强规划与国民经济和社会发展规划的衔接。在经济社会发展总体规划及相关专项规划中贯彻落实儿童优先原则，将规划实施以及儿童发展纳入经济社会发展总体规划及相关专项规划，结合经济社会发展总体规划部署要求推进规划实施，实现儿童发展与经济社会发展同步规划部署、同步推进落实。

（三）制定部门实施方案。承担规划目标任务的有关部门、相关机构和人民团体结合职责，按照任务分工，制定实施方案并报送区妇儿工委办公室。

（四）落实规划实施责任，完善工作制度机制。在出台法规、制定政策、编制规划、部署工作时贯彻落实儿童优先原则，切实保障儿童权益，促进儿童优先发展。完善落实党委领导、政府主责、妇儿工委协调、多部门合作、全社会参与的规划实施工作机制。区政府负责规划实施工作，区妇儿工委负责组织、协调、指导、督促工作，区妇儿工委办公室负责具体工作。有关部门、相关机构和人民团体结合职责，承担规划目标任务落实工作。健全目标管理责任制，将规划实施纳入政府议事日程和考核内容，将规划目标分解到责任单位并纳入目标管理和考核内容。健全督导检查制度，定期对规划落实情况开展督查。健全报告制度，责任单位每年向区妇儿工委报告规划落实情况和下一年工作安排。健全议事协调制度，定期召开妇女儿童工作会议、妇儿工委全体会议、联络员会议等，总结交流情况，研究解决问题，部署工作任务。落实国家纲要实施示范制度。健全表彰制度，对实施规划先进集体和先进个人按照有关规定进行表彰。

（五）加强儿童发展经费支持。区政府将实施规划工作及监测评估所需经费纳入财政预算，实现儿童事业和经济社会同步发展。统筹资金，重点支持农村儿童发展，特别是特殊困难儿童群体发展。动员社会力量，多渠道筹集资源，发展儿童事业。

（六）坚持和创新实施规划的有效做法。贯彻新发展理念，坚持问题导向、目标导向相统一，构建促进儿童发展的法规政策体系，完善儿童权益保障机制，实施促进儿童发展的民生项目。通过分类指导、示范先行，总结推广好做法好经验。通过政府购买服务等方式，发挥社会力量推动规划实施的作用。开展交流合作，交流互鉴经验，讲好珠山儿童发展故事。

（七）加强实施规划能力建设。将习近平总书记关于儿童和儿童工作的重要论述及儿童优先原则有关内容、相关法律法规政策纳入各级干部学习内容，将实施规划所需知识纳入培训计划，举办多层次、多形式培训，增强政府有关部门、相关机构和人员实施规划的责任意识和能力。以政治建设为统领，加强区妇儿工委及其办公室能力建设，促进职能优化高效，为更好履职尽责提供必要的人力物力财力支持，为规划实施提供组织保障。

（八）加大实施规划宣传力度。大力宣传习近平总书记关于儿童和儿童工作的重要论述，宣传在党的坚强领导下儿童事业发展的成就，宣传儿童优先原则和保障儿童权益、促进儿童发展的法律法规政策，宣传规划内容及规划实施的经验、成效，努力营造关爱儿童、利于儿童发展的社会氛围。

（九）加强儿童发展调查研究。充分发挥区妇儿工委及其办公室作用，加强儿童工作智库建设，依托高校、研究机构、社会组织等建设儿童发展研究基地，培育专业研究力量，通过课题招标、联合科研基地、组织专业力量、进行实地调研等方式开展理论与实践研究，为制定和完善相关法规政策提供参考。

（十）鼓励社会各界广泛参与规划实施。健全学校、家庭、社会“三位一体”教育网络，鼓励企事业单位、社会组织、慈善机构和公益人士参与保护儿童权益、促进儿童发展等工作。鼓励提高儿童参与规划实施和实现自身全面发展的意识和能力。

四、监测评估

（一）加强监测评估制度建设。对规划实施实行年度监测、中期评估，终期评估。落实并逐步完善儿童统计监测方案。区统计部门牵头组织开展年度监测，区妇儿工委成员单位、相关机构及有关部门向区统计部门报送年度监测数据，及时收集、分析反映儿童发展状况的相关数据和信息。区妇儿工委组织开展中期和终期评估，区妇儿工委成员单位、有关部门、相关机构向区妇儿工委提交中期和终期评估报告。通过评估，了解掌握规划实施进展和儿童发展状况，系统分析评价规划目标任务完成情况，评判规划策略措施的实施效果，总结经验做法，找出突出问题，预测发展趋势，提出对策建议。

（二）加强监测评估工作组织领导。区妇儿工委设立监测评估领导小组，由区妇儿工委及相关部门负责人组成，负责监测评估工作的组织领导，监测评估方案的审批，监测评估报告的审核等。领导小组下设监测组和评估组。

监测组由区统计部门牵头，相关部门负责规划统计监测的人员参加，负责监测工作的组织、指导和培训，制定监测方案和监测指标体系，收集、分析数据和信息，向区妇儿工委提交年度、中期和终期监测报告，编辑出版年度妇女儿童统计资料等。监测组成员负责统筹协调本部门规划实施监测、分析、数据上报、分性别分年龄指标完善等工作。

评估组由区妇儿工委办公室牵头，相关部门负责规划实施的人员参加，负责评估工作的组织、指导和培训，制定评估方案，组织开展评估工作，向区妇儿工委提交中期和终期评估报告。评估组成员负责统筹协调本部门规划实施自我评估工作，参加妇儿工委组织的评估工作。支持评估组相关部门就儿童保护与发展中的突出问题开展专项调查、评估，结果可供规划中期和终期评估参考。

（三）加强儿童发展统计监测提升监测评估工作能力和水平。运用互联网和大数据等，规范完善儿童发展和分性别分年龄统计信息监测指标体系，根据需要调整扩充儿童发展统计指标，纳入国家和部门常规统计以及统计调查制度，加强部门分年龄分性别统计工作，推进儿童发展统计监测制度化建设。协同国家建立完善儿童发展统计监测数据库。鼓励支持相关部门对儿童发展缺项数据开展专项统计调查。加强监测评估工作培训和部门协作，规范监测数据收集渠道、报送方式，提高数据质量。科学设计评估方案和评估方法，探索开展第三方评估。提升监测评估工作科学化、标准化、专业化水平。

（四）有效利用监测评估成果。发挥监测评估结果服务决策的作用，定期向区政府及相关部门报送监测评估情况，为决策提供依据。建立监测评估报告交流、反馈和发布机制。加强对监测评估结果的研判和运用，对预计完成困难、波动较大的监测指标及时预警，对评估发现的突出问题和短板弱项及时提出对策建议。运用监测评估结果指导下一阶段规划实施，实现规划实施的常态化监测、动态化预警、精准化干预、高质量推进。

媒体报道

全国人大代表余梅：传递基层一线声音

《经济日报》2022 年 2 月 27 日 第 02 版：综合 刘 兴

近日，在江西省景德镇市珠山区梨树园南苑的一家早餐店里，全国人大代表，珠山区新村街道梨树园社区党委书记、主任余梅带领工作人员在向饭店老板和就餐客人发放“节约粮食从我做起”的宣传册。

余梅担任全国人大代表已有 10 年。在她看来，这份荣誉背后是沉甸甸的责任，不负人民信任重托是她的信条。“这些年我参加全国两会所提出的建议、所作的发言，都是在社区工作中不断发现、解决居民急难愁盼问题过程中产生的。”余梅说，10 年来，她向全国人大递交了 30 余条建议、3 个议案，诸如加快建立社区应急管理体系、加快推进医养结合养老模式发展等，大都得到了回复与落地。

在反食品浪费法立法前，余梅在梨树园社区基层代表联络工作室和社区基层立法点组织召开了多次居民座谈会，居民们特别关注“国家倡导文明、健康、节约资源、保护环境的消费方式，提倡简约适度、绿色低碳的生活方式”，收到了要加强宣传教育，要增强粮食安全危机意识，要大力弘扬中华民族勤俭节约优良传统、引导人们践行绿色生活、抵制餐饮浪费，推广餐饮节约理念进家庭、进机关、进乡村、进社区、进学校、进企业等建议。

对即将召开的全国两会，余梅表示，她要积极回应社会关切，把反食品浪费法在基层执行的情况反映上去，并继续在基层群众的生活环境、养老、医疗卫生、残障人士帮扶等方面提出高质量的建议或议案。两会结束后，她将充分发挥自己作为全国基层理论宣讲先进集体——珠山区“小巷讲堂”“一号宣讲员”的优势，用群众喜闻乐见的方式解读两会精神和民生热点。

“老”居民过上“新”生活 老旧小区改造故事多

人民日报客户端江西频道 2022-07-13 徐黎明 程万海

“我现在每天很早就在小区内散步，晚上也要出来和小区的老姐妹聊聊天，心里甭提多高兴！”看到小区里发生翻天覆地的变化，住在江西省景德镇市珠山区里村街道新峰巷社区粮食小区 80 多岁的夏奶奶说。

粮食小区建成至今已有 30 多年，破烂不堪，存在“脏乱差”现象。新峰巷社区首先对 9 栋居民楼进行了粉刷，然后清理菜地，清运杂物垃圾，给楼顶装隔热层、补漏，为 200 户居民免费更换铝合金防盗窗、晾衣架以及雨棚，为 50 户居民铺设了新屋顶。

“改造之前经常是外面下大雨，家里下小雨，一家人都十分烦躁，现在什么都解决了，真好！”退休干部谢小庄和李建鸣深有感触，异口同声地说。

粮食小区里的道路也是 20 多年前铺设的，早已坑坑洼洼，晴天一身灰、雨天一身泥，居民出行困难。新峰巷社区对小区路面进行了全面改造，铺设了柏油路面 500 多米，解决了小区居民出行难题。如今路面平整宽阔，居民出行高高兴兴。

原来小区里没有安装路灯，一到晚上就漆黑一片，居民不敢出门散步，购买急用的生活品也十分不便。新峰巷社区筹措资金给小区新装了普通路灯和太阳能路灯 30 多盏，小区夜晚灯光璀璨。每当夜幕降临，小区居民都聚集在一起，跳起了欢快的广场舞，夜间生活也变得丰富多彩起来。

“现在我们小区的亮化，可以和珠山路媲美了。”小区居民李阿姨风趣地说。

“由于腿脚不方便，我以前晚上从不下楼散步，现在几乎每天晚上都要下楼和老同事一起散散步、叙叙旧。”住在粮食小区的姜爷爷兴奋地说。

对粮食小区里的化粪池和污水沟，新峰巷社区进行了管道更换和维修，破损井盖也进行了更换，往年浊水横流的现象一去不复返。不仅如此，新峰巷社区还全部拆除了小区里的老旧旱厕，建起了冲水公厕，解决了小区居民如厕难题；对小区车辆乱停乱放现象进行集中整治，重新规划了停车位，汽车、电动车、摩托车停放错落有致，消防通道畅通无阻；还为 120 多户居民重新安装了天然气和自动关闭的安全阀门，居民使用天然气既干净又安全。

走进粮食小区，映入记者眼帘的是，一栋栋居民楼粉刷一新，柏油路面平整宽阔，太阳能灯柱在夜晚明亮闪烁，小区绿化带姹紫嫣红，花卉争相怒放，风景如画。

而这仅仅是新峰巷社区用心用情用力为社区群众解决“急、难、愁、盼”问题，在老旧小区改造中，不断增强所辖社区群众的获得感、幸福感和安全感一个缩影。

新峰巷社区现辖40个小区，通过为期两年的老旧小区改造，如今每个小区面貌都焕然一新。为给居民创造绿色生态宜居环境，新峰巷社区对各个小区景观绿化都进行了精心设计，栽种了金桂、银桂、三角梅、金桔、栀子花、茉莉花、含笑、海棠、对对花等数十种绿植花卉，如今小区一年四季繁花似锦，清香醉人。

新峰巷社区党委书记、主任钱律表示，社区坚持民有所呼、我有必应，用真情把好事做实、把实事办好，看到辖区景色美，群众喜笑颜开，社区干部再苦再累也值得。

姚石玉代表：你把群众放在心上 群众就把你放在心里

《光明日报》2022 年 10 月 19 日 04 版：综合新闻　尚文超

党的二十大报告强调，“深入贯彻以人民为中心的发展思想”，作为从事信访工作的基层干部，我觉得这太重要了。做信访工作的过程，就是贯彻以人民为中心的发展思想、践行党的群众路线的过程。

我到景德镇珠山区从事信访工作已有30年。信访工作一头连着老百姓，一头连着党委和政府。为民办实事，是我们基层信访干部的政治责任和价值追求。“你把群众放在心上，群众就把你放在心里”是我从事信访工作最深的体会。

有人说：“信访干部是群众和政府之间的‘架桥者’。”为了架好“桥梁”，2014年，我在珠山区搭建起“百姓说事”平台，把信访局搬到老百姓的家门口，把领导请到现场，干部“下访”解决信访问题，激发“两代表一委员”、律师、老干部、老党员等社会力量参与的积极性。

眺望前路，初心如磐，我将倍加珍惜荣誉，站稳群众立场，牢记人民群众对我们的信任，把信访工作做成为民解难、为党分忧的“最美事业”。

珠山区全力推动重点项目建设提档加速

《景德镇日报》2022 年 1 月 17 日 A2 版　王　姝

机器轰鸣、车辆穿梭、吊塔林立……隆冬时节，在珠山区，一个个火热的项目建设现场处处涌动着蓬勃生机与活力。市第一小学新校园改扩建、景德镇艺术职业大学、跨境电商产业园、九集小镇、瓷源境文化旅游建设，洛客设计谷等项目建设如火如荼，一幕幕精彩大戏正在珠山大地上演。

换届以来，珠山区紧紧围绕市委、市政府关于珠山要“守护好历史文脉，提供好公共服务，发展好现代都市经济”的“三好”决策部署，迅速统一思想，高质量推进五区共建，高标准拓宽四大路径，高效率锻造三大指挥体系，牢固树立“项目为王”的工作理念。截至2021年12月底，全区18个市级重点项目累计完成投资32.5亿元，完成年度计划的129.3%，全年建设进度位列全市第一。

突出特色 守护历史文脉

1月15日，记者在位于三宝路东侧的瓷源境文化旅游建设项目现场，看到一栋栋繁密的建筑楼都架起了脚手架，工人们正在紧张地施工，现场一片热火朝天。

“瓷源境项目以陶渊明的《桃花源记》为创意构想，以深厚的陶瓷文化和优良的生态环境为依托，对昌飞近6.7万平方米的老厂房进行修旧如旧、建新如旧，嵌入文化与历史、场景与业态、旅游与生活，引进国内知名艺术家和青年创客，打造陶瓷文化创意集聚区。”瓷源境文化旅游建设项目负责人连仁辉介绍，这里是原昌飞老厂房区域，毗邻三宝寺。项目总投资13亿元，分三期建设，总占地面积252亩，总建筑面积56118.81平方米。该项目以三宝寺为界，分为南北两区，南区包括大师工作室和创客人才服务中心，北区包括陶瓷制作、展示、销售、文化演出等开放平台。该项目于2021年12月6日正式开工，预计在2023年6月竣工。

据了解，在建设过程中，珠山区有效解决了现场环境复杂、征收范围广、老厂房退租转产周期长、场地狭小、老建筑施工困难等多种不利因素，为项目顺利开工建设提供了有力保障。

用心用情 做好公共服务

百年大计，教育为本。已有 80 年办学历史的市第一小学由于校内设施陈旧、部分楼房存在安全隐患，不能满足素质教育的要求，根据市委、市政府决策部署，将学校搬迁至原市师范学校和电大校园办学，并对新校园进行整体改扩建。

“新校园以‘书’为设计灵感，将昌黎先生箴言‘书山有路’作为隐喻，顺应场地原有的山地起伏，贯通各教学功能，实现建筑与自然的和谐共生，打造‘书山叠院’。”珠山区国资委驻场负责人蒋结南说，该项目总投资 1.7 亿元，总占地面积约 45 亩，总工期 220 天，确保 2022 年 8 月 1 日前完成并交付使用。

据了解，该项目于 2021 年 12 月 16 日开标、12 月 18 日正式开工，珠山区仅用 8 天时间完成了教育小区的专变电迁移和自来水迁改，15 天内完成了 13 户原教育职工宿舍征收，20 天内完成 7 万方土方外运，1 个月内完成了原有建筑拆除和苗木迁移工作，40 天内完成新校区第一、第二、第三教学楼“正负零”。学校建成后将满足适龄儿童就近入学需求，为学生提供良好的学习环境，为珠山区优质教育发展奠定良好基础。

注重创新 打造陶瓷亮点

为积极贯彻落实我市陶瓷优先发展战略，珠山区联手北京洛可可公司，建设总投资 7.8 亿元的洛客设计谷项目，该项目将整合四大设计资源——“新十大瓷厂”国内头部陶瓷生产企业研发设计中心、景德镇大院所大名校设计大师、洛客 1000 线下设计师 +50000 线上设计师、水母智能设计 + 打样标准中心，打造全球陶瓷产品创新中心。以创新设计为核心竞争力，坚持设计与渠道拓展双向发力，共建文化交流中心、创新设计中心、陶瓷智造中心、美学教育中心及产品营销中心五大板块。

“自 2021 年 9 月份以来，项目进入攻坚阶段，我们克服了材料运输不便、规划红线与生态红线重叠等各类问题，在短短 40 天内，完成一期所有建筑外立面亮化、室内建筑 14 号、15 号楼精装修和室外市政道路、景观绿化、河道治理以及地下室环氧地坪漆铺设等剩余工程量，有力保障了当年 10 月 18 日瓷博会顺利开幕。并于瓷博会期间，成功举办珠山区招商大会暨全球陶瓷产品创新中心发布盛典，与京东、华住集团等 15 家企业现场签约。”珠山区委常委、副区长杜钧瑞表示，珠山区将把项目现场作为考场，把项目进度作为尺度，全力推动项目建设提档加速、大干快上，以最精彩面貌迎接 2022 年全市高质量发展现场巡查。

珠山区全力打好经济发展（招商引资）大会战

《景德镇日报》2022 年 1 月 14 日 A1 版 朱 轩

2021 年，珠山区锚定全面建设社会主义现代化国际瓷都先行区奋斗目标，以实现经济发展迈上新台阶，质量与效益同步提升，推动产业结构大升级、营商环境大优化为主攻方向，以大力发展总部经济、数字经济、“夜珠山”经济带、陶瓷创新产业、三宝国际瓷谷、都市工业经济为主要抓手，全力打好经济发展（招商引资）大会战。在实施过程中，该区强化融合、市场、产业“三种思维”，把握优化产业布局、盘活物理空间、保障民生福祉“三个维度”，实现了各项工作有序推进成效初显。

高位推动开展招商引资

在“走出去”方面，2021 年 9 月以来，该区区委、区政府主要领导先后带队赴外省、外市开展招商引资及项目考察，考察了如涵、水母智能、阿那亚、海纳川、京东等数十家国内外知名企业，考察了电商、商贸、丰源陶瓷、总部经济、数字经济等多个项目，开展了招商引资洽谈。

在“请进来”方面，2021 年 10 月 18 日瓷博会开幕当晚，该区“产业无界，共创未来”招商推介大会暨全球陶瓷产品创新中心发布盛典在三宝国际瓷谷举行，现场举行了产业招商签约仪式。该区分别与水母智能、北京京东世纪贸易有限公司、华住酒店集团、常州蓝翼飞机装备制造有限公司、江西益丰大药房连锁有限公司、长江成长资本投资有限公司、骥路文化传播（上海）有限公司、中燃集团、上海钟书实业有限公司、上海序言泽网络科技有限公司进行了现场签约，标志着该区招商引资工作取得了实质性进展。

“夜经济”激发消费活力

该区正在与中国社科院大学经济学院谋划整体的产业规划，高起点谋划产业发展，不断提升经济发展效能，实现经济发展科学高效有序。在谋划过程中，坚持“跳起来摘桃子”的原则，既尽力而为也量力而行，立足工作实际，用积极的态度对待发展，实现政治效益、经济效益、社会效益的和谐统一；坚持系统长远的原则，摒弃“盆景”思维，实实在在打造经济社会发展的“风景线”；坚持找准定位的原则，充分挖掘辖区内三宝国际瓷谷、老鸦滩艺术社区等优质资源潜力，让资源成为资产，实现可持续发展，造福子孙后代。

打造“夜珠山”消费带是该区

推动经济发展的抓手之一。前期该区通过整合辖区内三宝国际瓷谷、陶溪川文创街区、九集小镇、陶艺街4个文旅消费热点,重点发展“夜游、夜宴、夜演、夜购、夜娱、夜宿”“六夜”业态，积极申报创建国家级夜间文化和旅游消费集聚区。2021年11月5日，“夜珠山”消费带成功入选文化和旅游部公布的第一批国家级夜间文化和旅游消费集聚区名单。11月23日，该区区委、区政府、市文广新旅局联合主办了景德镇国家文化和旅游消费试点城市建设启动暨“夜珠山”消费带国家级夜间文化和旅游消费集聚区发布仪式，推出了“夜珠山”品牌logo、“夜珠山”海报、“夜珠山”文旅消费券、“夜珠山”消费带网红地图、“夜珠山”文旅消费促进联盟“五个一”举措,充分激发“夜珠山”消费带活力。

夯实项目、人才基础

2021年12月2日，“赢在珠山，有我代言”——2021珠山区首届招商引资、招才引智推介大赛举行。比赛中，选手们以PPT推介的方式，有的聚焦该区的文化特色、地域优势、产业布局，有的聚焦新经济、新业态，有的聚焦景德镇国家陶瓷文化传承创新试验区建设政策红利，有的围绕本街道、本部门招引项目，有的放矢、畅所欲言，积极为该区招商引资、招才引智工作建言献策、大胆出招。选手们的阐述结合了该区工作实际和产业特色，诠释解读了该区招商引资政策优势，表达了建设更优营商环境，通过不断招大引强，促进经济社会高质量发展的信心和决心。

该区首届招商引资、招才引智推介大赛的成功举办，对于进一步促进全区招商引资推介洽谈工作，为企业提供更加优质的服务，切实加强招商引资项目管理、不断提高项目储备质量，优化招商项目库、人才库建设,打好打赢经济发展（招商引资）大会战具有重要意义。

强化主城担当 深挖发展潜能

——访珠山区委副书记、区长徐华

《景德镇日报》2022年1月31日A3版　王　姝

“珠山区紧紧围绕市委、市政府大抓先进陶瓷产业发展的部署要求，迅速统一思想，强化主城担当，深挖发展潜能，助力全市先进陶瓷产业发展壮大。”珠山区委副书记、区长徐华表示，珠山区有着深厚的陶瓷文化底蕴，有完整的产业链配套，更有“一院、两所、三校”人才优势，该区将坚决落实市委、市政府决策部署，充分释放珠山人才聚集效应和发挥中心城区产业配套齐全的便利。招引聚集先进陶瓷头部企业，把科研院所、创新平台、企业总部落在珠山，形成集群，全力助推我市主导产业发展。

徐华认为，要让先进陶瓷产业链条更强、更长、更优，就要坚持全产业链思维，强链、延链、补链三手发力。为此，珠山区一是打好扶优扶强攻坚战，做好强链文章。同时，深化与景德镇陶瓷大学、景德镇市陶瓷研究院等高校、院所的产学研合作，推动科技成果“就地孵化”，加快形成高科技陶瓷产业集聚。二是推动“瓷文旅”融合,做好延链文章，积极推动先进陶瓷产业逐步向工业旅游、文化展示等第三产业延伸。三是把招大引强作为“一号发展工程”，做好补链文章，加快引进、落地一批先进陶瓷、高科技陶瓷企业，不断完善新兴产业链。

徐华说，珠山区按照全市先进陶瓷产业规划要求，围绕“一极引领，两带支撑、三点错位”的产业空间布局，主动谋求错位发展。大力实施陶瓷优先发展战略,围绕“陶瓷+”“互联网+”，用好用足景德镇陶瓷品牌优势和国家试验区税收政策优势，吸引国内外产瓷区头部企业把研发中心、结算中心落户珠山；以“数字产业化、产业数字化”为主线，深入落实数字经济发展三年行动，加快建设“三宝智造”项目，探索“直播基地+产业基金+互联网平台”陶瓷数字产业园新模式。以全市创建“跨境电子商务综合试验区”为契机，加大与京东、必创等龙头企业合作，加快陶瓷跨境电商产业园建设；加强与陶文旅的深入合作，加快推进先进陶瓷创新研究院集群项目建设，助力先进陶瓷产业发展。提升洛客设计谷运营效率，吸引陶瓷头部企业、研究院所进驻，联系、链接、集聚国内外知名陶瓷人才，让大师成为设计师，打造中国陶瓷设计中心、打样中心、版权中心。

与此同时，强化服务，实现全要素保障。健全完善国资平台管理机制，加快创建AA级企业信用等级。谋划成立产业引导基金，以市场化运作方式，放大政府资金的杠杆效应，导入社会资本、金融资本，投向先进陶瓷产业发展，促进产业转型升级；依托“景漂”人才服务中心，加大陶瓷人才引进力度，落实创业扶持贷款等配套保障，形成人才集聚地，带动技术突破，产业创新；将着眼于解决企业发展中遇到的实际问题，开展新一轮营商环境攻坚行动，持续推进“放管服”改革，深化“降成本、优环境”专项行动，用好“企业服务日”机制，帮助企业解决用工难、融资难等实际问题，更好服务企业、服务发展，打造“四最”营商品牌。

徐华信心满满地对记者说，下一步，珠山区将积极践行“五新”战略行动，坚持高举高打、高打高中，用好用足景德镇品牌优势和国家试验区政策优势，全力做好先进陶瓷产业发展两端服务，高质高效推动市委、市政府关于先进陶瓷产业发展的各项决策部署落地落细，让先进陶瓷产业成为珠山经济发展新引擎。

描好“点线面”共绘“同心圆”

——珠山区周路口街道建设社会治理“共同体”

《景德镇日报》2022 年 2 月 15 日 A3 版　许　诺

珠山区周路口街道地处景德镇市中心繁华商贸圈，经济业态丰富，人口流动频繁、群体结构复杂，包含商住小区、单位小区、城郊接合部小区、里弄等多种居民区形态，既是城市发展的微观缩影，更是社会治理的“深水区”。近年来，该街道党工委坚持党建引领，探索“点线面”全域联动新模式，建设社会治理“共同体”，切实把党的政治优势、组织优势、资源优势转化为社会治理优势，群众获得感、幸福感、安全感进一步提升。

在“点”上发力，激活末梢治理“细胞”

全面推行“大社区、网格化”管理，按照“地域相近、便于服务”的原则，将 2.2 万余居民合理纳入 31 个城区网格管理，每个网格均分别安排了 1 名网格员、街道下会干部、在职党员、居民志愿者、城管队员和片警组成“格格管家”服务队，参与网格内矛盾化解、安全巡防、法律宣传等工作，常态开展“六进社区”“一米阳光”等“组团式”服务，每年走访慰问困难党员群众近千名，认领“微心愿”“微公益”240 余个，得到了居民的普遍认可。着眼于消除社会治理的“空白点”“真空带”，聘请了 13 名“里弄管家”和 15 名“五老”“街巷长”，组建了 19 支“弄里有我”服务队，切实做到“群众在哪里，服务就在哪里”。其中，社区志愿者陪伴孤寡老人生命最后 24 小时的事迹得到了文明江西、《江南都市报》等媒体的广泛关注。

在“线”上延伸，奏好共驻共建“和声”

坚持以常态长效创建、疫情防控等中心工作为抓手，深化“大工委”“大党委”制，7 名共驻共建单位和“两新”组织负责人成为兼职党（工）委委员，以“主人翁”自觉定期参与党建治理联席会，认领服务事项、共商治理难题，推动了街道社区党组织与驻区单位、新兴领域党组织相互融合、互联互动，将共驻共建的“连接线”拧成“一股绳”。坚持“群众吹哨、服务来到”，健全需求、资源、项目“三项清单”，共驻共建单位全年派出 1130 余人次参与“我为群众办实事”实践活动，捐款捐物共计 20 余万元助力中心工作，“契约化”共享服务场所近 4000 平方米，有力地实现了社会治理力量融合、资源整合、功能聚合。街道与市第七小学共建的“暖心加油站”，有效地解决了学生及家长露天吃饭的问题，还为快递小哥、环卫工人等户外工作群体提供了临时休憩点，深受百姓喜爱，也得到了“学习强国”平台的点赞。

在“面”上统筹，破除各自为战“壁垒”

坚持党建引领社会治理，成立社会治理“大会战”协调机构，统筹街道“四办一中心”、各社区、派出所、司法所、城管中队力量，实行“大部制”管理，对外协调各职能部门，对社会治理的难点事项，按层级提交小区、社区、街道“治理联席会”研究，依托“百姓说事”平台协商解决，形成了“街道社区搭台，职能单位唱戏，网格推动化解”的共治格局。2021 年，各级“治理联席会”通过“百姓说事”平台协调解决问题 630 件，落实率达 98.3%。社区居民张某某，因儿子涉及一起交通事故，需要承担巨额赔偿费用，使本不富裕的家庭雪上加霜，事后街道社区借助“百姓说事”平台多方协调职能部门，为其申请政策内最低生活救助，解决了实际困难，有力地展示了周路口社会治理的成效。

竞成镇：巩固脱贫成果 助推乡村振兴

《景德镇日报》2022 年 2 月 21 日 A2 版 童霞燕

近年来，珠山区竞成镇立足实际，坚持以党的建设为引领，以产业兴旺为重点，以生态宜居为关键，以乡风文明为保障，全力巩固拓展脱贫攻坚成果同乡村振兴有效衔接。

该镇坚持把党建引领作为推动乡村振兴的“第一抓手”和“红色引擎”，充分发挥基层党组织战斗堡垒和党员先锋模范作用，在抓具体、抓深入、抓落实上聚焦发力，为实现乡村振兴新目标提供坚实组织保障。换届后村“两委”干部共 92 人，平均年龄 40.6 岁。其中 35 岁以下的 26 人，大专及以上学历 70 人，女性干部 22 人，村“两委”成员呈现年轻化、知识化、高素质化的特点。

在做优做强村集体经济方面，竞成镇在三宝马鞍岭村试点实施“三个三”的村级集体经济发展模式，使得曾经一个村集体经济收入几乎为“0”的薄弱村，成功摘除“经济薄弱村”帽子。在试点成功的基础上，继续深入探索“三个三”发展新路径，积极参与以三宝国际瓷谷为依托的陶源谷艺术景区建设，全力服务高铁商务区、艺术职业大学、老鸦滩艺术社区等市区重点项目建设，努力实现特色产业旺起来，村级集体经济活起来，农民群众富起来。在推动扶贫产业持续发展上，该镇围绕马家柚、蔬菜、花卉、茶叶等扶贫产业，加大产业发展政策支持力度，同时成立景德镇竞达农业综合开发有限公司，统筹运营全镇产业扶贫项目，建立贫困户参与机制和利益联结机制，以产业推动为核心，全力以赴促进群众增收。

为持续改善乡村颜值面貌，竞成镇以农村人居环境整治行动为抓手，全面开展了“十乱”现象、环境卫生以及农贸市场整治行动，全面完成农村改厕工作，卫生厕所普及率达 100%。与此同时，该镇充分依托镇、村新时代文明实践站（所）、乡风文明志愿服务站、小巷讲堂、道德讲堂等平台，大力开展“文明家庭、星级文明户”评比、志愿者活动，制定完善村规民约，构建适应新时代的文明素养、道德风尚。

全省岗位学雷锋标兵齐菊英：平凡岗位守初心

《景德镇日报》2022 年 3 月 5 日 A3 版 付 裕

齐菊英，珠山区里村街道马鞍山社区党委书记、主任，十多年来，她始终以牢记全心全意为人民服务为宗旨，扎根社区，为居民群众谋福祉，被居民群众誉为“社区居民的贴心人”，她在平凡的岗位上做出了不平凡成绩。

齐菊英工作作风扎实，勇于担当，视居民为亲人，把居民的事当成自己的事来办。多年来，辖区的食品公司宿舍有 50 余户居民一直共用一支总水表。由于水管老化、地下漏水等原因，带来分摊水费偏高、水压又偏低的难题，尤其是山坡上的十几户居民家里时常没水，居民意见很大，建议安装一户一表。然而，安装费要上千元，还有其他的一些相关费用，让居民难以承受。“连用水都无法保障，这样的日子可怎么过啊？”齐菊英多次找有关部门和单位寻求支持，减免了部分费用，一户一表工程如期完工，欣喜的居民定制了一面锦旗，送到一直把他们当作亲人的齐菊英手上。

为弘扬“奉献、友爱、互助、进步”的志愿精神，齐菊英创建了“580”（我帮你）志愿服务队，在社区开展“四关爱”帮扶活动，建立孤寡、空巢、留守儿童、残疾人和困难家庭档案 200 多份，经常组织志愿者深入敬老院和空巢老人家中，帮助老人打扫卫生和免费理发，为多名贫困大学生开展“金秋助学”“党员一日捐”等募捐活动，还争取辖区单位及社会爱心团体支持，与留守及困难儿童建立一对一帮扶，为 20 多个困难学子申请了助学金。

刮风下雨的日子，她总惦记着居民房屋会不会漏雨，孤寡老人住处是否有危险。有时深更半夜，她还会独自跑到实地察看，确定没有安全隐患才安心回家。

这些年来孤寡老人刘文顺等人多次住院，齐菊英不辞辛苦来回奔波，请护工照顾他们。每逢节日还购买慰问品到医院看望老人。齐菊英的手机全天 24 小时开着，只要接到求助电话，不管白天或黑夜，她都会立即赶到。有一年，当得知孤寡老人闻玉银被查出患有食管癌，齐菊英立即前往，帮忙办好住院手续，老人进了手术室，齐菊英还一直守候到手术结束。她还热心帮助闻玉银完成临终前的最后一个心愿，与市救助管理站领导进行协商。千里迢迢护送闻玉银到安徽老家，交给老人远房亲属安顿好后，才放心离开。

十多年前，齐菊英在我市率先创建社区党员调解团，在实践中，逐步摸索出“工作四法”。对于家庭和婚姻纠纷，采取“冷却处理法”，对邻里纠纷采取“现场听证法”；对赡养、抚养、经济纠纷，采取“亲情感化法”；对重大疑难纠纷，采取“协调联动法”。近年来，她处理了因房地产开发造成辖区 38 户居民房屋地基下沉、墙面开裂民事纠纷重大事件，成功化解了曙光路某小区物业服务差导致业主拖欠物业费的矛盾纠纷，协调解决了历史遗留毛竹占道经营老大难及老旧小区改造中产生的问题等矛盾纠纷。

多少个春夏秋冬，多少个日日夜夜，齐菊英始终本着以人民群众的需求为根本出发点，用心用情，扎扎实实地为居民群众办实事，做好事，以一片赤诚之心，书写了一位共产党员默默奉献在社区的华彩篇章。

珠山区用数字文旅打开数字经济发展新局面

《景德镇日报》2022 年 3 月 10 日 A1 版　朱　轩

2022 年 2 月 7 日，刚刚建成的珠山区瓷源境文旅产业园正式开园，代表景德镇陶瓷艺术较高水平的吕品昌艺术馆、陈春勇艺术馆同步开馆。2021 年瓷博会期间，珠山区洛客设计谷亮灯开谷，全城瞩目，在这里成功举办了珠山区招商大会暨全球陶瓷产品创新中心发布盛典，与京东、华住集团等 15 家企业现场签约。瓷源境文旅产业园和洛客设计谷两个项目的投入使用，标志着珠山区数字文旅产业集中连片、渐成规模，在发展数字经济舞台上一显身手、前景广阔。

珠山区充分认识到，数字经济是时代发展大潮中最具创新性和成长性的新经济业态，是推动高质量跨越式发展的重要引爆点。该区立足深厚的陶瓷文化底蕴、丰富的陶瓷文化资源、多彩的陶瓷文化业态，以狠抓数字文旅产业为突破口，深入推进数字经济做优做强“一号发展工程”，加快打开数字经济发展新局面。

建设数字文旅项目 发挥示范带动效应

珠山区是建好景德镇国家陶瓷文化传承创新试验区的核心区，既承担着保护、传承、创新陶瓷文化的重任，又担负着繁荣、发展、壮大陶瓷产业经济的使命。面对重任和使命，珠山区在三宝国际瓷谷率先建设瓷源境文旅产业园和洛客设计谷数字文旅项目应用场景，以场景优势和示范带动抢占数字经济发展先机。

地处三宝国际瓷谷中段的瓷源境文化旅游建设项目，原址是一片航空工业昌河飞机工业（集团）有限责任公司的老厂房，深藏于山谷之中，年久失修、无人问津。2021 年 10 月，珠山区成功争取国家专项资金支持，启动瓷源境项目建设。项目在空间营造上讲究先抑后扬，在功能划分上讲究动静分离，在环境打造上追求从市井到自然。同时，融合遗产保护、众创平台、文化旅游与秀美生活协同发展。如今，近 1.9 万平方米老厂房旧貌换新颜，汇集了吕品昌工作室、陈春勇工作室、中外艺术画廊、民间博物馆、文化展厅、现代美术馆、新兴文创企业等多元文旅业态。同样地处三宝国际瓷谷的洛客设计谷项目聚焦陶瓷研发设计领域，以创新设计为核心竞争力，坚持设计与渠道拓展双向发力，从 2021 年 9 月初开始至 10 月 18 日，珠山区众志成城，大干 40 余天，高标准完成了洛客设计谷一期收尾工程，为有效推动项目运营打下了扎实基础。

强化数字赋能 深耕数字文旅产业

在全力推进数字经济发展过程中，珠山区坚持“精细化、专业化、赛道化”的发展思维，找准数字文旅产业的主攻赛道，优化空间布局，加强开放合作，以项目为抓手和平台，抢占数字文旅产业制高点，着力提升数字文旅产业规模能级。

瓷源境文化旅游建设项目形成的多元文旅业态优势，洛客设计谷建设项目形成的“新十大瓷厂”国内头部陶瓷生产企业研发设计中心、景德镇大院所大名校设计大师、洛客 1000 线下设计师 +50000 线上设计师、水母智能设计 + 打样标准中心等优势，在空间布局上都处于珠山区三宝国际瓷谷，在开放合作上珠山区注重数字赋能、融合发展、优势互补，推动“大师”向“大设计师”转变、“作品”向“产品”延伸，加快塑造文旅产业数字化转型新优势。

把握数字文旅前进趋势 大力促进文旅融合

推动瓷源境文化旅游建设项目和洛客设计谷建设项目数字赋能、融合发展、优势互补，是珠山区把握数字文旅前进趋势作出的有益尝试。随着洛客设计谷高品质建设“陶瓷打样中心”“版权交易中心”和景德镇陶瓷朝着“学美学、出美样、选美品，开展完美交易”“四美”平台的方向大步迈进，将为珠山区文旅融合注入强劲动力，有力促进数字文旅经济水平提升。

下一步，珠山区将继续推动文

旅全行业树立数字化思维，强化管理部门职能整合，推动产品开发设计；加快文旅产业领域的数字化基础设施建设，为文旅深度融合提供技术支撑；积极引导文旅企业加大对数字技术应用的研发，提升文旅企业自主创新能力；加快文旅产业数字化平台建设，大力促进文旅融合，重构文旅产业供应链和产业生态，推动数字化的新模式和新业态的快速发展；大力推动数字化技术。

对标一流营商环境标准

全面打响“珠事顺利”品牌

——访珠山区委书记高翔

《景德镇日报》2022 年 4 月 7 日 A1 版　吴立群

“换届以来，在市委市政府的坚强领导下，珠山区坚持把优化营商环境作为‘一号改革工程’，对标先进县区做法、一流营商环境标准，全面打响‘珠事顺利’品牌。”近日，珠山区委书记高翔在接受采访时向记者阐述了该区优化营商环境的具体举措。

倡导“不求人”，梳理权责清单并向社会公开，深入排查涉企遗留问题，清理不合理限制和壁垒；建立由县级领导领衔，集各相关职能部门于一体的代办小队，重点围绕试验区建设、“5020”项目、重点企业、景漂景归人才，开展“全链条”“保姆式”帮办。落实“少见面”，着力打通信息孤岛，向基层扩权赋能，共为镇街赋权 35 项；设立惠企政策代办服务窗口，梳理 57 项惠企政策办事指南。推进“高效率”，各类审批事项应进尽进、应减尽减、应放尽放、应知尽知，区行政服务中心共入驻 26 家部门、712 项服务事项；对现有审批事项实行流程再造，“一次不跑”“只跑一次”事项分别达 17 个、549 个；区法院实现全流程无纸化办案模式改造，通过互联网一站式完成立案、庭审、调解、电子阅卷等全部诉讼活动，推进案件繁简分流、轻重分离、快慢分道，让当事人参与诉讼“一次不用跑”。助力“低成本”，对辖区内各类新开办企业及其分支机构、个体工商户和农业合作社，实行企业开办首套印章免费刻制服务；以落实减税降费和拓宽融资资源为抓手，开设百福物流贷、财园信贷通、科贷通等信贷产品，帮助企业解决融资缺口，为全市打造“三创”之城聚力添彩。追求“好暖心”，推行延时错时预约服务常态化，为群众提供错时、延时、预约服务；深入开展红色志愿服务活动，开辟绿色通道、推行政务服务异地通办，并邀请律师、医生、退休干部等各界代表担任“珠山区营商环境社会监督员”参加行政服务中心开放日活动，改进服务效能；以“千干入万企、党建促发展”活动为抓手，全面摸排出各镇（街、区）辖区内 28284 位个体户、7772 家企业，按照行业性质分类制定企业问卷，推动干部挂企入户，确保市场主体服务不落一户。

高翔表示，下一步，珠山区将围绕“五大改革”和“十大专项行动”，细化举措，明确责任，重点推进电子政务区、镇街、村（社区）三级联动系统建设，以“就近办”“免费办”“快捷办”为着力点，扎实做好优化营商环境工作，推动珠山高质量跨越式发展，全面建设社会主义现代化国际瓷都先行区，以优异成绩迎接党的二十大胜利召开。

珠山区：搭建“珠青创客”平台

服务年轻“景漂”群体

《景德镇日报》2022 年 5 月 5 日 A2 版　朱　轩

“她是河北邯郸的，我是湖南岳阳的，我们在景德镇已经生活了十年，景德镇可以说是河北、湖南之外，我们的第三个家乡。”郭峰说。

为了追寻艺术的梦想，也为了守护爱情的果实，郭峰和爱人李唯十余年前来到千年瓷都景德镇，成为三宝瓷谷的一对“景漂”。

“我们租住的是村民的老式瓦房，很有味道。不过，下雨的时候倒是挺担心，大一点的风，会把瓦片掀起来，有时候房顶上的猫，也会把瓦片踩破。”郭峰说。其实，做一名“景漂”，是一个看起来很美，实际却充满艰辛的选择。

“景漂”作为景德镇独有的一种文化现象而备受世界瞩目。珠山区是景德镇中心城区，是景德镇陶瓷文化传承的核心区，更是“景漂”“境外景漂”在景德镇生活最重要的聚集地。为了让年轻“景漂”群众有更多的获得感和归属感，2022年以来，共青团珠山区委以创建青年发展友好型城市为契机，以打造“青年身边的共青团”为目标，深入年轻“景漂”群体，心贴心了解他们的工作生活需求，高标准、常态化为他们办实事、解难题，用心搭建“珠青创客”青年服务平台，为打响珠山区“珠事顺利”营商环境品牌贡献共青团力量。

党建带团建 青年发展激活力

“闲云居”是一家以青年设计师为主要创意力量的陶瓷文创企业，该公司党建工作开展得有声有色，并通过组织青年设计师深入开展党史学习教育，创新设立了瑞牛红色陶瓷文创馆，许多文创产品既有思想性、又有艺术感染力，受到市场的追捧，红色文创馆也成为景德镇三宝瓷谷的网红打卡地。

“我们四十几位设计师，大部分都是90后、95后的年轻人。2021年，公司负责人带领他们去井冈山采风，追寻党的奋斗足迹，深入了解党走过的艰辛历程，这能让他们在开展红色文创创作时有很多灵感，而不会是闭门造车。”闲云居设计师团队的裴伟琦向共青团珠山区委负责人汪倩介绍说。

通过团区委多次到企业开展走访，同青年设计师交心交流，询问了解他们对党建的真切感受，对团建的迫切需求。“珠青创客”平台开设年轻“景漂”团建微信圈，把行政服务部门的团员骨干和年轻“景漂”拉到一个好友群里，为这些年轻“景漂”解答或解决了许多诸如防疫事项、婚恋辅导、生育政策、孩子入托入学等工作生活中的难题，急事即办、无缝衔接，给了他们很多帮助。

闲云居许多年轻设计师都表示，红色文创的创作经历，是一种很不一样的体验。他们都特别愿意参与团区委组织的志愿服务活动，希望自己能够传承红色基因，弘扬革命精神，成为新时代的青年志愿者。

政策加宣传 生活扶助聚合力

“其实不仅仅是瓦房漏雨，生活里有太多需要操心的事情。”郭峰笑着说，“艺术家其实也生活在柴米油盐里面，虽然我们还没有小孩，但现在就必须要考虑，以后我们住在哪个小区，能方便孩子上学。河北的、湖南的亲戚如果来景德镇，怎么安排他们吃住。”

珠山区在三宝设立了“景漂”党支部和“景漂”人才服务中心，专门就是为“景漂”群体解决生活和工作问题。

“在‘珠青创客’平台上，你们的这些需求可以直接向行政服务部门的团组织负责人提出来，瓦房漏雨可以找区工信局，他们能找到传统风貌建筑的维修师傅，哪个小区对应哪所学校的学区，你可以得到区教体局和具体学校团干的权威答复。”汪倩介绍说，“当然，这只是举个具体的事例，我们希望，年轻‘景漂’的每一个合理需求，都能得到回应和解决。”

2021年以来，共青团珠山区委联合“景漂”党支部和“景漂”人才服务中心，开展年轻“景漂”群体“服务需求”大调研，把“需求清单”转化为团区委的“任务清单”，挂图作战、逐项落实，为年轻“景漂”群体真正排忧解难。

校地勤交流 科研扶持造动力

珠山辖区拥有丰富的陶瓷科研院所和艺术院校资源，共青团珠山区委加强与院所、院校团委的互动联系，常态化组织年轻“景漂”参与院所学校的艺术文化交流活动，参与院校的课题研究、科研活动。

周庆伦过去是国营建国瓷厂的普通工人，制瓷技艺精湛。现在他的身份是江西陶瓷美术职业技术学院的陶艺实践老师，在校园外，他与来自全国各地，甚至世界各国的“景漂”“洋景漂”一起开展陶瓷艺术创作。在课堂上，他把景德镇传统陶瓷手工技艺原汁原味地教给自己的学生，他的学生在2019年、2020年的国家技能大赛中，获得优异成绩，周老师自己也获得全国陶瓷行业技术能手、江西省技术能手、国家一级技师等荣誉。

“我特别愿意参与团组织的各种活动，这让我有了更多激情与活力。”周庆伦表示，“我觉得自己就是一座桥梁，既连通年轻‘景漂’群体与校园，也连通我的学生与景德镇的陶瓷历史。”

毕业于景德镇陶瓷大学的张奇麟是江西上饶人，他的陶瓷作品具有一种温暖而沉静的力量。在共青团珠山区委和“景漂”人才服务中心的关注下，张奇麟在珠山区三宝瓷谷里有了自己的工作室。2021年1月，他作为中国青年陶艺家，参加在印度举办的第五届国际工艺展，并获得评委会大奖。

“夜珠山”名片越擦越亮

《景德镇日报》2022年5月10日 A1版 杜 辉 黄皓民 王 姝

夜幕降临，华灯初上。放眼望去，在我市的陶溪川、九集小镇、三宝国际瓷谷、陶艺街等地，灯火通明，琳琅满目的货摊一字排开，诱人的美食香味向过往的人群发出邀请，多彩的霓虹应和着现代生活的喧闹……结束了一天的工作，人们的夜生活才刚刚开始。

活跃的夜经济是城市繁华的重要标志，是城市生活品质的重要载体。珠山区作为我市的中心城区、商贸核心区，夜间消费活跃。针对这一特点，珠山区主动布局、积极谋划，以积极打造“夜珠山”消费带作为建设国家陶瓷文化传承创新试验区核心区的战略支点，深入研究探索“夜珠山”品牌打造路径，不断擦亮“夜珠山”消费带名片。2021年11月5日，珠山区文广新旅局争创的“夜珠山”消费带，成功入选第一批国家级夜间文化和旅游消费集聚区名单。

“夜珠山”消费带，总面积2.45平方公里。由北至南，串联了国家文化产业示范园区陶溪川文创街区、国家4A级旅游景区三宝国际瓷谷（陶源谷）、省商旅文融合发展综合体九集小镇、青年学生创客街陶艺街等四大优质文旅集聚板块。该区域依托国家级文化产业示范园区的示范引领，聚集形成了“深度夜游、沉浸夜演、饕餮夜宴、文创夜购、时尚夜娱、精品夜宿、品味夜读”“七夜”文旅消费带。消费带夜间公共服务完善、产品供给丰富多样，消费规模和质量较高，契合了多样化消费群体需求。

整合多方力量 激发“夜珠山”活力

2021年国庆黄金周期间，珠山区举办2021年珠山区“千店共庆”金秋商贸旅游消费季活动，拉开了珠山不打烊的序幕。活动总计投入财政补贴100万元，整合了近千家店铺参与其中，以消费券和补贴的形式开展全区景区、餐饮、民宿消费等一系列商贸旅游促销让利活动，进一步促进国庆“黄金周”期间商贸旅游消费；同时，珠山区邀请“夜珠山”消费带运营公司、珠山区重点文旅企业、文旅商户、景区等企业积极加入“夜珠山”文旅消费促进联盟，带动企业主动让利促销，振奋了企业的信心，多家企业主动让利促销，多方发力，全力助推珠山消费潜力不断释放。

近年来，雕塑瓷厂乐天陶艺集市、陶溪川青年创意集市、九集小镇集市、三宝谷市等相继诞生，逐渐形成了生机勃勃的市集文化。“景漂”“景归”、大学生、创客等相聚于此，成为一个个摊位的“小摊主”，跳蚤市场和创意集市成为消费市场的新亮点，让“夜珠山”更具艺术气息与青春活力。

做活文旅搭台 提升“夜珠山”魅力

珠山区紧扣“百县百日”江西文化和旅游消费季活动主旨，开展丰富多彩的文旅消费季活动。以瓷博会为契机，推出了三宝的“三宝+艺术周”活动和珠山区“产业无界 共创未来”招商推介大会暨全球陶瓷产品创新中心发布盛典，陶溪川文创街区的“一会、两展、两发布和十大活动”，九集小镇的特色餐饮、休闲娱乐等夜间文旅消费服务以及陶艺街丰富多样的手工艺品、茶具、雕塑等百项文旅活动，都让外地游客与本地居民充分感受到“夜珠山”的独特魅力。活动期间，来珠山进行文旅消费总人次达103.94万，实现文旅消费收入7.29亿元，“夜经济”市场呈现人气兴旺态势。在江西“百县百日”文旅消费季情况评估中，珠山区排名全省第七，是景德镇市唯一入选的县区。

为丰富旅游产品供给，增强旅游体验感，珠山区整合辖区旅游资源，结合不同人群的多元化需求，文旅供给侧结构性改革再发力，精心编制推出了休闲之旅、文化之旅、“夜珠山”之旅、美食之旅、民宿之旅等为主题的十条畅游之旅。还利用陶瓷主播带货这一本土优势，发动网红主播通过直播带货大赛，全方位对外推介珠山特色，将线上流量转化为线下客流，全力促进文旅夜经济提效升级。

创新推介模式 做大“夜珠山”影响力

在“夜珠山”消费带成功入选国家级夜间文旅消费集聚区后，珠山区立即筹备召开新闻发布会，邀请了市县有关领导、文旅企事业单位负责人、省市媒体、消费联盟代表等参加，同时利用线上直播与广大网友朋友共同见证“夜珠山”的“五个一”具体内容正式发布；坚持采用“社会宣传+媒体宣传+自媒体宣传”组合拳的宣传模式，不断提升“夜珠山”的曝光率。2021年国庆期间，珠山区激活夜间文旅市场消费的做法和成效得到了中央、省市多家主流媒体的宣传推介，夜珠山“消费带”的品牌效应日益显现。

珠山区通过各类形式丰富“夜珠山”衍生品，不断提升“夜珠山”体验感、知名度。开发“夜珠山”礼物，让“夜珠山”品牌更加深入人心，首批设计的陶瓷杯和旅游台历寓意一辈子和每一天。陶瓷杯将“夜珠山”消费带的手绘地图元素勾勒于杯身，充满了意境感；旅游台历用明亮的色彩感和简约的设计感展现珠山开放创新的文化魅力，让人对夜珠山充满向往。开发“镇的心意”，芝麻糖、花生糖等景德镇传统小食，通过景德镇文化特色的包装设计，体现了珠山文旅满满的心意。优选“夜珠山”消费带“吃、住、行、游、购、娱”各类商户，评选出一批“官方推介”文旅网红名店，制作形成了“夜珠山”消费带网红地图，让“夜珠山”随处可见，与日常生活融于一体并充满了探索的乐趣。

珠山区：建设国家试验区核心区迈上新台阶

《景德镇日报》2022 年 5 月 21 日 A7 版 珠山区委宣传部

意气风发建设国家试验区核心区，豪情满怀创造幸福美好崭新生活。

三年来，珠山区紧扣建设国家试验区“一年见成效、三年上台阶、五年树标杆”目标要求，充分发挥陶瓷文化底蕴深厚、产业基础厚实、人才资源聚集的优势，主动挑起建设国家试验区核心区的重担，担当实干、勇毅前行，全力促进全区经济社会高质量跨越式发展，全力推动国家试验区核心区建设迈上新台阶。

提升民生福祉 全力推进城市更新

珠山区既是景德镇市中心主城区，也是历史老城区。三年来，珠山区秉承城市就像一张名片、对外展示形象、对内托举民生的理念，全力推进城市有机更新，让民生福祉更有“质感”。

加快老旧小区、背街小巷改造步伐。在老旧小区改造方面，珠山区坚持统一规划、全面覆盖的目标，根据轻重缓急的原则评估分类，逐步完善基础设施建设，同时，在改造好的新枫园小区和陶机安置房分别推行了加装电梯及直饮水安装试点，提高小区居民安全性和舒适性。截至目前，珠山区已投入资金 15 亿余元，完成老旧小区改造 169 个，惠及居民户数 51217 户，群众满意度达到 90% 以上；在背街小巷改造方面，珠山区坚持统一规划、以线带面、成片推进，共投入改造资金近 5 亿元，实施背街小巷改造工程 442 个、完成里弄改造 400 余条，基本实现了全覆盖和“水通、路平、墙美、灯亮、线齐、窗明、畅通”，同时，注重保留里弄小巷历史遗迹、突出珠山文化特色，打造了一批精品里弄。

扎实推进东片区和珠山新区建设。珠山区投资近 20 亿元实施东片区新厂东路、珠山新区经一路等 10 条道路建设，打通沿江东路、童宾路延伸段等 16 条断头路，极大改善了交通拥堵状况；投入近 4.1 亿元先后迁建第二十二小学、竟成小学，新建第十七小学分校、陶新小学、陶阳学校、珠山区实验幼儿园，增加学位 5400 余个，顺利通过国家义务教育基本均衡督导评估。第一小学新校园改建、珠山实验学校扩建项目正快速推进，将于 2022 年秋季开学前建成投入使用；新建陶新家园、观音小区 2 个农贸市场，西路新区等 10 个农贸市场完成升级改造；完善基础设施建设，科学谋划产业布局，打造陶瓷垂直电商平台和陶瓷产业大数据中心，推动数字经济与实体经济深度融合，加快总部经济重点招商，实现总部企业数量和质量双突破。

文化传承创新 主攻御窑遗址保护征收

陶瓷文化是珠山的根，保护传承好陶瓷文化是国家试验区建设的魂。三年来，珠山区自觉服务和融入全市建设国家试验区大局，在开展御窑遗址保护、推动御窑厂申报世界文化遗产、加强御窑遗址周边老城区保护利用等方面贡献了建设国家试验区核心区的担当，在全力打造总投资达 26 亿元、以三宝国际瓷谷为核心的陶源谷艺术景区、擦亮陶瓷文化“金字品牌”，扎实推进陶瓷艺术职业大学项目等方面展现了建设国家试验区核心区的风采。

为御窑“一号工程”创造良好条件。珠山区咬定中山北路古街征收工作目标不放松，调集精兵强将，迎难而上，全力以赴抓进度、坚守标准讲方法，确保了项目征收稳妥推进，做到了“阳光征收”、让群众满意。为腾出御窑“一号工程”建设空间，珠山区按照“简约、质朴、实用”的原则，在保留原有五二三厂建筑整体风貌的基础上对其进行加固改造，改造后的园区总用地面积为 65000 平方米，建筑面积 36000 平方米，实现了珠山区发展中心从御窑遗址核心区迁往东市区集中办公，改变了过去部门单位分散办公、场所不足、条件简陋等状况。

坚决打赢陶瓷艺术职业大学项目征迁攻坚战。珠山区站在文化兴盛城市才能得到发展，教育鼎盛文脉方能传承延续的认识高度和行动高度，仅用 20 天就全面完成了 52 栋 166 户民房的征收任务，征收总面积 19440 平方米，征收土地近 79920 平方米，迁坟 560 座。同时，按照“征下即拆、以拆促征”要求，仅在 10 天内就全面完成了房屋拆除清运和土地清表工作，有力保障了今年 9 月陶瓷艺术职业大学项目投入使用。

对外文化交流 主打“景漂 +”国际牌

珠山区作为陶瓷文化的高地、陶瓷历史的承载地、陶瓷遗存的展现地，成为“景漂”“境外景漂”主要的聚集区。三年来，珠山区因势利导、跟进服务，以主打“景漂 +”国际牌为抓手，不断打造对外文化交流新平台。

对外文化交流影响不断扩大。党史学习教育开展以来，珠山区搭建“景漂”流动党员服务中心与“景漂之家”，举办“百名‘景漂’庆百年华诞”等系列主题艺术展、向“境外景漂”赠送《习近平谈治国理政（英文版）》，帮助“境外景漂”了解中共党史学习中国故事等相关做法在全省党史学习教育总结会议上得到充分肯定和高度评价。围绕“3+1+X人才认定”“子女就学申请”“就业培训”“法律援助”“小额贷款”等事项，珠山区制定了“景漂”服务清单，现已帮助161人申请“3+1+X人才认定”、31人办理小额贴息贷款、32人开展就业培训、76人咨询职称评定。

文化产业、文旅融合、文化商贸融合蓬勃发展。珠山区与工业设计龙头企业洛可可合作，投资8亿元，吸引全球设计师汇聚于此，共同打造“仰望星空”的洛客设计谷。以此为基础，完善配套设施、做优品牌孵化，聚力文化内涵、丰富产业体系，提升设计服务、实现云端互联；三宝国际文创中心全力为陶瓷人才集聚提供政策支撑和优质服务，成为服务“景漂”人才、扶持“景漂”以及非遗传承人、优秀工匠等人才就业创业的高地；陶瓷跨境电商数字产业园通过打通设计打样、生产、供应链、资金支持、仓储物流、金融支付、IT、互联网营销、品牌孵化、人才培养、场地等全链条，提供跨境电商一站式创业、运营支持及综合服务解决方案，2022年园区进出口总额可达亿元以上；顺应消费观念和结构转变，不断丰富文旅融合、文化商贸融合业态，持续完善功能，以第三产业为主导的产业结构特色更加鲜明、实力更加壮大。

抓培训 强孵化 创品牌

——珠山区大力提升新时代文明实践志愿服务水平

《景德镇日报》2022年5月28日 A3版 王 宏 付 裕

近来，珠山区结合市中心城区的区情实际，从抓培训、强孵化、创品牌入手，切实增强新时代文明实践志愿服务的内生动力，大力提升新时代文明实践志愿服务水平。

推动志愿服务制度化规范化常态化

5月19日，由珠山区委宣传部、珠山区民政局联合举办的全区志愿服务组织工作推进暨志愿服务交流培训会在该区社会组织培育发展创新基地举行。区级志愿服务组织、社会组织负责人，竟成镇、各街道、经开区辖区内志愿服务组织负责人70余人接受培训。大家学习交流了《江西志愿服务在线管理系统使用指南》，围绕江西志愿服务在线管理系统功能介绍、志愿者和志愿服务团体注册登记、志愿服务项目发布流程、志愿服务时长记录等管理应用和功能用途进行操作演示，并现场解析常见的操作问题和注意事项；学习交流了什么是公益产品、筹资渠道有哪些、区社会组织培育发展创新基地半年来的服务案例，以及培育发展志愿、社区社会组织的方法步骤，并为各志愿服务组织负责人未来设计更符合社会需求的公益产品规划和发展提供思路与见解；分享了近年来如何通过开展形式多样的志愿服务活动，让孤寡老人、困境儿童、低保、残疾人等人群感受到温暖的关怀。

推动志愿服务孵化培育平台化

珠山区全面依托新时代文明实践中心、实践所、实践站三级阵地，积极打造“一园、多基地、N空间”的志愿服务孵化培育平台体系，为志愿服务组织和广大志愿者搭建交流、学习、成长与服务的空间平台。

新时代文明实践中心打造志愿服务孵化园，以协调全区志愿服务孵化培育工作、指导志愿服务组织党建工作、链接志愿服务孵化培育资源、规范政府购买社会服务、专业孵化志愿服务组织为统筹规划目标，打造专业、系统、全面的志愿服务组织孵化阵地，一方面孵化区内优秀志愿服务组织，一方面引入外部组织加强示范引领，为全区志愿服务组织提供全方位服务和指导，实现志愿服务组织由“壮大”到“专业”的转变；新时代文明实践所建设志愿服务孵化阵地，主要承担“衔接区级和社区的服务资源、培育发展社区志愿服务组织、引入专业组织服务、建立志愿人才培养机制”等职责，深化街镇层面的孵化培育工作，加强培训指导与资源支持，选拔社区、农村的优秀志愿者团队，为其提供深层次的孵化培育服务，实现志愿服务组织由“独立”到“壮大”的发展，进一步提升志愿者组织和团队的专业水平和服务能力；新时代文明实践站搭建了志愿服务孵化空间，以“收集发布社区服务需求、挖掘社区志愿服务领袖人物、培育社区志愿服务协调队伍”等为主要服务内容，贴近群众、服务群众，深度挖掘社区和农村志愿服务带头人、“五老”人员、新乡贤等群体，强化服务助力组建志愿者团队，实现志愿服务组织由“培育”到“自发”的转变，使志愿者组织和团队更好地为社区群众提供便于参与、乐于参与的文明实践活动以及为居民提供多元服务。

打响志愿服务品牌

按照常态化、精准化总体思

路，做到志愿服务和推进全区重点工作、满足群众需求、夯实新时代文明实践基础相结合，珠山区积极打造“8+N”志愿服务品牌，让城市更温暖。2021 年 10 月 19 日，珠山区举行了“青花姐姐”巾帼志愿服务队成立大会暨授旗仪式，这是继组建“妈妈护卫队”“巾帼巡查队”等巾帼志愿服务队伍、开展多项巾帼志愿服务活动之后的又一支志愿服务有生力量；2021 年 12 月 6 日，“景漂”志愿服务队授旗仪式在三宝国际瓷谷艺术馆举行，这支“景漂”志愿服务队共有 32 人，他们分别来自江西抚州、福建、河北、安徽、浙江、山东以及日本、美国等地；前不久，“古镇飞舞”红色文艺轻骑兵志愿服务队授旗仪式在珠山区发展中心举行。珠山区共有 8 支像“青花姐姐”巾帼志愿服务队和“景漂”志愿服务队、“古镇飞舞”红色文艺轻骑兵志愿服务队一样的志愿服务队伍，他们推动志愿服务全区覆盖，构成了“8+N”志愿服务体系。

“暖心加油站”升级治理展活力

《景德镇日报》2022 年 5 月 31 日 A3 版　吴立群

社会主义核心价值观 · 和谐：和谐是中国传统文化的基本理念，集中体现了学有所教、劳有所得、病有所医、老有所养、住有所居的生动局面。我们倡导的和谐，是人与人、人与社会、人与自然的有机统一，他是社会主义现代化国家在社会建设领域的价值诉求，是经济社会和谐稳定、持续健康发展的重要保证。

2021 年以来，珠山区周路口街道扎实开展“我为群众办实事”实践活动，聚焦“一老一小”，盘活辖区闲置空间，将废弃仓库改造的“城管环卫之家”再度升级为“暖心加油站”，“三心”齐用，“暖心加油站”正逐步成为各类人群的休憩点、孤寡老幼的连心点、文明新风的传播点、社区服务的延伸点、民情民意的收集点和社会矛盾的化解点。“有困难找组织，有需求到暖心加油站”通过口口相传，已深入人心。

“暖心”微服务 畅通居民“堵点”

走进“暖心加油站”，首先映入眼帘的是一排排整齐的桌椅和按需设置的饮水机、微波炉、免费充电宝、急救箱等共享服务设施，各类人群特别是户外工作者来到这里“渴了能喝水、饿了能热饭、热了能纳凉、冷了能取暖、累了能休息、伤了能急救”。

“暖心加油站”位于老城区里弄中，周边住有不少孤寡老人、“三无”人员、失独家庭和留守儿童，为了更好地便民利民，街道积极探索“五社联动”模式，整合社会共同体资源，梳理了“需求、资源、服务”三项清单，通过广泛开展义诊、免费理发、同过“母亲节”等 10 余个主题活动，无偿提供健康指导，专项体检、家电维修等 20 余项公益服务，持续开展关爱慰问，有力地托起了“一老一小”稳稳的幸福，有效减少了矛盾“因子”。

“舒心”即刻办 解决民生“难点”

为了第一时间解决好居民的急难愁盼问题，街道将“暖心加油站”作为社区党群服务的外延阵地，通过开通红色代办、绿色通道和设置“心愿信箱”等举措，每天安排志愿者接待居民、开箱受理、答疑释惑、解决问题，联动解决问题更高效，“暖心加油站”真正成为了收集民情、聚焦民生、倾听民意、解决民困的“桥头堡”。截至目前，“暖心加油站”已经有效解决居民各类诉求 50 余件，满意度高达 98.7%。

针对辖区年轻居民日出夜归的工作实际和年老居民体弱多病的身体状况，街道还在居民区内合理布设了“便民邮筒”，外卖员和快递小哥当起了“兼职邮差”，工作之余将“便民邮筒”中的待办材料带回“暖心加油站”妥善处理，处理好后又送到居民家中，不仅解决了居民下班时间与社区服务时间不一致的问题，还减少了居民来回跑的时间和金钱成本。

“爽心”破壁垒 破除治理“痛点”

周路口地处市中心繁华商贸圈，社会治理难度较大。为此，街道将“百姓说事”“人民调解”功能向“暖心加油站”延伸，对各种可能存在激化危险的矛盾纠纷及时介入，努力从源头上控制和减少矛盾的发生，推动排查化解工作前移。

一批觉悟高、法律意识强、群众基础好的“五老”自发组成“和事佬”义务调解队入住“暖心加油站”。他们以楼宇为单元、居民区为小网格、社区为大网格，面对面听取居民反映问题，有效地化解各类矛盾纠纷。截至目前，“和事佬”义务调解队共调处各类纠纷 30 余起，有效减少了街道社区调解工作量，实现了小事不出楼宇、大事不出社区的良好治理格局。

“暖心加油站”充分整合妇联、司法、信访、志愿者队伍等基层治理资源，积极引导“五老”和户外工作者参与异常情况预警、突发事件直报、社情民意传递等基层治理工作，提前掌握苗头性矛盾问题，创新集纠纷调解、法律援助、法治宣传、心理关爱、志愿帮扶五位于一体的工作机制，形成了上下贯通、左右衔接，多层次、宽领域的人民调解组织体系。截至目前，“暖心加油站”已服务居民200余次，开展矛盾纠纷排查23次，预防发生率达到100%，调解成功42个邻里纠纷案件，调解成功率达到100%，有力地促进了家庭和谐和社会稳定。

创新创业的源泉不断奔涌

——珠山区深入实施发展和改革双“一号工程”纪实

《景德镇日报》2022年6月6日 A1版 江西日报记者 王景萍

珠山区是景德镇中心城区，是建设景德镇国家陶瓷文化传承创新试验区的核心区。2022年2月以来，该区深入推进发展和改革双“一号工程”，凝心聚力谋发展、甩开膀子加油干，数字经济发展势头强劲。当前，珠山区的许多企业，对发展壮大信心满满，创新创业的源泉不断奔涌。

“2022年2月入驻，3月销售额就达到10万美元，产品远销欧美、东南亚。”4月29日，提起珠山区陶瓷跨境电商产业园，景德镇言溪电子商务有限公司负责人余炉平就开口叫好，“政府的政策好、园区的环境好……在这里做跨境电商，非常有前景。”

2022年，珠山区政府联合浙江必创科技集团有限公司，共同打造了跨境电商产业园。自2022年2月开园至今，该产业园已引进、培育好活科技、敬瓷轩、简凡陶瓷等企业49家。

行走在珠山区陶瓷跨境电商产业园，记者注意到，该园区不仅设有出口陶瓷产品展示区、跨境生态企业办公区、跨境企业孵化区，还设有培训、路演、直播、商务洽谈等分区，园区功能十分齐全，可为入园企业提供电商交易、报关通关、金融物流、商务支持等一站式服务。“政府为入园企业开通了办证绿色通道，还协调银行提供了2亿元的融资贷款。”珠山区陶瓷跨境电商产业园总经理冯涛告诉记者，当地政府提供的一系列实实在在的服务，让企业对在园区创业信心满满。园区开园至今，累计销售额已突破千万美元大关。

珠山区聚焦景德镇国家陶瓷文化传承创新试验区，主动融入江西内陆开放型经济试验区及“一带一路”建设，大力构建多元化数字应用场景，推动数字商务、国际合作、跨境电商等联动发展。2022年以来，通过以一流服务助推珠山区陶瓷跨境电商产业园、昌南云谷、陶溪川直播基地等发展，激发了数千家企业的创业热情。一季度，区域内陶瓷电商营业收入总计突破10亿元。

“看，这个就是区委主要领导前来调研时，引导我们公司新研发的空调滴水雾化器，既能解决空调外机滴水难题，又能美化环境、净化空气。”说起珠山区的营商环境，景德镇鑫惠康电子有限责任公司董事长洪顺球显得有些兴奋，“我们企业有市委、区委领导挂点，同时还有区工信局派来的驻企特派员，为企业发展提供保姆式服务。”

景德镇鑫惠康电子有限责任公司是位于珠山区景华工业园的一家高科技企业。在珠山区委、区政府的引导支持下，该公司以数字化为引领，不断加大科技投入，自主研发了电脑自动分选仪等系列生产设备，形成了自动化标准生产线。洪顺球告诉记者，数字化技术让公司的生产成本大幅降低，生产效率和产品质量明显提升。公司自主研发生产的陶瓷超声波传感芯片、美容芯片、驱动芯片等高科技产品，远销韩国、马来西亚、印度等国，公司的国际竞争力显著增强。

2022年以来，珠山区以数字经济与实体经济深度融合为主线，着力加强数字基础设施建设，推动数字技术创新运用，重点推进陶瓷、航空等优势产业创新融合、转型升级。截至目前，已完成400多个5G网络基站的建设，同时开展了“万企上云上平台”等专项活动，助推全区制造业企业插上数字化翅膀。尝到了数字经济甜头的洪顺球说：“双‘一号工程’的推进，让我们对未来发展信心更足了，2022年将投资新建厂房、扩大产能，全力冲刺年产值2亿元的新目标。”

“与传统手工打样相比，智能打样成本降低60%，耗时至少缩短6倍。”在位于珠山区的洛客谷陶瓷智造中心，说起智能制造，洛客谷运营总监李佩芬十分自豪。2022年2月启用的洛客谷陶瓷智造中心，依靠全球领先的智能制造设备，连接陶瓷产业链上下游企业，建立陶瓷原材料数据库，通过数字化集成手段，以标准化、数字化、智能化为阶段建设路径，实现从设计、打样到生产的联通。智能设计与智能打样的结合，降低了陶瓷领域的进入门槛，为来自全球的创客与当地的陶瓷企业带来了新的无限可能。

据介绍，2022年以来，珠山区不断加大力度推动陶瓷产业数字化转型，加快陶瓷产业大数据中心、工业互联网平台等建设，依托洛客谷等打造具有全国影响力的陶瓷工业设计互联网平台。同时，统筹推动数字经济和文创产业领域知识产权保护利用，支持全国版权示范单位——景德镇市瑞牛文化科技有限公司等文创企业发展壮大。

4月26日，由景德镇市瑞牛文化科技有限公司与景德镇中国陶瓷博物馆联合打造的首个数字艺术藏品《青青子衿》，在阿里拍卖数字交易平台一经亮相，就广受欢迎。

这标志着依托自身强大的IP设计转化能力和版权数字化开发能力，景德镇市瑞牛文化科技有限公司正式挺进陶瓷数字经济领域。该公司董事长段建平说：“双‘一号工程’的大力推进，给了我们逐梦数字经济蓝海的底气，我们将以敢为人先的勇气，用数字化语言讲好精彩的景德镇故事。”

珠山区：龙珠阁下谱新篇

《景德镇日报》2022年8月8日 A1版　吴立群

珠山尽显生机盎然，龙珠阁下谱写新篇。

党的十八大以来，景德镇市中心主城区——珠山区沿着习近平总书记指引的方向，从全力打造经济繁荣、城市靓丽、古韵悠长、和谐宜居的历史文化名城标志性城区到全面建设社会主义现代化国际瓷都先行区，以努力奔跑姿态和求真务实作风，协同推进经济社会高质量发展、城市建设能力高效率提升、文化软实力高水平彰显和人民群众高品质生活，书写了美丽的沧桑之变、谱写了激昂的奋进之曲。

经济跨越发展

2021年，珠山各项主要经济指标位居全市前列。全区地区生产总值完成256.3亿元，是2012年的4倍，各项数据充分反映出该区经济跨越发展的强劲势头。

产业是发展的支撑、财政的税源、就业的保障。该区坚持“三产兴区”，大力发展具有珠山特色的“3+1”产业体系，向创新要活力，向改革要动力，向科技要生产力，努力实现产业提质、发展提速、服务提效，提升发展层次和发展水平。互联网整车物流科技平台发展迅速，入驻平台企业整体运力占全国整车物流的28%。在持续做大总部经济、做精电子商务、做强实体经济的同时，该区重视发展高品质现代商贸业、高层次服务业、高品位陶瓷创意产业，大力发展以新技术和新模式为突出特点的“少而精”型工业，2021年新增入规工业企业11家，为以前若干年的总和，引进浙江星洲、江苏恒铭达2家亿元工业企业落户，推动蓝印子、百陶会入选省级专精特新企业，凯悦五星级酒店、海底捞、钟书阁等高端服务业品牌落户，着力构建了特色鲜明的城区产业体系。

机器轰鸣声隆隆响起，推土机、挖掘机、大型装备车等穿梭忙碌，一个个重点项目正奋力赶进度、抢时间、拼速度、提效率，跑出建设“加速度”，为全区经济社会发展注入强劲动能，这已成为珠山区重点项目建设的常态。2022年该区市级重点项目23个，其中续建项目8个、新建项目15个，项目总投资163.75亿元，本年计划投资51.41亿元，1至6月完成投资35.63亿元，完成全年计划的69.3%，排名全市第二。一批重点项目建设成果日益凸显，如投资8亿元的洛客设计谷项目，吸引全球设计师汇聚于此，共同打造陶瓷智造中心的高地，以此为基础，完善配套设施、做优品牌孵化，聚力文化内涵、丰富产业体系，提升设计服务、实现云端互联；陶瓷跨境电商数字产业园通过打通设计打样、生产、供应链、资金支持、仓储物流、金融支付、IT、互联网营销、品牌孵化、人才培养、场地等全链条，提供跨境电商一站式创业、运营支持及综合服务解决方案，2022年园区进出口总额可达亿元以上。

城市建设喜人

珠山区大力弘扬陶瓷“工匠精神”，以城乡环境大整治为抓手，做精城市品质、做细城市管理、做美生态环境、做实城乡融合，推动这场颜值革命深入街头巷尾、氤氲到民生民心。

加快老旧小区、背街小巷改造步伐，改出群众满意。在老旧小区改造方面，该区坚持统一规划、全面覆盖的目标，根据轻重缓急的原则评估分类，逐步完善基础设施建设，同时，在改造好的新枫园小区和陶机安置房分别推行了加装电梯及直饮水安装试点，提高小区居民安全性和舒适性。截至目前，该区已投入资金15亿余元，完成老旧小区改造169个，惠及居民户数51217户，群众满意度达到90%以上；在背街小巷改造方面，该区坚持统一规划、以线带面、成片推进，共投入改造资金近5亿元，实施背街小巷改造工程442个、完成里弄改造400余条，基本实现了全覆盖和“水通、路平、墙美、灯亮、线齐、窗明、畅通”，同时，注重保留里弄小巷历史遗迹、突出珠山文化特色，打造了一批精品里弄。

扎实推进东片区、珠山新区、三宝国际瓷谷建设，提升城市品质。该区投资近20亿元实施东片区新厂东路、珠山新区经一路等10条道路建设，打通沿江东路、童宾路延伸段等16条断头路，实现新厂东路与何家桥路、景德大道二标段全线通车，极大改善了交通拥堵状况；对珠山新区完善基础设施建设，科学谋划产业布局，打造陶瓷垂直电商平台和陶瓷产业大数据中心，推动数字经济与实体经济深度融合，加快总部经济重点招商，实现总部企业数量和质量双突破；全力打造总投资达26亿元、以三宝国际瓷谷为核心的陶源谷艺术景区、擦亮千年陶瓷文化“金字品牌”；投入近4.1亿元先后迁建第二十二小学、竟成小学，新建第十七小学分校、陶新小学、陶阳学校、珠山区实验幼儿园，增加学位5400余个，顺利通过国家义务教育基本均衡督导评估。第一小学新校园改建、珠山实验学校扩建项目正快速推进，将于2021年秋季开学前建成投入使用；新建陶新家园、观英小区2个农贸市场；西路新区等10个农贸市场完成升级改造。

文化更有魅力

珠山区充分彰显陶瓷文化的独特魅力，着力在保护、传承、交流上下功夫，加快建设文化强区步伐。

文化产业、文旅融合、文化商贸融合蓬勃发展，不断提质增效。成功承办全省旅发大会“三宝村宴”“三宝游购”，举办“2021三宝＋艺术周”活动；“夜珠山”消费带成功入选首批国家级夜间文旅消费集聚区；获评江西省全域旅游示范区、文化产业重点县（市、区）；三宝国际瓷谷成功创建国家4A级景区、全国版权示范园区（基地）；首次成功举办招商推介大会，组织招商90余批次，开展商务洽谈280余次项目180余个，与京东、好活科技等30余家企业签订战略合作协议，涵盖数字经济、总部经济、基金创投和商贸文旅等多个领域。

服务建好国家试验区，打造“景漂景归”聚集高地。在开展御窑遗址保护、推动御窑址申报世界文化遗产、加强御窑遗址周边老城区保护利用等方面贡献建设国家试验区核心区的担当，如：咬定中山北路古街征收工作目标不放松，调集精兵强将，迎难而上，全力以赴抓进度、坚守标准讲方法，确保了项目征收稳妥推进，做到了“阳光征收”、让群众满意，腾出了御窑“一号工程”的建设空间。作为“景漂景归”主要聚集区，该区充分扩大陶瓷文化高地、陶瓷历史承载地、陶瓷遗存展现地的优势，全力构建“景漂景归”陶瓷创意、人才培养、品牌塑造全产业链，积极探索柔性引才模式，营造吸引人才、留住人才的优良环境；依托三宝国际瓷谷，搭建展示、培训、孵化、交流、电商五大平台，为人才在珠山的发展创造条件；设立创业专项扶持资金，提供多渠道融资支持，不断开创人尽其才、才尽其用、用有所成的良好局面；积极主动为人才排忧解难，切实在子女就学、配偶就业等方面给予政策倾斜，让珠山成为他们的“第二故乡”。

民生保障有力

面对户籍人口占全市城区人口三分之二的区情实际，珠山区始终坚持以人民为中心的发展思想，统筹推进社会事业，提高公共服务水平，提升社会治理能力，推进巩固拓展脱贫攻坚成果同乡村振兴有机衔接，不断提高群众幸福感、获得感和安全感。

用心用情办好民生实事，增强服务热度。2021年，该区新增就业3019人，城镇就业率达到96.5%，城镇零就业家庭安置率100%。在全省率先实现城乡低保一体化，标准达780元每月，累计发放低保资金7233.6万元。实现社区嵌入式养老机构街道全覆盖，完成80户困难老年人家庭适老化改造，建成“瓷都爱心食堂”4个、打造“暖心加油站”6个。

解决民生热点难点堵点，体现城区温度。该区认真落实教育“双减”政策，“未来学校·智慧空间”科技馆落成，课后延时服务实现全覆盖，义务教育阶段学科类校外培训机构压减率100%；2021年为企业新增减税降费6957万元，助力企业融资2.15亿元，发放创业担保贷款5000万元以上，文明创建成果持续巩固，拆除“两违”2万余平方米，打造市容环境示范街28条、油烟治理示范街2条，5个社区荣获全省“绿色社区美丽家园”示范社区，镇改街道、村改社区工作稳步推进，樊家井村在全市率先试点完成村改社区；平安珠山、法治珠山建设扎实推进，连续19年未发生重大安全生产事故。全面推进乡村振兴战略，坚决打好污染防治攻坚战，重点领域风险得到有效防范化解。

珠山区多措并举助推文明创建

《景德镇日报》2022年8月11日 A4版　朱　萱

珠山区作为我市主城区和常态长效创建全国文明城市主战场，2022年以来，在抓好疫情防控的基础上，全力以赴抓项目、促发展，进一步压实责任链、落实链，最大限度减少疫情对经济社会发展的影响，用实际行动和辛勤汗水为争创全国文明典范城市贡献珠山力量。

助推文明创建：全力抓投资、抓落实、抓推进

为充分提高常态长效创建全国文明城市工作水平，该区坚持“项目为王”理念，层层压实项目责任，抢抓项目建设黄金期，强化工作责任，细化工作流程，全力抓投资、抓落实、抓推进，努力完成全年重点项目建设任务。

该区按照“主要领导亲自部署、亲自研究、亲自推动，分管领导一线指挥、一线督战、一线落实”的原则，充分发挥“日调度、周通报、月总结”机制作用，全力推进现有重点项目建设进程，对已开工的项目最大限度提高项目投资完成率。各项目责任单位紧盯工程进度，提高工程效率，抢抓时间节点，强势推进项目进程，确保完成全年既定的投资计划。

为文明创建增光添彩：跑出项目建设“加速度”

在该区各项目现场，机器轰鸣声隆隆响起，推土机、挖掘机、大型装备车等穿梭忙碌，一个个重点项目正奋力赶进度、抢时间、拼速度、提效率，跑出建设“加速度”，为争创全国文明典范城市增光添彩。

截至目前，在老旧小区改造项目方面，2022年该区梨树园南二区、电厂小区、花明小区、西路小区、奥林社区等10个老旧小区已全面进场施工，将在10月底完成雨污分流、路面、外立面、屋顶维修等主体工程，12月底全面完成建设任务；在社区居家养老服务中心建设项目方面，位于桂花弄的幸福食堂已于7月底竣工，位于妇联和恒大御景的“幸福食堂+活动中心”将分别于8月初和8月底竣工，位于方家山的养老办公将于8月初竣工，位于梨树园的幸福食堂将于8月底竣工，位于电厂的养老院将于12月底竣工；在珠山实验学校扩建工程和市第一小学新校园改建工程方面，两所学校的新建教学楼已经完成绝大部分工程，可以保障在9月1日投入使用；在景东招商场综合改造项目方面，将于9月底完成征收，正在加快办理工程建设手续；在老鸦滩艺术社区建设工程项目方面，将于12月底完成窑作居主体结构封顶。

展现文明创建水平：创造项目建设便利条件

该区严格落实“要素跟着项目走”的要求，扎实做好项目审批、建设等各环节的服务和要素保障工作，落实相关惠企政策，为项目建设创造便利条件，并牢固树立安全发展理念，坚决克服麻痹思想和侥幸心理，层层压实责任，强化防范措施，确保全区重点项目建设安全生产形势持续稳定向好。

与此同时，该区各相关部门、镇（街）区成立了重点项目专班，帮助项目施工方协调解决材料供应、物流不畅等困难问题。各建筑工地在抢抓项目进度的同时，严格执行相关防疫要求，对作业区、办公区和生活区实行封闭管理，切实为加快推进项目建设提供有力安全保障。

据了解，今年该区争创全国文明典范城市类项目总投资超过30亿元。

让城市更温暖

——珠山区创新新时代文明实践工作提升群众获得感

《江西日报》2022年7月27日 8版

江西日报记者　邱西颖

夜幕降临，景德镇市人民广场人流如织，有人在载歌载舞、有人在休闲散步，还有人驻足观看宣传栏。

“自从这里打造成新时代文明实践广场后，一块块文明宣传展示牌尽收眼底、一句句文明标语烂熟于心，让社会主义核心价值观更加接地气，让我们乐于在点滴生活中检验自己的文明程度，争做文明市民……”

这来自群众朴实的话语，令人不禁感叹：文明是城市的幸福底色，更是直抵人心的温暖！

2021年以来，景德镇市珠山区坚持以人民为中心导向，以新发展理念引领新时代文明实践工作高质量推进，在积极探索实现“凝聚群众、引导群众、以文化人、成风化俗”新时代文明实践工作重要价值的同时，让广大群众有了更多价值感、获得感和幸福感。

日前，记者走进珠山区，亲身感受新时代文明实践工作给人们传递的温暖。

建强阵地 平台打造接地气

7月15日，记者在位于太白园街道浙江路社区的珠山区委党校看到，这里还挂有“珠山区新时代文明实践中心”的牌子。“一个场所两块牌子，因建于社区中，更能贴近群众，党校和新时代文明实践两项功能可以更好融合”党校负责人罗英说。

据了解，2021年下半年以来，珠山区从文明创建、群众需求、社会发展出发，不断整合资源、优化阵地，让新时代文明实践中心从“线上”“线下”相结合进行功能升级。记者看到，中心集指挥调度、教育培训、文明体验、成果展示多项功能，户外电子大屏、指挥调度室、图书室、文体活动室、好人馆等一应俱全。而且，依托“古镇珠山”线上平台，中心还与区融媒体中心、学习强国深度融合，打造线上文明实践，不仅让中心可以随时随地调度全区文明创建、志愿服务等实践活动，也可以让群众在线上点单参与文明实践或了解更多政策和新闻。中心志愿者黄小娴说：“我每天都会接到来自镇（街道）、村（社区）和群众数十项文明实践点单或派单，涉及理论宣讲、政策宣传、文体活动、医疗保健、法律咨询、助学支教等方方面面。”

与此同时，不断建强网络和平台，构建起区、镇（街道）、村（社区）三级文明实践联动网，实现了“实践中心—实践所—实践站—实践点”四级平台全覆盖。即，建成区级新时代文明实践中心以及功能全面的志愿服务总队，在所有镇（街道）、村（社区）分别建成新时代文明实践所和实践站，并依据各自特色组建志愿服务支队和大队。同时，通过打造陶溪川、新华书店等一批特色鲜明、群众喜爱的新时代文明实践示范基地，形成了便民利民15分钟文明实践服务圈，还遴选一批优秀党员、身边好人、热心群众家庭建设文明实践家庭站助推文明实践进家入户，各中（小）学校设立新时代文明实践点强化未成年人教育引导。

据统计，该区目前已建成新时代文明实践中心1个、实践所10个、实践站69个、实践广场16个、实践基地10个、实践家庭11个，以及常态化志愿服务队459支，特色志愿服务队90支。

创新实践 志愿活动有热度

7月15日上午，坐落于莲社路的新华书店新时代文明实践基地格外热闹，书店二楼城市书房内两场文明实践活动正在举行：社区志愿者给辖区中小学生们讲解防溺水知识；社区老党员给群众传达近期的中央和省市新政策。

在十八桥商城内，昌江街道党工委书记温庭正带领40余名党员干部和志愿者开展“喜迎二十大、创建大提质、文明大提升”文明实践活动，他们走街串户清理垃圾杂物和广告、规范非机动车停放、排查沿街电线隐患，为商户们解决难题。

…………

新时代文明实践中心（所、站）主体力量是志愿者，珠山区不断健全志愿服务体系，创新志愿服务内容，让丰富多彩的志愿活动渗透各地。

该区突出人民主体性，通过激励和引导群众投身新时代文明实践，推动城市管理和社会治理效能提升。

2021年10月，在区妇联发动和组织下，全区各行各业妇女群众组成“青花姐姐”巾帼志愿者服务队，并组建卫生环保、爱心帮扶、文化文艺、心理抚慰、家庭教育、法律维权等多支小分队，广泛开展志愿服务活动，仅半年时间，队伍就从100人发展到3000多人。

2021年4月，该区新厂街道组建“七点钟行动”志愿服务队，每天清晨和晚上7点，社区干部和热心居民在辖区内开展环境卫生整治、综治巡查，并时常走进困难群众、孤寡老人家中帮助料理家务。

同时，该区高度重视宣传教育，开展丰富多彩的实践活动，让党的创新理论随时随地“飞入寻常百姓家”。

在梨树园社区，社区党委书记、居委会主任余梅正在为社区党员讲党史。她告诉记者，她是珠山区小巷宣讲志愿服务队成员，除了经常性在社区内宣讲，还不定期走进建筑工地、敬老院等，为更多群众宣讲。

清晨的集贸市场内、傍晚的休闲广场上，经常传出清脆的快板声，这是小巷宣讲志愿服务队宣讲员程赣生采用快板三句半形式，宣讲党的十九届六中全会精神，很受大家欢迎。

2021年11月，珠山区依托全国基层理论宣讲集体“小巷讲堂”品牌优势，面向全区吸纳宣讲人才和志愿服务人群，组建起专业和兼职结合的小巷宣讲志愿服务队，实现可常态化开展各种理论宣讲。小巷宣讲可做到由群众点单或志愿服务队合理“配菜”，以及“板凳宣讲”“弄堂宣讲”“老屋宣讲”“市场宣讲”“田间宣讲”“大树宣讲”等各种形式，内容应有尽有，真正做到群众在哪里，宣讲阵地就建在哪里。据统计，该区全年各类宣讲活动达3700余场次。

做优品牌 服务群众见温度

在临近景德镇第七小学的大椿树弄42号，这里挂有“赛跑坦社区暖心加油站”招牌，屋内配有电风扇、桌椅、书籍以及微波炉、热水瓶、急救箱等。独居老人邓水仔正在看书，不少小学生在写着暑期作业，还陆续有环卫工人、快递小哥进屋纳凉。社区负责人曾樱告诉记者：“该站于2021年9月建成，从帮助解决部分学生和家长露天吃饭不卫生问题，不断将服务延伸至为户外劳动者提供休憩、饮水、如厕、取暖纳凉、便当加热、手机充电等服务，以及为社区居民提供活动、休闲、议事场所，还经常性开展义诊、理发、家电维修等暖心活动。截至目前，已经开展活动20余场，服务居民1000余人次。”

据了解，“暖心加油站”已经成为珠山区新时代文明实践服务优质品牌，计划今年底将建成22个，并将逐步进景区、商场、企业，以及打造一批“暖心 + 旅游”“暖心 + 文创”“暖心 + 乡村振兴”特色站点。

樊家井社区探索和建立社区社会综合体，通过打造“樊事我来办”“樊事我帮忙”“樊事好商量”三大特色品牌做实便民服务，构建了“一站式办理 + 服务下沉”“社会组织免费服务”“烦心事不出社区”服务体系，真正实现社区服务365天不打烊。

“书香珠山·城市文化会客厅”是“以文化人”优秀品牌项目。通过遴选并打造21家含书店、民宿、景区、艺术聚落在内的城市文化空间，经常性开展读书会、论坛讲座、文艺演出、知识竞赛、朗诵演讲、艺术笔会、茶道花道等文化活动，让群众在丰富业余生活、提升生活品位的同时收获文化知识、提升文明素养。据统计，该项目至今举办活动300余场，直接受众人数达9万余人。

当前，该区还发挥新时代文明实践中心主阵地作用，全面打响“办事不用求人、办事依法依规、办事便捷高效、办事暖心爽心”的“珠事顺利”营商环境品牌，紧盯企业群众操心事、烦心事、揪心事，积极回应企业群众诉求与期盼。

“品牌思维、品牌建设推动新

时代文明实践工作走深走实，让优秀实践活动成功落地，目前，特色品牌服务帮助解决了 3 万多件群众急难愁盼事，成为文明实践亮丽名片。”珠山区委常委、宣传部长江斌如是说。

“夜珠山”消费带“发声”全国性论坛

《景德镇日报》2022 年 8 月 30 日 A2 版 张 怡

8 月 25 日，由文化和旅游部产业发展司、江苏省文化和旅游厅指导，中国旅游报社主办的全国夜间文化和旅游经济发展论坛暨对接促进活动在江苏省常州市举办。景德镇“夜珠山”消费带相关负责人在活动中就夜间文化和旅游经济发展作主题演讲，并作为第一批国家级夜间文化和旅游消费集聚区江西代表上台受牌。

本次论坛活动以“寻访人间烟火 尽享美好生活”为主题，分为成果发布、主旨演讲、研讨交流、项目推介等环节，进一步推动国家级夜间文化和旅游消费集聚区建设，促进夜间文化和旅游经济发展，以产业融合和业态创新激发消费潜力，满足人民美好生活需要。

在主题演讲环节，珠山区文广新旅局负责同志以《景德镇“夜珠山”点亮月光下的精彩》为主题，从“景德镇为什么要在‘文旅’上做文章、我们为什么想到做‘夜珠山’、怎么打造夜珠山、取得了什么成果”四个方面，就景德镇“夜珠山”消费带在发展夜间文化和旅游经济中的思路举措，并成功入选文化和旅游部第一批国家级夜间文化和旅游消费集聚区名单作了详细介绍。

据了解，2021 年 11 月 5 日，景德镇市“夜珠山”消费带成功入选第一批国家级夜间文化和旅游消费集聚区名单。景德镇“夜珠山”消费带串联了陶溪川文创街区、三宝国际瓷谷、九集小镇、陶艺街四大优质文旅集聚板块，并逐步纳入“夜珠山·码头夜市”及景德镇陶阳里御窑两大优质资源，形成了从东片区向中心城区覆盖的发展态势。在建设打造过程中，“夜珠山”消费带通过“文化交流”做旺“经贸往来”,不断丰富拓展“文化＋夜”模式的深度内涵，聚集形成了“深度夜游、沉浸夜演、饕餮夜宴、文创夜购、时尚夜娱、精品夜宿、文化夜读”为主要内容的“全域、全时、全龄”文旅消费生态体系。

景德镇“五社联动”打通为民服务“最后一米”

《江西日报》2022 年 9 月 21 日 5 版 江西日报记者 陈 璋

近日，提到刚刚过去的暑假，景德镇市珠山区东山郡社区居民陶女士仍然充满感激之情。“每年到了七八月，孩子总是没什么地方可去，我们上班族也没法专门腾出时间陪伴。2022 年社工人员在社区开展了儿童服务，免费教孩子写作业、做手工，让孩子度过了难忘的假期。”

陶女士口中的社工人员，来自 2022 年成立的珠山区先锋社会工作服务中心。如今，这样的社会组织在景德镇市越来越多。该市在推进社会治理现代化实践中，深化完善以社区为平台、以社会组织为载体、以社会工作者为支撑、以社区志愿者为辅助、以社会慈善资源为助推的“五社联动”机制，以基层党组织为引领，以社区社会组织和群众兴趣小组等自治组织为纽带，带动群众广泛参与基层社会治理，打通为民服务的“最后一米”。

创新孵化 社会组织更专业

珠山区作为景德镇市主城区，社区多、人口密。为加快培育发展社区社会组织，该区采取“政府牵头建立、专业团队管理、社会资源支持、社会组织发展、社会公众受益”的工作模式，整合辖区多元社会资源，开展社区社会组织孵化培育工作，成效显著。

9 月 7 日，珠山区社会工作服务中心暨社会组织培育发展创新基地里，张贴着该区首届社区公益创新项目大赛决赛 20 强名单。2022 年年初，珠山区 30 个社会组织共 43 个公益项目参与了初赛，最终 20 个项目脱颖而出，涉及应急救援、儿童服务、心理健康、家庭教育、养老助老等民生服务领域。

叶春燕是珠山区先锋社会工作服务中心创始人之一，但在 2022 年，她还是一名家庭主妇。“以前偶尔会参加志愿服务，往往是谁困难、谁需要照料就定向帮扶。现在我们将公益服务升级到 2.0 版，覆盖面更广，更关注群众的潜在需求。”

“2022 年，全区预计投入 100 万元购买公益服务。以前社会工作者不拿工资，积极性不高。现在通过政府购买服务，社会组织更加专业化，工作人员也会专职化，提供的服务更加全面系统。”珠山区民政局局长王振说。

链接资源 社区活动更广泛

有了政府的搭台，景德镇市各街道和社区充分收集居民需求，结合社会组织、社工站、志愿者的力量，积极链接辖区内可利用的社会慈善资源，动员各方广泛参与社区治理，不断探索“五社联动”合作互惠机制。

8月30日上午，新厂街道新厂社区乔艺理发店门口，老人或理发，或享受肩颈理疗服务。这场名为“关爱老人,从‘头’做起”的爱心活动，以“定点 上门”的服务方式将社区的温暖送到老人家门口。

“社区里有不少企业和单位，与我们沟通时，经常表达希望做公益的诉求。为此，我们充分链接这些社会资源，在社工站和志愿者的配合下，积极开展服务，赢得了居民的一致好评。”新厂社区负责人侯敏思说，2022年以来，社区分别与洋湖水厂、景德镇市科技馆、第三人民医院、卫生学校等联合开展各类活动，满足不同居民的需求。

全民参与 议事协商更有效

近年来，为达到“需求精准对接，实现服务融合”的目标，全面推进服务在社区更加规范和丰富，景德镇市不断创建和培训特色项目，为居民提供文明教育、扶贫帮困、环境治理、矛盾化解、法律援助等多样化服务。

里村街道马鞍山社区是一个典型的老旧社区，共有2400多户7000多人，其中一半以上是流动人口，治理难度大。近年来，在社区志愿服务队和社区社会组织的配合下，马鞍山社区成立“金牌调解室”，基本实现“小事不出楼栋、大事不出社区”。

2021年12月，马鞍山社区一栋18层住宅楼的电梯因故停运，居民生活受到很大影响。“当时很多人找到物业，但物业说没有钱修。于是大家商量启动维修基金，然而楼下有几户居民不同意。社区工作人员组织大家到‘金牌调解室’协商，经过两天的努力，矛盾得到顺利化解。”马鞍山社区党委书记齐菊英说。

“在以往的社区治理中，居民多为被动参与，参与积极性不高。为此，我们创新思路，从议事协商切入，让群众诉求表达更畅通。”景德镇市民政局基层政权建设和区划地名科负责人黄俊介绍，如今，全市655个社区设立了“说事室”，建立了居委会、业主委员会、物业公司、专业社工、居民代表等多方参加的议事协调机制。近两年，全市参与说事人数达2万多人次，解决实际问题2000多个。

里弄（珠山街道）

【概况】 景德镇“肇自然之性、成造化之功”，因瓷而立，因瓷而兴，沿河建窑，沿窑成市，由瓷器形成瓷业，以瓷业成就瓷都，历经宋、元、明、清形成以珠山为中心南北向的城市格局。

城市是一个扩大的综合性的整体建筑群，不同功能的建筑物聚合起来就成为城市。如果说建筑是城市的细胞，建筑与建筑之间的街道和里弄就是串联这些细胞的血脉，正是这些错落穿行的血脉串联使细胞有了活力，也使景德镇充满了生机，成为世界城市发展史上延续时间最长，产业规模最大，历史影响最大的手工业城市。

步入20世纪90年代，景德镇城市现代化发展步伐加快，一些古老的街道、里弄和老宅被宽敞的街道和豪华的小区建筑所驱赶，在不知不觉中“合理”消失，已成为人们记忆中的影像，随着记忆的渐渐远去。

记录城市的文脉，守护城市的灵魂。古老的城市影像在我们的眼前消失，但不能在我们的记忆中消失。在城市化不断加速发展的今天，与历史的共生与对话，留住我们的记忆，既是历史的要求，也是现实的需要。因此，对珠山区老城区里弄作一次普查记录，应该是一件很有意义和价值的事情。里弄的编写为的就是留住我们的记忆，追忆先辈踏碎岁月流光的脚印。在伟大变革的今天，用理性的精神、艺术的语言表现充满生机与活力的大千世界，创造和谐繁荣的宜居家园。希望它成为一把为后人打开景德镇历史之门的钥匙，保留住我们永恒的记忆。

珠山区的里弄主要分布在老城区，即珠山街道、石狮埠街道、周路口街道、昌江街道、太白园街道等辖区内。

2019年，景德镇启动国家陶瓷文化传承创新试验区建设，随着以御窑厂为中心的陶阳里历史街区的打造，珠山街道以中山北路为轴的两边里弄陆续被改造。2022年底，改造好的里弄有彭家弄、毕家弄、方家弄、程家上弄、龙缸弄。

【当铺弄】 景德镇被称作当铺弄的弄巷有三条，为了区别，分别称上当铺弄、新当铺弄、老当铺上下弄。当铺是收取动产和不动产作为抵押，向对方放债的机构。旧称质库、解库、典铺，亦称质押，又有以小本钱临时经营的称小押。如今当铺被称作典当行。

上当铺弄，西至中山北路417号，东向北拐入玉字巷，长120米，宽1.4米。水泥路面。明代初年，这里开有一家当铺，故名为当铺弄。为了区别新、老当铺弄，改称为上当铺弄。

老当铺上下弄，上弄东为弄底，西至中山北路，长80米，宽1.6米。元代中期形成弄巷，弄内开设一家当铺。生意兴隆，人们便称此弄为“当铺弄”。后隔壁弄内也开了一间当铺，称“新当铺弄”，故易名“老当铺弄”。下弄东至中山北路西侧28号，西至沿江东路东侧。长250米，宽1.6米。水泥路面。由老当铺上弄派生得名。

新当铺弄，东与东司岭相交，西至中山北路。长120米，宽1.3米，水泥路面。元代中期弄内开设一家当铺，因在老当铺弄后，便称为新当铺弄。清代和民国时期，弄内曾开设多家红店。

古代一个城市当铺的多少，反映了一个城市经济发展和繁荣状况。有记载的景德镇从元代就开始设当铺，反映了景德镇这个传统手工业城市的产业状况和经济发展的轨迹。

【祥集弄】 祥集弄分上、下两条里弄。

祥集上弄，东起东司岭，西至中山北路东侧。长 20 米，宽 1.4 米。取吉祥聚集之意称祥集弄。

祥集上弄 3 号和 11 号是二栋保存完好的明代建筑。3 号建筑面积 179 平方米，11 号建筑面积为 141 平方米。两栋民居主要建筑形制特征类似。

祥集弄呈东西走向，宅正门均开设在南侧偏西墙面。仿木质隔扇门形制的石质贴面门罩，石刻精美，显得格外素朴庄重。三间五架穿斗抬梁混合式木质构架，谨遵“庶民庐舍不过三间五架”的建筑规制。

整个建筑木质构架用材硕大，制作手法豪放粗犷，主背檩高 6 ~ 7 米，明堂面阔 6 米左右。主梁架的明间上部，凭据前部顺檐关口梁，增设有两榀悬体外露式五架抬梁，减小了明间梁架面阔跨度，同时增添了明间上部外露构架的持重气氛。为景德镇古镇区内民居构架区别古镇区之外民居构架的一大特征。

构架均采用“明栿”“彻上明造”。所有的落地立柱，均为通天柱。两暗一明、单进一倒座三堂面的总体平面布局，计有四正、两厢、两后房。整个平面的开间布局、次序严谨、用途明确、各开间占地面积合理适中。

宅内外采用有选择的重点部分重点点缀的装饰形式。宅内部装饰围绕明间周边展开，木质构部件有雀替、蚂蚱头、挑檐拱、隔扇门和隔扇窗、背檩等等，石质构（部）件有地栿、柱础、天井石等，砖瓦构部件同主要是檐口的滴水和后天的贴面照壁。

宅外部的装饰主要集中在墙头、鳌尖以及石刻门罩之上。运用了阴刻与阳刻、浮雕与高浮雕、透雕与镂空、墨线画与图案拼贴以及构部件整体造型等多种艺术手法相结合，充分反映出装饰工匠的技艺娴熟高超。砖、木、石的雕刻，刀法雄阔简直，图案紧凑不紊，线条圆润流畅，整体效果玲珑剔透，艺术形象生动逼真，散布在轩昂庄重的建筑体上，洋溢出一种轻盈灵巧的美感。装饰题材，以花鸟禽兽为主。两栋民居堂面脊檩上的木雕图案表面，采用镶铜贴金、以示重点突出，有画龙点睛的效果。

祥集弄民居用材的硕大、构架的粗犷、装修的讲究以及装饰的精细，都充分表明营造者财力、物力的丰厚。

3 号住宅的中堂影壁上部至今还遗存有明成化二年（1466）所置木质纪年牌，书有“大明成化造”字样。祥集弄民居初建于明成化年间（1465—1487）。反映了 15 世纪景德镇高度发达的城市经济，是研究中国古代建筑科学和手工业城市发展历史不可多得的珍贵实物遗存。

1988 年公布为全国重点文物保护单位。

祥集下弄，东至中山北路西侧 22 号，西至沿江东路东侧。长 250 米，宽 1.6 米。水泥路面。由祥集上弄派生得名。

丰城会馆（区史志办供图）

【程家巷】 程家巷分上、下两条里弄。

程家上巷东至东司岭 28 号，西至中山北路东侧 57 号。长 160 米，宽 1.6 米。红砖和青石铺设地面。早在秦朝时，这里是程氏村庄，名为“程家村”。到宋代时住户增多，形成巷弄，便改名为“程家巷”。因地处东段，所以称程家上巷。

巷内 32 号原是一座“程家祠堂”。民国初至中华人民共和国成立后一度成为越剧院（原称“绍兴”戏院）所在地，后改为新华瓷厂仓库和文艺工厂宿舍。巷内还有一座瓷行，1934 年，原在毕家弄的明星电影院迁到此处，1949 年 5 月，又由程又堂独资兴办明星电影院。

巷内 2 号原来是丰城会馆。

巷的西口，临中山路，是始建于宣统二年药店“种德堂”。种德堂是一家驰名赣东北、誉满景德镇的大字号，种德堂药店建筑为景德镇传统的前店后宅式，分店堂、库房、加工部三部分。店堂分内外柜台，库房分粗细二房，加工部炮制成药，品牌产品有“疯气膏”“百补全鹿丸”。鼎盛时期员工达 70 余人，除零售外还对外批发，一度成为景德镇地区药业领军。

程家下巷东起中山北路西侧 52 号，西至沿江东路。长 200 米，宽 1.8 米。水泥路面。由程家上巷派生得名。巷口南侧 2~24 号属迎瑞下弄居委会管辖。巷口北侧清代建有“临江会馆”(章山书院、民国时办过章山小学),又名“仁寿宫”。现为第八小学校址。中华人民共和国成立前巷内有画瓷店数十家。

程家下巷里的临江会馆是江西樟树人在景德镇创办的会馆。樟树市是有名的“药都”,民间有药不过樟树不灵的说法。

【詹家弄】 詹家弄分上、下两条里弄。

詹家上弄西至中山北路73号,东至弄底20号。长90米,宽1.4米。水泥路面。唐朝此地有詹姓人居住,以砌柴窑为生。宋末元初,形成巷弄,名詹家弄。弄西口北侧原为“南昌会馆”(洪都书院)旧址,一度作为邮电所营业厅,后改为邮电职工宿舍。

南昌会馆约建于清代中期,作为江西省会的南昌,旅景谋生的南昌人较多,属晚清民国时期景德镇三大帮系的“杂帮”。过去景德镇的地域性行帮主要有徽帮、都帮和杂帮,这三大帮系直接控制了景德镇的经济命脉。而南昌人在景德镇主要是经营“红店”业,“红店”是中华人民共和国成立前景德镇画瓷和售瓷场所。画瓷工被称为“红店佬”,画瓷则称之为“画红”。民国初年至20世纪30年代,景德镇约有各类“红店”1400多家,以南昌、九江经营者居多。

向焯在《景德镇陶业纪事》中记述说:“红店为完成瓷器之工场,镇中不下四五百家,名为红店。初无工场形式,不过一家工业而已。镇上居民……皆可以是为业。”红店画红的人,一般白天不工作,而是打夜班。一是因为夜晚清静,便于构思和创作;二是一些有名气的画家怕自己的新画面、新技法被人模仿,所以常在深夜工作,进行自我保护。“打赤膊的是窑里佬,打赤脚的是坯坊佬,穿白杭纺长衫的是红店佬。”红店画师工资收入比一般窑场、坯场的人稍高,因此,对衣着也就比较讲究。

詹家下弄西至中山北路72号,西至沿江东路东侧,长150米,宽1.6米。水泥路面。由詹家上弄派生而来。

毕家下弄沿江北路入口(胡立敏 摄)

【迎瑞弄】 迎瑞弄分上、下两条里弄。

迎瑞上弄东起弄底1号,西通中山北路东侧31号。长80米,宽1.6米。水泥路面。元朝末年形成弄巷。过去这里因为行人稀少,非常僻静,被称为名“冷水弄”。明朝中期开始住户增多,便取吉祥之意,更名“迎瑞弄”。

迎瑞下弄东至中山北路西侧30号,西至沿江路东侧。长190米,宽1.5米,水泥路面。由迎瑞上弄派生而来。

迎瑞弄清代属浮梁县兴西乡里仁都三图。民国末年属景德镇第三公所。中华人民共和国成立初属景德镇市市区。1952年属第四街政府,称第八坊。1953年属第三区。

瑞:是古代作为凭信的一种玉器,也就是诸侯朝见帝王时所执玉器的统称。后延伸为吉祥、好预兆。我们最常用的祥瑞一词,原来是宗教中的名词,在宗教中指众生本具佛性,清净无染,灵照而放光明。

迎瑞,顾名思义就是迎接祥瑞。由“冷水弄”到“迎瑞弄”这种跨越行为,也只有在国人吉祥文化的背景里才能产生,说明吉祥文化在人们心目中所占的位置是多么的重要。

【毕家弄】 毕家弄分上、下两条里弄。

毕家上弄西至中山北路东侧85号,东至中华北路西侧。长110米,宽1.6米。水泥路面。宋朝时期有两户以制作毛笔为业人家在此地居住。到明代初年,住户日渐增多,形成巷弄。这里的住户大多沿袭制笔业,且因毛笔的质量好,名气大增,人们称此弄为“笔家弄”,后谐音为“毕家弄”。

毛笔,在景德镇这个以制瓷业兴盛的城市,不仅仅是书写的工具,也广泛用于制瓷的许多工序中。瓷用毛笔不同于写字用笔,也不同于纸画用笔,因为它所蘸的是瓷用颜料。品种不下百余种,分画笔和水笔两大类。画笔又分釉上和釉下两类,釉上画笔又分画笔和填笔。釉下画笔又分粗瓷和细瓷画笔两类,细瓷画笔也有大、中、小号和混水笔,粗瓷也分画笔和混水笔。

毕家下弄东至中山北路西侧74号,西至沿江东路南侧。长150米,宽1.6米。水泥路面。由毕家上弄派生得名。清朝末年,弄内有数户人家以做钉鞋(雨鞋)为业,又名“钉鞋弄”。弄内北侧过去是奉新会馆(新吴书院)。会馆内供令公菩萨,因此,又称“令公庙”。令公,是指对中书令(官职)的尊称。记载于《魏书·高允传》之中。至于这里供奉的令公菩萨具体是哪一位就不得而知了。

1932年,赵寿延在毕家下弄

奉新会馆办起景德镇第一家电影院（明星电影院）。中华人民共和国成立初成为市杂剧院，采茶剧团的驻地，后改为“文艺工厂”。

【福寿弄】 东接毕家下弄横弄，西至沿江东路东侧 65 号。长 120 米，宽 1.3 米。水泥路面。不知何时起，弄内住有几户做棺材的人，故名“棺材弄”。后人们图吉利，反其意更名为“福寿巷”。后又改为福寿弄。弄东面的菜市场，原为丰城会馆（毁于火灾）旧址。1936 年建有“景德大舞台”。

棺材，亦称寿棺，老房，四块半，寿方，是盛载死尸的木匣子，棺材可以由不同的物料制造，最常见的以木制造。

人们听到棺材一词总有一种不舒服的感觉，但吉祥文化的转“坏”为“好”就以谐音“升官发财”，有“官”又有“财”，并冠以“寿”字，这样感觉就好多了，甚至有缩小版棺材工艺品供人收藏，广西柳州因为出产良好的木材，棺材工艺水准亦很高，工艺品棺材非常畅销，于是有“住在杭州，穿在苏州，食在广州，死在柳州”之说。

景德镇俗称棺材“寿料”“寿枋”“百岁枋”。木料有好歹之分，过去有钱人用柏木，一般人用杉木。根据用料大小可分为“四大片”“十合顿缝”“四环八口”“十二合”等，最差的叫“火板”。

【彭家弄】 彭家弄分上、下两条。

上弄东至中华北路，西至中山北路东侧 99 号。长 300 米，宽 2 米。水泥路面。唐末住有数户彭姓制瓷者。宋中期瓷业生产发展，坯房随着增多，渐成巷弄，因彭姓得名。

彭家上弄的民居民国风味很浓，其中 13 号“退思别墅”就是典型的代表。“退思别墅”是民国时期曾任景德镇商会会长吴尧笙弟弟的故宅，该建筑为二层楼木构架建筑，前院有鱼池、花台，建筑形式与装饰有典型的民国初年风格，反映出民国时期景德镇官绅建筑形式特征、生活状态。而相邻几家，作为曾任景德镇商会会长吴尧笙故宅就远没有这么气派。

彭家上弄 14 号是一座窑房，窑屋坐东朝西，采用穿斗木结构构架，分上下两层。取材自然，稍作削丫刨皮处理，以榫卯相连接，屋面重檐，用于采光透风。窑基约占 3/5，窑膛最大宽度 5 米，长约 16 米。在 2019 年之前，整个构架尚存 2/3，屋顶瓦椽已大部分倒塌，楼板仅存 1/3 左右。窑膛基础轮廓可辨，留有部分膛壁，外墙保存较好，均为废弃窑砖所砌。这座窑原名为“黄老大窑”，窑主袁善吾，其建造年代应该在清光绪十年（1884）以前。因相邻御窑厂，被推测为是清代“官搭民烧”的一处窑坊。2019 年，市陶文旅集团对彭家弄进行改造修复，2020 年该窑已修复完成，恢复原貌。

彭家上弄退思别墅（区史志办供图）

彭家上弄内靠东段还保留了一些老式作坊和一座孪窑型旧制建筑，用废弃的窑砖头砌成。门面呈拱形，比一般门面要宽阔，很是气派。东口原是江西瓷业公司旧址，前段被毁后一度为景德镇螺丝厂的冲压车间，后并入建国瓷厂改为酒楼，后段一直是建国瓷厂职工食堂。

2002 年全部拆除后，在地下发掘出明代窑炉遗迹和报废瓷器的填埋坑。现在保护起来，成为景德镇御窑厂国家考古遗址公园的一部分。

彭家下弄东至中山北路西侧 112 号，西至沿江东路，长 180 米，宽 2 米。砖和青石铺设地面。

位于彭家下弄 13 号的建筑，是湖北会馆，也叫湖北书院。建于清道光年间（1821—1850），平面呈目字形，三进三开间，前殿作成高台式，为古代戏台，两厢作成开敞栏杆式楼台，屋顶作成飞檐式。柱为方形青石、上端撑以木柱抬梁，楼台驼梁雕刻精美、前殿的飞榆据说是以湖北的黄鹤楼为蓝本建造的，因此，民间也把它称为“小黄鹤楼”。是目前景德镇保存较为完好的一座，被列为景德镇市文物保护单位。在抗日战争时期，景德镇党组织在该书院秘密开展工作。是

彭家下弄修复后的湖北书院（胡立敏　摄）

珠山区的一处革命遗址。2020 年已完整修复。

湖北会馆为旅居景德镇的湖北籍客商聚会、议事场所、1946 年设“湖北小学”，据调查得知清代晚期曾作为御厂宫廷用瓷拣选地。该建筑对研究景德镇陶瓷史和地方建筑艺术具有较高的价值。

1950 年 2 月，景德镇市各界人民代表大会通过决议，成立了“景德镇市公有财产整理委员会”，下辖 13 个临时整理委员会，由景德镇市“会社公有财产整理委员会”对会馆公产进行全面彻底清理，各个会馆财产均被列为公有财产予以接管，被同时利用接管的会馆分别办起了教育和文化娱乐事业，旧的会馆形式宣告结束。

2020 年，湖北会馆由景德镇陶文旅集团完整修复。

2021 年彭家弄改造项目获得联合国教科文组织亚太地区文化遗产保护类别的杰出奖。

【方家弄】 方家弄分上、下两条。

方家上弄西起中山北路北侧 121 号，转向北至斗富弄南侧。长 150 米，宽 1. 5 米。水泥路面。宋朝住有数户人家。明末，住户增多，形成巷弄，以方姓命名，因地势较高，称方家上弄。

方家上弄 12 号有一座窑房，窑房的平面呈日字型，占地约 900 平方米，采用穿斗结构，构架、墙体均保存完好。原名“刘家窑”，后成为新华瓷厂的选瓷包装仓库。

方家下弄东至中山北路西侧 116 号，西至沿江东路。长 150 米，宽 2 米。水泥路面。由方家上弄派生得名。在弄西口北侧 72 号原是“湖南会馆”旧址，后曾改成为大众剧场。西边临河便是湖南码头，湖南会馆是湖南人在景德镇贩运瓷器的聚居场所，民国时期属于景德镇瓷商（庄客）26 帮中的“湖南帮”，销售地为湖南全境。

大众剧场是景德镇较早的剧场，中华人民共和国成立不久后，景德镇就将设在湖南会馆中的“泰安戏院”改造成“人民剧场”，后又建立为“大众剧场”。

【斗富弄】 东起中华北路，西至沿江东路，东西走向。长 340 米，宽 10~12 米，青石路面。斗富弄原名豆腐弄。1935 年拆屋拓宽，修筑马路。

因紧邻的莲花塘为风景区，故又名“风景路”。解放初拓宽斗富下弄，与风景路接通，名称依旧。1972 年铺设沥青路面。1983 年中华北路至沿江东路段恢复斗富弄名。路北属石狮埠街道辖地，路南属珠山街道辖地。当时市区最大的顶棚市场“斗富弄农贸市场”曾设在该路段。

斗富弄常常被称为“豆腐弄”。因为它与豆腐还是有些关联。从 1949 年景德镇解放开始到 20 世纪 80 年代，斗富弄发展成为景德镇最早也是最大的农贸市场。那个时候的斗富弄可以说是景德镇最为热闹的街道，从沿河一直往东到路口，两边都是卖肉，卖菜、卖副食品、调味品和卖柴、煤球、煤饼的店铺。

在那个物资匮乏的年代，除肉类外，豆腐无疑属于好菜，豆腐和豆芽菜是凭票供应的，因为供应的数量有限，所以每天很早就有人到卖豆腐的摊位去排队，而这些排队的事常常是由男孩子承担，那时候买豆腐的人特别多，即使是早早地去了，也得排很久的队才能买到，这也成为附近街道居民，特别是孩子们记忆中最深刻的一件事情。那个时候的男孩子除承担买肉，买豆腐和买柴、煤排队的任务外，很多还要承担一个星期一、二次的接衣服任务，那时自来水还没有普及，洗衣服都要去昌江河（俗称港下），妇女们很早就挑着担，一头是洗衣凳，一头是洗衣篮下港洗衣服，因为家庭人口较多，衣服相应较多，于是为减轻负担，孩子在约定的时间提上空篮把一部分洗好的衣服先拿回家。

川流不息的买菜人流和下港洗衣服人流形成斗富弄一道独特的人文社会风情。大约在 20 世纪 90 年代开始，豆腐弄菜市场转移到沿河，这里才改为服装、小商品集贸市场，自来水也安装进户，那种提篮，挑担的风景渐渐成为记忆。

斗富弄的建筑因为商业原因，大都是一家一户前店后居的格局。门面是敞开式的木板门，开门卸板，关门上板。部分店铺还有望楼，便于晾晒和观景。

斗富弄的名字来源于一个斗富的故事。那是中华人民共和国成立前，斗富弄这一带住着很多有钱的人家，要不就是开店铺做买卖的，要不就是窑户老板专门烧窑的。有一年的春节，相邻的两户人家都觉得自己是斗富弄这一带最富的人，为放鞭炮的事自斗起气来，于是为了比较谁家更富有，这两家人从大年初一开始，就不停地放鞭炮。并说好，鞭炮要一直放下去，不能间断，如果哪一家先断，哪一家便输了。这下可好，这鞭炮整整放了一个月，结果把两家人都给放穷了，斗富弄也因此而得名。

【药王庙】 南与迎祥弄相连，北至风景路南侧 6 号。长 120 米，宽 2 米。水泥路面。明洪武年间（1368—13981），此地建有供奉药王菩萨庙宇，故称“药王庙”。后来庙被毁，弄沿袭原名。1973 年改称“药王弄”。

在弄口北侧风景路过去是景德镇最早兴建的“都昌会馆”（又称古南书院），1927 年“都乐械斗”时会馆部分被烧毁，后经修复，中华人民共和国成立后成为人民瓷厂的仓库。

对景德镇为什么要建药王庙供奉，人们不得而知。“药王”一名，最早见于东晋时佛经译本中的药王菩萨。药王菩萨慈悲为怀，救人危难，所以民间也常把同样能救人危难的医生比喻成药王。药王被民间奉作医神。在宋代就开始出现，南宋时药王的原型有韦善俊（唐代卖药神仙）和韦慈藏（唐代御医），元代则将韦古道（唐代疏勒国人）作为药王原型。此时药王的形象均为有黑犬随行之仙医。明清各地的药王庙众多，庙中的药王也非指同一神。

然而，古代民间供奉的医药之神。在不同时代、不同地区的药王，其原型亦有所不同。其中主要有扁鹊、韦慈藏、韦善俊、韦古道、孙思邈等，其中孙思邈列于诸名医之首。清代以后，孙思邈逐渐成为民间唯一供奉的药王，在景德镇的陶瓷雕塑中，就有不少瓷雕药王作品。

药王庙虽然没有了，药王弄的名称也成为人们祈求安康、祛病禳灾的精神寄托，同时也反映了景德镇民间对名医的纪念和尊崇。

【龙缸弄】 西起中华北路东侧 109 号，东接湖口弄，东南接新罗汉肚，南至胜利路北侧 77 号弄口。长 100 米，宽 2.8 米。水泥路面。明万历年间（1573—1620），御窑厂内烧造龙缸的窑除少量官窑外，其余都在厂署东面的龙缸弄民窑搭烧，弄内共有 6 座龙缸窑，开始烧制单一品种，后来品种式样增多，因而驰名，弄也因此得名。

龙缸是明代景德镇御器厂烧造的一种专供宫廷使用的大缸，因器身上用青花绘画龙纹装饰而得名。龙缸器型较大，据《景德镇陶录》“龙缸窑”记载：“窑制前宽六尺，后如前，绕五寸，人身六尺，顶圆”，每窑只能烧一至两口大缸。烧窑时，经过缓火（熘火）七昼夜，再经烈火烧二昼夜，缸匣由红转白通明发亮时才止火封门，大约经过十天的逐渐冷却后开窑。

由于龙缸体积大，即使做坯、利坯和烧窑工匠技艺高超的也往往屡烧不成。据《江西通志·陶政》记载：明万历二十七年（1599），江西矿税使兼理景德镇窑务的太监潘相，督造龙缸，因器大难成，“累不完工，民受鞭，或苦饥羸，陶人童宾至以身赴火，罹其凶毒”，潘相欺压窑工激起民愤，童宾英烈事迹广为流传，被封为“风火仙师”，人们修建“佑陶灵祠”来纪念他，每当烧窑之前，陶工们都要进香求风火仙保佑烧窑成功。

龙缸弄边昔日有“师主庙”。“师主庙”是圆器行业祀奉师主赵慨的神庙。据传，景德镇烧造瓷器的技艺全是师主赵慨所授。每年五月师主生日时，都要举行酬神赛会，以报师恩。

【迎祥弄】 东与莲花岭相连，西至中华北路东侧 131~139 号。长 220 米，宽 2 米。水泥路面。相传在五代时期，这里人烟稀少，到了晚上更是人迹罕至，于是人称这里为“阴阳弄”。明朝中期开始，住户逐渐增多，居住在此地的人们希望兴旺发达，遂改名“迎祥弄”。此弄 9~15 号（横弄）原名杨华弄，弄口南侧旧时有宁波会馆（宁绍书院），弄口北侧为民国时期“饶华丰”号。

迎祥弄真有点像人们希望的那样兴旺发达了，因为弄内不仅有窑坊和作坊，还有不少深宅大院，中华人民共和国成立后，弄内著名的“徐家窑”“易山窑”和作坊都划归建国瓷厂成为生产和烧炼场所，一些深宅大院成为保育院，仓库和职工宿舍。

“饶华丰号”过去在景德镇是鼎鼎大名。饶华丰的主人饶华阶，是民国时景德镇实业家，瓷业改良家。自小到景德镇学画瓷，出师后自己从事彩瓷加工。江西瓷业公司曾聘其为景德镇瓷厂厂长。1927 年他在弄口北侧开办“饶华丰瓷厂”，独立经营。成为烧做两行的大户。1922 年瓷业美术研究社成立时被推选为副社长。

1934 年，杜重远到景德镇后，聘饶华阶负责改良柴窑的工作。杜重远改革之举多采用饶华阶与江梦九的计划，对景德镇瓷业生产的发展作出了积极的贡献。

1946 年汪璠在接受国民政府礼品瓷制作任务后，圆器部分由饶华丰瓷厂承制。1947 年陶校承制的第二批国府瓷中赠给英国公主伊丽莎白的结婚用瓷的白胎亦全部由饶华丰瓷厂承做。

【姚家弄】 姚家弄有上、下之分，不是因为中山北路把它们分开的原因，而是相隔有一段距离，都在中山北路的东边，按理应该都是上弄，但因南北地理因素，北为上，南为下，因此就有了上下之分。得名原因都是姚姓商人在弄口开设米店而来，不过一个在宋代，一个在明代，是不是同一个家族的后裔就不得而知了。

上姚家弄，东西走向。东至徐家街，西至中山北路 517 号。长 80 米，宽 1.8 米。水泥路面。宋末，商人姚氏在弄口开设米店，称姚家弄。因与石狮埠对面之姚家弄重名，故改称上姚家弄。

龙缸弄御窑厂内的入口处（胡立敏　摄）

上姚家弄民宅（吴芳供图）

上姚家弄将徐家街和中山北路贯通起来，成为商业街和南北通衢的连接点，自然也属于繁华的街道。

上姚家弄13号民居，该建筑既朴实又精致，有一定的特色。门楼呈八字，轩顶，墙头起跷，进门1米多处立有四开扇门，雕以精美宝瓶、花草、回纹，两边镶以牡丹纹挂落，后寝二层，以栏相连，辅以椅栏较为别出心裁，整体结构保存较好。

该民居为清末民国时期“春园公会”（粪商行会）波阳会首故宅。从建筑特征上可以看出主人不满于地位低下，但财力有限，无法跻身上流，追求奢荣的心理。2005年公布为第三批市级文物保护单位。

下姚家弄，东至中华北路，西至中山北路，中段向北一段通弄底，呈T字形。长190米，宽1.6米。明代，姚姓商人在弄口开设米店而得名。

【许家弄】 南起酱油弄，北至胜利路南侧68号。长540米，宽1.5米。水泥路面。清康熙年间(1662—1722)，许氏家族聚居于此，形成巷弄，称许家弄。

许家弄内的深宅大院比较多，保存完好的是弄内14号的一座晚清建筑，主宅呈长方形，分三进，前进为陈列、商贸场所，原貌已毁；二进为账房和议事场所；三进为寝居，保存完好。构架采用穿斗抬梁式，结构精巧，前进和二进构件装饰简单三进雕饰华美，并以鎏金装饰。院内作坊分上下两层，采用穿斗结构，下层成型制作，上层彩饰加工，东端有一斜板梯供上下。二层作坊在景德镇市是唯一一例。场院靠主宅边有一口水井，供生产和生活用水。右侧东端为仓库和检选场所，西端为烘炉残址，烘炉用于釉上彩瓷的烘烤。屋主余豪廷，江西都昌人，13岁随其兄余旺青到景德镇业陶，从针匙做起，一二十年积累万金，拥有“新、老磨鹰”“许家弄”“樟树下”4座窑坊及众多坯房。其兄余旺青列“三尊大佛”第二位。诰封“奉直大夫”(从五品)。并捐资兴建中渡口码头，其住宅与余豪廷住宅相邻，已全部改建。

弄内的9号原是一个名叫“青莲庵”的庵堂。青莲是梵语优钵罗，即青色的莲花，意思是其叶修广，青白分明，好像人的眼睛，所以拿来比喻佛的眼睛。佛教认为莲花清净无染。故“青莲”常用以指称和佛教有关的事物。“庵”是指不对外开放的房屋，特指女性修行者居住的寺庙。尼姑居住处多称“庵堂”。

【苏家畈】 西至珠山中路轻化局围墙西北侧（苏家畈1号），向东转南至珠山中路17号。长140米，宽1.6米。水泥路面。宋末此地为苏氏村落，地势较平坦，故称“苏家畈”。过去弄内有一座石棣会馆（又称广阳公所），是安徽石棣县到景德镇谋生的人们聚集的场所。石棣县属于安徽池州，后改名石台县，广阳是石台县城，1965年红卫瓷厂成立时将石棣会馆作为厂址。

清末致民国时期，景德镇瓷器彩绘业都以个体作坊式生产经营，称为“红店”。大致可分为“美术彩业”“写意彩业”“古彩业”，上、中、下三类。美术彩业：专绘高档艺术瓷业，产品胎体精细、釉质润净、构图严谨规整，画面工整华丽。写意彩业：是在中低档瓷胎上绘写意花鸟、人物和山水，也有贴花和刷花。古彩业：是在中低档瓷胎上绘一般的画面。

红卫瓷厂是一个以加工陶瓷出口产品为主的陶瓷彩绘专业厂，以15头绿万寿扁茶具和92头红万寿中餐具为主，属于“写意彩业”“古彩业”，也就是中低档粉彩。红卫瓷厂兴盛时，弄内整天弥漫着一股樟脑油的气味。

苏家坂52号原是一座柴窑，据记载始建于1936年。可惜现在屋面已毁，构架只存2/3，窑膛已平。苏家畈柴窑原名“新木匠窑”，窑主梁紫玉（1884—1968)，牌号“梁美兴”，以生产窑彩喜字油坛、饭鼓和50~100件桥梁壶为主。

【广益弄】 南靠苏家畈（弄）北侧，北与风车弄、犁头嘴、五龙桥呈十字形相交。长120米，宽1.5米。水泥路面。宋代初年，这里开有一家瓷器店，招牌为“广益店”。弄以店命名流传至今。

从广益二字的释义来说，肯定是吉祥词语。广：阔也。大以配天，广以配地。益：增加，好处。宋代挂“广益店”招牌的瓷器店应该取的意思就是：广阔增加。

广益弄内的深宅大院不少，还有一些前店后居的老屋。13号的清代建筑，比较典型，且保存完好。老屋平面呈四方字形，占地150余平方米。因为受地方的限制，门楼和主宅的右侧是陪屋和厨房。以拱券门为入口，前后有两个天井，正门已经毁坏。构架采用穿斗抬梁式，梁坊之间的隔断尚存“编竹造”，天井四周隔扇雕刻精细，保留有部分斜撑和雀替。“编竹造”是宋代建筑中做法，在景德镇一直沿用，说明中国传统建筑顽强的生命力。2005年公布为景德镇市第三批文物保护单位。

【葡萄架】 东邻许家弄西侧，西至小苏家弄15号。长180米，宽1.8米。水泥路面。传说宋朝此地有一秀才，上京殿试后回到家中等待佳音。发榜后秀才高中，京城报喜者来到这里询问秀才家，有人指引道：葡萄架下就是秀才家，弄因此而得名。

位于景德镇市区胜利路葡萄架2号。是一栋建于清代末期的作坊建筑，为清末和民国景德镇大窑户余豪廷集住宅、作坊和窑场于一体的建筑群。这在景德镇是唯一的实例。

【湖口弄】 南起龙缸弄北侧，北与义思井相交。长90米，宽3米。水泥路面。明末清初，湖口县人在这里建起湖口会馆（湖口书院）。后来住户增多，形成巷弄，沿用湖口会馆为弄名，1973年改名为湖口弄。

湖口弄不长，但在景德镇所有巷弄中算是最宽的，由于是弄中之弄，所以知道的人不多，但建国瓷厂的职工应该都知道，因为湖口会馆是建国瓷厂的包装仓库，建国瓷厂的许多职工也住在湖口弄。

【酱油弄】 南靠大苏家弄北侧，南西北延伸与许家弄相接。长 110 米，宽 1.3 米。水泥路面。弄弯弯曲曲。清代初年，这里有一间酱油行，于是习惯上称酱油弄，后来成为弄名。

【枯树弄】 西南至双栅门北侧，东北至枯树弄弄底。长 120 米，宽 1.6 米。水泥路面。

传说，宋代时，这里有棵千年大树被雷电击毁，有人将树根挖出当柴火烧，可是不久这里便发生瘟疫，并蔓延流行。人们迷信认为是妖魔作怪，便在挖树根处建造一庙，取名“枯树庙”，弄以庙名。中华人民共和国成立后庙被拆，1973 年改名枯树弄。

要进入枯树弄有点绕迷宫的味道，它基本位于珠山中路东段，莲社北路和胜利路相交的三角中心位置，从东边的农旺弄，南边的双栅门，西边的观音岭，北边的蔡家岭几条弄堂都能到达。

在枯树弄的靠东位置有一个山丘，应该是景德镇城区的唯一一个地势最高的山丘，山上长满灌木，站在山丘上可以俯瞰整个老城区。然而，要上山顶却不容易，因为上山的几条小路要经过住家户的院子。在 20 世纪 80 年代前就没那么多禁忌，因为那时候住坯房院落的人基本上不是亲戚，就是同一个单位的职工，没什么隐私可言。那时候只要天气晴朗，山上就很热闹，附近的大小孩子们都会到山上来放风筝，于是山丘就有了一个名字“风筝山”。

枯树弄的另外一个特点就是，一排一排的传统作坊建筑比较整齐划一，高低错落，很有气派，这不禁使人想起“陶舍重重倚岸开，舟帆日日蔽江来”的诗句。徜徉于枯树弄，思绪把我们带入以前的岁月，斑驳的窑砖墙面和废匣钵搭建的隔墙与现在的水泥路面和改造后的瓷砖墙形成强烈的反差，往昔的岁月只能在记忆中品味。

【九黄岭】 东至九黄岭底，西起蔡家岭东侧。长 350 米，宽 1.5 米。水泥路面。

九黄岭里弄（吴芳供图）

北宋时，这里是一座名为“洪家山”的山岭。相传宋末元初，这里住着一位姓黄的道人，他颇懂医术。有一次治好一位患疑难杂症的病人，这位病人为报答道人，带头凑钱在岭上建一庙宇，取名“九皇宫”，此后庙名就成了地名。1973 年易名“九皇岭”。

九黄岭是很具景德镇地方特色的弄巷，路沿山岭而上，房依山而建，墙面基本是用废弃的窑砖，挡土墙的渗水孔用窑渣砌成。路面以麻石间隔废窑砖铺成，天晴不积灰，下雨不积水。

在与蔡家岭相交处的平地上，有棵很大的枣树，每当枣子成熟的季节，这里就成了附近孩子们惦念的地方，起早贪黑打枣成为极大的乐趣。

【蔡家街】 南北走向，南连犁头嘴东侧，北至蔡家街弄底。长 170 米，

蔡家街老照片（吴芳供图）

宽 1.5 米。派生出东西走向的蔡家街横弄，西接胜利路，长 170 米，宽 1.5 米。东西走向的蔡家岭，长 170 米，宽 1.5 米。清末此地是山坞，有浮梁蔡姓在此居住。后形成巷弄街市，人称“蔡家街”。

蔡家街并不宽，但在清代和民国时期是富人居住区，粉墙黛瓦的土库门屋有十几幢，其中有些屋中雕梁画栋很是华丽。相间其中的还有不少作坊，

在街的靠南还有一座窑房。其中大部分作坊都是属于晚清民国时期号称“三尊大佛”之首的余英泾产业。

街和横弄的相交处，原来有一个两层楼的茶馆，门面是景德镇常见的铺板门，白天取下，夜晚装上。二楼有一排骑楼，站在骑楼上可以俯瞰来往的行人。茶馆在中华人民共和国成立后改为民居。茶馆屋后东北角有一口四方水井，井壁用麻石砌成，水深 80 公分清澈见底。在自来水没有进入每家每户的时候，附近居民的日常生活用水都取自该井，但无论怎么取水，即使在旱季，水位也不见降低。

由于井边有一约 20 平方米的空场地，邻近的居民也在此洗菜、洗衣，但都非常自觉地会把脏东西清理干净。

在夏天的晚上，这里便成为纳凉的好去处，特别是小孩子们常在这里玩，诸如老鹰抓小鸡、捉迷藏等游戏，有胆大一点的还会在井栏上走来走去，因此，也常常有掉下

观音岭里弄（吴芳供图）

井的，但非常奇怪却从来没有一人受伤，附近居民称之为“神井”。

二十世纪八九十年代，街内许多私房改建，原有的风貌已经消失。

【观音岭】 东至枯树横弄西侧，西连犁头嘴西侧。长 95 米，宽 1.5 米。水泥路面。宋初，此地有一观音庙。明末住户增多，形成巷弄。因庙处丘坡，故名“观音岭”。

民国时期，观音岭有一位外号“半节观音”的女窑户老板，她在丈夫去世后执掌家族陶瓷产业，以一个“女汉子”的风范破除传统瓷业习俗，使家族产业规模跻身于景德镇“十八罗汉”行列。

【木鱼墩】 北起胜利路南侧 2 号折向西南至木鱼墩 25 号。长 145 米，宽 1.5 米，水泥路面。据说在唐代

江家坞 27 号民宅陪屋（区史志办供图）

中期，这里建有一座仙姑庙，有一名住庙和尚天天念经，敲木鱼，人们又因这里的地形像木鱼，所以取名“木鱼墩”，1973 年改称睦谊墩，1979 年恢复原名。

20 世纪 90 年代末，因城市建设，原木鱼墩里弄已拆，原址现为陶瓷大世界小区部分。

【江家坞】 东与单栅门相接，西连犁头嘴。长 180 米，宽 1.6 米。水泥路面。宋末此地是山坞，江氏居此，后形成巷弄，得名“江家坞”。坞是四面高中间凹下的地方，江家坞北依观音岭，南靠苏家弄，从东边的单栅门向西走，确实感觉是在山坞中。

从江家坞两旁保存的明清和民国时期建筑的形制看，江家坞在古代是一条繁华的商业街，在珠山中路没有打通前，这里是通往社公庙，马鞍山和里村的要道。

在江家坞的中段，有一口水井，井虽然不是很深，但清澈甘凉，在自来水没有入户时，是周边居民的日常生活用水来源。一小块空地，也是来井边洗菜、洗衣服的人们沟通交流和发布八卦消息的场所。

江家坞 27 号民宅，是景德镇民国时期首富余豪元宅第，该建筑二进三开间，两边有陪屋，右陪屋为二层楼，整个建筑有西洋建筑风格，这是景德镇市区内尚存的民国时期最大、最豪奢的民宅，对研究景德镇清末至民国时期瓷业状况及家族变迁与瓷业兴衰的历史有参考价值，是研究地方经济史的重要实物资料。紧邻的一座晚清民居建筑是余豪元父亲余英泾的宅第，余英泾是晚清民国时期景德镇最大的窑户，余英泾为烧做二行大窑户，有钱庄、窑屋、坯房等房产 50 余幢，位列“三尊大佛”之首。

【五龙桥】 东接犁头嘴，西至许家弄东侧。长 80 米，宽 1.6 米。相传宋末此地乃山涧，水自五龙山流经此地入昌江。五龙庵和尚为方便行人，在此建一小石桥，名“五龙桥”。后此地住户渐多，形成巷弄，沿用桥名。1973 年易名“务龙桥”。1983 年改回原名“五龙桥”。

【风车弄】 南接广益弄，北至胜利路南侧 48 号，长 140 米，宽 1.5 米。宋景德年间奉命烧制龙床，

江家坞 27 号民宅（区史志办供图）

五龙桥里弄入口处（区史志办供图）

东司岭里弄（区史志办供图）

瓷工日夜不停终于烧成。但上交期限迫近，龙床难以迅速冷却，故聚集风车鼓风冷却。此弄因此名为“风车弄”。

【犁头嘴】 西接五龙桥，向东转南紧邻江家坞，东连蔡家街。长 141 米，宽 1.5 米。宋末形成弄巷。因地形似犁头嘴，故名。

【东司岭】 南起珠山中路北侧 39 号，北连毕家上弄。长 130 米，宽 1.7 米，呈曲线形。秦中期，此地已有人居住。据《浮梁县志》载：布政分司，设守备、把总。清乾隆年间（1736—1795）改为都司。署设马鞍山以西，曾迁设厂西隅。因都司署设御窑厂西侧此岭上，故称都司岭。后人谐音说成东司岭。《景德镇陶录》载：此处曾设巡司署、景德司署。

【小南门】 南至珠山中路北侧 85 号，北至祥集下弄南侧 21 号。长 80 米，宽 1. 7 米。水泥路面。由南门头派生得名。明朝中期是从御窑厂到南门渡的必经之地。靠昌江边是装卸货物的码头。此地清朝有“山西会馆”，中华人民共和国成立后改建为景德镇市京剧院，后改赣剧院。后因加宽街面修建新房，剧院被拆除。

【苏家弄】 苏家弄分小苏家弄和大苏家弄。

小苏家弄，西起中华北路侧 1 号，折向北转西至中华北路东侧 41 号。长 180 米，宽 1. 8 米。传说东汉时期有苏氏秀才生了两个儿子，小儿居于此，人们习称此地为“小苏家弄”。

大苏家弄，东接苏家畈，西与小苏家弄相连。长 150 米，宽 1. 5 米。宋时，苏氏长子居此，后形成弄巷。故名“大苏家弄”。

（区政协文史委：吴　芳）

索 引

说 明

一、索引采用主题分析法编制，大部分选用关键词。

二、索引按标目词汉语拼音字母顺序排列。

三、标目词后面的数字表示内容所在页码，数字后的 a、b、c 分别表示页码从左至右的第一、二、三栏。标目词后第二个页码起，表示该索引同一主题参见内容所在位置，类目标题用黑体字表明。

四、特载、专文、大事记、人物及附录等内容未作索引。

数字 + 字母

A

B